中国传统经济的再认识

李华瑞◎主编

科学出版社

北京

内容简介

本论著汇集了国内数十位专家学者对中国传统经济再认识的最新研究成果，包含"理论探索""国家权力""地域行业""社会群体"等四个主要议题，涉及中国传统经济的发展阶段、非经济影响因素、秦至清传统社会的性质、商品经济、"富民社会"、"农商社会"、"帝制农商社会"等诸多内容。本论著关注中国历史发展的实际，重视经济发展过程中的国家权力、思想观念等非经济因素，摆脱了此前传统经济评价中的经济决定论，并将"农商社会""帝制农商社会""富民社会"等最新理论成果嵌入到中国传统经济再认识的框架之中，视野广阔、内容丰富。

本书适合历史学、经济思想史方向的研究者参考阅读。

图书在版编目（CIP）数据

中国传统经济的再认识 / 李华瑞主编. —北京：科学出版社，2017.8
ISBN 978-7-03-053659-4

Ⅰ. ①中⋯ Ⅱ. ①李⋯ Ⅲ. ①经济思想史-研究-中国 Ⅳ. ①F092

中国版本图书馆 CIP 数据核字（2017）第 137738 号

责任编辑：陈 亮 穆 俊 / 责任校对：刘亚琦
责任印制：张 伟 / 封面设计：润一文化
编辑部电话：010-64011510
E-mail: yangjing@mail.sciencep.com

科学出版社 出版
北京东黄城根北街 16 号
邮政编码：100717
http://www.sciencep.com

北京中石油彩色印刷有限责任公司 印刷
科学出版社发行 各地新华书店经销

*

2017 年 8 月第 一 版 开本：720×1000 B5
2020 年 1 月第三次印刷 印张：29 1/4
字数：460 000
定价：119.00 元
（如有印装质量问题，我社负责调换）

首都师范大学史学丛书

编委会（姓名以汉语拼音为序）：

主　任：郝春文

委　员：金寿福　李华瑞　梁景和　梁占军

　　　　刘　城　刘乐贤　史桂芳　宋　杰

　　　　郗志群　徐　蓝　晏绍祥　袁广阔

　　　　张金龙　赵亚夫

致　　辞

尊敬的各位领导，各位专家，女士们、先生们：

大家上午好！

由首都师范大学历史学院、北京师范大学历史学院、《中国史研究》杂志社、云南大学中国经济史研究所，以及东北师范大学亚洲文明研究院联合主办的"第五届中国传统经济再评价暨农商社会/富民社会"学术研讨会今天在北京紫玉饭店隆重召开，我谨代表首都师范大学对与会的诸位专家学者表示热烈的欢迎和诚挚的问候！

自 20 世纪 80 年代以来，我校历史学院一直把中国古代经济史作为重要的研究方向。已故的宁可教授和已经退休的杨生民教授、翁俊雄教授、阎守诚教授等老教师都曾在这一领域取得重要成就，在学术界具有很大影响。现在活跃在一线的李华瑞教授等中青年教师继续在这一领域辛勤耕耘。

中国传统经济及其评价问题，一直是史学界的重要议题之一，我校历史学科分别于 2001 年、2002 年，2004 年 5 月和 12 月，先后承办了四届关于"中国传统经济再评价"的研讨会。历届研讨会对中国社会经济发展的标准、劳动生产率和商品经济等焦点问题都曾有深入的讨论，在史学界产生了积极影响。

当下，新的史学理论、议题不断涌现，这对史学的发展注入了新的活力，极大地促进了史学的发展。"农商社会"、"富民社会"是近年来经济史学界颇有影响的新说，这既是对传统经济、社会重新思考的结果，又是分析中国传统经济、社会等的重要工具。"第五届中国传统经济再评价暨农商社会/富民社会"学术研讨会，可以说是"老话题"与"新理论"在"新时期"的一次碰撞，相信本次会议会在传统国家体制与经济发展、传统经济与理论探索、古代社会与行业等领域擦出激烈的火花。"第五届中国传统经济再评价暨农商社会/富民社会"学术研讨会也是一次继往开来的会议，既是对先辈学者研究成果与学术道路的学习与继承，又必定会极大开阔传统经济史研究的视野，深化传统经济史研究问题，促使中国传统经济的进一步发展。

会议的成功召开，要感谢各位学者的鼎力支持，感谢北京师范大学、《中国史研究》杂志社、云南大学、东北师范大学的倾力相助，也感谢会务人员的辛勤筹备！

最后，预祝"第五届中国传统经济再评价暨农商社会/富民社会"学术研讨会取得圆满成功！

谢谢！

首都师范大学校长　宫辉力

2016 年 6 月 24 日

目　录

徐幹《齐都赋》海洋经济史料研究……………………………………王子今/1

秦至清皇权专制社会说的经济史论证……………………………………李振宏/24

聚落与交通视阈下的秦汉亭制变迁………………………………………王彦辉/66

"刺绣文不如倚市门"
　　——从《史记·货殖列传》看司马迁的商业思想……………………范金民/92

唐都社会的边缘性群体
　　——对"街肆恶少"的重新审视……………………………………宁　欣/107

唐代工商业经济的结构组成及其特征……………………………………刘玉峰/127

唐代差科簿所见"不济户"略考…………………………………………赵　贞/144

唐代后期苏州乡村经济的商品化
　　——以甫里为例………………………………………………………陈　涛/157

唐长安的林木种植经济
　　——从"窦乂种榆"说起……………………………………………张天虹/173

南宋临安工商业发展原因新解
　　——以交易费用为视角…………………………………柳平生　葛金芳/186

宋代的罂粟……………………………………………………程民生/201

宋代的资本与社会……………………………………………李华瑞/215

宋代水上信仰的神灵体系及其新变……………………………黄纯艳/234

财富改变关系：宋代富民阶层成长机理研究…………………张锦鹏/258

朱熹的社仓设计及其流变………………………………………陈支平/275

元和明前期的江南政策与社会发展刍议………………………李治安/302

学术研究的"问题意识"与"非问题意识"……………………方志远/331

明清商业与帝制体系关系论纲…………………………………赵轶峰/351

士绅社会：中国古代"富民社会"的最高阶段……………林文勋　薛政超/364

势要占窝：明中叶盐法变迁中的市场、权力与资本…………罗冬阳/390

中国传统典当业净利润率初探…………………………………刘秋根/410

从农业病虫害角度看民国时期农商社会嬗变…………………李志英/426

20世纪80年代以前的中国传统市场史研究…………………田晓忠/444

中国传统经济发展中的非经济因素亦需关注……………………耿　雪/457

徐幹《齐都赋》海洋经济史料研究

王子今 *

摘　要：徐幹的《齐都赋》所透露的海洋意识，体现出齐文化的特色。徐幹的"齐气"在某种意义上或许可以理解为与海洋有关的文化倾向。《齐都赋》海洋描写所谓"惊波沛厉，浮沫扬奔，南望无垠，北顾无鄂"等，是汉赋涉及"海"的作品中比较精彩的文句。有关"蒹葭苍苍"，水禽"群萃"的描写，告知我们齐地海滨当时优越的生态环境条件。而当时"瑰禽异鸟"具有经济价值，通过秦汉相关史迹可以得知。海洋盐产的意义，在徐幹笔下也有突出体现。《齐都赋》关于海产"宝玩"所谓"玄蛤抱玑，骏蚌含珰"，亦透露出反映除著名的合浦珠产之外渤海采珠业早期经营的宝贵信息。

关键词：徐幹《齐都赋》　海洋　蒹葭　羽族　采珠

汉末政局动荡，经济残破，民生艰辛。而文化史少见的繁荣局面也在这一时期出现。建安时代，被看作中国文学的一个丰收季节。建安七子之中，徐幹有显赫文名。《文心雕龙·诠赋》称"伟长博通，时逢壮采"[1]，指出了徐幹的成就是在人才辈出的历史条件下实现的。事实上徐幹同时也以自己的非凡才华助成了时代文化的雄奇与纯美。

---

* 王子今，男，中国人民大学国学院、出土文献与中国古代文明研究协同创新中心教授，陕西理工大学"汉江学者"，主要研究方向为秦汉史。

[1] （梁）刘勰撰，姜书阁述：《文心雕龙绎旨》，济南：齐鲁书社，1984年，第27页。

徐幹，字伟长，北海郡剧县（今山东昌乐西）人。自幼"乐诵九德之文"，正式启动"五经"之学后，据说"发愤忘食，下帷专思，以夜继日"①，以至"总识博洽，操翰成章"②。徐幹自己曾说："艺者，所以事成德者也；德者，以道率身者也。艺者，德之枝叶也；德者，人之根幹也。斯二物者，不偏行，不独立。""若欲为夫君子，必兼之乎。"③他强调"君子"应当养德修艺，力求双兼，然而"德"又是"根幹"，意义更为重要。徐幹的《齐都赋》或可称作他的"艺"的代表作，虽自以为"枝叶"，却大有文化价值。其中透露的海洋意识，体现出齐文化的特色。徐幹生于北海，又长期在海滨生活④，《齐都赋》描写的真实性，应当是可信的。通过《齐都赋》透露的文化信息，可以体会当时齐地海洋经济资源开发的程度。

---

① 《〈中论〉原序》，文渊阁四库全书本。清姚振宗《三国艺文志》卷三《子部》："唐马总《意林》曰：'《中论》六卷，徐伟长作，任氏注。'严可均《全三国文编》曰：'《中论》序，元刊本有之。案此序徐幹同时人作。旧无名氏《意林》：《中论》六卷，任氏注。任嘏与幹同时，多著述。疑此序及注皆任嘏作，无以定之。'按《中论》旧序末云：'故追述其事，纛举其显露易知之数，沈冥幽微、深奥广远者，遗之精通君子，将自赞明之也。'此数语有似乎为之注者。"民国《适园丛书》本。姚振宗《隋书经籍志考证》卷二四《子部一》："案《中论》旧序末云'故追述其事，为举其显露易知之数，沈冥幽微、深奥广远者，遗之精通君子，将自赞明之也。'此数语则为注其书者之所作可知已。"民国《师石山房丛书》本。
② 《北堂书钞》卷九八引《〈徐幹集〉序》。孔广陶校注："今按：陈本改注《先贤行状》。"北京：中国书店，1989 年 7 月据光绪十四年南海孔氏刊本影印版，第 376 页。《三国志》卷二一《魏书·徐幹传》裴松之注引《先贤行状》曰："幹清玄体道，六行修备，聪识洽闻，操翰成章，轻官忽禄，不耽世荣。建安中，太祖特加旌命，以疾休息。后除上艾长，又以疾不行。"北京：中华书局，1959 年，第 599 页。
③ 《中论》卷上《艺纪》，《四部丛刊》景明嘉靖本。
④ 据《〈中论〉原序》，"灵帝之末年"，徐幹"病俗迷昏，遂闭户自守"，"董卓作乱，幼主西迁，奸雄满野，天下无主"，又"避地海表，自归旧都"。俞绍初《建安七子年谱》："谢灵运《拟魏太子邺中集诗》八首《徐幹诗》代叙幹之生平云：'伊昔家临菑，提携弄齐瑟。置酒饮胶东，淹留憩高密。'《文选》卷四〇杨修《答临菑侯笺》李善注亦谓：'伟长淹留高密。'胶东、高密皆近海之地，《中论序》'海表'即指此。盖徐幹旧居临菑，以战乱兴起，临菑牢落，故往避之。"大约建安十一年（206 年），"徐幹三十七岁，应命归曹操"。建安十九年（214 年），"徐幹四十四岁，为临菑侯文学"。俞绍初辑校：《建安七子集》，北京：中华书局，1989 年，第 372、431 页。李文献：《徐幹思想研究》也以为"徐幹任临菑侯文学事，当为可信"，台北：文津出版社，1992 年，第 31 页。则徐幹的生活场景应当又回到"近海之地"。

一、徐幹的"齐气"

有的建安文学研究者高度评价徐幹政论的意义，以为其中所表现的"他的思想具有鲜活的时代内容"，因而他"不失为建安时代重要的思想建设者"。对于其文学贡献，却未予说明。①有学者则直接否定徐幹赋作的价值："今天看来，他的辞赋成就并不高，值得我们重视的倒是他的政治论文和诗歌。他作品的特点，也主要体现在政论散文和诗歌创作上。"②然而《文心雕龙·才略》说："徐幹以赋论标美。"③也许其"赋""论"，前者更集中地展示"艺"或谓"文学"，后者更突出地论说"德"或谓"思想"。徐幹的"论"，代表作是《中论》。关于他的"赋"，曹丕在《典论论文》中有这样的评价："王粲长于辞赋，徐幹时有齐气，然粲之匹也。……幹之《玄猿》、《漏卮》、《圆扇》、《橘赋》，虽张、蔡不过也。然于他文，未能称是。"④同样是文学巨匠的曹丕称赞徐幹有些赋作的水准与张衡、蔡邕相当。无论徐幹的同代人或后代人，对"张、蔡"都有相当高的赞誉。《三国志》卷四二《蜀书·杜周杜许孟来尹李谯郤传》评曰，"张、蔡之风"，"文辞灿烂"。刘勰在《文心雕龙·才略》中也说："张衡通赡，蔡邕精雅。文史彬彬，隔世相望。是则竹柏异心而同贞，金玉殊质而皆宝也。"⑤而曹丕"虽张、蔡不过也"的评断，肯定了徐幹赋作的文学水准。

曹丕所谓"徐幹时有齐气"，《文选》卷五二《典论论文》李善注："言齐俗文体舒缓，而徐幹亦有斯累。《汉书·地理志》曰：故《齐诗》曰：'子之还兮，遭我乎峱之间兮。'此亦其舒缓之体也。"李周翰注："齐俗文体舒缓，言徐幹文章时有缓气，然亦是粲之俦也。"⑥这样的理解，指"齐气"为一种批

---

① 徐俊祥：《建安文学史大纲》，扬州：广陵书社，2009 年，第 336 页。
② 张可礼：《建安文学论稿》，济南：山东教育出版社，1986 年，第 144 页。
③ （梁）刘勰撰，姜书阁述：《文心雕龙绎旨》，济南：齐鲁书社，1984 年，第 182 页。
④ （梁）萧统编：《文选》卷五二，北极：中华书局，1977 年，据嘉庆十四年胡克家刻本影印版，下册，第 720 页。
⑤ （梁）刘勰撰，姜书阁述：《文心雕龙绎旨》，济南：齐鲁书社，1984 年，第 182 页。
⑥ （梁）萧统编，（唐）李善、吕延济、刘良、张铣、吕向、李周翰注：《六臣注文选》卷五二，北京：中华书局，1987 年，据商务印书馆 1919 年《四部丛刊》初编刊涵芬楼藏宋刊本影印版，下册，第 967 页。

评。《史记》卷一二九《货殖列传》指出齐地"其俗宽缓阔达"。①《汉书》卷二八下《地理志下》是这样说到齐俗"舒缓"的:"初太公治齐,修道术,尊贤智,赏有功,故至今其土多好经术,矜功名,舒缓阔达而足智,其失夸奢朋党,言与行缪,虚饰不情,急之则离散,缓之则放纵。"②"舒缓"语在"其失"句前,似乎并不是直接的批评。《汉书》卷八三《朱博传》也说"齐郡舒缓养名"。关于朱博赴齐地任地方行政长官,有这样的故事。杜陵人朱博初任琅邪太守,因齐地"舒缓"风习而愤怒:"齐郡舒缓养名,博新视事,右曹掾史皆移病卧。博问其故,对曰:'惶恐!故事二千石新到,辄遣吏存问致意,乃敢起就职。'博奋髯抵几曰:'观齐儿欲以此为俗邪!'"③所谓"欲以此为俗",言区域民间文化的节奏特征影响行政④,这可能是朱博"奋髯抵几"的原因。

《汉书》卷二七中之下《五行志中之下》:"上不明,暗昧蔽惑,则不能知善恶,亲近习,长同类,亡功者受赏,有罪者不杀,百官废乱,失在舒缓,故其咎舒也。"又说:"成公元年'二月,无冰'。董仲舒以为方有宣公之丧,君臣无悲哀之心,而炕阳,作丘甲。刘向以为时公幼弱,政舒缓也。"又有"善恶不明,诛罚不行,周失之舒"的说法。又可见:"僖公三十三年'十二月,陨霜不杀草'。刘歆以为草妖也。刘向以为今十月,周十二月。于易,五为天位,君位,九月阴气至,五通于天位,其卦为剥,剥落万物,始大杀矣,明阴从阳命,臣受君令而后杀也。今十月陨霜而不能杀草,此君诛不行,舒缓之应也。""京房《易传》曰:'臣有缓兹谓不顺,厥异霜不杀也。'"又如:"僖公三十三年'十二月,李梅实'。刘向以为周十二月,今十月也,李梅当剥落,今反华实,近草妖也。先华而后实,不书华,举重者也。阴成阳事,象臣颛君作威福。一曰,冬当杀,反生,象骄臣当诛,不行其罚也。故冬华者,象臣邪谋有端而不成,至于实,则成矣。是时僖公死,公子遂颛权,文公不寤,后有子

---

① 《史记》,北京:中华书局,1959年,第3265页。
② 《汉书》,北京:中华书局,1962年,第1859、1661页。
③ 《汉书》,北京:中华书局,1962年,第3400页。
④ 参看王子今:《两汉人的生活节奏》,《秦汉史论丛》第5辑,北京:法律出版社,1992年;《中国文化节奏论》,西安:陕西人民教育出版社,1998年,第83—85页;《文化节奏的区域差别》,《学习时报》2000年3月13日。

赤之变。一曰，君舒缓甚，奥气不臧，则华实复生。董仲舒以为李梅实，臣下彊也。""惠帝二年，天雨血于宜阳，一顷所，刘向以为赤眚也。时又冬雷，桃李华，常奥之罚也。是时政舒缓，诸吕用事，谗口妄行，杀三皇子，建立非嗣，及不当立之王，退王陵、赵尧、周昌。""周之末世舒缓微弱，政在臣下，奥暖而已，……。"《汉书》卷二七下之下《五行志下之下》："刘向以为眺者疾也，君舒缓则臣骄慢，故日行迟而月行疾也。仄慝者不进之意，君肃急则臣恐惧，故日行疾而月行迟，不敢迫近君也。不舒不急，以正失之者，食朔日。刘歆以为舒者侯王展意颛事，臣下促急，故月行疾也。肃者王侯缩朒不任事，臣下弛纵，故月行迟也。"①《史通》卷一九《外篇·汉书五行志错误》就此是以"以为其政弛慢，失在舒缓"予以概括的。②看来，在许多情况下，"舒缓"对于行政，是可能导致失败的一种弊病。这正是朱博"奋髯抵几"的原因。

然而就文化评价而言，"舒缓"其实又有比较复杂的涵义。《容斋随笔》续笔卷七"迁固用疑字"条："（司马迁、班固）其语舒缓含深意。"③对于"舒缓"表现的审慎，似有所肯定。又《朱子语类》卷八〇《解诗》："《诗本义》中辨毛、郑处，文辞舒缓，而其说直到底，不可移易。"④此言"舒缓"似是中性评价。宋吕乔年编《丽泽论说集录》卷一《门人集录易说上》："常人之情，处至险之中必惶惧逼迫，无所聊赖。五处至险而从容舒缓，饮食宴乐，是知险难之中自有安闲之地也。"⑤则"舒缓"与"从容"并说，与镇定、安详、稳重近义。又宋黄震撰《黄氏日抄》卷四四《读本朝诸儒书》所谓"舒缓不振"⑥，则是一种批评。对于"徐幹时有齐气"，李善注所谓"言齐俗文体舒缓，而徐幹亦有斯累"，也是负面的评价。而郝氏《续后汉书》卷六六下上《文艺列传·魏》有如下论议："文章以'气'为主。孔融气体高妙，徐幹时有齐气，

---

① 《汉书》，北京：中华书局，1962年，第1405、1407—1409、1412、1420、1422、1506页。
② 张振珮笺注：《史通笺注》，贵阳：贵州人民出版社，1985年，下册，第654页。
③ （宋）洪迈撰，孔凡礼点校：《容斋随笔》，北京：中华书局，2005年，上册，第302—303页。
④ （宋）黎靖德编，王星贤点校：《朱子语类》，北京：中华书局，1986年，第6册，第2089页。
⑤ 文渊阁四库全书本。明茅元仪《三戍丛谭》卷一〇引《吕东莱祖谦《易说》》"论'需'"；"常人之情，处至险之中，必皇惧逼迫，无所聊赖。五处至险而从容舒缓，饮食宴乐，是知险难之中自有安闲之地也。"明崇祯刻本。
⑥ （宋）黄震《黄氏日钞》卷四四《读本朝诸儒书》"元成语"条："祖宗以仁慈治天下，至嘉佑末，似乎舒缓不振。故神庙必欲变法。"元至元刻本。

文章有大体，无定体，气盛则格高，格高则语妙。以'气'为主，则至论也。"①对于徐幹的"齐气"，论者似乎是有所赞赏的。

《论衡·率性》的说法或许较直接表现了汉代人对"舒缓"的理解："楚、越之人，处庄、岳之间，经历岁月，变为舒缓，风俗移也。故曰：'齐舒缓，秦慢易，楚促急，燕戆投。'以庄、岳言之，更相出入，久居单处，性必变易。"所谓"庄、岳"，据黄晖《校释》，"《孟子》赵注：'庄、岳，齐街里名也。'顾炎武曰：'庄是街名，岳是里名。'"对于"舒缓"，黄晖《校释》："《公羊》庄十年《传》疏引李巡曰：'齐，其气清舒，受性平均。'又曰：'济东至海，其气宽舒，秉性安徐。'"②王充所言"舒缓"并无褒贬。李巡则明确说到了这种文化风格的环境背景，特别是与"海"的关系。如果我们理解徐幹的"齐气"在某种意义上体现了与海洋有关的文化倾向，也许也是有一定合理性的。

有学者说，"'齐气'指由齐地舒缓风俗所致的舒缓的文章风格。""舒缓的文章风格，非常适合于表达深邃细腻的思想情感。就好像一条静静的长河，在缓缓的流淌中诉说着自己的深长。"论者称颂"'时有齐气'的舒缓文风的艺术魅力"，给予"齐气"以完全正面的评价。③刘跃进对于"齐气"的分析，是迄今就这一主题进行研究的比较成熟的论作。所论"齐俗以'舒缓'为核心"，齐人的文化"优越感"，"富于幻想"的特点及"齐地强调融通意识"等意见，都可以给我们启示。所论徐幹文字"沉潜的特色"，也值得研究者注意。也许对所谓"齐气"的全面准确的文化解说是比较复杂的任务，正如论者所说，"深入系统的探讨，还有待于来日"。④

二、"沧渊"无垠无鄂

对于徐幹《齐都赋》，有研究者评价，"体制较大"，"以颂美家乡为主，在

---

① 文渊阁四库全书本。
② 黄晖：《论衡校释》，北京：中华书局，1990年，第79页。
③ 韩格平：《建安七子综论》，长春：东北师范大学出版社，1998年，第179、182页。
④ 刘跃进：《论"齐气"》，《文献》2008年1期，收入《秦汉文学论丛》，南京：凤凰出版社，2008年。

现实基础上通过想像铺叙都邑不凡的历史、所处的地理位置及其山川景色、繁华气象、丰富物产、奇珍异宝等，其中不无夸饰……"，然而"其夸饰有现实的基础"。①其中关于海洋经济资源的认识，特别值得重视。

《艺文类聚》卷六一引魏徐幹《齐都赋》曰："齐国实坤德之膏腴，而神州之奥府。"②刘跃进这样评价徐幹的赋作，"他的辞赋创作自然无法与张衡、蔡邕相比"。然而，"就其保存比较完整的辞赋而言，依然可以鲜明地体味出另外一种情怀"。对此句的评价，以为"流露出对家乡的美好记忆"。③其中关于资源之富有的赞美，其实有经济史料的价值。

关于所谓"神州之奥府"，《焦氏易林》所谓"天之奥府""国之奥府"可以对照理解。其说多强调自然条件之"水"的优势，往往言及"海"。如卷一《乾·观》、卷四《谦·豫》都写道："江河淮海，天之奥府。众利所聚，可以饶有，乐我君子。"卷七《颐·坤》则作："江河淮海，天之奥府。众利所聚，宾服饶有，乐我君子。"卷一三《震·随》："江河淮海，天之奥府。众利所处，可以富有，好乐喜友。"卷七《无妄·大有》："海河都市，国之奥府。商人受福，少子玉食。"④对于海洋提供的"利""饶""富""福"的认识，与《齐都赋》"坤德之膏腴""神州之奥府"的区域经济观是大体一致的。

徐幹《齐都赋》说到"齐都"的水资源形势，特别言及"川渎"入海的壮观场面：

其川渎则洪河洋洋，发源昆仑，惊波沛厉，浮沫扬奔，南望无垠，北

---

① 王鹏廷：《建安七子研究》，北京：北京大学出版社，2004年，第155—156页。
② （唐）欧阳询撰，汪绍楹校：《艺文类聚》，重印中华书局上海编辑所1965年12月校刊本，上海：上海古籍出版社，1982年，上册，第1103页。
③ 刘跃进：《论"齐气"》，《文献》2008年1期，收入《秦汉文学论丛》，北京：凤凰出版社，2008年。应当注意到，就对家乡的描写而言，即"颂美家乡"或表达"对家乡的美好记忆"，汉赋作家情感的深厚和记述的真实应当是特别可贵的。其史料价值因而值得珍视。例如张衡的《南都赋》。参看王子今：《〈南都赋〉自然生态史料研究》，《中国历史地理论丛》2004年第3期。
④ "玉食"或作"玉石"。（汉）焦延寿：《易林注》，石家庄：河北人民出版社，1989年，第3、126、232、450、215页。有学者分析卷一《乾·观》，以为这里所谓"海"，即"辽阔的大海"。并写道："这是一首赞美国土富饶的诗歌，钟惺于'奥府'称赞'字奇'；又评全诗是'绝妙颂语'。"认为这是对司马迁《史记》卷一二九《货殖列传》中对于"汉朝疆土的富饶"之描述的"高度概括并加以诗化，具有宏大的气势，且情绪欢快，充满自豪感"。陈良运：《焦氏易林诗学阐释》，南昌：百花洲文艺出版社，2000年，第107页。

顾无鄂。……①

《水经注》卷一《河水》引徐幹《齐都赋》字句有所不同：

川渎则洪河洋洋，发源崑仑，九流分逝，北朝沧渊，惊波沛厉，浮沫扬奔。②

费振刚等辑注《全汉赋》作：

齐国实坤德之膏腴．而神州之奥府。其川渎则洪河洋洋，发源崑仑，九流分逝，北朝沧渊，惊波沛厉，浮沫扬奔，南望无垠，北顾无鄂。……③

这样的复原，大致是合理的。"北朝沧渊"之后，所谓"惊波沛厉，浮沫扬奔，南望无垠，北顾无鄂"，应是对渤海海面壮阔形势的真实写述。"惊波沛厉，浮沫扬奔"云云，生动地描绘了海上浪花飞扬、波涛激荡的场景。所谓"南望""北顾"均面对"无垠""无鄂"的水面，说海域辽阔广大。

"无垠""无鄂"同义。《说文·土部》："垠，地垠咢也。"段玉裁注："咢字各本无。今补。《玄应书》卷八引：'圻，地圻堮也。'《文选·七发》注引：'圻、地圻塄也。''塄'者，后人增'土'。'咢'则许书本然。浅人以'咢'为怪，因或改或删耳。按古者边畔谓之'垠咢'。《周礼·典瑞》、《辀人》、《礼记·郊特牲》、《少仪》、《哀公问》五注皆云'圻鄂'。'圻'或作'沂'。张平子《西京赋》作'垠锷'。注引许氏《淮南子注》曰：'垠锷，端匡也。'《甘泉赋》李注曰：'鄂，垠鄂也。'按'垠'亦作'圻'。或作'沂'者叚借字。《淮南书》亦作'埜'。《玉篇》曰：'古文也。''咢'作'鄂'作'锷'者，皆叚借字。或作'壏'作'塄'者、异体也。'咢'者、哗讼也。叚借之。《毛诗》'鄂不韡韡'。'鄂'盖本作'咢'。《毛传》曰：'咢犹咢咢然。'言外发也。笺云：'承华者曰咢，不当作柎。柎，咢足也。'毛意本谓花瓣外出者。《郑笺》

---

① （唐）欧阳询撰，汪绍楹校：《艺文类聚》，重印中华书局上海编辑所 1965 年 12 月校刊本，上海：上海古籍出版社，1982 年，上册，第 1103 页。
② （北魏）郦道元著，陈桥驿校证：《水经注校证》，北京：中华书局，2007 年，第 2 页。
③ 费振刚、胡双宝、宗明华辑校：《全汉赋》，北京：北京大学出版社，1993 年，第 623 页。

则以诗上句为华，不谓蒂。故谓咢为下系于蒂，而上承华瓣者。毛云：'咢咢犹今人云戟戟。'毛、郑皆谓其四出之状。《长笛赋》注：《字林》始有从阝之'鄂'。'垠咢'字之别体也。俗'卩''阝'混殽。故作'鄂'不作'鄂'。物之边畔有齐平者，有高起者，有捷业如锯齿者，故统評之曰'垠咢'。有单言'垠'、单言'咢'者，如《甘泉赋》既云'亡鄂'，又曰'无垠'是也。故许以'地垠咢'释'垠'。《广韵》曰：'圻，圻堮。又岸也。'正本《说文》。"①对"鄂"即"端匡""边畔"的解说，是准确的。

徐幹《齐都赋》所谓"南望无垠，北顾无鄂"，即使用当时通行语言形容了"海"的最宏大的气象。

汉武帝茂陵附近出土瓦当文字有"泱茫无垠"。②汉赋文字"泱茫"或作"泱莽"③，或作"泱漭"④。《史记》卷三一《吴太伯世家》说，"吴使季札聘于鲁，请观周乐"。对于各地音乐文化的风格，季札均有非常到位的感觉。其中对"歌《齐》"的体味，可见季札的评价："歌《齐》。曰：'美哉，泱泱乎大风也哉。表东海者，其太公乎？国未可量也。'"季札的判断极富深意，值得齐史和齐文化研究者重视。

对于所谓"泱泱乎大风也哉"，裴骃《集解》引服虔曰："泱泱，舒缓深远，有大和之意。其诗风刺，辞约而义微，体疏而不切，故曰'大风'。"司马贞《索隐》："泱，于良反。泱泱犹汪汪洋洋，美盛貌也。杜预曰'弘大之声'也。"⑤"泱泱"字义与"大风""大和""弘大""美盛"的关系，都切合齐地所面对的"海"的广阔浩荡气象。"泱泱犹汪汪洋洋"，即形象化的解说。而服

---

① （汉）许慎撰，（清）段玉裁注：《说文解字注》，上海：上海古籍出版社，1981年，据经韵楼臧版影印，第690页。
② 王世昌：《陕西古代砖瓦图典》，西安：三秦出版社，2004年，第387页。1979年兴平南位乡道常村出土，现藏茂陵博物馆。
③ 《史记》卷一一七《司马相如列传》载录《子虚赋》，第3017页；《汉书》卷五七上《司马相如传上》载录《子虚赋》，第2548页。
④ 《后汉书》卷二八下《冯衍传》载录《显志赋》，北京：中华书局，1965年，第991页。又《艺文类聚》卷二引曹植《愁霖赋》，卷七引刘伶《北芒客舍诗》，卷三四引王粲《思友赋》，卷五七引曹植《七启》，卷六三引李尤《平乐观赋》，卷九四引曹植《上牛表》也可见"泱漭"字样。见上册，第30、137、601、1027页；下册，第1134、1628页。
⑤ 《汉书》卷二八下《地理志下》："吴札闻《齐》之歌，曰：'泱泱乎，大风也哉！其太公乎？国未可量也。'"颜师古注："泱泱，弘大之意也。" 北京：中华书局，1962年，第1659—1660页。

虔所谓"泱泱，舒缓深远"，也可以帮助我们深化对上文所讨论的"齐气""舒缓"的理解。

季札随即说："表东海者，其太公乎？国未可量也。"所谓"表东海"，裴骃《集解》："王肃曰：'言为东海之表式。'"对于所谓"国未可量也"，人们以为国势强盛，文化复兴的预言。裴骃《集解》："服虔曰：'国之兴衰，世数长短，未可量也。'杜预曰：'言其或将复兴。'"①理解"齐气"，注意到"太公"倡起的文化风格与"东海"有某种关联，可能是合理的思路。

徐干赋作的"齐气"，有学者以为其内涵"除'舒缓'之外，还应有潜在的自负意识和明快的贯通意识"。因对于这种"自负之情""潜在的自负""自许甚高之感"，或说"特别的自豪感"②的理解，有学者直接解释"齐气"为"骄气"。③这种文化气度体现出来的自信和自矜，以及富有幻想色彩的神仙学说和"怪迂"之谈④的产生，应当都与"泱泱""美盛"的大海有关。

三、"蒹葭苍苍"，水禽"群萃"

汉赋往往注重水泽植被及野生动物的描写，其中有些信息，可以看作宝贵的生态环境史料。⑤有人对建安辞赋题材进行分类，以"自然"为一大类，包括岁时（10篇）、天象（9篇）、地理（5篇）、植物（20篇）、动物（24篇）。植物又分花类（1篇）、果类（3篇）、草类（5篇）、木类（11篇）；动物又分鸟类（18篇）、兽类（2篇）、虫类（2篇）、鱼类（2篇），即以植物、动物而论，这样的分类且不说多有不合理处，只按照篇题分类，确实是过于简单化

---

① 《史记》，北京：中华书局，1959年，第1452、1454页。
② 刘跃进：《论"齐气"》，《文献》2008年1期，收入《秦汉文学论丛》，南京：凤凰出版社，2008年。
③ 赵仲邑将《文心雕龙·风骨》中"论徐干，则云'时有齐气'"译作"评论徐干，就说他时有骄气"。赵仲邑译注：《文心雕龙译注》，桂林：漓江出版社，1982年，第261页。
④ 《史记》卷二八《封禅书》："求蓬莱安期生莫能得，而海上燕齐怪迂之方士多更来言神事矣。"第1386页。章太炎《自述学术次第》以为"杂以燕齐方士怪迂之谈"为"汉世齐学"杂收其中。《章炳麟传记汇编》，香港：大东图书公司，1978年，第255页。
⑤ 参看王子今：《〈南都赋〉自然生态史料研究》，《中国历史地理论丛》2004年第3期。

了。徐幹《齐都赋》被论者划分到"社会"大类的都邑类中①，然而其中关于自然生态的内容，包括"植物"和"动物"，其实都是非常精彩，非常重要的。

关于"齐都"海滨优越的生态条件，《艺文类聚》卷六一引徐幹《齐都赋》有这样的内容：

蒹葭苍苍，莞菰沃若。瑰禽异鸟，群萃乎其间。戴华蹈缥，披紫垂丹。应节往来，翕习翩翩。

关于"王"的后宫生活，有"盈乎灵囿之中"句。徐幹又写道：

于是羽族咸兴，毛群尽起，上蔽穹庭，下被皋薮。②

形容这里的环境可以使得野生动物"毛群""羽族"数量充盈，以致"被"野"蔽"天。所谓"蒹葭苍苍，莞菰沃若"，说明有大面积的草滩湿地分布。于是形成了自然蕃生、自由翩飞的水禽世界。所谓"应节往来，翕习翩翩"，应是指候鸟随季节往徙停落，形成了生态规律。"瑰禽异鸟""群萃""翕习"，形成了"齐都"一道美丽的风景。

《建安七子集》卷四《徐幹集》之《赋·齐都赋》，又据《韵补》三"鸹"字注辑得以下一句：

䴔鹅鹔鸹，鸿雁鹭鸹，连轩翚霍，覆水掩渚。③

《全汉赋校注》以为应与前说"瑰禽异鸟"一段有关。校注写道："鸹鸹"，"宋本《韵补》'鸹'作'鸹'，《四库》本、连筠簃本作'鸹'。"④

《文心雕龙·诠赋》说，"赋者，铺也。铺采摛文，体物写志也。"汉赋采用怎样的"体物"形式呢？《文心雕龙·比兴》指出："至于扬、班之伦，

---

① 廖国栋：《建安辞赋之传承与拓新：以题材及主题为范围》，台北：文津出版社有限公司，2000年，第188—192、196页。
② （唐）欧阳询撰，汪绍楹校：《艺文类聚》，重印中华书局上海编辑所1965年12月校刊本，上海：上海古籍出版社，1982年，上册，第1103—1104页。
③ 俞绍初辑校：《建安七子集》，北京：中华书局，1989年，第143页。
④ 费振刚、仇仲谦、刘南平校注：《全汉赋校注》，广州：广东教育出版社，2005年，下册，第995页。

曹、刘以下，图状山川，影写云物，莫不织综比义，以敷其华，惊听回视，资此效绩。"①汉赋注重对自然景观的描绘。有学者因此说，"汉赋有绘形绘声的山水描写，是山水文学的先声。"②而"山水"之中，为"绘形绘声"的文学手法所记录的，以富有生命力的草木禽兽最为引人注目。③司马相如《上林赋》又写到上林湖泽的水鸟："鸿鹄鹔鸹，鴐鹅鸀䴊，鵁鶄鸊鹈，烦鹜鷛䴆，䴋鸊鸂䴊，群浮乎其上。汎淫泛滥，随风澹淡，与波摇荡，掩薄草渚，唼喋菁藻，咀嚼菱藕。"④有学者在批评汉赋"闳侈巨衍"，"重叠板滞"的重大缺点时，依然承认"《上林赋》写水禽一段""是很值得称赞的"。⑤应当看到，徐干《齐都赋》也有类似笔意。《文心雕龙·诠赋》指出，汉赋注重"品物毕图"，在"京殿苑猎、述行叙志，并体国经野，义尚光大；既履端于唱序，亦归馀于总乱"之外，"至于草区禽族，庶品杂类，则触兴致情，因变取会。"特别倾力于"拟诸形容"，"象其物宜"。⑥有研究者指出，"东汉赋家"《两都》《二京》等作品"以史事入赋，则非张诞夸饰之作可比"。而汉末赋作"写节候之情景"，"绘禽甲之殊态"⑦，作为生态史料尤有价值。有学者说，徐干《齐都赋》"有大量的校猎描写"⑧。所谓"戎车云佈，武骑星散；钲鼓雷动，旌旗虹乱"应当就是这样的"描写"⑨，然而所谓"大量"一语则不免夸张。不过，注意到其中确实有"校猎描写"的内容并涉及"草区禽族"，是合理的分析。

---

① （梁）刘勰撰，姜书阁述：《文心雕龙绎旨》，济南：齐鲁书社，1984年，第26、139页。或将"图状山川，影写云物"解释为"图绘山川，描写风景"。赵仲邑：《文心雕龙译注》，桂林：漓江出版社，1982年，第310页。
② 康金声：《汉赋纵横》，太原：山西人民出版社，1992年，第148页。
③ 姜书阁《汉赋通义》分析汉赋"所铺陈的事物内容"，首先指出的是"山川、湖泽、鸟兽、草木"。济南：齐鲁书社，1989年，第282页。
④ 《史记》卷一一七《司马相如列传》，北京：中华书局，1959年，第3017—3018页；《汉书》卷五七上《司马相如列传上》，北京：中华书局，1962年，第2548页。禽鸟名称或字异，作"鸿鹔鹄鸹，鴐鹅属玉，交精旋目，烦鹜庸渠，箴疵䴊卢"。
⑤ 姜书阁：《汉赋通义》，济南：齐鲁书社，1989年，第291—292页。
⑥ （梁）刘勰撰，姜书阁述：《文心雕龙绎旨》，济南：齐鲁书社，1984年，第26—27页。
⑦ 何沛雄：《〈汉魏六朝赋论集〉序》，《汉魏六朝赋论集》，台北：联经出版事业公司，1990年，第2页。
⑧ 曹胜高：《汉赋与汉代制度——以都城、校猎、礼仪为例》，北京：北京大学出版社，2006年，第180页。
⑨ 有研究者认为这些文句下文"盈乎灵囿之中"的"灵囿"即"游猎之地"。费振刚、仇仲谦、刘南平校注：《全汉赋校注》，广州：广东教育出版社，2005年，下册，第993页。

汉赋的笔触涉及自然生态，确实有往往"兴"有"情"，而且多由较为平易的写述风格，透露出与自然极为亲近的深忧厚意。《汉书》卷六四《王褒传》说，"上令褒与张子侨等并待诏，数从褒等放猎①，所幸宫馆，辄为歌颂，第其高下，以差赐帛。议者多以为淫靡不急。"汉宣帝针对这种批评，引用了《论语·阳货》中孔子的话："不有博弈者乎，为之犹贤乎已！"又有这样的表态："辞赋大者与古诗同义，小者辩丽可喜。辟如女工有绮縠，音乐有郑卫，今世俗犹皆以此虞说耳目，辞赋比之，尚有仁义风谕，鸟兽草木多闻之观，贤于倡优博弈远矣。"②有学者就此写道："连皇帝都要强调这个问题，可见这个问题在当时人们心目中的地位。"③汉代"歌颂""放猎"的赋作确实多有描述"鸟兽草木"的内容。④汉宣帝评价汉赋时"鸟兽草木多闻之观"的肯定之辞，或许真的反映了"当时人们心目中"对自然生态环境中"鸟兽草木"的某种关注。⑤

　　我们认为徐幹《齐都赋》对于理解和说明齐地与海洋相关的生态环境有值得重视的价值，诸如"蒹葭苍苍，莞菰沃若"，以及"瑰禽异鸟，群萃乎其间"等内容，都可以看作是直接的例证。

　　徐幹笔下的"蒹葭"、"莞菰"及"瑰禽异鸟"一类生物资源是否具有经济价值呢？以禽鸟为例，我们注意到秦汉时期野生"羽族"曾经成为自然资源开发利用的对象。里耶秦简有关于"捕羽""求羽"的内容。相关简文信息，反映了秦洞庭郡地方的生态条件，以及以猎取禽鸟贡献为特殊表现的经济生活方式。里耶秦简"买羽""买白翰羽""卖白翰羽"简文，可以说明"鸟""羽"消费需求的普遍及其进入市场的情形。简文有关"捕羽"、"求羽"、"求翰羽"及"输羽"等劳作形式作为政府管理的劳役人员工作任务的记录，值得秦史研究者注意。而"羽赋"等简文，似可说明秦统一以后中央政府以楚地为对象的赋敛行

---

① 颜师古注："放，士众大猎也，一曰游放及田猎。"
② 《汉书》，北京：中华书局，1962年，第2829页。
③ 龚克昌：《汉赋研究》，济南：山东文艺出版社，1984年，第220页。论者以为"汉宣帝肯定汉赋的重点之一就是它有讽谕作用"，我们关注的视点则有所不同。
④ 蔡辉龙《两汉名家畋猎赋研究》一书中专门讨论了汉代以"畋猎"为主题的赋作有关"林木花草"和"飞鸟走兽"的内容，可以参考。台北：天工书局，2001年，第104—143页。
⑤ 王子今：《汉赋的绿色意境》，《西北大学学报》2006年第5期。

为，包括"鸟""羽"的征收。①徐幹言"瑰禽异鸟"，可能与这种经济制度有关。《艺文类聚》卷六一引徐幹《齐都赋》有"发翠华之煌煌"句，使人联想到汉代盛行以"翠华"作为装饰方式的情形。司马相如《上林赋》："建翠华之旗。"颜师古注："翠华之旗，以翠羽为旗上葆也。"②以鸟羽装饰的"羽葆"，可以形成很盛大的气象。《汉书》卷二二《礼乐志》载《安世房中歌》十七章其一："芬树羽林，云景杳冥，金支秀华，庶旄翠旌。"颜师古注："文颖曰：'析羽为旌，翠羽为之也。'臣瓒曰：'乐上众饰，有流遡羽葆，以黄金为支，其首敷散，若草木之秀华也。'师古曰：'金支秀华，瓒说是也。庶，众也。庶旄翠旌，谓析五采羽，注翠旄之首而为旌耳。'"③

汉武帝最后一次出巡，后元元年（公元前88）春正月至甘泉，又抵达安定。次月有诏，言"巡于北边，见群鹤留止"而"不罗罔"事，可以看作体现"北边"生态环境条件的史料，而当"郊泰畤"有所需求时对野生鹤群未予捕杀，亦可理解为生态环境保护意识的反映。而通过马王堆汉墓出土资料有关以鹤加工食品的信息④，可以推知正常情况下，猎杀这些候鸟"荐于泰畤"，是有合理的野生动物资源开发意识为背景的礼祀方式。⑤

四、盐产："海滨""大利"

《史记》卷三二《齐太公世家》记述齐桓公时代齐国的崛起："桓公既得管

---

① 王子今：《说"捕羽"》，《里耶秦简博物馆藏秦简》，上海：中西书局，2016年；《里耶秦简"捕羽"的消费主题》，《湖南大学学报（社会科学版）》2016年第4期；《里耶秦简"捕鸟及羽"文书的生活史料与生态史料意义》，《西部考古》第12辑，北京：科学出版社，2016年。
② 《汉书》卷五七上《司马相如传上》，北京：中华书局，1962年，第2569页。
③ 《汉书》，北京：中华书局，1962年，第1046页。
④ 中国科学院动物研究所脊椎动物分类区系研究室、北京师范大学生物系：《动物骨骼鉴定报告》，《长沙马王堆一号汉墓出土动植物标本的研究》，北京：文物出版社，1978年，第67—68页。又《楚辞·天问》："缘鹄饰玉，后帝是飨。"汉代学者王逸的解释是："后帝，谓殷汤也。言伊尹始仕，因缘烹鹄鸟之羹，修饰玉鼎以事于汤。汤贤之，遂以为相也。"其中"缘鹄"，或作"缘鹤"。一代名相伊尹，竟然是因向殷汤奉上"鹤羹"而得到信用的。参看王子今：《"煮鹤"故事与汉代文物实证》，《文博》2006年第3期。
⑤ 王子今：《北边"群鹤"与泰畤"光景"——汉武帝后元元年故事》，《江苏师范大学学报（哲学社会科学版）》2013年第5期。

仲，与鲍叔、隰朋、高傒修齐国政，连五家之兵，设轻重鱼盐之利，以赡贫穷，禄贤能，齐人皆说。"①正是由于信用管仲，包括推行管仲倡起的"设轻重鱼盐之利"的政策，方才促成了齐国霸业的实现。②

《管子·海王》提出了"海王之国"的概念。文中"管子"与"桓公"的对话，讨论立国强国之路，"海王之国，谨正盐筴"的政策得以明确提出："……桓公曰：'然则吾何以为国？'管子对曰：'唯官山海为可耳。'桓公曰：'何谓官山海？'管子对曰：'海王之国，谨正盐筴。'"什么是"海王"？按照马非百的理解，"此谓海王之国，当以极慎重之态度运用征盐之政策。"盐业对于社会经济生活地位之重要，受到齐人的重视。而这一重要海产，也成为国家经济的主要支柱。

唐人房玄龄《管子》注："'海王'，言以负海之利而王其业。"③马非百则认为："'海王'当作'山海王'。山海二字，乃汉人言财政经济者通用术语。《盐铁论》中即有十七见之多。本篇中屡以'山、海'并称。又前半言盐，后半言铁。盐者海所出，铁者山所出。正与《史记·平准书》所谓'齐桓公用管仲之谋，通轻重之权，徼山海之业，以朝诸侯。用区区之齐显成霸名'及《盐铁论·轻重篇》文学所谓'管仲设九府徼山海'之传说相符合。"④然而言"盐者海所出"在先，也显然是重点。篇名《海王》，应当就是原文无误。

对于所谓"官山海"，马非百以为"'官'即'管'字之假借"。又指出，"本书'官'字凡三十见。其假'官'为'管'者估其大多数。""又案：《盐铁论》中，除'管山海'外，又另有'擅山海'（《复古》）、'总山海'（《园池》）、'徼山海'（《轻重》）及'障山海'（《国病》）等语，意义皆同。"⑤

在春秋时代，"齐国的海盐煮造业"已经走向"兴盛"。至于战国时代，齐国的"海盐煮造业更加发达"。《管子·地数》所谓"齐有渠展之盐"，即反映了这一经济形势。正如杨宽所指出的，"海盐的产量比较多，流通范围比较

---

① 《史记》，北京：中华书局，1959年，第1487页。
② 如池万兴《从〈管子〉看齐桓公的人才思想及其特点》指出，"（齐桓公）之所以能建立'九合诸侯，一匡天下'的赫赫功业，就在于他能重用管仲。"《宁夏师范学院学报》2014年第4期。
③ 黎翔凤撰，梁运华整理：《管子校注》，北京：中华书局，2004年，第1246页。
④ 马非百：《管子轻重篇新诠》，北京：中华书局，1979年，第193—198页。
⑤ 马非百：《管子轻重篇新诠》，北京：中华书局，1979年，第192页。

广，所以《禹贡》说青州'贡盐'"。①

《北堂书钞》卷一四六"皓皓乎若白雪之积，鄂鄂乎若景阿之崇"条引徐幹《齐都赋》生动地形容了齐地盐业生产的繁荣景象：

> 若其大利，则海滨博者，溲盐是钟，皓皓乎云云。

有注家以为，"溲：淘洗。此指海滨晒盐。"②这样的理解，与有的学者提出的"宋代以前的海盐制造，全出于煎炼"，"从北宋开始，海盐出现晒法，由于技术的原因，效果并不太好，所以煎盐仍多于晒盐"的对于采盐技术的认识似乎存在矛盾。论者指出，"到了清末，海盐各产区大都改用晒制之法，技术逐渐完善起来"。就山东地方而言，"崂山青盐迟到清光绪二十七年（1901），盐民才用沟滩之法，改煎为晒，从而结束了煎盐的历史"。"那些沿海岸架设的燃烧了几千年的烧锅煎盐设备，自然成了历史的陈迹。"③如果此说确实，则以为"溲"即"指海滨晒盐"的解说可以商榷。

又《北堂书钞》卷一四六"金赖是肤"条引徐幹《齐都赋》曰：

> 若其大利，则海滨博诸，溲盐是钟。

光绪十四年南海孔氏刊本校注："今案：陈本脱。俞本删'若其'以下。严辑《徐幹集》据旧钞引同，惟无'金赖'四字。"④

这段文字，费振刚、胡双宝、宗明华辑校《全汉赋》引作：

> 若其大利，则海滨博者溲盐是钟，皓皓乎若白雪之积，鄂鄂乎若景阿之崇。⑤

---

① 杨宽：《战国史》（增订本），上海：上海人民出版社，1998 年，第 102 页。关于"渠展"，杨宽注："前人对渠展，有不同的解释，尹知章注认为是'沸水（即济水）所流入海之处'。张佩纶认为'勃'有'展'义，渠展是勃海的别名（见《管子集校》引）。钱文霈又认为'展'是'养'字之误，渠展即《汉书·地理志》琅邪郡长广县西的奚养泽（见《钱苏斋述学》所收《管子地数篇释》引）。"

② 费振刚、仇仲谦、刘南平校注：《全汉赋校注》，广州：广东教育出版社，2005 年，下册，第 993 页。

③ 王仁湘、张征雁：《盐与文明》，沈阳：辽宁人民出版社，2007 年，第 9 页。

④ 《北堂书钞》，北京：中国书店，1989 年，据光绪十四年南海孔氏刊本影印版，第 616 页。今按：文渊阁四库全书本明陈禹谟补注《北堂书钞》无"金赖是肤"条。

⑤ 费振刚、胡双宝、宗明华辑校：《全汉赋》，北京：北京大学出版社，1993 年，第 623 页。

而费振刚、仇仲谦、刘南平校注《全汉赋校注》则引作：

> 若其大利，则海滨博诸，溲盐是钟，金赖是肤。皓皓乎若白雪之积，鄂鄂乎若景阿之崇。①

均言"本段录自《书钞》卷一四六"②，"此段录自《书钞》卷一四六"③，而文句有所不同。但大致理解文意，已经可以体会临淄海滨盐业生产的繁荣。《全汉赋校注》解释"金赖是肤"："肤，人体之表层，这里指盐滩"。④也坚持了"海滨晒盐"之说。

我们还看到，《北堂书钞》卷一四六又引刘桢《鲁都赋》：

> 又有鹹池漭沆，煎炙赐春。燋暴渍沫，疏盐自殷。挹之不损，取之不动。
> 其盐则高盆连冉，波酌海臻。素醝凝结，皓若雪氛。
> 汤盐池东西长七十里，南北七里，盐生水内，暮取朝复生。

这些文句，都可以说明齐鲁海盐生产的盛况。有注家解释说，"汤盐池：犹今言晒盐场。高盆：此指巨大的浸盐场。高，巨大。盆，盛物之器，这里指盐场聚海水的低洼处。连冉：此指浸盐场与大海紧紧相连"⑤。有关"晒盐"的分析，涉及制盐技术史的知识，似乎需要论证。所谓"挹之不损，取之不动"，"暮取朝复生"，都体现运输实际上是海盐由生产走向流通与消费的重要的转化形式，又是其生产过程本身的最关键的环节。

参考汉代齐地盐业生产的相关信息，也有助于理解作为其基础的大一统政治形势实现之前齐人海洋资源开发的成就。

五、关于渔业经济史的片断记忆

《史记》卷二《夏本纪》引《禹贡》言青州物产，说到"海物惟错"。裴骃

---

① 费振刚、仇仲谦、刘南平校注：《全汉赋校注》，广州：广东教育出版社，2005年，下册，第990页。
② 费振刚、胡双宝、宗明华辑校：《全汉赋》，北京：北京大学出版社，1993年，第624页。
③ 费振刚、仇仲谦、刘南平校注：《全汉赋校注》，广州：广东教育出版社，2005年，下册，第993页。
④ 费振刚、仇仲谦、刘南平校注：《全汉赋校注》，广州：广东教育出版社，2005年，下册，第993页。
⑤ 费振刚、仇仲谦、刘南平校注：《全汉赋校注》，广州：广东教育出版社，2005年，下册，第1127页。

《集解》："郑玄曰：'海物，海鱼也。鱼种类尤杂。'"①《说苑·君道》说弦章对语称齐景公之心，"是时海人入鱼，公以五十乘赐弦章归，鱼乘塞涂"②。体现齐地海洋渔产因可以满足食用需求而被看作财富。不过徐幹《齐都赋》现在存留的文字，并没有关于海洋渔业的完整信息。费振刚等《全汉赋校注》录自《北堂书钞》卷一四二的"兰豸臑羔，炰鳖脍鲤，嘉旨杂遝，丰实左右，前彻后著，恶可胜数"，注家以为"写齐都宫中的饮食"。③《北堂书钞》中国书店据光绪十三年南海孔氏刊本 1989 年 7 月影印版及文渊阁四库全书本均未见这段文字。所说"饮食"内容中"炰鳖脍鲤"是水产，但似乎出自淡水。我们还看到，《全汉赋校注》又自《韵补》一"鲨"字注中辑出《齐都赋》佚文：

罛鱣鲥，网鲤鲨，拾蠙珠，籍蛟鼍。

所说包括海洋生物资源的开发。所谓"罛鱣鲥，网鲤鲨"之"罛""网"，或应部分反映海洋渔业的方式。对于"籍蛟鼍"，校注："籍：绳，系，缚。宋本《韵补》作'藉'。蛟：鲨鱼。鼍，大龟。"④

《艺文类聚》卷六一引徐幹《齐都赋》可见"玄蛤""駮蚌"。⑤徐幹以此作为海产"宝玩"，但是当时人们食用蛤蚌，是可以确定的。宋人夏僎《夏氏尚书详解》卷六《夏书·禹贡》说："海物，即水族之可食者，所谓蠃蠃蜃蚳之属是也。"⑥又如元人吴澄《书纂言》卷二《夏书》："海物，水族排蜃罗池之类。"⑦这里所谓"海物"包括各种海洋"水族"。而"蜃"是受到共同重视的。

汉景帝阳陵陵园内封土东侧外藏坑 K13、K14 和 K16 发掘收获包括多种动物骨骼。有学者介绍了其中 K16 和 K14 盗洞中发现的动物骨骼，而所谓"海

---

① 《史记》，北京：中华书局，1959 年，第 55—56 页。
② （汉）刘向撰，赵善诒疏证：《说苑疏证》，上海：华东师范大学出版社，1985 年，第 32 页。
③ 费振刚、仇仲谦、刘南平校注：《全汉赋校注》，广州：广东教育出版社，2005 年，下册，第 990、994 页。
④ 费振刚、仇仲谦、刘南平校注：《全汉赋校注》，广州：广东教育出版社，2005 年，下册，第 991、995 页。
⑤ （唐）欧阳询撰，汪绍楹校：《艺文类聚》，重印中华书局上海编辑所 1965 年 12 月校刊本，上海：上海古籍出版社，1982 年，上册，第 1103 页。
⑥ 《武英殿聚珍版丛书》本。
⑦ 文渊阁四库全书本。

相的螺和蛤"的出土尤为引人注目。研究者指出,"海洋性动物螺和蛤共计 4 个种 12 个个体,是这批动物骨骼的一大显著特征。海相动物的出现对外藏坑功能的研究提供了新的视角"①。这些发现,研究者称为"来自关中以外地区"的"外来海洋动物"。研究者指出,"汉阳陵位于陕西省咸阳市渭城区正阳镇后沟村北的咸阳原上,属于典型的内陆地区,这些海相的蛤(文蛤)和螺(珠带拟蟹守螺、扁玉螺、白带笋螺)绝不可能产于本地,可能是当时沿海郡国供奉给皇室的海产品,也不排除作为商品进行贸易的可能。这些海相的贝和螺均为海相经济软体动物②,尤其文蛤的肉是非常鲜美的,享有'天下第一鲜'的盛名。有些贝壳如白带笋螺还有观赏的价值。从动物考古方面讲,这些海产品的出现是很有意义的"③。

《齐都赋》所见"玄蛤""駮蚌",可以与阳陵海产品发现联系起来理解。④

六、海产"宝玩"

前引研究者评价,说到徐幹《齐都赋》对家乡"丰富物产、奇珍异宝"的记述。如《北堂书钞》卷一四八引徐幹《齐都赋》说到"齐都"名酒"三酒既醇,五齐惟醹"。⑤《太平御览》卷六八六引徐幹《齐都赋》说到"齐都"出产的丝织品:"纤纚细縰,轻配蝉翼。自尊及卑,须我元服。"⑥我们更为注意的,是其中所涉及的来自海洋的"宝玩"。

---

① 胡松梅、杨武站:《汉阳陵帝陵陵园外藏坑出土的动物骨骼及其意义》,《考古与文物》2010 年 5 期。
② 原注:胡松梅:《陕北靖边五庄果墚动物遗存及古环境分析》,考古与文物,2005 年第 6 期,第 72—84 页。
③ 胡松梅、杨武站:《汉阳陵帝陵陵园外藏坑出土的动物骨骼及其意义》,《考古与文物》2010 年第 5 期。
④ 王子今:《汉景帝阳陵外藏坑出土海产品遗存的意义》,《汉阳陵与汉文化研究》第 3 辑,西安:陕西科学技术出版社,2016 年。
⑤ (唐)虞世南编撰:《北堂书钞》,北京:中国书店,据光绪十三年南海孔氏刊本 1989 年影印版,第 624 页。
⑥ (宋)李昉等撰:《太平御览》,据上海涵芬楼影印宋本 1960 年制重印版,北京:中华书局,第 3 册,第 3062 页。"轻配蝉翼",费振刚、胡双宝、宗明华辑校:《全汉赋》引作"薄配蝉翼",北京:北京大学出版社,1993 年,第 623 页。费振刚、仇仲谦、刘南平校注:《全汉赋校注》作"轻配蝉翼",注:"录自《御览》卷六八六。"广州:广东教育出版社,2005 年,下册,第 990、994 页。

例如，《艺文类聚》卷六一引徐幹《齐都赋》又说到"齐都"地方特别的物产"玄蛤抱玑，駮蚌含珰"：

> 灵芝生乎丹石，发翠华之煌煌。其宝玩则玄蛤抱玑，駮蚌含珰。①

费振刚等辑校《全汉赋》作"駮蚌含珰"②，费振刚等校注《全汉赋校注》作"駮蚌含珰"，注释："駮，此指蚌壳的颜色混杂不纯。'駮'，'驳'的异体字。'蚌'，同'蚌'。"③文渊阁四库全书本作"駮蚌含珰"。

《全汉赋校注》解释说："宝玩：供人玩赏收藏的珍宝。玄蛤駮蚌：皆产于江河湖海之中有甲壳的软体动物，壳内有珍珠层或能产出珠。"④

可能也属于"宝玩"类者，《全汉赋校注》又自《韵补》四"烂"字、"焕"字注中辑出徐幹《齐都赋》文字：

> 隋珠荆宝，碨起流烂。彫琢有章，灼烁明焕。生民以来，非所视见。

既言"隋珠荆宝"，应非本地出产，这里强调的大概是"齐都"珠宝加工业的成就，即所谓"彫琢有章"。

前引《全汉赋校注》又自《韵补》一"鲨"字注中辑出《齐都赋》佚文："罝鱣鲥，网鲤鲨，拾蠙珠，籍蛟鼍。"其中"拾蠙珠"，《全汉赋校注》解释说："蠙珠，蚌珠。"⑤所说应与前引"其宝玩则玄蛤抱玑，駮蚌含珰"有关。

齐地海上水产"玄蛤抱玑，駮蚌含珰"的发现，以及"拾蠙珠"的生产方式，徐幹《齐都赋》的记述应当是最早的。稍晚的资料，我们看到《艺文类

---

① （唐）欧阳询撰，汪绍楹校：《艺文类聚》，重印中华书局上海编辑所 1965 年 12 月校刊本，上海：上海古籍出版社，1982 年，上册，第 1103 页。
② 费振刚、胡双宝、宗明华辑校：《全汉赋》，北京：北京大学出版社，1993 年，第 623 页。
③ 费振刚、仇仲谦、刘南平校注：《全汉赋校注》，广州：广东教育出版社，2005 年，下册，第 990、992 页。
④ 费振刚、仇仲谦、刘南平校注：《全汉赋校注》，广州：广东教育出版社，2005 年，下册，第 992 页。
⑤ 费振刚、仇仲谦、刘南平校注：《全汉赋校注》，广州：广东教育出版社，2005 年，下册，第 991、995 页。又解释"籍蛟鼍"，校注："籍：绳，系，缚。宋本《韵补》作'藉'。蛟：鲨鱼。鼍，大龟。"

聚》卷六一引晋左思《吴都赋》所谓"蟕蛤珠胎"。①这里说吴地东海产珠。人们熟知的"珠还合浦"的故事，即《后汉书》卷七六《循吏列传·孟尝》："（孟尝）迁合浦太守。郡不产谷实，而海出珠宝，与交阯比境，常通商贩，贸籴粮食。先时宰守并多贪秽，诡人采求，不知纪极，珠遂渐徙于交阯郡界。于是行旅不至，人物无资，贫者饿死于道。尝到官，革易前敝，求民病利。曾未踰岁，去珠复还，百姓皆反其业，商货流通，称为神明。"②这是说南海产珠。关于采珠生产的较早史料有扬雄《校猎赋》"方椎夜光之流离，剖明月之珠胎……"，颜师古注："珠在蛤中若怀妊然，故谓之胎也。"③而与徐幹《齐都赋》年代相近者又有曹植《七启》："弄珠蟀，戏鲛人。"④不过此"珠胎""珠蟀"均未知地点。徐幹《齐都赋》"拾蠙珠"及"玄蛤抱玑，駮䖟含珰"文句的意义，在于提示我们齐地海域亦"出珠宝"，与"合浦"类同。有生物学者指出，珠母贝（*Pteria*（*Pinctada*）*martensii*）产于我国南海。"广西合浦所产为最著名，汉代有合浦还珠的故事，故我国采珠事业至少已有 1700 年的历史。"⑤徐幹《齐都赋》显然提供了新的历史信息。

徐幹《齐都赋》"玄蛤抱玑"之所谓"玄蛤"，学名"蛤仔"（*Venerupisphilippinarum*），瓣腮纲，帘蛤科。"另种'杂色蛤仔'（*V.vaviegata*），也称'花蛤'。""壳面有排列细密的布纹，颜色和花纹变化很大，一般为淡褐色，并有密集的褐色、赤褐色斑点或花纹。""蛤仔"和"杂色蛤仔"即"花蛤"，"两种均生活在浅海泥沙滩中。我国南北沿海均产"。⑥也许"杂色蛤仔"或"花蛤"，就是徐幹《齐都赋》所谓"駮䖟"或"駮䖟"，即瓣腮纲帘蛤科海生动物中"蚌壳的颜色混杂不纯"者。

《史记》卷一二九《货殖列传》写道："江南出柟、梓、姜、桂、金、锡、

---

① （唐）欧阳询撰，汪绍楹校：《艺文类聚》，重印中华书局上海编辑所 1965 年 12 月校刊本，上海：上海古籍出版社，1982 年，上册，第 1107 页。
② 《后汉书》，北京：中华书局，1965 年，第 2473 页。
③ 《汉书》卷八七上《扬雄传上》载录《校猎赋》，北京：中华书局，1962 年，第 11 册，第 3650 页。
④ （唐）欧阳询撰，汪绍楹校：《艺文类聚》，重印中华书局上海编辑所 1965 年 12 月校刊本，上海：上海古籍出版社，1982 年，上册，第 1028 页。
⑤ 《辞海·生物分册》，上海：上海辞书出版社，1975 年，第 422 页。
⑥ 《辞海·生物分册》，上海：上海辞书出版社，1975 年，第 423 页。

连、丹沙、犀、瑇瑁、珠玑、齿革。"①可知据司马迁记述,"珠玑"产地与"枏、梓、姜、桂、金、锡、连、丹沙、犀、瑇瑁"及"齿革"等同样,原在"江南"。徐幹《齐都赋》所提供渤海海域出产"玑""珰"等"宝玩"的相关信息增进了我们对中国古代早期采珠史的认识。《北堂书钞》卷一三六《初学记》卷二六引刘桢《鲁都赋》:"纤纤丝履,灿烂鲜新。灵草寻梦,华荣奏口。表以文组,缀以珠蠙。"②所谓"珠履"战国时期已经成为上层社会服用时尚。③刘桢《鲁都赋》所见作为"丝履"装饰的"珠蠙"应与徐幹《齐都赋》"拾蠙珠"有关。此"珠蠙"或许来自齐地,也不能排除"鲁、东海"地方出产的可能。④

或说《管子·侈靡》"若江湖之大也,求珠贝者不令也"⑤之"珠贝"是

---

① 《史记》,北京:中华书局,1959年,第3253—3254页。
② 《北堂书钞》,第557页。费振刚、胡双宝、宗明华辑校:《全汉赋》及费振刚、仇仲谦、刘南平校注:《全汉赋校注》出处均误,作"录自《书钞》卷一四六"(第715页),"录自《书钞》一四六"(下册,第1127页)。《初学记》卷二六引刘桢《鲁都赋》:"纤纤丝履,灿烂鲜新。表以文綦,缀以朱蠙。"北京:中华书局,1962年,第3册,第629页。
③ 《史记》卷七八《春申君列传》:"赵使欲夸楚,为瑇瑁簪,刀剑室以珠玉饰之,请命春申君客。春申君客三千余人,其上客皆蹑珠履以见赵使,赵使大惭。"北京:中华书局,1959年,第2395页。
④ 对于《初学记》卷六引刘桢《鲁都赋》"巨海分焉",费振刚、仇仲谦、刘南平校注《全汉赋校注》的解释是"意思是大海离鲁都很远",广州:广东教育出版社,2005年,下册,第1127页。恐理解有误。对于《北堂书钞》卷一四六引刘公幹《鲁都赋》:"汤盐池东西长七十里,南北七里,盐生水内,暮去朝复生。""其盐则高盆连冉,波酌海臻。素醛凝结,皓若雪氛。""又有鹹池溁沉,煎炙赐春。燋暴渍沫,疏盐自殷。挹之不损,取之不动。"校注者却说:"汤盐池,犹今言晒盐场。高盆:此指巨大的浸盐场。高:巨大。盆:盛物之器,这里指盐场聚海水的低注处。连冉:此指浸盐场与大海紧紧相连。冉:渐进。波酌海臻:此指海水一次次冲到盐场上来。似被斟酌一般。""渍沫:此指海上盐场的海浪在烈日下变成浪珠高涌。""这两句说因海水取之不尽,所以盐滩也取之不减,岿然不动。与前面'盐生水内,暮去朝复生'句义相近。"下册,第1127页。可知刘桢写述"鲁都"形势,是包括海洋资源优势的。大概不会强调"大海离鲁都很远"。《北堂书钞》卷一四八引《古艳歌》云:"白盐海东来,美豉出鲁门。"第618页。也说到"鲁"与"海东"盐产的关系。汉代"鲁、东海"作为一个区域代号,又有《汉书》卷二八下《地理志下》"汉兴以来,鲁、东海多至卿相"及《汉书》卷五一《枚乘传》载枚乘说吴王语所谓"鲁、东海绝吴之饟道"等例证。第1663、2364页。
⑤ 洪颐煊云:"令"当作"舍",谓舍而去之。黎翔凤以为洪说谬,"此为'合'字。"黎翔凤撰:《管子校注》,北京:中华书局,2004年,中册,第722、725页。

"产珠之贝"。①如此说可信，则似可看作齐地采珠史早于徐幹《齐都赋》"玄蛤抱玑，骇蚌含珰"的史例。不过，"珠贝""产珠之贝"的解说似不确。《后汉书》卷三四《梁商传》："死必耗费帑臧，衣衾饭晗玉匣珠贝之属，何益朽骨。"李贤注："晗，口实也。《白虎通》曰'大夫饭以玉，晗以贝；士饭以珠，晗以贝'也。"②"珠贝"应即"珠"与"贝"。《隶释》卷四《桂阳太守周憬功勋铭》："其成败也，非徒丧宝玩、陨珍奇、朁珠贝、沬象犀也。"③"珠贝"大致是"泛指珍珠宝贝"。《太平御览》卷八〇七引《相贝经》："素质红黑谓之'珠贝。'"④可能也与"产珠"无关。

徐幹《齐都赋》所谓"其宝玩则玄蛤抱玑，骇蚌含珰"，既是海洋生态史的重要资料，也是海洋开发史的重要资料。

---

① 汉语大词典编辑委员会、汉语大词典编纂处编纂《汉语大词典》"珠贝"条："①产珠之贝，泛指珍珠宝贝。"书证即《管子·侈靡》："若江湖之大也，求珠贝者不舍也。"上海：汉语大词典出版社，1989年，第4卷，第547页。
② 《后汉书》，北京：中华书局，2005年，第1177页。
③ （宋）洪适撰：《隶释 隶续》，北京：中华书局，据洪氏晦木斋刻本1985年影印版，第55页。
④ 《太平御览》，第4册，第3588页。

秦至清皇权专制社会说的经济史论证

李振宏*

摘　要：秦至清皇权专制在经济领域的主要表现，是"溥天之下，莫非王土"，皇权对国土上的一切物产具有不容置疑的绝对支配权力。在两千年的帝制时代，"溥天之下，莫非王土"不是观念性的虚言，而是一种确定不移的事实，天下一切都被打上了皇权的印记。经济制度与经济法令一出于皇帝之口，无论是经济制度的制定，还是具体经济政策的发布，都可以看到皇权的随意性、皇帝意志的绝对性在其中起着决定性的作用。帝王随意滥施赏赐，可以看作是经济领域皇权专制的重要论据。皇权对土地、盐铁等特殊经济资源的刻意控制，出于制造臣民对之生存依赖的险恶目的，是《管子》"利出一孔"经济专制思想的典型表现。中国帝制时代只存在一般状况的财产私有制，臣民对私有财产的财产权，主要表现为占有权和使用权，是有条件的所有权，不是完全所有权或无条件的支配权。皇权支配天下财富的独断性，赐予的随意性，所有权的专属性，都体现着专制权力的秉性。

关键词：秦至清皇权专制社会说　经济专制　绝对皇权　财产所有权　帝王赏赐　盐铁专卖

秦至清社会性质问题讨论，是近20年来中国史学界重大问题讨论的最大热点，反映了人们对自身社会历史特殊性的热切关注。在此问题上，人们已经

---

* 李振宏，男，河南大学历史文化学院教授，主要研究方向为史学理论、中国文化史、秦汉史。

提出了"宗法地主专制社会"说、"国家体制式社会形态"说、"郡县制社会"说、"选举社会"说、"帝制农民社会"说、"君主专制和地主经济形态"说、以血缘关系和地缘性的农村公社为基础的宗法等级制社会说、"皇权官僚专制社会"说、"帝制农商社会"说等各种说法①，笔者赞成"皇权专制社会"说并已发表了系列论文②。本文从经济史角度论证"皇权专制社会"说，是该组论文的最后一篇。

经济领域的专制，主要表现为皇权统治下的"溥天之下，莫非王土"，臣民们没有真正属于自己的私有财产，皇权对国土上的一切物产具有不容置疑的绝对支配权力。公元前5世纪古罗马人民大会所制定的《十二铜表法》中，就明确提出了"财产所有权"概念，而中国秦至清的漫长时代中，一切归皇权所有的观念则是那么深厚。虽然在中国古代法律中，也有保护个人财产的条文，如对盗窃罪的惩治可以反面说明这个问题，但严格说来，我国古代却从来没有从法理上提出过财产权问题。法律对盗窃罪的惩罚，只能看做是对人的财产使用权的保护，而不是对所有权的保护，中国人没有所有权观念。古代中国皇帝的一纸诏书可以无条件剥夺任何人的任何财产甚至生命。管子曰："明王之所操者六：生之，杀之，富之，贫之，贵之，贱之。此六柄者，王之所操也。"③皇权对天下财产的绝对支配权力，亦即其独占性，是皇权专制在经济领域的基本表现。

---

① 这些研究，请参照冯天瑜：《封建考论》，上海：上海人民出版社，2006年；《文史哲》杂志举办"秦至清末：中国社会形态问题"高端学术论坛》，《文史哲》2010年第4期；许苏民：《自秦迄清中国社会性质是"宗法地主专制社会"吗？—与冯天瑜教授商榷》，《学术月刊》2007年第2期；赵轶峰：《明代中国历史趋势：帝制农商社会》，《东北师大学报》2007年第1期；等等文献。

② 笔者已发表的本组系列论文有：《从国家政体的角度判断社会属性》，《史学月刊》2011年第3期；《跳出社会形态思维，从国家政体角度看秦至清社会性质》，载李振宏主编：《朱绍侯九十华诞纪念文集》，开封：河南大学出版社，2015年；《秦至清皇权专制社会说的思想史论证》，《清华大学学报》2016年第4期；《秦至清皇权专制社会说的法制史论证》，《古代文明》2016年第3期；《从政治体制角度看秦至清社会的皇权专制属性》，《中国史研究》2016年第3期。本文是这组论文的最后一篇。至此，笔者关于秦至清的社会性质问题，已经从立论的学理性问题及官僚制度、经济制度、法律制度、思想史事实等几个方面，作了基本的历史论证，拟结集为《中国的皇权时代》一书出版，以结束近十年来对中国中古社会性质问题的痛苦思考。

③ 黎翔凤撰，梁运华整理：《管子校注》，北京：中华书局，2004年，第909页。

一、"溥天之下，莫非王土"：从观念到事实上的皇权独占性

在财产所有权问题上，中国人最普遍也最古老的观念，即是"溥天之下，莫非王土"。这种从观念到事实的财产皇权所有，其形成的逻辑，大概是先有事实，再有观念，而后入《诗》，成为简洁明确并朗朗上口的语言文字表述；而《诗》的广泛传播、吟诵，反过来又强化了这样的观念，再由观念促成对皇权独占性的广泛至全覆盖的社会认同。这个逻辑，我们很难做事实层面的完全复原，而我们的考察就从逻辑的第二个层面开始，从已经形成的诗化语言"溥天之下，莫非王土"，来考察这个皇权财产的独占性问题。

"溥天之下，莫非王土"出自《诗经·小雅·北山》："溥天之下，莫非王土。率土之滨，莫非王臣。大夫不均，我从事独贤。"此诗已经表达了王权独占性的观念，但其本意却不是表达一个关于财产所有权的诉求，而是一个人身政治权利的诉求问题，是在抱怨同在王土之上而人们所承担的赋役却如此不均。汉人的《毛诗序》说："《北山》，大夫刺幽王也。役使不均，己劳于从事，而不得养其父母焉。"《诗序》作者认为，《北山》之诗，其本意即是刺幽王时期的"役使不均"，郑玄对"溥天之下，莫非王土。率土之滨，莫非王臣"的笺注亦云："此言王之土地广矣，王之臣又众矣，何求而不得，何使而不行！……王不均大夫之使，而专以我有贤才之故，独使我从事于役。自苦之辞。"①的确，在《北山》原诗中，"溥天之下，莫非王土"的本意并不是在讲一个财产权的问题，《孟子》书中谈到这个问题时，表达的也是同样的意思。《孟子·万章上》载曰：

> 咸丘蒙曰："舜之不臣尧，则吾既得闻命矣。《诗》云：'普天之下，莫非王土。率土之滨，莫非王臣。'而舜既为天子矣，敢问瞽瞍之非臣，如何？"

---

① 《诗经·小雅·北山》，《毛诗正义》，十三经注疏整理本，北京：北京大学出版社，2000年，第931页。

曰："是诗也，非是之谓也；劳于王事，而不得养父母也。曰：'此莫非王事，我独贤劳也。'故说诗者，不以文害辞，不以辞害志……"①

孟子在回答咸丘蒙的执拗提问时，强调对诗的理解不要以文害辞，以辞害志，要领会诗的本意，不要咬文嚼字。从本意出发，孟子认为，这首诗就是强调王事不均的问题。既然天下之事都是王事，为什么"我独贤劳"呢？诗意并不是一定执拗于哪片土地是不是属于周王所有，哪个人是不是周王的臣民。尽管诗的本意不是表达一个所有权诉求，但该诗中也的确隐含了周王对于天下事物的独占性所有权问题，人们的确是有权做出这样的理解的，这样的理解也是完全符合思维逻辑的。事实上，从所有权的角度理解"溥天之下，莫非王土"之诗意，在春秋时期开始就已经出现了。《左传·昭公七年》载：

王将饮酒，无宇辞曰："天子经略，诸侯正封，古之制也。封略之内，何非君土。食土之毛，谁非君臣。故《诗》曰：'普天之下，莫非王土。率土之滨，莫非王臣。'"②

两个"何非"，把所有权的意义突出得极其鲜明。《吕氏春秋·孝行览第二》载曰：

舜之耕渔，其贤不肖与为天子同。其未遇时也，以其徒属堀地财，取水利，编蒲苇，结罘网，手足胼胝不居，然后免于冻馁之患。其遇时也，登为天子，贤士归之，万民誉之，丈夫女子，振振殷殷，无不戴说。舜自为诗曰："普天之下，莫非王土；率土之滨，莫非王臣。"所以见尽有之也。尽有之，贤非加也；尽无之，贤非损也。时使然也。③

这段话讲舜在天子前后的不同境遇。之前穷困潦倒，辛勤劳苦，以至于手脚都磨出老茧，才勉强免于冻馁之患。而一旦登为天子，便获得了天下的所有财富，所谓"尽有之"也。"尽有之"三个字，理解为所有权问题也不算是勉

---

① 杨伯峻译注：《孟子译注》，北京：中华书局，2005年，第215页。
② 李梦生：《左传译注》，上海：上海古籍出版社，2004年，第986页。
③ 《吕氏春秋》卷十四《孝行览第二·慎人》，四部丛刊初编本。

强吧。正是面对满天下的财富、资源，广土众民，帝舜才情不自禁地抒发出"溥天之下，莫非王土；率土之滨，莫非王臣"的荡气豪情。《吕氏春秋》的作者把这句诗用在这里，安插在帝舜的头上不一定妥当，但我们把它当作《诗》的征引看待的话，其表达所有权的用意不是很明确吗？这句诗话和"尽有之"三个字互训，所有权之意是明确的。这表明，在战国时期，也存在从所有权角度理解"溥天之下，莫非王土"的思想倾向。

在秦汉大一统之后，皇权进一步强化，从所有权角度去理解"溥天之下，莫非王土"就更是顺理成章了，也更为普遍，且历代并无异议。以下，我们征引不同时代人们对这句诗话的理解，以证土地、财物皇权所有之观念的极其深厚。《东观汉记》载：

> 司部灾蝗，台召三府驱之。司空掾梁福曰："普天之下，莫非王土，不审使臣驱蝗何之？灾蝗当以德消，不闻驱逐。"时号福为直掾。①

司空掾梁福，《后汉书》不载，也无他书可考。《东观汉记》原书失传，关于梁福奏谏之事是从《艺文类聚》中辑录而来，所以，很多信息不明，梁福的具体年代不得而知。此事就只能一般地视为东汉轶事。司部即司隶校尉部，所辖为京畿之地，这个地方发生了蝗灾，朝廷极为重视，命"三府驱之"，司空掾梁福则提出了异议。他认为，溥天之下无不是皇家所有，所有地面都是皇家的土地，难道把蝗虫驱赶出司隶校尉部，它到了其他地方，就不是危害汉家的庄稼了吗？所以，他认为，蝗灾只能以德消，以德感化天地，以天地之力消除蝗灾，而不能靠驱赶的方式。梁福以"德消"的说法是否荒唐，我们不去管他，要关注的是他反对采用驱赶方式的理论论据——"溥天之下，莫非王土"——天下无处不是皇家的土地，这是不是有所有权的意思呢？

《后汉书·宦者列传》载，灵帝时，中常侍吕强上疏陈事言："天下之财，莫不生之阴阳，归之陛下。"②吕强这句话被后世文献反复转引。"天下之财，归之陛下"可以看做是"溥天之下，莫非王土"的变文，这一观念的形成，反映着汉代皇权所有制观念的强化。

---

① （汉）刘珍等撰，吴树平校注：《东观汉记校注》下册，郑州：中州古籍出版社，1987年，第842页。
② 《后汉书》卷78《宦者列传》，北京：中华书局，1965年，第2532页。

《旧唐书》中载有唐高祖武德元年（618年）万年县法曹孙伏伽的奏章。是时，李渊刚坐天下，恣情享乐，频繁接受臣下敬献，并因此滥施赏劳。这样下去，帝王就很容易被小人所惑，不辨忠奸，危乱朝纲。于是，孙伏伽上书极谏：

> 陛下勿以唐得天下之易，不知隋失之不难也。陛下贵为天子，富有天下，动则左史书之，言则右史书之。既为竹帛所拘，何可恣情不慎。凡有搜狩，须顺四时，既代天理，安得非时妄动？陛下二十日龙飞，二十一日有献鹞雏者，此乃前朝之弊风，少年之事务，何忽今日行之！又闻相国参军事卢牟子献琵琶，长安县丞张安道献弓箭，频蒙赏劳。但"普天之下，莫非王土；率土之滨，莫非王臣"，陛下必有所欲，何求而不得？陛下所少者，岂此物哉！愿陛下察臣愚忠，则天下幸甚。①

孙伏伽劝高祖不要沉溺于这些奇珍异玩，说您已经贵为天子，普天之下，还有什么东西不是您的呢？只要陛下想得到的，无所不有，怎么能被臣下的这些敬献所迷惑呢？孙伏伽作为一个县法曹，一个地位极为低下，甚至算不上是官而只是个吏的身份，敢于上书直谏，并且所谏三事问题尖锐、言辞犀利，而且最后唐高祖还采纳了孙伏伽的意见并给予提拔，堪称唐代纳谏的一段佳话。所以，不仅《旧唐书》记载了此事，唐人笔记《大唐新语》中也有著录。而我们这里所关心的，依然是"溥天之下，莫非王土"的引用问题。孙伏伽说服唐高祖拒绝谄媚之臣敬献之举的理由，不是说皇帝绝对不可有欲望，而是说天下之物本来就是你的，陛下必有所欲，何求而不得？为什么要看重那些居心叵测的敬献呢？天下之物归皇权所有，被一个基层官吏用作论据，说明了它的不容置疑，说明它已经是一个极为普世化的观念。

宋代理学大家朱熹对"溥天之下，莫非王土"的征引，更有意味：

> 举程子说云："'性中只有个仁义礼智，何尝有孝弟来！'说得甚险。

---

① 《旧唐书》卷75《孙伏伽传》，北京：中华书局，1975年，第2634—2635页。关于孙伏伽奏谏的记载，又见唐人笔记文献（唐）刘肃撰，许德楠、李鼎霞点校：《大唐新语》，北京：中华书局，1984年，第18页。

自未知者观之，其说亦异矣。然百行各有所属，孝弟是属于仁者也。"因问仁包四者之义。曰："仁是个生底意思，如四时之有春。彼其长于夏，遂于秋，成于冬，虽各具气候，然春生之气皆通贯于其中。仁便有个动而善之意。如动而有礼，凡其辞逊皆礼也；然动而礼之善者，则仁也。曰义，曰智，莫不皆然。又如慈爱、恭敬、果毅、知觉之属，则又四者之小界分也。譬如'普天之下莫非王土'，固也。然王畿之内是王者所居，大而诸路，王畿之所辖也；小而州县市镇，又诸路之所辖也。若王者而居州镇，亦是王土，然非其所居矣。"又云："智亦可以包四者，知之在先故也。"①

朱熹回答弟子关于仁义礼智诸概念与"孝弟"的关系问题，竟也用上了"溥天之下，莫非王土"来作喻。在朱熹的观念里，仁在与义、礼、智的关系，进而与孝弟、慈爱、恭敬、果毅、知觉等的关系中，"是个生底意思"，即是个基础性的概念，其他诸概念都是由仁衍生出来的，在其他诸概念中都贯穿着"仁"之义。而"溥天之下，莫非王土"又如何与之相关而可以用来作喻呢？朱熹说，像天下之土，有王者所居之"王畿之地"，也有诸路、州县市镇所辖之地，而为什么说"溥天之下，莫非王土"呢？这里的"王土"就"是个生底意思"，王土是基础，王土与诸路、州县、市镇的关系，就和仁与其他诸伦理观念的关系一样，诸路、州县、市镇的土地，是在"王土"基础上的管辖之地，诸路、州县、市镇的所属性质并不否定王土的性质，或者说，天下所有诸路、州县、市镇所辖土地，归根到底都归皇权所有。伦理概念之间的关系，王土与诸路州县辖地的关系，本来是两类性质完全不同的问题，朱熹却将二者类比在一起，并且是用后者来说明前者。这说明在朱熹的时代，后者的关系最为普及，最好理解，即"溥天之下，莫非王土"——天下土地都归属皇权的观念，是人人都可以明白、不存在任何疑义的观念。

我们再来看一个明代的例子。《明史·李敏传》载有户部尚书李敏关于革除皇庄的一道奏章：

---

① （宋）黎靖德编，王星贤点校：《朱子语类》卷20《论语二》，北京：中华书局，1986年，第474页。

> 今畿辅皇庄五，为地万二千八百余顷；勋戚、中官庄三百三十有二，为地三万三千一百余顷。官校招无赖为庄头，豪夺畜产，戕杀人，污妇女，民心痛伤。灾异所由生。皇庄始正统间，诸王未封，相闲地立庄。王之藩，地仍归官，其后乃沿袭。普天之下，莫非王土，何必皇庄。请尽革庄户，赋民耕。亩概征银三分，充各宫用度。无皇庄之名，而有足用之效。至权要庄田，亦请择佃户领之，有司收其课，听诸家领取。悦民心，感和气，无切于此。①

皇庄是以皇室的名义管辖的土地。李敏极言皇庄之害，建议革除，撤皇庄而赋予民户耕种，征收租税以充皇室之需。李敏的奏章虽然说明了皇庄管理的乱象，说明其危害，但皇庄为什么可以革除，他所阐述的基本逻辑，仍然是"溥天之下，莫非王土"这个终极性的理由。既然天下所有的土地都是皇土，再要设置皇庄还有什么必要呢？而且由此还会造成逻辑上的混乱。

"溥天之下，莫非王土"，说的不仅仅是一个土地问题，它象征着所有天下财富。也就是说，这一观念所包含的真实含义，是天下财富归皇帝一人所有，为其独占；皇帝对天下财富具有任意支配的绝对权力。在传统文献中，在思想家的论说中，这一思想的表达是非常明确的。元代胡震的《周易衍义》中，关于卦十四《大有》卦辞及象传的相关传文有一段释义：

> 九三，公用亨于天子，小人弗克。象曰："公用亨于天子，小人害也。"
> 君子公其有，则能亨通于君；小人私其有，则不能亨通于君。九三，居下体之上，公侯之象，其德刚正，故其尊君亲上，忠诚贯通，所谓亨于天子者。盖曰：普天之下，莫非王土，吾不敢有其土也；率土之滨，莫非王臣，吾不敢有其臣也。蕃育黎庶，所以安吾君之民；作成人材，所以待吾君之用；丰厚货财，所以待吾君之需；训练兵卒，所以扬吾君之威。举其所有，无一不通乎君，曾无私己之心焉。②

---

① 《明史》卷185《李敏传》，北京：中华书局，1974年，第4894页
② （元）胡震撰，（元）胡光大续：《周易衍义》卷四，文渊阁四库全书，台北：台湾"商务印书馆"，1983年，第23册，第539页。

胡震明确强调了普天之下"举其所有,无一不通乎君"的思想。繁衍、富裕、安抚黎民百姓,是为了安定天子之民,巩固天子的统治;培育人才,是为培养辅弼之臣;发展经济、增殖财富,是为了满足君主的需要;训练兵卒,是为了显扬君主的权威。在帝制时代,一切都是为着皇权而设。天下之一切,在根本的意义上,都是属于皇帝一人之私产。明代丘濬的《大学衍义补》中,针对宪宗接受臣下敬献问题发表议论说:"溥天之下,莫非王土。凡土所生之物,何者而非天子之物乎?有之,固不足以为夸;无之,亦不足以为歉。"①这话说得再明确不过了,凡土所生万物,都属于天子所有。

以上我们从汉、唐、宋、明不同时期的例证,说明帝制时代的基本生产资料土地归皇家所有,皇权占有天下财富观念的根深蒂固和天经地义。在这一点上,可以说是从朝廷到民间最具广泛意义的社会共识,几乎看不到任何给予批判和否定的例子。虽然这是一种观念,但达成了共识性的观念,就必然造成客观上的事实。于是,"溥天之下,莫非王土"观念,就成了皇权对天下财富独占性的基本依据。这一点,已经在社会生活中,在具体的财产处置中,实实在在地起了作用。《宋史·忠义列传》载曰:

> 牵少与谢枋得游,会枋得起兵安仁,首拔入幕。执安仁令李景,景,牵里人也。景请得以家赀二万赎罪,牵曰:"普天之下,莫非王土。家财独非朝廷钱耶?"声其罪斩之。②

安仁令李景犯事,请以家资二万为自己赎罪,遭到了陈牵的拒绝。其拒绝的理由是,天下之财都属于皇家,你李景家的钱就不是朝廷的钱吗?怎么会有拿朝廷的钱财为你自己赎罪的道理?陈牵,南宋度宗咸淳元年(1265年)进士,应非不懂道理之人,也不应该是强词夺理之人,但其所言则似乎是那样的不通常理。李景犯事被抓,情愿以家资赎罪,按常理而言,官府有权不接受其赎罪的方式,但却不能不承认人家自身财产的合法性,怎么能用"溥天之下,莫非王土"这样一种一般性的观念,就否定了人家个人家产的自有性质呢?而

---

① (明)丘濬:《大学衍义补》卷22,文渊阁四库全书,台北:台湾"商务印书馆",1983年,第712册,第313页。
② 《宋史》卷454《忠义列传》,北京:中华书局,1985年,第13348页。

在这段记载中，陈牵的说法却没有受到质疑。如果说当事人迫于官府的强势而无力反抗，无力抗拒，而作为《宋史》的编纂者为什么也没有对这样的事情提出异议，给予评论呢？这是不是意味着陈牵的道理是成立的？如果陈牵的说法成立，是不是也反映了财富皇权所有在事实上的合法性、常规性？

宋代周密的《齐东野语》中也有类似的例子：

> 杨驸马赐第清湖，巨珰董宋臣领营建之事，遂拓四旁民居以广之。其间最逼近者，莫如太学生方大猷之居。珰意其必雄据，未易与语。一日，具礼物往访之。方延入坐，珰未敢有请，方遽云："今日内辖相访，得非以小屋近墙欲得之否？"珰愕不复对，方徐曰："内辖意谓某太学生，必将梗化，所以先蒙见及，某便当首献作倡。"就案即书契与之。珰以成契奏知，穆陵大喜，视其直数倍酬之。方作表谢，有云："普天之下，莫非王土；一毫以上，悉出君恩。"自此擢第登朝，皆由此径而梯焉。①

杨驸马扩建府第，而首先涉及太学生方大猷的民宅，领事者本来还在为如何劝说方大猷搬迁而作难，没想到方大猷主动将宅地献了出来。皇家感其慷慨、知礼，要给方大猷以数倍的酬谢，方大猷则上表答谢说，这是自己应该做的，因为"溥天之下，莫非王土"，自己府上的纤毫之物，也都是来自皇恩，本来就应该归皇家所有，自然就谈不上加倍赔偿。当然，自此之后，方大猷打开了仕途，擢第登朝，这使方大猷献宅之事有了投机的嫌疑，但方大猷不管出于何等动机，他拿出的理由总应该是正当的。这一事例也说明"溥天之下，莫非王土"的事实性意义，不仅仅是一个观念的问题。宋孝宗时，陈亮上书中说的"兵皆天子之兵，财皆天子之财，官皆天子之官，民皆天子之民"②，看来不是观念性的虚言，而是确定不移的事实。的确，在那样的时代，天下一切都是被打上了皇权印记的，皇权对天下财富的最终独占性，是个不容置疑的事实。

---

① （宋）周密撰：《齐东野语》卷18《方大猷献屋》，北京：中华书局，1983年，第331—332页。
② 《宋史》卷436《儒林列传》，北京：中华书局，1985年，第12933页。

二、经济制度与经济法令一出于皇帝之口

对于社会历史的发展来说,最不受个人意志控制的力量,是经济发展的内在逻辑,是经济自身运动的必然性。用马克思的话说,就是社会经济的发展是一种自然的历史过程,非人力所能为。经济领域是最不受人力控制的历史场域。但是,这并不排斥政治权力对经济的干预,特别是在帝制时代,至高无上的皇权,总是要对经济发号施令,不管它的结果是好是坏。所以,我们看到,历史上不少经济政策的制定或推行,并不是皇权政府对经济发展趋势研究的结果,而往往取决于皇帝本人的意志或好恶,有些政策甚至与皇帝本人在特定场合的情绪相关联。

在大多数情况下,帝制时代的经济政策制定,是由大臣提出问题,群臣廷议,皇帝择善而从,形成诏令、敕文,定为制。无论这个过程如何地集思广益,兼听众臣,而最后必须是皇帝一人拍板,以帝言为是。这是专制时代一切制度、法令形成的必然逻辑。这虽然在形式上是专制,而廷议、群臣商议的过程,毕竟会在一定程度上避免随意性。但是,如果皇帝已经形成了自己的看法,由皇帝自己提出的问题交付大家讨论,那廷议就仅仅沦为形式了,不违圣命是那个时代的政治法则。西汉经济史上影响甚巨的杨可告缗,即是皇帝带有情绪化的经济决策。

杨可告缗的全部背景性材料,从《史记·平准书》中都可以看到。最初的起因,当然是国家财政的需要,这是没有疑义的,确然不是武帝一时的兴致所发,但是不是国家财政匮乏、战事急需就可以违背经济规律,就可以为所欲为呢?任何客观上的因素,都不应该成为专制权力为所欲为的辩护词。让我们来解剖一下这个杨可告缗,来看看帝制时代经济生活中的专制权力因素,是如何改变经济的运行方向,而造成不可逆转的社会危害!

《平准书》在写杨可告缗之前,反复交代、铺垫了国家对工商业者的剥夺已经在所难免。告缗旨在解决当时应对战争需要的财政危机。汉武帝从元光二年(前133年)开始至元狩四年(前119年),先后十余次出征匈奴,特别是元朔二年(前127年)、元狩元年(前122年)、元狩四年(前125年)的三大

战役，动辄十几万、几十万大军，转漕车甲之费，军功赏赐之需，使国库府藏，连连告罄，《平准书》对此的记载可谓连篇累牍：

> 又兴十万余人筑卫朔方，转漕甚辽远，自山东咸被其劳，费数十百巨万，府库益虚。
>
> 遣大将将六将军，军十余万，击右贤王，获首虏万五千级。明年，大将军将六将军仍再出击胡，得首虏万九千级。捕斩首虏之士受赐黄金二十余万斤，虏数万人皆得厚赏，衣食仰给县官；而汉军之士马死者十余万，兵甲之财转漕之费不与焉。于是大农陈藏钱经耗，赋税既竭，犹不足以奉战士。
>
> 其明年，大将军、骠骑大出击胡，得首虏八九万级，赏赐五十万金，汉军马死者十余万匹，转漕车甲之费不与焉。是时财匮，战士颇不得禄矣。①

这期间又夹杂严重的天灾水患，一是黄河在东郡的连续决口，治河与灾民安置；二是渭河流域大规模开挖漕渠工程；三是山东地区发生了严重水灾，灾民安置问题耗费甚巨。这些都更加重了政府的财政危机。《平准书》记曰：

> 初，先是往十余岁河决观，梁楚之地固已数困，而缘河之郡堤塞河，辄决坏，费不可胜计。其后番系欲省底柱之漕，穿汾、河渠以为溉田，作者数万人；郑当时为渭漕渠回远，凿直渠自长安至华阴，作者数万人；朔方亦穿渠，作者数万人；各历二三期，功未就，费亦各巨万十数。
>
> 山东被水灾，民多饥乏，于是天子遣使者虚郡国仓廪以振贫民。犹不足，又募豪富人相贷假。尚不能相救，乃徙贫民于关以西，及充朔方以南新秦中，七十余万口，衣食皆仰给县官。数岁，假予产业，使者分部护之，冠盖相望。其费以亿计，不可胜数。②

连年的征伐战争和严重的天灾水患，以及大规模的水利工程建设，的确把

---

① 《史记》卷30《平准书》，北京：中华书局，1959年，第1423—1428页。
② 《史记》卷30《平准书》，北京：中华书局，1959年，第1424—1425页。

政府财政推到了崩溃的边缘。政府府库极端亏空,有钱的富商大贾"或财累万金,而不佐国家之急",面对这样的财政危机,汉武帝按照正常的政务机制,主持了两次廷议,采取了相应之对策。一次是"天子与公卿议,更钱造币以赡用,而摧浮淫并兼之徒",但这次更钱造币的结果并不理想,于是有了第二次的方案对策,这就是提出了算缗和告缗的问题。《平准书》载曰:

> 商贾以币之变,多积货逐利。于是公卿言:"郡国颇被灾害,贫民无产业者,募徙广饶之地。陛下损膳省用,出禁钱以振元元,宽贷赋,而民不齐出于南亩,商贾滋众。贫者畜积无有,皆仰县官。异时算轺车贾人缗钱皆有差,请算如故。诸贾人末作贳贷卖买,居邑稽诸物,及商以取利者,虽无市籍,各以其物自占,率缗钱二千而一算。诸作有租及铸,率缗钱四千一算。非吏比者三老、北边骑士,轺车以一算,商贾人轺车二算;船五丈以上一算。匿不自占,占不悉,戍边一岁,没入缗钱。有能告者,以其半畀之。贾人有市籍者,及其家属,皆无得籍名田,以便农。敢犯令,没入田僮。"①

这一经济政策是直接针对工商业阶层的,加重了对全部工商业者的国家税负,并提出对隐匿财产而不如实申报者严厉的制裁措施,特别是鼓励对隐匿财产者的告发(后称之为"告缗")行为 ②。除了制定这样严酷的经济立法之外,汉武帝也还采取了一些正面的引导措施,比如,表彰急国家之所急、捐献财物以解国家之危的卜式,给富商大贾树立正面典型。

卜式,河南人,以田畜为事,见国家急难,主动提出"愿输家之半县官助边",但被丞相公孙弘怀疑其有不良动机而置之不理。后卜式在国家最困难之时,又出钱二十万,捐赠地方政府,上了河南郡守编制的"富人助贫人者"名籍,被汉武帝发现。汉武帝即刻抓住这个典型传示天下:

---

① 《史记》卷30《平准书》,北京:中华书局,1959年,第1430页。此算缗令的公布,根据《平准书》推算,应是元狩四年。
② 学界对于缗钱的算法,一算究竟是多少钱,"二千而一算"该如何理解,甚至这一政策的制定及推行时间等问题,有不少争议,而这些问题不属于本文讨论的范围,我们仅就这一政策的制定行为本身而论,所以,不去涉及这些具体的讨论。

天子乃思卜式之言，召拜式为中郎，爵左庶长，赐田十顷，布告天下，使明知之。
　　是时富豪皆争匿财，唯式尤欲输之助费。天子于是以式终长者，故尊显以风百姓。①

汉武帝希望天下富商大贾都能像卜式这样急政府之所急，捐献财富，以佐国家征伐之役，帮助政府渡过难关。但是，这一切措施看起来都没有奏效。这不能不给汉武帝刘彻以莫大的刺激。于是，武帝决定把前次所制定的政策中的"告缗"拿出来，强行推广。

　　天子既下缗钱令而尊卜式，百姓终莫分财佐县官，于是告缗钱纵矣。②
　　（元鼎三年）十一月，令民告缗者以其半与之。③

《史记·平准书》所言的"于是告缗钱纵矣"，其时间是元狩六年（前117年），是在算缗令及武帝尊崇卜式布告天下之后两年，其行文完全可以推测，此次推行告缗的因由，是武帝有感于几次行动未达目的才做出的升级举措。《平准书》记载此次告缗令的推行，已没有了前次制定政策时的"天子与公卿议"、"公卿言"等文字表述，以表明是武帝皇权意志的直接决断。所以，这次大规模强制推行告缗令，是武帝个人意志、专断权力的一次突出表演。其后三年，即元鼎三年（前114年），政府再次强调推行告缗令，突出"告缗者以其半与之"的奖励告缗政策。《汉书·武帝纪》对元狩四年（前119年）的算缗告缗令没有记载，却单单列入了此次"告缗者以其半与之"的重大举措，既反映了武帝推行此事的决心，也反映了这是武帝本人的最高决策。自此以后，算缗告缗令就切切实实地大规模展开了。

此次再推告缗令，所以能够实施开来，与其手段之严酷、恐怖有关。所有专制政治都是通过残酷、血腥的手段去推行的，此次告缗也不例外。名为

---

① 《史记》卷30《平准书》，北京：中华书局，1959年，第1431—1432页。
② 《史记》卷30《平准书》，北京：中华书局，1959年，第1434页。
③ 《汉书》卷6《武帝纪》，北京：中华书局，1962年，第183页。

杨可告缗，但杨可此人，史载不详，所明确者是武帝把对藏匿财产者的处罚，交给了酷吏杜周。杨可领告缗，杜周管治狱。杜周何其人也？《汉书·杜周传》载：

> 周少言重迟，而内深次骨……其治大抵放张汤，而善候司。上所欲挤者，因而陷之；上所欲释，久系待问而微见其冤状……至周为廷尉，诏狱亦益多矣。二千石系者新故相因，不减百余人。郡吏大府举之廷尉，一岁至千余章。章大者连逮证案数百，小者数十人；远者数千里，近者数百里。会狱，吏因责如章告劾，不服，以掠笞定之。①

按照班固的描述，杜周其人，天性似乎并不敏速，但用法则深刻至骨。善于看天子脸色而决狱。天子要排挤的人，就构陷罪名而治之；天子不欲治罪的人，就拖延判决，慢慢找出其"冤情"而释之。在他任廷尉期间，诏狱人满为患。仅是逮捕二千石级别的高官，就不下百余人。各地郡国，丞相、御史之府，有大案都转送廷尉杜周处理，一年之间多者达上千件。这些案件，大者涉及数百人，小者也牵涉数十人。不管什么案件，凡被控而逮至狱者，都以告劾之罪审验，不服者重刑伺候，最后无不定罪结案。此次武帝就是要利用杜周治狱之血腥，去实现其专制意志。杜周也确实不负所望，《平准书》关于这次推行告缗令中杜周的表现，用了八个字来描述："杜周治之，狱少反者。"凡是因告缗而入狱者，不管你是否是被诬告，少有能活着出来的，都定成了铁案。这样，专制决策附之以血腥手段，武帝的胜算就是必然的了。

那么，这次告缗最后取得了什么样的社会效果呢？《平准书》说：

> 杨可告缗遍天下，中家以上大抵皆遇告。杜周治之，狱少反者。乃分遣御史廷尉正监分曹往，即治郡国缗钱，得民财物以亿计，奴婢以千万数，田大县数百顷，小县百余顷，宅亦如之。于是商贾中家以上大率破，民偷甘食好衣，不事畜藏之产业，而县官有盐铁缗钱之故，用益饶矣。②

---

① 《汉书》卷60《杜周传》，北京：中华书局，1962年，第1659页。
② 《史记》卷30《平准书》，北京：中华书局，1959年，第1435页。

看来，武帝的意愿是达到了。此次算缗告缗"得民财物以亿计"，政府"有盐铁缗钱之故，用益饶矣"，府库是充溢了，但此次对工商业者的野蛮剥夺，对社会经济的发展，则是造成了巨大的破坏，由皇权专断做出的野蛮决策，不可能带来好的社会效果。著名汉史专家安作璋先生在《汉武帝大传》中评论此次事件说："告缗也给社会经济留下了严重的后果。其一，告缗使中等以上的商人和手工业主大都破产，不仅商业贸易、手工业制造败落，而且纳税大户也大大减少了。其二，告缗搞得人心惶惶，不敢再置办产业，有了钱就挥霍掉，史称'民媮甘食好衣，不事畜臧之业'，并一度出现'商者少，物贵'的现象，迟滞了商品经济的发展。"①

也有学者从中国历史发展的整体性过程出发，评价汉武帝行算缗告缗令的严重危害：

> 这场斗争对中国历史的发展起了十分反动的作用。商品经济遭到了空前的浩劫，几乎所有的主要商品经济部门均被收归官营。这不仅极大地提高了各级封建统治机构的自给自足程度，也大大地削弱了整个社会的经济联系。它还产生了极其深远的影响。自此之后，获得土地成了工商业者的唯一出路，他们也就成了地主阶级的一员，所谓独立工商业者已不再是一个不可忽视的阶级了。而整个工商业也就被纳入了为农牧业、为自给自足、为兼并土地服务的轨道。各种自给自足的成分在告缗令施行后获得良好的条件，自然迅速地成长起来，以致到了东汉，货币经济已基本上为实物经济所取代，自然经济实现了全面的复辟。②

这位学者还认为，"商品经济的高度繁荣，工商业者的经济实力和政治力量的日益发展是当时形势总的特点。特别值得指出，这种局面与15世纪左右的西欧和倒幕前的日本的形势颇有相似之处"③，而汉武帝的算缗告缗则最终打断了中国帝制时代商品经济的发展进程。笔者也有同感，曾经在一篇文章中说："《史记·货殖列传》是一首慷慨激昂的致富歌，是那个时代的高亢歌吟。

---

① 安作璋、刘德增：《汉武帝大传》，北京：中华书局，2005年，第328页。
② 毕道村：《告缗令对中国封建社会商品经济发展的影响》，《学习与探索》1987年第3期。
③ 毕道村：《告缗令对中国封建社会商品经济发展的影响》，《学习与探索》1987年第3期。

在经历了"文化大革命"时期对人的私欲、发家致富观念的彻底扼杀之后,再来读《货殖列传》,你会感到这篇文献真的有一种激动人心的力量。从《货殖列传》看,如果说这个时代有什么突出的亮点的话,那就是致富,发财,采取一切手段、方式和途径!"①但遗憾的是,汉武帝的独断决策,最终葬送了这个商品经济蓬勃发展的时代,对中国后世经济的发展,产生了无可估量的影响。

专制权力对经济的控制、影响及其蛮横干预,汉武帝的算缗告缗令算是一个典型的案例了。但是,以往的研究中,人们却总是站在所谓国家的立场上为其辩护,好像汉武帝算缗告缗也是不得已而为之,是对商人唯利是图、不佐国家之急的极端自私行为的应该的惩罚。但仔细分析,这样看问题行吗?

汉武帝最初的算缗令行不通是有其政策本身的原因的。其一,此次算缗,不是仅仅对工商业者的商业行为征税,而是算及不进入流通领域的财产,这超出了人们的认知范围,是一种赤裸裸的掠夺,人们不能接受;其二,算及无市籍者,波及面太大,也不符合传统的抑商政策,人们不好接受;其三,禁止有市籍的商人及其子女拥有土地和仆人,违者罚没其财产,法令本身就没有道理;其四,隐匿财产而逃避税收,是人的本性释然,可以适度处罚或合理引导,而完全没收财产则过于严苛而不得人心;其五,最重要的,在征收方式方法上存在缺陷,并非完全是商人自己的问题。此次征收算缗钱,其性质大抵属于财产税的范畴,从经济学的道理出发,应该属于地方税,而政府则将之作为国家税来征收,导致地方政府积极性不高,从客观上为纳税人的逃税避税留下通道,也使其逃税避税之侥幸心理得到激励。凡此种种,都决定了算缗告缗令的最初执行是不可能顺利或成功的。但拥有无上权力的专制独裁者则不去分析自身的问题,他所考虑的只是自己权力的神圣性,只是权力的威严。所以,当这种强权肆虐的时候,问题就必然地产生了。在算缗告缗令决策与实行的整个过程中,专制权力的行使和危害,的确可以看作是表征帝制时代经济专制主义的一个典型案例。

北宋时期的一项税收政策方田均税法几次兴废,也是一个皇权意志支配经济政策的绝好例证。

宋代赋税制度沿袭唐代的两税法,而两税法正常运行的前提是核实田产数

---

① 李振宏:《两汉社会观念研究——一种基于数据统计的考察》,《史学月刊》2014年第1期。

额。但是，拥有大量田产的形势之家，却总是以各种方式隐括田产，逃避税负，致使国家土地税收大量流失，税赋严重不均，方田均税法就是针对税赋不均与税赋流失而推出的一项土地税收政策。

根据《续资治通鉴长编》的记载，方田均税法起源于仁宗时期大理寺丞郭谘发明的"千步方田法"。该书载曰：

> 初（景祐年间），洺州肥乡县田赋不平，久莫能治，转运使杨偕患之。大理寺丞郭谘曰："是无难者，得一往可立决也。"偕即以谘摄令，并遣秘书丞孙琳与共事。谘等用千步方田法，四出量括得其数，除无地之租者四百家，正无租之地者百家，收逋赋八十万，流民乃复。及王素为谏官，建议均天下田赋，欧阳修即言谘与琳方田法简而易行，愿召二人者三司，亦以为然，且请于亳、寿、汝、蔡四州，择尤不均者均之。于是遣谘与琳先往蔡州，首括上蔡一县，得田二万六千九百三十余顷，均其赋于民。既而谘言，州县多逃田，未可尽括，朝廷亦重劳人，遂罢。①

材料说明，郭谘和孙琳推行的千步方田法是切实可行的，是见到了效果的。正是见到了它的切实可行，谏官王素才建议把它推广到全国各地。欧阳修建议拥有实际经验的郭谘与孙琳参与推广事宜，建议由此二人会同三司，在亳、寿、汝、蔡四州试行。欧阳修为此事专门上了《论方田均税札子》，书云：

> 臣窃见近有臣僚上言均天下税赋，已送三司商量施行。臣尝闻自前诸处亦曾有均税者，多是不知均定之术，或严行刑法，或引惹词讼，或奸民欺隐，或官吏诛求，税未及均，民已大扰。臣前任通判滑州日，有秘书丞孙琳与臣同官。其人言先差往洺州肥乡县与郭咨均税，创立千步方田法，括定民田，并无欺隐，亦不行刑罚，民又绝无词讼。其时均定税后，逃户归业者五百余家，复得税数不少，公私皆利，简当易行。其千步均田法，自有制度二十余条。臣在滑州时，因闻此事，遂略行体问邻近州军，大率

---

① （宋）李焘：《续资治通鉴长编》卷 144，庆历三年十月丁未，北京：中华书局，2004 年，第 3482 页。

税赋失陷一半，方欲陈述，乞行琳等均田之法。今来已有臣寮上言均税事，窃虑未得千步方田简当之法。其孙琳见任滑州职官，郭谘为崇仪副使在外，欲乞召此二人，送三司令一处商量。①

欧阳修亲耳听到了孙琳对他与郭谘早年在洺州肥乡县推行千步方田法的情况说明，其效果确实很好，"公私皆利，简当易行"，并且有制度性的规定二十余条，有切实可行的措施可以推广。《长编》中的材料也说明，在谏官王素建议"均天下田赋"，欧阳修建议由有实际经验的郭谘和孙琳会同三司一起参与推广千步方田法的情况下，朝廷也确实考虑了把千步方田法推行全国的问题，并选定了在亳、寿、汝、蔡四州试行。但是，当郭谘他们在蔡州的推行初有收获并遇到困难的时候，朝廷则选择了"遂罢"，最终搁置了千步方田法的推行。一个原本可以收到良好效果的土地税收方案，由于不能得到皇权的强力支持而最终废止。千步方田法，有切实方案，有实践经验，有制度性设计，有成功案例，而最终被废止，为什么是这样的结局呢？其实，缺少的仅仅是政府的决心和勇气，仅仅是来自皇权的强力支持。皇权对这一经济政策的推行，起着最终的决定性作用。

反向的事实很快证明了这一点。欧阳修上"方田均税札"是庆历三年（1043年），将近30年后的熙宁五年（1072年），宋神宗任用王安石推行新法，其方田均税法便是新法的基本内容之一。《宋史·食货志》载其事曰：

> 神宗患田赋不均，熙宁五年，重修定方田法，诏司农以《均税条约并式》颁之天下。以东西南北各千步，当四十一顷六十六亩一百六十步，为一方；岁以九月，县委令、佐分地计量，随陂原平泽而定其地，因赤淤黑垆而辨其色；方量毕，以地及色参定肥瘠而分五等，以定税则；至明年三月毕，揭以示民，一季无讼，即书户帖，连庄帐付之，以为地符。
>
> 均税之法，县各以其租额税数为限，旧尝收蹙奇零，如米不及十合而收为升，绢不满十分而收为寸之类，今不得用其数均摊增展，致溢旧额，凡越额增数皆禁。若瘠卤不毛，及众所食利山林、陂塘、沟路、坟墓，皆

---

① （宋）欧阳修：《欧阳修全集》卷130，北京：中华书局，2001年，第1574—1575页。

不立税。

> 凡田方之角，立土为堠，植其野之所宜木以封表之。有方帐，有庄帐，有甲帖，有户帖，其分烟析产、典卖割移，官给契，县置簿，皆以今所方之田为正。令既具，乃以济州巨野尉王曼为指教官，先自京东路行之，诸路仿焉。①

经济形势没有发生任何实质性的变化，但皇帝变了，仁宗换成了神宗，神宗要变法，加之本次设计的方田均税方案，合情合理，方便易行，公正透明，于是方田均税法便顺利推开，力行十余年而产生了良好的效果。但很快，皇帝又变了。

元丰八年（1085年）三月，神宗驾崩，哲宗赵煦即皇帝位。同年冬十月，"丙戌，罢方田"②。本来哲宗年少，是无力做出这样重大决策的，但此时是太皇太后摄政，"权同处分军国事"，掌握实际上的皇权。于是，太皇太后就从她的政治立场出发，在神宗尸骨未寒之时，断然改变国家重大经济政策，罢黜神宗推行的方田均税法。

同样的性质，徽宗赵佶即位后政治倾向又翻转过来，也仅仅是在哲宗死后三年多的时间，崇宁三年（1104年）秋七月，"辛卯，行方田法"③，方田均税法又被再度推行。

在几十年的时间里，国内经济形势没有变化，而其财政税收政策方田均税法却几经兴废，原因何在？是什么力量在决定其兴废？显而易见，是皇权这个绝对权力在起着决定性的也是直接的作用。谁当皇帝谁说了算，无所谓道理可言。在经济领域里专制权力的作用，再次得到确证。

以上所举汉、宋两个例证，反映了具体经济政策的制定问题，皇权的随意性、皇帝意志的绝对性，都在其中起了决定性的作用。其实，帝制时代一切基本的经济制度，由于其决策程序，都决定了出于皇权之手、帝王之口的专制特性。有什么经济制度不是由皇帝颁发诏书的形式推行的呢？不管这种制度经历了多少人的建言或讨论（即所谓廷议），不经过皇帝本人的最后拍板，都是不可能形成的。哪怕是在极特殊的情况下，皇帝极不情愿地服从了群臣的意愿，

---

① 《宋史》卷174《食货志》上二，北京：中华书局，1985年，第4199—4200页。
② 《宋史》卷17《哲宗本纪一》，北京：中华书局，1985年，第330页。
③ 《宋史》卷19《徽宗本纪一》，北京：中华书局，1985年，第370页。

而在形成结果的时候,也必须是在形式上得到了皇帝的肯定。人们从来不可能看到在皇帝的朝堂之上,通过举手表决来决定什么事情的情况发生。这个决策程序机制,就是皇权专制的属性使然。君主专制最大最显著的特点,就是不允许有超越皇权的权力或力量,不管你是少数人还是多数人。

三、滥施赏赐,经济领域皇权专制的重要论据

在帝制时代,拿天下财物私情恣肆,滥施赏赐,是皇权把天下财富看做己物而专断支配的有力证据。当然,在"朕即国家"的时代,什么是国家赏赐,什么是皇帝个人的私情赏赐,在某些时候的确是不好区分的,但并不是不能区分。国家赏赐是从国家利益出发,给予对国家、民族做出重大贡献的人员的奖赏,这种奖赏虽然也是由皇帝赐予的形式颁发的,但其性质是赏及于有功,它有功勋业绩之依据,是正当的;而皇帝个人的私情赏赐,则是没有功勋业绩依据,完全凭皇帝本人的兴之所至而随意赏赐或赠与,即慎到批评的"君人者,舍法而以身治,则诛赏予夺,从君心出矣"①。"从君心出"是判断是否滥施赏赐的基本标准。

在整个帝制时代,皇权专断、滥施赏赐的问题都非常突出。最近一些年来,学界对此有不少研究,特别是出现了一批研究该问题的硕士、博士学位论文②,对历朝历代滥施赏赐的具体情况梳理得非常详尽,情状触目惊心。我们仅以汉代为例,来分析这一问题。

汉初最典型的滥施赏赐的例子,莫属汉文帝对嬖幸邓通的赐予。邓通之受文帝宠幸,理由非常荒唐。文帝夜里做梦,梦到一个人能推着他上天,第二天就按照梦中那个人的相貌寻找推他上天的人,结果就找到了邓通。文帝仅仅因私情喜欢邓通,就"赏赐通巨万以十数,官至上大夫";"赐通蜀严道铜山,得

---

① (战国)慎到撰,钱熙祚校:《慎子》,诸子集成本,上海:上海书店,1986年,第6页。
② 近年关于赏赐问题的硕博论文,主要有刘静波:《两汉皇帝赏赐问题研究》,吉林大学硕士学位论文,2004年;彭康华:《唐代物质赏赐研究》,西南师范大学硕士学位论文,2004年;王艳:《宋朝物质赏赐研究》,河南大学博士学位论文,2013年;庄赢:《明代皇帝赏赐问题探析》,西南师范大学硕士学位论文,2012年;等等。

自铸钱。邓氏钱布天下，甚富如此"①。

像文帝对邓通这样荒唐的私情赏赐，武帝时期也有发生。《汉书·佞幸传》说武帝对韩嫣"赏赐儗邓通"。另一个皇帝之嬖幸的典型是哀帝时期的董贤。哀帝曾一次赐给董贤土地二千余顷②，而且给董贤建造豪华府第，极尽奢侈。《汉书·佞幸传》载："诏将作大匠为贤起大第北阙下，重殿洞门，木土之功穷极技巧，柱栏衣以绨锦。下至贤家僮仆皆受上赐，及武库禁兵，上方珍宝。其选物上第，尽在董氏，而乘舆所服乃其副也。及至东园秘器，珠襦玉柙，豫以赐贤，无不备具。"③董贤死后抄其家，"县官斥卖董氏财凡四十三万万"，这是在仅仅三年多时间里得自皇帝的赏赐。至高无上的皇权，对天下财富的私情挥霍、随意支配，达到了多么令人吃惊的程度！

除了对嬖幸的赏赐，皇帝对一般所看重的大臣，也滥赐无度，仅举几例：

《汉书·张禹传》载，汉元帝对宰相张禹，"数加赏赐，前后数千万"。④

《汉书·杜延年传》载，杜延年"居九卿位十余年，赏赐赂遗，赀数千万"。⑤

《后汉书·郭皇后传》载："帝数幸其第，会公卿诸侯亲家饮燕，赏赐金钱缣帛，丰盛莫比，京师号况家为'金穴'。"⑥

《后汉书·窦融列传》载，窦融之侄窦固，"久历大位，甚见尊贵，赏赐租禄，赀累巨亿"。

《后汉书·光武十王列传》载，明帝、章帝时期，东平宪王刘苍多次接受赏赐，数目惊人。计有永平五年（62年），"加赐钱五千万，布十万匹"；永平六年（63年），"特赐宫人奴婢五百人，布二十五万匹，及珍宝服御器物"；永平十五年（72年），"赐苍钱千五百万，布四万匹"；建初元年（76年），"特赐王钱五百万"；建初七年（82年）正月，"特赐装钱千五百万"；同年三月，"复

---

① 《汉书》卷93《佞幸传》，北京：中华书局，1962年，第3722—3723页。
② 《汉书》卷86《王嘉传》载："诏书罢菀，而以赐贤二千余顷，均田之制从此堕坏。"北京：中华书局，1962年。
③ 《汉书》卷93《佞幸传第六十三·董贤》，北京：中华书局，1962年，第3733—3734页。
④ 《汉书》卷81《张禹传》，北京：中华书局，1962年，第3349页。
⑤ 《汉书》卷60《杜延年传》，北京：中华书局，1962年，第2665页。
⑥ 《后汉书》卷10上《皇后纪第十上·光武郭皇后》，北京：中华书局，1965年，第403页。

赐乘舆服御，珍宝舆马，钱布以亿万计"。①

皇帝完全凭着自己的性情，恣情赏赐，这些财富是从哪里来的呢？当然是国库。在西汉，名义上皇室的开支有自己的独立财务，管理皇室财务的机构叫"少府"。《汉书·百官公卿表》说："少府，秦官，掌山海池泽之税，以给供养。"②也就是说，天下之山海池泽之税，是供给皇室开支的。管理国家财政的经济部门叫大司农，《后汉书·百官志》曰："掌诸钱谷金帛诸货币，郡国四时上月旦见钱谷薄，其逋未毕，各具别之。边郡诸官请调度者，皆为报给，损多益寡，取相给足。"③尽管以天下山海池泽之税供养天子、皇室，已经体现了皇权对天下财富的垄断性独占，但如果确能保持少府、大司农开支的明确划分，并且把皇帝的私情赏赐划定在少府支出的范围，确如《汉书·毋将隆传》所说，"大司农钱自乘舆不以给共养，共养劳赐，壹出少府。盖不以本臧给末用，不以民力共浮费"④；确如颜师古注《急就篇》所云："司农领天下钱谷，以供国之常用，少府管池泽之税及关市之资，以供天子"⑤，那么，也还算管理有序，赏赐所出有名。但问题是，权力至上的皇权，附之以"溥天之下，莫非王土"的普世性理念，皇帝实际上对用于赏赐的钱与物的支配，是不受少府财务限制的，赏赐所出，即使出于国库之大司农，也极为正常。《史记·平准书》中，武帝时期就频见有关于赏赐取之国库大司农的记载：

（元朔六年）大将军将六将军仍再出击胡，得首虏万九千级。捕斩首虏之士受赐黄金二十余万斤，虏数万人皆得厚赏，衣食仰给县官；而汉军之士马死者十余万，兵甲之财、转漕之费不与焉。于是大农陈藏钱经耗，赋税既竭，犹不足以奉战士。

（元狩四年）大将军、骠骑大出击胡，得首虏八九万级，赏赐五十万金，汉军马死者十余万匹，转漕车甲之费不与焉。是时财匮，战士颇不得禄矣。

（元封元年）天子北至朔方，东到太山，巡海上，并北边以归。所过

---

① 《后汉书》卷42《光武十王列传》，北京：中华书局，1965年，第1433—1441页。
② 《汉书》卷19上《百官公卿表·少府》，北京：中华书局，1962年，第731页。
③ 《后汉书·志》第26《百官三·大司农》，北京：中华书局，1965年，第3590页。
④ 《汉书》卷77《毋将隆传》，北京：中华书局，1962年，第3264页。
⑤ （汉）史游撰，（唐）颜师古注：《急就篇》，丛书集成初编本，北京：中华书局，1985年，第298页。

赏赐，用帛百余万匹，钱金以巨万计，皆取足大农。①

这些都是皇帝赏赐直接支配大司农财务的证据。虽然对军功的赏赐不是皇帝的私情赏赐，取之国库大司农也是名正言顺，但毕竟这为赏赐的经费来源开辟了道路。事实上，我们并不能找到因赏赐性质不同而在经费来源上有所区分的任何规定。其实就是，围绕皇帝的需要，少府也好，大司农也好，无论哪个库里的钱物，都不能限制皇帝支配的随意性。

宣帝即位后，对霍光的赏赐，也很难说没有动用国库的帑藏。史载：

> 诏曰："夫褒有德，赏元功，古今通谊也。大司马大将军光宿卫忠正，宣德明恩，守节秉谊，以安宗庙。其以河北、东武阳益封光万七千户。"与故所食凡二万户。赏赐前后黄金七千斤，钱六千万，杂缯三万匹，奴婢百七十人，马二千匹，甲第一区。②

此次赏赐，有封户，有金钱，有布帛，有奴婢、马匹，还有宅院府第，各类名物混杂在一起，是不可能都出自少府的。还有前文谈到的董贤，哀帝宠幸董贤，对其赏赐无度，甚至还赏赐以兵甲之器，而兵器就完全地属于国家武备，也不可能出自少府。关于哀帝对董贤的赏赐，在当时也遭到一些大臣的抵制，有上书谏言曰：

> 时侍中董贤方贵，上使中黄门发武库兵，前后十辈，送董贤及上乳母王阿舍。隆奏言："武库兵器，天下公用，国家武备，缮治造作，皆度大司农钱。大司农钱自乘舆不以给共养，共养劳赐，一出少府。盖不以本藏给末用，不以民力共浮费，别公私，示正路也。古者诸侯方伯得颛征伐，乃赐斧钺。汉家边吏，职在距寇，亦赐武库兵，皆任其事然后蒙之。《春秋》之谊，家不藏甲，所以抑臣威，损私力也。今贤等便僻弄臣，私恩微妾，而以天下公用给其私门，契国威器共其家备。民力分于弄臣，武兵设于微妾，建立非宜，以广骄僭，非所以示四方也……臣请收还武库。"上不说。③

---

① 《史记》卷30《平准书》，北京：中华书局，1959年，第1422-1441页。
② 《汉书》卷68《霍光传》，北京：中华书局，1962年，第2948—2919页。
③ 《汉书》卷77《毋将隆传》，北京：中华书局，1962年，第3264页。

毋将隆的这段话，是引用汉家制度"共养劳赐，一出少府"来说服哀帝，收回对董贤的赏赐，但既是制度，哀帝岂能不知？既然知道却还置之不顾，这本身就说明了所谓制度，在皇帝的专断性权力面前，不过是一纸废文而已。什么"共养老赐"要出自少府，难道大司农所管的钱物就不是朕的囊中之物？就不是皇土之上的物产所出？专制制度给了哀帝以充分的自信。所以，对于毋将隆的谏言，哀帝很是不快，是否收回对董贤的兵甲赏赐史无明载，但此事起码反映了皇帝赏赐并不受限制的事实。

正是由于皇帝的私情滥赐，过度空耗了国库，并由此造成了财政危机，所以，也就不断有正直的士大夫官吏向皇帝提出这个问题。前后汉史书中都有这方面的记载，如：

《汉书·鲍宣传》：侍中驸马都尉董贤本无葭莩之亲，但以令色谀言自进，赏赐亡度，竭尽府藏，并合三第尚以为小，复坏暴室。贤父子坐使天子使者将作治第，行夜吏卒皆得赏赐。上冢有会，辄太官为供。海内贡献当养一君，今反尽之贤家，岂天意与民意邪！①

《汉书·谷永传》：建始、河平之际，许、班之贵，倾动前朝，熏灼四方，赏赐无量，空虚内藏，女宠至极，不可上矣。②

《后汉书·何敞传》：时（章帝驾崩时）窦氏专政，外戚奢侈，赏赐过制，仓帑为虚。敞奏记由曰："……国恩覆载，赏赉过度，但闻腊赐，自郎官以上，公卿王侯以下，至于空竭帑藏，损耗国资。寻公家之用，皆百姓之力。明君赐赉，宜有品制，忠臣受赏，亦应有度。"③

《后汉书·翟酺传》：今自初政已来，日月未久，费用赏赐已不可算。敛天下之财，积无功之家，帑藏单尽，民物凋伤，卒有不虞，复当重赋百姓，怨叛既生，危乱可待也。④

这些谏言，突出反映了皇帝滥施赏赐对国库的损耗，已达到了使国家财政

---

① 《汉书》卷72《鲍宣传》，北京：中华书局，1962年，第3092页。
② 《汉书》卷85《谷永传》，北京：中华书局，1962年，第3460页。
③ 《后汉书》卷43《何敞传》，北京：中华书局，1965年，第1481—1482页。
④ 《后汉书》卷48《翟酺传》，北京：中华书局，1965年，第1604页。

不堪承受的程度，另外，也对本文的论题做了证明。皇帝的赏赐并非出于国家之需要，而多是属于私情滥施，并且，赏赐所出，并不都是严格地出自少府，出自皇室财政，而多是动用国家财政。这充分证明了帝制时代，皇帝对天下财物的绝对支配权力。

皇帝为什么有权滥施赏赐、私情赏赐，其理论根据就还是那个"溥天之下，莫非王土"，皇帝本人是天下财富的最终所有者，具有天然的支配权力。这个结论不是分析出来的，是客观地存在于帝王头脑中的一个思想性事实。人们都熟悉刘邦在为他父亲祝寿的宴会上那段豪迈的言辞："始大人常以臣亡赖，不能治产业，不如仲力。今某之业所就孰与仲多？"①在刘邦的头脑里，自从他坐了天下，整个天下就理所当然地属于他的个人产业，这是一个不容置疑的天经地义的道理。正是因为如此，文帝把整座铜山赐予邓通，也不曾感到有什么不妥，也未见有哪位大臣提出异议。不仅帝王们是这样认识的，大臣以至于整个天下，也无不如此看待。上引鲍宣力戒哀帝对董贤过分赏赐的上书中，也还强调说"海内贡献当养一君"，不否认天下财富归之于帝王之私的合理性。

既然所有财富都是帝王的私有财产，都可以由帝王一人专断处理，那么，皇帝随心所欲地私情赏赐，就理所当然，旁人无可指责。大臣的谏言，不同的意见，皇帝高兴了听，不高兴了不听，没有什么根本的措施去制约他。皇权专制在本质上就赋予了帝王不受任何制约的至上权力。宋初，宋太祖处理对他的赏赐有所异议的川殿直事件，就非常典型。

宋太祖开宝四年（971年）平蜀之后，对扈从御马直众人进行赏赐，每人五千，引起了平时与御马直享受同等待遇而此次没有得到赏赐的川殿直众人的不满。史载：

> 初，上择伪蜀亲兵习弓马者百余辈，为川班内殿直，廪赐优给与御马直等。于是，郊礼毕，行赏。上以御马直扈从，特命增给钱，人五千。而川班内殿直不得如例，乃相率击登闻鼓陈乞。上怒，遣中使谓之曰："朕之所与，即为恩泽，又安有例哉！"命斩其妄诉者四十余人，余悉配隶许

---

① 《汉书》卷1《高祖本纪》，北京：中华书局，1962年，第66页。

州骁捷军,其都校皆决杖降职,遂废其班。①

宋太祖最初挑选伪蜀亲兵百余人补充内殿直,曾许诺在廪赐优寄方面给他们与御马直同等待遇,但这次赏赐御马直每人五千钱,却没有给川殿直。川殿直的"击登闻鼓陈乞"并非毫无道理。但结果却遭到了宋太祖的残酷弹压,40余人被斩杀,都校决杖降职,其余配隶下军,并撤销了川殿直之建制。宋太祖对此次邀赏事件的处罚之重,超乎人们想象。所以如此,一方面可能有宋太祖对这种要挟君权的行为不能容忍、杀一儆百从严治军的考虑,另一方面,也表明皇权的赏赐行为是自家的独断权力,任何人不能干涉和质疑。至少,在帝王家自己的心里是这样认为的。不论是皇权的威严,还是财物的独占权,都使他具有这种绝对不容置喙的权力。

天下财富,一家独占。支配的独断性,赐予的随意性,所有权的专属性,都体现着专制权力的秉性。这样的经济属性,不是专制经济又是什么呢?

四、皇权对主要经济资源的刻意控制②

皇权专制在经济生活中的另一重要表现,是通过对天下主要经济资源的刻意控制而实现对"民众的专制"。笔者以下所论,实际上就是依据秦至清的经济史事实对这段话的思想意蕴进行阐发。

1. 先秦法家的"利出一孔"论

从思想史上看,《管子》是"利出一孔"专制统治思想的奠基者。《管子·国蓄》篇说:

> 利出于一孔者,其国无敌。出二孔者,其兵不诎。出三孔者,不可

---

① (宋)李焘:《续资治通鉴长编》卷13,开宝四年十一月壬戌,北京:中华书局,2004年,第274页。

② 本文的这一部分,是在写完初稿之后读到李西堂先生的一篇文章,受其启发而增写的。李西堂《专制统治的秘密》一文的第一部分"利出一孔是专制统治的秘密",虽然只有千余字,但的确思想深刻,给笔者诸多启发,引发笔者对自身经历与感受的痛苦思考,遂决定增写这一部分。笔者对李西堂先生的启发之功,表示感谢!

以举兵。出四孔者，其国必亡。先王知其然，故塞民之养，隘其利途。故予之在君，夺之在君，贫之在君，富之在君。故民之戴上如日月，亲君若父母。①

从这段话看，《管子·国蓄》篇的作者似乎是一个阴谋论者。他主张"利出一孔"，对于人们的生活资源，必须由国君一人垄断。譬如粮食由国君垄断，堵塞民众获取粮食的其他途径，民众要吃饭，要生存，只能是仰给于国君。国君掌握了人们生存的命脉，"予之在君，夺之在君"，生杀予夺之权全系于国君一身，于是，一国之人都只能对国君表现出奴隶般顺从。所以，《管子·国蓄》篇给国君设计的治国之道，就是国富民穷，把一切资源集中到国家手中，而老百姓则要使之贫穷。他说：

国有十年之蓄，而民不足于食，皆以其技能望君之禄也。君有山海之金，而民不罪于用，是皆以其事业交接于君上也。故人君挟其食，守其用，据有余而制不足，故民无不累于上也。五谷食米，民之司命也。黄金刀币，民之通施也。故善者执其通施，以御其司命，故民力可得而尽也。②

只有国富民穷，粮食资源集中在国君手中，老百姓才会绞尽脑汁、竭尽全力去争取国君的赏识和俸禄，从而为国君卖命。治国之道就是"据有余而制不足"，或者说，控制资源实际上是一个政治问题，是能否保障专制权力有效实现社会控制的问题。可以说，《管子·国蓄》篇讲的"利出一孔"，本身就是一个保障专制权力的政治问题。揆之史实，法家代表人物商鞅、韩非都主张利出一孔：

重刑少赏，上爱民，民死赏；重赏轻刑，上不爱民，民不死赏。利出一空者，其国无敌；利出二空者，国半利；利出十空者，其国不守。③

重刑少赏，上爱民，民死赏。多赏轻刑，上不爱民，民不死赏。利出

---

① 黎翔凤撰：《管子校注》下，北京：中华书局，2004年，第1262—1263页。
② 黎翔凤撰：《管子校注》下，北京：中华书局，2004年，第1259页。
③ 蒋礼鸿撰：《商君书锥指》，北京：中华书局，1986年，第80—81页。

一空者，其国无敌；利出二空者，其兵半用；利出十空者，民不守。①

看来，"利出一孔"，垄断资源以实现专制统治，是法家突出的政治主张，也是他们留给后世帝王的宝贵遗产。

2. 秦之后的土地皇权国家所有

在传统时代，最主要的经济资源是土地，它是人赖以生存的命根子。于是，皇权对资源的控制，首先就在土地问题上反映出来。当然，这也是一个历史问题。在秦之前的战国时期，各国大体上都是实行的国家授田制。即土地控制在国家手中，所有权属于王者所有，也即前边所谈"溥天之下，莫非王土"；只不过战国时期的土地王有，已不是过去的周王，而是诸侯国的君王了。秦统一中国之后，王土变为皇土，继续推行国家授田制。这个判断，多少有些麻烦，需要有一定的文字来为之廓清。

关于秦王朝的土地制度，历来颇有争议。现在学术界通行的说法，还是秦始皇统一之后，颁布了"使黔首自实田"的法令，并将此解读为在全国普遍推行土地私有制。这个说法的确是靠不住的。首先，这个"使黔首自实田"并非出自《史记》的记载，只是司马迁之后几百年的南朝刘宋人徐广的一条补注，其资料来源很成问题；其次，20 世纪 70 年代出土的秦代简牍文献确凿无疑地证明，秦实行的是"授田制"。云梦秦简《田律》中明明写着："入顷刍、稿，以其受田之数，无垦不垦，顷入刍三石、稿二石。"②而且国家授田制是秦自商鞅变法开始就实行的土地制度，有着深厚的历史传统，秦之国力也借此而强大。况且有商鞅、韩非法家著作的理论支撑，秦始皇为什么要废止国家授田而实行土地私有制呢？于情于理都说不通，再加上出土简牍的确证，秦王朝实行土地国有制是没有疑问的。

继秦而起的汉代，也是国家授田制，由国家掌握土地资源，并以国家的名义授给民众。这也是得到出土文献资料证实的。张家山汉简中的《户律》，关于授田有详细的记载：

关内侯九十五顷，大庶长九十顷，驷车庶长八十八顷，大上造八十六

---

① 陈奇猷校注：《韩非子集释》下，上海：上海人民出版社，1974 年，第 1123 页。
② 睡虎地秦墓竹简整理小组：《睡虎地秦墓竹简》，北京：文物出版社，1978 年，第 27—28 页。

顷，少上造八十四顷，右更八十二顷，中更八十顷，左更七十八顷，右庶长七十六顷，左庶长七十四顷，五大夫廿五顷，公乘廿顷，公大夫九顷，官大夫七顷，大夫五顷，不更四顷，簪裹三顷，上造二顷，公士一顷半顷，公卒、士五（伍）、庶人各一顷，司寇、隐官各五十亩。不幸死者，令其后先择田，乃行其余。它子男欲为户，以为其□田予之。其已前为户而毋田宅，田宅不盈，得以盈。宅不比，不得。①

张家山汉简《二年律令》一般认为是汉初的法律规定，汉初实行国家授田制是没有异议的。但是，秦汉大一统的帝国形态，加之土地问题的特殊性，在这样的时代再实行像西周、春秋时期那样的授田，三年换主易居，或者是后来的爰土易居，显然是不可能的，汉史上确实也看不到类似授田之后再还田的例证。大概的情形是，国家一次性分配土地之后，农民对于被授予的土地，就具有了长久性的占有权或使用权，不存在频繁地授田和还田。土地资源的稳定性，人口增殖的快速繁衍，使得国家不可能有大批的土地拿来分配。土地的长期占有，也同时滋生了土地买卖问题，这使得土地的使用属性获得了土地私有的表面性质。其实，皇权或曰国家权力，仍然保有对土地的最终支配性权力。这使得在汉代中期之后，虽然看不到大规模授田的情景，但限制个人无限占有土地的呼声却不绝于耳。

董仲舒就提出过"古井田法虽难卒行，宜少近古，限民名田，以澹不足，塞并兼之路"的限田问题。成帝时，也确实又出台了限田逾制的政策法令。成帝绥和二年（公元前7年）六月诏：

诸侯王、列侯、公主、吏二千石及豪富民多畜奴婢，田宅亡限，与民争利，百姓失职，重困不足。其议限列。有司条奏："诸王、列侯得名田国中，列侯在长安及公主名田县道，关内侯、吏民名田，皆无得过三十顷。诸侯王奴婢二百人，列侯、公主百人，关内侯、吏民三十人。年六十以上，十岁以下，不在数中。贾人皆不得名田、为吏，犯者以律论。诸名

---

① 张家山二四七号汉墓竹简整理小组：《张家山汉墓竹简[二四七号墓]》（释文修订本），北京：文物出版社，2006年，第52页。

田、畜、奴婢过品,皆没入县官。"①

既然要限田逾制,也就反证汉代始终是有关于占田合法数量的制度性规定的。既然不能随意占有土地,也就说明,真正的土地私有制是不存在的,最少是不彻底的。土地原则上是国有或皇权所有的。无论是官宦之家,还是平民百姓,都没有随意占有土地的权力。

晋代实行占田制,占田数目有明确规定:男子一人占田七十亩,女子五十亩;为官者据其官品高低,各以贵贱占田,都有明确的数目规定。②由北魏开启的均田制,一直延续到唐代中叶,行之近三百年。均田制,实际上就是国家授田制,而且国家所授之田,也禁止买卖,受田农民只有对土地的占有权和使用权,土地的最终支配权控制在国家或皇权手中。这种直接的国家土地所有制,从秦至唐中期,整整持续了一千年的时间。

国家为什么要直接控制土地?以往人们的解释,多是侧重于赋税徭役的征收或征发方面。国家以授予土地为根据,向老百姓征收赋税,征发力役。这自然是没有问题。但问题是,即使是仅仅以国家的存在为根据,皇权也有足够的理由向老百姓征收赋税,征发力役。在唐中期实行两税法之后,土地在形式上是私有化了,国家对土地的态度大体上进入不立田制、不抑兼并的状态,而赋税和力役不是也照样征收或征发吗?其实,国家的赋税征收和徭役征发,不一定要以是否授予老百姓以土地为根据,国家的存在本身就是征税的根据,它有足够的理由。如此看来,国家授田制本身,是可以有其另外的解释的。

应该说,从秦代开始实行的国家授田制,一方面是春秋战国时期的授田制的历史传承,是历史的原因,另一方面,其实也是国家对人的控制的需要,是以《管子·国蓄》篇和《商君书》《韩非子》等法家的相关理论为根据的,是"利出一孔"的政治统治思想的落实。国家通过对主要生产资料的控制,使得百姓对国家产生生存依赖。也可以说是皇权通过对土地的控制,进而控制了百姓的生存之需,使老百姓心甘情愿地匍匐在皇权的治下。从这个意义上说,国家土地所有制,是皇权专制的制度设计。

---

① 《汉书》卷11《哀帝纪》,北京:中华书局,1962年,第336页。
② 《晋书》卷26《食货志》,北京:中华书局,1974年,第790—791页。

3. 秦至清持续不断的盐铁专卖

皇权通过对主要经济资源的控制而实现对民众的控制的另一例证，是秦至清两千多年都一以贯之的盐铁专卖制度。铁是战略性物资，盐是人们生存生活之必需，皇权控制二者、专断经营的政治意图是十分明确的。从本文的问题意识出发，以下主要讨论皇权专制对盐的控制问题。

盐铁专卖的理论与实践都源之于春秋时期的齐国，这就是管仲相齐辅佐齐桓公实行的"官山海"政策。《管子·海王》篇载：

> 桓公曰："何谓官山海？"管子对曰："海王之国，谨正盐策。"桓公曰："何谓正盐策？"管子对曰："十口之家十人食盐，百口之家百人食盐。终月，大男食盐五升少半，大女食盐三升少半，吾子食盐二升少半，此其大历也。盐百升而釜。令盐之重升加分强，釜五十也；升加一强，釜百也；升加二强，釜二百也。钟二千，十钟二万，百钟二十万，千钟二百万。万乘之国，人数开口千万也，禺策之，商日二百万，十日二千万，一月六千万。万乘之国，正九百万也。月人三十钱之籍，为钱三千万。今吾非籍之诸君吾子，而有二国之籍者六千万。使君施令曰：吾将籍于诸君吾子，则必嚣号。今夫给之盐策，则百倍归于上，人无以避此者，数也。"①

管仲给齐桓公设计了一个垄断食盐而使齐国民不加赋而收入倍增的计划。从《管子·海王》篇的文字看，盐业专卖，的确是一个单纯从增加财政收入角度提出的问题。此后的秦国，在商鞅变法时期也开始实行盐铁专卖。《盐铁论·非鞅》篇说：

> 大夫曰："昔商君相秦也，内立法度，严刑罚，饬政教，奸伪无所容。外设百倍之利，收山泽之税，国富民强，器械完饰，蓄积有余。是以征敌伐国，攘地斥境，不赋百姓而师以赡。故利用不竭而民不知，地尽西河而民不苦。盐、铁之利，所以佐百姓之急，足军旅之费，务蓄积以备乏

---

① 黎翔凤撰，梁运华整理：《管子校注》卷22《海王·第七十二》，北京：中华书局，2004年，第1246页。

绝，所给甚众，有益于国，无害于人。"①

从《盐铁论》这段文字看，商鞅变法实施的盐业专卖，也是出于增加国家积蓄的单纯财政考量。那么，无论是管仲的提案，还是商君之法，有没有经济之外的考量呢？管仲的"官山海"，和其《国蓄》篇讲的"利出一孔""据有余而制不足"的政治阴谋，有没有联系呢？因为盐是人之所必需，控制了盐业，不光是可以通过垄断性经营提高利润，而同时也的确可以造成民众对国家的生存依赖，而使其无可奈何地匍匐在国君的治下。可以说，控制盐业，在增加国家财富的同时，也是对民众生命的控制。

正是由于盐业专卖有如此的妙用，所以，在汉代经历了短暂的无为而治的经济放任之后，很快就在汉武帝时期，恢复了前代的盐铁专卖之国策。关于武帝时期开始的盐铁专卖，学界研究极多②，武帝的意图也比较明确，单从文献本身看，的确是出于经济方面的考虑。但我们在肯定传统认识正当性的同时，也认为盐铁专卖，特别是盐业专卖的政治企图被明显地忽略了。譬如《盐铁论》中大夫面对贤良文学对盐铁官营政策与民争利的质疑，答复说：

  令意总一盐、铁，非独为利入也，将以建本抑末，离朋党，禁淫侈，绝并兼之路也。古者，名山大泽不以封，为下之专利也。山海之利，广泽之畜，天地之藏也，皆宜属少府；陛下不私，以属大司农，以佐助百姓。浮食奇民，好欲擅山海之货，以致富业，役利细民，故沮事议者众。铁器兵刃，天下之大用也，非众庶所宜事也。往者，豪强大家，得管山海之利，采铁石鼓铸，煮海为盐。一家聚众，或至千余人，大抵尽收放流人民也。远去乡里，弃坟墓，依倚大家，聚深山穷泽之中，成奸伪之业，遂朋党之权，其轻为非亦大矣！③

这里，大夫所讲非常明了，盐铁专卖不仅仅是个经济问题，还有着"离朋党，禁淫侈，绝并兼之路"的政治意图。至于它有没有通过控制人们的生活必

---

① 王利器校注：《盐铁论校注》卷2《非鞅第七》，北京：中华书局，1992年，第93页。
② 关于在汉武帝时期开始的盐铁专卖，学术界研究极多，除了篇数繁多的论文之外，几乎所有的汉代经济史、中国经济史类著作，都有这方面的研究或介绍，所以，本文略而不论。
③ 王利器校注：《盐铁论校注》，北京：中华书局，1992年，第78页。

需品，以达到控制百姓人身之目的，还是没有明讲。但是，事情的发展就是这样，越到后来，越到它的更高级的发展阶段，其蕴含的本质就更能直观地显露出来。盐铁专卖发展到宋代，其控制百姓生活的意图就可以分析出来了，以下约略述之。

漆侠先生对宋代征榷制度有充分的研究，他在《中国经济通史·宋代经济卷》中说："宋之所以把这些物资纳诸封建国家征榷的轨道上，根本在于这些物资同国计民生有着密切的关系，从中起着极其重要的作用。"这就是说，国家控制这些与民生密切相关的问题，不仅仅是一个增加国库营收的问题。它有国计，有民生，有与之相联系的多方面考量。这话触摸到了问题的本质。正因为宋代征榷涉及的是茶、盐、酒、醋等基本的生活必需品，是控制人们生活的物资，所以，统治者对之特别重视，有一系列严格的制度规定。

特别是宋代的"盐法"，极其严格，既不准私人生产，也不准私人买卖，从生产到销售都由政府严格控制。宋朝建立的第二年，宋太祖就下诏："私炼盐者，三斤死，擅货官盐入禁法地分者，十斤死，以蚕盐贸易及入城市者，二十斤已上，杖脊二十，配役一年。"① 终宋之世，私自炼盐者都科罪甚重。根据漆侠先生的研究，宋代关于盐的产地和产量，政府都有严格的划分和规定。其相关研究，征引如下：

> 根据盐的产地和产量，封建国家划分了盐的供应、运销的范围，这个范围用宋代官府的语言说，谓之"地分"。各类盐的供应运销的"地分"是：
> 1. 产于登、密二州的京东盐或东北盐，主要地供应京东路诸州军。
> 2. 产于滨、沧二州的河北盐，主要地供应河北诸州军和青、淄、齐三州。
> 3. 建盐，福建长清场之盐主要供应运销于福建路。
> 4. 广南盐，东路广州诸场之盐供给本路外，还运销于西路之桂州、昭州、以及江南西路之南安军；西路廉州两场盐供应西路诸州军，其中高州、窦州各鬻以自给。
> 5. 井盐，主要地供应川陕四路。

---

① （清）徐松辑：《宋会要辑稿》食货二三之一八，北京：中华书局，1957年，第5183页。

6. 浙盐，主要地供应两浙路和江东路之歙州。

7. 诸盐之中，解盐、淮盐供销的范围最大……

盐的供销地区划分之后，宋政府一直严令遵守。①

关于盐的生产和销售为什么要如此严格地"地分"控制呢？学术界主流的解释都是从政府控制盐税、保障财政收入角度出发的，是出于垄断高额利润的目的。这当然是讲得通的。但问题是，如果仅仅是为了攫取盐业的高额利润，那么，只要有官府一家垄断销售就可以保障了，为什么还要详细地规定销售地区呢？无论在哪里销售都利归官府不就成了吗？如此繁细的地区划分不是徒增管理上的麻烦吗？可见，宋政府盐业生产与销售的"地分"，还有另外的目的可以分析。这里有一个不是卖多少钱而是卖给谁的问题；不仅仅是一个钱的问题，而且是一个人的问题。只有划分了地区，人的针对性才能够明确，才可以控制。

明代的盐业专卖，还有计口授盐的记载：

> 永乐二年……都御史陈瑛言："比岁钞法不通，皆缘朝廷出钞太多，收敛无法，以致物重钞轻。莫若暂行户口食盐法。天下人民不下千万户，官军不下二百万家，诚令计口纳钞食盐，可收五千余万锭。"帝令户部会群臣议。大口月食盐一斤，纳钞一贯，小口半之。从其议。②

计口授盐政策的初衷，也可以从两个方面来解释，一方面可以认为是为了保障盐业的收入，计口授盐最终转化为计口收费，按人征收盐税；另一方面，是不是也可以解释为以盐来实现对人的控制？既然是计口授盐，就明显有控制之意，不是随意卖盐或买盐，如果你有违政府的旨意，政府也可以取消对你的授盐，而你却没有别的渠道获取这种生命之需。总之，皇权专制对盐业的控制，是应该从经济与政治控制两方面来理解的。中国的盐政无论如何演变，只要是皇权政府的专卖，就不能摆脱制度设计者"利出一孔"的初衷。

---

① 漆侠辑：《中国经济通史宋代经济卷》（下），北京：经济日报出版社，1999年，第944页。此处征引，在文字上有所删减。

② 《明史》卷81《食货五》，北京：中华书局，1974年，第1963页。

总起来说，土地是农业社会唯一宝贵的生产资料，食盐是个体农户不可能自主生产的生命之需，专制政府控制了与人们日常生活密切相关的这两个方面，就实现了对人的生命的掌控。两千多年的帝制时代，人们是不可能不仰仗于皇权而生存的；而同时，人们也是不可能摆脱其专制之束缚的。皇权专制对特殊经济资源的刻意控制，其最终目的都在于对治下人民人身的支配，这是将专制进行到底的特殊途径。

五、天下臣民绝对财产所有权的缺失

前文已经论及，唐中叶以后，均田制的破坏象征着国家土地所有制已经崩溃，国家已经不立田制，不抑兼并，土地在表面上已经为私人所随意占有。所以，在传统观念中，中国唐中叶以后基本上进入了土地私有制的时代，土地可以自由买卖。这似乎是一个不容置疑的事实。但仔细追究，在"溥天之下，莫非王土"的终极性观念中，绝对的私有权则是不可能存在的。不管是基本的生产资料土地本身，还是土地上所产出的所有物品，抑或是臣民自己灵巧的双手、辛勤的劳作所创造，在最终的原则上，都一归于皇权所有。中国几千年的文明史，没有形成宪法之类的历史文献，没有民法、私法、物权法，所有的五经四书，没有一处去阐述私有财产不可侵犯的道理。如果说在中国传统的法律中也有大量对于盗窃罪的惩罚，其在形式上看是承认了个人财物的私有性质，但当没有任何法理规定私有财产不可侵犯的情况下，盗窃罪法律条文，充其量保护的是个人财产的占有权和使用权；而当非盗窃行为的剥夺驾临头上的时候，个人是无力抗拒也无法申辩的。

在现代史学史上，侯外庐先生一直坚持中国古代封建土地国有论，认为不存在所谓的土地私有制度，并有他独到而系统的研究。虽然，侯先生的研究在学界不被广泛认同，但笔者认为则是很有见地的。本文无需再去阐发侯先生的学术思想，仅把侯先生对自己学说的重要说明，摘引如下：

> 我的封建土地国有论，是在马克思和恩格斯所提示的自由的土地私有的法律观念的缺乏，土地私有权的缺乏，甚至可以作为了解全东方的关键

这一思想的启发下，结合中国的历史实际而得出的结论。我所讲的"国有"即马克思所指的"国家（例如东方专制的帝王）"或"君主是主要的土地所有者"。这是封建社会长期占支配地位的土地所有制形式……中国封建社会早期就建立起来的中央集权的专制主义，正根源于皇权垄断的土地所有制形式。历代党争以及历代君主直接利用宗教而无皇权和教权之分的根源，都可以从这种经济基础上得到说明。我依据史实指出秦汉帝王对于豪族地主既可以赐田，又可以把他们占有的土地没为"公田"，说明皇帝是最高的地主，豪族的土地占有权是不固定的。而随着土地国有制的所有形式，在主要的手工业生产方面（例如盐铁）也实行国家管制，从而整个经济基础服务于封建专制主义。①

侯先生所讲的封建土地国有制，是从一个最根本的角度解决了中国古代不存在财产私有的问题。在这方面，侯先生有不少论著可以参看②，也有一些为侯先生辩护的文章可以参考，在封建土地国有论（实际上等同于皇权土地所有论）问题上，本文不再多费笔墨，我们从另外的角度去说明中国历史上缺乏财产私有的观念和事实。

中国帝制时代关于私有财产观念和立法的缺失，只有在和其他文化的比较中，才可能看得清楚。在古罗马的《十二铜表法》中，就有了明确的财产权概念。公元6世纪形成的罗马法《查士丁尼民法大全》中，就有了公法与私法的明确划分。其私法的物法财产法中，详细规范了在商品生产与交换关系较为发达的条件下，买卖、借贷、债权、债务、抵押、委托、租赁、合同、契约、遗产继承等有关所有权的问题，确立了私有财产神圣不可侵犯的法律地位，私有财产不可侵犯成为私法的核心。正因为如此，马克思称赞说："罗马法是简单商品生产即资本主义前的商品生产的完善的法，但是它也包含着资本主义时期的大多数法权关系。"③这些法权观念和法权关系，特别是其核心原则——私有财产不可侵犯，在中国的皇权时代是根本不可能的。中国古代关于个人财产问

---

① 侯外庐：《韧的追求》，北京：生活·读书·新知三联书店，1985年，第253—254页。
② 参见侯外庐：《中国封建社会史论》，北京：生活·读书·新知三联书店，1979年；《侯外庐史学论文选集》，北京：人民出版社，1987年。
③ 《马克思恩格斯全集》第36卷，北京：人民出版社，1975年，第169页。

题,所有的充其量也只是在一般社会关系中的占有权和使用权不可侵犯,而一涉及政治领域,法权领域,我们则不可能为之找到任何法理依据。关于财产关系的唯一法律依据,就是"溥天之下,莫非王土",就是在秦始皇时代就已经明确确立下来的"六合之内,皇帝之土"①。

除了我们在前边讲述"溥天之下,莫非王土"问题时的论证之外,能够说明中国古代缺乏严格意义上的个人财产或私有财产权问题的,就是皇权或政府对个人财产的剥夺问题,主要的最鲜明也最易说明问题的,是体现在臣民没有随意拥有财产的权力和对于触犯刑律的所谓罪犯的财产剥夺。关于所谓罪犯,除了是经济犯罪,剥夺其财产权,是对其非法收益正当的惩罚性处置之外,对于政治性犯罪或一般性社会犯罪,也要剥夺其财产,这就从根本上否定了个人财产权的私有性质。

有材料证明,在西汉时期,无论是王侯、官员还是一般的吏民百姓,是不能随意拥有财富的,不管你获得财富的渠道或途径是否正当合法,其财富的占有是有规定和限制的。从秦汉时期开始,这类问题就非常突出。前文征引《汉书·哀帝纪》中所载成帝绥和二年(公元前7年)的限民名田诏,规定了诸王、列侯、关内侯及吏民合法占有土地的数量,不能随意占有,过品者要没入县官。其实不仅土地,在汉代,其他财产似乎也缺乏严格的个人所有权。《汉书》卷四十五载,江充"为直指绣衣使者,督三辅盗贼,禁察逾侈。贵戚近臣多奢僭,充皆举劾,奏请没入车马,令身待北军击匈奴。奏可"②。这里的"逾侈"和"奢僭",也说明了不能随意拥有财富的问题。逾侈,是说过于奢侈;奢僭,是说超过了身份等级的限定。臣民拥有的财产,如果被认定是奢侈或与你的身份地位不相称,就可以予以没收入官。不管你所拥有的财富是否有合法来源,都不能随便拥有,这又意味着什么呢?个人对财富的绝对的支配权是不存在的。

在东汉时期,我们经常可以看到一些对犯官财产进行剥夺的案例:

《后汉书》卷十《皇后纪》:统等亦系暴室,免官爵,归本郡,财物没

---

① 《史记》卷6《秦始皇本纪》,北京:中华书局,1959年,第245页。
② 《汉书》卷45《蒯伍江息夫传》,北京:中华书局,1962年,第2177页。

入县官。①

《后汉书》卷十六《邓寇列传》：建光元年……骘以不与谋，但免特进，遣就国。宗族皆免官归故郡，没入骘等赀财田宅，徙邓访及家属于远郡。②

就此二例来讲，邓统属于桓帝邓皇后家族，待邓皇后失宠被废，邓统受牵连，而被免官夺爵。邓骘，东汉开国功臣邓禹之孙，和帝邓皇后之兄。安帝建光元年（121年），牵涉后宫斗争之中，被免官。邓统、邓骘的被处理，都是政治处理，可以说是对政治权利的剥夺，而为什么对一个人的政治权利的剥夺，也要附加对其财产权的剥夺呢？皇权是根据什么去对其"财物没入县官""没入骘等赀财田宅"呢？文献中并没有说明他们的财产是非法所得，特别是邓统和邓骘都非经济性犯罪，亦即财产财富来源合法，皇权剥夺其财产权的根据何在呢？这只能说明，在皇权专制时代，是不存在真正意义上的个人财产权的。所谓财产权或你个人对财产的占有，也像你的政治权利或官位一样，是皇权所赐予的，随着你的政治权利的被剥夺，皇权也同时要收回你对财产的占有权和使用权。只有这样解释，才能顺理成章。

逮之唐代，便在国家法律中明确规定了对某些重大犯罪的经济处理，公然宣明了没收臣民财产权的合法性。如《唐律》中规定："诸谋反及大逆者，皆斩；父子年十六以上皆绞，十五以下及母女、妻妾（子妻妾亦同）、祖孙、兄弟、姊妹若部曲、资财、田宅并没官。"③即犯谋反或大逆之罪的，在处死的同时，也要将其资财、田宅并没入官。但唐律似乎并不对其他犯罪没收资财，譬如它也规定："虽谋反，词理不能动众，威力不足率人者，亦皆斩；父子、母女、妻妾并流三千里，资财不在没限。"④

唐律之后，在对罪人财产没入官的规定方面，范围越来越宽泛，逐渐演变为只要犯罪，没入财产就是合法和正当的。

---

① 《后汉书》卷10下《皇后记第十下》，北京：中华书局，1965年，第445页。
② 《后汉书》卷16《邓寇列传》，北京：中华书局，1965年，第617页。
③ （唐）长孙无忌等撰，刘俊文点校：《唐律疏议》，北京：中华书局，1983年，第321页。
④ （唐）长孙无忌等撰，刘俊文点校：《唐律疏议》，北京：中华书局，1983年，第322页。

《大明律》卷十八"刑律一"："凡谋反，谓谋危社稷及大逆，谓谋毁宗庙山陵及宫阙，但共谋者，不分首从，皆凌迟处死……财产入官。""凡谋叛，谓谋背本国潜从他国，但共谋者，不分首从，皆斩。妻妾子女给付功臣之家为奴，财产并入官。"①

《大明律》卷十九"刑律二"："凡造畜蛊毒，堪以杀人，及教令者斩，造意者财产入官。"②

舒化《大明律附例》，《大明律》卷二"吏律一"："凡奸邪、进谗言，左使杀人者斩。若犯罪律该处死，其大臣小官巧言谏免，暗邀人心者，亦斩。若在朝官员交结朋党，紊乱朝政者，皆斩，妻子为奴，财产入官。"③

舒化《大明律附例》，《大明律》卷三"吏律二"："凡诸衙门官吏及士庶人等，若有上言宰执大臣美政才德者，即是奸党，务要鞠问，穷究来历明白，犯人处斩，妻子为奴，财产入官。"④

这些罪律条文显然是远远超越了唐律。明律的法律精神，基本上完全为清律所继承。清人韩世琦《抚吴疏草》中说："依谋叛律，不分首从，皆斩。所当亟正典刑以彰国法，并已故各犯，妻妾、子女、财产，查没入官。"⑤此书中有许多关于犯人财产"查没入官"的案例，不复赘举。越是到帝制时代的晚期，对犯官财产的查没越是普遍。清顺治时期有一个案例，很是典型。顺治十四年，发生了一个考场作弊案，最后的处理，从主考、副主考，到一般的同考官，所有的参与者几十人都受到严厉查处：

> 方犹（主考）、钱开宗（副主考）俱着即正法，妻、子、家产，籍没入官。叶楚槐、周霖、张晋、刘廷桂、田俊民、郝惟训、商显仁、李祥光、银文灿、雷震声、李上林、朱建寅、王熙如、李大升、朱菎、王国祯、龚勋俱着即处绞，妻、子、家产，籍没入官。已死卢铸鼎，妻、子、

---

① 怀效锋点校：《大明律》卷18《刑律一·贼盗·谋反大逆》，北京：法律出版社，1999年，第134页。
② 怀效锋点校：《大明律》卷19《刑律二·人命·造畜蛊毒杀人》，北京：法律出版社，1999年，第153页。
③ （明）舒化等：《大明律附例》，玄览堂丛书本，南京：南京图书馆影印本，1955年。
④ （明）舒化等：《大明律附例》，玄览堂丛书本，南京：南京图书馆影印本，1955年。
⑤ （清）韩世琦：《抚吴疏草》卷37，清康熙五年刻本。

家产，亦籍没入官。方章钺、张明荐、伍成礼、姚其章、吴兰友、庄允堡、吴兆骞、钱威俱着责四十板，家产籍没入官，父母、兄弟、妻子并流徙。①

笔者无意也无力来讲这方面的法制史，我们关心的仅仅是这个"财产没入官"的问题。在我们的法制史上，为什么会在剥夺人的政治权利的同时，也剥夺其财产权。在这样的法律制度下，在这样的社会体制中，臣民有没有真正意义上的财产所有权。根据本文所示，既然财产可以因为非财产、非经济的原因而被剥夺，那是不是就表明了财产权的性质并不是真正的所有权，而仅仅是占有权和使用权呢？它在所有权的意义上就不是你的，而只是皇权的恩典赐予你使用的权力，所以，皇权也可以根据它的意愿以特定的理由而收回。

笔者以为，所有权是指对于物的可以任意支配的权利。当指出某种物品的所有权归属于我的时候，是意味着它可以为我任意支配，而他人没有任何可以干涉的权力或理由。完全的所有权，应该包括使用权（以任何方式开发其价值）、控制权（排斥他人染指的权力）、支配权（任意处置权，如以买卖、赠与等转移所有权益的行为）等几个要素。这三要素中，最重要的是第三个要素"支配权"。从这样的三要素出发，中国帝制时代臣民对财产的权利，仅仅是使用权，你可以以任何方式开发它的价值，以任何方式去使用自己名下的财产。但是，控制权则不完善了，你无法排斥他人染指的权力，特别是政治强权对财富的剥夺，不要说是犯罪之后很容易被查没入官，就是在正常情况下，政府的征用你也是无力拒绝的。至于第三项最重要的"支配权"，也只是你在做一个绝对的顺民的时候，在不去触犯政府所规定的犯罪条文的时候，才似乎有；一旦你触及了这一点，那就不要说如何处置你的财产，就连使用权也被没收充公了。当然，犯法毕竟是不太正常的行为，大多数臣民还是不去触犯法律的，那么，你的名下的财富就可以永久性地归你使用，或者说占有。这是一种有条件地使用或占有，如果一定要说是所有权的话，中国人的所谓私有财产，至多也

---

① （清）王先谦：《东华录》顺治十五年、光绪十年长沙王氏刻本。

只能说是有条件的所有权，不是完全所有权、绝对所有权。像西方那样的私有财产不可侵犯，中国人是不可能有这样的观念的，因为，说到底，"溥天之下，莫非王土"，土地及其土地上的所有物产，归根到底都属于皇家。皇家对一切都具有最终的支配性权力，独断独占的权力！这即是皇权专制主义在经济领域的基本表现！

聚落与交通视阈下的秦汉亭制变迁

王彦辉*

摘　要：秦汉文献中的"十里一亭""十亭一乡"，是真实存在的制度设计。亭的设置原则一是不能远离聚落，二是不能脱离交通。邮亭主要设置于京师与郡国、郡国与县邑的主要交通沿线，乡亭主要设置于聚落附近和郡国辖域的次级交通道路。乡亭、邮亭的辖区称"亭部"，亭部中随着人口的增长和耕垦的需要逐渐形成新的聚落，此即长沙五一广场东汉简牍和三国吴简中的"丘"。新的聚落称"丘"而不称"里"，说明"丘"是按地域命名的，而非乡里行政组织。丘的形成既有邑居之民外迁的路径，更有移民在国家赋民草田、赋民丘地等安置政策下通过"占垦"而聚居的渠道。随着东汉地方管理体制的变动，亭部开始对辖域内散居的聚或丘行使乡部治权，出现亭部—丘的隶属关系。亭部退出历史舞台后，丘划归所在乡或另设乡统一管理，形成乡—里、乡—丘不同的管理体系。秦汉以来以联户为目的的乡里组织在聚与丘的浪潮下逐渐松动，聚落逐渐演变为地域单位，表明国家对丘的管理已经放弃了以"里"为基础的乡里编制和多重监管的传统。乡里行政编制虽然犹存，但中国历史上广大乡村聚落的地域化历程已经开始。

关键词：秦汉　乡亭　邮亭　聚落　丘

秦汉时期的"亭"有不同类型与职能分工，承载着社会治安、文书传递、

---

* 王彦辉，男，东北师范大学历史文化学院教授，主要研究方向为秦汉史。

分部理民等职任，在地方行政、司法监察和聚落管理中扮演着重要的角色。由于两汉志对县乡机构的记载过于疏略，纪传部分虽有一些传主担任过亭长之类的起家官，可史家记述其生平事迹时往往一笔带过，从而使亭与乡里体系的关系及其演变轨迹一直是雾里看花。史学前辈曾对此钩沉索隐，试图厘清乡、亭的关系和史书记载的冲突，但其中的一些问题并没有得到切实的解决。近年来公布的简牍资料又派生出新的话题，如长沙五一广场东汉简牍中的亭与丘、三国吴简中的乡与丘等，"亭"在乡里体制演变中发挥了何种作用？这些问题由于新材料的公布或许为我们做出新的诠释提供了线索。

一、十里一亭、十亭一乡与县面积

秦汉文献及简牍资料所见的"亭"，名目繁多，诸如都亭、街亭、市亭、门亭、乡亭、邮亭、田亭、野亭、燧亭等，从亭的设置地点划分，可简化为城邑之亭和乡野之亭两大类。为使行文避免概念繁杂带来的烦恼，暂以"乡亭"指称内郡国城邑之外的各种名称的亭。学界对城邑之亭如都亭、街亭、门亭、市亭的性质及功能经过讨论已无异议，唯乡野之亭的设置及其与乡里制度的关系一直歧见纷呈。争议的焦点主要是对史书所记乡、亭、里之间的统属关系存在不同理解。

《汉书·百官公卿表》记载：

> 大率十里一亭，亭有长。十亭一乡，乡有三老、有秩、啬夫、游徼。三老掌教化。
> 啬夫职听讼，收赋税。游徼徼循禁贼盗。县大率方百里，其民稠则减，稀则旷，乡、亭亦如之，皆秦制也。[①]

刘昭注《续汉书·百官志》引《风俗通》曰：

[①] 《汉书》卷 19 上《百官公卿表第七上》，北京：中华书局，1962 年，第 742 页。

国家制度，大率十里一乡。①

按《汉书》的叙述逻辑，古代史家一般是把秦汉乡亭里的递进关系推导为积里为亭，积亭为乡，积乡为县，即十里一亭，十亭一乡。而《风俗通》又说"十里一乡"，两种说法虽仅一字之差，却失之千里。班固、应劭同为东汉人，他们的说法难以撼动，所以历代正史典制并未对此产生怀疑。顾炎武虽然指出汉代制度是"以县统乡，以乡统里"②，而对乡里亭究竟是"十亭一乡"，还是"十里一乡"亦未置一词。

20世纪30至50年代，中外学者围绕汉代乡里亭问题展开持续讨论，基本观点可大致归纳为三类："道里"说，"亭部之里"说，"亭与乡里不同性质"说。③80年代以来，由于简牍资料的陆续被发现，这个话题重又成为研究的焦点，在研究思路上大体是沿着以下两条路径展开的。

一是改字解经的路径。学者或据《风俗通》的说辞判定班固的"十亭一乡"之"亭"为"里"之误纂，或据《太平御览》引《风俗通》测度《续汉书》刘昭注存在漏文或误引，从而理顺《汉书》所述乡亭里之间的关系。此说由王毓铨先生首开其端，认为汉代的亭属于治安系统，乡里属于行政系统。"十里一亭"之"里"为"步里"，"十亭一乡"之"亭"当为"里"之误纂。熊铁基先生亦认为"十里一乡"是"十里一乡"之误，"十里一亭"和"十里一乡"都是管理里落居民的机构，一个管理乡村居民，一个管理城镇居民。④冨谷至则认为《续汉书》刘昭注或许存在漏文或误引的可能，"十里一亭"的亭指邮亭，"十亭一乡"的亭则包括乡亭、田亭、水亭、仓亭等。一乡之中平均包含了十个亭。⑤

改字解经说的最大贡献是在乡里亭的纠缠中梳理出亭与乡里分属于不同的系统，但也存在明显的缺陷。一是为了回避班固十进制的叙述逻辑导致方百里

---

① 《后汉书》志28《百官五》，北京：中华书局，1965年，第3624—3625页。
② （清）顾炎武：《日知录·乡里》卷22，上海：上海古籍出版社，1985年，1662页。
③ 参见周振鹤：《从汉代"部"的概念释县乡亭里制度》，《历史研究》1995年第5期。
④ 熊铁基："十里一乡"和"十里一亭"—秦汉乡、亭、里关系的决断，《江汉论坛》1983年第11期。
⑤ 〔日〕冨谷至著，刘恒武、孔李波译：《文书行政的汉帝国》，南京：江苏人民出版社，2013年，第221页。

之乡的问题，而据刘昭注的"十里一乡"更正班固的"十亭一乡"，但"亭"与"里"在字形上差别很大，在没有其他版本的支持下就断定《汉书》存在误纂的做法并不可取；①二是以刘昭注改定《汉书》，就会导致"十里"分别为"一亭"和"一乡"的冲突，为解决这个矛盾，只好区分班固所述前者为"步里"而后者为"居里"；或者忽略亭与乡的行政性质，亭与乡分别管理十个里，区别不过城乡差别而已。但历史经验告诉我们，"十里一乡"并无制度规定的佐证和史实的支持，据学者对西北汉简的考察，汉代中等县一乡辖有70个里左右，小县小乡辖有20至40个里左右。②另据尹湾汉墓简牍《集簿》的记载，东海郡辖"乡百七十"，辖"里二千五百卅四"③，平均每乡约15个里。如此，十个行政里合为一乡的解释是说不通的。

二是"里在亭部"的路径。宫崎市定认为亭和乡都是拥有城郭的聚落，乡与亭并非上下关系，只是左右关系，"十亭一乡"即十个亭中以其中最大的一个"亭"为乡（都亭），其他九个亭则附属之。亭隶属于乡，乡隶属于县。④周振鹤从汉代分部监察制度入手，认为"亭部"在理论上是每乡分为十个亭部，以监察位于部内的里，即所谓"十亭一乡"。所谓"十里一亭"，即每十里路设有一亭，一个亭部容纳一个里，在方圆百里的范围内正好可以划分成一百个里，一百个里对应着一百个亭部。由于亭部长宽各十里，因而这个亭又可兼作道路上十里一亭的亭。⑤

"里在亭部"说虽无改字之嫌，却是主观描绘秦汉乡亭里设计图的畅想。在宫崎市定的构思中，亭散布于荒郊田野，每个亭的周围平均簇拥着十个里，但他忘记了任何类型的"乡亭"都不能远离聚落和交通，如何才能形成十个里簇拥一个亭呢。另外，他一方面说亭与乡是左右关系，一方面又说亭隶属于

---

① 按：冨谷至认为《续汉书》刘昭注或许存在漏文或误引的说法是有道理的，《太平御览·居处部》"亭"目下录《风俗通》但曰："汉家因秦，大率十里一亭"，并无"十里一乡"的内容。（宋）李昉等编纂：《太平御览》卷194，北京：中华书局，1966年，第816页。
② 何双全：《〈汉简·乡里志〉及其研究》，《秦汉简牍论文集》，兰州：甘肃人民出版社，1989年，第179页。
③ 连云港市博物馆等编：《尹湾汉墓简牍》，北京：中华书局，1997年，第77页。
④ 〔日〕宫崎市定：《关于中国聚落形体的变迁》，刘俊文主编：《日本学者研究中国史论著选译》，北京：中华书局，1993年，第20—21页。
⑤ 周振鹤：《从汉代"部"的概念释县乡亭里制度》，《历史研究》1995年第5期。

乡，这本身也是矛盾的。周振鹤的解释比宫崎氏前进了一步，他以十平方里对应亭部，每十个亭部合为一乡，从字面上似乎解决了十里一亭、十亭一乡的递进关系，但仔细推敲这个结论依旧站不住。对此，前辈学者已经指出了周振鹤的逻辑错误，即按他的演绎就会出现"万户乡"和"方百里"之乡，一乡的面积和户数相当于一个县，无论如何都与秦汉制度不合。①

因此，解决秦汉时期亭的设置和乡亭里之间的关系，还是要在"信古"的前提下去思考，虽然也有学者质疑"十里一亭"的真实性②，但《汉书》对乡亭制度的叙述只能从制度本身获得说明，不宜采取轻易否定的态度。我们认为，前人之所以在这个问题上纠缠不清，关键是"十亭一乡"的说法超出了人们一般的想象空间，即"十里一亭"的"里"若为道里，"十亭一乡"即方圆百里，已与县的面积相当，按平均每县3—4个乡计算，则远远超出"县大率方百里"的制度设计。其实，如果理解了班固何以要在《百官公卿表》特别记录县的面积，上述纠结或许就能获得大体的说明。《百官公卿表》叙西汉官制自三公九卿下至郡守郡尉，一般直录中央与地方的官署、主官的职掌与秩级、诸曹吏员设置及秩级，附带叙及机构沿革及更名，唯独在记录县乡机构时具体谈到县的面积。即是说，班固是把乡亭吏员的设置和县面积的构成糅合在一起记录下来的，对县面积的计算以"方百里"为标准，在边长各百里的范围内以"亭"的间距设计"乡"的间距，同时附记乡亭的吏员设置，此即所谓十里一亭，十亭一乡。而这个间距只是一个公约数，不过"大率"而已，实际中，既可以小于这个"十里"，也可以大于这个"十里"，故曰"民稠则减，稀则旷，乡、亭亦如之"，在班固的笔下，已经告诫后人不可机械地理解。

那么，这样的"方百里"的标准县是依据制度规定，有其现实基础，还是一种纯粹的理想构思呢？要理解这个问题，恐怕要从秦汉制度是从封国体制发展而来的历史轨迹来思考。秦制行政县确立于商鞅变法，《史记·秦本纪》曰：孝公十二年"并诸小乡聚，集为大县，县一令，四十一县"③。《六国年

---

① 详见张金光：《秦制研究》，上海：上海古籍出版社，2004年，第609—613页；熊铁基：《"十里一乡"和"十里一亭"——秦汉乡、亭、里关系的决断》，《江汉论坛》1983年第11期。
② 高文指出：不论"里"按距离论，还是就里居而言，所谓的"十里一亭"都是不能成立的。见高文：《"十里一亭"说考辨——秦汉亭制研究》，《南都学坛》2008年第3期。
③ 《史记·秦本纪》卷5，北京：中华书局，1959年，第203页。

表》载其事曰："初聚小邑"①，《商君列传》总其成曰"集小乡邑聚为县，置令、丞"②。文中提到的"聚""邑"指的都是规模较小的聚落，"聚"一般指自然形成的聚居区，"邑"指经过人为规划的居住区，这些聚和邑是历史形成的，是一种现实的存在。而且，先民选择居住地首先考虑的是就近水源，所以关中河谷平原上星罗棋布的聚落是沿着渭水、汧水、泾水、洛水等水系呈带状分布的，其中较大的聚落演变为国家形态下的都邑、采邑和乡邑，所谓"五十里而封，百里而有都邑"③，都邑与采邑、采邑与采邑之间修筑有交通道路。商鞅建立的四十一县就是在这些由交通网络连接而成的聚落群"并诸小乡聚""聚小邑"，按"县大率方百里"的原则组建而成的。由于当时的县治大多密集地坐落在交通线上，所以县与县之间的距离是可以通过各级道路上的标志物来计算的。西周以来，为了军旅通使等需要在交通要道上设有委积和路室，《周礼·地官·遗人》说："凡国野之道，十里有庐，庐有饮食；三十里有宿，宿有路室"，郑玄注曰："庐，若今野候，徒有庌也。宿，可止宿；若今亭，有室矣。"④春秋战国以后，由于信息传递和文书行政的需要，交通干线上建立了亭、邮、置等不同等级的邮驿机构，这些机构有固定的里程规定，一般是以"十里"为基准的。据吴荣曾先生考证，古代的"邮"必有"亭"，故习惯上也称"邮亭"。⑤所以，县的面积就是以十进制为单位计算的，其标志物就是"亭"。

从这个意义上说，在班固的记述中，不仅"十里一亭"的"里"指的是"里程"，而且"十亭一乡"的"亭"指的也是里程。即在交通干线上，十里设一亭，十亭的距离设一乡。由于这个"乡"是用来规制县与县之间的间距的，所以这个"乡"指的是交通要道经过的大乡，亦即都乡，而非向县域纵深设置的离乡。"十亭一乡"说的是十个亭的距离设置一个都乡，亦即一县治，并非要求县治之间一定要等距离设置十个亭，至于县治与离乡的距离，以及离乡与离乡、离乡与邻县离乡之间的距离则根据聚落分布的情况而定，并不会要求整

---

① 《史记·六国年表》卷15，北京：中华书局，1959年，第723页。
② 《史记·商君列传》卷68，北京：中华书局，1959年，第2232页。
③ 方向东撰：《大戴礼记汇校集解》（上），北京：中华书局，2008年，第22页。
④ （清）孙诒让：《周礼正义》（二），北京：中华书局，2013年，第990页。
⑤ 吴荣曾：《汉代的亭与邮》，《读史丛考》，北京：中华书局，2014年，第177页。

齐划一。当我们把这种制度与秦代关中东西交通大动脉上分布的县邑略加比照，就会发现班固的说法是大体不误的。按谭其骧《中国历史地图集》标识的"西汉司隶部"各县的位置与今地名的对应关系，以现在的公路里程计算，汉代关中交通干线上分布的县与县之间的距离大致都在100汉里左右。[①]

我们说"十亭一乡"指的是十亭的距离，这是考虑到当时的交通道路存在不同等级。由于主要交通干道肩负着上下文书的运行和重要信息的快速传递，驰道、直道及担负防御任务的北部边郡的交通沿线"十里一亭"也是可能的，如汉初《行书律》就规定：

> 十里置一邮。南郡江水以南，至索（索）南界，廿里一邮……北地、上、陇西，卅里一邮。[②]

从亭的实际设置距离来说，张俊民根据敦煌悬泉汉简复原了敦煌郡效谷县邮路上各种亭、置、骑置等邮驿机构的位置及大致里程，由效谷县西门亭东至广至县的石靡亭，邮路上的机构设置依次是：西门亭—安民亭—甘泉骑置—××亭—遮要置—××亭—平望骑置—毋穷亭—悬泉置—临泉置—石靡亭，总里程140汉里，亭与亭、亭与置之间的平均间距为14汉里[③]，其中还包括延伸到广至县境内的部分。由此可见，西北邮路上邮驿机构的间距大体是按"十里一亭"设置的，县的面积也完全可以按"十亭一乡"来表示。正因为如此，古人对班固的记载并不怀疑，李昉等在《太平御览》"驰道"目下，引贾山语"秦为驰道，东穷燕齐"的议论，即直录《百官公卿表》的十里一亭，十亭一乡。[④]

交通干线以外的郡县交通则没有必要"十里一亭"，所谓"十亭一乡"不过按标准县的设计图式表示县距而已，并非一个乡拥有十个亭。冨谷至受张家

---

① 如长安西至槐里（今兴平）：约46千米，合110.8汉里；槐里经釐县西至郿县（今眉县东）：约75千米，合180.7汉里，平均90余汉里；郿县西至陈仓（今宝鸡东）：约49千米，合118汉里；陈仓西北至隃麋（今千阳）：约43千米，合103汉里；长安南至鄠县（今鄠邑区）：约45.8千米，合110汉里；长安北至池阳（今泾阳）：约40千米，合96汉里。

② 彭浩、陈伟、〔日〕工藤元男主编：《二年律令与奏谳书》，上海：上海古籍出版社，2007年，第198—199页。

③ 张俊民：《敦煌悬泉汉简所见的"亭"》，《南都学坛》2010年第1期第10—21页。

④ （宋）李昉等编纂：《太平御览》卷195，北京：中华书局，1960年，第825页。

山汉简《行书律》的启发，肯定《汉旧仪》所谓"设十里一亭，亭长，亭候"①的"十里"表示的是里程，认为"十里一亭"是关于邮亭设置的规定②，这已经接近了事实的真相。但他在解释"十亭一乡"时，又陷入积亭为乡的传统认识窠臼，认为班固的记述是把有关邮亭的规定与其他有关县、乡等基层行政组织的规定混在了一起，进而推论出"一乡之中平均包含了十个亭"的结论。但他忘了这个平均数是不存在的，因为据《百官公卿表》的记载，西汉末全国"凡县、道、国、邑千五百八十七，乡六千六百二十二，亭二万九千六百三十五"③，平均每乡 4.48 个亭；据《续汉书·郡国志》注引《东观书》曰："永兴元年，乡三千六百八十二，亭万二千四百四十二"④，平均每乡 3.38 个亭。由此可见，用"十亭一乡"机械地理解汉代乡亭的实际配置比例，只能为了凑齐"十亭一乡"的亭数，而置汉代乡亭设置的历史真实于不顾。

由此可见，所谓"十里一亭"是为了解决邮书传递而设计的主要交通沿线邮驿机构的大致间距，"十亭一乡"是以不同的邮驿机构为标识测算出来的县面积，即都乡与都乡的大概距离，而非一个乡一定要平均设置十个亭。这种制度设计源自封国时代的秦国，具体说是在行政县制推广过程中为适应历史形成的聚落分布的现实基础而做出的规制，是秦汉时期真实的制度性存在。

二、邮亭、乡亭与交通级别

据简牍资料揭示，秦汉时期的文书传递或称"以邮行"，或称"以亭行"。两者有何区别，以往一般是从行书的快慢和文书的重要程度加以区分的，没有注意到两者传递路线的级别问题。笔者认为，邮亭与乡亭都具备食宿与传递的功能，区别是邮亭主要设置于京师与郡国、郡国与县邑的主要交通沿线，取道

---

① （清）孙星衍等辑，周天游点校：《汉官六种》，北京：中华书局，1990年，第81页。
② 〔日〕冨谷至著，刘恒武、孔李波译：《文书行政的汉帝国》，南京：江苏人民出版社，2013年，第218—220页。
③ 《汉书·百官公卿表》卷19上，北京：中华书局，1962年，第742页。
④ 《后汉书》志23《郡国五》，北京：中华书局，1965年，第3533页。

邮亭的文书传递称"以邮行";兼行邮书职能的乡亭主要设置于郡国辖区中的次级交通道路,取道乡亭的邮书传递称"以亭行"。①

邮亭设置于主要交通干线,这在史书中是有迹可循的。如东汉明帝永平年间,汝南新息人高获"素善天文,晓遁甲",时郡境大旱,太守鲍昱屈尊请教致雨良策,高获曰"急罢三部督邮,明府当自北出,到三十里亭,雨可致也"。文中的"三十里亭",《谢承后汉书》作"四十里亭"②,孰是孰非另当别论,却透露出这类"亭"是以十里为基本单位的信息。况且高获在建言中要求"罢三部督邮",说明这个"三十里亭"与督邮有关,李贤注引《续汉书》曰:"监属县有三部,每部督邮书掾一人。"③桓帝时赵咨拜东海相,道经荥阳,前在敦煌所荐孝廉曹暠时为荥阳令,"迎路谒候,咨不为留。暠送至亭次,望尘不及"④。荥阳地处东西交通枢纽,以次设置的"亭"应当就是"邮亭",故薛宣子薛惠为彭城令时,薛宣从临淮迁任陈留太守途经荥阳,才有"桥梁邮亭不修"⑤的说法。由此可见,当时设置于中原交通大动脉上的亭基本都是"邮亭",由于邮亭与邮亭之间的间距是按"十里一亭""廿里一邮"设计的,所以才以里程或亭次称之。

不论是内郡还是边郡,主要交通沿线都有邮亭相连。⑥交通干线之外沟通县与县、县与乡的道路上是否设置邮亭,仅据文献记载不得而知。对此,我们可以通过剖析尹湾汉简的相关内容作进一步分析。

尹湾六号汉墓出土木牍《集簿》,载东海郡下辖的38个县邑侯国置"邮卅

---

① 按:乡亭的主要功能是治安,包括抓捕罪犯和案件调查,所以乡亭设置的地点离不开聚落。乡亭还要为因公出行吏员提供食宿方便,在缺少邮亭系统的地方兼行文书传递,所以,乡亭设置的另一个原则是不能脱离交通。对此,前人已有发微,此不赘述。
② 《后汉书·方术列传》卷82上,北京:中华书局,1965年,第2711页。
③ 周天游辑注:《八家后汉书辑注·谢承后汉书》卷5,上海:上海古籍出版社,1986年,第182页。
④ 《后汉书·赵咨传》卷39,北京:中华书局,1965年,第1314页。
⑤ 《汉书·薛宣传》卷83,北京:中华书局,1962年,第3397页。
⑥ 在交通干线上设置邮亭,不限于中原地区。比如武帝初开西南夷道,"元光六年,南夷始置邮亭"(《史记·西南夷列传》卷116,北京:中华书局,1959年,第2995页。)。明帝永平年间下诏扩建褒斜道,并凿通石门。《开通褒斜道石刻》详细记录其道路里程及邮亭设置曰:"为道二百五十八里,邮亭、驿置、徒司空、褒中县官寺并六十四所。"(高文:《汉碑集释》,开封:河南大学出版社,1997年,第7页。按:以上引文由笔者根据文意另作标点。)卫飒于建武年间迁桂阳太守,"凿山通道五百余里,列亭传,置邮驿"(《后汉书·循吏列传》卷76,北京:中华书局,1965年,第2459页)。

四"。东海郡辖境面积"界东西五百五十一里,南北四百八十八里",在幅员如此辽阔的辖域内分布 38 个县级单位和 170 乡,县与县、县与乡之间应有各种级别的交通网络,可区区 34 个"邮"若平均分布于纵横交错的交通路线上,如何能满足文书传递的需要呢?故笔者怀疑这些"邮"应当设置于郡内重要的交通道路上,因为在《东海郡吏员簿》记录的县邑侯国的吏员编制中,只有 6 个县邑设置了"邮佐",分别是:郯县 2、临沂 2、费县 2、下邳 2、利成 1、兰旗 1。按照前文的推测,这几个设邮佐的县邑应当位于当时的主要交通干线上。具体来说,郯县地处郡境中部,是东海郡郡治所在地;临沂在今临沂市兰山区北境,沿沂水西岸可达费县;费县位于郯县西北与泰山郡交界处,是郡都尉治所;利成在今山东临沭东,西接临沂,东与朐县(今江苏连云港西南)相连;下邳在今邳州市南古邳镇,与楚国、临淮郡接壤。由以上设置邮佐的城邑为支点大体可以构成北起临沂南至下邳的纵向交通,东起利成经临沂西至费县的横向交通。兰旗侯国地望不详,郑威认为当即雍正《山东通志》所载之"兰城",城址位于今枣庄市台儿庄区兰城店乡。①若此,郯县至兰旗构成东海郡中西部的另一条横向交通。至此,由以上 6 个设邮佐的县邑就连接成东海郡一纵二横的交通干线,即:

  一纵自南而北:下邳—良成—郯县—临沂

  一横自东而西:朐县—赣榆—利成—临沂—费县

  二横自东而西:……郯县—兰旗

这三条道路的总里程如果暂时不计朐县至利成段,按现在的公路里程计算约为 328.6 千米,约合 792 汉里②,按"十里一邮"需置 79 个邮,按"廿里一邮"需置 39.6 个邮,按"卅里一邮"需置 26.4 个邮。由此来看,东海郡置"邮卅四"是符合制度规定的。东海郡地处帝国东境,虽然属于边郡,但当时

---

① 郑威:《西汉东海郡的辖域变迁与城邑分布》,《历史地理》第 25 辑,上海:上海人民出版社,2011 年。按:本文涉及东海郡所属县邑的地理位置参照该文的考证。

② 按:下邳至建陵 42 千米,建陵至郯县 50 千米,郯县至临沂 63.3 千米,临沂至费县 40 千米;临沂至利成 39.3 千米;郯县至兰旗 94 千米,合计 328.6 千米,一汉里约合今 0.83 里,657.2 华里约合 791.8 汉里。关于邮亭的设置地点,以往认为主要设于县邑靠边境一带,或城邑内的"街邮"(见前揭吴荣曾《汉代的亭与邮》一文),今据简牍资料知内郡交通干线亦设邮亭。

并无来自海上的威胁,所以邮佐的设置主要分布于纵向交通线以东,这与郡政主要面向帝国腹地也是相应的。另外,海西(今江苏灌南东南)当时是东海郡最大的一个县,吏员多达107人,比郯县的95人还要多,因此,从郯县至海西应有一条横向交通,即从海西经曲阳、厚丘,北上今东海县西至郯县,从而与郯县至兰旗路相连。但从海西到郯县及从朐县到利成所经过的县邑并没有设置邮佐①,这些路线、其余县邑与郯县之间及县邑之间的文书传递,或许只能通过乡亭系统"以亭传"。对此,我们缺少直接的证据,只能通过比照东海郡所辖县邑设置乡亭的多少做一些推测性的工作。根据东海郡县邑侯国乡、亭吏员配置数量可知,海西、朐县地处沿海,海西经厚丘至郯县,赣榆经朐县至利成作为东海郡东部的两条横向交通,虽然由于军事价值不大没有邮亭的设置,但这些城邑附近及道路沿线乡亭设置的数量却很多,乡、亭比分别为:海西14∶54、朐县7∶47、厚丘9∶36。另外,交通干道之外郡内县邑之间由于文书传递的需要,同样设置了许多乡亭。如郡境北部的南城侯国3乡19亭,利成东北的况其5乡32亭,今江苏新沂市南的建陵侯国1乡6亭,今江苏沭阳东的曲阳1乡5亭;郡西部的缯县4乡23亭。这些县邑因为远离郡治郯县,又不在主要邮路沿线,所以也设置了许多乡亭。

当然,我们的结论不能仅仅建立在推测的基础之上,对于邮亭与乡亭设置地点的区分还可以从湖南苏仙桥晋简获得间接证明。苏仙桥遗址J10古井出土的西晋木简中涉及邮、驿、亭关系的简文有如下记录:

  1-4 逯度亭西到故长连邮廿五里废无居人。

  1-6 长连邮西到深浦亭十五里不在正路依己卯诏书省。

  1-55 都邮北到故佳邮十里废无居人。

  1-74 孛德亭到故佳邮六里废无居人今置迷桥驿。

  2-359 洛泉邮西北到松亭十五里不在正路依己卯诏书省。

  2-374 谷驿南到故松泊邮十五里废无居人。

  2-386 故谷亭一所废无居人。

---

① 另外,武汉大学卜庆华硕士在毕业论文中考证,当时还有一条从赣榆西经况其、利成,南下今羽山、东海县达厚丘的环形路线。见卜庆华:《秦汉时期鲁中、南和苏北地区陆路交通地理初探》,武汉大学2001年硕士学位论文,第28—29页及图2"汉代东海郡及其临近地区主要道路示意图"。

根据这批木简中的纪年简可知，简文内容属于晋惠帝时期桂阳郡郡府文书档案。①据学者研究，魏晋制度直接承袭汉制而来，邮亭驿系统在魏晋南北朝时期一直存在。②如此，我们是可以据此反推秦汉亭制的。苏仙桥晋简提到了三个废弃的邮：长连邮、佳邮、松泊邮，所以才称"故××邮"，废弃的原因不明，其中，佳邮根据需要另置"迷桥驿"。有两个亭由于"不在正路"而废弃，分别是"遥度亭"和"松亭"。与我们的论题相关的是遥度亭、松亭应当是次级交通路线上的乡亭，因此才"不在正路"，设置的路线属于通向郡域其他县邑的郡级交通，这与我们在前文推测的东海郡从海西到郯县、从朐县到利成及从郯县到其他县邑的文书传递要通过乡亭"以亭行"的结论是基本吻合的。

综上说明，乡亭的设置原则一是不能远离聚落，二是不能脱离交通。城邑内的亭依据其不同功能各有名号，城邑外的亭大体分为乡亭和邮亭。邮亭和乡亭都具有文书传递和提供食宿的功能，区别是邮亭主要设置于京师与郡国、郡国与县邑的主要交通沿线，乡亭主要设置于郡国辖区中的次级交通道路。

三、亭部与自然聚落"丘"

一般说来，兼具治安与行书功能的乡亭是以各种级别的道路为轴心设置于聚落附近的，即使远离聚落的乡亭似乎也不可能脱离交通而设置于田野或荒原。乡亭既然以索捕盗贼、调查案情为主要职责，从其创制伊始就当划定一定范围的责任区。例如，长安、洛阳城内的治安亭，辖区是按街道划分的，所谓"街—亭"是也。乡亭同样需要划定其巡徼的范围，如果说"十里一亭"的"里"可以按方圆计，则乡亭的责任范围或许大略如此。

城邑之外的乡亭是否有固定的辖区，以往我们并不知晓，按史书的记载有"亭部"的说法。"亭部"这一概念最早见于汉元帝时期，但并不意味乡亭的辖

---

① 湖南省文物考古研究所、郴州文物处：《湖南郴州苏仙桥遗址发掘简报》，湖南省文物考古研究所编《湖南考古辑刊》第 8 集，长沙：岳麓书社，2009 年，第 93—101 页。

② 戴卫红：《魏晋南北朝时期亭制的变化》，《社会科学战线》2016 年第 2 期；《从湖南省郴州苏仙桥遗址 J10 出土的晋简看西晋上计制度》，《中国社会科学院历史研究所学刊》（第八集），北京：商务印书馆，2013 年，第 155—174 页。

区此时才开始划定，对此，考古资料为我们提供了线索。例如，睡虎地秦简《封诊式》收录的"群盗"爰书就记录了某亭长与求盗逮捕群盗的经过，大意是说某校长（即亭长）甲与求盗乙、丙"徼循到某山"时，发现群盗人丁和戊藏匿山中，于是斩首戊，捕获丁。①爰书提到的"徼循"，应即亭长按制在辖区中巡行。这种责任区在简牍资料中也称"部中"，张家山汉简《奏谳书》收录的一件案例记载，高祖六年六月，淮阳郡新郪狱史"武"出备盗贼至公梁亭失踪20余天，而新郪令"信"不予"穷讯"，公梁亭长"丙"坐罪无"□（系）牒"。淮阳守"偃"疑有奸诈，举劾覆审。与"武"同行的新郪髳长"苍"坦白："故为新郪信舍人，信谓苍：武不善，杀去之。苍即与求盗大夫布、舍人簪褭余共杀武于校长丙部中。丙与发弩荷（苛）捕苍，苍曰为信杀，即纵苍，它如劾。"②供词中提到的公梁亭"校长丙部中"，文献简称"亭部"。也就是说，乡亭有固定的管辖区是与亭的治安功能联系在一起的，并非西汉中期以后随着层级监察制度的形成才划定的。

随着人口的增长和耕垦的需要，百姓会不断从城邑沿着交通道路向四周扩散，在远离城邑的地方聚居，形成新的聚落，因此，原本出于邮驿的需要设置在荒凉地带的邮亭、乡亭附近也会逐渐形成新的聚落。如：

　　章帝元和二年九月诏："凤皇、黄龙所见亭部，无出二年租赋。"③
　　安帝延光三年二月诏："济南上言，凤皇集台县丞霍收舍树上……凤皇所过亭部，无出今年田租。"④

以上记载说明亭部之中有民户居住，只是这些错落于亭部的聚落名称及这些聚落的隶属关系还不清楚。另外，东汉时期列侯封爵中有"亭侯"之称，亭侯作为列侯的一等，据研究始于东汉光武帝建武年间⑤，封户从100户到1500户不等。所谓亭侯即以亭为名，将亭部内居住的民户作为封侯所食封户，如

---

① 睡虎地秦墓竹简整理小组编：《睡虎地秦墓竹简》，北京：文物出版社，1990年，第152页。
② 彭浩、陈伟、〔日〕工藤元男主编：《二年律令与奏谳书》，上海：上海古籍出版社，2007年，第354页。
③ 《后汉书·章帝纪》卷3，北京：中华书局，1965年，第153页。
④ 《后汉书·安帝纪》卷5，北京：中华书局，1965年，第238页。
⑤ 参见尤佳：《东汉乡、亭侯爵设立时间新考》，《秦汉研究》（第七辑），西安：陕西人民出版社，2013年，第108—114页。

《续汉书·郡国志》引《帝王世记》称："曹腾封费亭侯，县有费亭是也。"①至于亭部内居民的管理方式，从文献记载而言不得而知。按秦汉制度和一般性常识，聚落的居住区一般是称"里"的，城邑如此，乡村也是如此，即便是汉初地处汉与南越缓冲地带的长沙国南部，原本依山傍水自然形成的聚落被纳入国家行政管辖后也同样设乡置里。如马王堆汉墓出土的"驻军图"就用红圈标示了 42 个里名，户数参差不齐，多者百余户，少者十几户。②然时过境迁，东汉中期以后，在同属长沙郡的临湘县乡里行政系统之外，又出现了"丘"的概念，比如在长沙五一广场东汉简牍中既能见到乡统里的管理体系，又能见到"亭"辖"丘"的统辖关系。诸如：

  1. 木牍 CWJI③：71-26 云：案：都乡溇阳里大男马胡、南乡不处里区冯，皆坐。

  2. 木两行 CWJI①：85 云：辞：本县奇乡民，前流客，占属临湘南乡乐成里。

  3. 木两行 CWJI①：93：皆曰：县民，占有庐舍长赖亭部庐蒲丘。

  4. 木两行 CWJI③：292-6：详弟终、终弟护；晨与父宫、同产兄夜、夜弟疑、疑女弟捐；戆与母妾、同产弟强；除与妻委、子女婴俱居自有庐舍伦亭部。尼、晨、除，汉丘；戆，上辱丘。

  5. 木两行 CWJI③：172：姓名如牒。普，都乡三门亭部。董、旦，桑乡广亭部。董与父老、母何、同产兄辅、弟农俱居。旦父母皆前物故，往不处年，嫁为良妻，与良父平、母真俱□□□庐舍。

  6. 木两行 CWJI③：325-4-26：有庐舍庚亭部，以绩织为事。

  7. 木两行 CWJI③：264-34：辞皆曰：县民，宠与父武、母臧及凤、汉妻妊等俱居，各有庐舍监亭部。宠，堤下；汉、抚，松田丘。相比近，皆各以田作为事。③

---

① 《后汉书》志 20《郡国二》，北京：中华书局，1965 年，第 3428 页。
② 傅举有：《马王堆汉墓出土的驻军图》，曹婉如等编：《中国古代地图集》，北京：文物出版社，1990 年，第 10 页。
③ 分见长沙市文物考古研究所、清华大学出土文献研究与保护中心等编：《长沙五一广场东汉简牍选释》，上海：中西书局，2015 年，第 122、123、127、140、168、218、232 页。

由于目前只公布了这批简牍中的极少部分，亭与丘的关系暂时还不是十分清楚，但以下几点还是明确的。

（1）临湘县境内的基层居民编制体制存在乡—里、亭—丘的并存关系。乡—里关系如例1的漻阳里隶属都乡，例2的乐成里隶属南乡；亭—丘关系如例3的长赖亭部的庐蒲丘，例4的伦亭部的汉丘、上辱丘，例7的监亭部的堤下丘、松田丘。这些"丘"只标示了居住地点，没有明确行政隶属关系，但却称"丘"而不称"里"，说明这些"丘"不是按乡里体制编组的，而是单纯的地域单位名称。

（2）亭部划定于诸乡的乡域之内，但不存在乡统亭的行政隶属关系。黄朴华先生认为当时不仅有乡辖里的居地划分，同时也有乡统亭、亭辖丘的区域划分。①实际上，"乡统亭"在已公布的简牍文书中还见不到直接的证据，只有例5的"姓名如牒。普，都乡三门亭部。董、旦，桑乡广亭部"②等提法，从字面来说指的是涉案人定居的地点，即某人所处的"亭部"位于某乡的乡域之中。按秦汉地方行政制度，乡、亭都是郡县的派出机构，在制度上分属于不同的行政系统，由于亭附丽于乡里而设，乡部与亭部之间必然存在业务往来，但两者在行政级别上属于平行关系，而不是上下统属关系。进一步说，既然"丘"不在乡里编制之内，那就只能另有一套管理体系，如果说由于聚落向乡野扩散进而带动管理方式的转变，也只能是乡统里、亭统丘的双轨制。

（3）亭部居民的住宅称"庐舍"，而不称"里舍"。"庐舍"在秦汉文献中多指邑里之外的住处，与"里舍""里宅"的区别在于它的临时性和简易性，林尹注《周礼·天官·宫伯》"大丧，则授庐舍"句，引贾疏云："谓于中门之外，东墙下，倚木为庐……但以草夹障，不以泥塗之也。舍，垩室也。"③何为"垩室"？刘熙《释名》曰："垩：亚也，次也。先泥之，次以白灰饰之也。"④丘民的房舍称"庐舍"，说明亭部的丘无非都是一些新形成的聚落，哀帝时贾

---

① 黄朴华：《湖南长沙五一广场东汉简牍发掘简报》，《文物》2013年第6期。该文收录于《长沙五一广场东汉简牍选释·前言》部分，文字略有改动，但本文所引内容基本相同。
② 长沙市文物考古研究所、清华大学出土文献研究与保护中心等编：《长沙五一广场东汉简牍选释》，上海：中西书局，2015年，第218页。
③ 林尹注译：《周礼今注今译》，北京：书目文献出版社，1985年，第31页。
④ 任继昉：《释名汇校》，济南：齐鲁书社，2006年，第311页。

让在"奏治河三策"中提出所谓"内黄界中有泽，方数十里，环之有堤。往十余岁太守以赋民，民今起庐舍其中"。①这些"丘"虽然地处某乡域，但与乡部路途较远，由所在亭部兼理或者是顺理成章的事，也就是说，"丘"的出现表明国家对乡村控制的方式发生了改变，亭辖丘或许处于由传统的乡里体制向乡辖丘转变的过渡阶段。

用"丘"指称邑外的聚落，文献无载，走马楼三国吴简最早出现乡辖丘的对应关系，见于长沙郡临湘侯国的各种簿籍文书。从制度史的角度来说，秦汉时期的基层行政管理体制是乡里制，吴简中出现的"丘"属性如何，与乡里又是什么关系？所谓一石激起千层浪，围绕上述问题学界曾展开旷日持久的讨论。②从文献记载来说，秦汉将自然形成的聚落一般是称"聚"或"聚落"的，今长沙地区出土的简牍何以称"丘"，用"丘"指称自然聚落是长沙郡一地的称谓习惯，还是当时的普遍用法，是一个颇为费解的问题。陈絜曾讨论过战国葛陵楚简的"丘"，认为简文涉及的18个"某丘""某某丘"都是具体的聚落名称，如"桑丘""上桑丘"等，而不是所谓的山丘或丘陵。③如果此说成立，是否楚地以"丘"称谓自然聚落是当地的一种称谓习惯呢？这让我们联想到东汉刘熙对"丘"的解释。刘熙在《释名》中注《周礼》所载都鄙井田之法的"九夫为井，四井为邑，四邑为丘"的"丘"，曰："丘，聚也。"④刘熙以汉代观念释"四邑为丘"⑤的丘为"聚"，是应当引起我们注意的。刘熙又名刘熹，北海人，汉献帝建安年间南下避乱，久居交州⑥，所著《释名》是一部从语音学的角度推求字义的著述，《颜氏家训》所谓："夫九州之人，言语不同，生民以来，固常然矣……刘熹制《释名》，始有譬况假借以证音字耳。"⑦从字音的角度来说，今湖南长沙地区"丘"的发音接近"聚"，意思就有"聚集"

---

① 《汉书·沟洫志》卷29，北京：中华书局，1962年，第1692—1693页。
② 参见侯旭东：《长沙走马楼三国吴简"里""丘"关系再研究》，载武汉大学学报编辑部：《魏晋南北朝隋唐史资料》第23辑，2006年12月。
③ 陈絜：《试论葛陵楚简"丘"的性质与规模》，《中国社会历史评论》（第十二卷），天津：天津古籍出版社，2011年，第1—12页。
④ 任继昉：《释名汇校》，济南：齐鲁书社，2006年，第89页。
⑤ （清）孙诒让撰：《周礼正义》（二），北京：中华书局，1987年，第786页。
⑥ （清）严可均辑：《全后汉文》卷86，北京：商务印书馆，1999年，第869—870页。
⑦ 王利器撰：《颜氏家训·音辞》卷7，北京：中华书局，1993年，第529页。

的含义。即是说，当地对那些不再设里的自然聚落在命名上是按本地的发音习惯称为"××丘"的，而长沙五一广场附近发现的简牍又都属于长沙郡内的往来文书，采用当地特有的概念"丘"也在情理之中。

长沙五一广场东汉简牍所见的丘，大都见于各种案件的审讯记录，在官方供诉和嫌疑人自诉时记录下其家庭住址在"××亭部"的"××丘"。问题是，这些涉案人在供诉其居住的"丘"时，何以不称"××乡—××丘"而称"××亭部—××丘"？这恐怕要从"丘"的形成过程来解释。众所周知，春秋战国以来不断掀起筑城高潮，邑居成为秦汉时期的主要居住形态，当时的郡国城、县邑城大多建有城郭，离乡离邑虽然没有城郭，或者存在墙垣一类的围护。同时，远离城邑的地方也不断形成新的自然聚落，这些聚落一般是开放式的，比如河南内黄三杨庄遗址的聚落周围至今也没有发现围墙一类的痕迹。① 广大乡村自然聚落的形成，总是要沿着交通道路向两侧拓展，从几户十几户而"渐成聚邑"。正如前文所说，邮亭、乡亭都设置于各级交通沿线及其附近，各有相对固定的辖域，而这些新的聚落"丘"就星罗棋布于亭部之中。这些"丘"大多远离乡部，由乡部直接管理存在空间上的困难。以往，出于对农民的生产过程实施监督及农田水利规划管理的需要，县廷是选派田啬夫、田佐分部负责的，秦及汉初简牍一般称"田部"。田部废除后，县廷选派临时性的"劝农掾"专司农事活动。劝农掾职在监察，兼行劝课农桑之任。随着亭部之中自然聚落的不断形成，继续采用乡里体制困难重重，或许才转而由"亭部"兼理部内的"丘"。

做出这样的推测也并非毫无根据，理由就是"劝农掾"往往由负责乡亭、邮亭业务的廷掾充任。如长沙东牌楼东汉简牍的二件封匣分别是"东部劝农邮亭掾周安言事"和"左部劝农邮亭掾夏详言事"②，时间分属于汉灵帝光和六年（183年）和中平三年（186年）。此外，五一广场东汉简牍木两行CWJI②：124A 面还有"东部劝农贼捕掾"的提法，其文曰：

---

① 刘海旺：《新发现的河南内黄三杨庄汉代遗址性质初探》，《简帛研究2008》，桂林：广西师范大学出版社，2008年，第296—297页。
② 长沙市文物考古研究所、中国文物研究所编：《长沙东牌楼东汉简牍》，北京：文物出版社，2006年，第71—72页。

> 永初元年正月癸酉朔廿日壬辰，东部劝农贼捕掾迁、游徼尚、驷望亭长范叩头死罪敢言之。廷书曰：言男子吴辅斗伤弟妻麂，亡。逐捕有书。辅以微辨（辩）贼伤麂，所犯无。①

由此可见，劝农掾或兼行邮亭事或兼行贼捕事，督导农事活动都是和亭部联系在一起的，这就充分说明"丘"是由亭部分管的。另外，简文中的"驷望亭"，依东牌楼封匦"周安言事"的落款属于邮亭。②这说明"邮亭"也要分部兼行盗贼事，乡亭、邮亭已经从单一性质的治安、行书机构逐渐演变为合民事、治安、行书为一体的组织。

丘的形成是一个自然过程，在和平年代离不开国家有关政策法规的出台。按秦汉制度规定，山林草田归国家所有，在人们的观念中"地有草者，尽曰官田"③，农民垦荒种地要通过"占垦"的手续才属合法。就现有法律资料来说，此制源自战国时期的国家授田制，如里耶秦简中就保存了两份"谒垦草田"的法律爰书：

> 卅三年六月庚子朔丁巳，［田］守武爰书：高里士五吾武自言："谒垦草田六亩，武门外，能□籍以为田，典□占。"④

> 卅五年三月庚寅朔丙辰，贰春乡兹爰书：南里寡妇憗自言：谒貇（垦）草田故枭（桑）地百廿步，在故步北，恒以为枭（桑）田。⑤

西汉文帝以后，国家大规模授田活动废止，但山林川泽丘陵荒原的所有权

---

① 长沙市文物考古研究所等编：《长沙五一广场东汉简牍选释》，上海：中西书局，2015 年，第 137 页。
② 按："东部劝农邮亭掾周安言事"封匦的落款为"光和六年正月廿四日乙亥申时□驷□亭"，其前一个"□"依"左部劝农邮亭掾夏详言事"的落款"中平三年二月廿一日己亥言安定亭"的行文格式，可补为"言"字；后一个"□"据正文引文提到的"驷望亭长"或可补为"望"字。可证，东汉简牍木两行 CWJI②：124A 面的"驷望亭"即"周安言事"的"邮亭"。
③ 《后汉书·仲长统传》卷 49，北京：中华书局，1965 年，第 1656 页。
④ 游逸飞、陈弘音：《里耶秦简博物馆第九层简牍释文校释》，简帛网：2013 年 12 月 22 日 http://www.bsm.org.cn/
⑤ 里耶秦简牍校释小组：《新见里耶秦简牍资料选校（二）》，武汉大学简帛研究中心主办：《简帛》（第 10 辑），上海：上海古籍出版社，2015 年，第 187 页。

仍然掌控在国家手中，如汉武帝建上林苑，牵扯到占用鄠县、杜县民田的问题，于是"诏中尉、左右内史表属县草田，欲以偿鄠杜之民"，师古注曰："草田，谓荒田未耕垦也。"①宣帝时，广陵王刘胥子南利侯刘宝与刘胥姬左修通奸，下狱弃市，"相胜之奏夺王射陂草田以赋贫民，奏可"。②在这种条件下，如果暂时不考虑边远地区原住民的已有聚落，新聚落的形成恐怕离不开国家及地方法令法规的允许，如前引之魏郡内黄郡太守即将堤中滩地赋民，十余年间民建起庐舍而成聚落。

五一广场东汉简牍出现在亭部中的"丘"，以及章帝、安帝免除凤凰所过亭部民户租赋的聚落，应当都是通过大面积赋民草田形成的。对此，我们注意到汉章帝元和三年（86年）所下诏令，史称章帝望祀华山、霍山，东柴岱宗，又"将礼常山，遂徂北土，历魏郡，经平原"，于是告常山、魏郡、清河、巨鹿、平原、东平郡太守、侯国相曰："《月令》，孟春善相丘陵土地所宜。今肥田尚多，未有垦辟。其悉以赋贫民，给与粮种，务尽地力，勿令游手。"③诏书中特别提到了"丘陵"，虽未言及长沙郡，但皇帝诏令即为法律，对全国而言具有通行性和示范性。长沙地处湘中丘陵与洞庭湖冲积平原过渡地带和湘、浏盆地，周围为地势较高的山丘环绕，丘涧交错。五一广场东汉简牍的年代大体属于东汉和帝、安帝时期的文书档案，其中"丘"的涌现和章帝以及前朝类似的诏书精神是否存在必然的联系，暂时还不敢轻下结论，但有一点是确定无疑的，即章帝诏以丘陵土地"悉以赋贫民"之后，昭宣以来的赋民公田、赋民草田的有关法令从此不见记载，似乎昭示出东汉政府由此放松了对未垦土地的封禁。

另外，长沙郡附近的"丘"还当与移民有关。两汉之际及东汉中后期北方人口大量南迁，长沙郡、豫章郡、庐江郡等江南郡国户口数量激增，汉平帝元始二年（2年）长沙郡人口 217 658 人，到汉顺帝永和五年（140年）人口增长到 1 059 732 人，近一个半世纪间增加了487%，年平均增长率达到 11.5‰，仅次于零陵郡的 13.5‰，故葛剑雄先生指出："原长沙国地区的人口

---

① 《汉书·东方朔传》卷65，北京：中华书局，1962年，第2834页。
② 《汉书·武五子传》卷63，北京：中华书局，1962年，第2761页。
③ 《后汉书·肃宗孝章帝纪》卷3，北京：中华书局，1965年，第154页。

持续高增长绝不是自然增长的结果，而得益于来自北方的移民。只是因为这类移民大都是自发的、零散的、底层的，所以不见于史籍记载。"①这种机械式的零散的流民，国家往往通过"获流""赋民公田"等方式"所在安业之"。②而原有的乡邑满足不了这些"新占民"的居住和田地需求，在亭部"安业之"就成为唯一的选项，从而促成了邑外自然聚落"丘"的喷薄而出。侯旭东在解释吴简中"里"与"丘"的复杂对应关系时，以"刘里""刘里丘"为线索，认为丘的形成"是由于居民自由迁往新聚落"③的结果。现在看来，移民的涌入才是造成"丘"的层出不穷的主要渠道，因为这些"丘"广泛分布于丘陵地带，路途遥远，一些"丘"与临湘县的距离更在一百汉里以上，如"长赖亭部杆上丘，去县百五十余里"④，如此悬远的"丘"恐怕不会是邑居之民迁出的结果。侯旭东对此也并不否认，他在注中就说："这种人口增长亦有学者认为是由于外来移民造成的……若此，也同样存在居住空间的拓展的问题。"⑤

也就是说，城邑之外的邮亭、乡亭各有固定的辖区，称为"亭部"。随着人口的增长和耕垦的需要，百姓自然会不断从城邑散居到乡野，在远离城邑的地方聚居，形成新的聚落。这些聚落就是长沙五一广场附近陆续发现的东汉简牍、三国吴简中的"丘"。丘即"聚"，属于自然形成的开放式聚居区，是沿着交通道路不断向两侧扩展的，分布于乡亭、邮亭等亭部之中。新的聚落称"丘"而不称"里"，说明"丘"是按地域命名的，不再按乡里体制编组，由所在亭部管理。丘的形成是一个自然的过程，既有邑居之民外迁的路径，更有移民在国家赋民草田、赋民丘地等安置政策下通过"占垦"而聚居的渠道。

---

① 葛剑雄主编：《中国人口史》（第一卷），上海：复旦大学出版社，2005 年，第 421 页表 7-9 "东汉南方部分郡户口数与西汉末的比较"、536 页。
② 《后汉书・孝顺孝冲孝质帝纪》卷 6，北京：中华书局，1965 年，第 254 页。
③ 侯旭东：《长沙走马楼三国吴简"里""丘"关系再研究》，载武汉大学学报编辑部：《魏晋南北朝隋唐史资料》第 23 辑，2006 年 12 月。
④ 长沙市文物考古研究所等编：《长沙五一广场东汉简牍选释》，上海：中西书局，2015 年，第 231 页。
⑤ 侯旭东：《汉魏六朝的自然聚落——兼论"邨"、"村"关系与"村"的通称化》，收入黄宽重主编：《中国史新论・基层社会》，台北：联经出版事业有限公司，2009 年，第 151 页。

四、乡、丘与聚落的地域化

据东牌楼东汉简牍的两件封匣及五一广场东汉简可知，汉代的亭到汉灵帝中平年间仍然运转正常，其中，邮亭系统虽一直存续，但治安亭却从三国以后逐渐淡出历史舞台。①这种体系性的坍塌与东汉末年的黄巾大起义及随之而来的军阀混战不无关系，可随着三国政权的稳定何以不恢复和重建运行了几百年且行之有效的乡亭系统呢？对此，学界也从不同的角度做过解读。吴荣曾先生指出："东汉末年时，亭长禁盗贼的功能已经退化，而是越来越多地去管理民政和教化，和乡在地方上所起的作用差别很小，这会造成机构的重叠。"②高荣则从亭长秩级的降低，论证了亭的军事职能的淡化。③这些意见对于理解秦汉乡亭制度的逐渐消亡都具有解释力，对此，本文不拟展开，只从乡亭职能的演变略陈一二。

历史跌宕至东汉以后，刘秀在军制上罢郡都尉，并职太守，废除郡国材官骑士制度，地方有变，太守领兵出讨，称"郡将"。同时，州的地位日益隆重，刺史或州牧秩级提高，开始染指地方行政事务。明帝朝，琅琊王望为青州刺史，以州郡灾旱"出所在布粟，给其禀粮"。公卿皆以王望专命，议依法条论罪，唯钟离意引"《春秋》之义"为之开脱，史称"帝嘉意议，赦而不罪"。④朝廷议事一般以"故事"的形式成为惯例，王望之举实开州刺史行使地方行政职权的先河。在这种情况下，国家的行政重心从秦以来的县乡逐渐提升到州郡，郡县呈现出军、政合一的趋势。作为军事体系的亭也开始兼理民政，亭部演变为理民机构就成为一种历史的趋势。由于东汉史料的缺如，我们还一时难以将这一进程的演变环节连接起来，但还是有一些蛛丝马迹可供参酌。如陈留考城人仇览为县选为蒲亭长，"劝人生业，为制科令，至于果菜为限，鸡豕有数，农事既毕，乃令子弟群居，还就黉学。其剽轻游恣者，

---

① 参见戴卫红：《魏晋南北朝时期亭制的变化》，《社会科学战线》2016年第2期。
② 吴荣曾：《汉代的亭与邮》，《读史丛考》，北京：中华书局，2014年，。
③ 高荣：《张家山汉简所见的亭及其吏员》，《西北师大学报（社会科学版）》2008年第5期。
④ 《后汉书·王望传》卷39，北京：中华书局，1965年，第1297页。

皆役以田桑，严设科罚"。①仇览生活的时代据本传记载与王焕同时，当东汉桓灵之世。"蒲亭"应为考城县的一个乡亭或邮亭，他在亭部的作为早已不是亭长的职任，而是乡部的权责。另据前引五一广场东汉简所载"驷望亭"，在东牌楼封匦中是东部劝农邮亭掾周安言事之所，说明此亭隶属于邮亭系统，而据东汉五一广场简牍的记录，驷望亭长不仅要参与农田事务，而且还要参与贼捕之事。以上点滴记录似乎透漏出这样的信息，历史演进到东汉中后期，国家对广大乡村新形成的聚落已经不再设里，各种事务都由所在亭部兼理。至于"亭部"是否已经演变为与"乡部"性质相同或相近的一种乡级机构，仅从目前揭示的资料来说还无法定夺，需要将之延伸到吴简中的乡丘关系中去思考。

走马楼吴简中"亭"的记载较少，但大量簿籍文书显示，东汉时期的亭—丘关系到三国时期已经转变为乡—丘关系。关于吴简的乡里丘关系是错综复杂的，若要理清其间的统属关系恐非一朝一夕即可达成共识，但这并不妨碍我们做一些推测性的探索。走马楼吴简中有大量的名籍简，记录了官府掌握的不同身份吏民的基本信息，这些名籍中的"口食簿"颇类一般常识中的户籍，对此学界尚有争议。②为讨论这类名籍的编制单位以梳理乡里丘的关系，本文暂以"户籍"称之。在围绕吴简丘里关系的讨论中，侯旭东以人名为线索绘制了详细的"里"与"丘"的对应关系表，发现当时的一里往往与多个丘的居民对应，同一丘的居民常见分别隶属于不同的里，由此判断"里"是民户户籍的编制单位，"丘"是居民居住的自然聚落。他在另一篇论文中通过集成"嘉禾六年（广成乡）弦里吏民人名年纪口食簿"，考证出这种"口食簿"应由里魁抄写，由乡汇总完成。③吴简中的丘属于自然聚落的观点已为学界所接受，但如果丘中居民的户籍按"里"编制，则乡—丘关系体现的还是乡里旧制，与以往不同的仅仅是居住空间由城邑向乡村的延伸，还不属于管理体制的改变。所以，丘中居民的户籍是否按里编制或依然"保持旧有乡里民籍"的问题，恐怕

---

① 《后汉书·循吏列传·仇览传》卷76，北京：中华书局，1965年，第2479—2480页。
② 关于吴简中的户口简以及与户口有关的户口名籍的性质讨论，可见凌文超在《走马楼吴简采集簿书整理与研究》（广西师范大学出版社2015年版）一书所作归纳。
③ 侯旭东：《长沙走马楼三国吴简"里""丘"关系再研究》，《近观中古史》，北京：中西书局，第108—142页。

还需要进一步讨论。

正如侯旭东指出的那样，吴简中重名现象较为普遍，因此以人名对应里、丘关系的"做法是存在一定风险的"，因为直接体现里丘关系的名籍简在吴简中还几乎没有见到。况且，当时的里有固定的户数，丘中居民如何登记于里魁所领里户籍之中？比如，我们可以找到很多某里若干户口食若干人的"集凡"简，户数大多在 50 户左右，多者如竹简（壹）9407 简的"□迁里领吏民户二百五十五户"、竹简（捌）463 简的"集凡春平里领吏民一百□□□户"，少者如竹简（壹）8162 简的"☑□中里领吏民卅八户☑"。如果丘民的户籍按里编制，基本前提是里户籍必须能容纳丘的户数，对丘中民户的调查亦当由里魁负责。可事实上，尽管吴简中记载"丘"户数的简还极为有限，但抄写者却不是里魁，而是"岁伍"。诸如：

☑□岁伍番祝领吏民五十五户　　　　竹简（贰）619
・右岁伍谢胥（？）领吏民七十五户　☑　竹简（贰）1105

有学者指出，吴简中的"岁伍"和"月伍"属于丘中的小吏，"岁伍"主要管理丘中的居民，"月伍"则负责土地管理。①此外，我们还注意到"月伍"某某的前面一般标注为某丘，如竹简（叁）2017 简："□田丘月伍区□领田二顷五亩一十□☑"，"岁伍"的前面则标注为某某乡，如竹简（叁）6431 简："出东乡岁伍烝韻□☑"。这是否暗示着"月伍"只具体负责一丘事务，"岁伍"则要负责多个丘的事务？今据凌文超复原之嘉禾二年"丁卯书"，文书中有都乡劝农掾郭宋被曹敕，"辄部岁伍五京（京）、廖准、毛常等隐核所部"一句，要求"谨列人名口食年纪右别为簿如牒"②，可证每乡有多名"岁伍"，每个"岁伍"有固定的部域。正如作者指出的那样，劝农掾令岁伍而不是里魁隐核所部，则这个"所部"的对象应当是丘，而且不是一个丘，故才要求"隐核所部"。若此，当时的户籍或"口食簿"应当是由里魁和岁伍、月伍分别统计和登记的，说明乡—里和乡—丘是乡以下的两种不同的管理系统。将之回溯到

---

① 沈刚：《长沙走马楼三国竹简研究》，北京：社会科学文献出版社，2013 年，第 176—177 页。
② 凌文超：《走马楼吴简隐核新占民簿整理与研究——兼论孙吴户籍的基本体例》，《田余庆先生九十华诞颂寿论文集》，北京：中华书局，2014 年，第 165 页。

东汉简牍的亭部之丘,既然丘民供诉自己的籍贯不称"乡—里",而称"亭部—丘",起码说明亭部中的聚落没有被纳入乡里编制,而是由亭部负责,或者说就是由亭部直接管理丘民的事务。

另外,据前引简文可知,"岁伍"所领吏民的户数多达 55 至 75 户,已经与里相当,给人一种自然聚落人口爆炸的错觉。其实,如果联系到岁伍"隐核所部"的提法,似可窥知岁伍"隐核"的不是一丘户数,上报到乡的"领吏民"数是多个丘的居民户数。也就是说,当时每丘的民户不会很多,因为丘陵地带的可耕地不可能如平原地区阡陌相连,一丘附近的耕地可以供耕的户数是有限的,十几户、二三十户的丘应当是常态。尽管我们还无法确知每丘的户数或大体的平均数,但每乡所辖几十个丘的居民户籍恐怕是不能按里编制的。为此,笔者对已公布的走马楼吴简壹、贰、叁、肆、柒、捌所见丘名做过粗略统计,每乡的辖丘数如表 1 所示:

表 1　走马楼三国吴简乡辖丘数对照表①

乡名	都乡	中乡	东乡	桑乡	广成乡	小武陵	平乡	模乡	乐乡	西乡	南乡
丘数	20	54	70	67	75	60	92	41	35	51	19

按秦汉里制规定:"里自卅户以上置典、老各一人,不盈卅户以下,便利,令与其旁里共典、老,其不便者,予之典而勿予老。""诸故同里里门而别为数里者,皆复同以为一里。一里过百而可隔垣益为门者,分以为二里。"②即城邑之里的户数大体固定,吴简中的乡里沿袭的是秦汉旧制,户籍按里登记,这个户籍或即吴简中所见"黄簿"。从列表统计的乡辖丘数可知,临湘县所属 11 个乡的辖丘数多者 92 个,少者 19 个,平均将近 56 个,如此众多的丘的居民户籍如何按里编制?即便目前所见"口食簿"是为派役而编制,亦为里魁以里为单位进行统计,同样无法容纳丘中民户。另据侯旭东的考证,临湘侯国的中乡当有 7 个里:东赽里、小赤里、续中里、曼溲里、五唐里、梨下里、平眊里;③凌文超认为小武陵乡应该下设 5 里:吉阳里、高

---

① 按:本表在统计时为避免重复,丘名不完整或二字丘名只保留"丘"字者,三字丘名有一字与完整丘名相同者如"□下丘"或即"领下丘",均不统计。因此,各乡的丘数只是一个约略数,列于此仅作参考。
② 陈松长主编:《岳麓书院藏秦简》(肆),上海:上海辞书出版社,2015 年,第 115、192 页。
③ 侯旭东:《近观中古史》,上海:中西书局,2015 年,第 115 页。

迁里、东阳里、平阳里、安阳里。①而中乡至少辖有 54 个丘,小武陵乡至少辖有 60 个丘,尽管这两个乡的辖里数或许不止 7 个或 5 个,但里户籍无论如何也容纳不下丘民的户籍。由此可证,乡辖丘应当属于乡里之外的另一个系统。

其实,理解吴简中的里、丘关系,还是要从丘的形成路径来思考。据长沙马王堆汉墓出土《驻军图》可知,西汉初年对原住民的管理方式采取的是乡里制,即使只有十几户的聚落也要设里置典。这种做法在整个西汉时期始终没有改变,对那些自然形成的"聚",一旦形成规模,国家都会设乡置里加以管理,称之为"××里聚",在专制统治的触角所能达到的地方,基本不存在逸出乡里体制的聚落。东汉以后,各种社会组织的私权力不断提升,国家对基层社会的统治力逐渐弱化,从五一广场东汉简得知,最晚从汉和帝以后,长沙一带新形成的聚落已经不再设里,而直接名之为"××丘",亦即后来称之为邨、村的自然村落。我们虽然还不清楚这些"丘"的具体管理方式,但从仇览担任蒲亭长期间的举措来看,错落于亭部的丘是由亭部直接管辖的。三国以后乡亭制度的废除,不是因为机构在管辖权上的重叠,而是人口以亭为中介由邑居到丘居的演变带动了亭部职能的转化,造成乡部、亭部职能的趋同,使得国家对基层社会的管理方式划分为乡、亭两个系统越来越没有必要。三国吴为统一乡级行政单元,裁撤亭部,遍布长沙周边丘陵地区的丘转而隶属于邻近的乡,或另行设乡统一管理,从而形成乡以下里、丘并存的格局。乡所辖里属于旧制,里设里魁;乡所辖丘,属于新生事物,由厮役性质的"月伍""岁伍"负责隐核所部"方远授居民占上户籍""定领"田亩等业务,其具体职责由于资料所限还不能详知。但有一点似乎可以明确,即乡对里和丘的管理采用的是不同的方式,这种不同的管理方式,称之为双轨制亦未尝不可,或者说"乡—里""乡—丘"这种双轨体制也是一种过渡形态,对其重新整合的时机需要大一统时代的到来。由于丘中居民来源不同,有的原是里中居民迁居丘落,或者佃田于某丘,如前引五一广场东汉简的"县民,占有庐舍长赖亭部庐蒲丘"等,从而造成一里之人居于数丘,一丘居民来自数里的情况。有的属于来自不同地区的"新占民",在国家开放丘陵土地"悉以赋贫民"的政策

---

① 凌文超:《走马楼吴简采集簿书整理与研究》,桂林:广西师范大学出版社,2015 年,第 104 页。

下，通过占上户籍而定居于丘中，此即丁卯书要求的"条列乡界方远授居民占上户牒"。

总之，随着东汉地方管理体制的变动及人口的增长和迁移，乡村自然聚落层出不穷，亭部开始对域内散居的聚或丘行使乡部治权。汉魏之际，亭部逐渐退出历史舞台，丘划归所在乡或另设乡统一管理，形成乡—里、乡—丘不同的管理体系。乡里体制沿袭秦汉旧制，丘作为地域单位隶属于乡。国家对乡村聚落（北方称"聚"，长沙地区称"丘"）的管理逐渐放弃了秦以来以"里"为基础的乡里编制和多重监管的传统，以往由乡部具体负责的田地普查、赋税征收、力役摊派等事权逐渐收归县廷，乡政开始税区化。[1]乡里行政组织虽然犹存，但地域化的地名"丘"方兴未艾，中国历史上广大乡村聚落的地域化历程已经开始。

---

[1] 按：徐畅曾撰文指出，汉晋之际乡作为一级行政单位在名义上虽然存在，但"其行政职能已走向微末"。见徐畅：《走马楼简所见孙吴"乡劝农掾"的再研究——对汉晋之际乡级政权的再思考》，《文史》2016年第1辑·总第114辑。这实质上已经触碰到乡权虚化、里制趋于瓦解的话题。

"刺绣文不如倚市门"

——从《史记·货殖列传》看司马迁的商业思想①

范金民[*]

摘　要：司马迁的《史记·货殖列传》，重视商品流通，从自然资源、社会生产与商品流通的角度，清晰阐明商品流通的必要性和商业的重要性，提出农虞工商并重论；从人心人情的本性出发，从商业与财富的功用出发，高度评价商人的正当经营和经商致富行为；从社会发展和历史变迁的高度，提出一系列商业伦理与商业思想。司马迁的商业商人观殊少被官方采行，但《货殖列传》中的不少大商人，被后世奉为经商鼻祖，其阐发的很多商业、致富、民生思想，多为后世所肯定。

关键词：司马迁　《史记·货殖列传》　商业思想

司马迁《史记·货殖列传》②，是正史第一次为商人立传的名篇，充满中国早期的商业智慧和商业伦理，全面地阐发和反映出了作者对于商业、商人及财富的观念，并且对后世产生了深远的影响，其"史家之绝唱，无韵之《离骚》"的描摹，也被后人反复引述。这些商业精神财富，值得我们深入总结，珍视理解。

---

[*] 范金民，男，南京大学历史学院教授，主要研究方向为明清社会经济史。
① 本文为2010年度国家社会科学基金重大项目"江南地域文化的历史演进"（10&ZD069）的阶段性成果。
② 《史记》卷129《货殖列传》，北京：中华书局，1959年，第3253—3283页。

一

司马迁眼光独到，为王侯将相立传的同时，也为先秦以至汉代中期的历代大商巨贾立传，树立了传颂千古的商业鼻祖，赋予商人应有的历史地位，也为后世留下了较为集中的商人经营活动资料。

司马迁先为先秦时期的列国大商人8人立传，继而为汉兴以来的富商立传。两部分都是先概述各地区的经济特产状况和风土人情，然后列叙人物。

计然。相传是葵匠濮上人，姓辛氏，字文子，先晋国亡公子。有说是范蠡之师，名研，故谚曰"研、桑心算"；也有说范蠡所著之书名《计然》，恐非。所谓计然之策，其宗旨是"知斗则修备，时用则知物"，意为知时所用之物。若此，则万货之情而得而观之。第一，要懂得天时变化，其规律是可以掌握的，农业产量呈现出短期波动、长期循环的特点，如能预测丰歉水旱，就能预测商品供求变化的长期趋势；第二，要根据市场供求关系来判断价格的涨落，"贵上极则反贱，贱下极则反贵"，及时买进和抛出，经营就能获利成功；第三，国家要用调节供求的经济办法来控制物价，使之保持在一个合理的幅度之内，以对产销双方有利，防止谷贱伤农和影响商人的经营利润；第四，经营者要十分注意商品的质量，贮藏货物"务完物"；第五，要注意加速商品和资金的周转，"财币欲其行如流水"。司马迁认为吴国能成为春秋五霸之一，观兵中国，正是用了计然之策。

范蠡。居陶，择人而逐时，治产居积，从而"三致千金"，经营屡屡成功。

子贡。端木赐，废著鬻财，经商致富，结驷连骑，束帛之币以聘享诸侯，所至，国君无不分庭与之抗礼，并以雄厚的财力使孔子之名布扬天下。司马迁认为能使孔子之名布扬于天下者，正是子贡之力，此所谓得艺而益彰者乎！子贡恐怕是历史上第一个将从商与为官成功结合的典型。

白圭。魏文侯时人。乐观时变，人弃我取，人取我予。用计然之术经营得法。其人"能薄饮食，忍嗜欲，节衣服，与用事僮仆同苦乐，趋时若猛兽挚鸟之发"。其经营策略谓："吾治生产，犹伊尹、吕尚之谋，孙吴用兵，商鞅行法是也。是故其智不足与权变，勇不足以决断，仁不能以取予，疆不能有所守，虽欲学吾术，终不知之矣。"于此，司马迁大力崇仰商人应该具备的智勇魄力和机变能力。

倚顿。用盐起家。邯郸郭纵，以铁冶成业，与王者埒富。乌氏倮，以畜牧富，秦始皇帝令倮比封君，以时与列臣朝请。巴寡妇清，擅丹穴之利数世，秦始皇帝以为贞妇而客之，为其筑女怀清台。①司马迁以乌氏倮和巴寡妇清为例，能"礼抗万乘，名显天下，岂非以富邪"！

司马迁为之立传的前四位大商人，均以独特的经营方法长袖善舞，活跃在商业流通领域；后四位商人，则均以特殊行业独擅其利。孔子批评子贡的货殖活动，说他"不受命"，司马迁则说，子贡"废著鬻财于曹、鲁之间，七十子之徒，赐最为饶益"，"夫使孔子名布扬于天下者，子贡先后之也"，不但肯定赞扬子贡的经营活动，而且看到了子贡经营成功后对孔子游说列国所起的作用。司马迁表彰先秦时期计然、白圭、范蠡、子贡等大商人，很值得深深体味。梁启超认为西方有富国之学，中国自古言学派者，未有及此，太史公立传赞颂其言行，知先秦以前实有此学，"若以治今日之中国，拯目前之涂炭，则白圭计然，真救时之良哉"。②太史公记这些大商人，如越国用计然之术而跻身五霸，将白圭之术比作伊尹吕尚之谋、孙吴兵法、商鞅行法，子贡聘享诸侯与列国君主分庭抗礼，其主张，其实效，其地位影响，实毫不逊色于同时期任何学派。

司马迁为当世贤人且至富厚以经营之术起家的商人立传，作为"以末致财，用本守之"的典型，共有12人。

蜀卓氏。被秦国迁徙，抵达临邛之地，铁山鼓铸，运售各地，富厚拟于人君。

程郑。山东被徙之人，也在临邛从事鼓铸，贩售各地，富埒卓氏。

宛孔氏。梁人，被秦迁到南阳，发扬旧业，大力鼓铸，治陂池，终至连车骑，游诸侯，因商贾之利而有名于游闲公子间。又因此而获得厚利，远超一般

---

① 李埏先生在其《论中国古代商人阶级的兴起—读〈史记·货殖列传〉札记》(《中国经济史研究》2000年第2期，第25页)一文中说"这是名垂青史的第一个女企业家"。

② 梁启超：《〈史记·货殖列传〉今义》，《饮冰室合集》第2集，北京：中华书局，1989年影印，第46页。

经营之人，故南阳行贾纷纷效法孔氏。

鲁人曹邴氏。也以铁冶起家，富至巨万。而且父兄子孙数代人，俯仰取予，"贳贷行贾遍郡国"。至此，司马迁论商业的影响："邹鲁以其故多去文学而趋利者，以曹邴氏也。"

齐地刀间。收容奴虏，使之追逐渔盐商贾之利，大得其力，起富数千万。故曰"宁爵毋刀"，言其能使豪奴自饶而尽其力。

周人师史。利用洛阳居在齐秦楚国之中的有利地理，从事经营，"转毂以百数，贾郡国，无所不至"。故师史至富至七千万。

关内宣曲任氏。当秦败时，豪杰皆争取金玉，而任氏独窖藏仓粟。当地缺粮，豪杰金玉尽归任氏，任氏以此起富。富人争尚奢侈，而任氏折节为俭，大力田畜。田畜人争取甲价，而任氏独取贵善。富者数世。任公仍家约，非田畜所出弗衣食，公事不毕则身不得饮酒食肉。以此为闾里表率，故富而主人器重之。

边塞负责斥候之卒桥姚，马牛羊粟无数。吴楚七国兵起时，用钱孔急，子钱家以为侯之邑国在关东，胜负成败未决，不肯出贷，只有无盐氏出了千金贷，其息十倍。吴楚平，无盐氏之息十倍，用此富埒关中。

关中富商大贾，诸田，韦家栗氏，安陵、杜杜氏等，也巨万（此3人只有姓而无事迹）。

司马迁用这些事例说明成功的经营之术。这些人"皆非有爵邑奉禄弄法犯奸而富，尽椎埋去就，与时俯仰，获其赢利，以末致财，用本守之，以武一切，用文持之，变化有概，故足术也"。

司马迁最后列举"诚壹之所致"的9种行业9人：从事田业的秦，掘（拙）业的田叔，博戏的桓发，行贾的雍人乐成，贩脂的雍人伯，卖浆的张氏，洒削业的郅氏，胃脯的浊氏，马医的张里。①

---

① 李埏在其《论中国古代商人阶级的兴起—读〈史记·货殖列传〉札记》(《中国经济史研究》2000年第2期，第25页）中说："太史公作《货殖列传》，从那众多的商人中，选取20人，为之立传。尚有'诚壹致富'的十人，只记其名姓。若并计之，也不过30人。"李伯重在其论文《多种类型，多重身份：15至17世纪前半期东亚世界国际贸易中的商人》(《南京大学学报》2016年第1期，第74页）中援引其说谓："司马迁从先秦至西汉的众多商人中选取了20人，为之立传，此外尚有'诚壹致富'的10人，则只记其名姓。若并计之，共计30人。"对照太史公原著，《货殖列传》立传29人，其中有传文的，实为26人，因"诚壹"而致富的，实为9人，上述二文的统计和分类皆不尽准确。

司马迁在《货殖列传》中列传的商人，诚如李埏先生所说，是有选择的。他在《太史公自序》中说其标准是："布衣匹夫之人，不害于政，不妨百姓，取与以时而息财富，智者有采焉。作《货殖列传》第六十九。"①在《货殖列传》叙述汉代当世的大商人后，司马迁又说，"此其章章尤异者也，皆非有爵邑奉禄弄法犯奸而富，尽椎埋去就，与时俯仰，获其赢利，以末致财，用本守之，以武一切，用文持之，变化有概，故足述也。至若力农畜，工虞商贾，为权利以成富，大者倾郡，中者倾县，下者倾乡里者，不可胜数"②。"很显然，司马迁为之立传的商人必须是一不害于政，二不妨百姓，三能取予以时从而获息增加财富之人。这些人，是布衣匹夫之人，而不是贵族、官僚及武断乡曲之人，是通过经营获致富厚的人，而不是凭藉身份作奸犯科以超经济手段获得权势的人，是与时俯仰大获成功中之少数卓荦异常之人，而非经营成功的普通富豪。"③司马迁的这种思想，被人评为"前所未见的新思想、新观点"。④司马迁为这样的商人立传，充分反映出了他的商人观和商业伦理观。

二

司马迁重视商品流通，从自然资源、社会生产与商品流通的角度，清晰阐明商品流通的必要性和商业的重要性，提出农虞工商并重论。

在《史记·货殖列传》中，司马迁首先比较《老子》的社会理想与三代以来的社会实际情形，提出"善者因之，其次利道之，其次教诲之，其次整齐之，最下者与之争"的社会治理和发展思想。即是对于人心均有耳目欲极声色之好、口欲穷刍豢之味，身安逸乐而心夸矜艺能之荣的心理，高明的统治者是

---

① 《史记》卷130《太史公自序》，北京：中华书局，1959年，第3318页。
② 《史记》卷129《货殖列传》，北京：中华书局，1959年，第3281页。
③ 这里主要采用李埏先生的说法，参见其《论中国古代商人阶级的兴起—读〈史记·货殖列传〉札记》（《中国经济史研究》2000年第2期，第25页）一文。
④ 巫宝三：《司马迁'法自然"的经济思想》，原载中国社会科学院经济研究所编：《中国经济思想史论》，北京：人民出版社，1985年（此文根据1980年春在中国社会科学院研究生班讲稿整理补充而成），收载《巫宝三集》，北京：中国社会科学出版社，2003年，第379页。

顺应利用之，其次是引导之，再次是教诲之，更次是调节之，最下则是与民争利，或者限制抑制之。

紧接着，司马迁叙述全国的自然资源和地利情形，指出各地的自然之利，"待农而食之，虞而出之，工而成之，商而通之"。这种自然之利的开发利用，并不需要统治者政教发征聚敛，而只要人们各尽其能，各竭其力，即能实现。所以物贱时求贵，贵时求贱物，各劝其业，各乐其事，犹如水之趋下，一刻不停，不召而自来，不求而民乐趋，这正符合自然之道，正是自然之验。司马迁将人们依据自然资源和地利情形各竭其力的行为，由市场通过价格自发调节达到一个较为均衡状态的情形归结为"自然之验"。

接下来，司马迁开宗明义，先引用《周书》所说："农不出则乏其食，工不出则乏其事，商不出则三宝绝，虞不出则财匮少。"称此四者是"民之衣食之原"，"原大则饶，原小则鲜，上则富国，下则富家"。此贫富之道，不能予取予夺。此四者，巧者，利用得好，则富饶有余；拙者，不善利用，则贫乏不足。司马迁而后援引齐国致强称霸的例子，先述太公望所封的营丘，盐卤之地，人民鲜少，太公勤其女红，尽其技巧，贩卖鱼盐，以致人们辐辏而至，成为冠带衣履天下、吸引人前往趋利的重地。后来齐国中衰，管子采用调节钱币之法，富国强兵，终至桓公称霸，"九合诸侯，一匡天下"。由齐国的事例，司马迁引用《管子》"仓廪实而知礼节，衣食足而知荣辱"的名言，强调"礼生于有而废于无"，君子富则好行其德，小人富则以适其力，渊深而鱼生，山深而兽往，人富而仁义附。总之，富者得艺益彰，失艺则客无所之，因而不乐，更加穷困。于此，司马迁总结出："天下攘攘，皆为利来，天下攘攘，皆为利往。"即使千乘之主，万家之侯，百室之君，尚且患贫，何况匹夫编户之民呢！

如此，层层递进和展开，缜密地阐明商品流通的必要性和商业的重要性，农虞工商各其有重要地位，缺一不可。司马迁以前的思想家论述"富"和"利"，多是从一般原则或国家的观点提出问题，"没有从个人以及农虞工商各业如何经营致富的问题进行考察"，"在这个问题，司马迁可以说是第一人"。①

---

① 巫宝三：《司马迁'法自然'的经济思想》，收载《巫宝三集》，北京：中国社会科学出版社，2003年，第384页。

三

司马迁重农重商，通过介绍历代大商巨贾的经营过程与特点，高度评价商人的正当经营和经商致富行为。

司马迁以是否富厚来看待平民百姓之治生。各地利用自然之利，业农艺业致富之人，"皆与千户侯等"。这样的人，不窥市井，不行异色，坐而待收，身有处士之义而取给焉。相反，如家贫亲老，妻子软弱，岁时无以祭祀进醵，饮食被服不足以自通，而应感到惭耻。从事治生，不待危身取给，应该是贤人所勉励之事。所以司马迁总结出："本富为上，末富次之，奸富最下。"司马迁本富、末富、奸富之论，并不是否定末富和奸富，而是认为能求本富最好，其次是末富，奸富也不排除。其中心意思是："无岩处奇士之行，而长贫贱，好语仁义，亦足羞也。"司马迁发展《尚书·酒诰》"肇牵车牛远服贾，用孝养厥父母"的观念，认为因贫不能养赡父母不但不孝，而且足堪羞耻。

司马迁总结"诚壹之所致"的功用："夫纤啬筋力，治生之正道也，而富者必用奇胜。田农，掘业，而秦扬以盖一州。掘冢，奸事也，而田叔以起。博戏，恶业也，而桓发用富。行贾，丈夫贱行也，而雍乐成以饶。贩脂，辱处也，而雍伯千金。卖浆，小业也，而张氏千万。洒削，薄技也，而郅氏鼎食。胃脯，简微耳，浊氏连骑。马医，浅方，张里击钟。"在这里，司马迁对各种行业，并不作道德评判，而惟以是否达到求富目的为评判标准。

四

司马迁思想敏锐，从人心人情的本性出发，从商业与财富的功用出发，充分肯定富商巨贾的正当社会功用与积极影响。

司马迁叙述各地自然地利与风土人情之关系。关中；巴蜀；三河；西北；邯郸；燕地；洛阳；齐地；邹鲁；江淮；楚；越；南楚；岭南。于此，司马迁阐明，统治者应该了解民情风俗，善用地利，选择或听任百姓是业农还是经商，选择谋生之方。这清楚地阐明了自然地利与民情风俗、生产生活方式及经营行业的关系。

司马迁从荀子的人性论出发①，但侧重点有所不同，认为农虞工商各个社会阶层的普遍"求富益货"活动，是来源于人类的基本欲求和较高欲求，是人之情性所致，"不学而俱欲者也"。司马迁为我们展示了社会各业求利求富的一幅宽广的图画，举凡贤人深谋于廊庙，论议于朝廷，守信死节隐居岩穴之士，均是为了求得富厚，廉吏、廉贾之行，也是为了取利获致富贵。社会各界如壮士攻城，斩将搴旗，不避汤火之难，是为了重赏；里巷少年，任侠兼并，不避法禁，走死地如鹜，为了财用；赵女郑姬，梳妆打扮，目挑心招，不择老少，为了奔富厚；游闲公子饰冠剑连车骑，为了富贵；犯晨夜，冒霜雪，不避艰险，为了得味；斗鸡走狗，必争胜，为了不失重负。他如医方技术之人，为了收入，吏士舞文弄法，不避刀锯之刑，是贪贿赂；农工商贾畜长，本来就是求富益货者也。社会各界为求富求贵，必不遗余力。整个社会就如谚语所称，"天下熙熙，皆为利来，天下攘攘，皆为利往"。

司马迁赞扬商业与农工等他业一起，"为权利以成大富，大者倾郡，中者倾县，下者倾乡里者，不可胜数"。并肯定孔子周游列国得以成行并取得成功，很大程度上归功于其弟子子贡将经营所得予以资助的结果。

所以班固在《汉书》中批评他"述货殖则崇势利而羞贱贫"②。班固的说法，其实只说出了司马迁描述商人行为的表面现象，司马迁实际上是要阐明：士农工商以至社会百业，并无高下尊卑之分，均不可或缺；各业应该充分利用自然地利客观条件，利用一切方法和手段，使社会经济的各个环节流通运作起来，谋求经济利益的最大化；商业居于经济流通的末端，收效最为明显最为迅速；无论何业，只要坚持，持之以恒，必能收"诚壹"之功效，若是因循消极，懒惰无所作为，不思进取，而终岁贫乏穷困，仍侈谈仁义，那就极为可耻。因此，司马迁其实是在总结求富之路谋生之方，而并不轻视贱业，羞耻贫困，并不"崇势利而羞贱贫"。

---

① 《荀子·性恶》篇说："今人之性，饥而欲饱，寒而欲暖，劳而欲休，此人之情性也。"又说："夫好利而欲得者，此人之情性也。"

② 《汉书》卷62《司马迁传》，北京：中华书局，1962年，第2738页。

五

司马迁高屋建瓴，从社会发展和历史变迁的高度，提出一系列商业伦理与商业思想。

在士农工商"四民"的社会功用上，司马迁引用《周书》所说："农不出则乏其食，工不出则乏其事，商不出则三宝绝，虞不出则财匮少。"称此四者是"民所衣食之原"，"原大则饶，原小则鲜，上则富国，下则富家，此贫富之道，不能予取予夺"。《管子》将人分为士、农、工、商四业，也是四等，而且等序不能变动，"士之子恒为士，农之子恒为农，工之子恒为工，商之子恒是商"。但司马迁所主张的四业，既无本末之分，也无尊卑高下之别，均有其相应地位，均应充分发挥其作用，而且可以变动，任时择业。较之《管子》，无疑更进一步。

在财富与道德行为的关系方面，司马迁强调《管子》"仓廪实而知礼节，衣食足而知荣辱"的观点，提出：渊深而鱼生之，山深而兽往之，人富而仁义附焉，富者得艺而益彰，失艺则无节操而言。

在人的求富动机方面，司马迁认为，整个社会如谚语所称，"天下熙熙，皆为利来，天下攘攘，皆为利往"，求富是人之情性，不学而俱欲者也。社会各界虽然从业不同，生活方式不同，表现形式不同，但为了求富求贵，必定不遗余力，宗旨则一。司马迁认为，即使在等级社会中，人们谋求富裕的机会却是均等的。

在对待财富的人生态度方面，应该尽其所能，去追求富厚，如家贫亲老，妻子软弱，岁时无以祭祀进醵，饮食被服不足以自通，而应感到惭耻；"无岩处奇士之行，而长贫贱，好语仁义，亦足羞也"。因此，无论何业，均应虔诚一心，孜孜追求，以实现"诚壹之所致"。

在追求财富的成效方面，提出各业致富的回报率。司马迁认为，农虞工商四业，皆是本业，"衣食之原"，缺一不可，但"原大则饶，原小则鲜，上则富国，下则富家，贫富之道，莫之夺予，而巧者有余，拙者不足"，要摆脱贫困谋取财富的成效和速度，营商是最为突出的。司马迁强调，即如谚语所称，

"夫用贫求富,农不如工,工不如商,刺绣文不如倚市门"。一般人视为末业的商业,恰恰是贫者之所资,更是谋生求富最有效率的行业。这是因为,从事商业贸易,货款回笼快,资本能迅速赚回本利,周期越短,次数越多,国内贸易的本利,"大都每年能赚回一次,甚至三四次"①,而农业就不可能。斯密甚至说,"我们常常看见一种白手成家的人,他们以小小的资本,甚至没有资本,只要经营数十年制造业或商业,便成为一个富翁。然而一世纪来,用少量资本经营农业而发财的事例,在欧洲简直没有一个"②。斯密关于商业致富的奥秘,早在近两千年前,就由司马迁揭示了出来。

在对待商业和商人的态度方面,司马迁主张"善者因之,其次利导之,其次教诲之,其次整齐之,最下者与之争",对农虞工商各行各业最上之策是任其自然发展,其次之法是因势利导,因民之利而利之,再次之策是教诲限制,最下之策是与民争利、垄断专利。司马迁反对汉武帝时采用盐铁官营等专卖垄断政策和征收重税的商业政策,更反对实行抑制削弱以至打击惩罚商人的算缗弊政。司马迁甚至说因势利导之策是"道之所符,自然之验",言下之意,若有违拗,恐会付出代价。

在经营方法和经营理念方面,推崇人弃我取人取我予之法,推崇"积著之理,务完物,无息币",说"商贾以币之变,多积货逐利",也即强调发挥货币的流通作用,加速资金周转。巫宝三先生认为,"如果以司马迁的货殖学说与亚里士多德的货殖学说相比较,他们在无限度的增殖货币财富的论点上,可以说是一致的,但司马迁论述财富的增殖,不像亚里士多德限于货币,还包括生活用品等实物,也不像亚里士德那样仍然没有摆脱伦理规范的束缚"③。

因此,唐司马贞在《史记索隐·述赞》中论《史记》:"货殖之利,工商是营。废居善积,倚市邪赢。白圭富国,计然强兵。倮参朝请,女筑怀清。素封千户,卓郑齐名。"④

近代思想大家梁启超先生在戊戌变法失败后,深有感触地说:"《史记·货

---

① 〔英〕亚当·斯密:《国富论》,郭大力、王亚南译,上卷,北京:商务印书馆,2015年,第349页。
② 〔英〕亚当·斯密:《国富论》,郭大力、王亚南译,上卷,北京:商务印书馆,2015年,第354页。
③ 巫宝三:《司马迁'法自然'的经济思想》,收载《巫宝三集》,北京:中国社会科学出版社,2003年,第381页。
④ 《史记》卷129《货殖列传》,北京:中华书局,1959年,第3283页。

殖传》私谓与西士所论（指"富国学"——引者）有若合符。苟昌明其义而申理其业，中国商务可以起衰。前哲精义，千年湮没，致可悼也。"①当代经济史家学巫宝三认为，司马迁提出的求富是人之情性，农畜工虞等均属财富范畴，农虞工商同样重要，发挥人的积极性就能积累财富等原则和学说，"应该说在中国经济思想史上是前所未有的，是最具有创新性的"，"关于重工商的思想，不独先秦诸子没有一个可以与之相比，即使西汉思想家也是如此"。②因此，司马迁的商业商人思想，不仅较之前人和时人迥出其上③，而且较之后人，也显示出卓异之处。

司马迁以后，只有东汉的著名史家班固，在其撰作的《汉书》中，同司马迁一样，也为商人立有专传《货殖列传》④，但班固对商人的评价却十分低，对商业的认识则大大落后于司马迁。《史记》为历代商人立传，是要颂扬商人在社会经济发展过程中的作用，肯定其正面的地位。班固《汉书》的《货殖列传》，入传商人绝类《史记》，甚至袭用《史记》原文，但立意完全不同，而是要"列其行事，以传世变"⑤，从中悟出商人对社会秩序的破坏与消极作用。《汉书》在司马迁传中，批评太史公"是非颇缪于圣人，论大道则先黄老而后六经，序游侠则退处世而进奸雄，述货殖则崇势利而羞贱贫"⑥。因此，班固在《货殖列传》中，总论以《管子》士农工商四民序列为切入点，先说周室衰弱之时代，"稼穑之民少，商旅之民多，谷不足而货有余"；既说到了齐桓、晋文公之后，"礼谊大坏，上下相冒，国异政，家殊俗，耆欲不制，僭差亡极。于是商通难得之货，工作亡用之器，士设反道之行，以追时好而取世资。伪民

---

① 梁启超：《〈史记·货殖列传〉今义》，《饮冰室合集》第 2 集，北京：中华书局，1989 年影印，第 36 页。
② 巫宝三：《司马迁'法自然'的经济思想》，收载《巫宝三集》，北京：中国社会科学出版社，2003 年，第 397、399 页。
③ 《商君书·农战》说"事商贾"之人有类于"螟螣"害史；贾谊则说商业末业是"不耕而多食农人之食"（《新书·瑰玮》）。
④ 李埏先生却说："《史记》有《货殖列传》一篇是绝无而仅有的古代商品经济史专著。"（《〈史记·货殖列传〉时代略论》，《思想战线》1999 年第 2 期。）李伯重先生因袭其说谓："司马迁在不朽名著《史记》中专门设了一篇《货殖列传》，这在中国史籍是空前绝后的。"（《多种类型，多重身份：15 至 17 世纪前半期东亚世界国际贸易中的商人》，《南京大学学报》2006 年第 1 期，第 74 页）
⑤ 《汉书》卷 91《货殖列传》，北京：中华书局，1962 年，第 3682 页。
⑥ 《汉书》卷 62《司马迁传》，北京：中华书局，1962 年，第 2737—2738 页。

背实而要名,奸夫犯害而求利,篡弑取国者为王公,圉夺成家者为雄桀。礼谊不足以拘君子,刑戮不足以威小人。富者木土被文锦,犬马余肉粟,而贫者裋褐不完,唅菽饮水。其为编户齐民,同列而以财力相君,虽为仆虏,犹亡愠色。故夫饰变诈为奸轨者,自足乎一世之间;守道循理者,不免于饥寒之患。其教自上兴,繇法度之无限也"。社会重商、商人活跃的结果,是礼乐大坏,上下失序,国家异政,家庭殊俗,以下犯上,僭越无等;是难得奢僭之货得以流通,奇技无用之物得以生产,官吏治政者反道而行,全社会贫富不均,饰变机诈者衣锦食肉,守道循良者啼饥号寒。司马迁在总结各种致富的正道与奇胜之术后,认为"皆诚壹之所致",而班固撷取《史记》中的同样事例,叙述历代大商人的致富过程,最后却得出"伤化败俗,大乱之道也"的结论。①

司马迁在史书中为商人立传,是要高度评价商人,使人充分认识到商人的价值,班固为商人立传,班固《汉书》的《货殖列传》,入传商人绝类《史记》,甚至袭用《史记》原文,但立意完全不同,而是要"列其行事,以传世变",从中悟出商人对社会秩序的破坏与消极作用,使人意识到商人颠覆社会的破坏作用,两者异若参商。班固对西汉中后期豪商巨贾乘坚策肥、交通王侯的强大势力有着深切体会,只看到了商人势力的强大对社会等级秩序带来的冲击,导致的贫富兼并两极分化,但他无视商业和商人在经济发展中的积极作用,从而完全否定商人的社会价值,较之司马迁,在社会人文观上,倒退了一大步。以后历代官修史书,更不为商人立传,较之司马迁,观念似倒退了不少。

巫宝三先生说:"在这种社会政治条件下,司马迁能突破传统教条,重视工商业的作用,认识增殖财富的必要,提出'法自然'的社会经济发展原则,不能不说他不但在中国经济思想的发展上享有卓越的地位,并且在世界经济思想发展史上也是一位卓越的思想家"。②

商人和商业,是经济和社会发展必不可缺的一环,有着极大的进步作用和推动社会前进的力量,但往往和其他阶层的利益发生矛盾冲突,确有影响其他

---

① 《汉书》卷 91《货殖列传》,北京:中华书局,1962 年,第 3681、3682、3694 页。
② 巫宝三:《司马迁'法自然'的经济思想》,收载《巫宝三集》,北京:中国社会科学出版社,2003 年,第 402 页。

经济、腐蚀社会机体的消极、颓废作用。斯密说:"不论在哪一种商业或制造业上,商人的利益在若干方面往往和公众利益不同,有时甚或相反。扩张市场,缩小竞争,无疑是一般商人的利益",商人的利益,"从来不是和公众利益完全一致。一般地说,他们的利益,在于欺骗公众,甚至在于压迫公众,事实上,公众亦常为他们所欺骗所压迫"。①

马克思在《资本论》第一卷中引用登宁(Dunning)的话说:"资本害怕没有利润或利润太少,就像自然界害怕真空一样。一旦有适当的利润,资本就大胆起来。如果有10%的利润,它就保证到处被使用;有20%的利润,它就活跃起来;有50%的利润,它就铤而走险;为了100%的利润,它就敢践踏一切人间法律;有300%的利润,它就敢犯任何罪行,甚至冒绞首的危险。如果动乱和纷争能带来利润,它就会鼓励动乱和纷争。走私和贩卖奴隶就是证明。"②

马克思在《资本论》第三卷中引用:马丁·路德(Martin Luther)在1527年出版的《论商业与高利贷》中说:"但既然商人对全世界,甚至在他们自己中间,干下了这样多的不义行为和非基督教的盗窃抢劫行为,那末,上帝让这样多的不义之财重新失去或者被人抢走,甚至使他们自己遭到杀害,或者被绑架,又有什么奇怪呢?……国君应当对这种不义的交易给予应有的严惩,并保护他们的臣民,使之不再受商人如此无耻的掠夺。"马克思在引用这段话后指出:"占主要统治地位的商业资本,到处都代表着一种掠夺制度,它在古代和新时代的商业民族中的发展,是和暴力掠夺、海盗行径、绑架奴隶、征服殖民地直接结合在一起的;在迦太基、罗马,后来在威尼斯人、葡萄牙人、荷兰人等等那里,情形都是这样。"③

十分不幸的是,后世主政者大多承接班固的商业观,只看到商人商业消极的一面,两千年中以农为本业,而以商为末业,重农抑末,贱商限商,轻视商业的作用,甚至尽量限制商人的社会身份与地位,直接剥夺肆意摧残商人的利益,或者从社会道德价值判断出发,而忽视甚至无视商业价值,忽视经济发展的重要性。如号称"决断精敏"的开封府推官苏轼,当熙宁初王安石创行新法

---

① 〔英〕亚当·斯密:《国富论》,郭大力、王亚南译,上卷,北京:商务印书馆,2015年,第246—247页。
② 中共中央编译局:《马克思恩格斯全集》第23卷,北京:人民出版社,1972年,第828—829页。
③ 中共中央编译局:《马克思恩格斯全集》第25卷,北京:人民出版社,2001年,第375页。

时，上奏称："国家之所以存亡者，在道德之浅深，不在乎强与弱；历数之所以长短者，在风俗之薄厚，不在乎富与贫。"①这种看法，时至清初，还被大思想家顾炎武视为"根本之言"②。

司马迁的商业商人观殊少见到被官方采行，但其在《货殖列传》中立传的不少大商人，被后世奉为经商鼻祖，顶礼膜拜；其阐发的很多商业、致富、民生思想，多为后世所肯定。如"三致千金"的陶朱公范蠡，推崇水旱丰歉掌握贵贱待时而动的计然之策，长袖善舞的子贡，人弃我取、人取我予的白圭之术等，为历代商人所崇奉、所运用。而"天下熙熙，皆为利来，天下攘攘，皆为利往"，诵之人口。"仓廪实而知礼节，衣食足而知荣辱"的思想观念，为人所熟知。"用贫求富，农不如工，工不如商，刺绣文不如倚市门"的真谛，成为历代商人的强大动力。"本富为上，末富次之，奸富最下"，末业为贫者所资，似成为人们的共识，在历代知识人士的论述中随处可见。司马迁提出的财富观，也影响着历代士人。如明末清初的大儒顾炎武就认为，"民之质矣，日用饮食……其道何由？则必以厚生为本"③。清初思想家唐甄，就面对"自污于贾市"的讥诮，气愤地说："今者贾客满堂，酒脯在厨，日得微利以活家人，妻奴相保，居于市廛，日食不匮。此救死之术也，子不我贺，而乃以谓诮我乎？"唐甄又因从事牙人之业而遭"耻业"、"近于利"的质问，理直气壮地说："吕尚卖饭于孟津，唐甄为牙于吴市，其义一也。"④

司马迁用词典雅，描摹人事，精准确切，形象生动，《史记·货殖列传》中的很多精彩描述，成为经典名言，也为后世所不断引用。如"天下熙熙，皆为利来，天下攘攘，皆为利往"，"仓廪实而知礼节，衣食足而知荣辱"，"用贫求富，农不如工，工不如商，刺绣文不如倚市门"，"本富为上，末富次之，奸富最下"、"以末致财，用本守之"等名言，不时出现在历代人士激励经商的论述中。如"转毂以百数，贾郡国，无所不至"，"赍贷行贾遍郡国"，往往成为

---

① （元）脱脱等：《宋史》卷338《苏轼传》，北京：中华书局，1985年，第10806页。
② （清）顾炎武：《日知录》卷13《宋世风俗》，（清）黄汝成集释本，长沙：岳麓书社，1994年，第474页。
③ （清）顾炎武：《日知录》卷3《民之质矣日用饮食》，（清）黄汝成集释本，长沙：岳麓书社，1994年，第93—94页。
④ （清）唐甄：《潜书》上篇下《食难》，北京：中华书局，1984年，第86—88页。

描写徽商、晋商等行商能力的专用语。如"能薄饮食，忍嗜欲，节衣服，与用事僮仆同苦乐"，往往用来描写陕西商人、山东商人的特别能吃苦耐劳的品格。如"无岩处奇士之行，而长贫贱，好语仁义，亦足羞也"的观念，往往成为各地地域商人经商的立身依靠和衡量择业是否得当是否成功的尺度。至于子贡所至，国君无不分庭抗礼的行为，成为描写后世豪商巨贾的成功典范。如"冠带衣履天下"的描述，后世常用。明万历时杭州人张瀚的《松窗梦语》，描述南京，即称"三服之官，内给尚方，衣履天下"[①]。史记《货殖列传》对商人行为的诸多描述，往往成为后世商人墓志铭的画龙点睛之笔。

[①] （明）张瀚：《松窗梦语》卷4《商贾纪》，北京：中华书局，1986年，第74页。

唐都社会的边缘性群体

——对"街肆恶少"的重新审视①

宁 欣*

摘 要： 唐宋都市社会走向开放的过程中，从地域空间到社会空间逐渐形成了日益加大的缝隙，都市社会各阶层的升沉起伏及频繁的流动（包括地域空间的流动和社会空间流动），形成了一批被主流社会边缘化的群体，他们的生存状态，是成为城市继续发展的瓶颈，还是成为城市转型的催化剂，民间社会和政府都面临着新的问题和严峻的挑战。城市边缘化群体，属于城市社会的中下阶层，是城市中流动性最强和不稳定性最大的混合群体，在京城社会，这类群体中最为引人注目的是耀武扬威、寻衅滋事、斗鸡走狗，甚至坑蒙拐骗、欺行霸市、为害街市的"恶少""无赖"者，他们的来源、形成、演变、特征及其发展趋势更具典型意义。他们的构成及对城市社会的影响，随着城市社会的发展变化，在不同时期，也发生很多变化。

关键词： 唐宋都城 街肆恶少 无赖 边缘性群体

---

* 宁欣，女，北京师范大学历史学院教授，主要研究方向为隋唐五代史。
① 本文为国家社会科学基金一般项目"唐五代宋初城市社会中下阶层研究"（10BZS057）的阶段性成果。

引　言

　　城市边缘化群体，属于城市社会的中下阶层，是城市中流动性最强和不稳定性最大的混合群体。大致包括以下几类：①进城务工的农民；②流浪为生的艺人；③退伍或离职的军人及家属；④在职低级及退职胥吏；⑤从事服务业（包括家内服务）的各类人；⑥街肆恶少、坑蒙拐骗、靠"吃"都市为生的"无赖"、带有黑社会性质的团伙；⑦落选滞留而潦倒的举子文人；⑧政治上没有地位的小工商业者和商贩；⑨投亲靠友尚未发达的外乡人；⑩上番滞留或寻找工作的工匠；⑪沦落的胡人和其他少数族；⑫逐渐职业化的妓女；⑬乞丐群体；⑭日益贫困化的一般居民；⑮游手、寄食、白望等社会闲杂，无正当、固定职业者，等等。他们的生存状态对都市社会发展具有重要的影响和作用。

　　上述若干类群体，有的属于在城乡二元结构，农业生产的特性及城市社会和商品经济发展后的必然现象，如第1类和第13类；有体制内形成的滞留人群，如第4类、第7类、第10类；有因城市的发展而吸纳的新群体，如第2类、第5类、第8类、第11类、第12类；有城市发展滋生的衍生群体，如第6类、第13类、第14类。他们都属城市中下阶层。由于京城"处神州之要，辇毂之下，五方杂沓，四民设阜"，上述14类人物都汇聚于此，其他地方性城市，虽然也是人烟浩繁，杂方荟萃，但显然比不上京城的全、杂、多。史籍记载亦以京师的材料为多。因此，本文仍然以京城为主，讨论这类群体中最为引人注目的耀武扬威、寻衅滋事、斗鸡走狗，甚至坑蒙拐骗、欺行霸市、为害街市的"恶少""无赖"者，他们的来源、形成、演变、特征及其发展趋势，更具典型意义。①

---

① 葛承雍先生对这类群体有专门研究，见《唐京的恶少流氓与豪雄武侠》，《唐史论丛》，西安：陕西师范大学出版社，1998年，第198—213页。

一、文人笔下的都城心结

历代文人笔下、史家著述中，对以都城为代表的大都市的描绘大多掺杂有复杂而多重心情。

《史记·食货志》描述战国时齐国都城临淄："甚富而实，其民无不吹竽鼓瑟，弹琴击筑，斗鸡走狗，六博蹋鞠者。临淄之涂，车毂击，人肩摩，连衽成帷，举袂成幕，挥汗成雨，家殷人足，志高气扬。"[①]

王符曾在《潜夫论·浮侈》中专门论及东汉都城洛阳的浮侈，云："今举世舍农桑，趋商贾，牛马车舆，填塞道路，游手为巧，充盈都邑，治本者少，浮食者众。……今察洛阳，浮末者十于农夫，虚伪游手者十于浮末。""或以谋奸合任为业""或以游博持掩为事""或好取土做丸卖之""或作泥车瓦狗戏弄之具，以巧诈小儿"[②]，看来不仅浮末虚伪充斥，而奸邪之人亦遍布京城。

北魏迁都洛阳不久，身为河南尹的甄琛就上表言及洛阳当时处于"天下转广，四远赴会，事过代都，五方杂沓，寇盗公行，难可备简，劫害不绝。此由诸坊混杂，厘比不精，主司暗弱，不堪检察……京邑诸坊大者，或千户五百户，其中皆王公卿尹、贵势姻戚、豪猾仆隶、荫养奸徒。高门邃宇不可干问。又有州郡侠客，荫结贵游，附党连群，阴为市劫"[③]。这段议论是甄琛于北魏宣武帝永平四年（511年）冬十一月的上表，此时距孝文帝迁都（494年）仅17年左右。仅十几年，京城寇盗公行、劫害不绝、诸坊混杂，充斥着豪猾的仆隶、私养的奸徒、荫结贵游的侠客，再加上嚣张跋扈的贵势姻戚，弥漫着一片污浊之气。

京师长官所对付的奸豪，细究之，各时代多有不同。王符论及的东汉，因商业兴盛，商业资本和高利贷资本的侵袭，农民舍农桑，趋商贾，涌进城市，鱼龙混杂，导致洛阳充斥着浮末者和虚伪游手者，很多人不事生业，专门靠坑蒙拐骗、赌博谋奸为生。反映了城市与商业繁荣的同时，却是农业走向凋敝、

[①] 《史记》卷69《食货志》，北京：中华书局，1963年，第2257页。
[②] 《后汉书》卷49《王符传》，北京：中华书局，1965年，第1633页。
[③] 《魏书》卷68《甄琛传》，北京：中华书局，1974年，第1514页。

农业人口向大城市集中的场景。

北魏甄琛笔下的洛阳，又有不同，"五方杂沓，寇盗公行"，甄琛归纳为三点原因：一是主司暗弱，不堪检察；二是王公贵势养奸违法；三是战国以来盛行于北方的地方侠客，荫结贵游，已成气候。他认为这三点缘由造成京城污浊弥漫。大背景是北魏以权贵为主体的新门阀强势崛起。

在笼罩着污浊之气的京城，其实我们看到了人口的流动。王符强调了舍农桑的农业人口向城市的流动和集中，甄琛强调了因四远赴会过程中，王公贵族向洛阳的聚集，以往游荡于地方的侠客们也将京城作为他们驰骋的场所，五方杂沓更导致诸坊混杂，加重了京城社会治理的难度。

二、三百年的隋唐京城社会

《隋书·地理志》云："京兆王都所在，俗具五方，人物混淆，华戎杂错。去农从商，争朝夕之利，游手为事，竞锥刀之末。贵者崇侈靡，贱者薄仁义，豪强者纵横，贫窭者窘蹙。桴鼓屡惊，盗贼不禁，此乃古今之所同焉。"①指出大城市中的贫富分化开始显现，有三个因素：一是去农从商，形成游手群体，聚集京城；二是贵者豪强纵横；三是盗贼猖獗。有的属于贵势群体的作为，优势地位、优势心态。更多的属于下层群体的作为，而且有愈演愈烈之趋势。

唐朝的记载更为繁多。从唐高祖到唐末，我们看到"长安恶少"②，"奸豪"③，"盗贼"④，"京城恶少"⑤，"轻猾所聚"⑥，"慝作""奸暴"⑦，"豪

---

① 《隋书》卷29《地理志》，北京：中华书局，1973年，第817页。
② 《旧唐书》卷64《隐太子建成》，北京：中华书局，1975年，第2416页。
③ （宋）王若钦等编修：《册府元龟》卷690《牧守部·强明》，北京：中华书局，1960年影印本，8231页。
④ 《旧唐书》卷75《苏世长附子苏良嗣传》，北京：中华书局，1975年，第2630页。
⑤ 《旧唐书》卷11《代宗纪》，北京：中华书局，1975年，第273页。
⑥ 《新唐书》卷50《兵志》，北京：中华书局，1975年，第1333页。《册府元龟》卷696《内臣部·抑豪强》载："郑叔则，德宗贞元初为京兆尹，奏射生、神策及六军将士准三月二十一日敕，如有关府县须其辨对者，先具奏闻，然后移牒本军，不得悬有追捕。伏以浩穰之地，奸慝不常，小失提防，恐难惩肃。"北京：中华书局，1960年影印本，第8308页。
⑦ 《旧唐书》卷157《李廙传》，北京：中华书局，1975年影印本，第4148页。

猾"①,"豪侠","京师恶少"②,"侠少年"③,"宿奸老蠹"④,从高祖到敬宗,不绝于书。这些恶少、奸暴,不仅仅是市井之徒,或游手流民,也有权贵子弟。

隋大将军宇文述的两个儿子宇文化及、宇文智及"常与屠贩专游,以规其利",化及,"右翊卫大将军述之子也,性凶险,不循法度。好乘肥挟弹,驰骛道中,甿庶是长安谓之'轻薄公子'"⑤;智及"好与人游斗,所共游处,皆不逞之徒,相聚斗鸡,习放鹰狗"⑥。

隋沈光受到隋炀帝赏识,父君道仕陈至吏部侍郎,但陈亡后,入居长安,家贫,沈光混迹于市井,"交通轻侠,为京师恶少年之所朋附"⑦。

唐公主子,也有为非作歹之徒。开元二十七年（739年）,"先是鄎国公主之子薛谅与其党李谈、崔洽、石如山同于京城杀人,或利其财,或违其志,即白日椎杀,煮而食之"⑧。

宰相元载的几个儿子"聚敛无涯艺,轻浮者奔走。争蓄妓妾,为倡优亵戏,亲族环观不愧也",被称为"牟贼"⑨。

又,"刘桂州栖楚为京兆尹,号令严明,诛罚不避权势。先是京城恶少,屠沽商贩,多系名诸军,不遵府县法令,以凌衣冠、夺贫弱为事,有罪即逃入军中,无由追捕。刘公为尹,一皆穷治。至有匿军中,名目,自称百姓者。旬朔内,坊市奸偷宿猾,慑气屏迹"⑩。

唐敬宗喜欢击毬,"于是陶元皓、靳遂良、赵士则、李公定、石定宽以毬

---

① （宋）王若钦等编修:《册府元龟》卷696《牧守部·抑豪强》,北京:中华书局,1960年影印本,第8309页。
② （宋）祝穆:《事文类聚》新集卷35《殿司部》,文渊阁四库全书本,台北:台湾"商务印书馆",1983年,第 册,第 页。
③ 《新唐书》卷197《薛元赏传》,北京:中华书局,1975年,第5633页。
④ 《新唐书》卷175《刘栖楚传》,北京:中华书局,1975年,第5246页。
⑤ （宋）王若钦等编修:《册府元龟》卷944《总录部·佻薄》,北京:中华书局,1960年影印本,第11124页。
⑥ 《隋书》卷《宇文化及附宇文智及传》,北京:中华书局,1973年,第1892页。
⑦ 《隋书》卷64《沈光传》,北京:中华书局,1973年,第1513页。
⑧ 《旧唐书》卷9《玄宗纪下》,北京:中华书局,1975年,第211页。
⑨ 《新唐书》卷145《元载传》,北京:中华书局,1975年,第4714页。
⑩ （唐）赵璘:《因话录》卷2,上海:上海古籍出版社,1979年,第79页。

工得见便殿，内籍宣徽院或教坊，然皆出神策隶卒或里间恶少年，帝与狎昵殿中为戏乐。四方闻之，争以（骁？）勇进于帝。曾阅角觝三殿，有碎首断臂，流血廷中，帝欢甚，厚赐之，夜分罢。所亲近既皆凶不逞，又小过必责辱，自是怨望"①。这是与内廷有关的恶少，或出神策军，或为里间恶少年。

三、街肆恶少身份解析

对城市社会边缘群体的不同类别，已经有一些学者进行过专门研究，但还有进一步探讨的余地，本文重点探讨的第6类群体②，即街肆恶少，记载中大多与恃强凌弱、坑蒙拐骗、无赖泼皮，包括后来形成的靠"吃"都市为生的"无赖"、带有黑社会性质的团伙等联系在一起，而将他们归入一类，但社会属性其实有很大差别，又各有不同特点。第6类群体最初是从其他类别中转化而来的，因此更具复杂性和多元性，由于对城市社会的特殊影响和作用，使得他们成为专门的一类，文献中常被称为"京师恶少""街肆恶少"，但如果简单地把这类人归为"王公豪戚子弟"或街头泼皮无赖，都无法真正认识城市社会的现状和发展。进一步分析和深入探讨这类群体的形成、来源、社会属性、发展趋势，以及他们对城市进程和发展的影响和作用，对研究唐宋城市社会阶层及其变动还是非常必要的。

前引司马迁描述的战国时期齐国的都城临淄，王符描述的东汉都城洛阳，形象地描绘了城市繁荣背后的蹊跷。这些不务正业（治本），浮食游手，虚伪谋奸，任侠逞强驰骋于都城者，在唐代城市化进程中，更为凸显和活跃，文献中常被称为"街肆恶少"，其成分其实比较复杂，来源也是多元的，并非是单一的"王公豪戚子弟"或街头泼皮无赖。有人认为唐代城市的"街肆恶少"与汉代的游侠具有渊源关系，其实社会属性和时代属性有很大差别。活跃于城市社会中的一些品质恶劣的年轻人，文献中多有记载。这些人的成分很复杂，应该是有固定居所，长期盘桓在街肆结帮而形成的恶势力。但也有和贵势子弟混

---

① 《新唐书》卷208《刘克明传》，北京：中华书局，1975年，第5883—5884页。
② 其他类别俟后将陆续讨论。

在一起，因此如张蓉芳认为京师恶少大多是"王公豪戚子弟"①，但其实也有很多中下层的，甚至人数更多，影响更大。唐前后期，京城街肆恶少，成分及来源有所不同；依托的靠山发生变化；作恶的原因除了贫富分化，更大程度上是权贵势力恶性膨胀的衍生品，也是军队势力的扩张、新军阀的形成，以及城市下层人口的累积所导致的城市社会现象。可以说，前期的"轻薄公子"比较张扬，而后期的"街肆恶少"较为嚣张。这与都市社会阶层结构的变化有关，与城市社会变化有关，两者虽然有交集，但不宜混为一谈。

根据相关资料，他们的社会构成主要有以下几类：①权贵豪戚子弟；②破落世家子弟；③城市贫民子弟；④外来人员和流动人员；⑤长期盘踞和滞留京城的低级胥吏的辞退人员；⑥各种名目的军队军士及隶属人员。

很多情况下，不同类别多有交集，即某一个人可能会兼有多重身份。例如第2类、第5类、第6类都有可能集中在同一人身上。

1. 权贵豪戚子弟

权门豪戚子弟一向是城市社会活跃的群体，权贵子弟恃贵而骄，驰骋张扬，隋代已经有突出实例。如前文所举的左翊卫大将军宇文述之子宇文化及和宇文智及，由于化及弟士及尚南阳公主②，两人更为嚣张。

可以看出，隋代关陇军事集团文化素质不高，很多子弟不循法度，相聚驰骋者大多是斗鸡放鹰走狗等不逞之徒。

隋末，"段志玄，齐州临淄人。父偃师，仕隋为太原司法书佐。从义师，官至郢州刺史。志玄，姿质伟岸，少无赖，数犯法。大业末，从父客太原，以票果，诸恶少年畏之，为秦王所识，高祖兴，以千人从，授右领军大都督府军头"③。

玄宗朝的记载也不少。如前文所举郧国公主（睿宗李旦第七女）之子薛谂与其同伙李谈、崔洽、石如山等白日杀人，椎而煮食之的恶劣行径④。公主之子竟然杀人越货，这属于比较极端的事例，更多的是李白诗中所述："风流少

---

① 张荣芳：《唐代京兆尹研究》，台北：台湾学生书局，1986年，第146页。前述葛承雍先生《唐京的恶少流氓与豪雄武侠》一文已经指出这点。
② 隋炀帝长女。
③ 《新唐书》卷89《段志玄传》，北京：中华书局，1975年，第3762页。
④ 《旧唐书》卷9《玄宗纪下》，北京：中华书局，1975年，第211页。

年时，京洛事游遨；腰间延陵剑，玉带明珠袍。我昔斗鸡徒，连延五陵豪。邀遮相组织，呵吓来煎熬。君开万丛人，鞍马皆辟易。告急清宪台，脱余北门厄。"

斗鸡、酗酒、斗拳、风流、结伴滋事、炫耀，是玄宗朝以后这些纨绔子弟及其追随者的风格，但高官的子弟又有身份特点。

韦应物在《逢杨开府》一诗中自诩："少事武皇帝，无赖恃恩私；身作里中横，家藏亡命儿。朝持樗蒲局，暮窃东邻姬；司隶不敢捕，立在白玉墀。骊山风雪夜，长杨羽猎时；一字都不识，饮酒肆顽痴。"[①]韦氏为关中着姓，韦应物曾祖韦待价武则天时官至宰相，祖父宗正少卿，父亲韦銮官职不显，善画画，墓志记载为宣州司法参军，从七品下。韦应物是著名诗人，官至江州刺史、苏州刺史，他的儿子也没有高官。虽然靠着曾祖和祖父之荫还可以充任三卫，但其实仕途已经没有大的发展。韦应物，十五岁起以三卫郎为玄宗近侍，出入宫闱，扈从游幸。早年豪纵不羁，横行乡里，乡人苦之。安史之乱起，玄宗奔蜀，流落失职，始立志读书，"鲜食寡欲，所居焚香扫地而坐"[②]。后历任洛阳丞、京兆府功曹参军、鄂县令、比部员外郎、滁州和江州刺史、左司郎中、苏州刺史等职。世称韦江州、韦左司或韦苏州。他因属于世家子弟，才有机会充任三卫，成为京城的无赖，还藏匿亡命之徒，也是结帮结伙，横行一时，与后来依托神策的中下层无赖不大相同，主要依托家世背景。

再如前文所举的郇国公主之子薛谂与其党的恶劣行径，都是有关玄宗朝公主之子的一些不良记载。似乎与隋初宇文氏家族又有不同，基本是没落的家族或皇权国戚的分支。

李白《叙旧赠江阳宰陆调》一诗中的"风流少年""斗鸡徒""五陵豪"等既有比较高阶层的豪贵，也有低层次的斗鸡徒。追求享乐，炫耀富贵，纨绔子弟，拈花惹草，追逐风流，不时惹是生非，是这些子弟类的特点。

到唐后期，情况有所不同。活跃在京城的街肆恶少已经属于不同的社会阶层了。

[①] 韦应物：《逢杨开府》《全唐诗》卷190，北京：中华书局，1980年，第1995—1996页。西安碑林所藏于19》出土的韦氏家族墓志，其中包括韦应物墓志，提供了其生前的珍贵史料。

[②] （宋）王谠撰，周勋初校证：《唐语林》卷2《文学》，北京：中华书局，1987年，第181页。

如刘悟（？—825年），范阳（今北京）人，宪宗时为义成节度使，"其祖正臣，平卢军节度使，袭范阳不克，死。叔父全谅，节度宣武，器其敢毅，署牙将，以罪奔潞州。王虔休复署为将，被病去，还东都，全谅积缯钱数百万在焉，悟破縢鐍用之。从恶少年杀人屠狗，豪横犯法，系河南狱，留守韦夏卿贷免。李师古厚币迎之，始未甚知，后从击球，轩然驰突撞师古，马仆，师古恚，将斩之，悟盛气以语触师古，不惕，师古奇其才，令将后军，妻以从娚，历牙门右职。师道以军用屈，率贾人钱为助命，悟督之"①。这是叙述刘悟落魄时，与这些恶少年混在一起干坏事，与前期的权贵子弟不大一样。

张籍，德宗到文宗朝时人，其诗作《杂曲歌辞·少年行》中的少年，虽然有"日日斗鸡都市里，赢得宝刀重刻字。百里报仇夜山城，平明还在倡楼醉"等恶劣行径，但其实胸怀"遥闻虏到平陵下，不待诏书行上马。斩得名王献桂宫，封侯起第一日中"②的远大抱负。

张籍描写的这些少年应该有一定家世背景——六郡良家子，大概是西北军队子弟为主，或相为标榜。显然不是最高层的官贵子弟，但浪迹于都市寻欢作乐，应该有一定的资金资助，有的充任了皇帝侍卫，但在京城内外寻思报仇，宿娼斗鸡。有志者则不再浪迹于市井，而是博取边功，封官晋爵。

如王建（约767—约831年）的《羽林行》："长安恶少出名字，楼下劫商楼上醉。天明下直明光宫，散入五陵松柏中。百回杀人身合死，赦书尚有收城功。九衢一日消息定，乡吏籍中重改姓。出来依旧属羽林，立在殿前射飞禽。"③唐后期以"少年行"为题的诗句，都有一些共性。

权贵豪戚子弟在京城的嚣张和招摇，从隋到唐后期有变化，隋代的宇文氏子弟，有恃无恐，所作所为也不影响他们的升迁和发达。玄宗朝及其此后，更多的是"五陵少年"，社会风气的蜕变，使得这些少年追逐时尚，斗鸡、炫富、风流、宿娼、寻仇，往往结伴滋事。但不少人因祖父余荫，有卫官身份，盼望着建功立业。诗人对他们给予了欣赏性的描述。

德宗以后，京城民间社会各种势力活跃起来，从隋初的权贵高门到玄宗朝

---

① 《新唐书》卷214《刘悟传》，北京：中华书局，1975年，第6012页。
② （唐）张籍：《杂曲歌辞·少年行》，《全唐诗》卷24，北京：中华书局，1960年，第324—325页。
③ （唐）王建：《羽林行》，《全唐诗》卷24，北京：中华书局，1960年，第317页。

的五陵少年，又有变化，市井子弟开始占据京城民间社会的舞台。

2. 没落世家子弟

一些破落或没落的世家子弟，盘踞京城，往往纠集一些层次较低的社会恶少，滋事于京城。上述的"五陵少年"，也与破落世家子弟有关。很多破落子弟，很可能追随"五陵少年"，形成声势。

如前文所举沈光，因政治原因而导致家世沦落，混迹市井，成为恶少所朋附的恶势力。后追随隋炀帝屡建功勋。《隋书》本传详细记载其经历："沈光字总持，吴兴人也。父君道，仕陈吏部侍郎，陈灭，家于长安。皇太子勇引署学士。后为汉王谅府掾，谅败，除名。光少骁捷，善戏马，为天下之最。略综书记，微有词藻，常慕立功名，不拘小节。家甚贫窭，父兄并以佣书为事，光独跅弛，交通轻侠，为京师恶少年之所朋附。人多赠遗，得以养亲，每致甘食美服，未尝困匮。初建禅定寺，其中幡竿高十余丈，适遇绳绝，非人力所及，诸僧患之。光见而谓僧曰：'可持绳来，当相为上耳。'诸僧惊喜，因取而与之。光以口衔索拍竿而上，直至龙头，系绳毕，手足皆放，透空而下，以掌拒地，倒行数十步，观者骇悦，莫不嗟异，时人号为'肉飞仙'。大业中，炀帝征天下骁果之士以伐辽左，光预焉。同类数万人，皆出其下。光将诣行在所，宾客送至灞上者百余骑，光酹酒而誓曰：'是行也，若不能建立功名，当死于高丽，不复与诸君相见矣。'及从帝攻辽东，以冲梯系城，竿长十五丈，光升其端，临城与贼战，短兵接，杀十数人。贼竞击之而坠，未及于地，适遇竿有垂绁，光接而复上。帝望见壮异之，驰召与语，大悦，即日拜朝请大夫，赐宝刀良马，恒致左右，亲顾渐密。未几，以为折冲郎将，赏遇优重。帝每推食解衣以赐之，同辈莫与为比。"①

可知，沈光，家累世有官，后来没落，成为京师恶少，有绝技武艺，从军。后为隋炀帝身边的大将，为保护隋炀帝，企图粉碎宇文化及谋反而死。

这类破落世家子弟，在京城炫耀和张扬的方式似乎比权贵子弟层次低了些，他们的最高理想是靠立军功升迁。

前所举的隋末段志玄，唐后期韩愈的弟子刘义，还能有读书的机会，家世背景虽然不深厚，但似乎都不是普通百姓。

---

① 《隋书》卷64《沈光》，北京：中华书局，1973年，第1513—1514页。

3. 城市贫民阶层

如果说，唐前期的京城恶少，大多是攀附于权贵豪戚甚至没落世家子弟，唐后期，活跃于京师的"恶少"已经有了变化。占据城市舞台中心的恶少已经从权贵豪戚子弟转为一般城市贫民和市民子弟了，他们的炫耀和展示自身的方式更加"城市化"和"低俗化"了。

崔沔所作《应封神岳举贤良方正第二道》中有问答，"问：屠钓关拆之流，鸡鸣犬吠之伍，集于都邑，盖八万计"①，形容市井之徒云集京城之盛。但八万的数字如何得出，不详。

宪宗元和时，《酉阳杂俎续集·支诺皋上》载："元和初，上都东市恶少李和子，父努眼。和子性忍，常攘狗及猫食之，为坊市之患，常臂鹞立丁衢。见二人紫衣，呼曰：'公非李努眼子，名和子乎？'"②《酉阳杂俎·鲸》载，元和末，"蜀市人赵高好斗，常入狱。满背镂毗沙门天王，吏欲杖背，见之辄止，恃此转为坊市患害"③。

文宗开成时，前文所举洛阳（河南）恶少的猖狂，"或危帽散衣，击大球，户（原文为尸）官道，车马不敢前"④。京师恶少也不逊色，"京师恶少优戏道中，具驺唱呵卫（街？），自谓'卢言京兆'，驱放自如"，当时杜中立为京兆尹，强悍惩治，"部从吏捕系立棰死"⑤。

这些坊市恶少，刺青文身成为时尚和标志，不仅嚣张于街肆，并且敢和官府叫板，挑战权威。

《酉阳杂俎》卷8《鲸》载："上都街肆恶少，上都街肆恶少，率髡而肤札，备众物形状。恃诸军，张拳强劫，至有以蛇集酒家，捉羊胛击人者。"⑥

前文所举杨虞卿惩治的三王子，"遍图刺体无完肤"⑦。还可举出如大宁坊力者张干，"札左膊曰：生不怕京兆尹，右膊曰：死不畏阎罗王"⑧；又有王力

---

① （清）董诰等编：《全唐文》卷273，北京：中华书局，1983年，第2773页。
② （唐）段成式：《酉阳杂俎续集》卷1《支诺皋上》，北京：中华书局，1981年，第202页。
③ （唐）段成式：《酉阳杂俎》卷8《鲸》，北京：中华书局，1981年，第76页。
④ 《新唐书》卷181《李绅传》，北京：中华书局，1975年，第5349页。
⑤ 《新唐书》卷172《杜兼传附杜中立传》，北京：中华书局，1975年，第5206页。
⑥ （唐）段成式：《酉阳杂俎》卷8《鲸》，北京：中华书局，1981年，第76页。
⑦ （唐）段成式：《酉阳杂俎》卷8《鲸》，北京：中华书局，1981年，第78页。
⑧ （唐）段成式：《酉阳杂俎》卷8《鲸》，北京：中华书局，1981年，第76页。

奴，"以钱五千召札工，可胸腹为山亭院池榭，草木鸟兽无不悉具，细若设色"，薛元赏时为京兆尹，"悉杖杀之"①；又有赵武建，"札一百六十处番印盘鹊等，左右髆刺，言：野鸭滩头宿，朝朝被鹘梢。忽惊飞入水，留命到今朝"②；又京兆府畿县高陵县捉得镂身者宋元素，"札七十一处刺，左臂曰：昔日已前家未贫，千金不惜结交亲，及至恓惶觅知己，行尽关山无一人。右髆上札瓠芦，上札出人首，如傀儡戏，有郭公者。县吏不解，问之，言'胡芦精也'"③。

力者张干及王力奴，从称谓和名字看，都是靠力气吃饭，社会阶层比较低的人。

通过鲸刺文身、酗酒斗殴，赌博寻仇，力图成为坊市人们关注的中心，应该说也达到了目的。

4. 长期盘踞和滞留京城的低级胥吏和杂任中的辞退人员

京城长安云集着中央官署和京兆府各级各类官署④，任职人员包括低级官吏和胥吏及杂职人员。

《资治通鉴》云："官自三师以下一万七千六百八十六员，吏自佐史以上五万七千四百一十六员。"⑤《唐律疏议》云："流外官者，谓诸司令史以下，有流外告身者。杂任，谓在官供事，无流外品。"⑥

上述诸书记载的低级任职人员，可以说除州县地方职任，大多集中在京城各官署，可以分为三个层次或类别。

第一个层次是流外官。其品秩和名目，《通典》有详细列举，王永兴师对此有详细考订。⑦

---

① （唐）段成式：《酉阳杂俎》卷8《黥》，北京：中华书局，1981年，第76页。
② （唐）段成式：《酉阳杂俎》卷8《黥》，北京：中华书局，1981年，第76页。
③ （宋）李昉等：《太平广记》卷263《无赖》，北京：中华书局，1961年，第2059页。
④ 唐中央官署和京兆府官署名称及员额，《唐六典》《新唐书·百官志》《旧唐书·职官志》等都有具体记载，可参看。胥吏有广义与狭义之分，对吏、杂任、杂职掌、色役、职役这些有连带关系的职任和概念，不少学者有专门的研究，但各家意见也有分歧，暂存异，本文笼统而言，不做详细区分和考订。
⑤ 《资治通鉴》卷213，北京：中华书局，2011年，第6921页。
⑥ 《唐律疏义笺解》卷11《职制》，第884页。
⑦ 《通典》卷40《职官第二二》，第1103—1105页。王永兴先生校释见《〈通典〉载唐开元二十五年官品令流外官制校释—唐流外官制度研究之一》，《文史》第35辑；《关于唐代流外官的两点意见—唐流外官制度研究之二》，《北京大学学报》1990年第2期，均收入氏著《陈门问学丛稿》，南昌：江西人民出版社，1993年。

第二个层次是杂任杂职。据唐15条,"诸州执刀、州县典狱、问事、白直,总名'杂职'。州县录事、市令、仓督、市丞、府、史、佐、计(账?)史、仓史、里正、市史,折冲府录事、府、史,两京坊正等,非省补者,总名'杂任'。其称'典吏'者,'杂任'亦是"。列举的主要是任职于地方的胥吏,包括任职于京兆府的诸人。与唐律中所言的广义的"杂任"不完全相同。

第三个层次是色役。色役是个广泛而又复杂多变的概念,研究者们似乎也还存在着不同认识。色役应该包括庶士、乐户、杂匠在内的诸多被官府驱使的人员,除了前两层以外的胥吏。

李锦绣《关于唐后期官与吏界限的几点思考》①一文,同意砺波护的唐后期胥吏人数增加的观点,并指出,仅财政领域的胥吏增加了近13倍。根据李锦绣文,我们可以得知,一是唐后期胥吏数量的成倍甚至成十倍的增加尤其是关键部门,虽然传统的旧有的胥吏职位很多已经被后起的吏职甚至是官职所取代,但大量的色役和杂使等充斥着各个部门是不争的事实。

严耕望对这些人口数量的估测是:"长安城全部中央官署之官员胥吏,加京兆府、长安、万年两县之官员胥吏之人数,必当在五万以上。"②长安各级各类官署官与吏的比例,或低品加胥吏与中品以上的比例,至少不应低于4:1③,那么,长安的胥吏应不少于4万,若加不在编制内的杂任、杂职掌,人数会更多④。

这些群体虽然正史记载中着墨不多,但应该引起足够的重视。如五坊小儿,各宦官机构小使,宫市中的"白望",公主府中的混混等。唐后期还是可以搜集到很多具体而生动的记载。

宫市使下的"白望"。据载"是时,宫中取物于市以中官为宫市使,两市置白望数十百人,以盐估敝衣绢帛尺寸分裂酬其直,又索进奉门户及脚价钱。有赍物入市而空归者。每中官出,沽浆卖饼之家皆彻肆塞门。谏官、御史数上

---

① 《暨南史学》第四辑,广州:暨南大学出版社,2005年,第116—129页。作者提出的唐后期出现的"旧有胥吏系统的解体及新型胥吏体系的产生"的论点非常值得重视。
② 严耕望:《唐代长安人口数量之估测》,《严耕望史学论文集》卷下,上海:上海古籍出版社,2009年,第1072—1073页。
③ 统计过程暂从略。
④ 拟另文探讨和统计。

疏谏，不听，人不堪其弊。户部侍郎苏弁言：'京师游手数千万家无生业者，仰宫市以活，奈何罢'。帝悦，以为然"①。

宦官系统的五坊小使，"宣徽院五坊小使，每岁秋按鹰犬于畿甸，所至官吏必厚邀供饷，小不如意即恣其须索，百姓畏之如寇盗。先是贞元末，此辈暴横尤甚，乃至张网罗于民家门及井，不令出入汲水，曰：'惊我供奉鸟雀。'又群聚于卖酒食家，肆情饮啖。将去，留蛇一箧，诫之曰：'吾以此蛇致供奉鸟雀，可善饲之，无使饥渴。'主人赂而谢之，方肯携蛇箧而去。至元和初，虽数治其弊，故态未绝。小使尝至下邽县，县令裴寰性严刻，嫉其凶暴，公馆之外一无曲奉。小使怒，构寰出慢言，及上闻，宪宗怒促令摄寰下狱，欲以大不敬论。宰相武元衡等以理开悟，帝怒不解。度入延英奏事，因极言论列，言寰无罪，上愈怒，曰：'如卿之言，寰无罪即决五坊小使；如小使无罪，即决裴寰。'度对曰：'按罪诚如圣旨，但以裴寰为令长，忧惜陛下百姓如此，岂可加罪。'上怒色遽霁"②。

这些小使显然类似出身坊市间的无赖等，社会阶层较低，素质也较低。

京城还聚集着大量的低级胥吏中的辞退人员。京吏和杂任、杂职掌退役、辞退者在京城为数众多，一大批素质较低者，为害坊市不浅。虽然直接反映这些吏的相似情况的材料极少，还有待爬梳。

京城各中央官署都配置有为数众多的吏员、杂职，如石解墓志，志文："（石解）贞元十七年（801年）七月，除侍〔御〕史，留东都台。台有子来小吏百人，缘附为奸，发求民间阴事，投书削名行，风闻责牒，人多愁恐。"③吴武陵《谏窦易直》："盐铁度支一户部事，今三分其务，吏万员，财赋日蹙。"④吏员数量不仅明显超编，还日益膨胀。严耕望认为"此诸吏员虽不尽在长安，但留驻长安比例甚大"⑤。

---

① 《新唐书》卷52《食货二》，北京：中华书局，1975年，第1358—1359页。
② 《旧唐书》卷170《裴度》，北京：中华书局，1975年，第4414页。
③ 大唐西市藏八〇八：《唐故衡王府长史致仕石府君墓志铭并序》，承阎守诚教授惠示拓片，又承毛阳光教授惠示原拓及录文。龚静《反映唐代义商与唐人财富观的三方墓志》（《考古与文物》2010年第2期，第96—101页），也做了录文，可参看。
④ （清）董诰等编：《全唐文》卷718，北京：中华书局，1983年，第7386页。
⑤ 严耕望：《唐代长安人口数量之估测》，《严耕望史学论文集》卷下，上海：上海古籍出版社，2009年，第1074页。

他们和市井无赖还是有区别的，为非作歹的层次和形式都不同。一般也没有将这类群体归入街肆恶少类。①

有两个趋势是确定的，一是胥吏及杂职掌数量的绝对增长，而且增长幅度较大；二是吏职和色役的职任岗位大量增加，色役向职役转化，形成流外、杂职掌、杂任、色役界限模糊不清的现象②。

5. 外来流动人口

关于唐代长安城的人口数量，很多学者做过估算③，严耕望先生的《唐代长安人口数量估测》，对外来流动人口仅仅给予了约五万左右的估测④，远远少于实际的数量，关于这点，我已经多次强调过。其中，从农村和外地涌进都城的外来流动人口没有计算充分，是主要原因之一。严先生将流动人口分为季节性流动与非季节性流动。非季节性流动人口，包括：四方商人，地方州府吏员进京公干，外国公私人等，留学生，僧徒，每月2900余在京当值的诸使司丁匠幕士⑤，还有将作监、少府监隶属工匠共34 850人，根据需要分番上京当值⑥，具体数字不详。季节性流动人口，包括：参加吏部铨选的选人，参加礼部科举的举子⑦，州府朝集使等。

前文所引《隋书·地理志》说到京城人物混淆，游手众多的场景。大城市中的贫富分化随着城市的发展和人口数量的膨胀，逐渐显现。有两个因素值得

---

① 本文权且寄名在此，还有另文专门研究。
② 因此也引起研究者从不同的角度出发，而得出不同的结论的重要原因。
③ 〔日〕妹尾达彦：《唐长安人口论》，《土田敏一先生古稀纪念论集—中国古代的国家和民众》，东京：汲古书院，1995年，文中有《过去的长安人口推计一览表》；严耕望：《唐代长安人口数量之估测》，《严耕望史学论集》下，上海：上海古籍出版社，2009年，第1069—1099页。冻国栋：《唐代人口问题研究》，武汉：武汉大学出版社，1993年；史念海：《中国古都概论》，《陕西师范大学学报》1990年第1期；等等。总结近十几年以来的研究，可参见张天虹：《再论唐代长安人口的数量问题—兼评近15年来有关唐长安人口研究》，《唐都学刊》2008年第3期，第11—14页。
④ 严耕望：《唐代长安人口数量之估测》，《严耕望史学论文集》卷下，上海：上海古籍出版社，2009年，第1092—1095页。
⑤ 这个估算数字严耕望先生的估算依据为京兆诸使司幕士丁匠总数八万四千五百人，据《唐会要》卷65《卫尉寺》载广德元年赦文，每月需二千九百四十四人当值。这个数字需要斟酌，实际应该远多于此。考证暂从略，可参见本书第三章，其中有关于工匠在京城活动的更详细的论述。
⑥ 严耕望先生根据《唐六典》卷7《工部郎中》。《唐会要》所记是"京兆府诸使司"，《唐六典》所记的隶属将作监和少府监的数量，是否有重合，待考。
⑦ 严耕望先生认为选人和举子人数众多，但很多人为备考复读、待选，长年滞留京城，已经不属于流动人口了。因此，他对此类群体在流动人口中的估算数量仅为数千人。

注意：一是去农从商，二是游手。

《隋书·地理志》是整体的描述，没有具体的人和事，但是上述的闲人、恶少及其追随、依附者，可能有不少外来无业或失业的青少年。久居之后，有可能从事屠夫、文身、赌博这类低层次的职业，成为城居的常住人口，若干年后，外来户的身份已经淡薄。

高宗、武则天时，天下逃亡流寓之人已经很普遍，证圣元年（695年），李峤提出应严查逃户，"然后逃亡可还，流寓可绝"①。景云二年（711年）韩琬指出："然以军机屡兴，赋敛重数，上下逼促，因为游民。游惰既多，穷诈乃作。"②战乱使百姓流离失所，城里才有更多的空间容纳这些游惰、穷诈者。

杨炎指出，在租庸法崩坏后，"是以天下残瘁，荡为浮人，乡居地著者，百不四五，如是迨三十年"③。即死守在乡里，从事农业生产的人逐渐减少，很多人向城市集中。

吐鲁番出土大谷文书2835号《长安三年（703）敦煌县典阴永为括浮逃户事上县司牒》④："甘凉瓜肃所居停沙州逃户……上件等州，以田水稍宽，百姓多悉居城，庄野少人执作。沙州力田为务，小大咸解农功。逃迸投诣他州，例被招携安置。"这件文书体现的是乡村逃户增多，有的是家境较好，便移居城市，有的逃往他乡，继续从事农业生产。这类现象不仅发生在西北地区，大量农村的上户移居城市，大量的下户流入大城市寻找生路，是当时的普遍现象，都城更甚。这种趋势在宋代更为盛行。

由于逃户屡禁不绝，陆续采取了一些逐渐宽松的政策⑤，在两税法实施后，"户无主客，以见居为簿"。可以说对流动的"客户"有了政策性的转变，宋代主户与客户概念与唐代性质各异，与两税法及此后的一系列相关政策应该有密切关系。

---

① （宋）王溥：《唐会要》85《逃户》，北京：中华书局，1955年，第1561页。
② （宋）王溥：《唐会要》卷85《逃户》，北京：中华书局，1955年，第1561页。
③ （宋）王溥：《唐会要》卷83《租税上》，北京：中华书局，1955年，第1536页。
④ （日）龙谷大学佛教研究所编、小田义久责任编辑：《大谷文书集成》第一卷"Ⅲ 吐鲁番出土敦煌关系文书"，图版一二〇、一二一，《长安三年（703）停逃户文书》，法藏馆，1983年（昭和五十八年）。原文书用的是武周新字，现一律改为常用字体。唐长孺：《唐代的客户》，《山居存稿》，北京：中华书局，1989年，对这件文书进行了探讨。
⑤ 《唐会要》卷85《逃户》："大历元年制：逃亡失业萍泛无依，时宜招绥，使安乡井。其逃户复业者，宜给复二年，无得辄有差遣。如有百姓先货卖田宅尽者，宜委本州县取逃死户田宅，量丁口充给。"

北宋时，开封府城内，滞留、聚居着大量乞丐群体、手工业者群体，比之唐朝更甚。

四、街肆恶少的演变及其他

街肆恶少在唐后期有一些新的变化。由于神策军的崛起和本土化（京籍化），街肆恶少等也不再仅仅混迹于市井，而是找到了新的依托。

1. 依托禁军

武宗"会昌三年（843 年）五月，京兆府奏：两坊市闲行不事家业，黥刺身上，屠宰猪狗，酗酒斗打，及僞构关节，下脱钱物，拐捕赌钱人等。伏乞今后如有犯者，许臣追捉。若是百姓，当时处置，如属诸军诸使，禁司奏闻从之①"。

《新唐书·薛元赏传》载："（武宗）会昌中，德裕当国，（薛元赏）复拜京兆尹。都市多侠少年，以黛墨镵肤夸诡力剽敛坊间。元赏到府三日，收恶少杖死三十余辈，陈诸市，余党惧，争以火灭其文。元赏长吏事，能推言时弊，件白之。禁屯怙势扰府县，元赏数与争，不少纵，由是军暴折戢，百姓赖安。"②

上文所举的"两坊闲行不事家业"者，以刺青夸耀，为非作歹，有些是隶属于"诸军诸使"，地方行政部分对他们没有处置权。只有薛元赏，出任京兆尹，悉数杖杀，弃尸于市，以示惩戒。

再如河阳节度使李泳，"长安市人，寓籍禁军，以赂得方镇，所至恃所交结，贪残不法"，文宗开成二年（837 年）六月，河阳军乱，李泳奔怀州，军士焚烧府署，杀其二子。③

到晚唐，这些市井无赖更加嚣张。僖宗朝，"（黄巢起义前后）先是京师有不肖子，皆着迭带帽，持挺剽闾里，号'闲子'。京兆尹始视事，辄杀尤者以怖其余。窦潏治京兆，至杀数十百人，稍稍悍戢。（黄）巢入京师，人多避难宝鸡，闲子掠之，吏不能制。（高）仁厚素知状，下约入邑闾纵击。军入，闲

---

① （宋）王溥：《唐会要》卷 67《京兆尹》，北京：中华书局，1955 年，第 1188 页。
② 《新唐书》卷 197《薛元赏》，北京：中华书局，1975 年，第 5633 页。
③ 《资治通鉴》卷 245，北京：中华书局，2011 年，第 7929 页。

子聚观嗤侮，于是杀数千人，坊门反闭，欲亡不得，故皆死。自是闾里乃安"①。居然坊里有闹事或聚众的团伙达数千人。

2. 有明显的时间性

唐前期依托权贵的人很多，后期依托宦官等和军队系统的居多。玄宗朝是个分界线。

此前，主要看到权贵子弟的炫耀和嚣张，一些无良混混混杂其中，造成声势，为虎作伥。安史之乱后，权贵结构发生变化，宦官势力坐大，权力从宫内延伸到宫外，逐渐覆盖了全城，并控制了中央禁军——神策军，因此，与宫内内侍省各领属小儿和隶名神策军的人员，成为京城街肆恶少的最主要成员。军事贵族集团（包括崛起的藩镇）子弟及隶属人员，横行京城。反倒是文臣化的高官公卿子弟比较收敛。可称之为街肆恶少群体的活动范围和层次已经有明显的区别。

3. 城市归属感、认同感显现，积极作用和负面影响同时同步增强

对于"街肆恶少"和"市井之徒"，其实都是属于市民群体，正是他们当中的一些人，将自己看成是城市的主人，关键时刻为捍卫城市荣誉和城市安全不惜挺身而出。如安史叛军打到潼关，京师震悚，封常清和高仙芝招募了一些市井之徒，基本没有受过训练，当然也不具备战斗力，一击即溃。对此，人们的评价认为他们是一群乌合之众，平时只热衷于斗鸡走狗、酗酒赌博，是不务正业的二流子、无赖之辈，但有没有想到，他们除了有可能贪图军队解决吃饭问题的待遇，个人也希望建立军功获取荣华富贵之外，是否还有保家卫国的理想和热情融入其中呢？联想到唐代宗广德元年（763年），代宗刚即位，吐蕃犯京师，入城后立广武王承宏为帝，《旧唐书·代宗本纪》载："（广德元年冬十月）辛巳，车驾至陕州。郭子仪在商州会六军使张知节、乌崇福、长孙全绪等率兵继至，军威遂振"，郭子仪原部下旧将王甫，"聚京城恶少齐击街鼓于朱雀街，蕃军震慑，狼狈奔溃"。②"恶少"的英勇举动震慑了吐蕃，挫败其锐气，于是匆忙退出京城。郭子仪顺势收复京城，成为有名的"中兴之臣"。估计这些人的一部分有可能就被收编到军队中了。

---

① 《新唐书》卷189《高仁厚传》，北京：中华书局，1975年，第5471页。
② 《旧唐书》卷11《代宗本纪》，北京：中华书局，1975年，第273页。

余论：对街肆恶少形成背景的思考

城市社会经济和文化发展，社会财富快速增长，加剧了阶层的分化，加剧了贫富的分化；边缘性群体扩大。

城市化进程中，城市与农村的差距拉大，外来人口和流动人口不断增加①，逐渐改变着城市的人口结构，这些人拉开了城市的空间，他们源于生存的需要，或独立成帮或联合城市下层也寻找着各种生存的方式；城市也提供了更多工作或生存的空间。

城市发展过程中，管理体制和制度相对滞后，如人口问题、治安管理、住房紧张、城市基本建设滞后等，也使一些社会空间被兴起的群体占据，如日益充斥京城的胥吏及退职者、坊市不事生业的无良少年。

城市社会结构的变化，权贵群体发生变化，部分街坊恶少各自依托的权贵豪门也在前后期发生了变化。

市民阶层的成长，一些中下层人士希望展示自己的力量，表达自己的诉求，既是城市发展的负面因素，也曲折地显示出一些积极的因素，如对本城市的认同感和责任感，在有外敌侵扰时的主动性和英勇精神；对政治黑暗和腐败的不满，用各种方式加以表达，争取生存空间的努力，为维护自身权益表现出的主动性和进取精神。如采取匿名帖、坊市贴榜，制造舆论，集体闹事等方式，表达自己的诉求。如拦截宰相卢杞，其中有正义人士，也会有不少无良少年夹杂在其中，唯恐天下不乱，容易形成群体事件，这也是城市社会的特点，不加引导则走向毁灭社会和自身的歧途。

《唐律疏议》卷27"杂律"有这样的条文："诸在市人及人众中，故相惊动，令扰乱者，杖八十；以故杀伤人者，减故杀伤一等；因失财物者，坐赃论。其误惊杀伤人者，从过失法。"应该说适用城市管理的法律法规还是比较

---

① 《长安志》在谈到长安官府户籍人口时，不得不承认当时城中"浮寄流寓不可胜计"。参见〔日〕妹尾达彦：《唐长安人口论》(《堀敏一先生古稀纪念论集—中国古代の国家と民众》，东京：汲古书院，1995年，第561—597页)，文中有《过去长安人口推计一览表》。严耕望：《唐代长安人口数量之估测》(《第二届唐代文化研讨会论文集》，台北：台湾学生书局，1995年，第1—20页)，后收入《严耕望史学论集》下，第1069—1099页。文中对流动人口的估计显然不够充分。

少的，也不适应城市发展的新情况。

宋人周必大《文忠公集》卷 67《资政殿学士宣奉大夫参知政事萧正肃公神道碑燧嘉泰元年》载："城中恶少数十辈，间扰市廛。公密籍姓名，涅补军额，人以按堵，庭无留讼。监司言状，上方靳职名非功不予。诏公治之，有劳，特除敷文阁待制，移知婺州，父老遮道，几不得行，其送出境者以千数。"①说明对城市治安治理得到百姓的拥戴，宋朝采取将他们编入军队的措施，与唐朝不同，唐朝是挂名军籍，仍然留在京城仗势为害，宋朝都收入军队加以管束，或者至少使他们不在京城为害，如果是补军额，看来还是表示了一定惩罚，军人要脸上刺字，表示地位低下。

后代王朝在修订刑法时，注意到了这些现象，加以限制和处罚，如宋代的聚众斗殴的处罚条例，明代对"光棍"的处罚条例。

如何化解这些人群的负面情绪和弱势地位，加以积极的引导，成为城市建设的积极力量，同时也需要制定相关的政策和采取相应的措施，削弱他们对城市发展和城市秩序的破坏力，打击他们形成的恶势力，解决他们的出路，这也是唐代以后城市管理及社会建设面临的新问题。

---

① 周必大：《文忠公集》卷 67《资政殿学士宣奉大夫参知政事萧正肃公神道碑燧嘉泰元年》，景印文渊阁四库全书本，第 1147 册，台北：台湾"商务印书馆"，1983—1986 年，第 716 页。

唐代工商业经济的结构组成及其特征

刘玉峰 *

摘　要：从经济成分所有权组成的角度观察，唐代工商业经济包括官营国有工商业和私营私有工商业，整体上形成官私二元的组成结构。私营私有工商业可再分为贵族官僚私营工商业和民间私营工商业，因此唐代工商业经济实际组成上包括官营国有工商业、贵族官僚私营工商业和民间私营工商业三大类别，构成"整体官私二元、实际组成三类"的结构形态。三大类别的工商业有着各具特色的发展形态和重要特征，官营国有工商业具有突出的政治经济特征，贵族官僚私营工商业具有明显的恶性特征，民间私营工商业则呈现出向封建性转化的特征。

关键词：唐代　工商业经济结构　官营国有工商业　贵族官僚私营工商业　民间私营工商业

从经济成分所有权组成的角度观察，唐代工商业经济包括官营国有工商业①和私营私有工商业，整体上形成官私二元的结构。由于在所有者身份地位、经营运作方式、作用影响等方面有着显著不同，私营私有工商业又可再分为贵族官僚经营的私营工商业和民间工商业者经营的私营工商业，前者可简称为"贵族官僚私营工商业"，后者可简称为"民间私营工商业"。因此，整体官

---

* 刘玉峰，男，山东大学历史文化学院教授，主要研究方向为隋唐史和唐代经济结构及其变化。

① 这里的"官营国有"之"国有"非指现代意义上的全民所有，而是指归王朝国家所有，而"官营"则古今一意，即由政府经营。

私二元的唐代工商业经济，在实际组成上包括官营国有工商业、贵族官僚私营工商业和民间私营工商业三大类别，可简称为"整体官私二元、实际组成三类"，形成特色鲜明的结构形态。

官营国有工商业、贵族官僚私营工商业、民间私营工商业三类工商业经济，也呈现出各具特色的发展形态和重要特征，以下试做阐述。

一、官营国有工商业及其政治经济特征

唐代是中国封建帝制时代的鼎盛时期，官营国有工商业的制度更加完备，行业更加齐全，发展到了更高水平。唐代官营国有工商业又可再分为两大门类：一是采取通常制度经营管理的工商业，可称之为"一般形态的官营国有工商业"；一是采取禁榷制度经营管理的工商业，可称之为"垄断形态的官营国有工商业"。[①]

1. 一般形态的官营国有工商业

一般形态的官营国有工业、手工业在唐代十分发达，尤其是盛唐时期。根据玄宗开元末年修成的《大唐六典》和其它文献的相关记载，可以清楚地看到，唐王朝设立了从中央到地方的多层次、多系统的职能机构，管理经营着众多的国有工业、手工业，生产着几乎巨细无遗的各类产品，以满足皇室宫廷、政权运作、军事统治、友好馈赠等众多方面的需求。

朝廷尚书省工部"掌天下百工、屯田、山泽之政令。其属有四：一曰工部（司）、二曰屯田（司）、三曰虞部（司）、四曰水部（司）"，其中工部司"掌经营兴造之众务……凡兴建修筑、材木工匠，则下少府（监）、将作（监），以供其事"[②]。少府监和将作监则是负责具体实施的事务部门，各有明确职掌。少府监"掌百工伎巧之政令，总中尚、左尚、右尚、织染、掌冶五署之官

[①] 在现代经济学中，与"垄断形态"对称的概念是"竞争形态"。由于通常制度官营国有工商业的经管运营也以政府权力作为依凭甚至作为主要手段，而不具有真正的"竞争"意义，所以本文不使用"竞争形态"这一概念，而是提出"一般形态"的概念来与"垄断形态"相区别。在中国古代，表示垄断之意的名词是"禁榷"，或称为"辜榷"，或单称"榷"，禁榷制度实质上就是垄断制度，这里提出"通常制度"的概念，也是为了与"禁榷制度"相区别。

[②] 《大唐六典》卷7《尚书工部》，西安：三秦出版社，1991年影印日本广池本，第156—164页。

属。……凡天子之服御，百官之仪制，展采备物，率其属以供焉"。所辖中尚署"掌供郊祀之圭璧及岁时乘舆器玩，中宫服饰，凋文错彩，珍丽之制，皆供焉"；左尚署"掌供天子之五辂、五副、七辇、三舆、十有二车、大小方圆、华盖一百五十有六，诸翟尾扇及大小伞翰，辨其名数，而颁其制度"；右尚署"掌供天子十有二闲马之鞍辔及五品三部之帐，备其材革而修其制度"；织染署"掌供天子、皇太子及群臣之冠冕，辨其制度而供其职务"；掌冶署"掌镕铸铜铁器物之事"，并直接掌领设在全国各地的诸冶监，而各地诸冶监"掌镕铸铜铁之事，以供少府监"①。将作监"掌供邦国修建土木工匠之政令，总四署、三监百工之官属，以供其职事"。所辖"四署"，指左校署、右校署、中校署和甄官署；所辖"三监"非指实数，而是包括百工、就谷、库谷、斜谷、太阴、伊阳等监。各署各监亦均有明确职责——左校署"掌供营构梓匠之事，致其杂材，差其曲直，制其器用，程其功巧……凡乐县、簨虡、兵仗器械及丧葬仪制，诸司什物，皆供焉"；右校署"掌供版筑、涂泥、丹臒之事"；中校署"掌供舟车兵仗、厩牧杂作器用之事"；甄官署"掌供琢石陶土之事"；百工、就谷、库谷诸监"掌采伐材木之事"②。

少府监和将作监之外，朝廷还设有专门负责军器兵杖制造的军器监，"掌缮甲弩，以时输武库"。军器监下辖弩坊署和甲坊署。弩坊署"掌出纳矛矟、弓矢、排弩、刃镞、杂作及工匠"；甲坊署"掌出纳甲胄、绶绳、筋角、杂作及工匠"③。军器监制成的武器、甲仗等，要交由朝廷卫尉寺统一管理。卫尉寺"掌邦国器械文物之政令（事），总武库、武器、守宫三署之官属"④。

尚书省工部及工部司、少府监、将作监、军器监，构成一般形态官营国有工业、手工业的主要经管系统，经营着主要的门类行业和产品生产。这一主要经管系统外，朝廷及东宫、内廷的一些其他机构和地方州府，也负责多种产品的生产与供给。如司农寺导官署"掌舂碾米面油烛之事"⑤，光禄寺良酝署

---

① 《大唐六典》卷22《少府监》，西安：三秦出版社，1991年影印日本广池本，第405—412页。
② 《大唐六典》卷23《将作监》，西安：三秦出版社，1991年影印日本广池本，第421—426页。
③ 《新唐书》卷48《百官志三》，北京：中华书局，1975年，第1275—1276页。
④ 《大唐六典》卷16《卫尉寺》，第328页。
⑤ 《通典》卷26《职官八·司农卿》，北京：中华书局，1988年，第728页。

"掌供邦国祭祀、五齐三酒之事"①，光禄寺掌醯署"掌供醯醢之属而辨其名物"②。又如弘文馆有"造供奉笔二人，造写御书笔二人"，集贤院有"造笔四人"③，秘书省有"熟纸匠十人，装潢匠十人，笔匠六人"④，崇文馆有"熟纸匠三人，装潢匠五人，笔匠三人"⑤，各有专门的制纸造笔作坊。又如东宫太子家令寺的一项职责是"床几、茵席、器物，不供于将作（监）、少府（监）者，皆供之"⑥。又如内侍省掖庭局"掌宫禁女工之事，凡宫人名籍，司其除附，功桑养蚕，会其课业"⑦。玄宗朝，为保障杨贵妃的奢侈生活，置"供贵妃院，织锦刺绣之工，凡七百人，其雕刻镕造，又数百人"⑧。地方州府经营的工业、手工业门类也很多，如多数州府设置作坊、作院进行军器生产，南方很多州府长于造船业，许多州府设立"官织锦坊"，进行高级丝织品的织造，产盐地州府从事食盐生产等。铜镜铜器铸造、造纸、酿酒、制茶、制车等，也由一些州府经营。

一般形态的官营国有商业有公廨本钱经营的高利贷商业、国有租赁业、和市宫市等商业购买，以及民族贸易和海外贸易等。其间情形较为复杂，兹不详述，但官营国有商业由政府有关部门经营，为宫廷及政府提供商品服务和充实国家财政，也是十分明确的。

总之，朝廷诸司及东宫、内廷、地方州府一般形态官营国有工商业构成了庞大的经管体系。玄宗时期，这一经管体系达到了完备和全盛的水平。

安史之乱爆发以后，上述经管体系开始发生显著变化：其一，一些使职替代了原先的职能机构，并随着宦官势力的膨胀而多被宦官掌握。兴元元年（784年），德宗宴设翰林学士，有"酒坊使供美酒"的记事⑨，可能是酒坊使见于史籍的最早记录，当替代了光禄寺良酝署的职能。宪宗元和时期，酒坊使归宣徽院使管辖，成立宣徽院酒坊，专司宫廷酿酒，管理体制进一步变化，管

---

① 《大唐六典》卷15《光禄寺》，西安：三秦出版社，1991年影印日本广池本，第323页。
② 《大唐六典》卷15《光禄寺》，西安：三秦出版社，1991年影印日本广池本，第324页。
③ 《大唐六典》卷2《尚书吏部》，西安：三秦出版社，1991年影印日本广池本，第36页。
④ 《大唐六典》卷10《秘书省》，西安：三秦出版社，1991年影印日本广池本，第212页。
⑤ 《大唐六典》卷26《太子三师三少詹事府左右春坊内官》，西安：三秦出版社，1991年影印日本广池本，第463页。
⑥ 《大唐六典》卷27《太子家令寺》，西安：三秦出版社，1991年影印日本广池本，第486页。
⑦ 《大唐六典》卷12《内侍省》，西安：三秦出版社，1991年影印日本广池本，第262页。
⑧ 《旧唐书》卷51《杨贵妃传》，北京：中华书局，1975年，第2179页。
⑨ 《说郛三种》卷90《翰林志》，上海：上海古籍出版社，1988年，第1222页。

理权也落入宦官之手。宣徽院酒坊规模较大，懿宗时宣徽酒坊银酒注一件达七升一百两重，可见其不同一般①。军器生产经管体制的变化更大。肃宗乾元元年（758年）六月，"敕军器监改为军器使，大使一员，副使二员，判官二员，其使以内官为之"，军器生产制造权落入宦官之手。德宗贞元四年（788年）二月，"自武德东门筑垣，约在藏库之北，属于宫城东垣，于是武库遂废。其军式器械，隶于军器使"②，京师军器的收贮保管权也归于军器使。同一时朝，由宦官担任的弓箭库使和内弓箭库使也开始掌领军器收贮权。唐中后期，由宦官担任的内诸司使，有的也经营相当规模的产品生产③。文思院是唐后期专门为皇室制作金银器的内廷作坊，即属于内诸司使系统，由宦官任职文思使、文思副使、判官等负责其事。④其二，比以上变化更为剧烈和明显的是安史之乱动摇了唐王朝的统治秩序和中央集权，东都洛阳和京师长安相继沦陷，王朝国势由盛转衰，大乱之后的国有工商业亦随之转衰，与乱前的完备和全盛已无法比拟。再者，地方藩镇势力不断做大做强，尤其是在宣宗朝之后以至唐亡的半个世纪里，地方藩镇州府各自为政，其所经营的工商业对唐王朝而言已非国有。

2. 垄断形态的官营国有工商业

唐代垄断形态的官营国有工商业，主要有贯穿有唐一代的铸币业及中后期开始实施的榷盐业、榷酒业和榷茶业。

铸币业即钱币铸造业由王朝政府禁榷垄断而不许私人染指贯穿整个唐代。唐王朝不仅制定了明确的法律条令，还长期推行了榷铜、榷锡、榷铅政策，通过垄断铜、锡、铅等铸币材料，来大力打击私铸滥铸，切实维护铸币业的垄断官营，保障对社会经济运行的操控调节和垄断利润的获取。

官营垄断铸币业还有着一套具体的经管系统。唐前期，朝廷尚书省工部及工部司负有宏观管理之责，事务机关少府监主管全国铸币工作。玄宗开元二十五年（737年）以前，少府监除直辖十炉铸币外，对设在地方诸州的诸铸钱监也有领导权，即所谓"皇朝少府置十炉，诸州亦皆属焉"。地方诸铸钱监"监各一人"，"以所在州府都督、刺史判之；副监一人，上佐判之；丞一人，判司

---

① 朱捷元等：《西安西郊出土唐'宣徽酒坊'银酒注》，《考古与文物》1982年第1期。
② 《唐会要》卷66《军器监》，上海：上海古籍出版社，1991年点校本，第1376页。
③ 唐长孺：《唐代的内诸司使及其演变》，《山居存稿》，北京：中华书局，1989年，第244—272页。
④ 王颜、杜文玉：《论唐宋时期的文思院与文思院使》，《江汉论坛》2009年第4期。

判之；监事一人，参军及县尉知之；录事、府、史，土人为之"①。少府监所辖十炉当位于京畿之地，诸铸钱监所辖诸炉则散处诸州。"天宝中，诸州凡置九十九炉铸钱。绛州三十炉，扬、润、宣、鄂、蔚各十炉，益、邓、郴各五炉，洋州三炉，定州一炉。约每炉役丁匠三十人。每年除六月七月停作，余十月作十番。每铸约用铜二万一千二百一十斤，白镴三千七百九斤，黑锡（铅）五百四十斤。约每贯钱用铜镴锡价约七百五十文，丁匠在外。每炉计铸钱三千三百贯，约一岁计铸钱三十二万七千余贯文"②。官营铸币业一年超过了三十万贯，成为有唐一代的高峰。

垄断铸币业的管理体制至迟到玄宗开元二十五年（737年）发生了重大变化。史载此年二月"监察御史罗文信充诸道铸钱使"③，设立诸道铸钱使替代了少府监主管全国铸币的权力。天宝年间，杨慎矜、杨国忠皆兼任此使。代宗朝，第五琦、刘晏亦兼铸钱使，并在大历元年（766年）时形成了二使分掌全国铸币的新格局。第五琦贬官后，韩滉与刘晏分任东西二使，又形成盐铁使例加铸钱使之制。德宗建中元年（780年）九月，敕令包括铸币在内的所有铜铁矿冶"并委盐铁使勾当"④，盐铁使的权力进一步扩大。

盐铁使掌管全国铸币的管理体制随后又发生了一些变化。到武宗朝，再次发生大的变化。会昌毁佛时，并省天下佛寺4600所，史称其时"永平监官李郁彦请以铜像、钟、磬、炉、铎，皆归巡院，州县铜益多矣。盐铁使以工有常力，不足以加铸，许诸道观察使，皆得置钱坊"⑤，乃令诸州诸镇利用毁佛所得铜材置炉铸币自用，由所在州刺史、节度使负其责，各加本州本郡名为背文，计有京（京兆）、洛（河南）、兴（凤翔）、梁（汴州）、荆（江陵）、桂（广西）、潭（湖南）、广（广东）、福（福建）、越（浙东）、洪（江西）、润（镇江）、昌（成都）、鄂（湖广）、兖（兖州）、梓（东川）、襄（襄州）、丹（河北）、益（四川）、宣（宣州）、平（燕山）、扬（扬州）、蓝（蓝田）共23

---

① 《大唐六典》卷22《少府监》，西安：三秦出版社，1991年影印日本广池本，第413—415页。
② 《通典》卷9《食货九·钱币下》，北京：中华书局，1988年，第204页。
③ 《唐会要》卷59《尚书省诸司下·铸钱使》，上海：上海古籍出版社，1991年，第1199页。
④ 《全唐文》卷448，北京：中华书局，1983年影印本，第4578页。
⑤ 《新唐书》卷54《食货志四》，北京：中华书局，1975年，第1390—1391页。

监①。地方节度使、州刺史握有了铸币权,形成了管理体制上的多头共管局面。宣宗即位后,尽复旧制,铸币管理体制恢复到大体以盐铁使掌管的旧体制,并大致延续至唐亡。当然,其经管力度则是日趋衰减,最后王朝覆亡时其体制亦覆亡。

需要强调的是,唐王朝所铸铜币不是根据社会经济发展的客观需求直接投放到商品流通领域,而是首先纳入国家财政收入,再通过财政支出的多种形式进入流通领域,即铜币的投放不是直接的金融措施,而是具体的财政行为,官营铸币仍然与国家财政紧密地结合在一起。这种禁榷垄断铸币业,实质上是一种官营国有的垄断工商业经营,注重运用铸币的财政化投放来控制社会经济和加强政权统治,具有明显的为国家财政和政治服务的特点。

榷盐业的推行直接迫于安史之乱后极为严峻的国家财政危局,即为了解决国家财政问题。肃宗乾元元年(758年),盐铁转运使第五琦认为"方今之急在兵,兵之强弱在赋",奏请肃宗,"创立盐法,就山海井灶,收榷其盐,官置吏出粜。其旧业户并浮人愿为业者,免其杂徭,隶盐铁使,盗煮私市,罪有差。百姓除租庸外,无得横赋"②;"就山海井灶近利之地置监、院,游民业盐者为亭户"③,开始推行了盐业产运销的政府垄断性经营。

第五琦榷盐业经管运营的具体方式是,将先前的盐业生产户及流亡客户愿意生产食盐的确立为"亭户",免除亭户除租庸之外的一切负担,使其专门生产食盐;同时,设置监、院等机构统购亭户折纳租庸之外的全部产盐,加价后再由政府有关部门运输食盐和销售食盐,并规定盗煮、私鬻为非法行为,禁止盐业私营,从而将食盐的生产、运输和销售环节全部控制起来,由盐铁使负总责,由监、院和运输销售诸部门具体运营,上下垂直管理,推行了"亭户制盐—官府统购—官运官销"的禁榷垄断模式。

第五琦推行榷盐业之前,盐的市场零售价格是每斗十文,榷盐业推行后,监、院机构即以此价格统购亭户所产食盐,每斗加价百文后再统一出售,从而形成了每斗一百一十文的专卖零售价格。当时,所获食盐榷利即食盐垄断利润每年

---

① 《说郛三种》卷84《钱谱·平钱》,上海:上海古籍出版社,1988年,第1167页。
② 《旧唐书》卷123《第五琦传》,北京:中华书局,1975年,第3517页。
③ 《新唐书》卷54《食货志四》,北京:中华书局,1975年,第1378页。

在四十万贯上下,"人不益税而国用以饶"①,缓解了国家财政极度紧张的状况。

不过,第五琦榷盐业模式的最大弊端在于全面垄断食盐的产运销环节,使得政府不得不广置机构并委任大批官吏进行运管,致使机构臃肿,奸蠹滋生,成本高,损耗多,直接影响了垄断利润的纯收入。继任盐铁转运使的刘晏在代宗大历元年(766年)至德宗建中元年(780年),对第五琦榷盐业模式进行了改进和创新,采取了"亭户制盐—官府统购—商运商销"的新的刘晏榷盐业模式,取得了更显著的财政效益,至代宗大历末年,榷盐垄断利润达到"六百余万缗","天下之赋,盐利居半,宫闱服御、军镶、百官禄俸皆仰给焉"②。

刘晏之后,榷盐业运营几经废弛与整顿,也经过了经管体制的不断调整,整体的形势是自宣宗朝之后日趋混乱和废坏。昭宗以后,朝廷完全丧失了对榷盐业的经管能力。此后不久,财竭力穷的唐王朝就走到了尽头。榷盐业是唐王朝推行的最为重要的垄断工商业,在推行富有成效和较为正常时,所获垄断榷利在国家财政中一直占据着举足轻重的地位,成为国家的重要财源,为维持延续安史之乱后唐王朝的政权统治发挥了重要作用。

榷酒业和榷茶业的推行也始于安史之乱之后,其直接原因也是为了解决国家财政问题,并取得了一定成效。由于榷酒业和榷茶业不如榷盐业典型,于兹不予详述。

从长时段观察,安史之乱以前,官营国有工商业主要是一般形态的官营国有工商业,安史之乱后,主要是垄断形态的官营国有工商业,呈现出明显的阶段性特点。观察唐代官营国有工商业的特征,可以发现,一般形态的官营国有工商业,主要是为了满足皇室需要和国家统治需要,是一种产品经济,而不是商品经济。垄断形态的官营国有工商业,主要目的是满足国家财政需要以维持国家统治,是一种财政经济,也不是商品经济。无论是产品经济,还是财政经济,本质上都是政治经济或称权力经济③,即王朝国家政权控驭统制下的经济,是直接在政权运作下由专门的政府机构经营的,也必然随着国家政权的兴

---

① 《唐会要》卷87《转运盐铁总叙》,上海:上海古籍出版社,1991年,第1882页。
② 《新唐书》卷54《食货志四》,北京:中华书局,1975年,第1378页。
③ "政治经济"或"权力经济"的观点由王毓铨先生明确提出,笔者认为这一观点揭示了中国古代官营国有经济的本质特征,参王毓铨:《中国古代经济史研究议》,载《王毓铨史论集》,北京:中华书局,2005年,第704—707页。

衰而兴衰。

二、贵族官僚私营工商业及其恶性特征

对于贵族官僚私营工商业，唐王朝制定有明确的禁令并多次重申，然而贵族官僚们违背和抵抗这些禁令，长期违法从事工商业经营，表现出屡禁不止、怙恶不悛的发展特点。

高祖武德七年（624年），"始定律令"，其中明确规定"食禄之家，不得与下人争利"①。贞观元年（627年）和二年（628年），太宗两次颁布敕令，禁止五品以上的高级官员出入市场②，防止官员们受到财利诱惑而经商牟利。高宗永徽四年（653年）颁行的《唐律疏议》是唐王朝的根本大法，对贵族官僚私营工商业制定了详备的禁止条文，详见《职制律》"监临之官家人乞借"条，《诈伪律》"诈假官假与人官"条［疏］议引《选举令》，明确禁止大小官吏及其家人、奴仆等进行卖买、借贷、假赁等工商业经营。但是，贵族官僚们并不认真遵守这些禁令。如武周初年，唐太宗之孙琅琊王李冲任职博州刺史时，"责息钱于贵乡，遣家奴督敛"③，仍举放高利贷，遣其家奴具体督责征敛。中宗景龙三年（709年），宰相韦嗣立上疏，说当时的"食封之家"多达百余户。这些特权贵族户富有资财，诸家"僮仆依势……转行贸易，烦扰驱迫，不胜其苦"④。睿宗朝，太平公主恃功骄横，"田园遍于近甸，收市营造诸器玩，远至岭、蜀，输送者相属于路"⑤。开元元年（713年），太平公主在宫廷政治斗争中失败而死，"籍公主家，财货山积，珍物侔于御府，厩牧羊马，田园息钱，收之数年不尽"⑥。其中，"督子贷，凡三年不能尽"⑦。可知太平公主依仗权

---

① 《旧唐书》卷48《食货志上》，北京：中华书局，1975年，第2088—2089页。
② 《唐会要》卷86《市》，上海：上海古籍出版社，1991年，第1873页。《新唐书》卷2《太宗纪》，北京：中华书局，1975年，第29页。
③ 《新唐书》卷113《徐有功传》，北京：中华书局，1975年，第4189页。
④ 《资治通鉴》卷209，北京：中华书局，1956年，第6634页。
⑤ 《资治通鉴》卷209，北京：中华书局，1956年，第6651页。
⑥ 《资治通鉴》卷210，北京：中华书局，1956年，第6685页。
⑦ 《新唐书》卷83《太平公主传》，北京：中华书局，1975年，第3652页。

势，不仅大规模经营农牧业，而且大规模经营工商业和举放高利贷，已积累起巨额资产和财富。

开元十五年（727年）七月，玄宗敕云"应天下诸州县官，寄附部人兴易及部内放债等，并宜禁断"①，以敕令形式再申有关禁令，但反映出的实际情形却是当时的州县官员普遍经营商业贸易和高利贷。开元二十六年（738年），玄宗《戒州县牧守诏》云："州县牧守等……仍有不遵法式，自紊纪纲，贸迁营利；或纵亲识，侵暴下人；或在邮传，规求货马；诸如此类，不可具言。"②指出当时的州县官员仍然非法从事多种商业贸易等。开元末年修成的《大唐六典》是王朝国家行政法典，明确规定"食禄之人，不得夺下人之利"③；"凡官人身及同居大功已上亲，自执工商，家专其业，皆不得入仕"④。开元二十九年（741年）正月，玄宗《禁丧葬违礼及士人干利诏》亦云："凡士庶人，不兼二业。或有衣冠之内，寡于廉隅，专以货殖为心、商贾为利。须革其弊，以清品流。有犯者，委京都御史台及诸道采访使具以状闻，当别处分，宣布中外，咸使知闻。"⑤天宝九载（750年）十月，玄宗《禁赁店干利诏》又云："南北衙百官等，如闻昭应县两市及近场处，广造店铺，出赁与人，干利商贾，莫甚于此。自今以后，其所赁店铺，每间月估不得过五百文，其清资官准法不可置者，容其出卖。如有违犯，具名录奏。"⑥同年十二月，玄宗再敕："郡县官寮，共为货殖，竟交互放债侵人，互为征收，割剥黎庶。自今已后，更有此色，并追人影认一匹以上，其放债官先解见任，物仍纳官。有剩利者，准法处分。"⑦玄宗不断地颁布诏、敕、令，三令五申有关禁令、制度和条例，反而恰恰说明了有令不行、有禁不止，说明了贵族官僚私营工商业依然我行我素，集体性地违法进行工商业经营和高利贷盘剥以图私利，已经发展到了十分严重的程度。

安史之乱爆发后，唐王朝中央集权遭受重创，权威和震慑力大为削弱，贵族官僚更加恣肆地经营工商业，最后迫使唐王朝做出政令调整。大中五年

---

① 《唐会要》卷88《杂录》，上海：上海古籍出版社，1991年，第1919页。
② 《全唐文》卷30，北京：中华书局，1983年影印本，第335页。
③ 《大唐六典》卷3《尚书户部》，西安：三秦出版社，1991年影印日本广池本，第66页。
④ 《大唐六典》卷2《尚书吏部》，西安：三秦出版社，1991年影印日本广池本，第35页。
⑤ 《全唐文》卷31，北京：中华书局，1983年影印本，第349—350页。
⑥ 《全唐文》卷32，北京：中华书局，1983年影印本，第363页。
⑦ 《唐会要》卷69《县令》，上海：上海古籍出版社，1991年，第1440—1441页。

（851年）八月，宣宗《禁公主家邑司擅行文牒敕》"应公主家有庄宅、邸店，宜依百姓例差役征课"①云云，一般被视为政令调整的标志。唐王朝不得不对贵族官僚私营工商业做出妥协退让，即只要贵族官僚如同百姓一样承担差役征课，其私营工商业即为合法。至此，唐王朝坚持了二百余年的禁止贵族官僚私营工商业的禁令实际上遭到了废止。经过长期的斗争博弈之后，唐王朝在实际上宣告了所坚持禁令的最终失效。

贵族官僚违法私营工商业贯穿有唐一代，屡禁不止、怙恶不悛，既祸国，又殃民，表现出突出的恶性特征，造成了多方面的危害。

第一，违抗国法律令，败坏纲纪，乱政祸国。如中宗朝，特权贵族户"食封之家"达百余户，多遣使自家僮仆进行工商业贸易。这些僮仆狐假虎威，多行烦扰，甚至"僮仆依势，陵轹州县"②，扰乱正常统治秩序。睿宗朝，太平公主恃功骄横，大规模经商而巨富，"居处奉养，拟于宫掖"③，奢华淫靡，僭越礼制。玄宗朝，贵族官僚们"寡于廉隅，专以货殖为心、商贾为利"④，丧失廉耻，利欲熏心、违法乱纪。到唐末，"衣冠户"等贵族官僚"讬其权势，遂恣其苞囊。州县熟知，莫能纠摘"，竟嚣张到了"上逼公使"⑤的地步，既严重冲击了州县官府秩序，又威胁到了王朝国家施政，其乱政祸国行径可谓达到了猖獗程度。

第二，攫夺资源财富，导致土地关系和社会经济关系的日益恶化。唐代贵族官僚享受国家丰厚俸禄，持续违法私营工商业和举放高利贷，积累起大量资财和工商业利润。他们把大量资财和工商业利润投入土地买卖和兼并，又进行大地产经营，攫夺占有着越来越多的土地资源和社会财富，导致了土地关系和社会经济关系的不断恶化。这种趋势发展到玄宗朝时，达到了空前严重的程度。天宝十一年（752年），玄宗在诏书中说："王公百官及富豪之家，比置庄田，恣行吞并，莫惧章程。借荒者皆有熟田，因之侵夺；置牧者惟指山谷，不限多少，爰及口分、永业，违法卖买，或改籍书，或云典贴"⑥，以致"法令

---

① 《全唐文》卷81，北京：中华书局，1983年影印本，第847页。
② 《资治通鉴》卷209，北京：中华书局，1956年，第6634页。
③ 《资治通鉴》卷209，北京：中华书局，1956年，第6651页。
④ 《全唐文》卷31，北京：中华书局，1983年影印本，第349—350页。
⑤ 《全唐文》卷866，北京：中华书局，1983年影印本，第9075页。
⑥ 《全唐文》卷33，北京：中华书局，1983年影印本，第365页。

弛宽，兼并之弊，有逾于汉成（帝）、哀（帝）之间"①。可见玄宗时期贵族官僚们贪婪成性，欲壑难填，千方百计地吞并攫取了大部分的土地资源，其田庄经济快速恶性膨胀，广大均田农户则由于口分田、永业田被"违法卖买"而大量陷入破产，导致均田制的实施在实际上完全陷于弛废，土地关系和社会经济关系至此严重恶化。

安史之乱以后，贵族官僚的土地兼并行为更加恣肆骄横。德宗贞元年间，"制度弛紊，疆理堕坏，恣人相吞，无复畔限。富者兼地数万亩，贫者无容足之居"②。宪宗时，出现"疆畛相接，半为豪家，流庸无依，率是编户"③局面。至懿宗朝，发展到了"富者有连阡之田，贫者无立锥之地"④的天壤悬殊，土地资源和社会财富在社会上下阶层之间的占有格局极端不均，彻底失衡，土地关系和社会经济关系至此完全恶化。

第三，直接造成了流民问题的产生和日益严重，最终导致阶级关系和阶级矛盾的彻底激化和王朝覆亡。高祖武德七年（624年）均田制的推行，培植起政府控制隶属下的广大个体农户，成为唐王朝国家赋税徭役的主要承担者，即所谓"国计军防，并仰丁口"⑤，对王朝国家统治极为重要。但贵族官僚持续违法私营工商业和进行土地买卖兼并，对均田制的推行和广大个体农户都造成了直接的冲击和危害。高宗永徽之后，"豪富兼并，贫者失业"⑥，一部分个体农户已因所授均田土地被贵族官僚兼并而破产流亡。当时，破产流亡的农户被称为"逃户"，或被称为"浮客""浮人""浮寓"等，流民问题开始产生。到武周、睿宗朝，"天下户口，亡逃过半，租调既减，国用不足"⑦，"人多失业，流离道路……不可胜数"⑧，流民问题发展成为全国性的重大问题，威胁到了国家财政收入和社会稳定。到玄宗朝，"王公百官及富豪之家，比置庄

---

① 《通典》卷2《食货二·田制下》，北京：中华书局，1988年，第32页。
② 《全唐文》卷465，北京：中华书局，1983年影印本，第4759页。
③ 《唐大诏令集》卷106《元和三年试制举人策问》，北京：中华书局，2008年，第545页。
④ 《旧唐书》卷19上《懿宗纪》，北京：中华书局，1975年，第681页。
⑤ 《新唐书》卷123《李峤传》，北京：中华书局，1975年，第4370页。
⑥ 《新唐书》卷51《食货志一》，北京：中华书局，1975年，第1345页。
⑦ 《旧唐书》卷88《韦思谦传附韦嗣立传》，北京：中华书局，1975年，第2867页。
⑧ 《唐会要》卷85《逃户》，上海：上海古籍出版社，1991年，第1851页。

田，恣行吞并，莫惧章程","致令百姓无处安置"①，以致"籍帐之间，虚存户口"②，唐前期均田制培植起来的广大个体农户至此大多破产称为流民，均田制和户籍制等国家制度也在实际上陷入废坏。安史之乱后，贵族官僚们积习不改，流民问题依旧严峻。宝应元年（762年）四月，代宗敕云："百姓田地，比者多被殷富之家、官吏吞并，所以逃散，莫不由兹。"③这种严峻情形持续恶化，"贫乏之人，日受其弊"④，导致阶级关系和阶级矛盾走向极端尖锐。自懿宗朝之后，"百姓流孚，无所控诉，相聚为盗，所在蜂起"⑤，转死沟壑的破产农民开始群起反抗。僖宗乾符元年（874年）十二月，王仙芝聚众数千起义，揭开了唐末农民大起义的序幕。第二年六月，黄巢率众相应，起义队伍迅速壮大。声势浩大的唐末农民大起义纵横驰骋，以摧枯拉朽之势，强硬回击了贵族官僚的侵夺压榨和唐王朝的黑暗统治，颠覆瓦解了唐王朝统治的根基。

三、民间私营工商业及其封建性特征

以安史之乱为界，唐代民间私营工商业可分为前后两个阶段——乱前是复苏发展及繁荣兴盛阶段，乱后是屡遭戕害及萧条崩溃阶段。

唐王朝建立后，为复苏隋末大乱之后凋敝的社会经济，切实巩固统治根基，推行了轻徭薄赋、与民休息的多项政策措施，对于民间私营工商业也实施了相当放任甚至予以鼓励的政策。在此大背景下，太宗贞观年间，农工商业复苏到了一定的水平。贞观四年（630年）时，"东至于海，南至于岭，皆外户不闭，行旅不赍粮焉"⑥。高宗朝，社会经济继续复苏和上升，某些城市私营工商业者已积累起可观的财富，如长安富商邹凤炽，"其家巨富，金宝不可胜计。……其家男女婢仆，锦衣玉食，服用器物，皆一时惊异。尝因嫁女，邀诸

---

① 《全唐文》卷33，北京：中华书局，1983年影印本，第365页。
② 《唐会要》卷85《逃户》，上海：上海古籍出版社，1991年，第1854页。
③ 《唐会要》卷85《逃户》，上海：上海古籍出版社，1991年，第1855页。
④ 《全唐文》卷85，北京：中华书局，1983年影印本，第893页。
⑤ 《资治通鉴》卷252，北京：中华书局，1956年，第8174页。
⑥ 《旧唐书》卷3《太宗纪下》，北京：中华书局，1975年，第41页。

朝士往临礼席，宾客数千。夜拟供帐，备极华丽。及女郎将出，侍婢围绕，绮罗珠翠，垂钗曳履，尤艳丽者，至数百人。众皆愕然，不知孰是新妇矣"①。武周时，出现了"天下诸津，舟航所聚，洪舸巨舰，千轴万艘，交货往还，昧旦永日"②的商贸繁荣景象。到玄宗朝，社会经济发展到了鼎盛阶段，达到有唐一代的高峰。开元时期，"东至宋、汴，西至岐州，夹路列店肆待客，酒馔丰溢。每店皆有驴赁客乘，倏忽数十里，谓之驿驴。南诣荆、襄，北至太原、范阳，西至蜀川、凉府，皆有店肆，以供商旅。远适数千里，不持寸刃"③。天宝年间，"海内富实，米斗之价钱十三，青、齐间斗才三钱，绢一匹钱二百。道路列肆，具酒食以待行人，店有驿驴，行千里不持尺兵"④。同时，城市市场繁荣，长安之东市居两坊之地，"街市内货财二百二十行，四面立邸，四方珍奇，皆所积集"⑤。西市亦居两坊之地，"市内店肆如东市之制"⑥，繁荣程度不亚于东市，且是胡商云集之处。洛阳之南市，"东西南北居二坊之地，其内一百二十行，三千余肆，四壁有四百余店，货贿山积"⑦。城市中的富商巨贾大批涌现，如富商王元宝，被玄宗称为"天下之富"，"常以金银叠为屋壁，上以红泥泥之，又于宅中置一礼贤堂，以沉香为轩槛，以碱砆甃地面，以锦文石为柱础，又以铜线穿钱，甃于后园花径中，贵其泥雨不滑也"，而且"好宾客，务于华侈，器玩服用僭于王公。而四方之士尽归而仰焉。常于寝帐床前，置（雕）矮童二人，捧七宝博山炉，自暝焚香彻晓"⑧。

安史之乱爆发后，民间私营工商业生存发展的良好社会安定环境和国家政策环境一去不复返，迅速由盛转衰。民间私营工商业不断遭到了唐王朝、地方政府及藩镇的掠夺戕害，杜佑曾总结道："自天宝末年，盗贼奔突，克复之后，府库一空。又所在屯师，用度不足，于是遣御史康云间出江淮，陶锐往蜀汉，豪商富户，皆籍其家资，所有财货畜产，或五分纳一，谓之"率贷"，所收巨万计。盖

---

① 《太平广记》卷495《邹凤炽》引《西京记》，北京：中华书局，1961年，第4062页。
② 《唐会要》卷86《关市》，上海：上海古籍出版社，1991年，第1871页。
③ 《通典》卷7《食货七·历代盛衰户口》，北京：中华书局，1988年，第152页。
④ 《新唐书》卷51《食货志一》，北京：中华书局，1975年，第1346页。
⑤ 《唐两京城坊考》卷3《西京》，北京：中华书局，1985年，第75页。
⑥ 《唐两京城坊考》卷4《西京》，北京：中华书局，1985年，第118页。
⑦ 《唐两京城坊考》卷5《东京》，北京：中华书局，1985年，第160页。
⑧ 《开元天宝遗事》卷下《富窟》、《床畔香童》，北京：中华书局，2006年，第37页。

权时之宜。其后诸道节度使、观察使，多率税商贾，以充军资杂用，或于津济要路及市肆间交易之处，计钱至一千以上者，皆以分数税之。自是商旅无利，多失业矣。"①发展到唐末懿宗、僖宗之时，民间私营工商业陷入了全面崩溃。

唐代民间私营工商业受国家政策和政局变化影响甚巨，同时其自身发展也呈现出与封建势力合流融会的基本态势，表现出明显的封建性特征。这种态势和特征，主要是通过民间私营工商业者的封建官僚化和封建地主化来完成的。

第一，封建官僚化。许多民间私营工商业者以钱铺路，交通权贵，钻营为官，完成了官僚化。如高宗时，富商彭志筠"上表请以家绢布二万段助军，诏受其绢万匹，特授奉议郎，仍布告天下"。②中宗景龙年间（707~710 年），韦皇后、安乐公主当道，"请谒受赇，虽屠沽臧获，用钱三十万，则别降墨敕除官，斜封付中书，时人谓之'斜封官'"③，以至"富商豪贾，尽居缨冕之流，鬻伎行巫，咸涉膏腴之地"④。玄宗朝，富商更是广泛交结士人与权贵，如"长安富民王元宝、杨崇义、郭万金等，国中巨豪也，各以延纳四方多士，竞于供送。在朝名寮，往往出于门下。每科场文士集于数家，时人目之为'豪友'"⑤。安史之乱爆发后，肃宗为筹资平叛，下令"其商贾，准令所在收税，如能据所有资财，十分纳四助军者，便与终身优复。如于敕条外，有悉以家产助国，嘉其竭诚，待以非次。如先出身及官资，并量资历好恶，各据本条格例，节级优加拟授"⑥。此虽为一时权宜之计，然必有许多富商大贾出资捐官，钻进了官僚行列。代宗时，"商贾贱类，台隶下品，数月之间，大者上污卿监，小者下辱州县。至于廊庙，不无杂人"⑦，说明了当时私营工商业者官僚化的普遍程度。元稹以诗描述商人们经营官场的情形，说商贾们"经游天下遍，却到长安城。……先问十常侍，次求百公卿。侯家与主第，点缀无不精"⑧。唐末懿宗、僖宗时，用钱买官十分普遍，私营工商业者继续官僚化。

---

① 《通典》卷 11《食货十一·杂税》，北京：中华书局，1988 年，第 250 页。
② 《旧唐书》卷 84《郝处俊传》，北京：中华书局，1975 年，第 2800 页。
③ 《资治通鉴》卷 209，北京：中华书局，1956 年，第 6623 页。
④ 《旧唐书》卷 101《辛替否传》，北京：中华书局，1975 年，第 3155—3156 页。
⑤ 《开元天宝遗事》卷上《豪友》，北京：中华书局，2006 年，第 17 页。
⑥ 《通典》卷 11《食货十一·鬻爵》，北京：中华书局，1988 年，第 244 页。
⑦ 《全唐文》卷 380，北京：中华书局，1983 年影印本，第 3860 页。
⑧ 《全唐诗》卷 418，北京：中华书局，1975 年，第 4611 页。

如《太平广记》记某生之得官，曰："是时唐季，朝政多邪。生乃输数百万于鬻爵者门，以白丁易得横州刺史。"①更典型的是王宗、王处存父子的发迹。《旧唐书》卷182《王处存传》载："王处存，京兆万年县胜业里人。世隶神策军，为京师富族，财产数百万。父宗，自军校累至检校司空、金吾大将军、左街使，遥领兴元节度。宗善兴利，乘时贸易，由是富拟王者，仕宦因资而贵，侯服玉食，僮奴万指。处存起家右军镇使，累至骁卫将军、左军巡使。乾符六年十月，检校刑部尚书、义武军节度使。"

大量工商业利润不是转化为产业资本，而是用于钱权交易和转化为官僚资本，许多私营工商业者多方钻营，跻身官僚，亦商亦官，攫取到了政治地位和政治权力，转变成为了唐王朝统治阶级的成员，成为了王朝国家政权的维护者，其身份和地位均发生了根本性转化，完成了官僚化和封建化，而绝不像西欧城市私营工商业者那样成长为产业资本家。

第二，封建地主化。唐代以工商致富的富商大贾把大量工商业利润用于土地购买，进行土地资源的兼并和积聚。如太宗贞观初年，益州因有灌溉之利，"地居水侧者，顷直千金，富强之家，多相侵夺"②。从高宗朝起，土地买卖兼并全面抬头。永徽年间（650—655年），洛州出现了"豪富之室，皆籍外占田"③的情形。中宗神龙初，山南东道也出现"户口逋荡，细弱下户为豪力所兼"④情形。到玄宗朝，"自开元以后，天下户籍久不更造，丁口转死，田亩卖易，贫富升降不实"⑤，土地兼并变着花样进行——"王公百官及富豪之家，比置庄田，恣行吞并，莫惧章程。借荒者皆有熟田，因之侵夺；置牧者惟指山谷，不限多少，爰及口分、永业，违法卖买，或改籍书，或云典贴，致令百姓无处安置，乃别停客户，使其佃食，既夺居人之业，实生浮惰之端。远近皆然，因循亦久"⑥。以致"开元之季，天宝以来，法令弛宽，兼并之弊，有逾于汉成、哀之间"⑦。

---

① 《太平广记》卷499《郭使君》引《南楚新闻》，北京：中华书局，1961年，第4097页。
② 《旧唐书》卷65《高士廉传》，北京：中华书局，1975年，第2442页。
③ 《旧唐书》卷185上《贾敦颐传》，北京：中华书局，1975年，第4788页。
④ 《新唐书》卷128《李杰传》，北京：中华书局，1975年，第4461页。
⑤ 《新唐书》卷52《食货志二》，北京：中华书局，1975年，第1351页。
⑥ 《全唐文》卷33，北京：中华书局，1983年影印本，第365页。
⑦ 《通典》卷2《食货二·田制下》，北京：中华书局，1988年，第32页。

安史之乱后，土地买卖兼并更趋剧烈。大历四年（769年），代宗在一则诏制中称："宿豪大猾，横恣侵渔，致有半价倍称，分田劫假，于是弃田宅，鬻子孙，荡然逋散，转徙就食，行者甚众。"①两税法实行后，土地买卖兼并合法化，更似洪水猛兽。德宗贞元年间，陆贽指出："今制度弛紊，疆理隳坏，恣人相吞，无复畔限，富者兼地数万亩，贫者无容足之居。"②宪宗《遣使宣抚诸道诏》亦称："访闻江淮诸道富商大贾，并诸寺观，广占良田，多滞积贮，坐求善价，莫救贫人。"③文宗朝，"时豪民侵噬产业不移户，州县不敢徭役，而征税皆出下贫。至于依富室为奴客，役罚峻于州县。长吏岁辄遣吏巡覆田税，民苦其扰"④。到懿宗朝，已是"富者有连阡之田，贫者无立锥之地"⑤。土地买卖、兼并和积聚现象越来越严重。

在上述"以末致富，用本守之"的转化过程中，民间私营工商业的大量利润不是转化为产业资本而是完成了地租化，"皈依"到了封建经济形态之中，强化了封建的土地关系和地租剥削，大批私营工商业者也因此完成了封建地主化，经营方式完成了租佃化，于是私营工商业和工商业者从生产方式到身份地位，都完成了封建化。结果，民间私营工商业者"不是一种与封建地主经济对抗的力量，而是互相结合的力量"⑥。

总之，民间私营工商业者的封建官僚化和地主化，很大程度上造成了工商业者、官僚、地主的合流融通，形成中国历史上独有的三者"三位一体"的现象。（若再加上高利贷者化，可进一步称为"四位一体"），形成工商业资本与封建政权、封建地主经济相互融合会通的一体化形态，结果是民间私营工商业者完成了封建化，被融会成为了帝制王朝国家统治势力的组成成分和统治基础，而不是像欧洲中世纪城市私营工商业者一样是封建势力的异己力量和掘墓力量，缺乏否定中国封建社会的革命性力量，资本主义生产方式在其内部的成长发展特别艰难。

---

① 《全唐文》卷414，北京：中华书局，1983年影印本，第4244页。
② 《全唐文》卷465，北京：中华书局，1983年影印本，第4759页。
③ 《唐大诏令集》卷117，北京：中华书局，2008年，第612页。
④ 《新唐书》卷52《食货志二》，北京：中华书局，1975年，第1361页。
⑤ 《全唐文》卷968，北京：中华书局，1983年影印本，第10056页。
⑥ 宁可：《关于中国封建经济结构》，《学术月刊》2006年第11期，第134页。

唐代差科簿所见"不济户"略考

赵 贞[*]

摘 要："不济户"是安史之乱后籍帐制度渐趋崩溃，"九等定户"难以调整贫富升降社会关系的情况下，李唐重建徭役差配制度的产物，较为真切地反映了中唐以后社会贫富强弱两极分化的现象。作为贫穷弱户，"不济户"与"不支户""不存济户"涵义相同，始终是国家免除赋役和抚恤救助的对象，但在它的背后体现出以"贫富等第"为依据的差科新标准，对传统九等定户的不断冲击，进而成为唐后期差科簿制作中必不可少的一项重要内容。

关键词：唐代 不济户 差科簿 户等

敦煌吐鲁番所出唐代差科簿文书，以《天宝年代（750年）敦煌郡敦煌县差科簿》（P.3559、P.2657、P.3018、P.2803）为代表，曾引起国内外学者的广泛关注。中国学者王永兴、杨际平、朱雷、文欣，日本学者西村元佑、池田温等，都对差科簿表现出浓厚的探究热情。[①]相比之下，学界对S.543《唐大历年

---

[*] 赵贞，男，北京师范大学历史学院教授，主要研究方向为隋唐史、敦煌学和天文学史。

[①] 王永兴：《敦煌唐代差科簿考释》，《历史研究》1957年第12期；杨际平：《关于唐天宝敦煌差科簿的几个问题》，韩国磐主编：《敦煌吐鲁番出土经济文书研究》，厦门：厦门大学出版社，1986年，第129—161页；〔日〕西村元佑：《通过唐代敦煌差科簿看唐代均田制时代的徭役制度》，〔日〕周藤吉之等著：《敦煌学译文集》，姜镇庆等译，兰州：甘肃人民出版社，1985年，第978—1233页；王永兴：《唐天宝敦煌差科簿研究—兼论唐代色役制和其他问题》，《陈门问学丛稿》，南昌：江西人民出版社，1993年，第21—44页；朱雷：《唐代前期的"差"—吐鲁番敦煌出土"差科簿"的考察》，张国刚主编：《中国中古史论集》，天津：天津古籍出版社，2003年，第39—40页；〔日〕池田温：《敦煌差科簿的变迁—丁中掌握的松弛》，龚泽铣译，《中国古代籍帐研究》，北京：中华书局，2007年，第146—178页；文欣：《唐代差科簿制作过程—从阿斯塔那61号墓所出役制文书谈起》，《历史研究》2007年第2期。

代沙州敦煌县差科簿》的探讨相对较少。本文在前贤研究的基础上，通过对S.543《唐大历年代沙州敦煌县差科簿》所见"不济户"的探讨，力图展示唐代中后期户等制度的重要变化。

一

从文书的写本形态来看，S.543《唐大历年代沙州敦煌县差科簿》首尾均缺，现存文字81行，卷中无印鉴，亦无押署，其第40—46行云：

  40 左进贤 年六十五 老男
  41 男善善 年廿八 白丁
  42 八十五人不济户。
  43 索洪壁 年卅 笃疾
  44 氾奴奴 年六十七 老男
  45 男履光 年廿五 白丁
  46 氾思忠 年五十二 上柱国[①]

此簿的书写格式，大致可归为人名+年龄+身份，与天宝年代的差科簿相比，恰好缺少了配注差科的内容。考虑到该件没有官印，文欣将其视为一件尚未制作完成的草稿，"不能算作正式的差科簿"[②]。第42行中的"不济户"，敦煌吐鲁番所出籍帐文书中仅此一见，其意究为何指，现有材料尚难判断。我们知道，唐代户籍和差科簿中，反映当户资产多寡和富贫强弱情况者为九等定户。正如《唐六典》所言："（县令）所管之户，量其资产，类其强弱，定为九

[①] 唐耕耦、陆宏基编：《敦煌社会经济文献真迹释录》第1辑，北京：书目文献出版社，1986年，第263—268页；〔日〕池田温：《中国古代籍帐研究》，龚泽铣译，北京：中华书局，2007年，第141—143页；郝春文编著：《英藏敦煌社会历史文献释录》第3卷，北京：社会科学文献出版社，2003年，第140—146页。案，此卷后有另纸杂写"戌年四月卅日次至灵图寺布萨写十戒文记""僧法行"诸字。

[②] 文欣：《唐代差科簿制作过程——从阿斯塔那61号墓所出役制文书谈起》，《历史研究》2007年第2期。

等。其户皆三年一定，以入籍帐。"①表明三年评定一次的户等最终要写入户籍中。如吐鲁番所出《唐开元四年（716年）西州柳中县籍》载："户主江义宣年贰拾贰岁，白丁侍亲，下中户，课户不输。"②敦煌所出 P.3354《唐天宝六载（747年）敦煌郡敦煌县龙勒乡都乡里籍》第 27 行："户主阴承光载贰拾玖岁，白丁，下下户空，课户见输。"③按照九等定户的标准，下中户和下下户分别为第八等和第九等，都属下等户。《天圣令·赋役令》复原唐令 30 条：

  诸县令须亲知所部富贫、丁中多少、人身强弱。每因收手实之际，即作九等定簿，联署印记。若遭灾蝗旱涝之处，任随贫富为等级。差科、赋役，皆据此簿。④

这里"九等定簿"，即县令根据九等定户制作的文簿，成为官方征收赋税和摊派差科的基本依据。据吐鲁番所出《唐令狐鼻等差科簿》记载，武骑尉令狐鼻、张智觉二人均为下上户，因差充为崑丘道上征行而被免除赋役。⑤阿斯塔那 380 号墓所出《唐西州高昌县和义方等差科簿》第 6—8 行："王贞行五十九，白丁，常平仓史，第六户。张伏行廿七，白丁，外侍，第六户。"⑥这里"第六户"，又称六等户，或曰中下户。王贞行、张伏行二人均为中下户，且以白丁身份，分别差充"常平仓史"和"外侍"，体现出差役科配中以户等为据的基本原则。

既然如此，在登录民户身份和遍注差役的《差科簿》中，"不济户"又是何意呢？日本学者西村元佑最早发现这个问题，他指出"不济户"是因减少色役的清理而增加老少废疾的登载，"在户等区分之外设置'不济户'（贫困弱

---

① 《唐六典》卷 30《三府都护州县官吏》，北京：中华书局，1992 年标点本，第 753 页。
② 〔日〕池田温：《中国古代籍帐研究》，龚泽铣译，北京：中华书局，2007 年，第 100 页。
③ 〔日〕池田温：《中国古代籍帐研究》，龚泽铣译，北京：中华书局，2007 年，第 56 页。
④ 天一阁博物馆、中国社会科学院历史研究所天圣令课题组：《天一阁藏明钞本天圣令校证（附唐令复原研究）》，北京：中华书局，2006 年，第 476 页。
⑤ 国家文物局古文献研究室等编：《吐鲁番出土文书》第 6 册，北京：文物出版社，1985 年，第 213 页。
⑥ 国家文物局古文献研究室等编：《吐鲁番出土文书》第 9 册，北京：文物出版社，1990 年，第 190—191 页。

户),以对付住民的日趋分解而采取相应的措施"①。西村氏还注意到,S.543《唐大历年代沙州敦煌县差科簿》所见张奉节、左思亮、高英秀、马含章、左进贤、赵仙章和赵小臣七人,也见于 P.2803《天宝差科簿》中。这七人的年龄、身份和差役等信息,可制表如下。

P.2803《差科簿》(共 28 行)			S.543《大历差科簿》(共 81 行)			备注(年龄差)
第 2 行	左进贤载卌七	上柱国子	土镇	第 40 行	左进贤年六十五	老男	18
第 4 行	左思亮载卌九	上柱国子	纳资	第 14 行	左思亮年七十一	老男	22
第 10 行	马含璋载卌四	上柱国子	纳资	第 27 行	马含章年六十七	老男	23
第 17 行	赵小臣载十九	次男	侍丁	第 77 行	赵小臣年卌四	白丁	25/不济户
第 20 行	高英秀载廿九	上柱国子	土镇	第 15 行	高英秀年五十一	上柱国子	22
第 21 行	赵仙璋载廿六	上柱国子	土镇	第 56 行	赵仙章年卌九	废疾	23/不济户
第 22 行	张奉节载五十五	上柱国		第 6 行	张奉节年七十七	老男	22

需要说明的是,P.2803《天宝差科簿》纸缝后粘贴着天宝九载敦煌郡郡仓纳谷牒十六件,池田温、唐耕耦据此将其时代定为天宝九载(750 年)。②此件的乡籍,杨际平曾据"张奉节"的信息考定为龙勒乡差科簿。③考虑到左进贤、左思亮等 7 人见于 P.2803 和 S.543 的情况,不难确定上述两件文书实为敦煌县龙勒乡在天宝、大历时期的两份差科簿。

就年龄的著录而言,左思亮、高英秀、张奉节 3 人,在两份差科簿中的年龄差均为 22 岁,据此或可将 S.543 的时代定为公元 772 年。④不过,马含璋(章)、赵仙章(璋)的年龄差为 23 岁,左进贤、赵小臣的年龄差分别为 18 岁和 25 岁。显而易见,两份差科簿中,左进贤、赵小臣等 7 人的年龄著录并不统一,其中必有讹误。池田温曾指出,年龄记载的不统一,可能是由于貌定的年龄增减,或者因为二十余年间手实计帐和差科簿制作时的登记错

---

① 〔日〕池田温:《中国古代籍帐研究》,龚泽铣译,北京:中华书局,2007 年,第 173 页。
② 〔日〕池田温:《中国古代籍帐研究》,龚泽铣译,北京:中华书局,2007 年,第 139—140 页;唐耕耦、陆宏基:《敦煌社会经济文献真迹释录》第 1 辑,北京:书目文献出版社,1986 年,第 208 页、第 260—262 页。
③ 杨际平:《关于唐天宝敦煌差科簿的几个问题》,韩国磐主编:《敦煌吐鲁番出土经济文书研究》,厦门:厦门大学出版社,1986 年,第 129—161 页。
④ 日本学者池田温、中国学者唐耕耦都定为大历七年(772 年)。

误。①P.2803 钤有"敦煌县之印",可以认为是县令"亲自注定"的文簿,因而包括姓名、年龄、身份、差役注记等信息相对较为准确。相较之下,S.543 由于缺少县令亲自配注的差科信息(如土镇、纳资、侍丁),因而严格说来是一件尚未制作完成的草稿,"不能看作正式的差科簿"②,其中的信息疏漏和年龄登录错误也就不难理解了。如此,将 S.543 定名为《大历年间敦煌县龙勒乡差科簿草稿》或许更为准确一些。

尽管差科簿在编制的过程中呈现出因时制宜、因地制宜的特征,但就天宝时代的敦煌县而言,各乡差科簿的编制形式基本相同。池田温根据从化乡中男、丁男和老男的"见在""破除"的情况做了复原工作。其中"破除"人口包括身死、逃走、没落、废疾、虚挂、单身土镇兵和单身卫士 7 种;"见在"人口则是真正意义上各种差科的可能承担者。根据池田温的揭示,"见在"人口的著录格式大体如下:

若干人见在
若干人中下户
　人名　年龄　身分　差科注　列记
若干人下上户
　人名　年龄　身分　差科注　列记
若干人下中户
　人名　年龄　身分　差科注　列记
若干人下下户
　人名　年龄　身分　差科注　列记③

需要说明的是,池田温的复原工作正是基于天宝时代从化乡、寿昌乡的差科注记格式而进行的,从中不难看出户等的划分其实是差科配注的首要前提,这对 P.2803《天宝九载(750 年)敦煌郡敦煌县龙勒乡差科簿》来说同样有参

---

① 〔日〕池田温:《中国古代籍帐研究》,龚泽铣译,北京:中华书局,2007 年,第 173 页。
② 文欣:《唐代差科簿制作过程—从阿斯塔那 61 号墓所出役制文书谈起》,《历史研究》2007 年第 2 期。
③ 〔日〕池田温:《中国古代籍帐研究》,龚泽铣译,北京:中华书局,2007 年,第 149 页。

照意义。具体来说，P.2803 首尾均缺，现存 28 行差科注记，除去 3 条老男（左崇臻载六十三、尹怀爽载六十六、高大庆载六十七）、3 条次男（梁思德载十九、赵祐进载十九、赵小臣载十九）、1 条残疾（张思忠载卅）、1 条废疾（宋承晃载廿六）和 1 条逃走（梁守讷载卅九）的著录外，其他 19 条俱是龙勒乡单丁配注差科的记载，大体有土镇、执衣、纳资、村正、郡上、渠头、侍丁 7 种。按照唐代户等的评定标准，"丁中多少"无疑是区分当户强弱的重要指标。邢铁曾在《户等制度史纲》中指出，唐前期与汉魏南北朝一样，划分户等时主要依据资产，土地包含其中，但户等与人丁因素基本无涉。①联系开元二十一年（733 年）蒲昌县评定户等的实际情况，可知"在下中户和下下户中，一般没有贱民，而是以单丁为主体"②。阿斯塔那 61 号墓所出《唐郭阿安等白丁名籍》（三）中，张洛丰、张海达、范默奴、龙□祐 4 人，均为白丁单身，都属下下户。又《白丁名籍》（四）中所记 12 户，除去不明者 3 户和 1 户"父终制"之外，其他 8 户均为白丁单身，他们的户等可能也属下下户。③不惟如此，天宝时期的敦煌差科簿表明，户等的高低与勋官、品子和白丁的百分比基本上成正比。④至于差科的摊派，原则上"先富强，后贫弱；先多丁，后少丁"，这就要求对高户多丁差配重役。相反，对于那些下户单身丁口则差派轻役。因此，从单丁配注差科的情况来看，P.2803《天宝差科簿》所见的 28 条差科注记正是县令针对龙勒乡"下下户"百姓分配差役的汇总和记录。

这样看来，左进贤、左思亮、张奉节等 7 人，在天宝九载（750 年）均为下下户。但 20 余年后，他们的境遇发生了很大变化，赵仙璋（章）、赵小臣 2 人由下下户变为不济户。左进贤、左思亮、马含璋（章）、张奉节 4 人虽然可能还是下下户，但上柱国、上柱国子的身份已变为老男，不难推知他们的经济艰难和生活困苦。相比之下，高英秀还保持着上柱国子的身份，在 20 余年的时间洗礼中其经济和社会地位似乎变化不大。

---

① 邢铁：《户等制度史纲》，昆明：云南大学出版社，2002 年，第 29—33 页。
② 〔日〕池田温：《中国古代籍帐研究》，龚泽铣译，北京：中华书局，2007 年，第 100 页。
③ 文欣：《唐代差科簿制作过程—从阿斯塔那 61 号墓所出役制文书谈起》，《历史研究》2007 年第 2 期。
④ 〔日〕西村元佑：《通过唐代敦煌差科簿看唐代均田制时代的徭役制度》，〔日〕周藤吉之等著：《敦煌学译文集》，姜镇庆等译，兰州：甘肃人民出版社，1985 年，第 1234 页。

二

"不济户"的涵义,池田温指出为"贫穷弱户",西村元佑则将其与文献中的"不支济户"联系起来。大谷文书8074《安西(龟兹)差科簿》(图版一八)云:

```
2   六人锄首蓿。
4   三人花林园役。
6   廿人单贫老小不济。①
```

显然,在免除差科的20人中,"不济"与单贫、老小相提并称,可知"不济"也是一种弱势群体,即不能独立生存而需要官方和社会抚恤救济的人群。P.2942《唐永泰年间(765—766年)河西巡抚判集》第25行:"食粮之人,理资减省,灼然不济,方可官支。"第35行:"尚书所留缥布,令给不济之人。"第51行:"沙州地税,耆寿诉称不济,军州请加税四升。"②由此看来,凡是缺衣少粮和生活艰难者均可视为"不济之人"。或可注意的是,吐鲁番文书所出《唐开元二十一年(733年)残牒》③和《唐大历三年(768年)曹忠敏牒为请免差充子弟事》中还有"交不支济"的记载。比如《曹忠敏牒》称:

```
1. 手无四指
2. 牒忠敏身是残疾,复年老,今被乡司不委,差充子弟,
3. 渠水窓经今一年已上,寸步不得东西,
4. 贫下交不支济,伏望商量处分,谨牒。④
```

---

① 〔日〕小田义久编:《大谷文书集成》第3卷,京都:法藏馆,2003年,第228页;〔日〕池田温:《中国古代籍帐研究》,龚泽铣译,北京:中华书局,2007年,第239页。
② 唐耕耦、陆宏基编:《敦煌社会经济文献真迹释录》第2辑,全国图书馆文献缩微复制中心,1990年,第621—622页。
③ 国家文物局古文献研究室等编:《吐鲁番出土文书》第9册,北京:文物出版社,1990年,第71—72页。
④ 国家文物局古文献研究室等编:《吐鲁番出土文书》第9册,北京:文物出版社,1990年,第158—159页。

按照唐开元二十五年（737年）户令的规定，"诸一目盲、两耳聋、手无二指、足无三指、手足无大拇指、秃疮无发、久漏下重、大瘿瘇，如此之类，皆为残疾"①。牒文中，曹忠敏"手无四指"，论其症状确是残疾，生活已经十分艰难。且从丁中制度而言，曹氏"复年老"，身份已属老男，理应免除各种赋役差科。但实际上，曹忠敏仍"被乡司不委，差充子弟"，在承担"子弟"色役的一年中②，"寸步不得东西"，家中似也没有得到任何财物，依然清贫如洗，"交不支济"，故而上牒请求有司免其差役。又大谷文书8044《唐大历九年（774年）二月目胡子牒》（图版四五）载：

1. 牒胡子薄福，不幸慈母身亡，家贫殡葬尚犹未
2. 辨，南界双渠村种少薄田，今着掏拓两丁叁分，交
3. 不支济。伏望矜量小人，已后但有驱驰，不敢违命，请
4. 乞商量处分。谨牒。③

按掏拓，本指疏浚、修缮河渠之事，其管理机构称为掏拓所，主事长官为掏拓使。考虑到河渠水利对于唐代西域绿洲农业的维系作用，河道水渠的沟通由于需要征发相当数量的劳力，因而事实上已经成为一种差役。据牒文所述，目胡子被通知缴纳"掏拓两丁"之税，但因母亲身亡，家贫无以殡葬，乃上牒请求放免未完的掏拓两丁税。④由此来看，所谓"交不支济"实指因家贫穷困而无力承担官府赋役差科的境况。

或可参照的是，大历四年（769年）十一月，代宗"诏京兆府今年税量放十万石，仍令京兆尹即与合审勘会。不支济户，先矜放"⑤。强调在放免京兆府税量十万石的过程中，对于那些经济窘迫和生活困苦的"不支济户"，要优

---

① 〔日〕仁井田陞：《唐令拾遗》，栗劲等译，长春：长春出版社，1989年，第136页。
② 王永兴指出："唐朝时候，有些徭役由某些官吏子弟或勋官子弟来担任'子弟'就成为一种色役的专用名词。"日本学者西村元佑将"子弟"与"充傔"（傔人）归入"武官的随从及其他"中，认为"傔人和子弟都可以认为是与军事警察有关的色役，两者都出身于良家而又有身份的人来就役。"王永兴：《敦煌唐代差科簿考释》，《历史研究》1957年第12期；〔日〕西村元佑：《通过唐代敦煌差科簿看唐代均田制时代的徭役制度》，《敦煌学译文集》，兰州：甘肃人民出版社，1985年，第1101页。
③ 〔日〕小田义久编：《大谷文书集成》第3卷，京都：法藏馆，2003年，第219页。
④ 刘安志、陈国灿：《唐代安西都护府对龟兹的治理》，《历史研究》2006年第1期。
⑤ 《册府元龟》卷490《邦计部八·蠲复二》，南京：凤凰出版社，2006年，第5562页。

先抚慰矜放。太和九年（835年）中书门下奏，"自今已后，应遭水旱处，先据贫下户及鳏寡惸独不济者，便开（常平）仓，准元敕作等第赈贷"。① 表明常平仓按照贫富等第的原则，优先对贫下不济户予以赈贷。会昌六年（846年）二月，武宗降诏，"天下州府耋老惸独，及残疾穷困，交不存济户，今年夏税并放免"②。诏书将"交不存济户"与年老孤苦、残疾穷困的贫弱群体相提并称，可见他们的经济地位大致相同。朝廷免除了他们的夏税征收，明显带有社会保障和抚恤救助的性质。

传世文献中的"不济户"，最早见于宣宗大中二年（848年）。《文苑英华》卷422《大中二年正月三日册尊号赦书》云：

> 应诸州府县等纳税，只合先差车牛优长户。近者多是权要及豪富之家悉留诸县输纳，致使单贫之人却须雇脚般载。从今已后，须令有车牛富豪人户送太仓及州府输纳，其留县并须先饶贫下不济户，如有违越节级，官吏重加科殿。③

赦文中，宣宗根据民户贫富强弱的实际情况，对诸州府县赋税的缴纳运输方式作了重新规定。即家有车牛的"富豪人户"送至太仓及州府，而"贫下不济户"则就近留县输纳。大中六年（852年）四月，针对常平仓的使用及管理，户部奏曰：

> 请道州府收管常平义仓斛斗，今后如有灾荒水旱外，请委所在长吏，差清强官勘审，如实，便任开仓。先从贫下不济户给贷讫，具数分析申奏，并报户部，不得妄有给与富豪人户。④

按照户部的奏请，凡遇水旱灾害和饥馑之年，常平仓开仓放粮，优先对"贫下不济户"给予赈济。这是户部基于"不济户"整体贫困和经济脆弱的现状而做出的本能反应。论其赈济原则，实与太和九年中书门下奏文同出一辙。

---

① 《册府元龟》卷490《邦计部八·蠲复二》，南京：凤凰出版社，2006年，第5709页。
② 《册府元龟》卷490《邦计部八·蠲复二》，南京：凤凰出版社，2006年，第5570页。
③ 《文苑英华》卷422《大中二年正月三日册尊号赦书》，北京：中华书局，1966年，第2137页。
④ 《唐会要》卷88《仓及常平仓》，北京：中华书局，1955年，第1617页。

以上材料表明，"不济户"（或称"不支济户""不存济户"）常与"富豪人户"相对而言，意指经济上的贫穷和社会地位的低下，一定程度上成为社会上广大弱势群体的缩影和代表。这种"贫穷弱户"，他们家境单薄，经济脆弱，面临天灾人祸往往朝不保夕，转徙流亡，因而经常成为国家免除赋役和抚恤救助的对象。

三

尽管"不济户"是经常受到国家抚恤救济的贫困弱户，但联系S.543《差科簿》的记载，并将其前半部分（第1—42行，恐系下下户）和后半部分"不济户"（第43—81行）的身份加以比较，结果出乎预料地发现，"不济户"的身份并不低。池田温对此解释说：

> 品官的果毅属于不济户，卫官别将及上柱国子和品子分别为二、五、一名，人数皆相等；至于勋官，不济户方面多一名轻车，虽是大体上彼此相等，但不济户方面稍有差别，即包括身分高者较多。按天宝簿看，户等的高低和身分大致是并行对应的，而在大历，则以两者的对应为优先，其中虽也可能存在有力者没落的实情，但另以一般的倾向说，由州县所决定的等级，并不能按照客观性标准来贯彻，这就是暗示因有力者的贿赂等等影响的情形吧。因此，差科也几乎摆脱了按照身分的役使的性质，而转变为以缴纳钱役为主的运营方式，相应于这个时代背景的种种现象，在敦煌为数不多的残卷中，也是可以看得出来的。①

关于"不济户"身份并不低的原因，池田温归因于"有力者的贿赂"。即在州县评定户等的过程中，由于高门富户的贿赂，使得州县不能按照客观标准来执行，乃至造成了身份较高者诡变为不济户的结果。如果考虑到"大历差科簿的形骸化"和籍帐制度渐趋崩溃的征兆，池田氏"有力者的贿赂"的说法或许是可以成立的。但另一方面，池田温也注意到，大历年代的差科"几乎摆脱

---

① 〔日〕池田温：《中国古代籍帐研究》，龚泽铣译，北京：中华书局，2007年，第175页。

了按照身分的役使的性质，而转变为以缴纳钱役为主的运营方式"。其中最为核心的原因，恐怕在于唐后期差科配注标准的变化。广德二年（764年），代宗在南郊赦文中说：

> 天下户口，委刺史县令，据见在实户，量贫富等第差科，不得依旧籍帐，据其虚额，摊及邻保。①

如果联系当时的形势背景，安史叛乱刚被平定不久，唐王朝面临着重建经济制度和恢复社会秩序的重任。毕竟深受叛乱冲击的不仅是户口的异动和人口的锐减（包括死亡、逃走、没落等），而且还有籍帐制度的崩溃，尤其是每年一造计帐和三年一造户籍的制度难以为继。加之此时吐蕃入侵河西、陇右重地，唐与吐蕃在河西地区的角逐尤为激烈，期间民生凋敝，生灵涂炭。官方仍然按照"旧籍"户口，向民间百姓及邻保摊派赋役。在这种情势下，代宗颁布敕令，重新确定差科执行标准，无疑寄托着恢复唐代经济秩序的愿望。另一方面，就内容而言，赦文规定天下各州县旧籍民户，委托刺史、县令查虚稽实，以现有实户为科差对象，科差时要按贫富划分等第，不要依照旧籍上的丁口和户等去科差。②赦文特别强调，"不得依旧籍帐"的不实户口来摊派差科。言外之意，此前依据"九等定簿"来确定差科、赋役之制的籍帐制度予以摒弃。相反，差科的新标准则以现有实际户口的"贫富等第"为依据。换言之，见在的实有户口有关贫穷户和富豪户的划分，成为此后差役科配的新标准。这说明"不济户"作为贫穷弱户的同义词，正是安史之乱后李唐重建徭役差配制度的产物。

元和六年（811年），衡州刺史吕温奏曰："当州旧额户一万八千四百七，除贫穷、死绝、老幼、单孤不支济等外，堪差科户八千二百五十七。臣到后，团定户税，次检责出所由隐藏不输税户一万六千七。"③奏文中"勘差科户"即

---

① 《唐大诏令集》卷69《广德二年南郊赦》，北京：商务印书馆，1959年影印本，第385页；《唐会要》卷85《定户等第》，北京：中华书局，1955年影印本，第1558页；《册府元龟》卷486《邦计部四·户籍》，南京：凤凰出版社，2006年，第5514页。
② 邢铁：《户等制度史纲》，昆明：云南大学出版社，2002年，第22页。
③ 《册府元龟》卷486《邦计部四·户籍》，南京：凤凰出版社，2006年，第5514—5515页；《唐会要》卷85《定户等第》，北京：中华书局，1955年，第1558页。

能承担赋役、差科的民户。参照日本书道博物馆藏《西州交河县名山乡差科簿》第 2 行"户一百八十一应堪差科"、第 11 行"户一百八十八见在计"的体例 ①,"勘差科户"其实主要指各种差役的承担者,他们通常以钱物课税的形式完成官方摊派的各色徭役。②或可对照的是,诸如贫穷、死绝、老幼、单孤不支济等人,由于既免除了赋役,也不承担差科,因而可视为"不支济户"或"不济户"。至于"当州旧额户一万八千四百七",《元和郡县图志》作"元和户一万八千四十七"③,除了"百"与"十"之别外,两者记载完全相同,因此无论"旧额户"还是"元和户",都可视为元和时期的"见在户"。这样看来,吕温在奏文中已经明确地提出了见在户、不支济户和应勘差科户的划分。按照西村元佑的理解,这种分类方法与征税并无关系,而是一如既往地以差配徭役为主要目的。④这说明唐后期差科簿的书写格式中,"不济户"成为必不可少的一项重要内容。又《资治通鉴》卷 249 宣宗大中九年(855 年)闰四月诏:

> 州县差役不均,自今每县据人贫富及役轻重作差科簿,送刺史检署讫,镂于令厅,每有役事委令,据簿定差。⑤

诏令强调,差科簿"据人贫富及役轻重"制作而成,论其主旨,实与广德二年(764 年)南郊赦文"量贫富等第差科"的精神一脉相承。此后,唐代差役的征发遂以民户的贫富等第和经济升降为依据,而与"九等定户"没有任何关系。⑥"不济户"作为差科簿中的贫穷弱户,自然是不承担赋役差科的。

---

① 〔日〕池田温:《中国古代籍帐研究》,龚泽铣译,北京:中华书局,2007 年,第 143 页。
② 西村元佑指出,安史之乱以后,唐朝由于国家财政的窘迫和社会经济形势的变化,使得过去只征租庸调的税制体系发生了很大动摇。在租庸调税制改变为两税法征税体系的过程中,差科与青苗钱和什一税同时以钱物课税的形式出现。〔日〕周藤吉之等著:《敦煌学译文集》,姜镇庆等译,兰州:甘肃人民出版社,1985 年,第 1219 页。
③ 《元和郡县图志》卷 29《江南道五》,北京:中华书局,1983 年,第 704 页。
④ 〔日〕周藤吉之等著:《敦煌学译文集》,姜镇庆等译,兰州:甘肃人民出版社,1985 年,第 1220 页。西村氏进一步推测说,如果能发现大历时期的完整的差科簿,恐怕当时已采取应堪差科户、见在户、不支济户和破除这四种分类法。
⑤ 《资治通鉴》卷 249,北京:中华书局,1956 年,第 1048 页。
⑥ 事实上,唐后期"九等户等"名义上虽然三年评定或调整一次,但实际上恐难实行。比如,根据元和六年(811 年)衡州刺史的描述,当地"二十余年不定户"。敬宗以后,唐朝实际已经不再定户等了。参见邢铁《户等制度史纲》,昆明:云南大学出版社,2002 年,第 53 页。

后唐长兴二年（931年），朝廷敕旨："如实是贫穷不济人户，置得园圃年多，手自灌园，身自卖菜以供衣食者，则与等第特添价直，仍买者不得广置地位。"①表明"不济人户"虽然贫穷力弱，但亦置有园圃，应当占有一定的土地和生产生活资料。宋代宰臣富弼《上神宗论河北流民到京西乞分给田土》云："（流民）十中约六七分是第五等人，三四分是第四等人及不济户与无土浮客，即绝无第三等以上之家。"②其中说到流民的组成部分，即60%—70%的流民为五等户，30%—40%的流民属于四等户、不济户和无土浮客。按照宋代乡村五等户的划分，第四、第五等主户为下户③，他们大都是广大贫苦农民。"不济户"既与四等户地位相似，显然属于下户。但在奏议中，富弼没有将"不济户"与"无土浮客"统合起来，"无土浮客"指没有土地的客户，"不济户"至少应当占有一部分土地作为家庭的生产生活资料。由此而看，"不济户"应当是那些占有土地却家庭贫困，无法归入五等户体系的家庭，在唐代中后期则是那些占有少量土地却无法被划入九等户体系的弱势群体。

综上所述，"不济户"是安史之乱后籍帐制度渐趋崩溃，"九等定户"难以调整贫富升降的社会关系的情况下，李唐重建徭役差配制度的产物，较为真切地反映了中唐以后社会贫富强弱两极分化的现象。毋庸置疑，"不济户"作为贫穷弱户，始终是国家免除赋役和抚恤救助的对象，但在它的背后体现出以"贫富等第"为依据的差科新标准对九等定户的不断冲击，进而成为唐后期差科簿制作中的一项重要内容。作为传统户等制度的有机补充，"不济户"的出现反映出唐代中后期户等制度的重要变化，体现了由唐入宋户等制度演变的大趋势，从一个侧面展现了中古中国社会经济渐次演进的历程。

---

① 《册府元龟》卷14《帝王部·都邑二》，南京：凤凰出版社，2006年，第152页。
② （宋）赵汝愚编，北京大学中国中古史研究中心点校整理：《宋朝诸臣奏议》卷106《上神宗论河北流民到京西乞分给田土》，上海：上海古籍出版社，1999年，第1139—1140页。
③ 王曾瑜：《宋朝阶级结构》，增订版，北京：中国人民大学出版社，2010年，第20—21页。

唐代后期苏州乡村经济的商品化

——以甫里为例

陈 涛*

摘 要：唐代后期，苏州乡村甫里的经济发展取得显著进步，其乡村经济呈现多元化的格局和商品化的特征。市场扩大和人口增多是甫里经济商品化的直接原因，而资源丰富、交通便利、技术进步和质量提高则是甫里经济商品化重要因素。甫里经济商品化的特点，一是以日常生活用品为主，也有部分生产用品；二是不仅密切了甫里与州城苏州之间的城乡经济联系，而且促进了不同区域间的经济交流。

关键词：唐代后期 苏州 甫里 乡村经济 商品化

苏州，作为唐代江南地区的重要城市，其商品经济自中唐以后得到很大发展。前辈学者如郑学檬[①]、李伯重[②]、冻国栋[③]、张剑光[④]、刘玉峰[⑤]等已从不同角度对苏州经济的商品化倾向有所论及。然而，有关苏州乡村的商品经

---

* 陈涛，男，北京师范大学历史学院讲师，主要研究方向为隋唐五代史，中国古代经济史及环境史。
① 郑学檬：《唐五代太湖地区经济试探》，《学术月刊》1983 年第 2 期。
② 李伯重：《唐代长江流域地区农民副业生产的发展》，《厦门大学学报》1982 年第 4 期；《唐代长江下游地区农业生产集约程度的提高》，《中国农史》1986 年第 2 期。
③ 冻国栋：《唐代苏州商品经济的发展初探》，《苏州大学学报》1988 年第 3 期。
④ 张剑光：《唐代渔业生产的发展及其商品化问题》，《农业考古》1996 年第 3 期；《略论唐代环太湖地区经济的发展》，《苏州大学学报》1999 年第 3 期。
⑤ 刘玉峰：《唐代商品性农业的发展和农产品的商品化》，《思想战线》2004 年第 2 期。

济,甚至是唐代乡村经济的商品化问题,学界至今仍无专文系统探讨。

有鉴于此,笔者拟以唐代后期苏州甫里为例,考察一下当时乡村经济的商品化及其特点。

一、甫里的位置及其经济格局

甫里(今江苏省苏州市吴中区角直镇),因唐代后期陆龟蒙隐居于此而闻名。据《新唐书》记载:"陆龟蒙字鲁望,元方七世孙也。父宾虞,以文历侍御史。龟蒙少高放,通《六经》大义,尤明《春秋》。举进士,一不中,往从湖州刺史张抟游,抟历湖、苏二州,辟以自佐。尝至饶州,三日无所诣。刺史蔡京率官属就见之,龟蒙不乐,拂衣去。居松江甫里,多所论撰,虽幽忧疾痛,赀无十日计,不少辍也。……时谓江湖散人,或号天随子、甫里先生。"①

为何称为"甫里先生?"陆龟蒙所著《甫里先生传》中已经言明此事,"甫里先生者,不知何许人也。人见其耕于甫里,故云"。至于甫里是何处地名,注曰:"甫里,松江上村墟名"。②另据释赞宁所撰《笋谱》记载:"唐僖宗朝,陆龟蒙处士隐苏台甫里村,亦号甫里先生。"③此处的苏台即指姑苏台,又名胥台,在苏州西南姑苏山上,正因"苏有姑苏台,故苏州谓之苏台"④。由于释赞宁生活于五代至宋初,故而我们可以确定甫里当时是苏州的一个村。

据《通典》和《元和郡县图志》记载,唐代苏州(吴郡)管辖七县:吴、长洲、嘉兴、海盐、常熟、昆山、华亭。⑤那么,甫里村究竟属于何县何乡呢?陆龟蒙《问吴宫辞并序》曾云:"甫里之乡曰吴宫,在长洲苑东南五十

---

① (宋)欧阳修、宋祁:《新唐书》卷196《隐逸传》,北京:中华书局,1975年,第5612—5613页。
② (唐)陆龟蒙:《笠泽丛书》卷1《甫里先生传》,景印文渊阁四库全书,台北:台湾"商务印书馆",1985年,第1083册,第233页。
③ (宋)释赞宁:《笋谱·四之事》,景印文渊阁四库全书,台北:台湾"商务印书馆",1985年,第845册,第202页。
④ (宋)吴处厚,李裕民点校:《青箱杂记》卷8,北京:中华书局,1985年,第86页。
⑤ 参见(唐)杜佑,王文锦等点校:《通典》卷182《州郡一二·古扬州下》,北京:中华书局,1988年,第4827—4828页。(唐)李吉甫,贺次君点校:《元和郡县图志》卷25《江南道一》,北京:中华书局,1983年,第601页。

里。"①唐代，长洲苑属长洲县，"长洲县，望。郭下。本万岁通天元年（696年）析吴县置，取长洲苑为名。苑在县西南七十里"②。由此可知，甫里村所在实为苏州长洲县吴宫乡。宋代，吴宫乡已有甫里庙，当地人还祭祀陆龟蒙，《吴郡志》云："甫里在长洲县东南五十里。乡人祠陆龟蒙于此，至今不废。"③

有关甫里的文献记载非常有限，只因陆龟蒙与皮日休为益友，故二人的诗文中保留有甫里社会经济的一些记述。从《松陵集》《笠泽丛书》等资料可知，唐代后期太湖地区甫里一带的社会经济已经呈现多元化格局，农、林、牧、副、渔业齐全，但仍以农、渔为主。

1. 粮食作物

唐宋时期，以水稻种植为主的农业在江南有了很大发展，可是重要农书如唐代韩鄂《四时纂要》、南宋陈旉《农书》的记载反而少见，幸好在诗文中可以得见水稻品种资源。④

唐代后期，太湖地区广泛种植水稻，皮日休《崦里》诗描述太湖龟山脚下的崦里有良田二十顷，"风吹稻花香，直过龟山顶"⑤。当时，甫里一带的粮食种类较为丰富，包括稻米、菰米、胡麻、麦等类，不过仍以稻米为主。

甫里一带的稻米种类有香稻、红莲稻米、青龙米和桃花米。香稻的种植遍及长江流域，而红莲稻米也是一种香稻⑥，"五月种，九月收，芒红、粒大，有早晚二种"⑦，陆龟蒙有诗云："近炊香稻识红莲"⑧。南宋龚明之《中吴纪

---

① （唐）陆龟蒙，宋景昌、王立群点校：《甫里先生文集》卷16《问吴宫辞并序》，开封：河南大学出版社，1996年，第242页。
② （唐）李吉甫，贺次君点校：《元和郡县图志》卷25《江南道一》，北京：中华书局，1983年，第601页。
③ （宋）范成大，陆振岳校点：《吴郡志》卷13《祠庙下》，南京：江苏古籍出版社，1999年，第182页。
④ 游修龄：《中国稻作史》，北京：中国农业出版社，1995年，第83页。
⑤ （唐）皮日休、陆龟蒙等：《松陵集》卷3《太湖诗·崦里》，景印文渊阁四库全书，台北：台湾"商务印书馆"，1985年，第1332册，第193页。
⑥ 参见游修龄：《中国稻作史》，北京：中国农业出版社，1995年，第83—84页。
⑦ （明）王鏊：《姑苏志》卷14《土产·生植》，景印文渊阁四库全书，台北：台湾"商务印书馆"，1984年，第493册，第293页。
⑧ （唐）陆龟蒙：《笠泽丛书》卷4《别墅怀归二首其一》，台北：台湾"商务印书馆"，1985年，第263页。

闻》中称，"至今以此为佳种"①，足见红莲稻在吴地具有品种优势。青龙米是制作青精饭的原料，为道家所崇。皮日休、陆龟蒙二人与曾在茅山隐居的广文博士张贲在吴中交游甚密，张以青䭀饭分送皮、陆二人，皮作诗曰："分泉过屋春青稻"，注云："此饭以青龙稻为之"，陆作诗赞为"青精玉斧餐"②。据《通雅》可知，"青䭀饭，乌饭也"，"一曰青精饭"③。陆龟蒙《四月十五日道室书事寄袭美》诗云："乌饭新炊芼醲香，道家斋日以为常"④，此乌饭可能也是青龙米所制。桃花米，皮日休《苦雨杂言寄鲁望》诗中言及"吴中十日浐浐雨"后"桃花米斗半百钱"⑤。至五代宋初时，桃花米在"休宁县尤多，为饭香软"⑥，可见该米在江南其他地区也有食用。

除稻米以外，菰（即苽，其嫩茎部分即茭白⑦）作为一种辅助性的主食，也占有重要地位。菰即雕胡米，古人以其为六谷（即黍、稷、稻、粱、苽、麦）之一，是南方水泽地区的重要主食。陆龟蒙曾亲自烹饪雕胡饭款待皮日休，皮作诗酬谢："雕胡饭熟馄饨软，不是高人不合尝"⑧。又据范成大"红莲胜雕胡"⑨诗句来看，菰米直到南宋时期还可与红莲稻相较，是江南乡村的主食之一。

胡麻饭在唐代较多见，如王绩诗曰："田家无所有，晚食遂为常。菜剪三

---

① （宋）龚明之，孙菊园校点：《中吴纪闻》卷1《红莲稻》，上海：上海古籍出版社，1986年，第10页。
② （唐）皮日休、陆龟蒙等：《松陵集》卷9《润卿遗青䭀饭兼之一绝聊用答谢》，台北：台湾"商务印书馆"，1985年，第266页。
③ （明）方以智：《通雅》卷39《饮食》，景印文渊阁四库全书，台北：台湾"商务印书馆"，1985年，第857册，第750页。
④ （唐）皮日休、陆龟蒙等：《松陵集》卷7《四月十五日道室书事寄袭美》，台北：台湾"商务印书馆"，1985年，第236页。
⑤ （唐）皮日休、陆龟蒙等：《松陵集》卷10《苦雨杂言寄鲁望》，台北：台湾"商务印书馆"，1985年，第270页。
⑥ （宋）乐史，王文楚等点校：《太平寰宇记》卷104《江南西道二·歙州》，北京：中华书局，2007年，第2062页。
⑦ 参见夏纬瑛：《〈周礼〉书中有关农业条文的解释》，北京：农业出版社，1979年，第133页。
⑧ （唐）皮日休、陆龟蒙等：《松陵集》卷6《鲁望以躬掇野蔬兼示雅什用以酬谢》，台北：台湾"商务印书馆"，1985年，第230页。
⑨ （宋）范成大：《范石湖集》卷16《劳畲耕并序》，上海：上海古籍出版社，1981年，第217页。

秋绿,飧炊百日黄。胡麻山黍样,楚豆野麇方"①,又如王维诗云:"御羹和石髓,香饭进胡麻"②。唐代后期,甫里一带也食用胡麻,皮日休造访陆龟蒙宅时就曾食胡麻饭,皮作诗云:"半里芳阴到陆家,藜床相劝饭胡麻。"③历代有方士服胡麻而得道的记载,遂使胡麻这种作物也蒙上道教文化色彩,张贲在赠予皮、陆青精饭时,即言"应宜仙子胡麻拌"④。

麦在甫里一带也有种植,陆龟蒙的诗句中有所描述,如"竹外麦烟愁漠漠"⑤、"麦垄唯凭欠雉眠"⑥。当时还用麦来制作麦饘、麦䴬等食物,麦饘即麦粥,麦䴬是将麦子炒熟后磨粉制成的干粮。

2. 水生生物

由于得天独厚的水资源优势,甫里一带的水生生物种类特别丰富,从《笠泽丛书》、《松陵集》等资料中可见鱼、虾、蚬、蚌、螺、鳖、蟹等水生动物和芡、菱、莼、菰、蒲、芦、茈、荇、莲藕等水生植物。

水生动物方面,最主要的就是鱼类,包括鲤、鲈、鳜、鲙、鲭、鲋、鲂、玉鱼、红鱼、鲙残鱼等,陆龟蒙有诗曰:"满签煮鲈鳜。"⑦鲈鱼是松江、太湖地区的一项名产。南阳张贲欲于荆襄卜居时,皮日休赠其诗云:"鲈鱼自是君家味,莫背松江忆汉江。"⑧成熟的鲈鱼特别肥美,但不易获得,皮《五觋诗序》言,"江南秋风时,鲈肥而难钓"⑨。鲂鱼肉质嫩滑,味道鲜美,三国时吴

---

① (唐)王绩,韩理洲校点:《王无功文集》卷3《食后》,上海:上海古籍出版社,1987年,第101页。
② (唐)王维,陈铁民校注:《王维集校注》卷3《奉和圣制幸玉真公主山庄因题石壁十韵之作应制》,北京:中华书局,1997年,第240页。
③ (唐)皮日休、陆龟蒙等:《松陵集》卷7《夏初访鲁望偶题小斋》,台北:台湾"商务印书馆",1985年,第237页。
④ (唐)皮日休、陆龟蒙等:《松陵集》卷9《以青䭀饭分送袭美鲁望因成一绝》,台北:台湾"商务印书馆",1985年,第266页。
⑤ (唐)陆龟蒙,宋景昌、王立群点校:《甫里先生文集》卷12《春思二首其一》,开封:河南大学出版社,1996年,第181页。
⑥ (唐)陆龟蒙:《笠泽丛书》卷4《小雪后书事》,台北:台湾"商务印书馆",1985年,第267页。
⑦ (唐)皮日休、陆龟蒙等:《松陵集》卷1《奉酬袭美先辈吴中苦雨一百韵见寄》,台北:台湾"商务印书馆",1985年,第174页。
⑧ (唐)皮日休、陆龟蒙等:《松陵集》卷8《南阳广文欲于荆襄卜居因而有赠》,台北:台湾"商务印书馆",1985年,第250页。
⑨ (唐)皮日休、陆龟蒙等:《松陵集》卷5《五觋诗并序》,台北:台湾"商务印书馆",1985年,第216页。

国陆玑《毛诗草木鸟兽虫鱼疏》云:"广而薄肥,恬而少力,细鳞鱼之美者"①,唐代杜甫称赞"鲂鱼肥美知第一"②。此外,还有蟹,陆龟蒙作《蟹志》篇称:"蟹始窟穴于沮洳中,秋冬交,以大出。"③深秋以后天气转寒,还会出现"蟹因霜重金膏溢"④的情况。

水生植物方面,芡、菱、莼、菰(茎即茭白)、莲藕可以食用,《松陵集》中记载了"盈筐盛芡芰"⑤、"罢钓时煮菱"⑥、"莲花鲊作肉芝香"⑦;蒲不仅能够食用,而且可以制作用具,如有蒲椅、蒲团、蒲帆等;芦苇和苉都可以编织草席,如皮日休诗云:"选胜铺苉席"⑧。

甫里一带水生生物的利用情况可以反映太湖地区水生动物充盈、水生植物饶美,二者共相繁荣的景象,正如诗中所云:"鱼跳上紫芡"⑨;"采江之鱼兮,朝船有鲈。采江之蔬兮,暮筐有蒲"⑩;"君住松江多少日,为尝鲈鲙与莼羹"⑪。

3. 林业

甫里一带林木茂盛,主要有竹、藤、薜、桑、松、柏、桂、杨、柳、杉、梧、槿、桧、柘等,这些资源在当地民众的经济生活中起着重要作用。

"笠泽多异竹"⑫,竹是最能代表当地人开发利用林业资源的植物,就连陆

---

① (吴)陆玑:《毛诗草木鸟兽虫鱼疏》卷下,景印文渊阁四库全书,台北:台湾"商务印书馆",1985年,第70册,第16页。
② (唐)杜甫,(清)仇兆鳌注:《杜诗详注》卷11《观打鱼歌》,北京:中华书局,1999年,第919页。
③ (唐)陆龟蒙:《笠泽丛书》卷4《蟹志》,台北:台湾"商务印书馆",1985年,第264页。
④ (唐)皮日休、陆龟蒙等:《松陵集》卷8《寒夜文宴》,台北:台湾"商务印书馆",1985年,第252页。
⑤ (唐)皮日休、陆龟蒙等:《松陵集》卷1《奉酬袭美先辈吴中苦雨一百韵见寄》,台北:台湾"商务印书馆",1985年,第174页。
⑥ (唐)皮日休、陆龟蒙等:《松陵集》卷3《太湖诗·崦里》,台北:台湾"商务印书馆",1985年,第193页。
⑦ (唐)皮日休、陆龟蒙等:《松陵集》卷7《奉和》,台北:台湾"商务印书馆",1985年,第236页。
⑧ (唐)皮日休、陆龟蒙等:《松陵集》卷10《北禅院避暑联句》,台北:台湾"商务印书馆",1985年,第277页。
⑨ (唐)皮日休、陆龟蒙等:《松陵集》卷10《北禅院避暑联句》,台北:台湾"商务印书馆",1985年,第277页。
⑩ (唐)陆龟蒙:《笠泽丛书》卷2《紫溪翁并序》,台北:台湾"商务印书馆",1985年,第251页。
⑪ (唐)陆龟蒙,宋景昌、王立群点校:《甫里先生文集》卷8《润州送人往长洲》,开封:河南大学出版社,1996年,第109页。
⑫ (唐)皮日休、陆龟蒙等:《松陵集》卷2《公斋四咏·新竹》,台北:台湾"商务印书馆",1985年,第183页。

龟蒙也在住宅周边亲自栽种，"绕屋亲栽竹"①。在甫里，竹被充分开发利用，渗透进当地人的衣、食、住、用。如衣着方面，有竹襟，还有竹笋皮所制箨冠（又称笋皮冠），陆有诗云："竹襟轻利箨冠斜"②。饮食方面，有竹米（即竹实）、竹笋，陆诗云："野客病时分竹米"③，"盘烧天竺春笋肥"④。居住方面，有竹房、竹扉、竹窗、竹床、竹屏等，陆诗云："始把孤灯背竹窗"⑤。器用方面，除了竹制乐器埙、篪、笛等，还有竹笥、竹伞、筇杖、笋席等其他用具，陆诗云："竹伞遮云径"⑥。

种类丰富的林木也是甫里一带薪材的主要来源，"山高溪且深，苍苍但群木"，"积雪抱松坞，蠧根然草堂"⑦。另外，竹类也可作为燃料利用，"竹根乍烧玉节快"⑧。

甫里一带的经济林木颇多，主要有桑、柘、槿、薜荔、橘、柿、杏、桃、李、梅、梨、樱桃、石榴等。桑柘用以养蚕，薜荔可以入药，槿树的茎可以制作蓑衣，花和种子可入药。橘、杏、桃、李、柿、梅、梨、樱桃、石榴等皆为当地果树，如陆诗云："橘为风多玉脑鲜"⑨，"柿阴成列药花空"⑩，"岸上红

---

① （唐）皮日休、陆龟蒙等：《松陵集》卷5《奉题屋壁》，台北：台湾"商务印书馆"，1985年，第221页。
② （唐）皮日休、陆龟蒙等：《松陵集》卷7《奉和次韵》，台北：台湾"商务印书馆"，1985年，第241页。
③ （唐）皮日休、陆龟蒙等：《松陵集》卷7《夏初访鲁望偶题小斋》，台北：台湾"商务印书馆"，1985年，第237页。
④ （唐）陆龟蒙：《笠泽丛书》卷4《丁隐君歌并序》，台北：台湾"商务印书馆"，1985年，第264页。
⑤ （唐）陆龟蒙：《笠泽丛书》卷3《闲吟》，台北：台湾"商务印书馆"，1985年，第259页。
⑥ （唐）皮日休、陆龟蒙等：《松陵集》卷5《奉和次韵》，台北：台湾"商务印书馆"，1985年，第221页。
⑦ （唐）皮日休、陆龟蒙等：《松陵集》卷4《樵人十咏》，台北：台湾"商务印书馆"，1985年，第204页。
⑧ （唐）皮日休、陆龟蒙等：《松陵集》卷6《奉和》，台北：台湾"商务印书馆"，1985年，第224页。
⑨ （唐）皮日休、陆龟蒙等：《松陵集》卷8《寒夜文晏》，台北：台湾"商务印书馆"，1985年，第252页。
⑩ （唐）皮日休、陆龟蒙等：《松陵集》卷7《奉和次韵》，台北：台湾"商务印书馆"，1985年，第237页。

梨叶战初"①。

4. 畜牧业

甫里一带蓄养的家禽家畜主要有鸡、鸭、鹅、狗、猪、牛、羊、马、驴等。

鸡、鸭、牛的养殖较为普遍。陆龟蒙《田舍赋》云:"江上有田,田中有庐","左有牛栖,右有鸡居"②。当地有名的鸭,叫绿头鸭,"村人皆养之"③。

耕牛是乡村最主要的畜力,陆龟蒙"有牛不减四十蹄"④,而普通农夫家也有耕牛,当遇到灾年时,农夫还"欲卖耕牛弃水田"⑤。甫里时常可见放牧场景,"江草秋穷似秋半,十角吴牛放江岸"⑥。当地在天气转冷之际,还会筑牛宫为牛避寒,陆氏《祝牛宫辞并序》中详细介绍了农夫筑造牛宫的规模及目的,称:"冬十月,耕牛为寒,筑宫纳而皂之。建之前日,老农请乞灵于土官,以从乡教,予勉之而为辞:四牸三牯,中一去乳。天霜降寒,纳此室处。老农拘拘,度地不亩。东西几何?七举其武。南北几何?丈二加五。……耕耨何时,饮食得所。或寝或卧,免风免雨。宜尔子孙,实我仓庾。"⑦

5. 丝织业

"苏州东部的松江一带在中唐以前开发程度还甚低,未见有桑蚕"⑧,但是唐代后期这里桑蚕业已经颇为兴盛,陆诗云:"四邻多是老农家,百树鸡桑半顷麻。尽趁晴明修网架,每和烟雨掉缫车"⑨,"邻娃尽着绣裆襦,独自提筐采

---

① (唐)陆龟蒙,宋景昌、王立群点校:《甫里先生文集》卷12《江南二首其二》,开封:河南大学出版社,1996年,第166页。
② (唐)陆龟蒙:《笠泽丛书》卷3《田舍赋》,台北:台湾"商务印书馆",1985年,第252页。
③ 《吴郡志》卷29《土物》,第429页。
④ (唐)陆龟蒙:《笠泽丛书》卷1《甫里先生传》,台北:台湾"商务印书馆",1985年,第233页。
⑤ (唐)陆龟蒙:《笠泽丛书》卷3《五歌·刈获歌》,台北:台湾"商务印书馆",1985年,第254页。
⑥ (唐)陆龟蒙:《笠泽丛书》卷3《五歌·放牛歌》,台北:台湾"商务印书馆",1985年,第253页。
⑦ (唐)陆龟蒙:《笠泽丛书》卷3《祝牛宫辞并序》,台北:台湾"商务印书馆",1985年,第255—256页。
⑧ 李伯重:《唐代江南农业的发展》,北京:农业出版社,1990年,第162页。
⑨ (唐)皮日休、陆龟蒙等:《松陵集》卷7《奉和次韵》,台北:台湾"商务印书馆",1985年,第237页。

蚕叶"①,"村落蚕眠树挂钩"②,从诗中可见,种桑养蚕在甫里已经比较普遍。另外,陆氏《蚕赋并序》曰:"艺麻绩纑,官初喜窥","逮蚕之生,茧厚丝美。机杼经纬,龙鸾葩卉。官涎益馋,尽取后已"③,据此可知,唐代后期,当地出现丝织业,而在此之前已有麻织业。

6. 蔬菜花卉药草

甫里的蔬菜包括园蔬和野蔬,但以园蔬为主。园圃种植的蔬菜有笋、蒲、芹、蓤、莲子、藕、芋、匏、葵、菽、豆、瓜等。陆氏在杜若溪边种蒲,在南塘种芹,还种葵、豆、瓜、蓤,诗云:"园葵旋折烹"④,并且作《笋赋》概括竹笋的特点,"洪纤靡定,方圆不均"⑤。皮日休在诗句中描述了芋、匏,诗云:"畲田含紫芋,低蔓隐青匏"⑥。除园蔬外,当地还时常采摘野蔬,主要有菰、莼、蕨、薇、莲、藜、牛唇、鼠耳等。陆龟蒙曾采摘野蔬款待皮日休,皮作诗酬谢云:"深挑乍见牛唇液,细掐徐闻鼠耳香。"⑦皮氏又有诗云:"家风是林岭,世禄为薇蕨"⑧,以此来反映樵叟生活之艰辛。此外,白菌、白芝等菌类也成为当地人的菜肴食料,陆诗曰:"白菌盈枯柄。"⑨

甫里一带种植的花卉不少,陆龟蒙作有《蔷薇》、《丁香》、《白莲》、《秋荷》、《忆白菊》、《白芙蓉》、《石竹花咏》等以花卉为主题的诗赋,陆宅也是"篱边种菊,堂后生萱"⑩。

---

① 《陌上桑》,《全唐诗》卷 628,北京:中华书局,1979 年,第 7207 页。
② (唐)皮日休、陆龟蒙等:《松陵集》卷 7《新夏东郊闲泛有怀袭美》,台北:台湾"商务印书馆",1985 年,第 236 页。
③ (唐)陆龟蒙:《笠泽丛书》卷 1《蚕赋并序》,台北:台湾"商务印书馆",1985 年,第 238 页。
④ (唐)陆龟蒙,宋景昌、王立群点校:《甫里先生文集》卷 4《江南秋怀寄华阳山人》,开封:河南大学出版社,1996 年,第 47 页。
⑤ (宋)李昉等:《太平御览》卷 963《竹部二·笋》,北京:中华书局,1960 年,第 4276 页。
⑥ (唐)皮日休、陆龟蒙等:《松陵集》卷 5《新秋言怀寄鲁望三十韵》,台北:台湾"商务印书馆",1985 年,第 218 页。
⑦ (唐)皮日休、陆龟蒙等:《松陵集》卷 6《鲁望以躬掇野蔬兼示雅什用以酬谢》,台北:台湾"商务印书馆",1985 年,第 230 页。
⑧ (唐)皮日休、陆龟蒙等:《松陵集》卷 4《奉和樵人十咏·樵叟》,台北:台湾"商务印书馆",1985 年,第 205 页。
⑨ (唐)皮日休、陆龟蒙等:《松陵集》卷 5《奉和新秋言怀三十韵次韵》,台北:台湾"商务印书馆",1985 年,第 219 页。
⑩ (唐)陆龟蒙:《甫里先生文集》卷 15《幽居并序》,宋景昌、王立群点校,开封:河南大学出版社,1996 年,第 213 页。

甫里一带的不少花草灌木及菌类都可入药，有白菊、白苹、豆蔻、石竹、海石榴（即山茶）、白芷、肉芝、芍药、山蕨、牛唇、鼠耳等。陆诗吟咏白菊"还是延年一种材"、"月中若有闲田地，为劝嫦娥作意栽"①，直接点出了白菊的药用价值。

二、唐代后期甫里经济的商品化

唐代后期，甫里多元经济格局中的商品化倾向日益明显，粮食生产之外，渔业、樵薪采伐、园蔬花卉草药种植都出现专业化与商品化的倾向。

当地渔夫已经通过种鱼、售鱼来获利，"一月便翠鳞，终年必赪尾。借问两绶人，谁知种鱼利"②。陆龟蒙诗云："江南春旱鱼无泽，岁晏未曾腥鼎鬲。今朝有客卖鲈鲂，手提见我长于尺"，陆氏在家中缺鱼的情况下急于购买，用的恰是红莲稻米，"呼儿径取红莲米，轻重相当加十倍"③，反映了当地稻鱼交易的情况。

樵薪成为商品，其采伐也已专业化，陆龟蒙《樵人十咏》中对此有全面反映，其中《樵家》云："门当清涧尽，屋在寒云里"；《樵子》云："生在苍崖边，能谙白云养"，注曰："山家谓养柴地为养"④。而陆家所用柴薪也由小鸡山樵人顾及专门供给，"其掌而供事以顾及"⑤。

园蔬方面，陆诗云："欲问新秋计，菱丝一亩疆"⑥，"谁怜故国无生计，

---

① （唐）皮日休、陆龟蒙等：《松陵集》卷9《幽居有白菊一丛因而成咏呈一二知己》，台北：台湾"商务印书馆"，1985年，第260页。
② （唐）皮日休、陆龟蒙等：《松陵集》卷4《奉和渔具十五咏·种鱼》，台北：台湾"商务印书馆"，1985年，第202页。
③ （唐）陆龟蒙：《笠泽丛书》卷3《五歌·食鱼》，台北：台湾"商务印书馆"，1985年，第254页。
④ （唐）皮日休、陆龟蒙等：《松陵集》卷4《樵人十咏并序》，台北：台湾"商务印书馆"，1985年，第204页。
⑤ （唐）陆龟蒙：《笠泽丛书》卷2《送小鸡山樵人序》，台北：台湾"商务印书馆"，1985年，第249页。
⑥ （唐）皮日休、陆龟蒙等：《松陵集》卷5《袭美见题郊居十首因次韵酬之以申荣谢其三》，台北：台湾"商务印书馆"，1985年，第222页。

唯种南塘二亩芹"①，"无因得似灌园翁，十亩春蔬一藜杖"②，这都反映了园蔬种植的专业化，而菜农（灌园翁）的"十亩春蔬"显然是作为商品来生产的。

花卉、草药方面，当地甚至出现以种植贩卖为生的花翁。陆氏诗曰："故城边有卖花翁，水曲舟轻去尽通。十亩芳菲为旧业，一家烟雨是元功。间添药品年年别，笑指生涯树树红"③；皮氏则唱和道"劚烟栽药为身计，负水浇花是世功"④，皮陆二人的诗句反映出当时花卉草药的种植已经专业化，成为新的职业。

另外，我们通过考察唐代不同时期苏州土贡内容的变化（表1），也有助于分析苏州乡村经济的商品化。

表1 唐代苏州土贡统计表⑤

资料来源	土贡内容	备注
《唐六典》	厥赋：纻，布 厥贡：红纶巾，吴石脂，吴蛇床子	石脂、蛇床子，皆为药材
《通典》	贡丝葛十疋，白石脂三十斤，蛇床子仁三升，鳛鱼皮三十头，鲅鱼鳝五十头，鸭胞七升，肚鱼五十头，春子五升，嫩藕三百段	春子为药材
《元和郡县图志》	开元贡：白石脂，蛇床子。赋：纻，布 元和贡：丝葛十匹，白石脂三十斤，蛇床子三升	
《新唐书》	土贡丝葛，丝绵，八蚕丝，绯绫，布，白角簟、草席、鞾，大小香秔、柑、橘、藕、鳛皮、鲅、鳝、鸭胞、肚鱼、鱼子、白石脂、蛇粟	白角簟为竹席；香秔为香稻；鞾即鞋

从表中可知，《唐六典》、《通典》反映的是唐代前期苏州的土贡情况，《元和郡县图志》中不仅明确提到开元土贡，而且有反映唐代中期的元和土贡，《新唐书》则反映的是唐代后期苏州的土贡情况。

---

① （唐）皮日休、陆龟蒙等：《松陵集》卷8《奉和》，台北：台湾"商务印书馆"，1985年，第255页。
② （唐）陆龟蒙，宋景昌、王立群点校：《甫里先生文集》卷12《江边》，开封：河南大学出版社，1996年，第183页。
③ （唐）皮日休、陆龟蒙等：《松陵集》卷6《阖闾城北有卖花翁讨春之士往往造焉因招袭美》，台北：台湾"商务印书馆"，1985年，第227页。
④ （唐）皮日休、陆龟蒙等：《松陵集》卷6《鲁望以花翁之什见招因次韵酬之》，台北：台湾"商务印书馆"，1985年，第227页。
⑤ 表中内容详见《唐六典》卷3《尚书户部》、《通典》卷6《食货六·赋税下》、《元和郡县图志》卷25《江南道一》、《新唐书》卷41《地理志五》。

通过对比，我们发现尤其是到了唐代后期，苏州土贡增加了丝绵，八蚕丝，绯绫，白角簟、草席、鞢，大小香秔、柑、橘、鱼子等项内容。其中，丝绵、八蚕丝、绯绫的增加，反映出苏州丝织业发展水平已经达到很高程度；白角簟、草席、鞢的增加，反映出苏州竹木利用水平的增强；大小香秔的增加，反映出苏州农业生产水平的进步；柑、橘的增加，反映出苏州经济作物栽培水平的飞跃；鱼子的增加，反映出苏州渔业水平的提高。上述这些内容中，丝绵、八蚕丝、绯绫有可能来自像甫里一样的苏州乡村，而白角簟、草席、鞢，大小香秔、柑、橘、鱼子则一定是来自像甫里一样的苏州乡村。土贡物品往往都是当地质量优良的产品，这些产品也容易成为备受青睐的商品。这也就表明，唐代后期像甫里一样的苏州乡村经济的商品化更加突出。

三、唐代后期甫里经济商品化的原因与特点

1. 甫里经济商品化的原因

唐代后期，甫里经济商品化有以下几点原因。

第一，苏州市场扩大，人口增多。关于此点，学界已有论及，兹不赘述。

第二，资源丰富，交通便利。甫里地处太湖地区松江之畔，水资源极其丰富。据《元和郡县图志》记载，太湖在吴县西南五十里，松江在吴县南五十里，经昆山入海。①

太湖，"《禹贡》谓之震泽，《周官》、《尔雅》谓之具区，《史记》、《国语》谓之五湖"，"吐吸江海，包络丹阳、义兴、吴郡、吴兴之境，其所容者大，故以'太'称焉"②。《吴地记》记载："'按《越绝书》曰：太湖周回三万六千顷，亦曰五湖。'虞翻云：'太湖有五道之别，故谓之五湖。'……张勃《吴录》云：'五湖者，太湖之别名。以其周行五百里，以五湖为名。'"③陆龟蒙则

---

① （唐）李吉甫，贺次君点校：《元和郡县图志》卷25《江南道一》，北京：中华书局，1983年，第601页。
② （宋）朱长文，金菊林校点：《吴郡图经续记》卷中《水》，南京：江苏古籍出版社，1999年，第46页。
③ （唐）陆广微：《吴地记》，曹林娣校注，南京：江苏古籍出版社，1999年，第78页。

认为:"太湖上禀咸池、五车之气,故一水五名也。"①在诗文中,陆氏多以五湖指称太湖,如《眠》诗云:"魂清雨急梦难到,身在五湖波上头。"②皮日休诗云:"三万六千顷,千顷颇黎色"③,陆诗云:"东南具区雄,天水合为一"④。虽然诗句借用典故抑或有溢美成分,但是却反映出唐代太湖湖面仍然较大的实况。

松江,"一名松陵,又名笠泽","其江之源,连接太湖"⑤。陆龟蒙与皮日休的唱和诗集即名为《松陵集》。陆氏隐居甫里,称所著为《笠泽丛书》,其在《丛书序》中云:"自乾符六年(879年)春,卧病于笠泽之滨,败屋数间,盖蠹书十余箧。……体中不堪羸耗,时亦隐几强坐。内壹郁则外扬为声音,歌诗颂赋,铭记传序,往往杂发。不类不次,混而载之,得称为丛书。"⑥据北宋朱长文《吴郡图经续记》记载:"松江正流下吴江县,过甫里,径华亭,入青龙镇","《图经》云:'松江东写(泄)海曰沪渎,亦曰沪海。'"⑦

因为甫里一带水源充足,所以周边动植物资源非常丰富,草、木、竹、虫、鱼、鸟、兽皆有。据《松陵集》、《笠泽丛书》、《甫里先生文集》、《皮子文薮》等资料可知,甫里及其周边地区的花草有蔷薇、白菊、芍药、丁香、石竹、浮萍、白芷、药菊、灵芜、芡、菱、莲、莼、蒲、芦、茄、荇、菰、蕨、薇、蘸、藜、萱、蕙、荀、牛唇(即泽泻)、鼠耳(即鼠曲草)、书带草等;竹木有竹、藤、薜、桑、松、柏、桂、杨、柳、杉、梧、槿、桧、柘等;虫鱼有蝉、萤、蜂、蝶、豸、蛩、蚕、鱼、虾、蚬、蚌、蟹等;鸟兽有燕、鸥、鹤、

---

① (唐)皮日休、陆龟蒙等:《松陵集》卷3《奉和太湖诗二十首·初入太湖》,台北:台湾"商务印书馆",1985年,第193页。
② (唐)陆龟蒙:《甫里先生文集》卷12《眠》,宋景昌、王立群点校,开封:河南大学出版社,1996年,第174页。
③ (唐)皮日休、陆龟蒙等:《松陵集》卷3《太湖诗·初入太湖》,台北:台湾"商务印书馆",1985年,第187页。
④ (唐)皮日休、陆龟蒙等:《松陵集》卷3《奉和太湖诗二十首·初入太湖》,台北:台湾"商务印书馆",1985年,第193页。
⑤ (唐)陆广微,曹林娣校注:《吴地记》,南京:江苏古籍出版社,1999年,第82页。
⑥ (唐)陆龟蒙,宋景昌、王立群点校:《甫里先生文集》卷16《丛书序》,开封:河南大学出版社,1996年,第228页。
⑦ (宋)朱长文,金菊林校点:《吴郡图经续记》卷中《水》,南京:江苏古籍出版社,1999年,第47—48页。

雀、莺、雁、鹄、鸦、凫、鸢、鸥、鸳鸯、鸬鹚、鹧鸪、白鹭、朱鹭（即朱鹮）、鹢鸲（即池鹭）、鹈鸠、鹿、狐、貉等。正是这些多样的生物，充足的资源为甫里经济的发展提供了便利。

陆龟蒙"始居（吴）郡中临顿里，晚益远引深遁，居震泽旁"①。其所以"归长洲茂苑之下"，正是"乐松江甫里之胜"②。另据《思诚斋记》记载："苏城葑门东去一舍许有沃壤焉，曰甫里"，可知甫里距苏州城并不远，加之其土地肥沃，资源丰富，"茂林阴翳，平畴环绕。清江浸其后，室庐数百家，烟火相接。虽古聚落，米粟布帛、鱼虾蔬果之饶，过于山川野县"③。

第三，技术进步，质量提高。随着生产技术的日益进步，甫里经济的质和量不断提高。尤其是在农渔业中出现集约化发展趋势，它主要表现为技术集约（表2）。

表 2　甫里农渔业中的技术要素

技术要素	种类		资料来源
田器	耕地	犁	《笠泽丛书》卷 3《耒耜经》
	碎土中耕	耙	
	整地	礰礋	
		碌碡	
渔法	捕捞	网罟（罛、罾、翼）、罩、罛、筒、箪	陆龟蒙《渔具诗并序》，《松陵集》卷 4
	拦截	梁、沪（籪）	
	垂钓	筒、车	
	驱赶	桹	
	诱捕	椮	
	射杀	猎、叉、射	
	药杀	药	
	种鱼		

---

① （宋）朱长文，金菊林校点：《吴郡图经续记》卷下《园第》，南京：江苏古籍出版社，1999 年，第 62 页。
② （宋）胡宿：《甫里先生碑铭》，曾枣庄、刘琳：《全宋文》卷 470，上海：上海辞书出版社、合肥：安徽教育出版社，2006 年，第 22 册，第 258 页。
③ （明）郑文康：《平桥稿》卷 7，景印文渊阁四库全书，台北：台湾"商务印书馆"，1985 年，第 1246 册，第 575 页。

陆龟蒙《耒耜经序》曰："余在田野间，一日呼耕甿，就而数其目，恍若登农皇之庭，受播种之法"①，而《甫里先生传》又云："躬负畚锸，率耕夫以为具"②，从中可知，关于江东曲辕犁这一农业史上标志性农具的详尽记载，确为陆氏在甫里亲事耕稼中自身观察与实践的成果。《耒耜经》中记载的江东犁改铧为镵，同时改变了长直辕犁转弯半径大、转弯困难的缺点，比较适合江南水田泥土湿润、粘性大、区块面积小的特点。同时，《耒耜经》中所载的耙、礰礋、碌碡几种田器，可以完成水田的除草、整地等工作。耙的出现，标志着当地水田耕作的碎土中耕环节已趋成熟。而耕作中，耕者"行端而徐，起垡欲深"③，耕牛"耕耨何时，饮食得所"④，则表明重视深耕的经验原则和耕畜管理意识也有明显进步。

甫里一带的渔具趋于系统化、精细化，捕鱼方法多样，包括捕捞、垂钓、射杀、药杀等。当地除了野生鱼外，也有人工养鱼，如诗云："凿池收頳鳞"⑤，"移土湖岸边，一半和鱼子。池中得春雨，点点活如蚁"⑥。

2. 甫里经济商品化的特点

通过前文所述可以看出，甫里经济商品化的最大特点就是以日常生活用品为主。当然，也有部分生产用品，如陆氏《禽暴》篇记载：

> 冬十月，予视获于甫里。旱苗离离，年无以撦。忧伤盈怀，夜不能寐，往往声类暴雨而疾至者，一夕凡数四。明日讯其甿，曰："兔鹭也。其曹蔽天而下盖田，所当之禾必竭穗而后去。"曰："得无弋罗者捕而耗之耶？"对曰："江之南不能弋罗，常药而得之。……是药也，出于长沙、豫章之涯，行贾货错，岁售于射鸟儿。盗兴已来，蒙冲塞江，其谁敢商？是药既绝，群兔恣翔。幸不充乎口腹，反侵人之稻粱。"予曰："嘻！失驭之民，

---

① （唐）陆龟蒙：《笠泽丛书》卷3《耒耜经并序》，台北：台湾"商务印书馆"，1985年，第258页。
② （唐）陆龟蒙：《笠泽丛书》卷1《甫里先生传》，台北：台湾"商务印书馆"，1985年，第233页。
③ （唐）陆龟蒙：《笠泽丛书》卷3《象耕鸟耘辩》，台北：台湾"商务印书馆"，1985年，第254页。
④ （唐）陆龟蒙：《笠泽丛书》卷3《祝牛宫辞并序》，台北：台湾"商务印书馆"，1985年，第255—256页。
⑤ （唐）皮日休、陆龟蒙等：《松陵集》卷4《渔具诗·种鱼》，台北：台湾"商务印书馆"，1985年，第200页。
⑥ （唐）皮日休、陆龟蒙等：《松陵集》卷4《奉和渔具十五咏·种鱼》，台北：台湾"商务印书馆"，1985年，第202页。

化而为盗。关梁急征,商不得行。使江湖小禽,亦肆其暴,以害民食。"①

从中可知,甫里也用农药来对付危害庄稼水鸟。

此外,甫里经济的商品化,不仅密切了甫里与州城苏州之间的城乡经济联系,而且促进了不同区域间的经济交流,如上文提到甫里所用的"长沙、豫章之药"。又如《全唐诗》中有"云帆转辽海,粳稻来东吴"②,"吴门转粟帛,泛海陵蓬莱"③,"楚仓倾向西,吴米发自东"④等诗句,都反映出像甫里一样的苏州乡村所产的粮食已经流通到其他区域,这就加强了不同区域间的经济交流。

---

① (唐)陆龟蒙:《笠泽丛书》卷3《禽暴》,台北:台湾"商务印书馆",1985年,第254—255页。
② (唐)杜甫:《后出塞五首之一》,《全唐诗》卷18,第186页。
③ (唐)杜甫:《昔游》,《全唐诗》卷222,第2358页。
④ (唐)孟郊:《赠转运陆中丞》,《全唐诗》卷377,第4232页。

唐长安的林木种植经济

——从"窦乂种榆"说起

张天虹*

摘　要："窦乂种榆"的故事反映了长安城的政治、经济及环境格局，还进一步揭示了唐长安城的林木种植活动的经济意义：带动了上游的生产资料市场，并与长安城的运输、卫生等服务业联系较为紧密；同时与手工业、生活服务业等下游产业存在着广泛联系的空间。唐中后期长安的城市经济正日益形成一个有内在联系的整体，唐中后期长安城林木种植活动由此关联着长安城诸多相关行业的众多经济人口。

关键词：窦乂种榆　唐代　长安　林木　经济

多年来，学界对唐长安的研究已十分深入。其中唐长安的经济史研究，学术积累尤其深厚。人口、能源、农业、工业、商业，几乎面面俱到，题无剩义。但值得注意的是，对于长安经济的描述似乎始终存在两种不同的意见。一种意见大致认为，唐长安始终人口稀疏，闲置空地较多，居住环境宽松，部分城区阡陌相连[①]；一种意见则认为长安［尤其是唐后期（763—882 年）的长安］，人口熙熙

---

* 张天虹，男，首都师范大学历史学院副教授，主要研究方向为中国古代社会经济史。
① 王社教：《论唐都长安人口的数量》，史念海主编：《汉唐长安与关中平原》《中国历史地理论丛 1999 年增刊》，第 86—116 页。

攘攘①，坊市的经济繁荣。②两种意见各自都有史料上的证据，如何看待史料记载中的这种看似矛盾的现象？回答这个问题需要一个系统的研究。探讨长安非住用地的功用，或许能从一个侧面对此加以解释。这些空间大多并未真正闲置，而是有相当一部分用于种植各种林木和其他作物。长期以来，长安的林木种植活动作为园艺和园林问题受到学界关注③，但是这种林木种植活动和长安经济的内在联系，还未受到足够重视。本文试图立足于经济史的角度，从《窦义传》所记载的种榆活动谈起，揭示唐后期长安林木种植活动的经济意义。

一

唐代中后期，有大量商人云集长安。其中活跃于中唐时期的窦义，被称为最富有经济头脑、集产销于一身的"另类商人"④。其致富经历历来受到关注⑤。然而，窦义的"第一桶金"来自于种榆：

> 义亲识张敬立任安州长史，得替归城。安州土出丝履，敬立赉十数辆，散甥侄，竞取之，唯义独不取。俄而所余之一辆，又稍大，诸甥侄之剩者，义再拜而受之。敬立问其故，义不对，殊不知殖货有端木之远志。遂于市鬻之，得钱半千，密贮之，潜于锻炉作二枝小锸，利其刃。五月初，长安盛飞榆荚，义扫聚得斛余，遂往诣伯所，借庙院习业。伯父从

---

① 张天虹：《再论唐代长安的人口数量问题—兼评近 15 年来有关长安人口研究》，《唐都学刊》2008 年第 3 期。
② 关于唐代长安繁荣的经济生活，可参见张永禄：《唐都长安》（第 9、12 章），西安：西北大学出版社，1987 年；刘章璋：《唐代长安的居民生计与城市政策》，北京：文津出版社，2006 年。
③ 武伯伦：《唐代长安的园艺家》，载武伯伦：《古城集》，西安：三秦出版社，1987 年，第 212—216 页。李浩：《唐代园林别业考论》，西安：西北大学出版社，1996 年；史念海：《唐长安城的池沼与林园》，载史念海主编：《汉唐长安与关中平原》，1999 年，第 3—41 页；魏严坚：《唐代长安的寺院园林》，载宋德熹编：《中国中古社会与国家史料典籍研读会成果论文集》，台北：稻乡出版社，2009 年，第 243—266 页。
④ 宁欣：《论唐代长安另类商人与市场发育—以〈窦义传〉为中心》，《西北师大学报》2006 年第 4 期。
⑤ 〔日〕妹尾達彦：《唐代長安の店鋪立地と街西の致富譚》，載布目潮渢博士記念集刊行会編集委員会：《東アジア法と社会：布目潮渢博士古稀記念論集》，東京：汲古書院，1990 年，第 191—243 页。

之。乂夜则潜寄褒义寺法安上人院止，昼则往庙中。以二锸开隙地，广五寸，深五寸，密布四千余条，皆长二十余步，汲水渍之，布榆荚于其中，寻遇夏雨，尽皆滋长。比及秋，森然已及尺余，千万余株矣。及明年，榆栽已长三尺余，乂遂持斧伐其并者，相去各三寸。又选其条枝稠直者悉留之。所间下者，二尺作围束之，得百余束。遇秋阴霖，每束鬻值十余钱。又明年，汲水于旧榆沟中。至秋，榆已有大者如鸡卵。更选其稠直者，以斧去之，又得二百余束。此时鬻利数倍矣。后五年，遂取大者作屋椽，仅千余茎，鬻之，得三四万余钱。其端大之材，在庙院者，不啻千余，皆堪作车乘之用。此时生涯已有百余，自此币帛布裘百结，日歠食而已。①

该故事出自《乾月巽子》，作者为中晚唐著名文人温庭筠（？—866年）。他还有一部《采茶录》②，对于当时作物知识比较关注；另外，他与包含许多植物知识的笔记小说集《酉阳杂俎》作者段成式相交甚好③，亦可能与段成式交流相关知识。而且，窦乂种榆获利的上述过程，在中古时期最重要的一部农书——《齐民要术》中可得到佐证④。综合来看，温庭筠记载窦乂种榆打到第一桶金的故事，当有一定依据，即便不是确有其人，也一定有其原型。

"窦乂种榆"的故事揭示了中唐以来长安城的政治、经济及环境格局。窦乂的种榆地位于其伯父家的庙院。窦乂伯父的庙院位于嘉会坊⑤，即朱雀街西之第四街，位于西市正南第三坊⑥。宁欣先生指出，这说明窦乂在长安原无住处，依附亲族，其起家充分利用了窦氏家族的政治社会"资源"⑦，这是非常正确的。而"窦乂种榆"发生于兹，还有广泛而深刻的历史背景。

像窦乂种榆这样大面积的垦殖现象，发生在长安城墙以内的居民区中，并

---

① （宋）李昉等：《太平广记》卷243《窦乂》，北京：中华书局，1961年点校本，第1875—1876页。
② 《新唐书》卷59《艺文志三》，北京：中华书局，1975年点校本，第1542页。
③ （宋）王钦若等：《宋本册府元龟》卷777《总录部·名望二》，北京：中华书局，1989年影印本，第2822页。
④ 〔日〕妹尾達彦：《唐代長安の店鋪立地と街西の致富譚》，载布目潮渢博士記念論集刊行会編集委員会：《東アジア法と社会：布目潮渢博士古稀記念論集》，东京：汲古書院，1990年，第191—243页。
⑤ （宋）李昉等：《太平广记》卷243《窦乂》，北京：中华书局，1961年，第1875页。
⑥ （宋）宋敏求：《长安志》卷10，西安：三秦出版社，2013年点校本，第339页。
⑦ 宁欣：《论唐代长安另类商人与市场发育—以〈窦乂传〉为中心》《西北师大学报》2006年第4期。

非个案。王社教先生曾指出，面积达 84 平方千米的长安城，直到唐朝中后期仍然人口稀疏，居住环境宽敞。所以，垦耕种植现象在长安城里十分常见 ①，但其分布则多集中于人口稀少的南部和西部。史载，"朱雀门南第六横街以南率无居人第宅，自兴善寺以南四坊，东西尽郭，虽时有居者，烟火不接，耕垦种植，阡陌相连"②，而"自威远军（安善坊）向南三坊，俗称围外地，甚闲僻，人鲜经过"③，白居易自称曾"围外买闲田"④。

据统计，剔除东市、西市、曲江和兴庆宫（原兴庆坊之后），长安城其他各坊的人口数量仍然相差很大，每坊最多达 30 000 人，最少仅 100 人⑤。长安以东有地势较高的白鹿原，西部相对较低。高差达 5—20 米，街东的较高地势是选宅的优势⑥。唐长安的居民，尤其是各级官员更喜欢在东部居住。这种趋向自开元年间以后日益明显，并"在安史之乱后进一步加强，街东成了官员的居住街区"⑦。而新近的研究表明，这种人口分布还受到了长安居民"居高避湿"观念的影响⑧。因为人们觉得那些卑湿的地方不适宜居住，所以往往想到要在这类地方开发产业。贞观年间（627—649 年）"岑文本为中书令，宅卑湿，无帷帐之饰。有劝其营产业者"⑨。而且唐玄宗以降，街东繁华区日益拥挤，街西水量充足、地面平易，利于引水的优势被一些官员利用来建园林，出现了"宅东园西"的现象⑩。所以，安史之乱后，意欲在长安城内垦殖的人只

---

① 王社教：《论唐都长安人口的数量》，史念海主编：《汉唐长安与关中平原》，1999 年《中国历史地理论丛》1999 年增刊。
② （宋）宋敏求：《长安志》卷 7，西安：三秦出版社，2013 年，第 260 页。
③ （宋）王钦若等：《宋本册府元龟》卷 592《掌礼部·奏议第二十》，北京：中华书局，1989 年，第 1778 页。
④ 《白居易集》卷 19《新昌新居书事四十韵因寄元郎中张博士》，北京：中华书局，1979 年，第 415 页。
⑤ 王社教：《论唐都长安人口的数量》，史念海主编：《汉唐长安与关中平原》，1999 年《中国历史地理论丛》1999 年增刊。
⑥ 曹尔琴：《唐长安住宅分布》，载史念海：《汉唐长安与关中平原》，1999 年，第 65—81 页。
⑦ 〔日〕妹尾達彦：《韦述的〈两京新记〉与八世纪前叶的长安》，荣新江主编：《唐研究》第 9 卷，北京：北京大学出版社，2003 年，第 21 页。
⑧ 于赓哲：《唐人疾病观与长安城的嬗变》，《南开学报》2010 年第 5 期。
⑨ （唐）吴兢：《贞观政要》卷 6《检约》，上海：上海古籍出版社，1978 年点校本，第 190 页。
⑩ 曹尔琴：《唐长安住宅分布》，史念海：《汉唐长安与关中平原》，《中国历史地理论丛》1999 年增刊。

能在街西或"围外"来寻觅。且"榆性好阴地"①;"其白土薄地不宜五谷者,唯宜榆及白榆",而且,榆树"既非丛林,率多曲戾。不如割地一方种之"②。榆树这些特点无疑适应了街西"卑湿"的环境。

但榆树的种植又"地须近市","卖柴、荚、叶,省功也"③。对于种榆者来说,影响其收益的主要是运输成本。嘉会坊位于朱雀街西之第四列、西市正南第三坊④。依就近原则,窦乂卖榆柴,或应到西市。其较近的路线应该是出嘉会坊北门,越过第九横街,由南向北依次穿过长寿坊十字街、第八横街、怀远坊十字街、第七横街,由西市南门进入西市。则其单程走行(从出嘉会坊北门算起)约1195米⑤,因不清楚窦氏庙院在嘉会坊的具体位置(估计应在十字街之南),假设其位于嘉会坊十字街最南端,即距离嘉会坊北门最远处来估算,并把进入西市后的行程都考虑进来,以2500米计(似乎只多不少),往返也只需要约5000米。施坚雅对1948年中国农村步行赶集距离进行计算,平均为4500米⑥。虽然相隔千年,但上述两者使用的交通工具应该变化不大,甚至可能都是主要依靠步行。窦乂往返西市和嘉会坊的距离应该是比较短的。

我们进一步来看窦乂的运输成本。窦乂第一次"持斧伐其并者"后,砍下枝条"得百余束"。这里值得注意的是,一束柴到底有多少。龚胜生推算唐长安平均每家每日消耗薪柴时,每束柴以约5公斤来计,但似乎并未给出明确的推算依据⑦。《窦乂传》中的"二尺作围束之"是一个关键信息。"围"是唐宋时期计量薪柴的基本单位。《宋史》载:"凡岁赋……稾秸、薪蒸以围计"⑧,

---

① (唐)韩鄂编,缪启愉校释:《四时纂要校释》卷1《正月》,北京:农业出版社,1981年点校本,第30页。
② (北魏)贾思勰著,缪启愉校释:《齐民要术校释》卷5《种榆、白杨》,北京:中国农业出版社,1998年,第341页。
③ (北魏)贾思勰著,缪启愉校释:《齐民要术校释》卷5《种榆、白杨》,北京:中国农业出版社,1998年,第341页。
④ (宋)宋敏求《长安志》卷10,西安:三秦出版社,2013年,第339页。
⑤ 曹尔琴:《唐长安住宅分布》,载史念海:《汉唐长安与关中平原》,《中国历史地理论丛》1999年增刊,第86—116页。
⑥ 施坚雅:《中国农村的市场和社会结构》,史建云译,北京:中国社会科学出版社,1998年,第42页。
⑦ 龚胜生:《唐长安城薪炭供销的初步研究》,《中国历史地理论丛》1991年第3期,第137—153页。
⑧ 《宋史》卷127《食货志上二·赋税》,北京:中华书局,1977年点校本,第4205页。

仍是沿袭唐代制度。据天圣令所附唐仓库令，"围长三尺。围皆准此"①。窦乂的"围准"似乎与官方记载有出入，尚可存疑，但考虑到窦乂此时尚未成年，姑且仍以二尺作围计，则窦乂的一束榆柴（约三尺长）约占空间 0.02 立方米，榆材的气干密度可以 600 千克/立方米计②，柴的实际体积以其所占空间的一半来计，则一束榆柴约重 6 千克。百余束柴的质量约为 600 千克，合 1008（唐）斤。按照唐代脚钱的规定，"关内等四道诸州运租、庸、杂物等脚，每驮一百斤，一百里一百文……其有负处，两人分一驮"③。以此推算，则窦乂要把 1008 斤榆柴运送至 2500 米（合 5.6 唐里）外的西市，参考运费约为 57 文钱，也只占其总收入（每束 10 余钱，共百束，以 1000 钱计）的 5.7%。可见，窦乂选在嘉会坊种榆，运输成本很低，确实能为没有资金积累的他创造出可观的利润。

二

"窦乂种榆"从开始就面向长安市场，并始终位于长安的产业链条之上。它表明，唐长安城的林木种植活动，可带动上游的生产资料市场，并与长安城的服务业联系较为紧密。

窦乂种榆，除了选好场地之外，还准备了必要的工具。窦乂利用"亲识"张敬立分给他的安州丝履售卖后获得五百钱的启动资金，"潜于锻炉作二枝小锸，利其刃"。《释名》曰："锸，锸地，起土也。或曰削能有所穿削也。或曰铧刬也，剗地为坎也。"④长沙西汉马王堆三号墓的填土中曾出土过铁刃木锸，长 139.5 厘米，与今日铁锹的形制相类⑤。简单实用的锸，在唐代仍是人们普遍使用的生产工具。郭子仪筑宅，要求筑者好好筑墙，"筑者释锸而对曰：'数十年来，京城达官家墙皆是某筑'"⑥。可见，长安建筑工的"工具箱"里也常

---

① 中国社会科学院历史研究所天圣令整理课题组：《天一阁藏明钞本天圣令校证附唐令复原研究》卷 23《仓库令》，北京：中华书局，2006 年整理本，下册，第 282 页。
② 榆木的气干密度一般在 0.58 克/立方厘米—0.78 克/立方厘米之间，今暂以 0.6 来计。
③ （唐）李林甫等：《唐六典》卷 3《度支郎中员外郎》，北京：中华书局，1992 年点校本，第 80 页。
④ （宋）李昉等：《太平御览》卷 764《器物部九》，北京：中华书局，1960 年影印本，第 3391 页。
⑤ 王晓曦：《从马王堆汉墓出土文物看汉代的农具—铁口锸》，《农业考古》2002 年第 1 期。
⑥ （宋）王谠撰，周勋初校证：《唐语林校证》卷 5，北京：中华书局，1987 年点校本，第 499 页。

备锸。白居易所作的反映终南山田园生活的诗中亦云"困倚栽松锸,饥提采蕨筐"①。在长安,这些锸来自何处?《窦乂传》提供了蛛丝马迹,即"锻炉"。长安城的锻炉位于何地,史未明言。唐代天宝年间(742—756年)幽州城内有生铁行②。长安东市内有"货财二百二十行"③、西市"市内店肆如东市之制"④,东西两市众多的行内似也应有生铁行。窦乂作锸的锻炉应该在两市(尤其是西市)或西市周边的某坊中。长安城的生产工具市场应该是种植活动必不可少的前提条件。

达官贵人在长安城内的园林,都是为了自己享乐休闲所建造,并非为经济目的。但是其树种来源,或值得我们思考。窦乂种榆,利用长安盛飞榆荚之时,扫聚得之。但是并非所有的林木种植活动都能依靠这种方式获得树种。柳宗元笔下的郭橐驼为我们留下了这样的线索:"不知始何名……其乡曰丰乐乡,在长安西。驼业种树,凡长安豪富人为观游及卖果者,皆争迎取养。视驼所种树,或移徙,无不活,且硕茂早实以蕃"⑤。像郭橐驼这样的专业种树者,应该为豪富及达官贵人提供了很多园林树苗。可见,即便不以盈利为目的的种植活动仍不能脱离长安的市场。长安城内的各种林木种植,都有可能带动树苗、种子等生产资料市场的流通。

虽然榆树的种植未见需要肥料。但是有些树木,特别是一些果树则需要施肥。例如种梨,"经年,至春地释,分栽之,多著熟粪及水"⑥。唐代的堆肥技术已经成熟⑦。而在长安城中,已经有专业拾粪者。"长安富民罗会以剔粪自业,里中谓之'鸡肆',言若归之积粪而有所得也。会世副其业,家财巨万"⑧。《逸史》记载了唐大历年间(766—779年)长安城中好道术的王员外与裴老交往的离奇故事。裴老在王员外家中为其"除溷"时,与王员外第一次

---

① 《白居易集》卷15《渭村退居,寄礼部崔侍郎、翰林钱舍人诗一百韵》,北京:中华书局,1979年,第296页。
② 唐耕耦:《房山石经题记中的唐代社邑》,《文献》1989年第1期。
③ (宋)宋敏求:《长安志》卷8,西安:三秦出版社,2013年,第291页。
④ (宋)宋敏求:《长安志》卷10,西安:三秦出版社,2013年,第337页。
⑤ 《柳宗元集》卷17《种树郭橐驼传》,北京:中华书局,1979年点校本,第473页。
⑥ (北魏)贾思勰著,缪启愉校释:《齐民要术校释》卷4《插梨》,北京:中国农业出版社,1998年,第287页。
⑦ 〔日〕大沢正昭:《唐宋変革期農業社会史研究》,东京:汲古书院,1996年,第139—142页。
⑧ (唐)张鷟:《朝野佥载》卷3《罗会》,北京:中华书局,1979年标点本,第75页。

见面，而后双方约在裴老所在的"兰陵坊西大菜园相觅"①。裴老亦为剔粪者。长安城中出现的这些以"剔粪"为业的工作者，服务于长安城的卫生工作，而他们搜集到的肥料，又恰恰为长安城的蔬菜、林木生长所必需，由此可以形成一种良性的循环。

此外，林木成材以后，其砍伐、整理和运输也离不开相关服务业的支持。仅以运输而言，现在仍回到"窦义种榆"之例。前文已经分析，窦义要把百余束榆柴（约合1008斤）运送至2500米（合5.6里）外的西市，参考运费约为57文（钱）。按照"每驮一百斤"、"其有负处，两人分一驮"②来估算，如果窦义要在一次交易中全部出手这些榆柴，则需要雇佣21人次来搬运。笔记小说中有一些反映唐代中后期"佣人负货"的故事③，说明当时存在一个比较庞大的以负运为生的群体。长安城内尚有诸多租赁车辆的"车坊"④，窦义还可以租车运送这些榆柴。可见，长安城的林木种植，与运输服务业亦当有关系。

三

如果构想一幅唐长安的经济全景图，长安城的林木种植，有广泛的下游产业。唐长安城的林木种植活动提供的基本产品就是木材和薪柴，这是唐中后期长安市场上比较紧俏的商品。

从"窦义种榆"的故事来看，这些被裁减下的榆条被作为薪柴，投入到了长安的薪炭市场。长安百姓所需燃材，都要从市场上购买。而官府所需要的薪炭也一部分通过钩盾署从市场进行购买⑤。龚胜生推算，长安人口以80万计，每年需要40万吨柴⑥。若以笔者对唐中后期长安城人口100万的估计，则每年需要50万吨柴。即便仍按龚胜生的人口数据从低估算。因各种恶劣天

---

① （宋）李昉等：《太平广记》卷42《裴老》，北京：中华书局，1961年，第265—266页。
② （唐）李林甫等：《唐六典》卷3《度支郎中员外郎》，北京：中华书局，1992年，第80页。
③ （宋）李昉等：《太平广记》卷23《冯俊》，北京：中华书局，1961年，第156页。
④ 〔日〕加藤繁：《车坊》，《中国经济史考证》，吴杰译，北京：商务印书馆，1959年，第235—238页。
⑤ 龚胜生：《唐长安城薪炭供销的初步研究》，《中国历史地理论丛》1991年第3期，第137—153页。
⑥ 龚胜生：《唐长安城薪炭供销的初步研究》，《中国历史地理论丛》1991年第3期，第137—153页。

气而使薪柴供不应求、价格高昂的记录，在唐诗和笔记小说中屡见不鲜①。在此种背景下，于城内利用一切可能，获取薪柴也是一条途径。窦乂种榆所获得的薪柴，多为修剪枝条过程中的副产品。长安城内林园广布，这些林园虽然不以获取薪柴为主要目的。但园中林木的每年例行修剪，都可能获得很多薪柴。《齐民要术》记载很多种树木的种植时，经常提到"间斫去恶者"②、"剗去恶枝"③、"可剗树枝"④，并且还提到"大树髡之"⑤，上述做法都是保护或有利于林木生长的措施，其副产品便是薪柴。白杨、楮树、柳树、榆树等都有"斫后复生"的特点，因此可以"周而复始，永世无穷"⑥。只要处理适度，就会取之不尽，用之不竭。相反，如果不进行这种剪枝、砍斫，则"徒失钱无益也"⑦。而史念海对长安城林园的统计，长安城内先后有140处林园，分布在58坊内；单就有林园的坊数，已超出外郭城坊数的一半，在历代都城中都比较少见⑧。另外，唐代普通民户，亦应有"园"来种植果树或其他树木。敦煌所出《万子、胡子田园图》表明，农户既有生产粮食的"地"，还有种植果树的"园"⑨。长安城中，普通百姓家的园地可能比较有限⑩，但仍有相当面积用来种植果蔬和林木：

---

① 夏炎：《唐代薪炭消费与日常生活》，《天津师范大学学报》2013年第4期。
② （北魏）贾思勰著，缪启愉注释：《齐民要术校释》卷4《园篱》，北京：中国农业出版社，1998年，第254页。
③ （北魏）贾思勰著，缪启愉注释：《齐民要术校释》卷5《种榆、白杨》，北京：中国农业出版社，1998年，第344页。
④ （北魏）贾思勰著，缪启愉注释：《齐民要术校释》卷4《栽树》，北京：中国农业出版社，1998年，第257页。
⑤ （北魏）贾思勰著，缪启愉注释：《齐民要术校释》卷4《栽树》，北京：中国农业出版社，1998年，第256页。
⑥ （北魏）贾思勰著，缪启愉注释：《齐民要术校释》卷5《种榆、白杨》，北京：中国农业出版社，1998年，第344页。
⑦ （北魏）贾思勰著，缪启愉注释：《齐民要术校释》卷5《种穀楮》，北京：中国农业出版社，1998年，第250页。
⑧ 史念海：《唐长安城的池沼与林园》，载史念海主编：《汉唐长安与关中平原》，《中国历史地理论丛》1999年增刊，第3—41页。
⑨ 朱雷：《敦煌所出〈万子、胡子田园图〉考》，载《敦煌吐鲁番论丛》，兰州：甘肃人民出版社，2000年，第306—320页。
⑩ 〔日〕大沢正昭：《唐宋变革期農業社会史研究》，东京，汲古书院，1996年，第126—134页。

元和十二年（817年），上都永平里西南隅，有一小宅……有堂屋三间，甚庳，东西厢共五间，地约三亩，榆楮数百株①。

虽然长安城达官贵人的林园和百姓家园地的实际种林面积尚无法估算，但这些林园每年度的例常修剪，都会产生一大批薪柴，可满足林园主人的薪柴消费，可能还会有一部分进入市场。

窦乂种榆，提供的最主要商品应该是供建筑房屋和造车的木材。榆树"五年之后，便堪作椽。……十五年后，中为车毂及蒲桃釭"②。唐中后期的长安，作为建材的木材匮乏，已为史家共识。史念海先生推测，唐长安的营建材木的开采范围由近及远，日益扩大，甚至远及岐山和陇山③。唐德宗欲修神龙寺，"须五十尺松，不可得"④。长安里坊还分布着大批"甲第"，不仅所占空间颇大，而且奢华无比⑤，必然也需要大量的木材。榆木本非上好的建材，《齐民要术》记载："凡屋材，松柏为上，白杨次之，榆为下也。"⑥但唐后期的长安城内，木材是如此紧缺，所以，窦乂"后五年，遂取仅千余茎，鬻之，得三四万余钱"。

车作为陆上交通运输工具，其优势非常明显。唐宋时代，人夫背负为6—8斗（五六十斤），役畜1—3石；车三四十石（二三千斤）⑦。"长安城东洛阳道，车轮不息尘浩浩"⑧，唐后期的长安城物资流动和人口流动都更加频繁，对车辆也有了更多的需求。"贞元中（785—805年），度支欲斫取两京道中槐树

---

① 李昉等：《太平广记》卷344《寇鄘》，北京：中华书局，1961年，第2725页。
② （北魏）贾思勰著，缪启愉校释：《齐民要术校释》卷5《种榆、白杨》，北京：中国农业出版社，1998年，第341—342页。
③ 史念海：《历史时期黄河中游的森林》，载史念海：《河山集 二集》，北京：生活·读书·新知三联书店，1981年，第274—275页。
④ （宋）司马光：《资治通鉴》卷235，北京：中华书局，1956年点校本，第7563页。
⑤ 荣新江：《高楼对紫陌，甲第连青山—唐长安城的甲第及其象征意义》，《中华文史论丛》2009年第4期。
⑥ （北魏）贾思勰著，缪启愉校释：《齐民要术校释》卷5《种榆、白杨》，北京：中国农业出版社，1998年，第344页。
⑦ 〔日〕清木場東：《唐宋における陸運について—輸送手段を中心として—》，载川勝守守编：《東アジアにおける生産と流通の歴史社会学的研究》，福冈：中國書店，1993年，第162—198页。
⑧ （清）彭定求：《全唐诗》卷867《东阳夜怪诗》，北京：中华书局，1960年标点本，第9815页。

造车，更栽小树"①。为了造车，度支竟欲砍伐"官槐"，足以说明唐后期造车量之大。对车辆的需求应有一大部分来自长安。而长安城"通化门长店，多是车工之所居也。广备其财，募人集车，轮辕辐毂，皆有定价"②。长安运输业车轮滚滚的背后自然也少不了位于产业上游的长安本地榆木源源不断的供给。容易想见，窦乂那"不啻千余、皆堪作车乘之用"的榆木，很可能被送至通化门长店，经过车工们的精心加工，成为各种车辆部件，并可能最终组装成整车；从而给他带来的丰厚收入："鬻榆材中车轮者，此时又得百余千"。

而在唐后期的长安城，一些林木可能还有更加广泛的用途。长安城街西最北的修德坊，其西北隅为兴福寺"寺北有果园"③。魏严坚先生曾指出兴福寺的果园，"既收经济效益又兼园林之美，且丰富了长安的农产作物"④。已有研究表明，长安城里的林园，有一部分是果园：樱桃园、葡萄园、梨园、桃花园等，虽大部分位于禁苑之中，但亦有位于外郭城者⑤。其经济效益，容易想到的自然是供应长安水果市场。此外，是否还有其他去向？唐中后期的长安已出现了雕版印刷业，此学界早已有了确凿证据：唐后期长安城内至少存在过三家以印刷为业的商家，其中至少两家位于东市内。这三个商家所印产品是百姓常用的民间历书、家庭医学书和训女文，流传范围很广，印量应该很大⑥。早期的雕版为木版，可能取材于梨、枣等果树（因此有成语"付之梨枣"）⑦，从事印刷的商家从长安本地的果园中就地购买材料，虽然尚无确凿证据，但这种可能性是存在的。同样，唐代造纸主要仍是楮皮纸，长安城中既有楮树的种植，则长安造纸业亦应从本地获取原料；此外，乐器制造与维修、以及殡葬服务业，也都需要充足的木材。所以，长安的林木种植实际与造纸、印刷等各类下

---

① （唐）李肇：《唐国史补》卷上，上海：上海古籍出版社，1979年点校本，第30—31页。
② （唐）薛用弱：《集异记》补编《奚乐山》，北京：中华书局，1980年点校本，第30页。
③ （宋）宋敏求：《长安志》卷10，西安：三秦出版社，2013年，第327页。
④ 魏严坚：《唐代长安的寺院园林》，载宋德熹编：《中国中古社会与国家史料典籍研读会成果论文集》，台北：稻乡出版社，2009年，第265页。
⑤ 史念海：《唐长安城的池沼与林园》，载史念海主编：《汉唐长安与关中平原》，《中国历史地理论丛》1999年增刊，第3—41页。
⑥ 宿白：《唐宋时期的雕版印刷》，北京：文物出版社，1999年，第4页。
⑦ 张秀民著，韩琦增订：《中国印刷史》，杭州：浙江古籍出版社，2006年，第9页。

游服务类产业存在着广泛联系的空间。

应再次强调,长安城中的林木种植,一般未必如窦乂种榆这样,有明确的经济目的,但是却也难以摆脱长安市场或某种消费需求的影响。刘禹锡在元和十年(815年)来到玄都观,写下"玄都观里桃千树"的诗句①。荣新江先生指出,"在道观里植树种桃,本与道教的宗教信仰有关"②。时隔14年后,刘禹锡再次来到玄都观,却发现植树的园圃已作麦田,提笔写到"重游玄都,荡然无复一树,唯兔葵燕麦动摇于春风耳"③。妹尾達彦先生的研究表明,唐后期的长安的面食消费明显增长④,道观园圃由桃改麦,或与此有关。唐后期长安城内包括林木在内各种作物的选择,都有可能受到彼时市场或至少是某种消费偏好的影响,从而成为长安产业链中的一环。

余 论

唐代(尤其是唐中后期)长安的城市经济正日益形成一个有内在联系的整体,应该将长安城的林木种植和园林建设,置于长安的产业经济链中去理解,才能发现它们的更多意义。长安城或许在最初有设计过大之嫌,但没有用来容纳居民的空间,也逐渐被其他建筑、林木、蔬菜、粮食作物填充。当这个城市的经济生活真正运转起来之后,围绕着这些空间以及这些空间里的人和物,是长安消费者与从事生产、服务行业的人们之间,以及生产者们彼此之间在经济上千丝万缕、甚至是琐碎曲折的联系。李埏先生曾指出,唐代城市小生产者琐碎细小的购买与销售,决定了城市流通细小的货币——铜钱⑤。就本文的议题而言,是否也可以这样理解:唐中后期长安城林木种植活动,关联着长安城诸

---

① (唐)刘禹锡:《刘禹锡集》卷24《元和十年自朗州承召至京戏赠看花诸君子》,北京:中华书局,1990年点校本,第308页。
② 荣新江:《隋唐长安的寺观与环境》,载荣新江主编:《唐研究》第15卷,北京:北京大学出版社,2009年,第3—21页。
③ (唐)刘禹锡:《刘禹锡集》卷24《再游玄都观绝句并引》,北京:中华书局,1990年,第308页。
④ 〔日〕妹尾達彦:《关中平原灌溉设施的变迁与唐代长安的面食》,载史念海主编:《汉唐长安与关中平原》,《中国历史地理论丛》1999年增刊,第42—64页。
⑤ 李埏:《略论唐代的"钱帛兼行"》,《历史研究》1964年第1期。

多相关行业的众多经济人口。这其中或有相当部分的经济流动人口,关于唐长安的经济流动人口,拟另文探讨。

附记:此文原刊于《河北学刊》2016年第1期,本次收录时对个别文字进行了调整。北京师范大学宁欣教授、复旦大学余欣教授、唐雯教授、中国海洋大学万晋博士等学者给笔者提出了许多宝贵意见,特此致谢!

南宋临安工商业发展原因新解

——以交易费用为视角

柳平生* 葛金芳**

摘 要: 南宋首都临安工商业繁荣发达,都市经济生机勃勃,究其原因,学界主要强调科技进步、工艺革命等生产性技术因素。本文认为,交易费用的下降(或曰交易效率的提高)亦是推动临安工商业发展的重要力量,具体表现在如下三个方面:一是便利的交通运输。临安手工业产品(包括部分农产品)交易中心分布于城内外交通要道,便利的水陆运输使商品运输费用大大降低。二是可靠的交易惯例。临安城不少商品市场已经形成相对稳定的行业惯例和交易规则,这有利于减少类似不信任、信息不对称、讨价还价、官司争讼等原因导致的交易障碍。三是生产活动空间的相对集中,尤以印刷业、丝织业等为甚,这有利于形成共享的专业技能市场,可以减少因供求变动给雇佣双方带来的劳动交易成本。这些因素是农商社会中城市工商业经济赖以快速成长的又一奥秘所在。

关键词: 农商社会 交易费用 南宋 临安 手工业

从产业经济角度看,南宋时期的临安城拥有发育完备、运行顺畅的产业组

---

* 柳平生,女,集美大学财经学院副教授,主要研究方向为西方经济思想史、经济发展理论与政策、中国经济史等。
** 葛金芳,男,北京师范大学历史学院特聘教授,主要研究方向为宋代经济、唐宋变革期研究。

织系统。除了生产性技术因素之外①,交易费用的下降(或曰交易效率的提高)也是临安工商业高度发达的重要原因。其中便利的交通运输、可靠的交易惯例及生产活动空间的相对集中是促进临安工商业繁荣不可忽视的三个重要因素。

一、交易市场的位置分布与产品运输费用

南宋首都临安手工业、商业繁荣发达。这里不仅技术分工细密、产品种类繁多,而且商品交易频繁、数量巨大。依据历史资料记载,南宋时期的临安已经形成了地理位置相对固定的产品生产集聚区和专门交易市场。表1反映了南宋时期临安主要专门交易市场在城中的位置分布情况。

表 1　南宋时期临安城主要专门交易市场

市场名称		城内位置	
		周密:《武林旧事》卷6《诸市》,第116—117页	潜说友:《咸淳临安志》卷19《市》,第3548—3549页
农产品市场	花市	官巷	在寿安坊内,俗呼冠巷②
	花团	官巷口钱塘门内	在城南今冠巷口与钱塘门里亦有之
	菜市	新门东青门霸子头	崇新门外南北土门及东青门外坝子桥等处
	青果团	候潮门内泥路	在候潮门泥路上
	柑子团	后市街	在后市街
	蟹行	新门外南土门	在崇新门外南土门
	南猪行	候潮门外	候潮门外
	北猪行	打猪巷	在州北打猪巷
	鲜鱼行	候潮门外	候潮门外
	鱼行	北关外水冰桥	余杭门外水冰桥头
手工产品市场	米市	北关外黑桥头	在余杭门外崇果院黑桥头
	肉市	大瓦修义坊	在大瓦,今坝北修义坊内
	鲞团	便门外混水闸	在便门外混水闸头,亦名南海行
	珠子市	融和坊南官巷	旧在融和坊,北至市南坊,今或在冠巷
	布市	便门外横河头	在便门外横河头
	药市	炭桥	在炭桥,今羲和坊内芳润桥
	书房	桔园亭	在桔园亭

---

① 参见葛金芳:《两宋工艺革命述论》,《中国社会经济史研究》1991年第3期;《从原始工业化进程看宋代资本主义萌芽》,《社会学研究》1994年第6期。
② "官巷"与"冠巷",皆指"寿安坊"。据吴自牧《梦粱录》卷七,"寿安坊,俗名官巷"。

表 1 显示，南宋时期临安主要商品批发市场有 14 种。其中农产品市场有 7 个，主要包括花市（花卉市场）、菜市（蔬菜市场）、青果团（水果市场）、柑子团（柑子市场）、蟹行（螃蟹市场）、猪行（牲猪市场）、鱼行（鲜鱼市场）等。手工业产品市场也有 7 个，主要包括米市（大米市场）、肉市（猪肉市场）、鲞团（鱼鲜干货市场）、珠子市（珠宝市场）、布市（布匹市场）、药市（药材市场）、书房（书籍市场）等。现在将上述批发市场在"京城图"①中标识出来，如图 1 中的■所示。

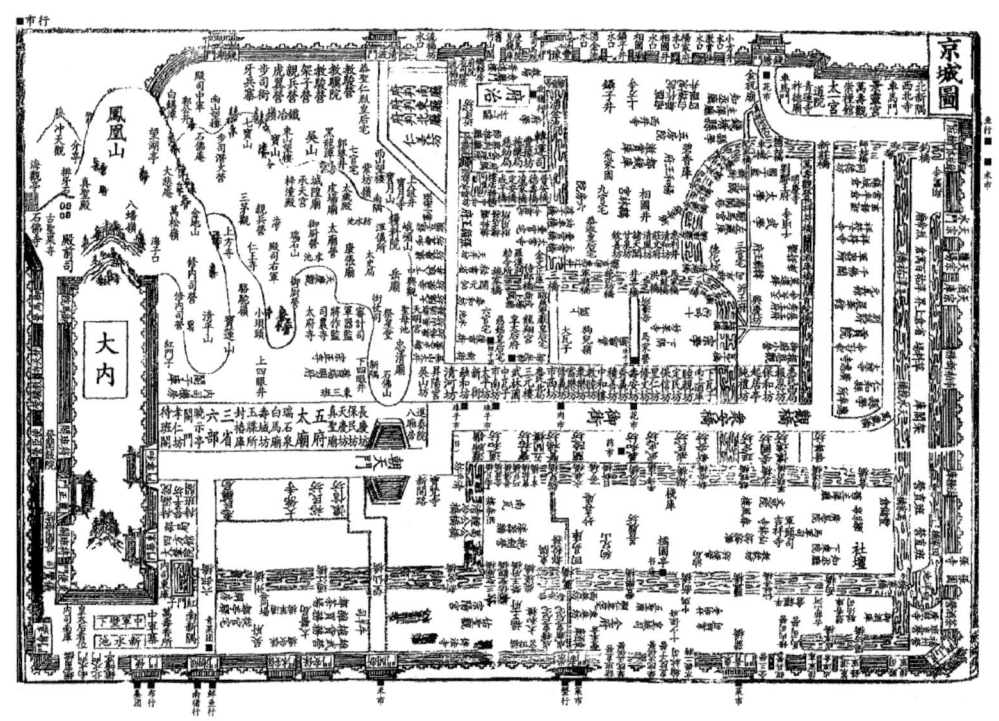

图 1　南宋临安主要交易市场分布图

我们看到，同一类别的商品交易市场往往集中在某一固定区域，且主要分布在水陆交通便利的地方。如米市、鱼行位于水运快捷的盐桥运河（俗称大河）、市河（俗称小河）和清湖河（俗称西河）三河交汇的余杭水门；书市、

---

① 此图为姜青青重绘的南宋"京城四图"，见姜青青：《〈咸淳临安志〉宋版"京城四图"复原研究》，上海：上海古籍出版社，2015 年，第 350—2 页。

药市分别位于大河、小河之滨。而布市、鲞团、菜市、鱼行、南猪行及蟹行等则位于陆上大道之畔,既与城门相连,又与大河相通。这样,像大米、蔬菜、牲猪、鱼鲞及布匹、书籍等大宗商品运送起来不致太费力。另外,像珠子市、药市、花市、肉市等则处于御街等核心闹市区,这里除了拥有四通八达的陆上交通外,还有以密集人口为支撑的旺盛购买力。这些专门化的交易市场像强大的黏合剂,把分散于不同地区的、从事不同活动的生产者有效联结起来,从而形成了具有较高紧密性的社会经济有机体。

  史料记载,江河水道上除了体量较小的落脚头船主要搭载乘客与香货外,其他如大米、柴炭、砖瓦、泥灰、食盐等量大体重的商品主要由载重量大的大滩船来运输,而其交易地点往往位于水路便捷之处,就是为了降低交易成本,提高交易效率。"水运开拓了比陆运所开拓的广大得多的市场,所以从来各种产业的分工改良,自然而然地都开始于沿海沿河一带"①。临安地处浙江及大运河的交汇之所,优越的地理位置及其廉价的水上交通是这座城市赖以繁荣的基础性条件之一。

  以米市为例。由于"杭州城内外,户口浩繁,州府广阔"②,大米需要量巨大。③朱熹说:"京师月须米十四万五千石。"④周密说,"杭城除有米之家,仰籴而食凡十六七万人,人以二升计之,非三四千石不可以支一日之用,而南北外二厢不与焉,客旅之往来又不与"⑤。这里"有米之家",多指府第、官舍、宅台、富室,及诸司有俸禄之人,他们一般不需过多依赖市场,但普通市民"皆需之铺家"⑥。依据表1和图1,临安的米市在余杭门外。"本州所赖苏、湖、常、秀、淮、广等处客米到来,湖州市米市桥、黑桥,俱是米行,接客出粜"⑦。显然,从湖桥米市运米的船只,从余杭水门入城后,可以一路向南经西河将大米运至西城区各家米铺。也可向东进入大河,经过水天院桥后,向南进入小河,沿小河把大米运到沿途各家米铺;米船在进入大河后还可以一

---

① 〔英〕亚当·斯密:《国民财富的性质和原因的研究》(上),北京:商务印书馆,2004年,第17页。
② (宋)吴自牧:《梦粱录》卷16"鲞铺",第139页。
③ (宋)吴自牧:《梦粱录》卷16"米铺",第138页。
④ (宋)朱熹:《朱文公文集》卷94《敷文阁直学士李公墓志铭》。
⑤ (宋)周密:《癸辛杂识》续集上《杭城食米》。
⑥ (宋)吴自牧:《梦粱录》卷16"米铺",第138页。
⑦ (宋)吴自牧:《梦粱录》卷16"米铺",第138页。

直向东，在梅家桥处转折向南，继续沿大河把大米运到沿途各家米铺。

除了余杭门外的米市，新开门外也有米市。吴自牧说："又有新开门外草桥下南街，亦开米市三四十家。"①新开门外的米市应由新开门运米入城，之后的运输路线既可以走陆路，也可以走水路。走陆路的话，则需要跨过望仙桥，往西经怀信坊北进入御街，然后向南或向北沿御街及其各分支将大米运至各家米铺。走水路的话，可以在望仙桥处将大米装船，沿大河将货物运送至城内。

再看书市。桔园亭是临安有名的书市，地处大河西岸。印刷书籍的诸多作坊也大多处于交通便利的桥梁之旁或河道之滨。如陈宅书籍铺在洪桥南河西岸，另一家陈宅书籍铺在鞔鼓桥南河西岸，贾官人宅经书铺在众安桥附近，郭宅经铺在车桥南大街，钟家开笺纸马铺在猫儿桥东岸。这些作坊印刷的书籍、佛经等产品要想运达桔园亭售卖，沿水路运输，极为便宜。

除了米市、书市等交易市场外，像"塌坊"之类的货栈，即储存商品的仓库也都分布在水运便利之处。《梦粱录》载："且城郭内北关水门里，有水路周迴数里，自梅家桥至白洋湖、方家桥直到法物库市舶前，有慈元殿及富豪内侍诸司等人家，于水次起造塌房数十所，为屋数千间，专以假赁与市郭间铺席宅舍及客旅，寄藏物货并动具等物。四面皆水，不惟可避风烛，亦可免偷盗，极为利便。"②"塌坊"的便利之处主要在于其便捷的水上运输，因为其所在地白洋湖（白洋池）与大河河道相连，很容易将货物运送至城中各个交易末端。"杭城幅凑之地，下塘、官塘、中塘三处船只，及航船鱼舟钓艇之类，每日往返，曾无虚日。缘此是行都士贵官员往来，商贸买卖骈集，公私船只，泊于城北者伙矣"③。

除了水上运输，陆路运输对临安的商品交易也极为重要。"如无水路，以人力运之。向者汴京用车乘驾运物。盖杭城皆石版街道，非泥沙比，车轮难行，所以用舟只及人力耳"④。相比较水上舟船，陆上人力自然显得艰难，因此陆上道路网布局的密集度与合理度愈发重要。整个临安城的陆上交通的主干道是贯穿南北的御街（又称天街），此街两边民居埠盛、店铺林立，是一个繁

---

① （宋）吴自牧：《梦粱录》卷16"米铺"，第138页。
② （宋）吴自牧：《梦粱录》卷19"塌房"，第167页。
③ （宋）吴自牧：《梦粱录》卷12"河舟"，第139页。
④ （宋）吴自牧：《梦粱录》卷12"河舟"，第139页。

盛的商业区。东西向的大路，以御街为中心，向东向西延伸。御街东边有与候潮门、新开门、崇新门相通的三条大道，御街西边有与清波门、钱塘门、余杭门相通的三条大道。这些东向两边的大路与御街一起构成"鱼骨形"①的道路网。同时为方便通行，诸多桥梁在城中河流上架设起来，图1显示，临安城中大河、小河和西河仅这三个主流上分别修筑有30余座桥梁。这些桥梁将城中道路、街巷连接起来，织成了绵密的陆上交通网络。

　　合意便利的道路网络，使得商品贸易十分频繁。比如处在坝北修义坊的肉市，"巷内两街，皆是屠宰之家，每日不下宰数百口。皆成边及头蹄等肉，具系城内外诸面店、分茶店、酒店、鲊鮓店及盘街卖熬肉等人，自三更开行上市，至晓方罢市。其街坊肉铺，各自作坊，屠宰货卖矣。或遇婚姻口，及府第富家大席，华筵数十处，欲收市腰肚，顷刻并皆办集，从不劳力"②。聚集在修义坊的这些"屠宰之家"即是临安城内的肉类市场，主要做批发生意，为城里的酒店、旅馆或府第富家提供肉食材料。同时也兼做零售生意，对零散小客户，肉铺"案前操刀者五七人，主顾从便索唤剜切"，"卖者听其分寸，略无错误"③。与市民住户进行小笔买卖。

　　桥道相连的陆上交通将商品交易的神经末梢伸向城市的角角落落。除"杭城大街，买卖昼夜不绝"④之外，"遇坊巷桥门及隐僻去处，俱有铺席买卖"⑤。各种零售商店遍布城内坊巷。与此同时，还有流动摊贩、提瓶卖浆之流，他们盘街叫卖，常常"填塞街市，吟叫百端"，"大街小巷，在在有之"⑥。如临安有盘街叫卖鱼鲞的，"以便小街狭巷主顾，尤为快便耳"⑦。此类微小的零碎交易给市民生活需求带来极大满足。

　　除了售卖小商品，还有沿街出卖服务技能的，如"芯欲唤锢路钉铰、修补锅銚、箍桶、修鞋、修幞头帽子、补修口（沈之左换成鱼）冠、接梳儿、染红绿牙梳、穿结珠子、修洗鹿胎冠子、修磨刀剪、磨镜，时时有盘街者，便可唤

---

① 林正秋：《南宋都城临安》，杭州：西泠印社出版社，1986年，第89页。
② （宋）吴自牧：《梦粱录》卷16"肉铺"，第139页。
③ （宋）吴自牧：《梦粱录》卷16"肉铺"，第138页。
④ （宋）吴自牧：《梦粱录》卷13"夜市"，第108页。
⑤ （宋）吴自牧：《梦粱录》卷16"鲞铺"，第139页。
⑥ （宋）吴自牧：《梦粱录》卷13"天晓诸人出市"，第108页。
⑦ （宋）吴自牧：《梦粱录》卷16"鲞铺"，第139页。

之。……其巷陌街市，常有使漆修旧人，荷大斧斫柴间，早修扇子，打镴器，修灶，提漏，供香饼炭墼"①。恰如古典经济学家斯密所言，"有些业务，哪怕是最普通的业务，也只能在大都市经营。例如，搬运工人，就只能在大都市生活"②。这些情况说明，便利的交通运输条件是临安工商业呈现繁荣之状的前提性条件。运输成本的降低是导致交易费用降低的直接因素，也是交易效率提高的硬性基础。

二、专门市场、交易惯例与契约成本

临安城不同层次、类型的专门交易市场的存在，说明买卖活动空间的相对集中。从交易契约（无论是口头的还是书面的）的达成看，由于空间距离上的靠近和交易频次的增多，交易双方更容易观察交易对象的需求、背景、资质和交易信用等信息。他们同处于一个专业交易市场，相互熟悉、彼此了解，容易产生信任、达成共识，从而形成交易惯例。而交易惯例作为一种习惯性的、带预期的自我实施的行为模式，有利于交易契约的达成，从而减少包括谈判、讨价还价、实施监督、需索赔偿、使用仲裁机构等在内的非生产过程的契约成本。

临安米市就有一套行之有效的米行惯例："本州所赖苏、湖、常、秀、淮、广等处客米到来，湖州市米市桥、黑桥，俱是米行，接客出粜。……且言城内外诸铺户，每户专凭行头于米市做价，径发米到各铺出粜。铺家约定日子，支打米钱。其米市小牙子，亲到各铺支打发客。又有新开门外草桥下南街，亦开米市三四十家，接客打发，分俵铺家。及诸山乡客贩卖，与街市铺户，大有径庭。杭城常愿米船纷纷而来，早夜不绝可也。且叉袋自有赁户，肩驼脚夫亦有甲头管领，船只各有受载舟户，虽米市搬运混杂，皆无争差，故铺家不劳余力而米径自到铺矣。"③

这里显示的米市交易规则内容丰富：其一是关于价格。米市的价格由"行

---

① （宋）吴自牧：《梦粱录》卷13"诸色杂货"，第110页。
② 〔英〕亚当·斯密：《国民财富的性质和原因的研究》（上），北京：商务印书馆，2004年，第61页。
③ （宋）吴自牧：《梦粱录》卷16"米铺"，第138页。

头"决定。行头一般由本行业德高望重的人担任,其决定的交易价格一般具有公平性、权威性,参加交易的众多米铺自当遵守。其二是关于货款。交付买卖大米钱款的日期双方事先约好,并且有牙人(中间人)"亲到各铺支打发客",以确保钱款无虞。其三是关于送货。将大米从城外米市到城内米铺,还有一段运送距离,这必将产生运输费、搬运费等,还有可能产生大米损耗(如米袋破裂、大米遇水)或者其他差错(如品种、数量不一致等)。这里所暗含的风险因各有责任人而得以降到最低,甚至化解:叉袋(运米的袋子)问题由其出租者负责、搬运工人由"甲头"(工头)管理,船只问题由船只所有者承担。正因为有一套运行有效的交易规则,所以米市能够实现"皆无争差",铺家"不劳余力"。

鲞团(鱼干市场)也有与米市类似的交易惯例:"姑以鱼鲞言之,此物产于温、台、四明等郡,城南浑水闸,有团招客旅,鲞鱼聚集于此。城内外鲞铺,不下一二百余家,皆就此上行合摅。……尤为快便耳。"①城中一两百家鲞铺到城南鱼鲞市场批发货物,买卖双方依从着交易惯例,生意进行得"尤为快便"。

此类交易惯例大量见于临安的诸多行业:"且如供香印盘者,各管定铺席人家,每印香而去,遇月支请香钱而已。供人家食用水者,各有主顾供之。亦有每日扫街盘垃圾者,每支钱犒之。"②供应佛事供香的作坊,按习惯向店铺或人家"印香而去",相应钱款并不需要即刻支付,而是一月了结一次"香钱",省却了不少交易环节。类似"按月结算"的还有私人食用水供应。但每天打扫城市垃圾的"环卫工人"则是每天结算工钱,大概是考虑到他们生活比较艰难之故。

可靠的交易惯例也使得临安的租赁市场非常发达,其租赁物品大到仓库小到货架。房屋租赁如前述之"塌房"。"且城郭内北关水门里,有水路周迴数里,自梅家桥至白洋湖、方家桥直到法物库市舶前,有慈元殿及富豪内侍诸司等人家,于水次起造塌房数十所,为屋数千间,专以假赁与市郭间铺席宅舍及客旅,寄藏物货并动具等物。四面皆水,不惟可避风烛,亦可免偷盗,极为利

---

① (宋)吴自牧:《梦粱录》卷16"鲞铺",第139页。
② (宋)吴自牧:《梦粱录》卷13"诸色杂货",第110页。

便。盖置塌房家，月月取索假赁者管巡廊钱会，顾养人力，遇夜巡警，不致疏虞。其他州郡，如荆南、沙市，太平州、黄池皆客商所聚，虽云浩繁，亦恐无此等稳当房屋矣"①。"塌坊"租赁生意红火、"不致疏虞"的原因，就在于租赁仓库的"铺席宅舍及客旅"只要按月给付租金，其余防火、防盗等杂项事务由出租方尽职打理。再看货架租赁。"都民骄情，凡买卖之物，多与作坊行贩已成之物，转求什一之利。或有贫而愿者，凡货物盘架之类，一切取办于作坊，至晚始以所直偿之。虽无分文之储，亦可糊口。此亦风俗之美也。"②所谓"风俗之美"实际是货架租借惯例之便。

除了生产性物品可以租赁之外，日常生活用品亦可租赁。其物品类型之丰富，即使在今天看来也颇令人吃惊：如花檐、酒檐、首饰、衣服、被卧、轿子、布囊、酒器、帏设、动用、盘合、丧具等，"凡吉凶之事，自有所谓'茶酒厨子'专任饮食请客宴席之事。凡合用之物，一切赁至，不劳余力。虽广席盛设，亦可咄嗟办也"③。除了车子、轿子等较大物件外，连衣服、被卧等贴身使用之物什均可租赁。显而易见，规则明确、手续简便的租赁惯例在简化租赁手续，调整人们之间租赁关系上起到了关键性作用。否则因租赁而引发的纠纷、争讼会让租赁本身变得得不偿失、难以为继。

三、制造集中与劳动交易成本

与交易市场相似，临安城手工作坊的空间分布，也呈现出相对集中的状况。依据史料记载，南宋时期临安手工业发达，分工细密、行业繁多，"有四百十四行"④，比如"碾玉作、箆作、腰带作、金银打钑作、裹贴作，铺翠作、裱褙作、装銮作、油作、木作、砖瓦作、泥水作、石作、竹作、漆作、钉铰作、箍桶作、裁缝作、修香浇烛作、打纸作、冥器等作分"⑤。在这众多的行业

---

① （宋）吴自牧：《梦粱录》卷19"塌房"，第167页。
② （宋）周密：《武林旧事》卷6"赁物"，第121页。
③ （宋）周密：《武林旧事》卷6"赁物"，第120页。
④ （宋）西湖老人：《西湖老人繁盛录》"诸行市"条。第18页。
⑤ （宋）吴自牧：《梦粱录》卷13"团行"，第105页。

门类中，我们选取临安手工业发展技术最好的印刷业和丝织业作为分析样本，同时也因为这两个行业门类的地理信息稍微多一点。表2和表3分别反映了南宋时期临安印刷业的主要书籍铺和和丝织业的主要彩帛铺在城中所处位置。

表 2　南宋临安城主要书籍铺及其地理分布

序号	名称	城内位置及区域层次		资料来源
1	陈宅书籍铺	棚北睦亲坊	棚桥核心区域	王国维：《两浙古本刊考》（海宁王静安先生遗书册34-35），上海：上海印书馆，1940年版
2	陈宅书籍铺	洪桥子南河西岸		
3	陈解元书籍铺	棚北大街		
4	贾官人宅经书铺	众安桥		
5	王八郎家经铺	修文坊相对		
6	王念二郎家	棚南大街前西经坊		
7	郭宅经铺	钱塘门里车桥南大街		
8	陈宅书籍铺	□（左革右免）鼓桥南河西岸	辐射区域	
9	张官人经史子文籍铺	宝佑坊前		
10	钟家开笺纸马铺	貌儿桥东岸		
11	陆家	太庙前		
12	尹家书籍铺	太庙前		
13	荣六郎开印经史书籍	中瓦南街东		
14	沈二郎经坊	不详	—	
15	王叔边家	不详		
16	俞宅书塾	不详		
17	金氏	不详	—	徐吉军：《南宋临安工商业》，北京：人民出版社，2009年，第43页

表 3　南宋临安城主要彩帛铺及其地理分布

序号	名称	城内位置及其区域层次		资料来源
1	刘家彩帛铺	市西坊南	市西坊核心区	吴自牧：《梦粱录》卷13"铺席"，第105-107页
2	吕家彩帛铺	市西坊南		
3	陈家彩帛铺	市西坊南		
4	纽家彩帛铺	市西坊北		
5	柴家绒线铺	三桥街①		

① 即"市西坊"。依据潜说友：《咸淳临安志》卷19"市西坊，俗呼坝头，又曰三桥街，今为市曹"。参见《宋元方志丛刊》，北京：中华书局，第4册，第3544页。

序号	名称	城内位置及其区域层次		资料来源
6	徐家绒线铺	水口巷①	辐射区域	
7	顾家彩帛铺	清河坊		
8	生帛铺	沿（盐）桥下		
9	生绢一红铺	铁线巷②		

表2所示，印刷业地理分布的集中程度还是比较高的。书籍铺（有时又叫经籍铺），是前店后坊型的刻书作坊，集出版商、刻印作坊和书籍销售商于一身。南宋时期，浙、闽、蜀三大印刷中心各领风骚，而行在临安的印刷业因坐拥地利人和而雄踞榜首。临安城内，据学界考证，今天能知其名称的书籍铺有17家，能够在城中进行地址定位的有14家。从这14家书籍铺的地理位置来看，它们形成了以棚桥为中心的生产区域：其中陈宅书籍铺（2家）、陈解元书籍铺、贾官人宅经书铺、王八郎家经铺、王念三郎家、郭宅经铺，这7家处于核心区域；而陈宅书籍铺（第三家）、张官人经史子文籍铺、钟家开笺纸马铺、陆家、尹家书籍铺、荣六郎开印经史书籍等6家则处于核心区域的辐射地带（图2中的▲）。

同样地，表3中南宋临安城主要彩帛铺的地理分布也是比较集中。位于御街中心位置的市西坊成为临安丝织业中心，至少刘家彩帛铺、吕家彩帛铺、陈家彩帛铺、纽家彩帛铺、柴家绒线铺等五家作坊开设在此地；其外围辐射区则有徐家绒线铺、顾家彩帛铺、生帛铺、生绢一红铺等四家作坊（图2中的●）。

像临安印刷业、丝织业这样，制作场所相对集中于某一地理空间，有助于形成共享的专业技术工人市场，可有助于化解劳动市场的供求波动对雇佣双方的不利影响：对雇佣者来说可以降低找寻技术工人的搜寻成本；对被雇佣者而言，也能减少寻找职业机会的就业成本。这里以临安雕版印刷业为例来说明（表4）。

---

① "水口巷"疑为"水巷"之误。依据潜说友《咸淳临安志》卷19"兰陵坊，贤福坊北，俗呼水巷"。参见《宋元方志丛刊》，北京：中华书局，第4册，第3546页，将徐家绒线铺的位置定在兰陵坊。

② 吴自牧说，"铁线巷西曰水巷桥，次曰新桥"。参见《梦粱录》卷7"小河桥道"第49页，可大致确定"铁线巷"的位置。

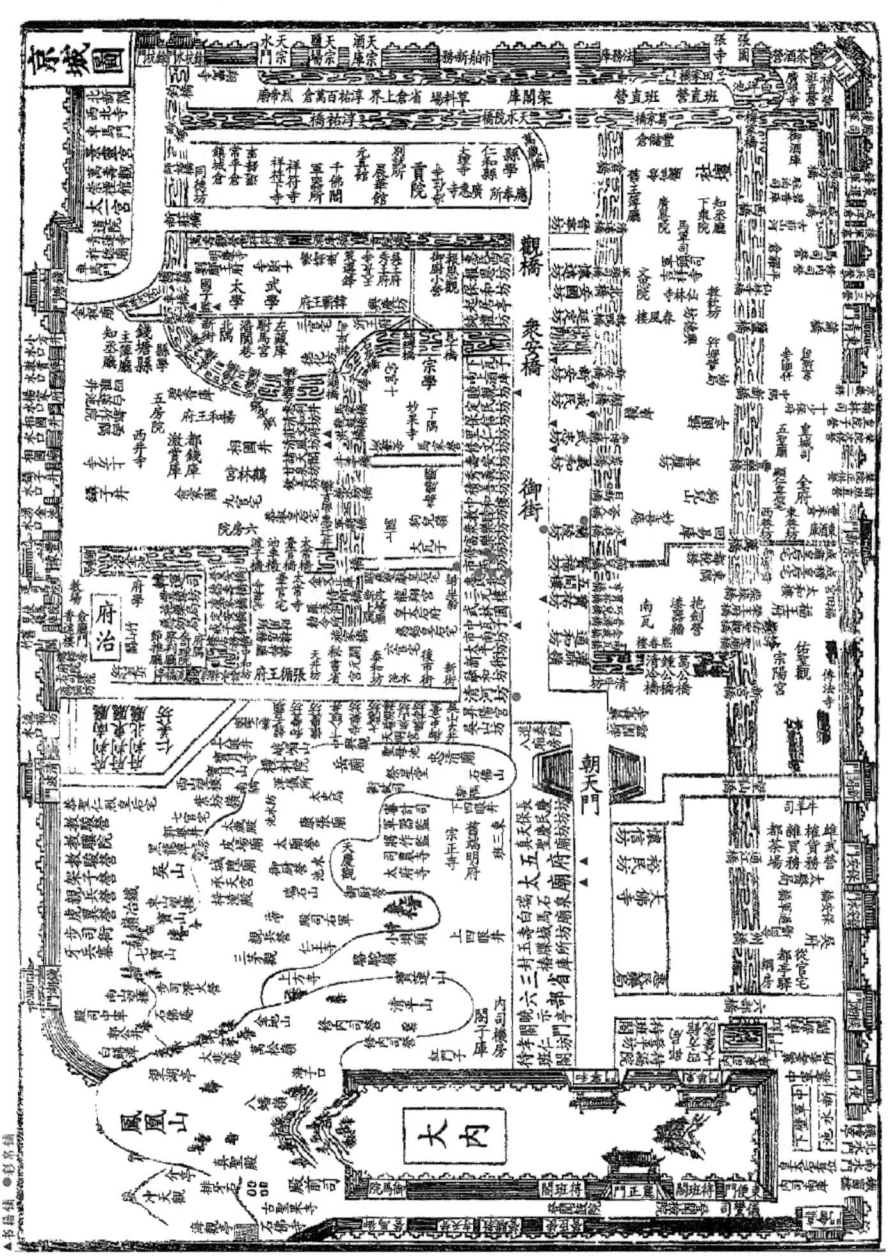

图 2 南宋临安书籍铺与药铺分布图

表 4　南宋印刷业刊工人数规模表

地区	书籍名称	作坊名或雇主名	刊工人数（人）
临安	《仪礼疏》	临安府	160
成都	《太平御览》	成都府	140
湖州	《新唐书》	—	120
绍兴	《尚书正义》	绍兴府	23
湖州	《北山小集》	—	27
剡川	《战国策》	—	25
婺州	《三苏文萃》	吴宅桂堂	24
建宁	《两汉书》	蔡氏一经堂	20
眉山	《孟东野语》	—	20
饶州	《重广眉山三苏先生文集》	董应梦集古堂	20
吉州	《欧阳文忠公居士集》	周必大	50

资料来源：宿白：《南宋的雕版印刷》，《文物》1962年第1期，第15—28页。

由表4可见，南宋临安官刻作坊和私营作坊雇佣的雕版工人人数有较大差异，官府一般在100人以上，规模较大；而私人书籍铺一般在20—30人，规模相对较小。更为重要的是，史料表明，南宋雕版刊工并不固定隶属于某个作坊或雇主，而是不同时期就职于不同的刻书作坊。而刻书作坊招募的刻工数以印刷某本书籍的作业量来决定。当雕刻任务繁重，如像印刷《仪礼疏》《太平御览》《新唐书》等书籍时，招募刊工人数会相对较多。当某个雕刻印刷任务结束，雕版刊工会另谋出路，辗转于他地别处的刻书作坊。这种雇佣方式看似具有很大的波动性，因为一方面，对刊工来说，他们不能长期固定在某个城市为一个雇主工作，相反，常常不得不辗转于各个印刷作坊；另一方面，对印刷作坊或雇主来说，当有新的刊印需要时，很可能一时难以招募到足够的熟练刊工。这对供求双方都不利。

但实际情况是，这个劳动市场的波动问题已为刻书作坊地点的相对集中所弥补。"雇主们往往到他们会找到他们所需要的有专门技能的优良工人的地方去；同时，寻找职业的人，自然到有许多雇主需要像他们那样的技能的地方去，因而在那里技能就会有良好的市场，一个孤立的工厂之厂主，即使他能得到一般劳动的大量供给，也往往因缺少某种专门技能的劳动而束手无策；而熟练的工人如被解雇，也不易有别的办法。在这里，社会力量与经济力量合作"。①我们从图1可以看出,南宋临安的印刷作坊已经形成了区域集中态势,不仅御街棚桥一带有印刷手工业核心区,而且在太庙、国子监及洪桥等处存在印刷业的辐射区。刻书作坊地理位置的相对集中,应当为雕刻模板的刊工群体提供了一个相对稳定的求职市场。

事实正是这样。南宋时期印刷业发达,刻版工人数量较多,虽说大多数人没有留下任何历史记载,有的只留下姓氏,没有名字。但仍有极少数刊工在自己所刊刻的书籍中留下了姓与名。据宿白考证,南宋时期,曾在临安就职于国子监、临安府或者私人书籍铺的刊工,留下姓名的约有30余人,他们是:董明、董晖、王荣、牛实、王成、俞忠、陈才、王正、李宪、徐达、方坚、吴宗、余竑、毛昌、蒋荣祖、徐高、蔡仁、余士、章囗(左日右文)、朱谅、刘仲、李彦、杨谨、刘正、陈彦、刘文、徐亮、宋琳、陈忠、同甫、子文、范仙村等人。从各书互见的刊工名录中可以看出,如果某位刊工在一个作坊的雕刻工作结束,他仍能够设法到另一个印刷作坊去继续发挥他的专职技术。比如南宋刊工王成在临安时,既在国子监参与雕刻了《汉书》补版,又参加了另一书《临安文萃》的雕版作业。同样,刊工李宪也参与雕刻了国子监的《汉书》补版,同时又是《临安武经龟鉴》的雕版者。而刘文既参与了官府国子监《陈书》的雕版,又参与了陈宅书籍铺《碧云集》的刊刻。②对于雇佣方而言,他们亦可在有刻书需要时招募技工,以节约用工成本。如国子监在雕刻《汉书》补版时招募的刊工除了有上面提到的王成和李宪外,还有董晖、王荣、徐达、张圭、章囗(左日右文)、刘仲等;但在刊刻《陈书》时,雇募的刊工却是杨昌、刘文、宋琳等人。③这说明南宋时期的临安及其临近地区活跃着一支技术娴熟的刊工团队,他们因需刊刻某部书籍而集结,又因刊刻工作结束而解散;接着又因刊刻另一部而集结,再因刊刻工作结束而解散。如此往复循环却不会招致很大的效率损失,就是因为临安印刷业集中在以棚桥为中心的相邻区域,易于形成共享的专业技术工人劳动市场,从而避免了因供求波动而增加的劳动交易成本这个弊端。

---

① 〔英〕马歇尔:《经济学原理》上卷,北京:商务印书馆,2004年,第284页。
② 宿白:《南宋的雕版印刷》,《文物》1962年第1期第15—28页。
③ 宿白:《南宋的雕版印刷》,《文物》1962年第1期第15—28页。

实际上，不仅临安本地，其周边的绍兴、湖州、明州、严州等地也存在与临安共享技术工人的情形。资料显示，刊工刘文应是南宋资深雕版专家，其足迹几乎遍及整个江南地区。绍兴四年（1134年），刘文即在温州参与雕刻《大唐六典》，绍兴二十八年（1158年），又在明州参与刊刻《明州文选》。他还临安在参与了官方国子监《陈书》和私人作坊陈宅经籍铺《碧云集》的刻版。淳熙八年（1181年），刘文在与朱谅、刘升、刘仲、李彦、吴志和刘昭等人一起在池州雕刻《池州文选》的版本。淳熙九年（1182年），刘文前往隆兴府，刊刻《吕氏家塾读诗记》版本。此次雕刻团队成员较之前更多，主要有胡元、邓发、杨谨、邓信、高安道、余安、吴拱、邓鼎、刘永、江通、江陵等。对刘文而言，从绍兴四年（1134年）到淳熙九年（1182年），他的雕刻生涯已至少有48年，其足迹遍及浙东和江西多个州县。这是"刊工"这个技术工人群体能够赖以生存的劳动市场初步成型的最好说明。而刻书作坊在空间分布上的相对集中，为刊工技术市场的初步成型提供了基础性条件。正是因为拥有像刘文这样的技术先祖，我们的文化典籍及其承载的内在精神才得以留存、延续。当然，这是题外话。

综上所述，便利的交通条件、可靠的交易惯例及某一门类手工作坊在地理分布上的相对集中，这三个因素在不同方面降低了交易成本，提升了交易效率。这是从交易费用角度审视南宋临安工商业繁盛原因得出的认识。是耶非耶，不敢自必，敬请学界同好不吝教正。

宋代的罂粟

程民生*

摘　要：宋代罂粟种植广泛，遍布各地，成为一种常规农事和园艺，宋人摸索出一套成熟的种植技术。罂粟用途多样，主要是作为观赏花卉，而且品种有改进，地位不断上升；成熟后作为药材驱逐"邪热"、因服丹石引起的发热，以及医疗肠胃、痢疾、咳嗽、止血等疾病，开创了罂粟医药的新纪元，丰富了中医药；作为可以入口食用的美味，时人开发出罂粟苗蔬菜、罂粟腐、粥、汤等多种饮食产品，大多属于食疗范畴，还作为礼品馈送亲友。僧人也普遍种植、服用罂粟。宋人对这一新物种的应用，在唐代的基础上开发殆尽，丰富了饮食生活和医药，奠定了罂粟使用的正确方向。

关键词：罂粟　宋代　饮食　药材

罂粟，一般特指名气与特殊功能一样大的鸦片罂粟，是一年生草本植物，最早出现于新石器时代的欧洲。一般认为罂粟及其制品在唐代由阿拉伯商人传入中国，作为观赏花卉和药用。至宋代，开始广泛种植和应用，由此宋成为中

---

* 程民生，男，河南大学历史文化学院教授，主要研究方向为宋史。

国罂粟史上的一个重要阶段。对此,学界已有关注和初步论述 ①,然尚未见专论。本文不揣简陋,试图作一系统梳理与论述,以深入揭示并就教于学界。

一、罂粟的分布与种植

罂粟,宋代又称罂子粟、甖粟、莺粟、樱粟、甖子粟、象谷、米囊、御米等。②关于罂粟的得名,梁克家说的最简明:"实如小罂,子若细粟。"③各种名称,有的突出罂粟籽,有的突出外壳。在各地方志及其他史籍中,不同地方或不同作者,在记载罂粟时有不同的分类归属。有的当作花卉,如福州、台州、杭州④;有的当作谷粟,如徽州,"有罂子粟,结房如缾罂,如髑箭,华艳好而实细美,非他粟之类"⑤,刘昉的《幼幼新书》与胡麻一同列入《米部》⑥,郑樵在《通志》中,也将其列入《稻粱类》⑦;有的当作药材,如建

---

① 苏智良《中国毒品史》,上海:上海人民出版社,1997年,第31—34页;龚缨晏:《鸦片的传播与对华鸦片贸易》,北京:东方出版社,1999年,第46—49页,介绍毒品起源与传播时,至宋代揭示了两点,一为:"从宋代起,罂粟在中国广为种植。"另一为"从宋开始,罂粟花被收载到各类花谱著作中",列举了三种书籍;王宏斌:《罂粟传入中国及其在古代的医药价值析论》,《广东社会科学》2009年5期,用一页半的篇幅谈到宋代罂粟的种植扩大及医疗功能,言之较多。但其认为唐代尚未发现罂粟的医药功能,苏智良《中国毒品史》(上海:上海人民出版社,1997年,第34页)也言:"罂粟在唐代时还仅仅是观赏植物",皆因未见到龚缨晏曾引用的唐开元二十七年(739年)陈藏器所著《本草拾遗》中关于罂粟的记载:"嵩阳子云:罂粟花有四叶,红白色,上有浅红晕子,其囊形如髑头箭,中有细米。"可见在盛唐时期已将其列入药材,并非宋人首创。
② (宋)郑樵:《通志》卷75《昆虫草木略·稻粱类》,北京:中华书局,1987年,第873页;(宋)苏颂撰,尚志钧辑校:《本草图经》(辑复本),合肥:安徽科学技术出版社,1994年,第539页;陈耆卿:《嘉定赤城志》卷36《风土门·花之属》,北京:中华书局,1990年,第7561页。苏智良:《中国毒品史》(上海:上海人民出版社,1997年,第33页)提到:"到了宋代,罂粟又被称为'鼓子花'。鼓子花还被用作妓女的别称。"后一句话是实情,但前一句话并未提供史料证明,实际上宋代并无此种说法,恐属臆断。
③ (宋)梁克家:《淳熙三山志》卷41《土俗类三·花》,北京:中华书局,1990年,第8257页。
④ (宋)梁克家:《淳熙三山志》卷41《土俗类三·花》,北京:中华书局,1990年,第8257页;陈耆卿:《嘉定赤城志》卷36《风土门·花之属》,北京:中华书局,1990年,第7561页;(宋)吴自牧:《梦粱录》卷18《花之品》,济南:山东友谊出版社,2001年,第257页。
⑤ 罗愿撰,肖建新、杨国宜校著:《〈新安志〉整理与研究》卷2《谷粟》,合肥:黄山书社,2008年,第49页。
⑥ (宋)刘昉:《幼幼新书》卷40《论药叙方》,北京:人民卫生出版社,1987年,第1607页。
⑦ (宋)郑樵:《通志》卷75《昆虫草木略·稻粱类》,北京:中华书局,1982年,第873页。

康，杭州①。如此多种名称、多种归类，实际上反映了两个问题：一是分布广泛，二是功能多样。

成书于宋仁宗嘉祐年间的《本草图经》载道："罂子粟，旧不著所出州土，今处处有之，人家园庭多莳以为饰。花有红、白二种，微腥气。其实作瓶子似髇（原注：音哮）箭头。中有米极细，种之甚难，圃人隔年粪地，九月布子；涉冬至春始生苗极繁茂矣。不尔种之多不出，亦不茂。俟其缾焦黄则采之。"②是为最早、最系统的关于中国罂粟分布与种植的史料，提到了三个问题：其一，北宋中期，罂粟分布已经十分广泛，各地都有种植；其二，种植的主要目的是当做观赏花卉。正是由于这个原因，罂粟主要种植在城市。南宋后期的张镃曾有诗云："两岸人家水映门，谁知城里有深村。照畦罂粟红灯密，绕舍戎葵紫绶繁。"③成畦的罂粟，在杭州城中应属有一定的规模；其三，罂粟种植难度较大，生长期久（大体与冬小麦相同），要提前一年上底肥，九月播种，次年春出苗，到罂粟壳焦黄时采摘，取其籽以备药用。

南宋末的《博闻录》，对于罂粟种植有更详细的记载："常言重九日种罂粟。一云中秋夜种，则罂大子满。种讫以竹帚扫之，花乃千叶，两手重叠撒种，则开重台花。"④又有《提要录》道："重九日宜种罂粟，早午晚三时种，开花三品。"⑤其具体播种日期，一般是在九月初九，也有说是八月十五夜晚更好，大概属于不同地区的最佳不同时间，而且一天以内的早、午、晚三个时间播种的罂粟，将来各自开出三种不同的花朵。用手播撒种子后，再用竹扫帚扫一遍，既便于覆土，也可使之将来多叶；若用两手重叠交叉撒种，将来可开出复瓣的花。说明成为一种常规农事和园艺，重在培育其花以为观赏，可知宋人已摸索出一套成熟的种植技术。

许多士大夫亲自种植罂粟，并赋诗抒情纪念，留下了种植过程的记录。如北宋后期的李复："饱闻食罂粟，能涤胃中热。问邻乞嘉种，欲往愧屑屑。适

---

① （宋）周应合：《景定建康志》卷42《物产·药之品》，南京：南京出版社，2011年，第1040页；（宋）周淙：《乾道临安志》卷2《物产·药》，杭州：浙江人民出版社，1983年，第37页。
② （宋）苏颂撰，尚志钧辑校：《本草图经》（辑复本），合肥：安徽科学技术出版社，1994年，第539页。
③ （宋）张镃：《南湖集》卷8《夏日南湖汎舟因过琼华园六首》，影印文渊阁四库全书，台北：台湾"商务印书馆"，1986年，第1164册，第630页。
④ （宋）陈元靓：《岁时广记》卷31《种罂粟》，《丛书集成初编》，北京：中华书局，1985年，第358页。
⑤ （宋）陈元靓：《岁时广记》卷36《种罂粟》，《丛书集成初编》，北京：中华书局，1985年，第400页。

蒙故人惠，筠篚裹山叶。堂下开新畦，布艺自区别。经春甲未坼，边冷伤晚雪。清和气忽动，地面龟兆裂。含滋竞出土，新绿如短发。常虑蒿莠生，锄剃不敢阙。时雨近沾足，乘凌争秀发。开花如芙蕖，红白两妍洁。纷纷金蕊落，稍稍青莲结。玉粒渐满房，露下期采折。攻疾虽未知，适愿已自悦。呼童问山鼎，芳乳将可设。"①他久闻罂粟能清除胃热，也想种植享用，便在自家院子里开辟出一片土地，播撒友人馈送的罂粟种子，经历冬春，终于成功。

二、罂粟的观赏与医药价值

宋代罂粟之所以得到广泛的种植，是因为有着多种用途，受到人们的重视。

1. 观赏

罂粟花绚烂华美，花大艳丽，香气浓郁，是一种很有价值的观赏植物。所以，宋代的罂粟，主要就是作为观赏植物被人们所栽培，即上文所言"人家园庭多莳以为饰。花有红、白二种"，起着美化家园、赏心悦目的作用。人们在种植时的种种技术、讲究，多是为了其花的形状和色彩。

作为花卉，罂粟花的美誉地位在宋代不断上升。在五代张翊的《花经》中，将花卉分为九品，米囊花（罂粟花）仅列为"七品三命"②，地位低下。北宋中期的《牡丹荣辱志》中，以牡丹为中心（花王）为众花评定等级，御米花（罂粟花）被排在"花戚里"中③，与牡丹只有远亲关系，于17等中排在第10等，但已经高于"七品"卑官。到了南宋变化较大，推崇日隆。洪适称其："美艳亚群花，千罂倒储粟。"④许纶则言："御米具体微，有罂无储粟。妖艳耿春光，名佳不翅足。"⑤杨万里更是不吝赞誉："鸟语蜂喧蝶亦

---

① （宋）李复：《潏水集》卷10《种罂粟》，文渊阁四库全书，第1121册，第104页。
② （宋）陶谷：《清异录》卷上《花经九品九命》，上海：上海古籍出版社，2012年，第36—37页。
③ （宋）吴曾：《能改斋漫录》卷15邱濬《牡丹荣辱志》，上海：上海古籍出版社，2012年，465页。
④ （宋）洪适：《盘洲集》卷9《罂粟》，文渊阁四库全书，第1158册，第304页。
⑤ （宋）许纶：《涉斋集》卷14《米囊花》，文渊阁四库全书，第1154册，第504页。

忙，争传天诏诏花王。东皇羽卫无供给，探借春风十日粮。"①竟把罂粟花捧做花王。这一微妙的地位变迁虽不免有大量个人好恶在内，但从长时段考察，也客观反映了罂粟种植的普及及技术进步带来的品质提高，因而受到人们更多的喜爱。

宋宁宗时，张俊的曾孙张镃曾作《赏心乐事》，记载杭州一年四季的美好景观，其中四月为"鸥渚亭观五色罂粟花"②。显然，这里的罂粟花已不是传统的红、白两色，而是改良培育成丰富多彩的五色，成为国都的著名时令景观，届时会有不少闲人雅士蜂拥而至。南宋上饶士人徐安国有《满江红》词云："蜂蝶恨，何时足。桃李怨，成粗俗。为情深、拼了一生愁独。菊信谩劳频探问，兰心未许相随逐。想从今、无暇鬮蔷薇，鉏罂粟。"③想来其日常是以收拾自家花园的蔷薇与罂粟为休闲活动之一的。

2. 药材

罂粟成熟后，首要价值是作为药材。最早记载罂粟的就是中药书籍，即唐玄宗开元二十七年（739年）陈藏器所著的《本草拾遗》。似乎可以说，在其传入中国的开始，人们就注意到了其药用价值。但唐代史籍中尚不详其药性和功能，至北宋苏颂主持编著的《本草图经》中，便有了明确的记载：

> 主行风气，驱逐邪热，治反胃，胸中痰滞及丹石发动，亦可合竹沥作粥，大佳。然性寒，利大小肠，不宜多食，食过度则动膀胱气耳。《南唐食医方》疗反胃不下饮食罂粟粥法：白罂粟米二合，人参末三大钱，生山芋五寸长，细切，研，三物以水一升二合，煮取六合，入生姜汁及盐花少许，搅匀，分二服。不计早晚食之，亦不妨别服汤丸。④

值得注意的是史料中提到的《南唐食医方》，表明五代时的东南地区就将罂粟用于治疗胃肠疾病。南唐人朱贞白曾作《咏莺粟子》云："倒排双陆子，稀插

---

① （宋）杨万里著，辛更儒笺校：《杨万里集笺校》卷8《米囊花》，北京：中华书局，2007年，第482页。
② （宋）周密：《武林旧事》卷10《张约斋赏心乐事·四月》，济南：山东友谊出版社，2001年，第185页。
③ （宋）徐安国：《满江红·约斋同席用马庄父韵》，唐圭璋编纂，王仲闻参订，孔凡礼补辑：《全宋词》第3册，北京：中华书局，1999年，第2599页。
④ （宋）苏颂撰，尚志钧辑校：《本草图经》（辑复本），合肥：安徽科学技术出版社，1994年，第539页。

碧牙筹。既似柿牛妳，又如铃马兜。鼓搥并擽箭，直是有来由。"①所言"铃马兜"，实际上就是马兜铃："味苦寒，无毒，主肺热咳嗽，痰结喘促，血痔瘘疮。"②则是当时已知罂粟具有类似马兜铃的功能。入宋以来，随着种植与食用的普及，人们发现其更多的功能。包括驱逐"邪热"（即出现热性、阳性的实证，临床多见发热息粗、红肿、焮痛、便秘等症）、化痰、因服丹石发动的发热等症。并明确指出不宜多食，否则会导致动膀胱气的副作用。其中治疗丹石发动有较好的疗效，《本草衍义》载：将罂粟籽"研子以水煎，仍加蜜，为罂粟汤，服石人甚宜饮之"③。具体如："罂粟（不计多少），右研细末，煮稀粥，入蜜饮之，大解金石毒。"④对于那些热衷于服石养生的富人、士大夫来说，无疑是消解其副作用的福音。

罂粟治疗痢疾的功能被宋人发现，随即广泛应用。北宋中后期的方勺指出："治痢以樱粟，古方未闻。今人所用，虽其法小异，而皆有奇功。或用数颗慢火炙黄为末饮下，或去粟用壳如上法，或以壳五七枚，甘草一寸，半生半炙，大碗水煎，取半碗温温呷。蜀人山叟曰：'用壳并去核鼠查子各数枚，焙干末之饮下，尤治噤口痢'。"⑤宋以前的药方中并无罂粟治疗痢疾之说，宋人开发出这一有奇效的功能。汇集了南宋以前儿科学成就的医学名著《幼幼新书》，载录了北宋时期名医张氏治疗幼儿痢疾的验方《如圣散》："治下痢，或赤或白，不以久新，一服取效。男子、妇人、小儿悉皆治之。罂粟壳（一两，赤痢蜜炙一半，白痢干炙一半）、陈橘皮（赤痢炙一半，白痢焙一半，半两）、甘草（赤痢炙一半，白痢焙一半，二钱半）。"⑥南宋时，更常用来治疗痢疾。"罂粟红白二种，痔下者随色用之即愈。辛稼轩患此已殆甚。一异僧以陈罂粟煎全料人参败毒散，吞下感通，丸十余粒即愈"⑦。辛弃疾曾患严重的痢疾，情况危急，被一位身怀绝技的僧人用陈罂粟、全料人参制作的《败毒散》治

---

① （宋）江少虞：《宋朝事实类苑》卷63《诗嘲》6，上海：上海古籍出版社，1981年，第834页。
② （宋）唐慎微：《重修政和经史证类备用本草》卷11《马兜铃》，北京：人民卫生出版社，1982年，第272页。
③ （宋）寇宗奭：《本草衍义》卷20《罂子粟》，北京：人民卫生出版社，1990年，第152页。
④ （宋）王貺：《全生指迷方》卷2《痹症·罂粟汤》，北京：人民卫生出版社，1986年，第44页。
⑤ （宋）方勺：《泊宅编》卷8，北京：中华书局，1983年，第47页。
⑥ （宋）刘昉：《幼幼新书》卷29《滞痢赤白》，北京：人民卫生出版社，1987年，第1172页。
⑦ （宋）谢采伯：《密斋续笔记》，《丛书集成初编》，北京：中华书局，1985年，第56页。

愈。庆元年间，江西乐平一位76岁老妇患痢疾，有僧家抄送一方救治："其方用罂粟壳七颗，乌梅七个，陈橘皮七斤，皆如常法，而甘草七寸炙其半，生姜七片煨其半，黑豆四十九粒炒其半，同水一大盏，入小罐内，文武火熟烹而饮之。徐即买药奔归，家及已三鼓，立治药，一服痛止，再服脱然。"①疗效可谓神速。此外如在南宋医家陈言《三因极一病证方论》中，治冷热痢的《万金散》，治肠虚下痢、赤白频并、日久无度的《固肠汤》、治下痢赤白、日夜无度及泄泻注下的《三圣圆》、治下痢赤白的《断下丸》、《厚肠汤》、治肠胃虚弱、风湿进袭、泻水谷下、脓血疙刺、疼痛里急后重、日夜无度的《水煮木香丸》，均采用了罂粟壳。②

  罂粟中的生物碱对脑神经中枢有极强的抑制作用，具有止咳功效，也在宋代被发现并广泛使用。正如南宋名医严用和所说："今人治咳，多喜用罂粟"，尽管有"其性紧涩"、"乃伤脾之剂"的副作用。③在南宋咸淳二年（1266年）成书的朱佐《类编朱氏集验医方》中，有罂粟壳、罂粟籽的药方，治咳嗽的就有：《杏仁汤》治积年咳，《一服散》治暴嗽，《阿胶散》治痰嗽气满④，《藁本汤》治男子咳嗽，吐红不止⑤。

  南宋理学大师朱熹的脚气病，也有赖罂粟而有所缓解。蔡沈载道："先生平年脚气，自入春尤甚，以足溺气痞，步履既艰，刺痛间作，服药不效。先生谓沈曰：'脚气发作异于常年，精神顿衰，自觉不能长久。'"对自己异乎寻常的病情已经绝望。这时有人推荐医士张修之，"初制黄芪、罂粟壳等服之，小效"，由此扭转了恶化的病情，继之以其他药方，竟痊愈。⑥

  南宋医学家许叔微，还用罂粟止血。其方为"豆蔻、槟榔各炒紫色，罂粟

---

① （宋）洪迈：《夷坚志·三志辛》卷5《月老治痢方》，北京：中华书局，1981年，第1422—1423页。
② （宋）陈言：《三因极一病证方论》卷12《滞下三因证治》，北京：人民卫生出版社，1957年，第162—163页。
③ （宋）严用和：《济生方》卷2《咳嗽》，北京：人民卫生出版社，1956年，第45页。
④ （宋）朱佐：《类编朱氏集验医方》卷5《咳嗽》，上海：上海科学技术出版社，2003年，第105、106、108页。
⑤ （宋）朱佐：《类编朱氏集验医方》卷7《失血》，上海：上海科学技术出版社，2003年，第142页。
⑥ （宋）蔡沈：《朱文公梦奠记》，曾枣庄、刘琳主编，四川大学古籍整理研究所编：《全宋文》卷6885，上海：上海辞书出版社、合肥：安徽教育出版社，2006年，第412—413页。

壳烧灰","治丈夫泻血,妇人血崩,渍入大肠出血"。①可谓又一新发现。

随着罂粟种植的扩大及对其药用价值的开发,罂粟越来越多地进入药方。如宋政府编成并颁行的我国第一部成药制剂手册《太平惠民和剂局方》中,就有《养中汤》《人参清肺汤》《人参定喘汤》《细辛五味子汤》《纯阳真人养脏汤》《御米汤》《地榆散》《金粟汤》《育肠丸》《斗门散》《水煮木香圆》《痢圣散子》《罂粟汤》《固肠散》《秘传斗门散》《万金饮》《神效参香散》等17个方剂,均包括罂粟壳或罂粟子。②可以说宋人开创了罂粟医药的新纪元,罂粟丰富了中医药,提高了宋人的健康水平。

三、罂粟的饮食价值

作为一种新生的草本植物,宋人很快就将罂粟列为可以入口食用的美味,开发出多种饮食产品,大多属于食疗范畴。

1. 罂粟苗菜

《本草》载:罂粟"秋种冬生,嫩苗作蔬甚佳"③,认定罂粟苗为一种优良蔬菜。苏辙在宋徽宗时退休至许州居住,曾种植罂粟以补充蔬菜的不足:"予闲居颍川,家贫不能办肉。每夏秋之交,菘芥未成,则盘中索然。或教予种罂粟、决明以补其匮。"因有《种罂粟》诗:"筑屋城西,中有图书。窗户之余,松竹扶疏。拔棘开畦,以毓嘉蔬。畦夫告予,罂粟可储。罂小如罂,粟细如粟。与麦皆种,与穄皆熟。苗堪春菜,实比秋谷。"④春夏之交,青黄不接,穷困的苏辙既吃不起肉,也没有蔬菜食用。有菜农教他种罂粟,将来其苗可以当菜食用,作为必要的剔苗也有利于罂粟正常成长。南宋士大夫许纶的《罂粟》

---

① (宋)许叔微:《类证普济本事方续集》卷9《治诸肠风酒痢等疾》,续修四库全书,上海:上海古籍出版社,1996年,第999册,第656页。
② (宋)陈师文:《太平惠民和剂局方》卷4、卷6,北京:人民卫生出版社,1985年,第146、148—149、149—150、231、232—233、234、236、237、239、242、243、244页。
③ (宋)苏轼:《苏轼诗集》卷25《归宜兴留题竹西寺三首·其二》邵注,北京:中华书局,1982年,第1347页。
④ (宋)苏辙:《栾城集·第三集》卷5《种药苗二首·种罂粟》,上海:上海古籍出版社,1996年,第1519页。

诗中，也明确说"采苗能胜芹，摘实可当粟"①。所谓罂粟苗胜过芹菜，换言之即罂粟苗是一种优良的青菜。

2. 罂粟腐

南宋美食家林洪，记载有名为"罂乳鱼"的罂粟腐做法："罂中粟净洗，磨乳。先以小粉置缸底，用绢囊滤乳下之，去清入釜，稍沸，亟洒淡醋收聚。仍入囊，压成块，仍小粉皮铺甑内，下乳蒸熟。略以红曲水洒，又少蒸取出。切作鱼片，名'罂乳鱼。'"②即将罂粟籽洗净磨成乳，用绢过滤去渣，加热煮沸后，用醋收聚，制成小块，服食时以红曲水酒蒸后取出，制成鱼鳞状的小薄块。这种罂粟饼，实际上是与"豆腐"相似的"罂粟腐"。宋人另有诗云："罂粟作腐杏成酪，来问白苏侬饱知"③，可见罂粟腐比较普遍。又有诗云：紫苏"结子最甘香，要待秋霜实。作腐罂粟然，加点须姜蜜"④。就是说紫苏也可以像罂粟那样作腐。

3. 罂粟粥

罂粟"其实形如酒罂，中有白米，极细，可煮粥"⑤。这正是有些史籍将其列为谷粟粮食类的原因。早在南唐时就有的《南唐食医方》中，就有"疗反胃不下饮食罂粟粥法"，宋人更认为罂粟"亦可合竹沥作粥，大佳"⑥；"和竹沥煮作粥，食之极美"⑦。竹沥是从竹子中提取的汁液，性味甘寒，透明，具焦香气，能清心肺胃之火。罂粟籽与其煮粥，是一道高端的美味。前言苏辙种罂粟的目的之一是"研作牛乳，烹为佛粥"⑧。南宋周紫芝《种罂粟》诗云："墙根有地一弓许，人言可种数十竹。翁来只作三年留，仅比浮屠桑下宿。竹成须待五六年，我已归乡卜新筑。园夫笑谓主人言，不如锄苗种罂粟。二月春

---

① （宋）许纶：《涉斋集》卷14《罂粟》，文渊阁四库全书，第1154册，第504页。
② （宋）林洪：《山家清供》卷下《罂乳鱼》，北京：中华书局，2013年，第170页。
③ （宋）吴则礼：《北湖集》卷2《垧请作枣饮诗》，文渊阁四库全书，第1122册，第435页。
④ （宋）章甫：《自鸣集》卷1《紫苏》，文渊阁四库全书，第1165册，第390页。
⑤ （宋）苏轼：《苏轼诗集》卷25《归宜兴留题竹西寺三首·其二》邵注，北京：中华书局，1982年，第1347页。
⑥ （宋）苏颂撰，尚志钧辑校：《本草图经》（辑复本），合肥：安徽科学技术出版社，1994年，第539页。
⑦ （宋）唐慎微：《重修政和经史证类备用本草》卷26《罂子粟》，北京：人民卫生出版社，1982年，第497页。
⑧ （宋）苏辙：《栾城集·第三集》卷5《种药苗二首·种罂粟》，上海：上海古籍出版社，1996年，第1519页。

风上翠茎,三月轻红照深绿。嫣花落尽罂不空,碎粒圆时粟初熟。乳膏自入崖蜜甜,满贮醍醐饮僧粥。与其种竹供后人,孰若栽花资老腹。"①其事迹与苏辙相近,也是在园夫的建议下种植罂粟,目的是可以用罂粟籽制作"满贮醍醐饮僧粥"。

4. 罂粟汤

宋代罂粟食用最普遍的是罂粟汤。罂粟汤早在五代就有记载:后唐明宗李嗣源在藩镇时,"尝召幕属论事,各设法乳汤半盏,盖罂中粟所煎者"②。在军队中,将名为"法乳汤"的罂粟汤当做待客的饮料。入宋以来更加普遍,调制出美味的饮料,当作待客及自己饮用的高级饮料。所谓:"美艳亚群花,千罂倒储粟。饮客醍醐浆,可以代醽醁。"③ 北宋江西诗派诗人谢薖曾专作诗赞美道:"万粒匀圆剖罂子,作汤和蜜味尤宜。中年强饭却丹石,安用咄嗟成淖糜。松黄浮椀色蒸栗,初味余甘如苦茶。粉粟为汤两奇绝,甚甘纯白胜醍醐。"④南宋初曾任户部侍郎的李弥逊,也有诗赞不绝口:"旋烹雪粒胜琼浆,扑鼻香浮绕夜窗。甘比玉莲开太华,色分秋练净澄江。魔军战睡犹坚壁,笔阵催诗欲纳降。已听铿锵惊俚耳,强颜犹把寸筳撞。"⑤

其味其色,其香其效,妙如美酒醍醐,实为琼浆玉液,无怪乎士大夫趋之若鹜,成为一种新时尚。如苏轼:"道人劝饮鸡苏水,童子能煎罂粟汤。暂借藤床与瓦枕,莫教辜负竹风凉。"⑥如其弟苏辙,自种罂粟:"研作牛乳,烹为佛粥。老人气衰,饮食无几。食肉不消,食菜寡味。柳槌石钵,煎以蜜水。便口利喉,调养肺胃。三年杜门,莫适往还。幽人衲僧,相对忘言。饮之一杯,

---

① (宋)周紫芝:《太仓稊米集》卷22《种罂粟》,文渊阁四库全书,第1141册,第150页。
② (宋)陶谷:《清异录》卷4《法乳汤》,上海:上海古籍出版社,2012年,第107页。商务印书馆编辑部编:《辞源》(修订本),北京:商务印书馆,1981年,第1749页。《法乳》条引此,将法乳的第二释义为"小米",盖误解"罂中粟",不知其为罂粟别名,只见"粟"字,不见前"罂"字,大误。罗竹风主编:《汉语大词典》第5卷下《法乳》,上海:上海辞书出版社,2008年,第1039页,更是望文生义:"(2)把小米放在罂中熬成的汤。宋陶穀《清异录·馔羞》:'明宗在藩不妄费,尝召幕属论事,各设法乳半盏,盖罂中粟所煎者'。"其他词典多沿袭这些解释以讹传讹,贻误深远。
③ (宋)洪适:《盘洲集》卷9《罂粟》,文渊阁四库全书,第1158册,第304页。
④ (宋)谢薖:《竹友集》卷5《煎罂粟汤二首》,文渊阁四库全书,第1122册,第583页。
⑤ (宋)李弥逊:《筠溪集》卷15《和少章罂粟汤》,文渊阁四库全书,第1130册,第733页。
⑥ (宋)苏轼:《苏轼诗集》卷25《归宜兴留题竹西寺三首·其二》,北京:中华书局,1982年,第1347页。

失笑欣然。我来颍川,如游庐山。"①透露出研制罂粟汤的具体方法:用柳槌石钵,将罂粟籽捣研成牛奶般的汁液,加蜂蜜水烹煮;又透露了罂粟汤爽口润喉,有利肺胃的功效。又如苏门弟子黄庭坚,有诗提到宋仁宗时的名士刘涣家中,有丫头为其制作罂粟汤:"儿时拜公床,眼碧眉紫烟。舍前架茅茨,炉香坐僧禅。女奴煮罂粟,石盆泻机泉。"②如曹勋:"我初游赤城,松竹空函丈。师时奉诸佛,略不乏供养。兹游再见之,谈笑益夷旷。横披慰老眼,罂粟煎夜饷。不以三生缘,遂作一指想。"③罂粟汤似是宵夜的必备。

喜爱罂粟汤的典型人物,是南宋的两位著名士大夫。一是南宋初的退休官员周紫芝,有诗云:"罂粟汤翻白雪,梅花句嚼春水。助我看山老眼,借君倚壁枯藤。"④为此他亲自种植罂粟:"墙根有地一弓许,人言可种数十竹。……园夫笑谓主人言,不如锄苗种罂粟。二月春风上翠茎,三月轻红照深绿。嫣花落尽罂不空,碎粒圆时粟初熟。乳膏自入崖蜜甜,满贮醍醐饮僧粥。与其种竹供后人,孰若栽花资老腹。"⑤罂粟即将成熟时,又赋诗云:"庾郎十饭九不肉,家无斗储饭不足。穷儿朝来忽乍富,墙下千罂俱有粟。只今锦烂花争妍,想见云翻釜初熟。一饮醍醐生玉池,再饮沉漤充朝饥。味虽似淡中实美,暖能扶老甘归脾。黄粱岁割一万斛,谩饲穀伯如猪肥。君不见蛾眉仙人家海涯,自种紫芋羹蹲鸱。尚说人间无此味,天酥酡固不可知。愿借东坡玉糁句,题作此窗罂粟诗。"⑥将罂粟汤视作天上人间的美味。其做法未经过滤,碗上面是清汤,下面的是沉淀的渣滓。

比周紫芝更沉溺于罂粟汤的,是南宋著名诗人陆游,在其诗歌中经常出现,可谓念念不忘:

"旋煎罂粟留僧话,故种芭蕉待雨声。丹药验方非畏死,文章排闷不

---

① (宋)苏辙:《栾城集·第三集》卷5《种药苗二首·种罂粟》,上海:上海古籍出版社,1996年,第1519—1520页。
② (宋)黄庭坚:《黄庭坚全集·外集》卷5《过致政屯田刘公隐庐》,成都:四川大学出版社,2001年,第974页。
③ (宋)曹勋:《松隐集》卷7《选上人素履精修仆先识于崇信岑寂之时重来见之作诗为赠》,文渊阁四库全书,第1129册,第368页。
④ (宋)周紫芝:《太仓稊米集》卷18《书淳师房六言三绝》,上海:上海古籍出版社,2012年,第121页。
⑤ (宋)周紫芝:《太仓稊米集》卷22《种罂粟》,上海:上海古籍出版社,2012年,第150页。
⑥ (宋)周紫芝:《太仓稊米集》卷29《罂粟将成》,上海:上海古籍出版社,2012年,第198页。

求名"①,"风雪横街不能出,闭户垂帷养衰疾。……蹲鸱足火微点盐,罂粟熬汤旋添蜜"②,"梦回起坐夜未中,凭几困睫犹普普。……一杯罂粟蛮奴供,庄周蝴蝶两俱空"③,"不到梅山二十霜,望中常似隔他乡。一杯罂粟纱灯下,最忆初寒宿上方"④,"山阴古称小蓬莱,青山万叠环楼台。……细研罂粟具汤液,湿裹山薪供炮煨"⑤,"松肪燎火满炉红,罂粟煎汤到手空。试问斋居守丹灶,何如醉卧听松风"⑥。

根据以上诗文,可以感知到以下三个问题:其一,陆游多年来一直嗜好罂粟汤,半夜醒后也要喝一杯("梦回起坐夜未中,……一杯罂粟蛮奴供"),来客则用现煮的罂粟汤以为挽留的诱饵("旋煎罂粟留僧话")。其二,这与陆游一家四世信奉道教、自己热衷于炼丹服石⑦是一致的("丹药验方非畏死")。如前所言,罂粟汤是丹毒有效的消解之药,在宋代俨然成为丹石的最佳伴侣。其三,由服丹石转向饮罂粟汤。罂粟汤刚端到手就迫不及待地一饮而空("罂粟煎汤到手空"),随即产生了胜过炼丹服石的醉的感觉("试问垒居守丹灶,何如醉卧听松风")和缥缈恍惚的梦幻("一杯罂粟蛮奴供,庄周蝴蝶两俱空")。由此可以推测两点:一是陆游可能已经成瘾或有轻微的依赖症,尽管罂粟籽本身不含任何致人上瘾的毒素;二是反映了中国古代士大夫填补精神空虚有了新的方式。服石之风早已有之,先盛于魏晋,再盛于唐代,到了宋代接受历史教训,由服食金丹转而重视黄白,一小部分人如陆游则在长期饮罂粟汤后感到服丹追求身体强壮与长寿,不如享受现实飘飘欲仙的精神麻醉。

---

① (宋)陆游:《陆游集·剑南诗稿》卷15《题书斋壁》,北京:中华书局,1976年,第429页。
② (宋)陆游:《陆游集·剑南诗稿》卷18《病告中遇风雪作长歌排闷》,北京:中华书局,1976年,第526页。
③ (宋)陆游:《陆游集·剑南诗稿》卷25《冬夜》,北京:中华书局,1976年,第705页。
④ (宋)陆游:《陆游集·剑南诗稿》卷37《湖山杂赋·又》,北京:中华书局,1976年,第967页。
⑤ (宋)陆游:《陆游集·剑南诗稿》卷44《戏咏乡里食物示邻曲》,北京:中华书局,1976年,第1122页。
⑥ (宋)陆游:《陆游集·剑南诗稿》卷74《杂咏·又》,北京:中华书局,1976年,第1704页。
⑦ 卢晓辉:《论陆游的道教信仰与爱国思想》,《河北师范大学学报(哲学社会科学版)》2009年第1期。

余 论

纵观宋代罂粟的问题，笔者发现一个值得注意的现象，即罂粟与佛教有着密切关系。后唐藩镇李嗣源所设的"法乳汤"，其名直接取自佛教。法乳比喻佛法，谓佛法如乳汁哺育众生："佛未出时，无法乳以资慧命，故云饥渴众生。"① 但历史事实表明，李嗣源并非佞佛之人，相反，即位后唐皇帝以来还采取了打击佛教势力，限制出家为僧尼的政策②，故而可以断定此汤并非李嗣源所命名，应当是由僧人创制、寺院传出并流入军中的。以至高无上的佛法来比喻罂粟汤，反映了佛教或者说是僧人对其高度的评价，也即是其物质的、实际的法乳，不可或缺。前文史料中提到罂粟粥又名"佛粥""僧粥"，也是直接将其与僧人结合在一起。从前文还可以看到，宋代僧人普遍服饮罂粟汤。如苏辙诗中"幽人衲僧，相对忘言。饮之一杯，失笑欣然"，陆游诗中"旋煎罂粟留僧话"，黄庭坚诗中"舍前架茅茨，炉香坐僧禅。女奴煮罂粟，石盆泻机泉"，曹勋诗中的僧人"选上人""师时奉诸佛，略不乏供养。……横披慰老眼，罂粟煎夜饷"等，即是证明。至少可以说佛教的素食开发方面不断进步。宋代高僧雪窦禅师曾作《罂粟颂》（惜已失传），南宋临济宗杨岐派高僧、日本临济宗兀庵派之祖兀庵普宁和尚也有次韵诗云："一实包含万点春，收来粒粒是家珍。些儿圆转谁能委，唯一身分百亿身。"③种植、食用罂粟的僧人对其颇为钟情。个中缘由，值得深思。

正是因为罂粟用途广泛，所以在宋代已经作为礼品馈送亲友。广东韶州南华寺的辩禅师就派人给贬至惠州的苏轼送去罂粟，苏轼回信感谢道："专人远来……承惠及罂粟咸豆等，益荷厚意。"④属于深情厚谊的表示。而当李

---

① （清）通理：《法华经指掌疏》卷3《妙法莲华经化城喻品第七》，续藏经，台北：新文丰出版公司，1994年，第93册，第673页。
② 王永平：《略论后唐明宗李嗣源》，《历史教学问题》1993年第4期，第14—15页。
③ （宋）释普宁：《无锡刘相斡佑笃信佛法常来参清自和雪窦罂粟颂来呈老僧即次韵酬之云》，傅璇琮、倪其心、许逸民等主编《全宋诗》卷2419，北京：北京大学出版社，1998年，第65册，第40650页。
④ （宋）苏轼：《苏轼文集》卷61《与南华辩老十三首·十三》，北京：中华书局，1986年，第1875页。

復正发愁无种子种罂粟时，正好有朋友赠送："适蒙故人惠"，可知罂粟种子也是礼物。

宋人对罂粟这一新物种的应用，在唐、五代的基础上开发殆尽，丰富了休闲、饮食生活和医药，无疑是一个造福于社会的历史贡献。就史料反映的情况而言，主要流行于社会上层，是士大夫、僧侣调节生活、身心的物品。宋人奠定了罂粟使用的正确方向，享受到了罂粟几乎所有优良的价值和美好，根本不知道其中隐藏的"潘多拉盒子"，当时的科学条件和认知程度还不足以从中提炼出后来成为毒品的鸦片。倘若青葱时代的宋代罂粟得知鸦片带来的一系列恶果，想必一脸无辜，感到莫名其妙和震惊。千秋功罪，历史自有评说。

宋代的资本与社会

李华瑞[*]

摘 要：宋代资本的集中大致有三个途径：一是来自政府机构为权贵高官支付的优厚俸禄；二是土地占有者凭借土地经营，集中了一笔可观的金银铜钱；三是坐商巨贾通过长途贩运货物，从两地间批发商业提取商业利润，并从中形成巨额财富。宋代的富商大贾是由交引铺、金银财帛铺、邸店停塌之家,特别是由金融业进行的高利贷资本的积累，是当时商业活动的最显著的表现。它以极高的利率贷款给小农民、手工业者，以及地主、商人和官僚，在短期内获得巨大的财富。货币财富的增长，促使商业资本和高利贷资本的集中。宋代福建的发展不是江浙地区发展的翻版，商业资本和高利贷资本的集中对经济与社会的发展所起的带动作用较之两浙地区要更大。商业资本和高利贷资本的投资方向主要是土地、房产，以及通过对仓库、旅馆业、金融业、运输业、客商的投资而进行的。宋代商业资本和高利贷资本表现了这样一个趋势：同官僚、地主逐步结合，形成官、商、地主的三位一体，在宋代社会结构中形成一个重要势力。

关键词：宋代 商业资本 高利贷资本 社会发展

---

[*] 李华瑞，男，首都师范大学历史学院教授，主要研究方向为辽宁夏金史及中国古代经济史。
[①] 本文重点参考了漆侠：《宋代经济史》，《漆侠全集》第四卷，保定：河北大学出版社，2008年。斯波义信著，庄景辉译：《宋代商业史研究》，台北：稻禾出版社，1997年。李华瑞：《宋代酒的生产和征榷》，保定：河北大学出版社，1995年。高聪明：《宋代货币与货币流通研究》，保定：河北大学出版社，2000年。汪圣铎：《两宋货币史》，北京：社会科学文献出版社，2003年。姜锡东：《宋代商人与商业资本》，北京：中华书局，2002年。

中国传统经济的评价一直是中国经济史研究中的一个大问题，但是讨论的议题主要是围绕西方学界对中国传统经济的评价而展开。从18世纪黑格尔以来西方学界对中国历史的主流看法是长期延缓、停滞，20世纪二三十年代中国历史为什么长期延缓停滞成为学界关心的重要议题；第二次世界大战以后国际学界否定中国古代社会长期停滞论。影响较大的有两种观点：一是美国学界费正清的中国内部不是停滞的，而是有变化的；二是20世纪初日本学者内藤湖南的"宋朝是中国近世开端"的假说即唐宋变革论，经他的后继者和学生宫崎市定等的发展在国际唐宋史学界产生深远影响。1949年我们建立起来的马克思主义的史学体系，在整体看法上和西方的主流观点有相一致的，譬如中国封建社会长期延缓停滞仍然是主要论题之一，也有不相一致的，这就是20世纪50年代五朵金花之一的"资本主义萌芽"问题。80年代漆侠先生中国古代经济"两个马鞍形"中的宋代经济高峰论，影响甚大。90年代以后，中国社会科学院经济研究所、美国加州学派反对宋代高峰论，认为清代超过宋代是中国古代经济发展的高峰。但自进入21世纪，日本唐宋变革论、欧美宋代经济革命说引起国内唐宋史学界的高度关注，因而宋代经济高峰论被再度热议，并且对宋代经济发展的历史走向从商品经济的发展必然导致经济发展和近代化的理论范式给以新的讨论。如果全面评价宋代社会经济的历史走向，恐非本文所能胜任。故选取近年来宋史学界持续推高宋代商品经济和商业发展讨论较集中的问题谈谈自己的一孔之见，不妥之处，敬请大家批评。

一、商业资本和高利贷资本的形成

中国古代的资本主要是商业资本和高利贷资本。伴随唐中叶以来商品经济和城市的快速发展，以及政府财政对货币需求的持续扩大，为商业资本和高利贷资本的形成创造了条件。宋代资本的集中大致有三个途径。

一是来自政府机构为权贵高官支付的优厚俸禄[1]，大量的金银铜钱集中到官僚士大夫手中。如宋真宗、仁宗时候的柴宗庆，身为驸马都尉，"所积俸缗

---

[1] 详见《宋史》卷171、172《职官志》奉禄制上下。

数屋，未尝施用"①，而那些权臣、贵幸以种种手段进行聚敛，积累了巨亿的金银财宝。如蔡京、童贯、朱勔，秦桧、张俊及韩侂胄之流，就是其中最为典型的。张俊在世的时候，"家多银，每以千两铸一毬，目为不奈何"②。就可以知道他们攫占社会财富严重之一斑了。宋高宗绍兴晚年，朝廷上曾经议论，"比年权富之家以积钱相尚，多者至累百巨万，而少者亦不下数十万缗，夺公上之权，而足私家之欲"③。无怪乎有的诗人写道："多蓄多藏岂足论，有谁还议济王孙……朝争暮竞归何处？尽入权门与幸门。"④

二是凭借土地经营，地主阶级，尤其是其中的大地主，也集中了一笔可观的金银铜钱。青州麻氏原是宋真宗时候的官僚地主，因犯罪被抄家，之后又兴发起来，藏储库之钱即有10万贯，就是一例。宋仁宗时，阻击西夏，曾"借（永兴军）大姓李氏钱二十余万贯，后与数人京官名目偿之，顷岁河东用兵，上等科配一户至有万缗之费"⑤。宋徽宗借恢复幽云故地而发动对辽战争，大肆搜刮，有所谓的"免夫钱"摊派给各阶层。海州怀仁县杨六秀才妻刘氏，"乞以家财十万缗以免下户之输"⑥。"豪猾兼并之家，居物逐利，多蓄缗钱，至三五十万以上，少者不减三五万"⑦。这类所谓的大姓、秀才都是地主阶级中人，他们之能够贮积了大量货币，也显然是与经营商业高利贷有密切关系。每遇战乱之际，这些财主往往把金银缗钱之类埋藏起来。如越人黄汝楫，家颇富饶，宣和中方腊犯境，以"素积金银缗钱（可值2万缗）瘗于居室"⑧。后来为了解救被方腊囚禁的一千多人的生命，黄汝楫掘出这批财货，献给方腊，这算是货币的一项特殊的功用。

寺院的僧道，不仅视"钱如蜜"，在其实际活动中也积贮了大批金银缗钱的。北宋中叶的夏竦就曾指出："其徒豪右（僧侣上层有财势者），多聚货

---

① （宋）吴曾：《能改斋漫录》卷12《柴主与李主角富贵》。
② （宋）洪迈：《夷坚志》卷23，戊卷四《张拱之银》。
③ （宋）李心传：《建炎以来系年要录》卷182，绍兴二十九年六月丙申记事。
④ （唐）徐寅：《徐正字诗赋》卷2《咏钱》。
⑤ （宋）李焘：《续资治通鉴长编》卷388，元祐元年九月丁丑。
⑥ （宋）何薳：《春渚纪闻》卷2《二富室疎财》。
⑦ （宋）宋祁：《景文集》卷28，《乞损豪强优力农札子》。
⑧ （宋）张淏：《宝庆会稽续志》卷7《玉帝赐黄如楫五子登科》。

泉。"①宋神宗熙宁年间，一个僧人曾"寓钱数万"于刘永一家，僧人死后，刘永一"诣县自言请以钱归其弟子"②。许多寺院由于田产财货之多"甲于一郡"，因而他们也就敢于用上百万到二百万的钱修葺寺阁，倍极华奢。③

宋代社会上最富的不是富家地主、僧道，而是依靠国家通过超经济强制实现对财富的大量占有的权贵官僚。

三是坐商巨贾通过长途贩运货物，从两地间批发商业提取商业利润，并从中形成巨额财富。唐宋以来，在山东、江苏、浙江、福建、广东、广西等沿岸地带，为了获得以香料、丝绸、陶器之类世界性商品的中转为主的远洋贸易和以沿岸地区之间的特产品交易为媒介的沿岸贸易的所谓两种贸易的转让利润而使输出港湾城市及其后方农村的产业蓬勃兴起。海上贸易商从原来的土地所有者和商人之中大批地涌现出来。巨额资本集聚于奢侈品海外贸易，获取了高额商业利润，资本增殖为国内贸易中其他商人资本所不能企及。如"泉州扬客为海贾十余年，致资二万万"，"度今有四十万缗"④。以牙侩起家转而经商航海的建康巨商杨二郎，"数贩南海，往来十有余年，累资千万"⑤。海外贸易中的巨额资本，不少掌握在外国商人手中，王安石云，"今蕃户富者，往往有二三十万缗钱"⑥。蕃商辛押陁罗，更是"家资数百万缗"⑦。由此可以看出，数十万缗可以视为海上商人资本中单个资本数额的水平。

大批的金银缗钱集中于大商人、大高利贷者的手中，越是在大城市中，这种状况越是突出。如北宋时的汴京，"资产百万者至多，十万而上比比皆是"⑧。南宋的杭州也是如此"今之所谓钱者，富商、巨贾、阉宦、权贵皆盈室以藏之"⑨。就是在一般城市中，也不乏拥有巨资的富商大贾，如京东路兴仁府坊郭户万延嗣，家业钱达 14 万贯 ⑩ "一路为最"，列为"高强出等户"。

---

① （宋）夏竦：《文庄集》卷 15《抑仙释奏》。
② 《宋史》卷 459《刘永一传》，第 13475 页。
③ （宋）范成大：《吴船录》卷上。
④ （宋）洪迈：《夷坚志》丁支卷 6，《泉州杨客》。
⑤ （宋）洪迈：《鬼国记》引《说郛》卷 118 下。
⑥ （宋）李焘：《续资治通鉴长编》卷 213，熙宁三年七月己亥。
⑦ （宋）苏辙：《龙川略志》卷 5《辨任告户绝事》，北京：中华书局，1982 年，第 28 页。
⑧ （宋）李焘：《续资治通鉴长编》卷 85，大中祥符八年十一月乙巳记事。
⑨ 《宋史》卷 433《杨万里传》，第 12866 页。
⑩ 《宋史》卷 175《食货志上三·布帛条》。

而从事长途贩运和海外贸易的大商人，积累的货币财富更加惊人。大家知道，司马迁撰写《货殖列传》时，如樊嘉之流仅有5000万钱，即被称之为"高赀"而列之于传。而这一类的货币资产，在宋代士大夫看来，"似不足道"，认为"中人之家钱以五万贯计之甚多，何足传之于史"①。这一史实，深刻地说明了，宋代的商业资本较秦汉有了极为明显的增长。由于大商人拥有雄厚的货币力量，不仅他们个人如"零陵市户吕绚以钱二十万造一大舟"②，以此进行各种活动，而在战乱年份，政府财政拮据之时，往往依靠他们的支持，如宋高宗建炎年间，湖州王永从"献钱五万缗，以佐国用"③，从而与朝廷、官僚士大夫的联系逐步加强起来，为商业资本高利贷资本的转化创造了条件。

二、商业资本和高利贷资本的活动

先说商业资本。宋代的商业资本是由行商和坐贾中的大商人作为代表的。这类富商大贾是由以下诸类的行铺构成的。

交引铺。宋代对茶盐实行专利，以茶引盐钞算请茶盐。交引铺是这类特殊贸易形式的产物，以汴京和临安最为集中。交引铺的出现，是商业资本发展的一个重要表现。

金银彩帛铺。买卖金银及金银首饰的商铺和买卖绢帛的商铺。穿衣是人们生活的一个基本需要，不论是在墟市、镇市，还是在一般城市及汴京等大城市中，都有这种交易，而一些大的商铺进行大宗交易。

邸店、"停塌"之家。这是专门为客商贮存各种货物的货栈，在临安城内的"停塌"还贮存保管客商的金银。其中大的邸店、"停塌"之家也属于兼并之类的势力。在汴京、临安及重要的商业城市，都有这类的商业资本。

商人一个极为重要的特性是买贱卖贵，从这种差额中牟取高额利润。商业资本的一个重要活动，就是垄断城市的市场价格，"兼并之家如茶一行自来有

---

① （宋）吴箕：《常谈》。
② （宋）邹浩：《道乡集》卷12《吕四》。
③ 《皇宋中兴两朝圣政》卷4，建炎三年二月辛未记事。

十余户,若客人将茶到京,即先馈献燕设,乞为定价,比十余户所买茶更不敢取利,但得为定高价,即于下户倍取利以偿其费",这种情况,不是茶行独有的现象,其他的"行户盖皆如此"。①这是在既有损于贫下行户又有损于外来的行商的情况下,增殖扩大商业资本的。可见商业资本竞争中,也是通过大鱼吃小鱼的办法,使少数大商人暴发起来的。

以交引铺为代表的商业资本,则垄断茶引和盐钞以牟取厚利,使自己增殖起来。宋政府为供应西部和北部边境上的军需,采取了许多措施和办法,其中之一是鼓动商人把粮草或见钱等运至边境,根据其"入中粮草"的数量,而给以报酬。为使商人乐于"入中",付给的价钱要比市场价格(边境上的价格)高得多,这叫做"虚估"或者"加抬",以饶润商人。

作为商业资本另一种类型的代表是行商中的大商人。这种商业资本是通过大商人在国内长途贩运和海外贸易而增殖、发展起来的。这是商业资本运动的普遍性的形式。通过对某些地区生产的控制而增殖起来。商业资本的这项活动有两种形式,一是包买所有产品,另一种形式是为取得某项产品而预给定钱。商业资本采取上述形式同生产紧密结合起来,达到自己增殖的目的。大商人主要是通过长途贩运大赚其钱、增至资本的。长途贩运的一个明显结果是地区差价,这个差价怎么造成的呢?毫无疑问是由运输的船工、车夫等各色劳动者造成的。请看下面的一个算式:

地区差价总额(商品数量×每一商品的地区差价)运费。

地区差价总额同运费的关系不外乎以下三种情况:差价总额小于运费、等于运费和大于运费。如果是前两者,大商人不是无利可图,便是折本,这两者是违背长途贩运的商业经营的规律的,因此大商人是不肯干的。只有第三种情况,差价总额大于运费,大商人才有利可图;差价总额超过运费越多,大商人也就赚得越多。大商人在长途贩运中极力在运费上打主意,尽量减少支出。因此,他们或是由自己的仆人承担运输,或在农闲的时候雇佃客承担,或直接雇人贩运,用这类办法少出运费。

再看高利贷资本。在宋代官私记载中高利贷者与大商人、大地主及品官形势之家,并列为兼并之家。以长途贩运批发商业为源泉的商业资本家、金

---

① (宋)李焘:《续资治通鉴长编》卷236,熙宁五年闰七月丙辰记事。

融业者在海港城市和地区市场圈中心城市形成了巨大的财产。特别是由金融业进行的高利贷资本的积累，是当时商业活动的最显著的表现。它以极高的利率贷款给小农民、手工业者及地主、商人和官僚，在短期内获得巨大的财富。由于从事这类典当和借贷的必须有"库"房贮存，所以在宋代又有"库户"的称号。

官员们也纷纷放高利贷。宋太宗秦州长道县酒场官李益，大放高利贷，"民负息钱者数百家，郡为督理如公家租调"①，便是著名的例证。《梦粱录》上说："又有府第富豪之家质库"，府第指的是官宦世家，依此而言，南宋临安官员们开质库的是为数不少的，"城内城外不下数十处，收解以千万计"②。

一般世俗地主之放债取息是极其广泛的，毋庸多说。寺院地主之放高利贷也很普遍，而且这项活动也是由来已久的。"库户""钱民"则以放高利贷为其专门职业。这些人的本性是，如何盘算使高利贷资本增殖和再增值。"钱生儿，绢生孙，金银千万亿化身"③就是最好的写照。到质库或私人借贷钱物，都必须有抵押品，田地是最好的抵押品，因而以田契充当。以田契为抵押为高利贷者兼并土地开了方便之门。

王安石在熙宁年间对高利贷猖獗的情况有如下的评论："今一州一县，便须有兼之家，一岁坐收息钱至数万贯者，此辈除侵牟编户齐民为奢侈外，于国有何功而享以厚俸？""今富者兼并百姓，乃至过于王公，贫者或不免转死沟壑。"④

在两宋三百年间，高利贷利息率具有下降的趋势，也是值得注意的。北宋真宗、仁宗之际，欧阳修举述当时的高利贷率为："不两倍则三倍"即高达200%—300%。这大概是个别的事例。一般来说。高利贷的利息率是所谓的"倍称之息"即100%的利息率。宋真宗时任河北转运使的李士衡曾指出："民乏泉货，每春取绢直于豪力，其息必倍。"⑤从宋仁宗到宋神宗初年"民间出举

---

① 《宋史》卷257，《吴廷祚传附元载》，第8949页。
② （宋）吴自牧：《梦粱录》卷13、卷18。
③ （宋）陶谷：《清异录》卷上，《人事·不动尊》。
④ （宋）李焘：《续资治通鉴长编》卷240，熙宁五年十一月戊午。
⑤ （宋）范仲淹：《范文正公全集》卷11，《李士衡神道碑》。

财物，取息重止一倍"①。南宋高宗时，依然是"倍称之息"，"世俗嗜利子沓贪无艺，以子贷豪取，牟息倍称"②。《世范》云"典质之家至有月息什取其一者，江西有借钱约一年偿还而作合子立约者，（小字注：谓借一贯文约还两贯文），衢之开化借一秤禾而取两秤，浙西上户借一石米而收一石八斗"③。从上述记载看，"倍称之息"在两宋居于支配地位。④

王安石变法期间，以利息率40%的青苗钱抵制100%的倍称之息，无疑是对高利贷的一个抑制，对高利贷率的下降起了明显的作用。在中外历史上，高利贷都受到了社会的广泛谴责。袁采斥责"倍称之息"为"不仁之甚"。

三、集中的资本带动社会发展

货币财富的增长，促使商业资本和高利贷资本的集中。资本集中的过程既造成社会贫富两极分化，同时也带动社会的转型，提高社会富庶指数。宋代经济、社会最发达的都城、江浙地区的发展模式即是显著的例证。但是在宋代自然条件和经济发展起点均远逊于江浙的福建的社会经济和教育文化事业却有较快的发展，南宋时期福建已是仅次于两浙的先进地区，宋代福建的发展不是江浙地区发展的翻版，商业资本和高利贷资本的集中对经济与社会的发展所起的带动作用较之两浙地区要更大。

宋代以来，称为闽商、闽贾、闽船的福建商人们的活动，开始为社会所注目，在商业界越来越显得重要了。他们的活动领域，主要是海陆的贸易商业、运输业、金融业，同时，作为技艺人、僧侣、道士兼营的商业、农民的副业也不可忽视。当时他们主动地投身于这些职业，不外是由于人口过剩和耕地寡少，并受到了新的商业营利机会的激发。"凡人情莫不欲富，至于农人百工商

---

① 《宋史》卷331，《张问传附陈舜俞传》，第10663页。
② （宋）范浚：《香溪集》卷22《吴子琳墓志铭》。
③ （宋）袁采：《袁氏世范》卷3。
④ 最新研究认为目前所见城市内部的高利贷的年利率大致是在30%—100%。孙竞：《北宋城市贫富差距与收入再分配研究》，西南大学博士学位论文，2016年，第143—144页。

贾之家，莫不昼夜营度，以求其利。"① "泉州商人夜以小舟载铜钱十余万缗入洋"②，泉州一带"朝为原宪暮陶朱"，以经商为重。并且，包括作为士大夫而发迹者的这些出身于福建的人，当向外地扩展势力时，则以牢固的地缘纽带在社会、经济上相互结合起来。

唐以前的福建，是险恶的自然条件阻隔而孤立于中原的化外之地。唐中期以后，这种状况跃然一变，在仅仅三四百年间，福建便成了华南重要的文化、经济的先进地区。促使这一变化的直接原因，可以归结于长途贩运、海外贸易的刺激和由于中原人口迁居南方而带来的文化、经济方面的开发。海上贸易的影响对于福建商业的发展是很重要的。其中泉州是其有全国意义的大港口，北宋元祐二年（1087年），宋政府在泉州设福建市舶司，南宋时期，泉州港发展为我国最大的对外贸易港口，而泉州名副其实地作为南海贸易的中枢港而繁荣起来却是在南宋以后，《梦粱录》载，首都临安，如欲船泛外国买卖，则是泉州便可出洋，即江浙地区出洋亦须到泉州搭船。然而，事实上唐末以来福建沿海的贸易就已经很活跃，五代闽国通过中原王朝朝贡贸易的形式发展了公私贸易。到了宋代，福建为全国海上商业最发达的地区。宋代的沿海城市，北从京东路的密州板桥镇（今山东胶县）南到广南东、西路的广州、琼州（今海南海口市东南），无不留下福建海商的足迹。福建海船并溯长江而上到达镇江、扬州、建康府（今南京市）等城市经商。两浙与两淮地区所需的香药、生铁、葛布、荔枝、桂圆、蔗糖、茉莉、素馨等商品，有可能主要是闽商"转海而至"。对外贸易港口众多。交通技术尤其是海运业的形式更加进步。福建的造船技术受到了高度的评价，"海舟以福建船为上"，航海技术也很进步。到高丽五、七乃至二十日，至温州、明州所需不过三数日，缩短了与市场的经济距离，形成了经常沟通分散的地方诸市场的交易形态。这样一来，以海上商业为主的长途贩运便繁荣起来了。

福建熙宁十年（1077年）的商税额约二十四万贯，比旧税额约十三万贯有了显著增加。通常远程贸易所蓄积起来的商业财富使沿海城市和顺着内陆商路的城市富裕起来，促进了城市周边产业的发达。邵武军行商的风气相当浓厚，

---

① （宋）蔡襄：《端明集》卷34《福州五戒文》。
② （宋）李心传：《建炎以来系年要录》卷150，绍兴三十年。

"家有余夫,则赍健往贾售于他州"。唐中期以后,在经济上由寺院、豪族率先进行了开发,与此同时政府也从财政方面给予积极的援助,从而使土地、产业、交通路得到了显著的开拓。首先表现在农业发展上,农业多种经营以经济作物和果木种植、沿海渔业为重要,荔枝、桂圆、茶叶、白梅、乌梅、蓝淀、茉莉、素馨、蔗糖为大宗商品,茶叶、蔗糖和水果生产规模很大。建茶生产地建安一带"每岁方春,摘山之夫,十倍耕者"。《南涧甲乙稿》载:"今造茶夫云集,逮其将散,富家大室宜招集房,假之以粮。"据宋子安《东溪试茶录》,建安有私人茶叶作坊"茶焙"一千三百余所,假定一个条焙有一个作坊主,用三个工人,作坊主或有千余人,雇工当近四千人,这在当时是一个相当大的数字。其次促进商品经济的发展,福建是全国发现宋元窑址最多的省份,以建窑、德化窑和泉州最著名。福建是著名的印刷、造纸中心和造船中心;由于产矿丰富,宋政府在建州设丰国监铸铜钱,为宋代四大铜钱监之一。福建是白银的主产地,北宋元丰年间,福建银岁课额 69 000 两,居各路第一。

唐中叶以降,商品经济发展、商业的繁荣,不仅吸引以精力、智慧谋求冒险和发财机会的商人、浮浪民纷纷集中到大中城市。而且也吸引中原大族名士,为追求安定与发展余地而陆续移居到福建,直到南宋,仍持续着这种状况。而且因雄厚的商业资本的增殖需求,又促成文化、教育、娱乐的发展与之相适应。宋代福建的教育事业全面兴起,时人盛称"宋之季,闽之儒风,甲于东南"①。宋代福建经济的发展,特别是造纸业、印刷业的发达,为文化教育的发展提供了基本条件。大观、政和间,朝廷为海外商人和侨民在泉州建立"番学"。福建兴学的资金有三个渠道,一是学田、二是地方财政、三是商人、富豪捐资,由于经济发展水平高,尚学之风颇盛,加上地方官的鼓励提倡,商人、富豪捐资办学的热情很高。这些土地与资金由各州县学自行管理,或放佃收租,或放贷取息,用以补充教育经费。这一做法在中国教育史上产生了深远影响。人才辈出、学术隆盛,是文化教育社会发展进步的标志,据不完全统计,两宋 320 年间,福建历届进士人数多达 6869 人,占宋代进士总数 35 093 人的近五分之一。其中,官至宰相、执政者,不少于五十人,任职于中枢方面或地方者,更不胜枚举。政治家、军事家、科学家、文学家与艺术家,像群峰

---

① (元)吴澄:《送姜曼卿赴泉州路录事序》,《吴文正集》卷28。

森列于宋代版图上。就是在思想方面，闽学也领导着南宋的思想界。可以说，在宋末福建之儒风甲东南，特别是大商巨贾居住的泉州、福州居于最先列。

四、商业资本和高利贷资本的投资方向

首先，投资的主要对象是田产，即向土地房屋等主要动产方面的投资。当时土地投资的盛行情况，从田价的上涨和田讼的频发也可窥视一斑。就拿田价来说吧，北宋仁宗庆历前后，在河南氾水县李诚庄每亩为五贯，熙宁五年（1072年），官田的赤淤地每亩为二贯五百至三贯。花淤地为二贯至二贯五百；熙宁八年（1075年）前后，苏州每亩为一贯文。（典田）：治平末，长安的上等田每亩为二贯弱；同一时期，明州每亩为一贯文。到南宋时候，田价暴涨，明州定海县为二三十贯、鄞县为三十二贯；到南宋末期，镇江府溧阳县围田每亩十贯；淳祐前后，广州每亩为十贯。苏州苏辙的别墅卖价为四万四十贯，后来达数百万（数千贯）。即使土地投资不是造成田价上涨的唯一因素，但田价确实异常地腾贵。

马端临概括宋代的土地兼并时指出："富者有资产可以买田，贵者有力可以占田"①，把"有资产可以买田"放在第一位，这可见通过土地的买卖而进行的土地兼并，在宋代具有何等意义了。而"富者有资可以买田"，不言而喻，拥有雄厚货币力量的大商贾当然占有重要位置。高利贷者利用借债而攘夺农民的庄土（自然也有地主的庄土）牲畜向土地方面转化，也是不言自明的。在宋代，商业资本和高利贷资本之间向土地方面转化，对土地所有制形成一个强有力的冲击。袁采在《世范》中一再提到"贫富无定势"，他强调"世事多变更，乃天理如此"，"大抵天序十年一换甲。则世事一变"，"今不须广论久远，只以乡曲十年以前二十年以前以论目前，其成败兴衰何尝有定势？"②这个有力的冲击使得地主阶级的升降线频频地波动起来，它的升降沉浮更加明显起来。因此在"贫富无定势，田宅无定主，有钱则买，无钱则卖"的情况下，

---

① （宋）马端临：《文献通考》卷2，《田赋考》。
② （宋）袁采：《袁氏世范》卷2《世事变更皆天理》。

买占土地者主要是形势户、寺院、乡豪等豪右大姓,但工商业者也将其商业财富转换为土地。除了官户、富家、吏人之外,有的商人也购买土地,从而成为外地的地主。一些老牌地主如米信、郭进的后代,也失去了田宅,从地主阶级中跌落下来;而大商人高利贷者摇身一变,变成了地主阶级。货币的力量对社会的变动起了作用。

其次,仅次于土地的投资对象是建筑物。例如,明州城外五十里小溪村的富家翁建造了门廊厅级均与大官舍相同的巨宅;出身于蜀的丞相崔与之在乡里建造了壮丽的府第,于是一位豪商也仿盖了一座分毫不差的家宅。又据载,大商家的干仆受托代主人之子经营,利用大商的财富积累了私有财产,建造了与主人同样的家具齐全的房子。

"缘京师四方客旅买卖多,遂号富庶。人家有钱本,多是停塌解质,舟行往来兴贩。岂肯闲着钱,买金在家顿放"①,"富人必居四通五达之都,使其财布于天下,然后以收天下之功"②。可见商人的投资,是自己聚居于商业活动的中心地,通过对仓库、旅馆业、金融业、运输业、客商的投资而进行的。还有买妾、买婢、买僮等而向买取奢侈奴隶方面的投资,以及用于古代美术、古董的收藏、金银的储藏和购买果园、山林等。

对于商人们来说,土地终究是最永久、最安全的投资对象。一般民众也不希望将金银等贵重金属作为财产储蓄,而更希望把它转化为田产。因此,还必须考虑到,这种土地投资本身既是间接商业营利的源泉,同时也包含着以多田为自豪的奢侈投资之一面。

五、地主、官僚、商人三位一体的形成

宋代商业资本和高利贷资本表现了这样一个趋势:同官僚、地主逐步结合,形成官、商、地主的三位一体,在宋代社会结构中形成一个重要势力。

第一,商业资本和高利贷资本的代表人物总是想方设法挤进官僚士大夫群

---

① (宋)徐梦莘:《三朝北盟会编》卷29,靖康元年正月八日条,第214页。
② (宋)徐梦莘:《三朝北盟会编》卷180,绍兴七年十月,第1310页。

中，借以改变自己的门第，巩固自己的经济地位。科举考试是商人向官僚地主转化的一个桥梁。在宋代，有不少商人是通过科举考试而跻身于士大夫的行列中的。

许骧祖上原是商人，世家蓟州，资产富殖，许骧父亲请当地著名教育家戚同文培育，后考中进士，成为显赫。这个商人家庭就转化为官僚地主了①。做上宰相富弼的女婿，并登上参知政事的高位，因外表华丽多彩而博得"金毛鼠"这一绰号的冯京，也是来自商人家庭。②商人之向官僚地主转化，首先是"读书为士人"而后中科举、释褐为官，就转化成功了。

第二，大商贾、高利贷者的又一转化途径是，通过联姻而与官僚士大夫相结合。富商大贾需要的是官僚士大夫的权力、地位。而官僚士大夫则餍羡富商大贾们的钱财，富商大贾与官僚士大夫的结合，乃是权力地位与资材的结合，富商大贾便可因此"比庇门户"，同原来的地位大不同了。这种情况似乎更多一些。婚姻的形式，一是娶官僚贵势之女。真宗时开封尉氏县茶商马季良娶刘皇后之兄外戚刘美之女，获封光禄寺丞。③苏州商人朱冲，是徽宗朝朱勔的父亲，其家族内"弟侄数人，皆结姻于帝族，因缘得至显官者甚众"④。大名鼎鼎的大桶张氏，在婚姻方面最为突出，"近世宗女既多，宗正立官媒数十人掌议婚，初不限阀阅，富室多赂宗室求婚，苟求一官，以庇门户，后相引为亲，京师富人如大桶张家，至有三十余县主"⑤。婚姻另一种形式是把女儿嫁给官僚士大夫。最受到富商大贾们垂青的是新科进士：

> 本朝贵人家选婿于科场年，择过省士人，不问阴阳吉凶及其家世，谓之"榜下捉婿"。亦有缗钱，谓之"系捉钱"，盖与婿为京索之费。近岁富商庸俗与厚藏者嫁女，亦于榜下捉婿，厚捉钱以饵士人，使之俯就，一婿至千余缗。⑥

---

① 《宋史》卷，277《许骧传》。
② （宋）罗大经：《鹤林玉露》卷10。
③ （宋）李焘：《续资治通鉴长编》卷98，乾兴元年夏四月壬寅。
④ （宋）龚明之：《中吴纪闻》卷6《朱氏盛衰》。
⑤ （宋）朱彧：《萍州可谈》卷1。
⑥ （宋）朱彧：《萍州可谈》卷1。

富商大贾需官僚士大夫的权力、地位，官僚士大夫餍羡富商大贾的钱财，富商大贾与官僚士大夫两相结合，权力地位与资财相结合，富商大贾便可由此"以庇门户"，同原来的地位有所不同。

第三，富商大贾高利贷者之向官僚士大夫转化的再一途径是花钱买官。宋仁宗时就开始卖官，而宋徽宗时情况更加严重。宋朝卖官可分为制度性卖官和官员私下卖官两类。进纳授官是宋朝卖官的主要形式，即交纳钱粮买取官爵。但由于宋朝历代对进纳得官者限制很严，所卖之官主要是虚衔，导致进纳人在官场颇受歧视，不过他们有时倚势横行，实力不可低估。而与进纳制度不同，官员的私下纳赂卖官，出售的则是实职的差遣。举凡大臣、宦官、将帅、人事部门官吏等，均不乏私下卖官自肥者，尤其自宋徽宗以降直至宋亡，私下卖官之风日益炽盛，官场腐败实与私下滥卖官衔有莫大干系。宋朝官员的头衔有官、职、差遣、勋、爵、邑等，其中唯有差遣属实职，其他均属虚衔。

宋神宗时，史载："若进纳出身人例除京官，至有经覃恩迁至升朝官者第，类多兼并有力之家，皆免州县色役及封赠父母。如京官七品，除衙前外，亦免余色役，尤为侥幸。条例繁杂，无所适从。"①反映了进纳人作为"兼并有力之家"，利用"条例繁杂，无所适从"，照样能钻营为升朝官，而谋取私利。

宋代的官户自然是与民户身份有重大差别，官户"谓品官，其亡殁者有荫同"，"诸称品官之家者，谓品官父、祖、子、孙及同居者"②。但对"进纳买官"者而论，却大大提高了官户的门槛，"系有正法，惟因军功、捕盗，或选人换授，至升朝官，方许作官户"。③升朝官即朝官，在元丰改制后，须至正八品文官通直郎和武官修武郎以上，方能算是官户。

宋徽宗大观时，有人形容进纳人之滥："近年以来颁假将仕郎等告牒，比之往岁不啻数十倍"，"一假将仕郎其直止一千余缗，非特富商巨贾，皆有入仕之门，但人有数百千轻货，以转易三路，则千缗之人为有余，人人可以滥纡命服，以齿仕路。遂致此流遍满天下。一州一县，无处无之，已仕者约以千计，见在吏部以待注拟者不下三百人"。人称"方今入仕之门，多流外之员，其冗

---

① 《宋史》卷170《职官志·杂制》，第4091—4092页。
② （宋）谢深南：《庆元条法事类》卷48《支移折变》、《科敷》，卷80《诸色犯奸》。
③ （宋）杨仲良：《续资治通鉴长编纪事本末》卷132。

滥尤在于进纳"①。在政治上已产生极坏的影响。到南宋，富室大贾继续纳粟买官，并混入军队。绍兴十七年（1147年）臣僚奏言称："今日官户不可胜计，而又富商大业之家多以金帛窜名军中，侥幸补官，及假名冒户规免科须者，比比皆是。"②这一类买来的官，社会上虽也看不起，但毕竟是所谓的"官"，不仅可以在社会上招摇撞骗，而且充作自己的护身符，维护自己的财产。

第四，富商再一个转化途径是向一些有权势的勋贵投靠，以便得到这些人的荫庇。如开封府民刘守谦就是在外戚的庇护下，"冒立券"而得到免役的。宋神宗向后父向泾也"影占行人"，他们可以得到行人的贿赂，而行人则可以减少科敛，免除徭役，各得其所。

第五，还有一部分商贾同官府结合起来，逐步向官商方面转化。宋代对重要商品均采取国家专卖制度，在对各项专利的瓜分中，商人同封建国家之间既是利益的相互瓜分者，同时也存在矛盾，如王安石变法期间市易法对把持大中城市垄断市场的大商人势力的打击，北宋晚期蔡京集团当权期间对盐商的打击，就是突出的例证。但在更长的时期内，帝制国家同大商巨贾则结成为亲密的伙伴关系，有的商贾成为政府管理商业机构如市易务的行铺，与官府共同分享商业利润，有的同政府的专利制度相结合，为政府运销盐矾，分沾盐矾之利，有的如交引铺同当权者集团、榷货务紧密结合，共同吞噬各项厚利，这样，通过专利制度，一部分大商人同封建国家结合，转化为官商。

当然，也有一批士大夫特别是其中的下层向商人方面转化。宋代官员，不分文武，不分大小，大都同商业有着这样或那样的联系。"今者官大者往往交赂遗、营赀产，以负贪污之毁，官小者贩鬻乞丐无所不为"，营赀产"包括邸店、质库等等"，贩鬻则是到各地贩运买卖。有的武将如张俊，派老兵到海外贸易，大发横财，这是官僚中进行商业活动中出了名的。有的官员如丁谓被贬到崖州，还同贩夫联系，付以数百缗的本钱到处贩卖逐利。真正转化为商人的是下层士大夫。由于参加科举考试的人越来越多，录取的名额不过十分之一，绝大多数的士人无法登上仕途，挤不进官僚地主的行列，就只有向商业一途发

---

① （清）徐松辑：《宋会要辑稿》，《职官》55之39。
② （清）徐松辑：《宋会要辑稿》，《食货》6之2。

展了。宋代不少的士子刻书印书、开书肆卖书，北宋著名的散文家穆修就曾在大相国寺里摆过书摊，南宋理宗时在临安开书铺的陈起，是当时名声大噪的陈状元。不仅是开书铺，各行业都有。陈杰在武宁道中碰上了他的旧相识，这个人已是"负贩中"的人物了："拍天富贵有危机，屠钓逃名未觉非。许靖何尝羞马磨，王章安用泣牛衣。班荆道旧身俱晚，折柳临分意重违。且复斯须相劳苦，明年我亦荷锄归。"① 至于"远僻白屋士人，多是占户为商，趋利过海"②，到海外去一显身手了。

通过以上转化途径或渠道，在两宋300多年间，商业资本、高利贷资本不断地向官僚士大夫转化，不断同官僚、贵势等势力相结合，从而逐步形成为官僚、地主和大商贾高利贷者的三位一体，成为帝制统治的一个支柱。明、清两代那些惯于附庸风雅的淮南盐商，蒸龙烹凤，穷奢极欲，就是与帝制国家结合，转化为三位一体的一批官商。在他们把持的盐业中，不但找不到资本主义的因素，而且很难在这个土壤中产生资本主义萌芽。这是漆侠先生通过对宋代经济关系的解剖，揭示了宋代以后至明清社会经济发展过程中难以产生近代工业文明的深层次原因之所在。

附说 "重本抑末"传统经济观念的变与不变

周秦以降至唐，历代政府奉行"重本抑末"的政策，士大夫及社会的经济观念也多是以从事农业为"本"，从事工商业为"末"，可谓根深蒂固。但是在商人蓄积财富极盛一时的宋代，当然这种禁忌也被松弛了，并出现了认可营利的思想。正如蔡襄之"凡人情莫不欲富，至于农人商贾百工之家，莫不昼夜营度，以求其利"③，司马光之"无问市井田野之人，田中及外，自朝至暮，惟钱惟求"④，从事工商业可以致富这一点，统治阶级也不能视而不见。于是便逐渐产生了凭借专制政府的力量，将工商业纳入政府直接控制之下以之富国的

---

① （宋）陈杰：《自堂存稿》卷3《武宁道间遇故旧于负贩中》。
② （清）徐松辑：《宋会要辑稿》刑法2之57。
③ （宋）蔡襄：《端明集》卷34，《福州五戒文》。
④ （宋）司马光：《传家集》卷45，《应诏言朝政阙失状》（熙宁七年四月十八日上）。

官营工商的政策和观点，改变了富国只有农业一途的认识。如果将宋代的禁榷制度同前代（特别是西汉）的禁榷制度进行比较，就会发现，宋代的禁榷制度有很大改进，突出表现为：前代的禁榷，往往禁榷品的生产、运输、销售全过程都由官方经营，由于官吏的特殊身份和官僚机构的固有运作机制，造成许多弊病，结果是国家得利不多，百姓却受到很深的伤害；而宋代官方把禁榷品的生产、运输、销售中一些不适合官府（官吏）直接经营的环节，转让给民间工商业者或普通百姓经营，这就是贯彻了所谓"官商分利"的原则。这一原则得到统治阶层中许多人的认同。吸引商人参加到禁榷运作中来，这至迟在唐代已经出现，韩愈就曾提出过将食盐零售出让给普通商人的主张。到北宋初，发行交引，也是将一些禁榷品的零售权转交给商人，事实上已贯彻了官商分利的原则。此后各种钞引的发行，无不贯彻这一原则。

为了增加财政收入，官方比较注意有条件地发展商业。统治者认识到市舶贸易能给官方带来巨大收益，因此对发展市舶贸易格外重视。如宋神宗讲："东南利国之大，舶商亦居其一焉。昔钱、刘窃据浙、广，内足自富、外足抗中国者，亦由笼海商得术也。"① 宋高宗也对市舶贸易很重视，强调此项收入系"在常赋之外"，要户部向他报告收支情况，且令人专门制定了对纲首和官吏的鼓励性法规。② 宋朝统治者比较注意商税合理征收，经常根据实际收入情况调整各地商税定额和税率，调整税卡的布局，惩治那些刁难商人、苛征商税、敲诈勒索的官吏。

工商业者的地位有所提高，表现在五个方面：①商人可送其子弟入官办的州县学就读；②被允许参加科举考试和出任官职；③通过向官府进纳钱粟而跻入仕途；④商贾交结宗室、贵戚、官员，甚至与之联姻；⑤通过为国家管理税收，充当出使随员、立军功等加官进爵。宋代商人身份比较复杂。亦官亦商者有之，如王安石所说的，"自非朝廷侍从之列，食口稍众，未有不兼农商之利而能充其养者也"③。地主经商在于"用贫求富，农不如工，工不如商"的致富规律，而商人投资土地，则遵循"以末致财，用本守之"的历史传统。至南

---

① （宋）杨仲良：《皇宋通鉴长编纪事本末》卷66，《三司条例司废置》，哈尔滨：黑龙江人民出版社，2006年，第1161页。
② （宋）李心传：《建炎以来系年要录》卷183，绍兴二十九年九月壬午。
③ （宋）王安石：《临川文集》卷39，《上仁宗皇帝言事书》。

宋后期，士大夫对子弟从事"末业"采取了开放的态度。《袁氏世范》卷二《子弟当习儒业》在分析作为士大夫子弟可就之业时，虽然仍将习儒登进士而致富贵视为首选，将私塾教师作为第二选择，不得已才选择代书人、巫医、僧道、农业、商业、技术等则作为养生之计，但是在观念上与前代视之不屑为的"贱业"相比毕竟已是有了不小的进步。

宋人的商品经济观念的确大为增强，"重本抑末""农本工商末"的传统观念到宋代受到很大冲击。清人沈垚有一段很精彩的论述，他说："宋太祖乃尽收天下之利权归于官，于是士大夫始必兼农桑之业，方得赡家，一切与古异矣。仕者既与小民争利，未仕者又必先有农桑之业方得保朝夕，以专事进取，于是货殖之事益急，商贾之势益重。"是什么原因使得士大夫与商人的关系大为变化呢？沈垚认为："则以天下之势偏重在商，凡豪杰有智略之人多出焉。其业则商贾也，其人则豪杰也。为豪杰则洞悉天下之物情，故能为人所不为，不忍人所忍。是故为士者转益纤啬，为商者转敦古谊。此又世道风俗之大较也。"①这段话从一个侧面反映了宋以后思想家、政治家的主体——士大夫对商人地位及其社会功能认识的改变。

当然，对于宋代商品经济出现的对传统经济观念的冲击浪潮，不能估计过高，因为固然相当多士大夫与时俱进，改变了传统的经济观念，但是这与帝制国家仍然在很大程度上奉行的"重本抑末"政策是不能同日而语的，更何况南宋后期的理学（道学）渐居官学主导地位，理学（道学）的经济观念依旧尊奉的是"子罕言利""义主利从""崇道德黜功利""不与民争利"等传统教条，而且影响元明清六百多年。同样对宋代商品经济的发达和商业的繁荣也要看到本身的局限性，尽管宋代官方对工商业的态度有所转变，但是将私人工商业同官营工商业相比较，宋代的私人工商业实际还相当脆弱。在工商业中，最有利可图的部分盐酒茶香药都被帝制国家垄断实行了禁榷，官方占据了资源最好的矿山等。私人工商业只能啃官方遗弃的骨头，或者投靠官方，成为官营工商业的附属品。宋代官方实行"官商分利"原则，有意地吸引商人为其效劳。于是，出现了为数众多的粮草商、钞客、交引铺商、盐商、茶商等，他们都依附于官府。他们有时与官吏勾结大发国难财，成为巨富；有时又被官方变换立法

---

① 《落帆楼文集》卷24《费席山先生七十双寿序》。

而坑害，倾家荡产。他们的荣辱兴衰同帝制国家的变化紧密相关。造成这种状况的出现，主要是因为：①这种商品经济受到政治的干预控制，不完全具有商品经济的独立性质；②这种商品经济的生产形式与流通形式往往脱节，投入市场的商品往往不具有交换价值生产性质；③这种商品经济的流通形式中，买者的简单再生产和消费目的性大于扩大再生产目的性，卖者交纳赋税的目的性大于获取商业利润的目的性。后两个特征也是一般小商品生产可能共有的，但以中国古代最为典型而充分。①而完全具备这三个特征在中国古代史上以宋代最为突出。

另外，商税是在宋代首次成为国家财政重要来源之一的，引起学者的极大关注，认为它证明着当时社会商品经济较之前代有飞跃性发展，不过近年来不少学者的研究表明，关于宋代商税的问题，似应作更为周全的考虑。尽管商品交换规模的扩大是商税收入增长的必要前提之一，但不能反过来依据商税收入的数据来推论工商经济与农业经济互相之间发展水平的比例。日本学者宫泽知之在研究宋代盐政与商税征收关系时发现宋仁宗庆历八年（1048年）解盐改行通商法后，全国的商税岁入锐减一半，而且此后即便在王安石新政、全力推进赋税货币化的时期也未见增长的史实，进而提出了"盐的专卖和在沿边取得军粮这项国家经济政策，决定性地制约了作为商税课征对象的商人的活动"的看法，这个看法既明确了宋代国家巨额商税收入的主体，是与专制国家及获取军粮的财政政策直接联系，是这些财政政策的衍生物。同时又能帮助我们理解宋代文献将禁榷与征商视同一体书写为"征榷"的内在含义。以往对来自社会自发性商品交换的商税的过高估计，由此可以得到澄清。②

---

① 参见叶坦：《商品经济观念的历史转化—立足于宋代的考察》，《历史研究》1989年第4期。
② 参见包伟民：《宋代地方财政史研究》，北京：中国人民大学出版社，2011年，第301—303页。

宋代水上信仰的神灵体系及其新变

黄纯艳[*]

摘　要： 宋代是水上航行大发展的时代，水上航行中的神灵信仰体系进一步完善，并出现若干新变。宋代水上神灵形成了从四海四渎神到川泽风雨神的层次高低，正祀、淫祀、中间地带神灵的正式与非正式划分，以及本庙与行祠等构成的交错复杂的神灵体系。宋代原有水上神灵信仰出现了若干新变化，同时新创了若干航行所需的护航神灵信仰。宋代水上神灵信仰体系的完善及其新变化是宋代历史发展新特点的直接反映。

关键词： 宋代　水上信仰　神灵体系　新变

宋代内河和海上航行空前繁荣，航行于水上的各种群体数量剧增。而行走于水上世界的人们认知自然的角度和心理与陆上脚踏实地的人们有很大的区别。他们所信仰的神灵与陆上信仰既有交叉，又成相对独立的体系，有其独立的特点。本文所言水上信仰是指人们在水上活动中尊奉的神灵信仰。学界对海神信仰、圣妃（天妃）信仰、长江水府神等水上信仰已多有研究，对民间信仰和国家礼制的相关研究中也论及水上神灵信仰。[①]本文主要考察现有研究未系统关注的宋代水上信仰神灵体系的构成及其新变化。

---

[*] 黄纯艳，男，云南大学历史与档案学院教授，主要研究方向为宋史和中国经济史。
[①] 古林广森研究了宋代东海神和南海神信仰，以及宋代长江水神信仰（主要是水府信仰）；王元林考察了南海神信仰和水府信仰的发展源流；李伯重等学者考察了妈祖信仰的功能和演变。这些学者的研究内容直接与本文论题相关。朱溢对宋代吉礼的研究，贾二强对唐宋民间信仰的研究，皮庆生对宋代祠神信仰的研究等也涉及本论题的内容。以上学者的研究我们将随文讨论，此不罗列。

一、宋代水上神灵系统的构成

在中国古代的神灵系统中，水上世界的江河湖海自有其神灵体系。宋代的山川祭祀，即"岳镇海渎之祀"中，水上的神灵有四海四渎之祀。所谓海，即四海，包括东海、南海、西海、北海。所谓渎，即四渎，包括江渎、淮渎、河渎、济渎。宋朝平定四方以后，逐步建立岳镇海渎的常祀，废除分裂政权时期的所谓伪号，重新赐封，建立宋朝皇帝与岳镇海渎神灵的统辖关系，以昭显"天子之命，非但行于明也，亦行乎幽。朝廷之事，非但百官受职也，百神亦受其职"。①海、渎之祀立春日祀东海于莱州，淮渎于唐州；立夏日祀南海于广州，江渎于成都府；立秋日祀西海、河渎并于河中府，西海就河渎庙望祭；立冬祀祭北海、济渎并于孟州，北海就济渎庙望祭。"各祭于所隶之州，长吏以次为献官"，"各以本县令兼庙令，尉兼庙丞，专掌祀事"。②这是国家最高层次的水上神灵祭祀。

在四海中，东海和南海是有实指的海域，东海神和南海神有明确的管辖区域。宋人所言东海包括渤海、黄海和今东海，甚至南及福建。北宋时，东海神庙设于莱州，"东海神庙在莱州府东门外十五里，下瞰海咫尺"③。莱州在渤海湾内。北宋初，东海神封爵为广德王，曾遣官于莱州本庙祭祀。政和《五礼新仪》规定的岳镇海渎祭祀中东海神祭于莱州。④登州和密州板桥皆有海神广德王庙，应是东海神行祠。⑤康定元年（1040年）东海神加封为渊圣广德王。元丰元年（1078年）安焘奉使高丽，顺利完成使命，在其建议下于明州定海、昌国两县之间建东海神行祠，并"往来商旅听助营葺"。大观四年（1110年）及宣和五年（1123年）又因高丽使回，奏请加封助顺和显灵四字。建炎四年

---

① （宋）郑刚中：《北山集》卷14《枢密行府祭江神文》、《宣谕祭江神文》，影印文渊阁四库全书本，台北：台湾"商务印书馆"，1990年，第1138册，第154页。
② 《宋史》卷102《礼志五》，北京：中华书局，1977年，第2485页。
③ （宋）朱彧著，李国强点校：《萍洲可谈》卷2，《全宋笔记》第二编第六册，郑州：大象出版社，2013年，第159页。
④ （宋）马端临：《文献通考》卷83《郊社考十六》，上海：上海古籍出版社，2011年，第2551页。
⑤ （宋）苏轼：《苏轼全集·诗集》卷26《登州海市并叙》、卷36《顷年杨康功使高丽还，奏乞立海神庙于板桥……》，石家庄：河北人民出版社，2010年，第2915、4113页。

（1130年），因宋高宗从海道成功脱险，下旨改封东海神为助顺佑圣渊德显灵王。①乾道五年（1169年）因该封号内有二字犯钦宗皇帝讳，改封为助顺孚圣广德威济王。②

南宋初，仍以莱州东海庙为东海神本庙。但莱州已入金朝境，故绍兴十三年（1143年）祭岳镇海渎时，莱州东海助顺渊圣广德王仍作为"道路未通去处"，在南宋控制疆域之外，实行望祭。而"路通去处"的海、渎神只有广州南海洪圣广利昭顺威显王和益州南渎大江广源王，由朝廷差使臣前去与所在州县排办祭告。③乾道五年（1169年）宋孝宗采纳了太常少卿林栗的建议，参照广州祭南海礼例，在明州设东海神庙祭祀。④次年（乾道六年，1170年）祭五岳四海四渎时已将明州东海助顺孚圣广德威济王与广州南海洪圣广利昭顺威显王和益州南渎大江昭灵孚应威烈广源王一起作为道路可通去处。⑤此后南宋在明州定海县设东海神本庙，其庙在定海县城东北五里，所封八字王改为助顺孚圣广德威济王。"岁度道士，俾主香火"。宝庆三年（1225年）以朝廷所降祠牒，郡增给缗钱及士夫民旅捐助重新修缮。⑥这说明东海神在官民商旅生活中有十分重要的意义。

南海神祭于广州，唐代已封广利王，庙在"广州之东南海道八十里，扶胥之口，黄木之湾"⑦。宋太祖平广南后，即"遣司农少卿李继芳祭南海。刘鋹先尊南海神为昭明帝，庙为聪正宫，其衣饰以龙凤。诏削其号及宫名，易以一品之服"⑧。降低了南海神的封爵，也是为了与东海神等同。康定元年（1040年）加封南海神为洪圣广利王。皇祐五年（1053年）以侬智高遁，加封南海神

---

① （宋）罗濬：《宝庆四明志》卷19《定海县志第二·神庙》，影印《宋元方志丛刊》，北京：中华书局，1990年，第5238页。
② （清）徐松辑，刘琳等校点：《宋会要辑稿》礼21，上海：上海古籍出版社，2014年，第1085页。
③ （清）徐松辑，刘琳等校点：《宋会要辑稿》礼2，上海：上海古籍出版社，2014年，第525页。
④ （宋）马端临：《文献通考》卷83《郊社考十六》，上海：上海古籍出版社，2011年，第2560页。
⑤ （宋）周必大：《文忠集》卷117《郊祀大礼礼毕祭谢五岳四海四渎祝文》，文影印渊阁四库全书，台北：台湾"商务印书馆"，1990年，第1148册，第298页。
⑥ （宋）罗濬：《宝庆四明志》卷19《定海县志第二·神庙》，影印《宋元方志丛刊》，北京：中华书局，1990年，第5239页。
⑦ （宋）佚名：《锦绣万花谷》前集卷6《海神庙》，影印文渊阁四库全书，台北：台湾"商务印书馆"，1990年，第924册，第77页。
⑧ （宋）马端临：《文献通考》卷83《郊社考十六》，上海：上海古籍出版社，2011年，第2556页。

为洪圣广利招顺王。①绍兴七年（1137年）加封南海神为洪圣广利昭顺威显王。②关于南海的范围，宋人洪迈解释四海："北至于青、沧，则云北海。南至于交、广，则云南海。东渐吴、越，则云东海，无由有所谓西海者。"③宋人所言的南海就是广南和交趾以外的海域，包括今天整个中国南海，有时甚至将东南亚以西也泛称南海。即周去非所言"三佛齐国在南海之中，诸蕃水道之要冲也"。④

但洪迈所言四海，显然不符合上文宋人对东海的界定，也与北宋在孟州望祭北海之举不符。开宝五年（972年）令地方官员负责祭祀海、渎神的诏书中也未言西海和北海："自今岳、渎并东海、南海庙各以本县令兼庙令，尉兼庙丞，专掌祀事"，"本州长吏，每月一诣庙察举"。⑤西海和北海并无实指海域，如上文所引，宋人解释"其西、北海远在夷貊，独即方州行二时望祭之礼"。也就是宋朝封域之内并无西海和北海。政和三年（1115年）《五礼新仪》所定诸岳镇海渎祭祀，祭"西海、西渎大河于河中府界"，"北海、北渎大济于孟州界"。⑥西海神和北海神分别在西渎庙和北渎庙望祭。南宋时，西海和北海更只能望祭。绍兴十三年（1143年）及此后，祭岳镇海渎时，西海通圣广润王和北海冲圣广泽王都实行望祭。⑦

内河最高层次的水上神灵是四渎神。四渎分别为江、河、淮、济。宋太祖朝定祭祀之制：立春日祀淮渎（东渎）于唐州；立夏日祀江渎（南渎）于成都府；立秋日祀河渎（西渎）于河中府；立冬祀济渎（北渎）于孟州。⑧开宝五年（972年）三月有诏令四渎神庙所在"本县令兼庙令，尉兼庙丞。祀事一以

---

① 《宋史》卷102《礼志五》，北京：中华书局，1977年，第2488页。
② （宋）李心传：《建炎以来系年要录》卷114，绍兴七年九月戊子条，北京：中华书局，2013年，第2141页。
③ （宋）洪迈撰，孔凡礼点校：《容斋随笔》卷3《四海一也》，北京：中华书局，2005年，第33页。
④ （宋）周去非著，杨武泉校注：《岭外代答校注》卷2《三佛齐国》，北京：中华书局，1999年，第86页。
⑤ （宋）马端临：《文献通考》卷83《郊社考十六》，上海：上海古籍出版社，2011年，第2556页。
⑥ （宋）马端临：《文献通考》卷83《郊社考十六》，上海：上海古籍出版社，2011年，第2559页。
⑦ （清）徐松辑，刘琳等校点：《宋会要辑稿》礼2，上海：上海古籍出版社，2014年，第525页；（宋）周必大：《文忠集》卷117《郊祀大礼礼毕祭谢五岳四海四渎祝文》，影印文渊阁四库全书，台北：台湾"商务印书馆"，1990年，第1148册，第298页。
⑧ 《宋史》卷102《礼志五》，北京：中华书局，1977年，第2486页。

委之"。"逐处长吏每月亲自检视"。①康定元年（1040年）诏封江渎为广源王，河渎为显圣灵源王，淮渎为长源王，济渎为清源王。②江渎神本庙在成都，隋开皇二年（582年）建。清前期，庙在城内南门西。③李顺之乱时，知蜀州杨怀忠率军攻成都，与李顺军战于成都城外的江渎庙前。④可见宋代庙还在城外。五代时四川为前、后蜀割据，后周曾在扬州扬子江口祭祀江渎神。乾德六年（966年）才令复祭于成都府。⑤开宝六年（973年）宋太祖下令修葺，庆历七年（1047年）、淳熙三年（1176年）、庆元五年（1119年）又几次修缮。

江渎本就称为"四渎之首"。⑥南宋江防成为边防要务，江渎地位显著提高。绍兴三十一年（1161年）因采石之战胜利，江渎神从广源王特增六字，封昭灵孚应威烈广源王，赐庙额曰佑德。⑦按照宋朝规定，"诸神祠加封，无爵号者赐庙额，已赐庙额者加封爵。初封侯，再封公，次封王。先有爵位者从其本号。妇人之神封夫人，再封妃。其封号者初二字，再加四字。神仙封号，初真人，次真君。如此，则锡命驭神，恩礼有序"⑧。正常每次加封二字，所以一次加六字实属特例。所以奏请加封的太常寺称这是本系二字，"特增加六字，作八字"。这次加封赐额的是建康的行祠（庙在建康城西清凉寺东），而"广源王本庙系在成都府"，"令本庙一体称呼"。⑨江渎神行祠不仅建康有，三峡和沙市亦有。陆游过三峡，曾游新滩两岸的江渎北庙和南庙，过沙市时还特"祭江

---

① 《宋大诏令集》卷第137《五岳四渎庙长吏每月点检令兼庙令尉兼庙丞诏（开宝五年三月壬辰）》，北京：中华书局，1962年，第483页。
② 《宋史》卷102《礼志五》，北京：中华书局，1977年，第2488页。
③ （清）黄廷桂等修纂；雍正重修：《四川通志》卷28上《祠庙·成都府》，影印文渊阁四库全书，台北：台湾"商务印书馆"，1990年，第560册，第527页。
④ （宋）李焘：《续资治通鉴长编》卷46，咸平三年正月乙未条，北京：中华书局，2004年，第989—990页。
⑤ （宋）马端临：《文献通考》卷83《郊社考十六》，上海：上海古籍出版社，2011年，第2556页。
⑥ 陆游：《渭南文集》卷16《成都府江渎庙碑（淳熙四年五月一日）》，影印文渊阁四库全书，台北：台湾"商务印书馆"，1990年，第1163册，第427页。
⑦ （宋）李心传：《建炎以来系年要录》卷194，绍兴三十一年十一月甲午条，北京：中华书局，2013年，第3810页。
⑧ （清）徐松辑，刘琳等校点：《宋会要辑稿》礼21，上海：上海古籍出版社，2014年，第1081页。
⑨ （宋）周应合：《景定建康志》卷44《祠祀志一》，影印《宋元方志丛刊》，北京：中华书局，1990年，第2050页。

渎庙，用壶酒、特豕"。而范成大曾"宿江渎庙前"。①

淮渎、河渎和济渎南宋时都已在金朝版图。北宋时还遣官到淮渎求雨，并曾修葺庙宇，增补祭器，百姓祭祀者也多②，而南宋则只能望祭。济渎的祭祀在北宋也只是例行仪式，并无特别重视。三渎神中因黄河事关开封的安危和汴河供水，北宋朝廷除了河中府本庙的例行祭祀，每年还在汴口祭祀河渎神。宋真宗曾先后于大中祥符元年和四年（1008年、1011年）亲至澶州河渎庙和河中府河渎神本庙祭祀。③但南宋河中府已入金朝疆域，只有江渎神本庙及行祠在宋朝境内，因而江渎神获得了其他三渎都没有的八字王的封爵。

宋朝沿袭了隋唐三祀制度。隋朝始立三祀制度，规定"昊天上帝、五方上帝、日月、皇地祇、神州社稷、宗庙等为大祀，星辰、五祀、四望等为中祀，司中、司命、风师、雨师及诸星、诸山川等为小祀"④。唐承隋制，而祭祀对象略有变化，但四海四渎始终为中祀，而风师、雨师、山林、川泽、五龙祠、州县社稷及诸神祠等为小祀。⑤宋代水上神灵祭祀中地位最高的海、渎在北宋前期（宋太祖至宋英宗朝）列入中祀，川泽诸神列入小祀。宋神宗熙宁年间海、渎、川、泽、风、雨等由州县主持的神灵都退出太常寺主持的中祀和小祀，只是参照太常寺中祀和小祀的标准，到元丰年间才重新恢复海、渎的中祀地位。政和新礼规定海、渎为中祀，川、泽诸神为小祀。风、雨神则有太常寺祭祀（为中祀）和州县祭祀（为小祀）之别。⑥马端临列举了若干"杂祠、淫祠"。其中杂祠基本上属于小祀。他所举杂祠中水上神灵有长江三水府神、杭州吴山庙涛神、广济王李冰、南康军郳亭庙神、顺济龙王等，以及虽是山神却在江中护佑航船的镇江焦山神等。这一类水上神灵难以枚举。如《咸淳临安志》记载，地方祭祀中"若土域、山、海、湖、江之神，若先贤往哲、有道有

---

① （宋）陆游撰，李昌宪整理：《入蜀记》卷5、卷6，《全宋笔记》第五编，郑州：大象出版社，2012年，第207、214页；（宋）范成大撰，方健整理：《吴船录》卷下，《全宋笔记》第五编第七册，郑州：大象出版社，2012年，第81页。
② （宋）李焘：《续资治通鉴长编》卷83，大中祥符七年十一月庚戌条；卷4419，元祐五年冬十月己亥条，北京：中华书局，2004年，第1904、10791页。
③ （宋）王应麟：《玉海》卷102《宋朝山川祠》，扬州：广陵书社，2003年，第1879页。
④ 《隋书》卷6《礼仪一》，北京：中华书局，1973年，第117页。
⑤ 朱溢：《事邦国之神祇：唐至北宋吉礼变迁研究》，上海：上海古籍出版社，2014年，第57页。
⑥ 皮庆生：《宋代民众祠神信仰研究》，上海：上海古籍出版社，2008年，第58、67—84页。

德之祭，若御灾捍患以死勤事之族，率皆锡之爵命，被之宠光，或岁时荐飨，间遣有司行事"①。沿海及内河沿线有大量上述各类神灵。

而且神灵的构成是不断变动的。皮庆生指出，宋代祠神信仰中正祀只占一小部分，大部分是待消灭的淫祀，以及介于正祀和淫祀之间的中间地带的民众祠神信仰。不少起自民间自发的信仰，最初未入正祀，甚至为"淫祀"，逐步得到官方承认，被纳入国家祀典，成为正祀。②宋朝规定"神祠不在祀典者毁之"，"禁军民擅立神祠"。但不在祀典的淫祠数量还是很大。政和元年（1111年）仅开封一地"凡毁一千三十八区"。直到南宋，臣僚仍说国家"禁止淫祠，不为不至，而愚民无知，至于杀人以祭巫鬼，笃信不疑，湖、广、夔、峡自昔为甚。近岁此风又寖行于他路"，"浙东又有杀人而祭海神者"。绍兴二十三年（1153年）又一次"毁撤巫鬼淫祠"③。陆游在沙市江渎庙看到"两庑淫祠尤多，盖荆楚旧俗也"④。南宋末，陈淳仍说"南人好尚淫祀"，"自城邑至村墟，淫鬼之名号者至不一，而所以为庙宇者亦何啻数百所"。⑤可见淫祠不仅未能消除，而且大量存在。这些淫祠一小部分会被毁灭，而大部分以中间状态存在或升入正祀。

除了上述所示宋代水上神灵体系从层次最高的列入中祀的四海、四渎，到属于小祀的各种江神、涛神、潮神、水府神，以及各种杂祀，再到未入祀典的淫祠及中间地带的民间信仰等三个垂直层次构成以外，该体系内的神灵与诸行祠间又构成空间上的子系统，如下文所述圣妃信仰。而一些本非川泽神灵的神灵因航行者的崇拜而被新赋予护佑航行的职能，从而成为水上神灵信仰体系的组成部分，如下文所述曹娥信仰。宋代水上神灵信仰构成一个纵横交错的神灵体系。

---

① （宋）潜说友：《咸淳临安志》卷71《祠祀一》，影印《宋元方志丛刊》，北京：中华书局，1990年，第3994页。
② 皮庆生：《宋代民众祠神信仰研究》，上海：上海古籍出版社，2008年，第294页。
③ （宋）马端临：《文献通考》卷90《郊社考二十三》，上海：上海古籍出版社，2011年，第2772—2773页。
④ （宋）陆游撰，李昌宪整理：《入蜀记》卷5，《全宋笔记》第五编第八册，郑州：大象出版社，2012年，第207页。
⑤ （宋）陈淳：《北溪大全集》卷43《上赵寺丞论淫祀》，影印文渊阁四库全书，台北：台湾"商务印书馆"，1990年，第1168册，第851页。

二、原有水上信仰神灵在宋代的新变化

四海神信仰除了上述在宋神宗朝出现的中祀地位变化外，南宋时在背海立国的环境下又发生了显著的新变化。一是东海神本庙移驻明州，二是海神祭祀升格为大祀。古林森广对宋代东海神和南海神信仰的研究主要关注了神庙的赐封和修葺，东海神和南海神的功能，没有注意东海神和南海神信仰在南宋的变化。王元林对南海神的研究也是如此。①乾道五年（1169年）太常少卿林栗奏请："国家驻跸东南，东海、南海实在封域之内。检照国朝祀仪，立春祭东海于莱州，立夏祭南海于广州，其西、北海远在夷貊，独即方州行二时望祭之礼。自渡江以后，惟南海广利王庙岁时降御书祝文，令广州行礼，并绍兴七年（1137年），加封至八字王爵。如东海之祠。但以莱州隔绝，不曾令沿海官司致其时祭，殊不知通、泰、明、越、温、台、泉、福，皆东海分界也。"绍兴三十一年（1161年），胶西海战"神灵助顺，则东海之神于国为有功矣"。且元丰时已建东海神庙于明州定海县，所以"东海之祠，本朝累加崇奉，皆在明州，不必泥于莱州矣"。宋孝宗根据他的建议在明州设东海神本庙祭祀。②这是东海神信仰在南宋的一大新变。

这一方面是海防对于南宋国家安全的重要性显著提高，如林栗所言胶西之战的胜利被理解为东海神相助。南宋定都临安，在江阴、许浦、金山、定海一线及长江口北的通州料角等建立水军据点，构建海防体系，这是宋人理解的东海界内，需用东海神的护佑。另一方面东海神的祭祀涉及与金朝的正统之争。在林栗上奏的前五年，即金大定四年（1164年），金朝制定了祭祀岳镇海渎仪制。其仪制包括岳镇海渎"以四立、土王日就本庙致祭，其在他界者遥祀"。立春祭东海于莱州，东渎大淮于唐州；立夏望祭南海、南渎大江于莱州；立秋望祭西海、西渎于河中府；立冬望祭北海、北渎大济于孟州。"其封爵并仍

---

① 〔日〕古林森广：《中国宋代的社会与经济》第一部第六章"宋代海神庙的考察"，国书刊行会，1995年，第112—136页；王元林：《国家祭祀与海上丝路遗迹—广州南海神庙研究》，北京：中华书局，2006年，第98—216页。

② （宋）马端临：《文献通考》卷83《郊社考十六》，上海：上海古籍出版社，2011年，第2560—2561页。

唐、宋之旧"。而且金朝使用的就是宋朝的《五礼新仪》。①对四海神的祭祀具有重要的政治意义。如宋朝在祭祀西海和北海神的乐章里所言，祭祀的目的是显示宋朝"布润施泽，功均迩遐。我秩祀典，四海一家"，"一视同仁，我心则怡"。②南宋朝廷将东海神本庙移驻明州，不言望祭，而实行与南海神一样的祭祀礼，还具有与金朝争夺正统地位的重要意义。在南宋建国四十余年后，时间又在金朝颁行岳镇海渎祭祀仪制五年后，这一变化显然是应对金朝的重要举措。

北宋建国以来本沿袭唐代，将岳镇海渎置于中祀，低于天、地、宗庙、五帝等大祀，而高于山、川、风、雨等小祀。这一制度一直延续至南宋中期。淳祐十二年（1246年）宋理宗下旨，称"中兴以来依海建都，宜以海神为大祀"，并"诏海神为大祀"，在临安建海神坛，令太常议礼，马光祖建殿望祭，自宝祐元年（1253年）施行。③并在杭州东青门外太平桥东设海神坛，"祭江海神，为太祀，以春秋二仲遣从官行望祭礼"④。宋代的大、中、小祀继承了唐制。唐朝礼制规定"凡国有大祀、中祀、小祀。昊天上帝、五方上帝、皇地祇、神州宗庙皆为大祀"⑤。《政和五礼新仪》即承袭了这一制度，作了更具体的说明。⑥升为大祀之列的海神在国家祭祀体系中地位超过了内河的四渎之神，与天地宗庙神灵同列，居于水上神灵体系中的最高位。此外，我们还可以看到，南海神在宋代，相对于前代地位大幅增重。唐封南海神为广利王，宋朝经开宝四年（971年）、康定元年（1040年）、皇祐五年（1053年）和绍兴七年（1137年）四次加封，进封为八字王。宋徽宗朝还封南海神妻为显仁妃，长子

---

① 《金史》卷34《礼七》，北京：中华书局，1975年，第810页；《大金集礼》卷34《岳镇海渎》，影印文渊阁四库全书，台北：台湾"商务印书馆"，1990年，第648册，第259页。
② 《宋史》卷136《乐志十一》，北京：中华书局，1977年，第3202页。
③ （宋）潜说友：《咸淳临安志》卷3《海神坛》，影印《宋元方志丛刊》，北京：中华书局，1990年，第3379页；《宋史》卷43《理宗三》，北京：中华书局，1977年，第847页。
④ （宋）吴自牧：《梦粱录》卷14《祠祭》，杭州：浙江人民出版社，1980年，第123页。
⑤ （唐）萧嵩等：《大唐开元礼》卷1《序例上》，影印文渊阁四库全书，台北：台湾"商务印书馆"，1990年，第646册，第39页。
⑥ （宋）郑居中等撰：《政和五礼新仪》卷1《序例》，影印文渊阁四库全书，台北：台湾"商务印书馆"，1990年，第647册，第134页。

封辅灵侯，次子封赞宁侯，女封惠佑夫人。①

不论东海神还是南海神地位的增重，都与宋代，特别是南宋官民与海洋关系更加密切有关。一方面海神与渎神，以及其他诸多神灵信仰一样，有护佑一方百姓，免灾祈福的功能，人们也希望海神保佑一方百姓的风调雨顺，无灾无疾。②这是诸多神灵都可以寄托的功能，但东海神和南海神地位凸显，不仅超过其他地方神灵，也超过西海神和北海神，即因东海和南海是宋人日益频繁的海洋活动场所。宋人祭祀南海的歌词有"南溟浮天，旁通百蛮。风樯迅疾，琛舶来还。民商永赖，坐消寇奸"③。南海神是保护商人百姓航行安全的神灵。宋人还祈望海神帮助讨灭海盗，"鲸波浩渺，实为危道，非神力助顺，岂能必济"④。洪适在《谢舶船风便文》中表达的完全是海神对商船的护佑之恩："大贾乘巨舸，往来蛟龙沧溟之中，一瞬千里，风稍失便，则沦溺破碎，不可救，非神相之，安能布帆无恙。今也归樯泊步，人免鱼腹之患，而珍宝杂袭，所以富国甚腆，则报可忘乎。"⑤即如叶适所说，是希望"江海之间，风波不耸"⑥。

长江水路原有神灵信仰的空前繁荣，也是宋代社会经济新发展在水上信仰方面折射的一大变化。宋代南方经济繁荣，经济重心南移，以及经济最繁荣的四川与东南地区间联系的日益密切，使长江水上活动空前频繁。江渎地位的增重即为一例。另一个代表性变化就是水府神信仰的上升，即古代构想的一个水下神灵世界，其主宰者是龙王，即"水府龙王"⑦、"金焦之间，龙君水府所

---

① （清）徐松辑，刘琳等校点：《宋会要辑稿》礼21，上海：上海古籍出版社，2014年，第1085页。王元林对宋代赐封南海神亦有探讨，参见王元林：《国家祭祀与海上丝路遗迹—广州南海神庙研究》，北京：中华书局，2006年，第183—196页。
② （宋）真德秀：《西山文集》卷54《海神祝文》，影印文渊阁四库全书，台北：台湾"商务印书馆"，1990年，第1174册，第858页。
③ 《宋史》卷136《乐志十一》，北京：中华书局，1977年，第3202页。
④ （宋）真德秀：《西山文集》卷54《海神祝文》，影印文渊阁四库全书，台北：台湾"商务印书馆"，1990年，第1174册，第858页。
⑤ （宋）洪适：《盘洲文集》卷71《谢舶船风便文》，影印文渊阁四库全书，台北：台湾"商务印书馆"，1990年，第1158册，第723页。
⑥ （宋）叶适著，刘公纯等点校：《叶适集·水心文集》卷26《修海神庙疏文》，北京：中华书局，1961年，第534页。
⑦ （宋）潜说友：《咸淳临安志》卷71《祠祀一》，影印《宋元方志丛刊》，北京：中华书局，1990年，第3998页。

宫"①。且有一套神灵官僚，"下盘鱼龙之宫，神灵之府"②，有"群真下集水仙府"③。"温太真然犀照牛渚，见朱衣车马一一如人间"，就是世间所称水府官。④饶州人齐琚死前"梦人持文书至。曰：某王请秀才为水府判官"⑤，就是水府中的官职。这些官员被置籍管理。唐代象山县童翁浦孔氏死后托梦与人，称"上帝录吾生平之善，命为此境神，姓名已籍于水府"⑥。可知人们想象中的水府是一个水下的神灵体系。古林森广对水府信仰的起源，赐封，功能作了较系统的讨论，王元林除讨论了唐宋水府信仰外，对宋代以后水府信仰的演变略作了讨论。⑦本文主要考察宋代水府信仰相对于唐代和五代的新发展。

唐代已有颇多水府的记载。如王勃在马当遇中元水府君相助，一夕船至洪州，作《滕王阁序》。⑧雷满凿深池于府中，称"蛟龙水怪皆窟于此，盖水府也"⑨。《太平广记》记载的唐代下第秀才白幽求入海底见水府真君。郑德璘江上遇水府君。周邯昆仑奴探汴州八角井，"此井乃龙神所处，水府灵司"。而最著名的水府故事莫柳毅往水府龙宫为龙王之女传送书信。⑩唐朝还曾"以瞿塘为水府，春秋祭之"⑪。唐代随着道教的盛行，水府与天、地并称三官，成为

---

① （元）脱因修，俞希鲁纂：《至顺镇江志》卷8《神庙》，影印《宋元方志丛刊》，北京：中华书局，1990年，第2730页。
② （宋）祝穆撰，施金和点校：《方舆胜览》卷3《镇江府》，北京：中华书局，2003年，第57页。
③ （宋）张镃：《南湖集》卷2《马当山水府庙》，影印文渊阁四库全书，台北：台湾"商务印书馆"，1990年，第1164册，第551页。
④ （宋）黄震：《黄氏日抄》卷86《玉皇殿记》，影印文渊阁四库全书，台北：台湾"商务印书馆"，1990年，第708册，第895页。
⑤ （宋）洪迈撰，何卓点校：《夷坚甲志》卷4《水府判官》，北京：中华书局，1981年，第32页。
⑥ （宋）罗浚：《宝庆四明志》卷19《定海县志第二神庙》，影印《宋元方志丛刊》，北京：中华书局，1990年，第5239页。
⑦ （日）古林森广：《中国宋代的社会与经济》第一部第五章"宋代长江流域的水神信仰"，国书刊行会，1995年，第86—108页；王元林、钱逢顺：《长江三水府信仰源流考》，《安徽史学》2014年第4期。
⑧ （宋）祝穆：《古今事文类聚》前集卷11《作滕王阁记》，影印文渊阁四库全书，台北：台湾"商务印书馆"，1990年，第925册，第177页。
⑨ 《新五代史》卷41《雷满传》，北京：中华书局，1974年，第445页。
⑩ （宋）李昉等编：《太平记》卷41《神仙四十一》、卷46《神仙四十六》、卷152《郑德王》、卷232《周邯》、卷419《柳毅》，北京：中华书局，1961年，第257、285、1089、1780、3410页。
⑪ （宋）孙光宪撰，俞钢整理：《北梦琐言》卷7《李学士赋谶刘昌美勾伟附》，《全宋笔记》第一编第一册，郑州：大象出版社，2014年，第89页。

与天、地并列的三元世界，举行投龙仪式，祈雨求福。①但唐代尚未给水府神颁赐封爵。

最早封赐水府的是五代杨吴政权的杨溥于乾贞二年（928年）封马当上水府为宁江王，采石中水府为定江王，金山下水府为镇江王。②南唐保大年间加封马当上水府为广佑宁江王，采石中水府为济远定江王，金山下水府为灵肃镇江王。③水府赐封王爵是一大提升，但杨吴和南唐只是割据政权，所封长江三水府反映了其政权的地域特点。

宋代仍以道家观念将天、地、水府称为三官，如杭州承天灵应观"旧为天、地、水府三官堂"④。宋朝廷也每岁投龙简。天圣年间将岁投龙简减少为二十处洞府，包括江州马当山上水府、太平州中水府、润州金山下水府、杭州钱唐江水府、河阳济渎北海水府、凤翔府圣湫仙游潭、河中府百丈泓龙潭、杭州天目山龙潭、华州车箱潭等水府。⑤宋代长江航行的政权疆界限制消除，且由于商品贸易和官方漕运的需求，长江航运重要性更甚五代，长江三元水府神信仰达于高峰。不仅较前代有大的发展，此后的明清还出现了衰退。⑥

史载三水府庙的位置，"上、中、下三水府，上居江州马当，中居太平州采石，下居润州金山"。下元水府庙最初附于金山龙游寺。元丰初，佛印禅师了元见"民间祈祷，病涉又多，割牲享祭，深叹其非"，经州请于朝廷，迁之江南岸处水陆要津之西津。⑦水府庙就在西津渡口。建炎三年（1129年）宋高宗从扬州南逃，渡江，"至西津口，坐于水府庙中"⑧。魏良臣、王绘出使金国，

---

① 张泽洪：《唐代道教的投龙仪式》，《陕西师范大学学报》2007年第1期，第27—32页。
② 《新五代史》卷61《吴世家一》，北京：中华书局，1974年，第758页。
③ （清）徐松辑，刘琳等校点：《宋会要辑稿》礼21，上海：上海古籍出版社，2014年，第1081页。
④ （宋）潜说友：《咸淳临安志》卷75《寺观一》，影印《宋元方志丛刊》，北京：中华书局，1990年，第4030页。
⑤ （宋）周辉撰，刘永翔校注：《清波杂志校注》卷9《洞府投简》，北京：中华书局，1994年，第376页。
⑥ 王元林、钱逢顺：《长江三水府信仰源流考》，《安徽史学》2014年第4期。
⑦ （元）脱因修，俞希鲁纂：《至顺镇江志》卷8《神庙》，影印《宋元方志丛刊》，北京：中华书局，1990年，第2731页。
⑧ （宋）徐梦莘：《三朝北盟会编》卷120，建炎三年二月三日壬子条，上海：上海古籍出版社，1987年，第880页。

从西津渡江，至江口，遇"风色暴猛，渡江不得。绘只得在水府庙以俟"①。中水府庙在太平州之采石矶。②"过采石矶望夫山，其下即中水府也"③，有中元水府庙。④上元水府庙在江州彭泽县境之马当山，山上"上元水府庙，楼阁华焕"⑤。位于池州东流县与江州彭泽县交界处。过东流县，"至马当，所谓下元水府"⑥。

  大中祥符二年（1009年）废去南唐的封号，重新赐封三元水府。江州马当上水府广佑宁江王改封福善安江王；太平州采石中水府济远定江王改封顺圣平江王；润州金山下水府虚肃镇江王改封昭信泰江王。即"旧封江南保大中伪号，至是始易之"⑦。按宋朝对诸神加封"初封侯，再封公，次封王"的制度，宋朝改封时沿用了原有爵位，直接封王，给予很高的礼遇。同时，宋代也明确了三元水府神地位在江渎神之下。绍兴末，宋军在采石水战中击败金军，在镇江对峙中使金军不战而退，认为是水府神阴佑，有人奏请给水府神加封帝号。礼部、太常寺讨论后认为"四渎止封王，水府不应在四渎上"，未予封帝。⑧当时的江渎神封号是昭灵孚应威烈广源王。虽然地位被认为低于江渎神，但因为三水府地处南宋江防最重要的江段，也是拱卫临安的正面防线，所以与江渎神一样获封八字王，于绍兴十四年（1144年）加封为八字王，即顺济英惠昭信泰江王。⑨

---

  ① （宋）徐梦莘：《三朝北盟会编》卷162，绍兴四年九月十九日，上海：上海古籍出版社，1987年，第1169页。
  ② （宋）周必大：《文忠集》卷183《记太平州牛渚矶》，影印文渊阁四库全书，台北：台湾"商务印书馆"，1990年，第1149册，第64页。
  ③ （宋）张舜民：《画墁集》卷7《郴行录》，影印文渊阁四库全书，台北：台湾"商务印书馆"，1990年，第1117册，第45页。
  ④ （宋）祝穆：《方舆胜览》卷15《太平州》，北京：中华书局，2003年，第264页。
  ⑤ （宋）周必大：《文忠集》卷167《泛舟游山录》，影印文渊阁四库全书，台北：台湾"商务印书馆"，1990年，第1148册，第801页。
  ⑥ （宋）陆游撰，李昌宪整理：《入蜀记》卷3，《全宋笔记》第五编，郑州：大象出版社，2012年，第184—185页。
  ⑦ （清）徐松辑，刘琳等校点：《宋会要辑稿》礼21，上海：上海古籍出版社，2014年，第1107页。
  ⑧ （宋）陆游撰，李昌宪整理：《入蜀记》卷1，《全宋笔记》第五编，郑州：大象出版社，2012年，第165页。
  ⑨ （元）脱因修，俞希鲁纂：《至顺镇江志》卷8《神庙》，影印《宋元方志丛刊》，北京：中华书局，1990年，第2731页。

人们希望水府神"有难即除，无厄不解"①。水府神被赋予的具体职责一是保护舟楫航行，二是祈降雨雪。建炎四年（1130年）宋军在长江击败金军，"战无不克，赖神阴相"。绍兴十四年（1144年）宋徽宗梓宫过江"无巨浪风帆之警"，也被认为是下元水府神庇佑。②因为水府神掌管江上风浪，所以在三元水府地界航行的船只都拜谒水府庙。如李流谦诗所言"大小孤山专绝险，上中水府柄幽权。行人股栗船头拜，小艇横江来觅钱"③。陆游和周必大经镇江都曾祭祀下元水府。"以一豨壶酒，谒英灵助顺王祠，所谓下元水府也"。"祠属金山寺，寺常以二僧守之，无他祝史。然牓云'赛祭猪头，例归本庙'，观者无不笑"④。中元水府和上元水府也是舟人必须祭祀之所。⑤

治平四年（1067年）诏"差朝臣五岳四渎诸水府祈雨"⑥。水府的职责有"相上帝而泽下民"。"若冬又无雪，则无麦，春又无雨，则无禾"。地方官遇无雪雨有至采石祈求水府神者。⑦祈雨最灵验的是中元水府神，"神之能以云雨出灵者，惟中元最闻"⑧。而且中元水府神"每感必应，无隐不周"⑨。郑刚中曾被旨"祷雨中元水府"，"奉祝出闾阎，祷雨祠中元"。⑩李曾伯也曾因江浙大

---

① （宋）阳枋：《字溪集》卷9《祭水府文》，影印文渊阁四库全书，台北：台湾"商务印书馆"，1990年，第1183册，第389页。
② （元）脱因修，俞希鲁纂：《至顺镇江志》卷8《神庙》，影印《宋元方志丛刊》，北京：中华书局，1990年，第2731页。
③ （宋）李流谦：《澹斋集》卷8《舟中》，影印文渊阁四库全书，台北：台湾"商务印书馆"，1990年，第1133册，第658页。
④ （宋）陆游撰，李昌宪整理：《入蜀记》卷1《全宋笔记》第五编，郑州：大象出版社，2012年，第165页。
⑤ （宋）杨杰撰，曹小云校笺：《无为集校笺》卷4《牛渚矶修水府祠并序》，合肥：黄山书社，2014年，第125页；张镃：《南湖集》卷2《马当山水府庙》，影印文渊阁四库全书，台北：台湾"商务印书馆"，1990年，第1164册，第551页。
⑥ （清）徐松辑，刘琳等校点：《宋会要辑稿》礼18，上海：上海古籍出版社，2014年，第955页。
⑦ （宋）真德秀：《西山文集》卷52《中元水府庙祝文》，影印文渊阁四库全书，台北：台湾"商务印书馆"，1990年，第825页。
⑧ 郑刚中：《北山集》卷14《祭中元水府文》，影印文渊阁四库全书，台北：台湾"商务印书馆"，1990年，第1138册，第153页。
⑨ （宋）李之仪：《姑溪居士前集》卷44《路西政和圩共修青山中元水府行宫》，影印文渊阁四库全书，台北：台湾"商务印书馆"，1990年，第1120册，第599页。
⑩ （宋）郑刚中：《北山集》卷12《丁巳年七月二十一日祷雨中元水府……》，影印文渊阁四库全书，台北：台湾"商务印书馆"，1990年，第1138册，第130页。

旱，田稼槁枯，行舟莫通，受命向采石中元水府祈雨。①下元水府也有此功能。江淮一带大旱，真德秀曾受命向下元水府祈雨。②

综上可见，三元水府信仰在宋代得到很大发展，发生若干变化。不仅被封以前所未有的八字王爵，升至很高的地位，而且赋予保佑航行和祈降雨雪的使命，官民的祭祀活动更是大为频繁。这是长江航运和江防重要性空前增加的结果。

宋代长江水上信仰的另一显著变化是小龙信仰的发展。"凡江行，有水族登舟，舟人以为神见"③，都会被视为神灵现身。宋人将航行中见到的蜥蜴或小蛇视为龙的具象，称为小龙，加以崇拜。崇宁中，淮河汴口一艘船上有"小龙者出连纲之舟尾"，"缘柁而上"，"有柁工之妇不识也，谓是蜥蜴"。该小龙被宋徽宗迎入宫中，"为具酒核以祝之。龙辄跃出奁，两爪据金杯，饮几釂"，有爪，显然非蛇，而是蜥蜴。也有以蛇为小龙的具象的。"此龙常游舟楫间，与常蛇无辨，但蛇行必蜿蜒，而此乃直行，江人常以此辨之"④。熙宁中宋朝征交趾，运输军杖的数十艘船泛江而南，"自离真州，即有一小蛇登船，船师识之，曰此彭蠡小龙也"⑤。小龙祭祀的本庙设于鄱阳湖边的洪州，故称彭蠡小龙。彭蠡小龙一再获得赐封。大中祥符六年（1013年）封顺济侯，即彭蠡小龙："顺济侯俗曰小龙。"⑥熙宁九年（1076年）封顺济王，徽宗崇宁三年（1104年）封英灵顺济王，四年（1105年）诏加灵顺昭应安济王，宣和二年（1120年）封为灵顺昭应安济惠泽王⑦，进封为八字王。因而小龙又称顺济

---

① （宋）李曾伯：《可斋杂稿》卷24《采石水府庙祈雨》，影印文渊阁四库全书，台北：台湾"商务印书馆"，1990年，第1179册，第428页。
② （宋）真德秀：《西山文集》卷48《下元水府祈雨青词》，影印文渊阁四库全书，台北：台湾"商务印书馆"，1990年，第1174册，第767页。
③ （宋）曾敏行撰，朱杰人整理：《独醒杂志》卷5，《全宋笔记》第四编第五册，郑州：大象出版社，2008年，第153页。
④ （宋）蔡絛撰，李国强整理：《铁围山丛谈》卷6，《全宋笔记》第三编第九册，郑州：大象出版社，2008年，第254页。
⑤ （宋）沈括撰，胡静宜整理：《梦溪笔谈》卷20《神奇》，《全宋笔记》第二编第三册，郑州：大象出版社，2013年，第151页。
⑥ （宋）李焘：《续资治通鉴长编》卷277，熙宁九年七月丙寅条，北京：中华书局，2004年，第6770页。
⑦ （清）徐松辑，刘琳等校点：《宋会要辑稿》礼21，上海：上海古籍出版社，2014年，第1082页。

龙王。

"彭蠡小龙"的辖区被认为西起淮泗与运河交界的汴口，东到洞庭湖。苏轼称"顺济王之威灵，南放于洞庭，北被于淮泗"[1]。熙宁时宋军运输船队在真州见有一小蛇登船，即彭蠡小龙现异。小龙即小蛇随船队至洞庭，"附一商人船回南康。世传其封域止于洞庭，未尝逾洞庭而南也"[2]。小龙的活动区域即"小龙所隶南北当江湖间，素不至二浙"，即只在江东、江西及湖南、湖北一带，而不到两浙路。但特殊情况下，其活动范围可到杭州和江陵。汴口小龙因受过蔡京之恩，大观末蔡京赴东南，舟行至汴口，见小龙出迎。政和间，蔡京在杭州，小龙出现于其家中。靖康初，蔡京被贬岭外，行至江陵，小龙复出见。[3]非特殊情况下，小龙的辖域东起淮河汴口，沿扬楚运河和长江，西到江陵，而向南，东段不入两浙，西段不入洞庭，实即管理长江中下游航行的神灵。

"彭蠡小龙"的主要职能就是保护长江上行船的安全。熙宁中宋军船队从真州到洞庭湖"船乘便风，日棹数百里，未尝有波涛之恐"，就是因为彭蠡小龙"来护军杖"，"主典者以洁器荐之，蛇伏其中"，一路护佑。林希受宋神宗之命，前往敕封彭蠡小龙，小龙即"一蛇坠祝肩上，祝曰龙君至矣"。使者船还时，"蛇在船后送之，逾彭蠡而回"，护送使者船。而且"彭蠡小龙，显异至多，人人能道之"[4]，即如此之类的显异事颇多。

人们相信行船者恭敬侍奉，小龙即给护佑和回报。苏轼从海南岛北归，舣舟于顺济龙王祠下，"进谒而还，逍遥江上"[5]。大观三年（1109年）陆端藻过舣舟南康之顺济祠，顺济龙王托其作祠记，并许顺风相送。后又任南康丞，

---

[1] （宋）苏轼：《苏轼全集校注·文集》卷12《顺济王庙新获石砮记》，石家庄：河北人民出版社，2010年，第1280页。
[2] （宋）沈括撰，胡静宜整理：《梦溪笔谈》卷20《神奇》，《全宋笔记》第二编第三册，郑州：大象出版社，2013年，第151页。
[3] （宋）蔡絛撰，李国强整理：《铁围山丛谈》卷6，《全宋笔记》第三编第九册，郑州：大象出版社，2008年，第254页。
[4] （宋）沈括：《梦溪笔谈》卷20《神奇》，《全宋笔记》第二编第三册，郑州：大象出版社，2013年，第150—151页。
[5] （宋）苏轼：《苏轼全集校注·文集》卷12《顺济王庙新获石砮记》，上海：上海古籍出版社，2014年，第1279页。

有"蜿蜒之物见于桥者三日",即小龙也。①范成大船行于江州境泊波斯夹,"船人相云小龙见于岸侧,竞往观"②。小龙信仰在船人中十分盛行,对小龙也十分尊崇。周必大航行于鄱阳湖,"至邬子寨,谒庙毕,令寨兵前导入湖","有小蛇昂首引舟,抵岸乃回"。周必大作诗称"却是江神不世情"③。若对其不恭,则会招祸。真州的小龙行祠"有小龙盘旋几案上","稍怒则摇撼坤关,翻海摧岳而后已。所以舣舟而祷者,袂相属焉"④。上述崇宁间在汴口,柁工之妇不识小龙,误以为蜥蜴,"举火柴击其首。随击,霹雳大震一声,而汴口所积舟不问官私舟柁与士大夫家所座船七百只,举自相撞击俱碎,死数十百人"⑤。一姓朱之教授航行于长江,"舟人忽报小龙见,请祷之。朱出视之,小蛇也"。朱"以箸夹入沸汤中,蛇跃出,自投于江",片刻雷声大作,烟雾蔽舟,朱毙于舟中。⑥

将水上蛇或蜥蜴视为小龙并非仅长江中游有之。宋仁宗朝皇宫中"一宫婢汲井,有小龙缠其汲绠而出"⑦。仙居县有曹潭,淳熙十四年(1186年)令苏光庭祷,出一黑一黄二小龙。⑧海中也有小龙显异。宣和五年(1124年)徐兢使团出使高丽,在定海县祭东海神,见"神物出现,状如蜥蜴,实东海龙君也"⑨。但彭蠡小龙最为重要,信仰者最多,显异最频,且如此之盛为前代所未曾见。

---

① (宋)洪迈撰,何卓点校:《夷坚支丁》卷1《南康神惠庙碑》,北京:中华书局,1981年,第968页。
② (宋)范成大撰,方健整理:《吴船录》卷下,《全宋笔记》第五编第七册,郑州:大象出版社,2012年,第88页。
③ (宋)周必大:《文忠集》卷171《乾道壬辰南归录》,影印文渊阁四库全书,台北:台湾"商务印书馆",1990年,第1148册,第879页。
④ (宋)佚名:《锦绣万花谷》前集卷40《记录》,影印文渊阁四库全书,台北:台湾"商务印书馆",1990年,第509页。
⑤ (宋)蔡絛撰,李国强整理:《铁围山丛谈》卷6,《全宋笔记》第三编第九册,郑州:大象出版社,2008年,第254页。
⑥ (宋)周密撰,张茂鹏点校:《齐东野语》卷11《朱芮杀龙》,北京:中华书局,1983年,第208页。
⑦ (宋)欧阳修著,李逸安点校:《欧阳修全集》卷119《又三事》,北京:中华书局,2001年,1841页。
⑧ (宋)陈耆卿:《嘉定赤城志》卷25《山水门七》,影印《宋元方志丛刊》,北京:中华书局,1990年,第7466页。
⑨ (宋)徐兢撰,虞云国、孙旭整理:《宣和奉使高丽图经》卷34《海道一》,《全宋笔记》第三编第八册,郑州:大象出版社,2008年,第131页。

在宋代，一些原本与航行无关的神灵被新增护佑航行的职能，也是水上信仰的一个新变化。田相公信仰被长江航行者信奉就是一例。文天祥从镇江逃往真州，沿途皆元军战船和巡船，急往顺风。"舟子拜且祷云'江南田相公'。即得顺风，各稽首以更生贺"①。江南田相公应是指兴起于江南西路的田相公信仰，所奉者为唐大中间任吉州刺史的田阳，在任"留心抚恤，物阜民和，卒于官"。临终曰"吾死不忘护吉州之民"。死后立祠祀之，有田相公庙。②原本是地方护佑神，宋代为其新增护佑航行的功能。另如福建连江昭利庙所祀唐代福建观察使陈岩之长子，本为连江县区域神灵，未见与航海有关。到宣和二年（1120年）"始降于州，民遂置祠"。即北宋末才从连江县扩及福州。此举应与福建商人信仰有关。宣和五年（1124年）路允迪使高丽，在海上遇风祷而获平安。"归以闻，诏赐庙额昭利"。这个信仰由此传播到明州。因路允迪的奏请，宣和五年（1124年）在明州也建了昭利庙。③

会稽县有昭顺灵孝夫人庙，所祀曹娥在宋代从此前的孝女到航行之神的转变也很有代表性。曹娥本汉代蹈水救父视死如归的孝女，立庙于曹娥镇江岸。其父溺水而死。按照明代人的说法，其"父以溺死，则水府乃其深仇"④。直到北宋中期，曹娥仍然只是一个孝女形象，治平二年（1065年）还以孝女朱娥立像配食于曹娥庙。因曹娥镇位于曹娥江和浙东运河的交汇处，是明州与杭州间官私航运的要冲。宋徽宗朝曹娥神被赋予了保护运河航行的职责。政和五年（1115年）十一月"高丽遣使入贡经从，适值小汛，严祭借潮，即获感应"。因高丽使节之请，加封灵孝昭顺夫人。此后经运河过曹娥镇者多祭祀之。淳熙中皇子魏王判明州经过曹娥镇，"亦值小汛，祈祷借潮，感应"⑤。家在明州的史

---

① （宋）文天祥撰，焦飞等校点：《文天祥全集》卷17《纪年录》，南昌：江西人民出版社，1987年，第698页。
② （清）谢旻等监修：《江西通志》卷61《名宦五》，影印文渊阁四库全书，台北：台湾"商务印书馆"，1990年，第515册，第141页。
③ （宋）梁克家：《淳熙三山志》卷8《祠庙》，影印《宋元方志丛刊》，北京：中华书局，1990年，第7864页；（宋）罗濬：《宝庆四明志》卷19《定海县志第二神庙》，影印《宋元方志丛刊》，北京：中华书局，1990年，第5239页。
④ （明）沈德符：《万历野获编》卷14《女神名号》，北京：中华书局，1959年，第357页。
⑤ （宋）张淏：《宝庆会稽续志》卷3《祠庙》，影印《宋元方志丛刊》，北京：中华书局，1990年，第7130页；（宋）施宿等：《嘉泰会稽志》卷6《祠庙》，影印《宋元方志丛刊》，北京：中华书局，1990年，第6805页。

浩多次往返于明州和杭州，也拜谒曹娥庙。他称"某自罢相东归，几十五年，每过祠下，非拥旌麾，即趋召节，圣恩深厚，皆神力有以佽助"①。实际上，自宋徽宗以后曹娥已经成为浙东运河和曹娥江江神。明人将蒲田林氏和会稽曹娥并称为"江、海二神"。②

三、宋代新创护航神灵

宋代因航行所需而新创了诸多护佑航行的神灵信仰，本文略举其要。其中最著名的莫过于妈祖信仰，宋代所封最高爵为妃，尊称圣妃，可用圣妃信仰指称宋代的妈祖信仰。贾二强指出，天妃（圣妃）信仰代表着宋代海神信仰出现向人格神的大转折。③圣妃信仰最早是兴起于福建莆田的民间信仰。圣妃神是有具体原型的，本"莆阳湄州林氏女"。湄洲为莆田海上岛屿。圣妃"少能言人祸福"，"室居三十岁而卒"，"殁，庙祀之，号通贤神女，或曰龙女也"。"数著灵异"，即多次显灵救难。圣妃信仰始于莆田民间信仰，即所以淫祀，而后纳入祀典。所以陈淳说"所谓圣妃者，莆鬼也"④，"莆人户祠之，若乡若里，悉有祠。所谓湄州、圣堆、白湖、江口特其大者耳"。圣堆为莆田之一岛，圣堆祠最早，元祐间为民间所建。应即《方舆胜览》所言"圣妃庙，在海岛上，舟人皆敬事之"⑤。

宣和间官方赐庙额曰顺济，列入国家祀典。宣和五年（1124年）路允迪出使高丽，船队遇风浪，路允迪船因"神降于樯，获安济"。次年奏于朝，赐庙额曰顺济。这与福建航海人的信仰密切相关。因该使团雇用了六艘闽浙"客舟"即商船，使团"挟闽商以往，中流适有风涛之变，因商之言，赖神以免

---

① （宋）史浩：《鄮峰真隐漫录》卷42《谒曹娥庙祝文》，影印文渊阁四库全书，台北：台湾"商务印书馆"，1990年，第1141册，第858页。
② （宋）沈德符：《万历野获编》卷14《女神名号》，北京：中华书局，1959年，第358页。
③ 贾二强：《唐宋民间信仰》，福州：福建人民出版社，2002年，第143页。另，该书讨论宋代妈祖信仰时以元代以后称呼，用"天妃"一词，未妥。
④ （宋）陈淳：《北溪大全集》卷43《上赵寺丞论淫祀》，影印文渊阁四库全书，台北：台湾"商务印书馆"，1990年，第851页。
⑤ （宋）祝穆撰，施金和点校：《方舆胜览》卷13《兴化军》，北京：中华书局，2003年，第220页。

难"①。福建航海人有遇海难时祈祷林氏的信仰，使团幸免于海难因而被认为得到林氏的庇佑。此后圣妃信仰不断兴盛。绍兴间又于莆田之江口立祠，不久丞相陈俊卿立祠于莆田之白湖。且"神之祠不独盛于莆，闽、广、江、浙、淮甸皆祠也"。杭州建有顺济圣妃庙，在艮山门外，开禧、宝庆一再创建。又有别祠在候潮门外萧公桥。②镇江之丹徒县有圣妃庙，"在竖士山东。旧在潮闸之西，宋淳祐间贡士翁戴翼迁创于此"③。建康之卢龙山与马鞍山之间也有圣妃庙。④广州有圣妃庙。刘克庄在广东看到"广人事妃无异于莆。盖妃之威灵远矣"。刘克庄作为福建人，在广州多次拜谒圣妃庙。⑤宋代在莆田、明州、临安、泉州、南雄州、梧州、镇江丹徒县、兴化军仙溪县、漳州等地共有十处圣妃行祠。⑥封号也不断增加。绍兴二十六年（1156年）以郊典，封灵惠夫人。后多次有去疫、平盗、救旱等功，加赐庙额。绍熙三年（1192年）改封灵惠妃，庆元四年（1195年）加助顺，嘉熙间加封为灵惠助顺嘉应英烈妃。元朝至元十八年（1281年）封护国明著天妃。⑦按照宋朝制度，"妇人之神封夫人，再封妃。其封号者初二字，再加四字"⑧。封八字妃已到最高荣宠。

圣妃信仰的兴起和传播主要是海上航行商人的信奉。⑨圣妃的职能之一就

---

① （明）邱濬：《重编琼台稿》卷17《天妃宫碑》，影印文渊阁四库全书，台北：台湾"商务印书馆"，1990年，第1248册，第342页。
② （宋）潜说友：《咸淳临安志》卷73《祠祀三》，影印《宋元方志丛刊》，北京：中华书局，1990年，第4014、4015页。
③ （元）脱因修，俞希鲁纂：《至顺镇江志》卷8《神庙》，影印《宋元方志丛刊》，北京：中华书局，1990年，第2730页。
④ （宋）周应合：《景定建康志》卷17《山川志一》，影印《宋元方志丛刊》，北京：中华书局，1990年，第1562页。
⑤ （宋）刘克庄：《后村集》卷36《圣妃庙（广东作）》，影印文渊阁四库全书，台北：台湾"商务印书馆"，1990年，第1180册，第391页。
⑥ 皮庆生：《宋代民众祠神信仰研究》，上海：上海古籍出版社，2008年，第352—353页。
⑦ （元）脱因修，俞希鲁纂：《至顺镇江志》卷8《神庙》，影印《宋元方志丛刊》，北京：中华书局，1990年，第2730页；（宋）潜说友：《咸淳临安志》卷73《祠祀三》，影印《宋元方志丛刊》，北京：中华书局，1990年，第4014页。
⑧ （清）徐松辑，刘琳等校点：《宋会要辑稿》礼21，上海：上海古籍出版社，2014年，第1081页。
⑨ 〔美〕韩森著：《变迁之神：南宋时期的民间信仰》，包伟民译，杭州：浙江人民出版社，1999年，第146页。

是护佑航海。吴自牧说"妃之灵者,多于海洋之中佑护船舶,其功甚大"①。所以"凡航海之人仰恃以为司命"②,"贾客入海,必致祷祠下"③,也即《方舆胜览》所称"舟人皆敬事之"。其首次被朝廷赐封的原因就是宣和五年(1124年)护佑宋朝出使高丽的使船,即"护鸡林之使"④。在莆田,圣妃也有护航的功绩,当广南粮船北来时却遇"朔风弥旬,南舟不至,神为反风,人免艰食"⑤。正是商人将圣妃信仰传播到浙、淮、广南等地。除了保护航行,圣妃还是承担多方面职能的乡土之神。⑥"灵惠妃宅于白湖,福此闽粤,雨旸稍愆,靡所不应",管理水旱。惠安县发生旱灾,曾祈雨于圣妃宫。圣妃还帮助福建沿海平定海盗。莆田海寇入境,"神(圣妃)为胶舟,悉就擒获"⑦。真德秀在福州任官,屡有海盗"方舟南下,所至剽夺,重为民旅之害"。官兵多次平寇,都寄功于圣妃护佑。⑧圣妃还为国抵御"外敌"。开禧年间,金军犯淮南,宋朝"遣戍兵,载神(即圣妃)香火以行。一战花靥镇,再战紫金山,三战解合肥之围,神以身现云中",护佑宋军得胜。人们对圣妃的期望随着圣妃信仰的兴盛而增多:"神虽莆神,所福遍宇内。故凡潮迎汐送,以神为心;回南籭北,以神为信;边防里捍,以神为命。商贩者不问食货之低昂,惟神之听。"⑨国家乡里安危、水旱灾害,从陆到海,圣妃无所不管。

明人邱浚评价圣妃信仰产生的意义道:"宋以前四海之神各封以王爵,然

---

① (宋)吴自牧:《梦粱录》卷14《外郡行祠》,杭州:浙江人民出版社,1980年,第130页。
② (宋)真德秀:《西山文集》卷54《圣妃宫祝文》,影印文渊阁四库全书,台北:台湾"商务印书馆",1990年,第1174册,第858页。
③ (宋)洪迈撰,何卓点校:《夷坚支景》卷9《林夫人庙》,北京:中华书局,2013年,第950—951页。
④ (宋)楼钥:《攻媿集》卷34《兴化军莆田县顺济庙灵惠昭应崇福善利夫人封灵惠妃》,影印文渊阁四库全书,台北:台湾"商务印书馆",1990年,第1152册,第615页。
⑤ (宋)潜说友:《咸淳临安志》卷73《祠祀三》,影印《宋元方志丛刊》,北京:中华书局,1990年,第4015页。
⑥ 李伯重:《"乡土之神"、"公务之神"与"海商之神"—简论妈祖形象的演变》,《中国社会经济史研究》1997年第2期。
⑦ (宋)潜说友:《咸淳临安志》卷73《祠祀三》,影印《宋元方志丛刊》,北京:中华书局,1990年,第4015页。
⑧ (宋)真德秀:《西山文集》卷54《圣妃宫祝文》、《圣妃祝文》,影印文渊阁四库全书,台北:台湾"商务印书馆",1990年,第1174册,第858、864页。
⑨ (宋)潜说友:《咸淳临安志》卷73《祠祀三》,影印《宋元方志丛刊》,北京:中华书局,1990年,第4015页。

所祀者海也，而未有专神。"①圣妃是宋代大航海的背景下新产生的海洋专神，因为福建商人的传播而扩及沿海各地，被纳入国家祀典，不断加封。尽管四海神在国家祭祀中地位高于圣妃，但对于航海人而言，宋代以后圣妃信仰已逐步成为最重要的信仰。元代封天妃，清代加天后，并播及海外。

除圣妃信仰以外，宋代还新创了诸多航行护佑神。嵊县崿浦有显应庙，就是宋代完全新创的信仰，所祀神名陈廓，宋代睦州青溪县人，尝为台州永安（仙居）县令，经此，"忽舟覆，遂溺死。自尔灵显。民遂祠之"，称陈长官庙，庆元元年（1192年）赐额。②澉浦有显应侯庙，始于建炎二年（1128年），宝庆三年（1225年）赐庙额，勅封显应侯，"初无姓名来历，今里人俗呼为黄道大王"，"庙中有神曰杨太尉，尤为灵异。凡客舟渡海祈祷，感应如响"③，是宋代新出现的区域性航海保护神。台州有黄山庙，乾道八年（1172年）建，"庙有石，穿如牛鼻，父老云昔海船系缆处"④。后获封护国感应显庆王。该庙并非异地神灵的行祠，而是因航海人泊船新生的信仰。

金山顺济庙所祀英烈钱侯也是宋代新创的航海护佑神。神本为福建商人，即"家阀氏钱，行位居七，航海而商，舶帆轻从"，"起身七闽，浮舶而商"。死后获祭于金山，祠祀尤严。每年"季夏之月廿一日，维侯生辰，沿海祭祠，在在加谨"，"常岁是日，盐商海估（贾）、寨伍亭丁，社鼓喧迎，香花罗供"。最初只是民间祭祀，即"前无位号，未应国经，仗队弓刀，遥称太尉，殆几野庙，殊阙声猷"。因"青齐向化之年，金人犹竞，东鄙兴师，侯能助顺"，而得朝廷封赐。⑤

杭州也有顺济庙，所祀之神"姓冯讳俊，字德明，世钱塘人，生于熙宁甲

---

① （宋）邱浚：《重编琼台稿》卷17《天妃宫碑》，影印文渊阁四库全书，台北：台湾"商务印书馆"，1990年，第1248册，第342页。
② （宋）张淏：《宝庆会稽续志》卷3《祠庙》，影印《宋元方志丛刊》，北京：中华书局，1990年，第7130页。
③ （宋）常棠：《澉水志》卷上《寺庙门》，影印《宋元方志丛刊》，北京：中华书局，1990年，第4665页。
④ （宋）陈耆卿：《嘉定赤城志》卷31《祠庙门》，影印《宋元方志丛刊》，北京：中华书局，1990年，第7523页。
⑤ （宋）赵孟坚：《彝斋文编》卷4《金山顺济庙英烈钱侯碑文》，影印文渊阁四库全书，台北：台湾"商务印书馆"，1990年，第1181册，第362、363页。

寅六月十四日","幼孤,事母孝,年十有八梦帝遣神,易其肺腑,云将有徽命……有扣以祸福莫不前知"。生前即受尊奉。自称"上帝命司江涛事","足未尝履阈,人或遇之江海上。元祐年中,一日有舟渡江,值大风涛,分必死,公即现形其间,自言名氏,叱咤之顷,骇浪恬息"。大观三年(1109年),年三十六而卒。除元祐年中护佑航行的功绩外,浙江中有沙碛为舟害,"有司致祷,其沙即平"。其神力又不止于管理江海航行,"不惟商贾舟舶之所依怙,而环王畿千里之内水旱有扣,亟蒙丕答"。绍兴三十年(1160年)赐顺济庙额,绍定间封英烈王。①

唐代宰相李德裕在宋代首次被赋予了海神的身份。宋代温州人陆维则撰有《海神灵应录》一书,记载一个故事:"元祐中,太守直龙图阁范峋,梦海神曰'吾唐李德裕也'。郡城东北隅海仙坛之上有庙,初不知其为何代人。峋明日往谒其像,即梦中所见。自是多响应。然封爵训词惟曰海神而已。"②南宋温州人薛季宣写有《拟祭海神英烈忠亮李公(德裕)文》,说李德裕对百姓的祈祷"无言不酬,无求不获",称其"混溁沧溟,允宜配食"③。可知宋代温州一带确把李德裕奉为海神。

结　论

从国家政策来看,宋代水上神灵形成了高与低、正式与非正式的体系。四海四渎处于水上神灵体系的最高层,北宋基本上列入中祀,而南宋升入大祀。川泽神则入小祀,风雨神则有太常寺主持祭祀(中祀)和州县主持祭祀(小祀)之别。正祀之外还存在大量未纳入国家祀典的民间信仰,或为淫祀,或出于淫祀与正祀的中间地带。除了上述的垂直体系外,水上神灵与其行祠也构成若干子系统,还有诸多本非川泽神灵而被赋予护佑航行的神灵也被纳入水上神

---

① (宋)潜说友:《咸淳临安志》卷,71《祠祀一》,影印《宋元方志丛刊》,北京:中华书局,1990年,第3998页。
② (宋)马端临:《文献通考》卷199《经籍考二十六》,上海:上海古籍出版社,2011年,第5727页。
③ (宋)薛季宣:《浪语集》卷15《拟祭海神英烈忠亮李公(德裕)文》,影印文渊阁四库全书,台北:台湾"商务印书馆",1990年,第1159册,第271页。

灵信仰体系，共同构成了交错复杂的体系。

宋代水上神灵信仰的新变主要表现在两个方面：一是原有信仰的新变化。首先表现在神灵原有功能的增强和地位的提高若干，其次是给原本与航行无关的旧有神灵新增护佑航行的职能若干。二是宋代因航行所需而新创的神灵信仰。宋代水上神灵信仰的新变化是宋代历史发展新特点的直接反映。宋代是水上航行大发展的时代。宋代由于商品经济发展，海上贸易繁荣，以及官方漕运规模巨大等因素，水上航行空前频繁，水上航行人数也极大增长，水上信仰也有了巨大发展。水上航行与国家财政供给、社会经济运行，以及百姓生活的联系也空前密切，民间和国家对水上信仰也十分重视，是促生水上信仰出现若干新变的深层原因。

财富改变关系：宋代富民阶层成长机理研究

张锦鹏 *

摘　要： 宋代富民阶层崛起，逐渐发展成为对社会发展影响深远的中间层，其如何成长为一股社会力量的路径值得深入探讨。总体而言，富民主要是通过投资、消费、售卖三种经济手段，重塑了富民的各种社会关系。一是富民利用其财富优势，形成对土地的规模性投资。在租佃市场上通过土地使用权的让渡，形成"高人一等"的社会心理优势，并以此获得了支配佃农时间和活动空间的权力，从而在租佃关系中处于优势地位。二是富民利用其财富实力购买身份性消费品，通过舆服之制的"僭越"来塑造新的社会身份。三是富民利用其财富实力，控制了粮食的卖方市场。每遇灾荒，政府进行社会动员赈灾之时，富民往往通过"粜"与"遏粜"与政府博弈，建构了一种新型社会关系，以此获得了社会影响力。富民群体就是在这样一种特殊的买卖关系中，把财富实力隐性地转化为社会话语权，从而逐渐发展成为一个对社会发展进步有重要影响的中间阶层。

关键词： 富民阶层　财富实力　社会关系　话语权

"富民社会"理论是宋史学界令人瞩目的新理论之一。其提出者林文勋教授指出：唐宋时期富民阶层作为一个重要的财富力量崛起并不断壮大成长，成

---

* 张锦鹏，女，云南大学中国经济史研究所教授，主要研究方向为民族经济史、唐宋经济史、民族经济与区域发展。

为主导社会的动力层、中间层和稳定层。①该观点目前已基本成为学界共识，而其中富民群体如何从一个普通的社会阶层转化为一个重要的社会阶层，进而成为一支对唐宋社会有重要影响的社会力量，是通过什么具体途径来达到的，这是一个非常重要的问题，需要从学理层面对这一问题进行深入分析。②目前林文勋教授及其团队的研究认识主要有两个方面：一是认为借助科举入仕这一社会流动通道，富民阶层实现了身份角色的转化和社会地位的提升，成为社会发展的推动力量。二是认为富民通过积极参与乡村公共生活，对基层社会形成了有效控制，成为统合社会与联系国家的中间力量和稳定力量。由于这一问题在"富民社会"理论构建上的重要性，不仅需要对上述两个方面进一步深化研究，而且还需要从更多层面和不同视角进行探讨。本文就是对这一问题继续思考的一个成果。

笔者认为，富民群体从财富力量转化为社会力量，成为一个重要的社会阶层，在社会中发挥动力层、中间层、稳定层作用的这一过程，实质上是以其经济实力重构社会关系的过程。这一过程至少可以反映在三个方面：一是富民利用其财富优势形成投资力，对土地进行投资成为土地所有者，作为土地所有者在租佃关系上处于占有优势的社会地位。二是富民利用财富优势形成购买力，进行身份性消费品的消费，自我塑造一种新的社会身份。三是富民借助其掌握粮食等实物财富的优势，在灾荒时期利用其处于卖方市场的有利地位与政府进行博弈，增强了富民的社会话语权。

---

① 这些观点在林文勋教授的多部著述中都有论述。参见林文勋：《唐宋社会变革论纲》（北京：人民出版社，2011年）、《唐宋乡村社会力量与基层控制》（昆明：云南大学出版社，2005年）、《中国古代"富民"阶层研究》（昆明：云南大学出版社，2008年）、《中国古代史的主线和体系》（《史学理论研究》2006年第2期）、《中国古代"富民社会"的形成及其历史地位》（《中国经济史研究》2006年第2期）、《中国古代的"保富论"》（《历史教学》2006年第12期）、《唐宋"富民"阶层概论》（载姜锡东、李华瑞主编：《宋史研究论丛》第9辑，保定：河北大学出版社，2008年）等研究成果。
② 除林文勋教授相关论著对此有专门论述外，其他学者也对这些问题进行了探讨，如薛政超：《唐宋"富民"与乡村社会经济关系的发展》（《中国农史》2011年第1期）、《唐宋以来"富民"阶层之规模考察》（《中国经济史研究》2011年第1期）、高楠、宋燕鹏：《宋代富民融入士人社会的途径》（《史学月刊》2008年第1期）、黎志刚：《宋代民间借贷与乡村贫富关系的发展——以"富民"阶层为视角的考察》（《古代文明》2015年第3期）；等等。

一

财富，这里主要指经济财富，包括货币（可流通性）、资产（形成投资的财产，如田宅、厂房设备等）和存货（可变现的商品）等多种有经济价值的东西。财富通过可流动的货币、不断增殖的资产和商品化的存货之间不断变化和组合转换，重构着新的经济关系和社会关系。

宋代的富民之所以称之为富民，与其他群体最大的区别在于他们拥有财富。这些拥有财富的富民，他们是土地的主要投资者和拥有者，以此获取增殖的财富。与小土地所有者自耕自营不同的是，拥有较多土地的富民多采取租佃经营的方式。租佃经营是一种契约经济，作为田主的富民和作为租赁者的佃农在法律上是平等的关系，在经济上是互利互惠的双赢关系，"佃户既赖田主给佃生，借以养家活口，田主亦借佃客耕田以供赡家计，二者相须，方能存立"①。但是，经济关系的平等并不等于社会关系的平等，作为土地所有者的富民具有社会心理优势同时也具有相对的支配地位。②

无论中外古今，劳动方式是群体身份区隔的一个社会符号。在西方，"labor"是形容劳动生产的词汇，它最早的含义与"繁重艰辛"和"惩罚"相关联。劳动是让人瞧不起的行为，这是一种对被征服者或违反规矩者的惩罚。这种观念通过奴隶制度和宗教植入深入人心。《圣经》中特别强调过劳动产生令人不快的特点：在伊甸园，亚当犯错误之前，过着愉快的生活，后来因偷吃了智慧果而受到惩罚（laberat）。这也是 labeur（艰劳动苦繁重）一词的含义。直到 11 世纪，宗教改革后，劳动被定义成为个体自我救赎的方式和对上帝忠诚的表现，劳动才变成生活中不可缺少的、光荣的事情。14 世纪，labour 才完全表示"田间劳动"的意思。③在中国传统价值观中，劳动很早就被区分为脑力劳动和体力劳动两种，二者不仅是一种社会分工，更是一种社会关系。孟子

---

① （宋）朱熹撰，郭齐、尹波点校：《朱熹集》卷100《劝农文》，成都：四川教育出版社，1996年，第5106页。
② 即便在今天市场经济体系下受法律保护的平等劳资关系，也并不等于老板和雇主就是完全平等的人与人之间关系。
③ 〔法〕罗贝尔·福西耶：《中世纪劳动史》，上海：上海人民出版社，2007年，第5—17页。

曰："劳心者治人，劳力者治于人；治于人者食人，治人者食于人：天下之通义也。"①脑力劳动者天然地具有支配体力劳动的合理性，也由此决定了脑力劳动者高高在上的社会关系。富民靠地租获利，在人们看来这是甚至都不用"劳心"的"不劳而获"，更容易使富民在心理上产生"高人一等"的优越感，故社会上有"吾乡风俗，大抵以贫富为疏戚，以躬耕稼为耻"②的现象，并不为怪。

在宋代的租佃经济中，地主和佃农之间的关系主要是平等的经济关系。不少学者都持这种观点，如日本学者宫崎市定认为唐代从事农业劳动者的"部曲"是贱民，是豪族的私附，与主人之间有很强的人身依附关系。但是到宋代，部曲已转化为佃户，而佃户只是租地人而已。③台湾学者梁庚尧认为宋代地主和佃户之间的关系主要是契约关系，地主和佃户之间只有贫富之分，地主并不能控制佃户的行动，地主和佃农的角色可因经济条件的变化而发生改变。④但是，即便持有这种观点的学者，他们也并不否认宋代的地主在法律上有较为有利的地位。宫崎市定认为："宋政府对佃户问题的政策也同样具有两面性。因为官僚大多数是两面性出身，遇到地主和佃户发生对立的情况时，必然有偏袒地主的倾向。但如果地主依靠富者的权力过分地剥削佃户，那就不仅违反了独裁天子的一视同仁原则，甚至有危及地主制度存续之虞。所以，宋政府采取一方面承认地主的特权，另一方面也保护佃农权利的政策。"⑤梁庚尧也承认"南宋佃户的法律地位确实要较地主低"⑥。而持与上述观点相反的代表者周藤吉之则强调了地主和佃户经济依附关系和社会隶属关系。周藤吉之指出，由于佃户在经济上依附于地主，二者关系上不是对等的而是主从的隶属关系。这种隶属关系主要体现为：佃户没有转移关系的自由；地主不仅役使佃农

---

① 《孟子·滕文公章句上》，新世纪万有文库，沈阳：辽宁教育出版社，1997年，第35页。
② （宋）汪应辰：《文定集》卷12《书陶靖节及二苏先生和劝农诗示郑元制》，北京：中华书局，1985年，第140页。
③ 〔日〕宫崎市定：《从部曲到佃户》，《日本学者研究中国史论著选译》第五卷，北京：中华书局，1993年，第1—71页。
④ 梁庚尧：《南宋的农村经济》，北京：新星出版社，2006年，第98—106页。
⑤ 〔日〕宫崎市定：《从部曲到佃户》，《日本学者研究中国史论著选译》第五卷，北京：中华书局，1993年，第47页。
⑥ 梁庚尧：《南宋的农村经济》，北京：新星出版社，2006年，第102页。

本人，而且还役使其家属子女；佃户女子结婚有时也受到地主干涉。①这至少说明了，在宋代局部地区地主役使佃农、强制佃农之事时有发生。宋代法律偏袒作为有财富优势的地主，也是二者在法律关系上并不完全对等的表现。

即便在法律地位上和经济地位上佃农和地主能够完全平等，在社会关系上地主对佃农也有相对支配权，从而使佃农处于被支配境地。分析这种支配权，大体可以从以下几个方面来理解：一是对佃农时间和空间的支配权。这是农业生产活动的特殊性与租佃关系结合所派生出来的一种权力关系。作为佃农，租佃了某一地主的土地，就意味着在租佃期（至少一个农业生产周期）内，必须在这块土地上投入足够的劳动时间和劳动力，才能够获得好的收成，以保障缴纳地租和获得更多剩余产品。作为需要终日劳作于土地的佃农，他们的生活空间显然也被限制在与这块租佃土地邻近的村社之中。也就是说，当地主向佃农出租土地，就意味着他在租佃期内间接支配了佃农的劳动时间和生活空间，经济上的平等双赢关系转化为社会中的支配关系。二是由经济上的支配力延伸出来的对佃农人身关系的限制。宋代的租佃制通常采用五五分成的租佃收益分配。这并非是风俗和习惯使然，而是佃农为规避农业生产风险的最有效的合约形式。②也就是说，大多数佃农生活状况处于较为贫困的境地，他们基本生产资料积累有限，抗御自然灾害能力较弱。一些贫困佃农甚至需要依靠地主为他们提供种子、耕牛等必要的生产资料才能正常开展再生产活动。在租佃经营中，地主往往是主动的、具有支配权一方，而佃农则处于被动的、被支配地位的另一方。唐代陆贽指出："富者兼地数万亩，贫者无容足之居，依托强豪，以为私属。"③道出了貌似平等的经济关系下不平等的社会关系。这种情况并非个例，而是一种普遍情况，唐宋时期人们谈及富民租佃经营土地时，常常用"役"这一词。如《续资治通鉴长编》右司谏王觌言："富家大姓，幸其邻里之破产卖田，则啖以厚利而兼并之，然后可以食其租而役其人。"④陈亮在为郭德

---

① 〔日〕周藤吉之：《宋代的佃户制》，《日本学者研究中国史论著选译》第五卷，北京：中华书局，1993年，第105—165页。
② 张锦鹏：《宋代商品供给研究》，昆明：云南大学出版社，2003年，第216—221页。
③ （唐）陆贽撰，王素点校：《陆贽集》卷22，北京：中华书局，2006年，第768页。
④ （宋）李焘：《续资治通鉴长编》卷397，元祐二年三月辛巳条，北京：中华书局，1992年，第9686页。

麟撰写墓志铭中写道:"往时东阳郭彦明徒手能致家资巨万,服役至数千人。"①"役"一词,是指无偿向他人提供劳动。在传统国家体制中,为了维持国家公共开支的需要,需要成员为其无偿提供劳动产品和劳动力,这就构成了国家向民众征收赋役的必要。在地主和佃农的关系上,人们使用"役"这一话语方式,显而易见,它表明了地主对佃农具有有一种显性的或隐性的支配权利。

二

马克思在《雇佣劳动与资本》中指出:"我们的需要和享受是由社会产生的;因此,我们在衡量需要和享受时是以社会为尺度,而不是以满足它们的物品为尺度的。因为我们的需要和享受具有社会性质,所以它们具有相对的性质。"②人类用于消费的物品,不能简单地看做是提供某种使用价值的物品,而应该看到这种物品能够使人们获得的某种社会性满足。社会是由许多个体汇集而成的有组织有规则或纪律的相互合作的生存关系的群体。在这一群体里,个体的意义是在社会关系中呈现的,因此,社会性满足的意义也显而易见地体现在关系获得和关系表达之中。让·鲍德里亚认为:"被消费的东西,永远不是物品,而是关系本身。"③

用消费来构建社会关系并非被现代社会消费者才掌握的秘密,在人类社会发展的历史长河中,许多统治者早已娴熟地运用消费限制来达到区隔群体、表达社会关系的目的,并且将其作为社会秩序建构的一种行之有效的手段。早在三千多年前,西周统治者就制定舆服之制作为社会等级的身份符号。中央集权王朝建立以后,历代统治者都实施并不断完善舆服之制,对服饰、车乘等个人消费品赋予了制度化的分类图式,成为皇室贵族、官僚人士、普通百姓等不同阶层的外在化的象征符号,"是以天下见其服而知贵贱,望其章而知其势"④。

---

① (宋)陈亮:《陈亮集》卷26《东阳郭德麟哀辞》,北京:中华书局,1974年,第393页。
② 中共中央马克思恩格斯列宁斯大林著作编译局编译:《马克思恩格斯文集》(第一卷),北京:人民出版社,2009年,第729页。
③ 〔法〕让·鲍德里亚:《物体系》,上海:上海人民出版社,2001年,第224页。
④ (汉)贾谊:《贾谊集》,上海:上海人民出版社,1976年,第28页。

人们既可以通过外在的服饰和用品彰显"高贵"与"低贱"身份差别，又可借助可视的消费符号来进行"我者"与"他者"的身份认同与区隔。作为统治者实施"车服以庸"①，"别尊卑、定上下"②，更是通过舆服消费来规定社会秩序达到社会控制之目的。可见，作为国家制度安排的舆服之制"充当了社会分层的重要媒介和角色"③。

靠家庭积累拥有较多土地的庶族地主和从事工商业经营有一定财富积累的工商业者，即本文所讨论的富民群体，在国家舆服制度中他们被列为社会下层，不得穿鲜亮衣服，不得乘坐华丽车马。《旧唐书·舆服志》载："贵贱异等，杂用五色。五品以上，通着紫袍，六品已下，兼用绯绿。胥吏以青，庶人以白，屠商以皂，士卒以黄。"④《旧唐书·舆服志》载："流外及庶人服䌷、絁、布，其色通用黄，饰用铜铁。"⑤要求这些有财富优势者始终处于社会下层，遵循其这一阶层的"本分"。

中唐以后，富民这一新兴财富力量在商品经济的大潮中迅速崛起。拥有财富是他们区别于其他群体的初始特征。财富最具工具性的用途在于可以转化为现实购买力，用其改变财富所有者的消费倾向及满足其消费需求。在这种物质条件的支撑下，富民群体用财富改变自我、重塑自我社会形象的欲望蠢蠢而动。舆服消费作为一种社会性的消费品，一种承载着权力、地位、权威的符号，自然而然地被富民群体运用于充当他们获取社会声望的诉求工具。于是，在舆服消费方面"僭越"之风汹涌而来。《宋史·舆服志》有不少记载："太宗太平兴国七年（982年），诏曰：'士庶之间，车服之制，至于丧葬，各有等差。近年以来，颇成逾僭。宜令翰林学士承旨李昉详定以闻。'昉奏：'今后富商大贾乘马，漆素鞍者勿禁。近年品官绿袍及举子白襕下皆服紫色，亦请禁之。其私第便服，许紫皂衣、白袍。旧制，庶人服白，今请流外官及贡举人、庶人通许服皂。工商、庶人家乘檐子，或用四人、八人，请禁断，听乘车；兜

---

① （南朝）范晔：《后汉书》卷29《舆服上》，北京：中华书局，1965年，第3639页。
② （元）脱脱等：《宋史》卷149《舆服一》，北京：中华书局，1977年，第3477页。
③ 温乐平：《制度安排与身份认同：秦汉舆服消费研究》，《江西师范大学学报》2012年第6期。
④ （后晋）刘昫等：《旧唐书》卷45《舆服志》，北京：中华书局，1975年，第1952页。
⑤ （后晋）刘昫等：《旧唐书》卷45《舆服志》，北京：中华书局，1975年，第1952页。

子、昪不得过二人。'并从之。"①端拱二年（989年），"诏县镇场务诸色公人并庶人、商贾、伎术、不系官伶人，只许服皂、白衣，铁、角带，不得服紫……其销金、泥金、真珠装缀衣服，除命妇许服外，余人并禁"②。

朝廷多次下达诏令禁止庶民僭越舆服之制，但是收效甚微："庶民之家，必衣重锦厚绫罗縠之衣，名状百出，弗可胜穷。"③靠酿酒发家致富的乡村土豪，也"女髻银钗满，童袍毳氎鲜"，④他们似乎并不把朝廷的舆服之制放在眼里，甚至故意"冠帔珠翠，僭拟贵族"。⑤这种现象，让朝廷众僚十分忧虑，政和七年（1117年）臣僚言："辇毂之下，奔竞侈靡，有未革者。居室服用以壮丽相夸，珠玑金玉以奇巧相胜，不独贵近，比比纷纷，日益滋甚"，"申令法禁虽具，其罚尚轻，有司玩习，以至于此"。⑥宋孝宗隆兴元年（1163年）臣僚议论："近来风俗侈靡，日甚一日。民间泥金饰绣，竞为奇巧，衣服器具皆雕镂妆缀，极其华美。"⑦南宋闽南一带："自缙绅而下，士人、富民、胥吏、商贾、皂隶，衣服递有等级，不敢陵躐。士人冠带，或褐笼衫；富民、胥吏皂衫；农贩下户白布襕衫。妇人非命妇不敢用霞帔，非大姓不敢带冠用背子。自三十年以前，风俗如此……其后渐失等威，近岁尤甚。"⑧

由此可见，富民在成长的初期属于低社会阶层中的一员。随着财富的增长，他们借助财富优势，在个人身份性消费品方面不断"僭拟"上层社会的消费风尚，通过舆服等社会性消费，进行了新的社会关系建构，也就是说他们通过消费塑造了一种新的社会身份，"人们从不消费物的本身（使用价值）——人们总是把物（从广义的角度）用来当做能够突出你的符号，或让你加入视为理想的团体，或参考一个地位更高的团体来摆脱本团体"⑨。靠财富向购买力

---

① （元）脱脱等：《宋史》卷153《舆服五》，北京：中华书局，1977年，第3573—3574页。
② （元）脱脱等：《宋史》卷153《舆服五》，北京：中华书局，1977年，第3574页。
③ （宋）李觏撰，王国轩点校：《李觏集》卷16《富国策第三》，北京：中华书局，1981年，第137页。
④ 中华书局上海编辑所编辑：《宋诗一百首》，北京：中华书局，1959年，第9页。
⑤ （清）徐松辑，刘琳等点校：《宋会要辑稿》刑法2，上海：上海古籍出版社，2014年，第8366页。
⑥ （元）脱脱等：《宋史》卷153《舆服五》，北京：中华书局，1977年，第3577页。
⑦ （清）徐松辑，刘琳等点校：《宋会要辑稿》刑法2，上海：上海古籍出版社，2014年，第8384页。
⑧ （明）何乔远撰，厦门大学历史系古籍整理研究室《闽书》校点组、厦门大学古籍整理研究所《闽书》校点组点校：《闽书》卷38《风俗志》，福州：福建人民出版社，1994年，第947页。
⑨ 〔法〕让·鲍德里亚：《消费社会》，南京：南京大学出版社，2001年，第48页。

的转化，使富民逐渐摆脱了原来的社会阶层，重构了一个新的社会阶层。这个阶层从底层逐渐上升，在整个社会见怪不怪的潜移默化的认同中，获得了新的社会身份——富民阶层。

三

唐宋时期，富民群体不仅通过投资力、购买力来型塑自己新的社会身份，而且还通过售卖力（存货的处置）来建构一种新的社会关系。不少富民之家有粮食积蓄，被称为"多蓄之家"[①]。富民之家也有较多钱财积累，他们常常根据市场物价的波动"乘时贱收"[②]，待物价上涨时再高价抛售以图厚利，"今富人大姓，乘民之急，牟利数倍"[③]。可以说，富民群体是活跃在宋代粮食市场中的一支生力军。

但是，以谋取利益最大化的贱买贵卖的个体经济行为，在一些特殊情况下会与广泛性社会需求产生尖锐矛盾，甚至引发一些严重社会问题。如在灾荒之年，富民们争相囤粮待价而沽，市场上或没有米粮销售或米价奇高，贫民饿殍遍地，社会治安混乱。为了政局稳定，朝廷显然是不可能置灾荒饥馑于不顾，故"诸州岁歉，必发常平、惠民诸仓粟，或平价以粜，或贷以种食，或直以振给之，无分于主客户。不足，则遣使驰传发省仓，或转漕粟于他路；或募富民出钱粟"[④]。动用常平仓等国库储备或从其他地区调运粮食救济，这些都是政府可直接操作层面，完全可以按政府意图行事，唯有"募富民出钱粟"就不太容易做到，常常是"富室不怜贫，千仓尽封闭。只图价

[①] （宋）袁采：《袁氏世范》卷3《富家少蓄金帛免招盗》，丛书集成本，北京：中华书局，1985年，第46页。
[②] （宋）赵汝愚编，北京大学中国中古史研究中心校点整理：《宋朝诸臣奏议》，上海：上海古籍出版社，1999年，第1153页。
[③] （元）脱脱等：《宋史》卷186《食货下八》，北京：中华书局，1977年，第4548页。
[④] （元）脱脱等：《宋史》卷178《食货上六》，北京：中华书局，1977年，第4335—4336页。

日高，弗念民已弊"①。

但因政府常设的保障机构赈灾能力有限，"募富民出钱粟"之类事又不得不做，有财富实力的富民自然是赈灾救济的主要民间力量。②劝粜与劝分是宋政府进行社会动员的主要方式，二者虽然字面不同，但实质是相同的，都是政府试图通过宣传动员，让富民作出与其经济利益最大化相左的决策。于是，在政府和富民之间，就出现了"劝"与"受劝"或"不受劝"的多重博弈。这一博弈过程的结果通常有三：一是道德规劝与个人美德塑造。代表政府的地方官吏引经据典、举例实证，试图利用儒家伦理对富民进行规劝。富民积极响应政府号召，出钱出粮救济。其结果是政府与富民皆大欢喜，富民得到政府的精神性嘉奖，得到乡民的好口碑。二是官职奖励与社会地位提升。在第一种方式效果不佳情况下或者为了达到立竿见影的效果，政府采用官职奖励的方式，根据富民善行贡献大小，赐予一定的闲散官职。这一博弈结果是双赢的，政府达到了借助富民之力赈灾救济之目的，富民通过捐助获得官职，提升了社会地位。三是行政处罚与群体或个体抗争。在施与精神激励和官职激励尚不能达到政府预期目标之时，一些地方官吏就会采取激进方式，强制富民出粜粮食赈灾，违抗者进行行政处罚。这样的结果是富民或惧于权威而服从劝谕，或与政府对抗而被惩罚。

宋代有一个案能够很好地反映政府与富民的博弈过程。咸淳七年（1121年）三月，在绍兴府任职的黄震被任命为抚州知府。当时抚州境内正发生饥荒，黄震深为焦虑，赈灾心切。在赴任途中，黄震就急忙先遣发送公札榜文劝谕上户赈灾救济。一到抚州境内，就召集富民开会，督促基层官吏赈灾。这些社会动员之举措，均可从黄震所发的二十篇榜文③中呈现：

第一榜：咸淳七年三月二十八日中途先发上户劝粜公札

第二榜：四月初一日中途预发劝粜榜

---

① （宋）真德秀：《西山先生真文忠公文集》卷1《古诗·蒲城劝粜》，万有文库本，上海：商务印书馆，1937年，第10页。

② 相关研究论著有：王德毅：《宋代灾荒的救济政策》，台北：台湾"商务印书馆"，1970年；张文：《宋朝民间慈善活动研究》，重庆：西南师范大学出版社，2005年；李华瑞：《宋代救荒史稿》下卷，天津：天津古籍出版社，2014年；林文勋、谷更有：《唐宋乡村社会力量与基层控制》，昆明：云南大学出版社，2005年，等等。另有不少相关论文，不一一列举。

③ （宋）黄震撰，张伟、何忠礼主编：《黄震全集》，杭州：浙江大学出版社，2013年，第2198—2211页。

第三榜：四月初五日中途预纳上户四月十三日到州面议札

第四榜：四月初十日入抚州界再发晓谕贫富升降榜

第五榜：四月十三日到州请上户后再谕上户榜

第六榜：四月十四日再谕元约不到上户书判

第七榜：四月十四日再晓谕发誓榜

第八榜：四月十四日委官核实诸坊厢人户粜户历

第九榜：四月十六日委请诸县诸乡都劝粜官牒

第十榜：专请乐安县十提督牒

第十一榜：四月十九日劝乐安县税户发粜榜

第十二榜：四月二十五日委临川周知县（滂）出郊发廪榜

第十三榜：委周知县发廪第二榜

第十四榜：委周知县发廪第三榜

第十五榜：五月二十五日委乐安梁县丞发粜周宅康宅米

第十六榜：六月初一日劝税户陆续赈粜榜

第十七榜：六月二十日委乐安施知县（亨祖）发粜周宅康宅米

第十八榜：又再委施知县榜

第十九榜：六月三十日在城粥饭局结局榜

第二十榜：七月初一日劝勉宜黄乐安两县赈粜未可结局榜

这二十篇榜文官牒，生动地记载了当时赈灾过程中政府与富民的博弈过程。下面以这些榜文官牒为主要内容，结合其他相关史料予以分析。

第一层面博弈：道德规劝与个人美德塑造。

每当灾荒之时，政府常常会出台各种劝谕告示进行社会动员。从黄震所发榜文来看，在第一榜中，黄震率先表明了自己的施政理念："惟欲安富恤贫，使彼此相安而共济"，然后试图从经济理性来劝富民们出粜："然抚州米贵，于斯为极，乘时急粜，足以接济乡曲，而利亦在其中。否则价平复旧，虽欲售不能，而乡曲之怨亦归之，两失之矣。高明当不待多祝，职守所系，自有不容已于言者。谨兹禀控，伏乞台照。"①第二榜中，黄震开始动用官员们最熟悉的儒家伦理进行道德规劝："天生五谷，正救百姓饥厄；天福富家，正欲贫富相资。米贵不粜，人饥不恤，天其谓何？况凡仰籴之人，非其宗族则其亲戚，非其亲戚则其故旧，非其故旧则其奴佃，非其奴佃则其乡邻，彼其平日敬我仰我者果为何赖？今一旦遇歉，竭彼苦恼无所措办之钱，博我从容尽可通融之粟，此之粜与否，彼之死与生。君子以仁存心，宁不重为矜恻？切几乎体。"②第四榜黄震号召地方贤达一起来对富民进行道德规劝："右请贵寓之贤、学校之英、乡间岩穴抱道未仕之彦，各以天地民物为心，各以父母乡邦为念，以义理感动乡之富者，以恩威开谕乡之贪者"。③在第五榜时黄震再次重申其道德意义："照对：救荒之法，惟有劝分。劝分者，劝富室以惠小民，损有余而补不足，天道也，国法也。富者种德，贫者感恩，乡井盛事也。"并且还强调他只是希望富民拿出米谷来售卖，并非让富民们直接捐粮："今我抚州不劝分而劝粜者，曲体富室之情也，急谋贫民之食也。"④

但是黄震十分诚恳的劝谕却收效甚微。榜文发放到富民家中，富民们视而不见；邀约富民到抚州商谈，富民或听而不闻，或闭门不出。这并非孤立个案，两宋朝不少官员在劝谕救灾中都遇到过类似情况。如神宗"熙宁八年，淮浙大饥，人相食……提举司印榜招谕富民布施钱以种福田，大取识者嗤笑"⑤。种福田乃佛家捐赠之术语，用种福田来唤起富民慈善之心，几乎没有效果。再如，南宋明州土地肥沃，"一岁之入非不足赡一邦之民也"，遇到灾情时"而大家多闭籴""劝分之令不行"⑥，甚至还出现"富民有米，本欲粜钱，

---

① （宋）黄震撰，张伟、何忠礼主编：《黄震全集》卷78《咸淳七年三月二十八日中途先发上户劝粜公札》，杭州：浙江大学出版社，2013年，第2198页。
② （宋）黄震撰，张伟、何忠礼主编：《黄震全集》卷78《四月初一日中途预发劝粜榜》，杭州：浙江大学出版社，2013年，第2199页。
③ （宋）黄震撰，张伟、何忠礼主编：《黄震全集》卷78《四月初十日入抚州界再晓谕贫富升降榜》，杭州：浙江大学出版社，2013年，第2200页。
④ （宋）黄震撰，张伟、何忠礼主编：《黄震全集》卷78《四月十三日到州请上户后再谕上户榜》，杭州：浙江大学出版社，2013年，第2201页。
⑤ （宋）王辟之撰，韩谷校点：《渑水燕谈录》，上海：上海古籍出版社，2012年，第69页。
⑥ （宋）胡榘、罗濬纂修：《宝庆四明志》卷4《叙产》，北京：北京图书馆出版社，2003年，第43页。

官司迫之，愈见藏匿"①的情况。有学者指出，在救荒赈济活动中，宋朝利用"公心好义之士"的作为不会有太大的空间和作用。②

第二层面博弈：官职奖励与社会地位获得。

政府为了强化社会动员的效果，出台的奖励措施是赐予官爵，"或募富民出钱粟，酬以官爵劝谕"③。这是一个颇有吸引力的激励措施，在一个官本位的社会里，官职获得意味着社会地位提升。但是宋廷对官职奖励并没有统一的政策，政策的随意性较强。淳熙八年（1272年）十一月"以淳熙元年减半推赏法募民振粜"④。宣和元年（1119年），淮甸发生大旱灾，负责赈济的官员向朝廷请求："豪民大姓有愿出积粟者，乞籍其名，酬以官爵，其次与免差课一年。"⑤有时，地方官吏的社会动员效果很好，捐赠者很多，朝廷推赏却难以兑现："今救荒之策，莫急于劝分输纳。既多，朝廷吝于推赏，乞诏有司检举行之。"⑥

作为知府大人的黄震，也采取了此招。四月十三日，一到抚州境内，就马不停蹄地召集富民开会"礼劝"。到场的富民有多少不得而知，但是定然是有一些富民并未如约而来，故黄震在四月十四日发一布告"四月十四日再谕元约不到上户书判"⑦再次告知那些未来开会的富民。从黄震会后当天发的榜文

---

① （宋）董煟：《救荒活民书》卷1"天禧元年四月"条，北京：中华书局，1985年，第16页。
② 李华瑞：《劝分与宋代救荒》，《中国经济史研究》2010年第1期。另见李华瑞：《宋代救荒史稿》下卷，天津：天津古籍出版社，2014年。对于政府的社会动员，富民们响应者亦有之。庆历年间，黄照为岳州华容县令，"至之日遭岁大饥。亟谕富人出米，继发官廪以哺流饿，盖活人以万计"（刘挚：《忠肃集》卷13《侍御史黄君墓志铭》，北京：中华书局，1985年，第179页）。政府的社会动员效果也许与动员者能力有关。这些踊跃响应政府号召的富民，多看重"以此为荣，夸其闾里"（《宋会要辑稿》食货59，上海：上海古籍出版社，2014年，第7413页）。但是，宋政府似乎没有对个人荣誉表彰作出必要的制度安排，而只是赐予官爵作为嘉奖，这显然比与一面奖状赐一个匾更具实惠。二百多年后的明朝政府，倒是十分重视个人慈善行动的荣誉性表彰，只要出几百石上千石米谷或其他物资，助国家军饷或赈灾，都会得到来自朝廷的"旌异优免"甚至"冠带荣身"的嘉奖，尽管如此，明朝的社会动员仍然不尽如人意。（见方志远：《"冠带荣身"与明代国家动员—以正统至天顺年间赈灾助饷为中心》，《中国社会科学》2013年第12期）
③ （元）脱脱等：《宋史》卷178《食货上六》，北京：中华书局，1977年，第4336页。
④ （元）脱脱等：《宋史》卷35《孝宗本纪》，北京：中华书局，1977年，第676页。
⑤ （清）徐松辑：《宋会要辑稿》食货59，上海：上海古籍出版社，2014年，第7385页。
⑥ （元）脱脱等：《宋史》卷389《尤袤列传》，北京：中华书局，1977年，第11925页。
⑦ （宋）黄震撰，张伟、何忠礼主编：《黄震全集》卷78《四月十四日再谕元约不到上户书判》，杭州：浙江大学出版社，2013年，第2202页。

"四月十三日到州请上户后再谕上户榜"内容来看,这个会议并未达到预期目的,故在这一榜文中,改变了之前以理劝之、以情动之的劝谕方式,采用了更为直接的利益引诱:"富室而果有能此者,粜二千石以上,太守自旌赏;粜一万石以上,太守申朝廷补官,已有官者升擢。此太守所以报德,决不食言也。"但是这样的利益引诱似乎也没有起到多少效果,因为在此榜中,黄震还无奈表示"其不听者,亦不敢强也"①,但是以后所发之榜,则态度强硬,开始采取行政手段来强制富民出粜。于是,政府与富民进入第三层面的博弈。

第三层面博弈:行政处罚与群体抗争。

四月十四日,黄震发的第五榜"四月十四日再晓谕发誓榜"中,态度开始强硬起来:"若十日之内不粜者,轻则差官发廪,重则佔籍黥配。"②即便如此,来自官府的软硬兼施,富民们仍然不买账,根本不理睬黄震之言。"四月十九日劝乐安县税户发粜榜"中,黄震态度强硬,直接点了十几家官户③之名:"邑内风俗,当职虽未能周知,如出等税家彰彰在人耳目者,已略得其槩。如詹良卿登仕,则甲于一邑四乡者也。曾料院、许道州、詹季宏官人、曾正则官人、曾季同官人、詹明伯官人,皆邑内蓄米之多者,而中户又不与焉。如康元甫官人、周叔可官人,则甲于天授、乐安两乡者。如永丰湖西罗袁教、罗连干之寄庄,则甲于云盖一乡者也。他如黄景武官人暨景文、景宪、景云等官人四兄弟,黄子光官人暨子大、子忠、凤孙等官人四兄弟,及黄汉举官人、陈季升官人、陈子清官人、黄晋甫官人、黄信甫官人、丘子忠官人、邓子清官人、张彝仲官人、张普卿官人、曾季毅官人、曾季常官人、郑荣甫官人、郑宪甫官人与鄢甲头,此四乡蓄米之多者。其余当职未能尽知,除一面陆续采访及

---

① (宋)黄震撰,张伟、何忠礼主编:《黄震全集》卷78《四月十三日到州请上户后再谕上户榜》,杭州:浙江大学出版社,2013年,第2202页。
② (宋)黄震撰,张伟、何忠礼主编:《黄震全集》卷78《四月十四日再晓谕发誓榜》,杭州:浙江大学出版社,2013年,第2203页。
③ 这里的这十几家官户是不是富民?笔者认为应该归为富民群体之中。原因有三:一是宋代的官员,都是流官,多不在当地任职,他们的妻儿等家属,一般都留在家乡本土,但是他们的家庭被称为官户,可以享受减免赋税等待遇。因此,这些居乡的官户之家,只能说明他们家庭中有人做官,并不是所有的家庭成员都是官员。二是宋代可"进纳出身",即"入赀补官""纳粟补官""纳粟授官",这些获得官户之名者实则富民。三是从黄震所发的榜文中可看到,这些家庭储藏了很多的谷物粮食,是典型的地主,仅从他们拥有很多土地和储存较多粮食这点上看,也可以认为他们是富民之列。

恳乡官次第转恳，今来不以公移劝分，而礼请名士宋节干等十员分乡提督劝粜，不以官司督促而以本心之所同然者往来于文书之间，不立官价，不立官斗，而一听蓄米之家随时低昂接济粜户。"黄震所列举这些大户姓名，意在督促他们主动出粜。在榜文最后，黄震进一步重申了赏惩规则："粜及二千石以上，本州并量其资品、随其志愿，特加旌赏，或径从本州借补，充节制司准遣；粜及一万石以上，本州保明，具申朝省，未有官者补官，已有官者升擢。此项已牒委提督官保明申矣。其或吝藏如故，长价不已，亦请提督密具姓名申，及密差人探报，当重作施行矣。"①

即便如此严厉措辞，有些富民们仍然不听劝谕，反而大发议论，公然抗议。如南塘县一姓饶的富民，有庄田多处，佃农无数。饶姓富民只愿意救济本地乡民，不愿意将自家蓄粮低价外卖救济外地饥民，还到处造势"妄称一都自了一都"②。地方官员亲到各家富民仓库检查督促开仓粜粮，富民们也有对付的方法，在第十六榜"六月二十日委乐安施知县（亨祖）发粜周宅康宅米"中言："本州饥民已荷上寓富室次第发粜，小民赖以全活。今新稻亦将熟矣，独乐安县康十六官人、周九十官人两宅米最多，而独不粜，为其邻甲火佃者多饿死。就两宅中，又独周宅为尤不可劝。劝粜提督黄省元代之哀痛，至誓天食素者两月，而周宅不恤也，至反申县诬其摇扰，本州遂差本县清官梁县丞前去监粜。今又访闻县丞极廉，而两耳目之聪明一旦无以胜吏卒之奸。县丞初欲先到周宅，其见已定，厅司乃硬押轿番先至康家，遂致周官人先期搬藏米谷，欲以空仓虚历欺瞒县丞，称为已粜。"③可谓上有政策、下有对策。

针对富民们的强势对抗，最终黄震报请朝廷查处了少数官员，《宋史》载："丙辰，抚州黄震言：'本州振荒劝分，前谷城县尉饶立积米二百万，靳不发廪，虽尝监贷，宜正遏籴之罪。'诏饶立削两秩，武冈军居住。"④却没有针对

---

① （宋）黄震撰，张伟、何忠礼主编：《黄震全集》卷78《四月十九日劝乐安县税户发粜牓》，杭州：浙江大学出版社，2013年，第2205页。
② （宋）黄震撰，张伟、何忠礼主编：《黄震全集》卷78《四月二十五日委临川周知县（滂）出郊发廪榜》，杭州：浙江大学出版社，2013年，第2206页。
③ （宋）黄震撰，张伟、何忠礼主编：《黄震全集》卷78《六月二十日委乐安施知县发粜周宅康宅米》，杭州：浙江大学出版社，2013年，第2209页。
④ （元）脱脱等：《宋史》卷46《度宗本纪》，北京：中华书局，1977年，第907页。

富民的惩罚，看来代表官方的黄震对富民不听从劝谕也是无可奈何。《宋史·黄震传》中是这样记载黄震在抚州赈灾之事："抚州饥起，震知其州，单车疾驰，中道约富人耆老集城中，毋过某日。至则大书'闭粜者籍，强粜者斩。'揭于市，坐驿舍署文书，不入州治，不抑米价，价日损。亲煮粥食饿者。请于朝，给爵赏旌劳者，而后入视州事。"① 从这一叙事表述中，后人对黄震以行政手段强制富民救灾之事持中立态度。

从这个案例可以看到，作为政府的代言人黄震与富民在赈灾过程中的博弈过程充满着情节性和紧张感。有意思的是，整个事件过程——从循循善诱逐渐转向威胁利诱、最终试图强行开仓——政府方一直处于被动之势，而富民方则处于相对优势。富民的优势从何而来？依然是来自财富。在传统农业社会里，富民的财富积累除了货币性财富、不动产财富之外，还有一项重要的财富就是储藏在其粮仓里的大量粮食。在灾荒之年，售卖或不售卖这些粮食，这不仅是赚钱不赚钱或多赚钱少赚钱的问题，而且还成为这些拥有粮食的所有者与政府合作或是不合作的关系问题。换句话说，在特殊经济条件下，富民利用自己处于卖方市场的条件，通过控制粮食等关系国计民生物资的售卖权，来重构富民与政府的关系。在这一新型关系中，政府长此以往扮演的家长式、权威式角色发生了微妙变化，政府的权威性受到了挑战。富民从之前长期处于顺承、服从的角色，开始转变为公然挑战权威、反抗政府的角色。在政府低声下气的"劝谕"和富民底气十足的不理不睬或傲慢的响应号召之中，富民通过售卖活动成功地实现了从"屌丝"到"富民阶层"的社会身份转化。

综上所述，富民从财富力量变成社会力量，成为社会的中间层，这一转化过程与他们的财富直接相关，他们主要是通过投资、消费、售卖三种经济手段，重塑着富民的各种社会关系，从而实现社会影响力的扩大。主要表现在三方面：一是富民利用其财富优势，形成土地投资。在租佃市场上通过土地使用权的让渡，形成一种"高人一等"的社会心理优势，同时还籍以租佃经济关系支配了佃农的时间和活动空间的权利，从而在租佃关系中处于优势地位，获得更多话语权。二是富民利用自己的财富实力来购买一些身份性消费品。通过舆服之制的"僭越"来塑造自己的新社会身份，从而提高社会地位获得新的社会

---

① （元）脱脱等：《宋史》卷438《黄震传》，北京：中华书局，1977年，第12 993页。

声望。三是富民因其财力雄厚，有钱有粮，在遇到灾荒社会需要救济之时，政府就通过"募""劝分"等手段，让富民出钱出粮帮助政府解决困难。掌握卖方市场的富民通过"粜"与"遏粜"与政府博弈，从而与政府重构了一种新型社会关系，获得了社会影响力。富民群体就是在这样一种特殊的买卖关系中，把财富实力隐性地转化为社会话语权，从而逐渐发展成为一个对社会发展进步有重要影响的中间阶层。

朱熹的社仓设计及其流变

陈支平*

摘 要: 南宋朱熹设计并亲自实践的五夫社仓,起到了备荒、救荒的社会功能,宋孝宗把朱熹的社仓建议批准推行于天下时,由于执政部门即户部等规定了社仓设置之初的官本必须在正税之外附加征收,大多数地方官员虚与应付,致使朱熹的社仓设计并没有在当时得到行政上较为普遍的普及,而只有一些道德上的模仿。尽管如此,朱熹的社仓设计,对于后世却影响深远,特别是清代的康雍乾时期,当政者每每以朱熹的《社仓事目》为指南,大力推行社仓制度,在行政制度上予以相应的保障与施行,以至清代乾隆年间成为朱熹之后践行其社仓理念最繁盛的时期。换言之,南宋时期朱熹所设计的社仓制度,是在清代的康雍乾时期得到行政上的真正施行。我们通过从南宋时期以至清代社仓的变迁历程,更可体会到朱熹所具有的长远文化精神。

关键词: 朱熹 社仓 乾隆 流变

朱熹设立社仓,是中国救荒史上的一件大事。自南宋之后,人们对于社仓的践行,大多声称源仿于朱熹的社仓之设。因此,我们通过朱熹对社仓的设计与实践过程,以及朱熹社仓对于后世深远影响的分析,无疑对于进一步

---

* 陈支平,男,厦门大学国学研究院教授,主要研究方向为明清社会经济史、福建社会文化史。
① 本文为国家社会科学基金重大项目"中国经济史学发展的基础理论研究"(批准号:15ZDB131)阶段性成果之一。

了解朱熹关注民生的儒家情怀，以及南宋以来社仓的演变过程，具有一定的学术意义。

一、朱熹对于社仓的设计与实践过程

朱熹于乾道年间在福建建宁府崇安县率先创立社仓，根据其后来撰写的《建宁府崇安县五夫社仓记》中的记述，大致经过是这样的：

乾道戊子，春夏之交，建人大饥。予居崇安之开耀乡，知县事诸葛侯廷瑞以书来，属予及其乡之耆艾左朝奉郎刘侯如愚，曰："民饥矣，盍为劝豪民发藏粟，下其直以振之？"刘侯与予奉书从事，里人方幸以不饥。俄而盗发浦城，距境不二十里，人情大震，藏粟亦且竭。刘侯与予忧之，不知所出，则以书请于县于府。时敷文阁待制信安徐公嘉知府事，即日命有司以船粟六百斛沂溪以来，刘侯与予率乡人行四十里，受之黄亭步下。归，籍民口大小仰食者若干人，以率受粟，民得遂无饥乱以死，无不悦喜欢呼，声动旁邑，于是浦城之盗无复随和而束手就擒矣。

及秋，徐公奉祠以去，而直敷文阁东阳王公淮继之。是冬有年，民愿以粟偿官贮，里中民家将辇载以归有司，而王公曰："岁有凶穰，不可前料。后或艰食，得无复有前日之劳，其留里中而上其籍于府。"刘侯与予既奉教，及明年夏，又请于府曰："山谷细民无盖藏之积，新陈未接，虽乐岁不免出倍称之息贷食豪右，而官粟积于无用之地，后将红腐不复可食。愿自今以来，岁一敛散，既以纾民之急，又得易新以藏，俾愿贷者出息什二，又可以抑侥幸、广储蓄。即不欲者，勿强。岁或不幸，小饥则弛半息，大侵则尽蠲之，于以惠活鳏寡，塞祸乱原，甚大惠也。请著为例。"王公报皆施行如章。

既而王公又去，直龙图阁仪真沈公度继之。刘侯与予又请曰："粟分贮民家，于守视出纳不便，请放古法，为社仓以储之。不过出捐一岁之息，宜可办。"沈公从之，且命以钱六万助其役。于是得籍坂黄氏废地，而鸠工度材焉。经始于七年五月，而成于八月。为仓三，亭一，门墙、守舍，无一不具。①

根据以上记载，朱熹于乾道四年（1168 年）由于当地发生饥荒，受知县诸葛廷瑞的委托，与所在地的士绅刘如愚等，主持乡里的发粟赈灾。经过这次赈灾的实践，朱熹意识到民间缺乏救灾储备的弊病，以及民间配合官府救灾赈济的重要性。于是，朱熹与刘如愚等一方面向当地官府建议，应该如何充分发挥官府储备仓廪的具体措施，另一方面则策划由当地民间自行建设救荒仓库，配合官府常平义仓的米粮散敛制度，实行灾荒时期的自救活动。最终在当地官府的资助之下，"沈公从之，且命以钱六万助其役。"经过 4 个月的努力，终于于乾道七年（1171 年）八月竣工，"为仓三，亭一，门墙、守舍，无一不具"，是为"社仓"。

朱熹和刘如愚等士绅所创立的崇安县开耀乡的社仓，至少在朱熹在世之年，是十分成功的。根据朱熹在晚年的追述，社仓不仅较好地起到赈济灾荒的作用，而且由于管理得当、维持有术，其积谷也不断更新，时有增益。如朱熹在《常州宜兴县社仓记》中说："始予居建之崇安，尝以民饥，请于郡守徐公嚞，得米六百斛以贷，而因以为社仓，今几三十年矣。其积至五千斛，而岁敛散之里中，遂无凶年。"②

淳熙八年（1181 年），朱熹在浙江任上的时候，适逢浙江发生严重的自然灾害。在全力组织救灾救荒的同时，朱熹意识到储粮救荒的重要性和紧迫性。他向朝廷上报自己在十年前举办社仓的经过、所定事目条款及其效应，该上奏文约有二千余字，兹摘引如下：

> 宣教郎、直祕阁、新提举两浙东路常平茶盐公事朱熹，今具社仓事目如后：
>
> 一、逐年十二月，分委诸部社首、保正副将旧保簿重行编排。其间有

---

① 朱杰人、严佐之、刘永翔主编：《朱子全书》第 24 册，上海：上海古籍出版社、合肥：安徽教育出版社，2000 年，第 3720—3721 页。
② 朱杰人、严佐之、刘永翔主编：《朱子全书》第 24 册，上海：上海古籍出版社、合肥：安徽教育出版社，2000 年，第 3808 页。

停藏逃军及作过无行止之人隐匿在内，仰社首队长觉察，申报尉司追捕，解县根究。其引致之家，亦乞一例断罪。次年三月内，将所排保簿赴乡官交纳。乡官点检，如有漏落及妄有增添一户一口不实，即许人告，审实申县，乞行根治。如无欺弊，即将其簿纽算人口，指定米数，大人若干，小儿减半，候支贷日，将人户请米状拖对批填，监官依状支散。

一、逐年五月下旬，新陈未接之际，预于四月上旬申府，乞依例给贷。仍乞选差本县清强官一员，人吏一名，斗子一名前来，与乡官同共支贷。

一、申府差官讫，一面出榜排定日分，分都支散。先远后近，一日一都。晓示人户，产钱六百文以上及自有营运，衣食不阙，不得请贷。各依日限，具状。状内开说大人小儿口数。结保，每十人结为一保，递相保委。如保内逃亡之人，同保均备取保。十人以下不成保不支。正身赴仓请米。仍仰社首、保正副、队长、大保长并各赴仓识认面目，照对保簿，如无伪冒重叠，即与签押保明。其社首、保正等人不保而掌主保明者听。其日监官同乡官入仓，据状依次支散。其保明不实，别有情弊者，许人告首，随事施行。其余即不得妄有邀阻。如人户不愿请贷，亦不得妄有抑勒。

一、收支米用淳熙七年十二月本府给到新漆黑官桶及官斗，每桶受米五省半。仰斗子依公平量。其监官、乡官人从，逐厅只许两人入中门，其余并在门外，不得近前挨拶，挽夺人户所请米斛。如违，许被扰人当厅告覆，重作施行。

一、丰年如遇人户请贷官米，即开两仓，存留一仓。若遇饥歉，则开第三仓，专赈贷深山穷谷耕田之民，庶几丰荒赈贷有节。

一、人户所贷官米，至冬纳还。不得过十一月下旬。先于十月上旬定日申府，乞依例差官将带吏斗前来公共受纳，两平交量。旧例每石收耗米二斗，今更不收上件耗米。又虑仓敖折阅，无所从出，每石量收三升，准备折阅及支吏斗等人饭米。其米正行附历收支。

一、申府差官讫，即一面出榜，排定日分，分都交纳。先近后远，一日一都。仰社首、队长告报保头，保头告报人户，递相纠率，造一色干硬糙米，具状，同保共为一状，未足不得交纳。如保内有人逃亡，即同保均备纳足。赴仓交纳。监官、乡官、吏斗等人至日赴仓受纳，不得妄有阻节。及过数多取。其余并依给米约束施行。其收米人吏斗子要知首尾，次年夏支贷日不可差换。

一、收支米讫，逐日转上本县所给印历。事毕日，具总数申府县照会。

一、每遇支散交纳日，本县差到人吏一名，斗子一名，社仓算交司一名，仓子两名。每名日支饭米一斗，约半月。发遣裹足米二石，共计米一十七石五斗。又贴书一名，贴斗一名，各日支饭米一斗，约半月。发遣裹足米六斗，共计四石二斗。县官人从七名，乡官人从共一十名，每名日支饭米五升，十日。共计米八石五斗。已上共计米三十石二斗，一年收支两次，共用米六十石四斗。逐年盖墙并买蒿荐、修补仓廒约米九石，通计米六十九石四斗。……

一、社仓支贷交收米斛，合系社首、保正副告报队长、保长、队长、保长告报人户。如阙队长，许人户就社仓陈说，告报社首，依公差补。如阙社首，即申尉司定差。

一、簿书锁钥，乡官公共分掌。其大项收支，须监监官签押。其余零碎出纳，即委乡官公共掌管，务要均平，不得徇私容情，别生奸弊。

一、如遇丰年，人户不愿请贷，至七八月而产户愿请者听。

一、仓内屋宇什物仰守仓人常切照管，不得毁损及借出他用。如有损失，乡官点检，勒守藏人备偿。如些小损坏，逐时修整。大段改造，临时具因依申府，乞拨米斛。

具位朱熹奏节文：一、臣所居建宁府崇安县开耀乡有社仓一所，其法可以推广，行之他处。欲望圣慈行下诸路州军，晓谕人户，有愿置立者，州县量支常平米斛，责付本乡出等人户主执敛散，随宜立约，实为久远之计。其建宁府社仓见行事目谨录一道进呈，伏望圣慈详察，特赐施行。[①]

[①] 朱杰人、严佐之、刘永翔主编：《朱子全书》第25册，上海：上海古籍出版社、合肥：安徽教育出版社，2000年，第4596—4600页。

朱熹关于社仓的上奏文，很快就得到朝廷的批复，准予施行天下。《晦庵先生朱文公集》卷99附有朝廷"敕命"云：

> 行在尚书户部准淳熙八年十二月二十八日饬中书、门下省：尚书省送到户部状，准淳熙八年十一月二十八日尚书省送到宣教郎、新提举两浙东路常平茶盐公事朱熹劄子奏："臣所居建宁府崇安县开耀乡有社仓一所，系昨乾道四年乡民艰食，本府给到常平米六百石，委臣与本乡土居朝奉郎刘如愚同共赈贷。至冬收到元米，次年夏间，本府复令依旧贷与人户，冬间纳还。臣等申府措置，每石量收息米二斗，自后逐年依此敛散。或遇小歉，即蠲其息之半；大饥，即尽蠲之。至今十有四年，量支息米，造成仓廒三间收贮，已将元米六百石纳还本府。其见管三千一百石，并是累年人户纳到息米。已申本府照会，将来依前敛散，更不收息，每石只收耗米三升。系臣与本乡土居官及士人数人同共掌管，遇敛散时，即申府差县官一员监视出纳。以此之故，一乡四五十里之间，虽遇凶年，人不阙食。窃谓其法可以推广，行之他处。而法令无文，人情难强。妄意欲乞圣慈特依义役体例，行下诸路州军，晓谕人户，有愿依此置立社仓者，州县量支常平米斛，责与本乡出等人户主执敛散。……其有富家情愿出米作本者，亦从其便。息米及数亦与拨还。如有乡土风俗不同者，更许随宜立约，申官遵守，实为久远之计。其不愿置立去处，官司不得抑勒，则亦不至搔扰。"①

为此，朝廷户部还规定了比较详细的常平仓、义仓存米的敛散办法，所谓"本部今检准绍兴重修常平免役令下项，诸州常平钱谷及场务钱不足，申提举司，通一路之数移用，仍听互相兑便支拨。诸义仓附常平仓监专兼管，敖屋以转运司仓充其积藏，而应兑换者准常平法。诸义仓计夏秋正税，每一斗别纳五合。同正税为一钞，不收头子、脚乘钱及耗，限一日先次交入本仓。即正税不及一斗，并本户放税二分以上，及孤贫不济者，免纳诸义仓谷唯充赈给，不得他用。县遇灾伤，当职官体量，自第四等以下阙食户给散。若放税七分以上，通第三等给。并预申提举司审度，行讫奏。诸灾伤计一县放税七分以上，第四

---

① 朱杰人、严佐之、刘永翔主编：《朱子全书》第25册，上海：上海古籍出版社、合肥：安徽教育出版社，2000年，第4600—4601页。

等以下户乏种食者,虽旧有欠阁,不以月份,听结保贷借。即谷不堪充种子者,纽直以钱,各成贯石,给限一年,随税纳,仍免息。……如愿依上件施行,仰本乡土居或寄居官员有行义者具状赴本州县自陈,量于义仓米内支拨。其敛散之事,与本乡耆老公共措置,州县并不须干预抑勒"①。

综合以上朱熹的上奏文及朝廷的饬命文,大体可以知道朱熹所倡导的社仓,是一种官府与民间协作运行的粮食救荒形式。民间出资在自己的乡里建造社仓,而官府从常平义仓中拨借米谷给社仓,或借出钱文给社仓籴买米谷从而改变以往常平仓米、义仓米只能赈济州县城郭附近灾民的被动局面,而把常平米向穷乡僻壤散发,惠及全境的贫困百姓;社仓根据春夏借出、秋冬纳还的原则,向需要借贷的乡民接济度荒的粮食。如此则官粮、官钱不亏,民间则可比较平稳地度过青黄不接的时光。

为了达到这一目的,朱熹所设计的社仓,有着一系列相互配套的事目条款。首先,为了防止民间社仓的舞弊行为,民间在设立社仓的同时,必须先清理当地的户口,重新编排保簿。"逐年十二月,分委诸部社首、保正副将旧保簿重行编排。其间有停藏逃军及作过无行止之人隐匿在内,仰社首队长觉察,申报尉司追捉,解县根究。……次年三月内,将所排保簿赴乡官交纳。乡官点检,如有漏落及妄有增添一户一口不实,即许人告,审实申县,乞行根治。"在落实了当地的实际户口之后,才能指定米数,纽算人口,实施赈给。其次,对于管理社仓的人选,即社首、保正副、队长、大保长等,必须差使"本乡土居官员、士人、有行义者""敛散之事,与本乡耆老公共措置"。这也就是说,主持社仓的人选,基本上是以乡居的士绅为主,加上一些在乡里著有声望的"有行义者"。如当时朱熹和刘如愚主持崇安县开耀乡的社仓建造之后,朱熹所推荐的管理社仓人选,大多是刘如愚的族人。朱熹在《建宁府崇安县五夫社仓记》中说:"既成,而刘侯之官江西莫府,予又请曰:(刘)复与得舆皆有力于是仓,而刘侯之子将仕郎琦尝佐其父于此,其族子右修职郎玶亦廉平有谋,请得与并力。府以予言悉具书礼请焉,四人者遂皆就事。方且相与讲求仓之利

---

① 朱杰人、严佐之、刘永翔主编:《朱子全书》第25册,上海:上海古籍出版社、合肥:安徽教育出版社,2000年,第4602页。

病，具为条约。"① "系臣与本乡土居官及士人数人同共掌管。"②朱熹认为社仓管理人选关系到社仓及救荒事宜能否得以成功记承继的大事，必须有德高望重的士人们主持。他在《常州宜兴县社仓记》中说："常平者，独其法令簿书筦钥之仅存耳，是何也？盖无人以守之，则法为徒法而不能以自行也。而况于所谓社仓者，聚可食之物于乡井荒闲之处，而主之不以任职之吏，驭之不以流徙之刑，苟非常得聪明仁爱之令如高君，又得忠信明察之士如今日之数公者，相与并心一力，以谨其出纳而杜其奸欺，则其法之难守，不待已日而见之矣。"③

社首等管理人员名单的确认，最后还要经过官府审核批准，"即申尉司定差"。每次敛散社仓米谷之时，一般都有官府派下的吏员监督，"簿书锁钥，乡官公共分掌。其大项收支，须监官签押。其余零碎出纳，即委乡官公共掌管，务要均平，不得徇私容情，别生奸弊。"

为了确保官府借出的常平义仓米谷不致损失缺额，社仓事目中还规定了米谷借出后至秋冬纳还时所应当加收的息米或耗米。"臣等申府措置，每石量收息米二斗，自后逐年依此敛散。"但是如果遇到严重灾年之时，一般贫民百姓交纳息米相当困难，事目又规定在这种情况之下，息米可以酌情减免，"人户所贷官米，至冬纳还。……旧例每石收耗米二斗，今更不收上件耗米。又虑仓敖折阅，无所从出，每石量收三升"。"将来依前敛散，更不收息，每石只收耗米三升。"由于规定了比较合理的还纳加息条款，不仅可以基本保证官米的不失，而且还有可能不断增加社仓的存谷，储蓄日丰。朱熹的五夫社仓就是一个十分成功的例子，"臣等申府措置，每石量收息米二斗，……或遇小歉，即蠲其息之半；大饥，即尽蠲之。至今十有四年，量支息米，造成仓廒三间收贮，已将元米六百石纳还本府。其见管三千一百石，并是累年人户纳到息米"。

从朱熹的社仓设计中，由于是官府与民间协作办理的体制，他所设计的社

---

① 朱杰人、严佐之、刘永翔主编：《朱子全书》第24册，上海：上海古籍出版社、合肥：安徽教育出版社，2000年，第3721页。
② 朱杰人、严佐之、刘永翔主编：《朱子全书》第25册，上海：上海古籍出版社、合肥：安徽教育出版社，2000年，第4601页。
③ 朱杰人、严佐之、刘永翔主编：《朱子全书》第24册，上海：上海古籍出版社、合肥：安徽教育出版社，2000年，第3809页。

仓事目中，既考虑到官府对于社仓的监督作用，又规定了社仓的管理人选必须是当地的士绅及有行义者，两者相互配合、相互牵制；同时还得兼顾到官府和民间的经济效益问题，既要使社仓发挥赈济贫困、储蓄备荒的功能，又要不能让官府的常平义仓缺额亏本。朱熹的这种社仓设计，可以说是充分考虑到了社会的各个方面效果与功能，难怪乎自从它成立之日起，就一直受到历代人们的关注和效仿。这一设计，充分反映了朱熹在民生理念上的前瞻性。

然而值得注意的是，朱熹向朝廷奏请把自己的社仓模式推广于天下诸路州军时，其社仓设置之初的米谷来源，是政府的"常平仓"，但是到了户部批复时，则变成了"义仓"。南宋时期"常平仓"与"义仓"的存谷来源是有区别的。根据李华瑞的研究，常平仓米，"其籴本主要是留用地方上供钱支出，'以逐州户口多少，量留上供钱一二万贯，小州后二三千贯，付司农司系帐。三司不问出入，委转运使并本州委幕职一员专掌其事。每岁秋夏加钱收籴，遇贵减价出粜'"①。这就是说，常平仓米事由上供财政款中截留地方使用的份钱中支用，属于政府财政预算内的开支。但是义仓米则不同。"义仓粮食的来源是各州属县于'两税每石别输一斗贮之。'……义仓令主户于'夏秋正税外每一石别纳一斗，随常赋以入'"②。这也就是说，义仓内的米谷存储，是属于正税之外的附加。如此一来，朱熹原先的设计是由官府财政钱谷中出借社仓的"元本"，而到了户部的批复"饬命"中，则成为以"义仓"的名义向愿意设置社仓的乡村加收额外的税款，"诸义仓计夏秋正税，每一斗别纳五合。同正税为一钞，不收头子、脚乘钱及耗，限一日先次交入本仓"。户部堂而皇之地把原先应属政府财政支出的常平仓米转化为加收额外税的义仓米支借给社仓，社仓赈济的重担，最终试图转嫁给社仓所涵盖的一般民众。而从地方官的角度看，义仓加收社仓本米，不啻是加赋。担负加赋之名是一般地方官员比较忌讳的事情，于是大多数地方官员对于设置社仓的态度是多一事不如少一事，还不如作壁上观，省得招惹麻烦。即使从老百姓的角度看，多收税额总是坏事，灾害是否来临尚未可知，眼前就要多交税额，心理不好承受。由此看来，淳熙八年（1181年）朝廷批准朱熹的社仓奏请推广于天下，基本上是表面文章，口惠实

---

① 李华瑞：《宋代救荒史稿》，天津：天津古籍出版社，2014年，第648页。
② 李华瑞：《宋代救荒史稿》，天津：天津古籍出版社，2014年，第646页。

不惠。

二、南宋时期社仓实施的基本情况

朱熹对于宋孝宗批准自己的社仓建议十分高兴,并在抄录朝廷饬命文之后送撰写的《跋语》中说:"往岁里中妄意此举,所以收恤隐民者,盖偶合其微指。顾以国家未定著令,是以不能远及,且惧其弗克久。今乃得蒙上恩遍下郡国,将遂得与阛宇之间,含生之类,均被仁圣之泽于无穷,固已不胜大幸。而荒陬下里,斗升之积,又得上为明诏之所称扬,下为四方之所取则,抑又有荣耀焉。"[①]因此,他又发动管辖之下的州县,赶紧施行,亲自写了《劝立社仓榜》,告示属下官府及民间,该榜文云:

> 当司恭奉圣旨,建立社仓,已行印榜,遍下管内州县劝喻。寻据绍兴府会稽县乡官、新嘉兴主簿诸葛修职名千能状,乞请官米置仓给贷。而致政张承务名宗文、新台州司户王迪功名若水、衢州龙游县袁承节名起予等又乞各出本家米谷置仓给贷。当司契勘前件官员心存恻怛,惠及乡闾,出力输财,有足嘉尚。除已遵依所降指挥具申朝廷外,须至再行劝勉,量出米谷,恭禀圣旨,建立社仓,庶几益广朝廷发政施仁之意,有以养成闾里睦姻任恤之风。再此劝喻,各请知委。[②]

朱熹的社仓设计虽然于淳熙八年(1181年)十二月有朝廷批准向全国推广,但是其实际施行的效果似乎不是很理想。关于这一点,朱熹曾经多次提到。例如他在《建昌军南城县吴氏社仓记》一文中说:"淳熙辛丑,熹以使事入奏(社仓),因得条上其说。而孝宗皇帝不以为不可,即颁其法于四方,且诏民有慕从者听,而官府毋或与焉。德意甚厚,而吏惰不恭,不能奉承以布于

[①] 朱杰人、严佐之、刘永翔主编:《朱子全书》第25册,上海:上海古籍出版社、合肥:安徽教育出版社,2000年,第4603页。

[②] 朱杰人、严佐之、刘永翔主编:《朱子全书》第25册,上海:上海古籍出版社、合肥:安徽教育出版社,2000年,第4604页。

下,是以至今二十年,而江浙近郡,田野之民犹有不与知者,其能慕而从者,仅可以一二数也。"①《常州宜兴县社仓记》中亦云:"始予居建之崇安,尝以民饥,请于郡守徐公嚞,得米六百斛以贷,而因以为社仓,今几三十年矣。其积至五千斛,而岁敛散之里中,遂无凶年。中间蒙恩召对,辄以上闻,诏施行之,而诸道莫有应者,独闽帅赵公汝愚、使者宋公若水为能广其法于数县,然亦不能远也。"②

其实,朱熹所创立的社仓法虽然有朝廷予以推广的谕令,但是不能在当时的各个地区施行,是与南宋的社会经济及政府的财政状况联系在一起的。由于朱熹的社仓法是一种由官府和民间相互协作而成的救荒形式,这就需要具备两种基本条件:一是全国各地的社会经济发展状况较为良好,民间有较为宽裕的粮食剩余以济储备;二是政府的财政状况比较良好,各地官府能够在上供财政和日常财政支出之外,尚有余钱余谷来向民间出借,从而保障民间社仓的正常运转。但是在朱熹所处的时代,这两个方面都处于比较困难的境地。由于宋代实行着基本上"不抑兼并"的土地政策,社会诸等级对土地的占有是极为悬殊的。根据漆侠先生的研究,宋代经历了三次土地兼并的高潮。其中,第三次兼并高潮在南宋初年就出现了。这次兼并土地的高潮,从宫廷到民间,从临安到地方,到处兴起,而官僚士大夫又起了推波助澜的作用,不少州县寓官、候补等缺之余,以兼并土地为事。③各阶级阶层对土地的占有情形为:"占人口不过百分之六七的地主阶级占全部垦田的百分之六七十,甚至70%以上。而其中占总人口千分之四五的大地主占田竟达百分之四五十,而占总人口百分之八十几的农民阶级占有的土地不过是垦田的百分之三四十,甚至30%以下。"④

严重的土地兼并造成官府册籍混乱、经界不清,贫苦的一般农民虽然占地很少,但是政府的各种赋税却大部分转嫁到他们身上,痛苦不堪。我们在前面所论述到的朱熹一直以清经界为己任,就是深刻地认识到南宋时期土地兼并对

---

① 朱杰人、严佐之、刘永翔主编:《朱子全书》第24册,上海:上海古籍出版社、合肥:安徽教育出版社,2000年,第3814—3815页。
② 朱杰人、严佐之、刘永翔主编:《朱子全书》第24册,上海:上海古籍出版社、合肥:安徽教育出版社,2000年,第3808页。
③ 参见漆侠:《宋代经济史》,北京:中华书局,2009年,第232—283页。
④ 漆侠:《宋代经济史》,北京:中华书局,2009年,第347页。

于社会经济的严重破坏。当然,在南宋的大环境之下,朱熹的这一愿望是很难实现的。社会资源占有的严重不公平,加上南宋朝廷所管辖的地域比较狭小,经济发展的空间受到限制,这些都在一定程度上遏制了社会经济的顺利发展。

从另一个方面看,南宋时期的政府财政始终处于困难之中。"南宋是在兵荒马乱中建立起来的,又是在硝烟弥漫中被摧垮的。"兵连祸结,靡有已时。因而财政开支浩大有其客观原因,"但更加主要的是财政开支之滥施由于南宋统治的腐败"。①为了缓解财政上的压力,南宋政府基本上是在两税征收中采取了压榨广大自耕农民的财政政策,两税征收大幅度增加起来,特别是名目繁多的附加税,更是让贫民百姓不胜其扰。

在这种一般下层百姓穷困潦倒、政府财政窘迫的困境之中,政府要实施有效的社会救助措施,就不能不显得相当的困难。宋代设有"常平仓""义仓"等制度,原意是政府储备一定数额的余粮,在发生自然灾害等不时之需时,政府散发常平仓、义仓中的粮食,救济受灾民众。从制度上说,这类属于应急灾荒的常平仓、义仓储备粮食,是"不得他用"②的。但是到了朱熹的时代,常平仓、义仓中的存粮,经常被官府的其他用途所挪用。朱熹为此一再上奏朝廷,谴责那些挪用常平仓米和义仓米的官员,要求朝廷予以惩治,但是朝廷深知这些常平仓米、义仓米的所谓用于"赈济",只不过是有名无实而已,因此对于朱熹的上奏文,基本上装聋作哑、不予批复。如朱熹在浙江任上,对于地方官员把常平仓米作为"官兵米"散给,相当气愤,他在《奏衢州官吏擅支常平义仓米状》中云:

> 照对臣昨据衢州知州、朝奉大夫沈窎一申,今年二月二十一日到任,适当荒歉之后,财计匮乏,别无可以措置,已申明朝廷,乞于丰储仓内更给助米二万石,以济支遣。本州四月合散官兵米四千余石,未有指拟,逐急于常平义仓米内权行借兑,合有擅支之罪。除已具奏,乞赐处分施行外,申本司照会。……去后又据衢州申,再行借兑义仓米,支散五月分官兵粮米。……臣伏缘在法义仓谷唯充赈给,不得他用,即擅支借移用,以

---

① 参见漆侠:《宋代经济史》,北京:中华书局,2009年,第397—455页。
② 朱杰人、严佐之、刘永翔主编:《朱子全书》第25册,上海:上海古籍出版社、合肥:安徽教育出版社,2000年,第4602页。

违制论。……意谓朝廷必须薄行责罚,以戒后来。今乃一无所问,亦不略行戒约,即在本司,何以约束诸郡?①

然而让朱熹更为气愤的是,上奏文呈递上去之后,擅自借兑常平仓米的官员不但没有受到处罚,反而越支越多,朱熹只好再次上呈《再奏衢州官吏擅借支常平义仓米状》云:

> 衢州沈宷一违法擅行借兑过常平义仓米八千石,充四月、五月官兵俸料,臣已一面行下衢州,督催补还元旧窠名,及具录奏闻,乞将本州当职官略行责罚,以戒将来,未得回降。今来再据衢州沈宷一申,又于常平米内借支三千五百石,充六月分军粮,三个月共擅借过一万一千五百石。并本州申,先借支过常平米一万九千五百八十一石五斗六升四合,亦系充官兵俸料,未曾拨还。及称目下盘量折欠米一万七千七百一十五石五斗一升三合三勺,三项共计四万八千七百九十七石七升七合三勺。……臣照对在法义仓谷唯充赈给,不得他用,擅支用者以违制论。……而本州略无忌惮,甚非朝廷置立常平之意,窃虑必有情弊。……欲望圣慈先将衢州违法擅支常平义仓米当职官吏特行责罚,以警诸郡,为擅用常平义仓米者之戒。②

不仅衢州如此,婺州也是如此,经过数次支借之后,常平仓内存米仅剩七千余石,但是官员还向朝廷申请再挪二万石,竟然得到朝廷的批准。这就不单单是挪用常平仓米的问题,地方掌管财政的官员不得不东挪西借,把其他方面的开支钱谷暂时拿来应付"支遣军粮"。朱熹在《乞降旨令婺州拨还所借常平米状》中说:

> 臣伏准尚书省劄子,备据知婺州钱佃奏,乞于本州见管常平义仓米内支借二万石支遣军粮。八月三日,三省同奉圣旨,许支借二万石,限至岁

---

① 朱杰人、严佐之、刘永翔主编:《朱子全书》第20册,上海:上海古籍出版社、合肥:安徽教育出版社,2000年,第782—783页。
② 朱杰人、严佐之、刘永翔主编:《朱子全书》第20册,上海:上海古籍出版社、合肥:安徽教育出版社,2000年,第788—789页。

终拨还。臣除已恭禀施行外，臣窃见义仓米在法唯充赈给，不许他用。今岁婺州诸县例皆旱伤，将来细民必致阙食。……先来本州已曾借过一万七千石，元降指挥，候秋成先次拨还，尚未还到颗粒。今来再借二万斛，止存七千余石，已是不足支遣。……欲望圣慈，特降指挥，令婺州将两次借过米三万七千石趁此秋成，尽数先行拨还，庶几可以添助赈济。①

朱熹的这些奏请，基本上没有起到他所预期的效果，常平仓米、义仓米被地方官府挪作他用的情景不断发生。②这就不能不大大降低常平仓、义仓原先所设计的基本功能，逐渐沦为政府应急财政的一个储备口。再加上有些地方官吏的怠政行为，加剧了常平仓、义仓的某些弊病。如有些官吏对于常平仓疏于日常管理和运作，致使常平仓内的存谷、存米腐败变质、无法食用；有些常平仓常年关闭，无人问津，无法惠济灾民。朱熹在江西任上及福建等地，都看到了这种情景。其中，他说江西的情景为：

> 所有本军（笔者注：南康军）城下常平仓见椿管□□米八千八百九十三石二斗六升五合二勺，除今年八月内盘量，欠折米一千六十石三斗二升四合外，实管见在米七千八百三十石九斗四升一合二勺。系是乾道八年以后逐年收籴到数目，价钱不一。其米经年在敖，内有结冒陈损。兼照今年七月内，管属建昌县阙少米斛出粜，所支拨义仓米估价应接民间食用，每升计价钱一十文足。已具收报提举使衙门照会去讫。所有见管和籴米，本军今追到牙人沈先等供具，其米经年陈损，与受纳到人户义仓米陈损色样一同，依市价每一升估计价钱一十文足。本军照得上件米系是当来委官和籴到数目，且虑亏损元价，未敢擅便出粜。"③

福建的情景为：

---

① 朱杰人、严佐之、刘永翔主编：《朱子全书》第20册，上海：上海古籍出版社、合肥：安徽教育出版社，2000年，第812页。
② 参见李华瑞：《宋代救荒史稿》，天津：天津古籍出版社，2014年，第627—699页；李华瑞：《宋代仓储制度的发展与变化》，天津：天津古籍出版社，2014年。
③ 朱杰人、严佐之、刘永翔主编：《朱子全书》第25册，上海：上海古籍出版社、合肥：安徽教育出版社，2000年，第5025页。

常平义仓，尚有古法之遗意，然皆藏于州县，所恩不过市井惰游辈，至于深山长谷，力穑远输之民，则虽饥饿濒死，而不能及也。又其为法太密，使吏之避事畏法者，视民之殍而不肯发，往往全其封鐍，递相付授，至或累数十年不一訾省。一旦甚不获已，然后发之，则已化为浮埃聚壤，而不可食矣。夫以国家爱民之深，其虑岂不及此？然而未之有改者，岂不以里社不能皆有可任之人，欲一听其所为，则惧其计私以害公；欲谨其出入，同于官府，则钩校靡密，上下相遁，其害又必有甚于前所云者，是以难之而有弗暇耳。①

由于无法保障常平仓米、义仓米的充足供给支借，再加上朝廷对于朱熹的社仓建议所采取的是"口惠实不惠"的敷衍态度，义仓所存米谷的责任推还给基层百姓，设置社仓，须先加赋，造成许多地方百姓对于建立社仓的意愿相当低下，许多地方官就只能对于淳熙八年（1181年）推广社仓的谕令置若罔闻、不予理睬了。因此，朱熹的社仓设计虽然得到宋孝宗的批准推行于全国，但是并没有在当时形成行政制度上的施行。

台湾学者梁庚尧曾经广发搜集南宋时期的社仓资料，统计出朱熹的社仓建议，在朱熹之后有很大发展，共有记载64处之多。"社仓广布于福建、两浙、江西、湖南、四川、广南、淮南各地，可说是几乎遍布南宋各区。"但是这些社仓的出现并非主要由政府的行政制度所促成，而主要是一些地方人士和官员仰慕朱熹的道德理念所促成的。梁庚尧显然注意到了这一点，他说："各社仓的创办人，如诸葛千能、张洽、李燔、赵师夏为朱熹门人，真德秀、赵景纬为朱熹再传弟子，万镇为三传弟子，魏了翁、李道传、李大有则为私淑朱熹之学者；其他如陆九韶为陆九渊的家兄，和朱熹是时相论学的好友，丰有俊为陆九渊门人，刘宰为张栻再传弟子，潘景宪为吕祖谦门人，也都是理学同道。可知社仓的推广，朱熹门人和理学同道出力甚多。"②而从社仓的地理分布上看，以朱熹长期讲学的福建及朱熹的过化地区最多，仅福建就有11个州县施行，几

---

① 朱杰人、严佐之、刘永翔主编：《朱子全书》第24册，上海：上海古籍出版社、合肥：安徽教育出版社，2000年，第3721—3722页。
② 以上参见梁庚尧：《宋代社会经济史论集》（下），台北：允晨文化实业股份有限公司，1997年，第447—454页。

占南宋各地社仓的五分之一。因此，从梁庚尧的统计数字中，我们看不出当时政府在行政制度上对于社仓施行的保证与推行，南宋社仓的设置基本上是个案性的、道德性的传播。上面引述朱熹本人对于当时社仓难于推广的叹息，即所谓"至今二十年，而江浙近郡，田野之民犹有不与知者，其能慕而从者，仅可以一二数也""今几三十年矣。……诏施行之，而诸道莫有应者，……然亦不能远也"，可能更为接近南宋社仓的基本事实。

当然，社仓难于在南宋推广，归根到底在于社会经济的不振与政府财政的困窘。南宋朝廷即使有意愿从行政制度上在全国推行社仓，也只能通过"义仓"加税的办法来施行。然而这种加税的办法，恰恰又阻碍了从行政制度上推行社仓的可能性。不仅南宋如此，即使是到了明清时期，凡是救荒政策实施得比较得力的年代，基本上是社会经济的繁盛时期，如康雍乾时期号称"盛世"，也是社仓等比较繁盛的时期。① 反之，到了清代后期，随着社会经济的停滞不前，国家财政的入不敷出，社仓之举也就逐渐陷入名存实亡的状态。

三、朱熹社仓的影响与流变及清代社仓的繁盛

朱熹所提倡的社仓，虽然在南宋时期未能得到较为广泛的施行，但是其历史影响确是十分的深远。迄至明清时期，凡举办置仓救荒之策，大多要提到朱熹的社仓设计。特别是到了清代的康熙、雍正、乾隆三朝，农业等社会经济得到较快的恢复与发展，国家财政相对宽裕，民间也往往有所赢余，于是，在三位皇帝的推动下，朱熹所设计的社仓模式得到了空前发展。可以说，朱熹的社仓设计未能在南宋时期得到有效的施行，在明代也是时有时无，无法形成整体性的社仓氛围，唯有在清代的康雍乾时期，才得到比较全面的践行。然而，如果进一步对朱熹设计的社仓制度与明清时期的社仓实施情况作更深入的比较，还是可以看到二者之间存在的一些差异。

朱熹在崇安县开耀乡设置五夫里社仓时，社仓设置之初的米谷来源，正如

---

① 参见常建华：《乾隆朝整饬社仓研究》，朱诚如、徐凯主编：《明清论丛》第15辑，北京：故宫出版社，2015年。

我们在上面所论述的那样，是从官府的常平仓或义仓中支借出来的，"请于郡守徐公嘉，得米六百斛以贷，而因以为社仓"。淳熙八年（1181年）朱熹向朝廷奏请向天下推广社仓设置时，提出了以向官府支借米谷为主，而辅以富家捐助兴建社仓的建议。所谓"本府给到常平米六百石，委臣与本乡土居朝奉郎刘如愚同共赈贷。至冬收到元米，次年夏间，本府复令依旧贷与人户，冬间纳还。臣等申府措置，每石量收息米二斗，自后逐年依此敛散。……其有富家情愿出米作本者，亦从其便。息米及数亦与拨还"①。

我们现在可以根据南宋时期有限的关于社仓的记载，证实当时社仓开设之初的米谷来源，是以向官府支借为主、民间捐助为辅作为基本形式的。如朱熹在《建宁府建阳县大阐社仓记》中说到的大阐社仓最初的米谷来源是官府。由于原仓地址设置不合理，更改位置使得散敛更为方便。

> 招贤里大阐罗汉院之社仓，新候官大夫周君某之所为，而长滩之别贮也。始，秘阁魏君之筑仓于长滩，……仓之所在，极里之东北，而距西南之境远或若干里，贷者多不便之。而是时率常数岁乃一往来，则犹未甚以为苦也。淳熙甲辰，周君始以常平使者宋公之檄，司其发敛之政，而以岁贷收息之令从事。既为之，更定要束，搜剔蠹弊而以时颁焉。……而有以道里不均之说告者。……周君于是白于宋公，而更为此仓，以适远近之中，且令西南境之受粟者即而输焉。来岁遂以远近分土，使各集于其所以待命。民既岁得饱食，而又无独远甚劳之患，于是咸德周君。②

福建浦城县的永利社仓也是如此，"移县庾之粟若干斛以贮焉"。朱熹在《浦城县永利仓记》中说：

> 浦城县迁阳镇永利仓者，故提举常平公事黄侯某之所为也。闻之故老，某年中黄侯以乡人奉使本道，奏立是仓其里中，岁时敛散，以赈贫乏，且使镇官兼董其事。行之累年，近村之民，颇赖其利。后以兵乱废熄

---

① 朱杰人、严佐之、刘永翔主编：《朱子全书》第25册，上海：上海古籍出版社、合肥：安徽教育出版社，2000年，第4601页。
② 朱杰人、严佐之、刘永翔主编：《朱子全书》第24册，上海：上海古籍出版社、合肥：安徽教育出版社，2000年，第3779—3780页。

无余，岁或不收，民辄告病，于今若干余年。……今知县括苍鲍君恭叔之来，乃复有请，而使者吴兴李侯沐深然之，于是鲍君得致其役。营度故壤，筑仓若干楹，不日告成，略如旧制。遂移县庾之粟若干斛以贮焉，夏发以贷，冬敛以藏，一以淳熙某年社仓制饬从事。①

福建邵武军光泽县社仓也是由官府支给，不过不是直接从常平仓中拨给米谷，而是从县财政的盈余之中，用于籴米充实社仓，以及购置田产、籍没僧田等，以每岁所入米谷充实社仓。朱熹在《邵武军光泽县社仓记》云：

光泽县社仓者，县大夫毗陵张侯訢之所为也。……适会连帅赵公亦下崇安、建阳社仓之法于属县，于是张侯乃与李君议，略放其意，作为此仓。而节缩经营，得他用之余，则市米千二百斛以充之。夏则捐价而粜，以平市估；冬则增价而籴，以备来岁。又买民田若干亩，籍僧田、民田当没入者若干亩，岁收米合三百斛，并入于仓，以助民之举子者如帅司法。既又附仓列屋四楹，以待道塗之疾病者，使皆有以栖托食饮，而无暴露迫逐之苦。盖其创立规模，提挈纲领，皆张侯之功。而其条画精明，综理纤密者，则李君之力也。②

朱熹曾撰写《常州宜兴县社仓记》，其中所谈到的社仓也都是由官府设置给谷，并由邑之贤者主持管理事宜。

绍熙五年春，常州宜兴大夫高君商老实始为之于其县善拳、开宝诸乡，凡为仓者十一，合之为米二千五百有余斛。择邑人之贤者承议郎赵君善石、周君林、承直郎周君世德以下二十有余人，以典司之。……会是岁浙西水旱，常州民饥尤剧，流殍满道。顾宜兴独得下熟，而贷之所及者尤有赖焉。……明年春，高君将受代以去，乃复与赵、周诸君皆以书来趣予文，且言去岁之冬，民负米以输者繈属争先，视贷籍无龠合之不入。予于

---

① 朱杰人、严佐之、刘永翔主编：《朱子全书》第24册，上海：上海古籍出版社、合肥：安徽教育出版社，2000年，第3804页。
② 朱杰人、严佐之、刘永翔主编：《朱子全书》第24册，上海：上海古籍出版社、合肥：安徽教育出版社，2000年，第3798—3799页。

> 是益喜高君之惠，将得以久于其民，又喜其民之信爱其上，而不忍欺也。……所谓常平者，今固行之其法，亦未尝不善也。然考之于古，则三登泰平之世，盖不常有，而验之于今，则常平者，独其法令簿书筦钥之仅存耳。是何也？盖无人以守之，则法为徒法而不能以自行也。而况于所谓社仓者，聚可食之物于乡井荒闲之处，而主之不以任职之吏，驭之不以流徒之刑，苟非常得聪明仁爱之令如高君，又得忠信明察之士如今日之数公者，相与并心一力，以谨其出纳而杜其奸欺，则其法之难守，不待已日而见之矣。①

朱熹在这里高度赞扬了常州宜兴县知县高商老设置社仓，把官府常平仓的作用充分发挥于民间救荒之中。

在朱熹所撰写的社仓记中，也有两篇是关于社仓所存米谷实由民间士绅富户捐助的。《婺州金华县社仓记》云：

> 淳熙二年，东莱吕伯恭父自婺州来访余于屏山之下，观于社仓发敛之政，喟然叹曰："……吾将归而属诸乡人士友，相与纠合而经营之。使闾里有赈恤之储，而公家无龠合之费，不又愈乎！"是时伯恭父之门人潘君叔度感其事而深有意焉，且念其家自先大夫时已务赈恤，乐施予，岁捐金帛，不胜计矣，而独不及闻于此也，于是慨然白其大人出家谷五百斛者，为之于金华县婺女乡安期里之四十有一都，敛散以时，规画详备，一都人赖之，而其积之厚而施之广，盖未已也。"②

《建昌军南城县吴氏社仓记》云：

> 是时南城贡士包扬方客里中，适得尚书所下报可之符以归，而其学徒同县吴伸与其弟伦见之，独有感焉。经度久之，乃克有就。遂以绍熙甲寅之岁，发其私谷四千斛者以应诏意，而大为屋以储之。……其为条约，盖

---

① 朱杰人、严佐之、刘永翔主编：《朱子全书》第24册，上海：上海古籍出版社、合肥：安徽教育出版社，2000年，第3808—3809页。
② 朱杰人、严佐之、刘永翔主编：《朱子全书》第24册，上海：上海古籍出版社、合肥：安徽教育出版社，2000年，第3775—3776页。

因崇安之旧而加详密焉，即以其年散敛如法。乡之隐民，有所仰食，无复死徙变乱之虞。①

由此我们可以大体断言，南宋时期设置社仓之初的米谷基本上是以官府支借常平仓、义仓米，以及利用财政盈余的款项籴米或购置田产等官出为主，而以民间捐助为辅。根据王文书研究，"从（笔者注：梁庚尧）统计的数字可以看出，官方出资社仓占总数的 52.3%，私人出资社仓占总数的 23.1%，众人集资占总数的 12.3%，官、众合资社仓占总数的 6.2%，出资情况不详的占总数的 6.2%。官方出资和官、众合资相加占到 58.5%。虽然并不是所有的社仓都经营借贷，但是从这一不完全抽样调查中可以找出这样一个规律：官方直接出资的社仓占有很大的比例"②。

这里所说的官方出资，基本上也是沿袭朱熹的支借常平仓米，以及支借地方财政的赢余部分。至于户部提出的义仓存谷加收赋税的做法，地方官员普遍担心遭受加赋的谴责，目前很少有看到这种做法的记录。况且，由于其致使当时的社仓未能得到行政制度上的普及，也就不可能成为社仓设置之初支借米谷的主要来源。

到了明清时期，则有不同。社仓所存米谷，基本上是以民间捐助为主。《明史·食货志》记云：

弘治中，江西巡抚林俊尝请建常平及社仓。嘉靖八年乃令各抚、按设社仓。令民二三十家为一社，择家殷实而有行义者一人为社首，处事公平者一人为社正，能书算者一人为社副，每朔望会集，别户上中下，出米四斗至一斗有差，斗加耗五合，上户主其事。年饥，上户不足者量贷，稔岁还仓。中下户酌量赈给，不还仓。有司造册送抚、按，岁一察核。仓虚，罚社首出一岁之米。其法颇善，然其后无力行者。③

明代是施行社仓比较薄弱的朝代，但即便从这有限的试行过程的记述中，

---

① 朱杰人、严佐之、刘永翔主编：《朱子全书》第 24 册，上海：上海古籍出版社、合肥：安徽教育出版社，2000 年，第 3815 页。
② 王文书：《宋代借贷业研究》，保定：河北大学出版社，2014 年，第 193 页。
③ 《明史》卷 79《食货三》，北京：中华书局，1974 年，第 1926 页。

我们还是知道当时社仓的存谷全部来自民间,"别户上中下,出米四斗至一斗有差,斗加耗五合"。到了清代,康熙、雍正和乾隆皇帝,对于社仓之设都比较重视,加上这三朝的社会经济总体状况比较良好,所以朝廷推行社仓制度比较容易得到施行。但是从社仓设置之初的存谷情况看,也是以民间捐助为主要途径。如康熙四十二年(1703年)上谕云:

> 谕于各村庄设立社仓,以备饥荒。如直隶设立社仓,果有益于民生,各省亦照此例。嗣廷臣等议定,社仓之谷,于本乡捐出,即贮本乡,令诚实之人经管。上岁加谨收贮,中岁粜借易新,下岁量口发赈。①

康熙五十四年(1715年)议定直省社仓劝谕之例:

> 凡富民能捐谷五石者,免本身一年杂项差徭,多捐一二倍者,照数按年递免。绅衿能捐谷四十石,令州县给匾;捐六十石,知府给匾;捐八十石,本道给匾;捐二百石,督抚给匾。其富民好义,比绅衿多捐二十石者,亦照绅衿例,次第给匾。捐至二百五十石者,咨部给以顶带荣身。凡给匾民家,永免差役。②

康熙年间社仓存谷源于民间捐助的办法一直延续到雍正年间,但是在少数地方也出现了犹如南宋义仓加税派征的情况。对此,雍正皇帝于雍正二年(1724年)特地下道谕旨,强调社仓由民间捐助而不得于正税之外滥派的宗旨:

> 备荒之仓,莫便于近民,而近民则莫便于社仓。前谕尔等,劝导建设,盖专为安民起见也。尔等自应转谕属员,体访各邑士民中,有急公尚义之心者,使主其事。果掌管得人,出纳无弊,行之日久,谷数自增。至于劝捐之时,须俟年岁丰熟。输将之数,宜随民力多寡。利息从轻,取偿从缓。如值连年歉收,即予展限,令至丰岁完纳。一切条约,有司册得干预。至行有成效,积谷渐多,该督抚亦只可具折奏闻,不宜造册题报,使

---

① 《清朝文献通考》卷34《市籴三》,"十通"影印本,杭州:浙江古籍出版社,2000年,第5173页。
② 《清朝文献通考》卷34《市籴三》,"十通"影印本,杭州:浙江古籍出版社,2000年,第5175页。

社仓顿成官仓，贻后日官民之患。朕初意如此，孰料该督抚欲速不达，令各州县应输正税一两者，加纳社仓谷一石。且以储谷之多少，定牧令之殿最。最近闻楚省谷石现价四五钱不等，是何异于一两正赋外加收四五钱火耗耶！是为裕国乎？抑为安民乎？谕到该督抚速会同司道府等官确商妥议，务得安民经久之法以副朕意。

嗣复奉谕旨：社仓之设，原以备荒歉不时之需，往往行之不善，致滋烦扰。朕以为奉行之道，宜缓不宜急，宜劝喻百姓听其自为之，而不当以官法绳之也。是在有司善为倡导于前，留心稽核于后，使地方有社仓之益，而无社仓之害。尔督抚当加意体察。至是议定社仓之法，一令地方官开诚劝谕，不得苛派米石。①

由上可知，清代的康熙、雍正年间，朝廷对于社仓的政策，都是以民间捐助米谷并由民间自主管理为主的。虽然也有少数地方官员试图通过正赋之外加派的方式，筹集社仓的存量，但是被雍正皇帝发现之后，于雍正二年（1724年）明令予以禁止。除此之外，在雍正年间也有少量像朱熹当年设置社仓那样，由官府的常平仓内支借部分米谷作为民间社仓的本谷的，如云南省于雍正十三年（1735年）定云南社仓之法：

云南设立社仓，通计一省所捐谷麦七万余石，其中十（千？）石以上者仅二十余处，此外皆数百石、数十石，亦有全无社谷者。至是议准云南各属皆有常平仓及官庄等谷存贮尚多，可酌量暂拨以作社本，将社仓存贮未及千石者，按地方之大小计存贮之多寡，于该处常平、官庄等谷内拨动五百石或八百石，作为社本，令社长一并经营出借穷民。秋成加一还仓，小歉免其取息，归于社仓项下积贮，俟积有千石，仍将原动常平等谷归还原款。②

再如雍正三年（1725年），川陕总督岳钟琪请求借用陕省火耗银八万两采

---

① 《清朝文献通考》卷35《市籴四》，"十通"影印本，杭州：浙江古籍出版社，2000年，第5177页。
② 《清朝文献通考》卷35《市籴四》，"十通"影印本，杭州：浙江古籍出版社，2000年，第5186页。

买社仓谷麦,奉旨与甘肃巡抚石文焯商酌为之。①陕西地方志的记载也说:"社仓,陕省向无社谷,雍正七年督院岳钟琪奏准,将应免五分耗羡银积存买粮,以作社本。"②不过就康熙、雍正年间的整体情况而言,这种官借社本的形式在清代前期只是作为一种辅助形式而已。

乾隆朝是清代最鼎盛的时期,乾隆皇帝对推行社仓制度特别用心,尤其特别强调在行政制度上予以保障和施行。在他的推动下,乾隆朝成为清代施行社仓最为繁盛的时期③,也是宋代以来施行社仓最为繁盛的时期。为了使社仓的设置、管理及敛散制度更为完善,乾隆皇帝于乾隆四年(1739年)下谕直省督抚地方官,开展对于朱熹《社仓事目》的大讨论。是年年底,御史朱续晫请将朱熹《社仓事目》发交各省督抚悉心讲究。十二月初一日上谕要求:"著各省督抚悉心详议具奏。"乾隆五年(1740年)正月,户部咨文发给各省督抚。④于是在这一年,各省督抚纷纷把讲究的意见上折奏覆朝廷。这里,兹举闽浙总督德沛于七月初一日的奏覆为例。德沛按照朱熹《社仓事目》中的主要十一条目逐次检讨福建社仓的实施情况(在此略去朱熹《社仓事目》中的原条款)云:

一,《事目》内开逐年十二月分委诸部社首、保正副将旧保簿重行编排,……等因。查此条与保甲之法实相为表里,今保甲屡经严饬地方官实力遵行,其甲排甲册即事目所载保簿也。现行保甲烟户之下,原令开填户丁数目并作何生理字样,凡借贷给赈查照甲牌大小口核给,责成保甲长开报缴县察对,无伪给发,社长、社社副依状支散,其逃军无行之人以及增添漏落之处,均难弊混。至所云乡官即今之社长、社副,名异实同,似可毋庸再设乡官,及编甲排甲册,应照现在条规遵行。

一,《事目》内开逐年新陈未接之际,预于四月上旬申府乞依例给

---

① 《川陕总督岳钟琪奏陈社仓积贮管见折》,张书才主编:《雍正朝汉文朱批奏折》第6册,南京:江苏古籍出版社,1989年,第590页。
② 乾隆《临潼县志》卷4《赋役志·仓储》。
③ 参见常建华:《乾隆朝整饬社仓研究》,朱诚如、徐凯主编:《明清论丛》第15辑,北京:故宫出版社,2015年,第249页。
④ 参见常建华:《乾隆朝整饬社仓研究》,朱诚如、徐凯主编:《明清论丛》第15辑,北京:故宫出版社,2015年,第255页。

贷。……等因。查委员监贷，原恐乡官蒙混而设，如果查系立品端方、乡间推重之人，充为社长、社副，又经立有劝惩之条，有过即惩，有善即奖，是劝惩明而商罚昭，则支贷自必公平，如再另委员役未免繁扰。况小县仅设一知一典，更难分身遍为监贷。此即朱子原札所云风土不同、随宜立约、申官遵守也。

一，《事目》内开申府差官讫，一面出榜排定日分，分都支散，……等因。……臣思欲收实效于日后，莫若立法于事先，应请先于造册时，细加区别，于人户之下注明士、农、工、商、不事生业五项，又于士、农、工、商之下注明需贷、不需贷，于不务生业下注明不、准贷各字样，支贷时即以此册为据，则扶同冒领之事无待临时稽查，互保自无弊混。

一，《事目》内开支收米用官斗，仰斗子依公平量。等因。查社谷出入原令均用官斗，兹应再饬令社长、社副各置升斗一副，送县较准，印烙发用，俾出入自可均平。

一，事目内开丰年如遇人户请贷官米，即开两仓，存留一仓，……等因。……应请酌量年岁之丰歉，计算人口之多寡，随时呈报上司，斟酌举行，庶事无拘泥而缓急有济。

一，《事目》内开入户所贷官米，至冬纳完，……等因。……至闽省息谷现准部咨，议准前署抚臣王士任条奏丰岁收息一斗，歉岁免息，已经通饬遵照在案，于仓谷、民生两便，其免二斗加三升之处毋庸再议。，

一，《事目》内开申府差官讫，即一面出榜排定日分，分都交纳，……等因。……应令该州县于收放时剀切再行示禁，则自无守候、需索之弊。

一，《事目》内开收支米讫，逐日转上本县所给印簿，事毕具总数申府县照会。……等因。……今再设印簿稽考，更为周备，亦当一体遵行，以重积储。

一，《事目》内开排保式甲户内开明大人若干口、小儿若干口……等因。查此条应即于保甲册内逐一编明，事属简便，可无弊混，似无庸重复编造，以免纷扰。

一，《事目》内开队长阙社首依公差补，社首阙即申尉司定差。等因。

查昔有队长、社首等项名目，今设社长、社副，酌古而不泥于古，虽今昔异名，其实总署一致，如有阙额，公择端方有品之人即行充补，以专责成。

一，《事目》内开簿书锁钥乡官公共分掌。等因。查收散社谷，州县设有印簿二本，一付社长收执，一缴州县存查，出入既有所稽，不经胥吏之手，自无滋扰之弊。互相稽查，深属得宜。再，查康熙十九年钦奉圣祖仁皇帝谕旨，义仓、社仓永免协济外郡，实为劝谕备赈之至要，自应敬谨遵守奉行。如地方官有抑勒、那借等弊，许社长、副以及捐输人户赴上司衙门呈控参处。庶官吏知儆，积贮充盈，俾严疆要地实有备而无虞矣。①

乾隆四年、五年（1739年、1740年）朝廷与地方督抚所进行的关于朱熹《社仓事目》的讨论，一方面可以看出朱熹社仓设计对于后世的深远影响，另一方面也确实推进了乾隆时期社仓的发展。综合各省督抚的讨论奏折来看，乾隆时期的社仓在各省已经普遍设立，社仓的设置与管理制度也较为完备。各省督抚在遵循朱熹《社仓事目》条款的同时，也会因地制宜适当调整某些措施，使得社仓的运行更为适合清代的实际情况。②

在乾隆皇帝的大力倡导之下，乾隆时期的社仓有了空前发展。特别是在乾隆前中期，随着社会经济的繁荣和国家财政的许可，各省督抚及地方官员也都努力在各地规划推动社仓的建设与施行。社仓几乎遍布全国各个行省，官府向民间社仓、尤其是一些边远地区和穷困地区社仓支借官本的现象有所增加，社仓的存谷数量也都较以往所增加，有些地方的增加数量甚至相当可观。但是从整体上看，清代的康雍乾时期，社仓之谷来自民间的捐助，依然是其主要的渠道。乾隆三十年（1765年）六月二十七日广西巡抚宋邦绥在谈到该省的社仓存谷时说："前任抚臣李绂题明动拨常平谷石借民收息，立为社仓谷本，嗣后酌定大、中、小州县分贮，自四千石以至三千石不等，名为社谷，实与常平无异，非如他省民自捐输者可比。"乾隆三十二年（1767年），江西巡抚吴绍诗也在奏折中说："江西社谷向系捐自民间，现在每州县本息社谷，查据各属册报，自二三万石至六七千石，最少亦二三千石不等，通省共计七十五万八千七

---

① 以上奏折转引自《乾隆朝整饬社仓档案》（上），《历史档案》2014年第3期。
② 参见常建华：《乾隆朝整饬社仓研究》，朱诚如、徐凯主编：《明清论丛》第15辑，北京：故宫出版社，2015年，第255—261页。

百六十余石,不为不多。"①从这些奏折中,我们不难看到乾隆年间社仓存谷来源的大致趋势。当然,清代是所谓"捐输"名目最多的时代,各种花样的"捐输",带有强迫性的意味很明显。清代社仓存谷以民间捐助为主,其中带有强迫性的因素在所难免。与此同时,在一些比较偏远及穷困的地区,政府借本、出本设立社仓的现在也有所增加。无论是民间捐助,还是政府借本、出本,清代乾隆年间社仓的兴盛,都与政府在行政上的大力推行有着直接的因果关系。

乾隆年间的社仓设置与运作虽然达到宋代以来的最高峰,但是由于乾隆皇帝的好大喜功,一部分地方督抚及地方官员,往往投其所好,夸大地方设置社仓的实际效果,虚报社仓的数量及社仓存谷的数量。致使在清查的过程中,时有发现社仓存谷与实际盘点数额不符的现象。如乾隆五十一年(1786年)五月,朝廷派员核查社会经济较为发达的浙江嘉兴等地的社仓,就发现其中缺额者甚多,管理不善,"据窦光鼐奏,盘查过嘉兴、桐乡、海盐等六县仓谷,有缺谷数百石及百余石者。……桐乡县仓内实无储谷,所有之谷乃借自社仓;又借米三千石开报平粜,掩饰一时。嘉兴县社仓空虚,呈控纷纷,是该二县社仓办理皆不妥协"②。乾隆三十五年(1770年),清查苏州等富庶地区的社仓存谷,也发现册上之额与实际存粮数额的较大差距,"经查核苏州、松江、常州、镇江、太仓五府州属各社仓,应储之额虽有二十六万九千余石,严饬核实清厘,内中存价未买者有六万数千石,社长侵亏者六百余石,历年出借在民者一十六万三千余石,稽其实存在仓仅四万余石。……责成巡道严行督催稽查,务必令悉归实储"③。这些流弊,越到乾隆晚年及其后,就越发严重。

再者,乾隆年间社仓的发展得益于乾隆皇帝及朝廷的强力推行,但是在另一方面,也就存在政府过多干预社仓日常运作的情景。康熙、雍正年间,社仓的运行情况一般不必题报政府,如上举雍正二年(1724年)的谕令,"该督抚亦只可具折奏闻,不宜造册题报"。但是在乾隆年间,社仓数额及存谷数额不仅要题报朝廷,而且在散敛等诸多环节,都得经过官府的允许,"社仓既有报部之议,则经理须归有司之手"④。当地方官府在其他财政支出上出现困难

---

① 以上奏折转引自《乾隆朝整饬社仓档案》(下),《历史档案》2015年第1期。
② 参见《乾隆朝整饬社仓档案》(下),《历史档案》2015年第1期。
③ 参见《乾隆朝整饬社仓档案》(下),《历史档案》2015年第1期。
④ 参见《乾隆朝整饬社仓档案》(下),《历史档案》2015年第1期。

时，就难免挪用社仓米谷来应急。如乾隆二十六年（1761年）安徽省就想把社仓息谷挪用来修筑常平仓库，"安徽省现需修建仓廒，无款可动，请酌拨社仓息谷，变价以济工需"①。乾隆四十四年九月，江西巡抚郝硕奏请循福建等省成例酌变社仓息谷以充地方公用，他依据乾隆三十九年、四十年（1774年、1775年）间安徽、福建二省奏请，将社仓息谷变价解司，以充地方公用，俱经部议准行。"按其所存息谷数目，照依时价出粜，将价解司贮库。遇有农田、水利等务为民间必需工作势不可缓者，奏明动用，报部核销"，得到乾隆皇帝的批准。山西也是如此，乾隆四十年（1775年）布政使黄检为变通社仓义仓息谷变价解贮司库事上奏，"其余息谷三十五万八千七百余石，请令各州县于粮价稍昂之时详请价值，酌量售粜，事竣即将谷价解贮司库，……并于要事公费均有预备动用之款"②。这样的变通，是朱熹当年设计社仓时所万万未能想到的事情，它已经超出了社仓备荒、救荒的初衷范围了。

我们通过以上朱熹社仓设计及其流变的分析，不难看出：朱熹当年设计并亲自实践的五夫社仓，起到了备荒、救荒的社会功能，宋孝宗把朱熹的社仓建议批准推行于天下时，由于执政部门即户部等规定了社仓设置之初的官本必须在正税之外附加征收，大多数地方官员虚与应付，碍难施行，致使朱熹的社仓设计，并没有在当时得到行政上较为普遍的普及，而只有一些道德上的模仿。尽管如此，朱熹的社仓设计，对于后世即明清时期却影响深远，特别是清代的康雍乾时期，当政者每每以朱熹的《社仓事目》为指南，大力推行社仓制度，在行政制度上予以相应的保障与施行，以至清代乾隆年间成为朱熹之后践行其社仓理念最繁盛的时期。换言之，南宋时期朱熹所设计的社仓制度，是在清代的康雍乾时期得到行政上的真正施行。但是由于时代的变迁，清代的社仓制度的具体施行过程中，还是存在一些与朱熹原先设计条款所不甚一致之处。我们通过从南宋时期以至清代社仓的变迁历程，更可体会到朱熹所具有的长远文化精神。

---

① 《清朝文献通考》卷37《市籴六》，"十通"影印本，杭州：浙江古籍出版社，2000年，第5201页。
② 以上奏折参见《乾隆朝整饬社仓档案》（下），《历史档案》2015年第1期。

元和明前期的江南政策与社会发展刍议

李治安*

摘 要：元代江南政策的主体为"安业力农""重商"和重"市舶"，四等人压迫和诸色户计制的嫁接推衍，则是局部性的。忽必烈等实行南北异制，维持和保护了江南"富民"农商经济且有所繁荣发展。明前期卫所军户、"均工夫"配户、里甲"画地为牢"、移民徙富和抑商海禁等政策，起步和重点实施于江南且触动极大，几乎倒退至单纯自然经济状态。蒙元江南帝制管制体制与宽纵富商大地主经济相"背反"，官场腐败与贫富悬殊相叠加，招致经济畸形和"官逼民反""富逼穷反"。明初富民农商秩序的破坏及户役法的南北通行，改变了近千年江南富民大地主为核心的经济结构，取而代之的是与北方相差无几的"配户当差"。元明江南社会发展，居然因宽纵豪富和管制农商二模式交替及忽必烈和朱元璋的个性，从开放繁华到锁国萧条，大起大落，而且成为14世纪中国经济由先进跌入落伍的转捩点。

关键词：元 明前期 江南 宽纵 管制 社会发展

关于元、明江南社会状况及统治政策，前人已有一些基础性研究，但对元

---

* 李治安，男，南开大学历史学院教授，主要研究方向为元史、政治制度史。
① 2012年度国家社会科学基金重点项目"元、明前期的江南政策与社会发展脉络"（12AZS006）阶段性成果。

朝和明朝前期江南的贯通比较迄今鲜见。①2011年，笔者曾撰写《元和明前期南北差异的博弈与整合发展》一文②，部分涉及忽必烈和朱元璋、朱棣父子在江南颇有歧义的举措。鉴于该文主题重在南北差异，难免意犹未尽之憾。经过一段时间的读书思考，感到元、明独特的江南政策曾经给13—16世纪的江南社会发展带来了深重影响，它不仅与元、明南北差异博弈整合的核心内容难以切割，也关系到"唐宋变革"③成果在14世纪以后的命运乃至近古历史的走向趋势，以及忽必烈与朱元璋、朱棣父子的历史评价。本文特从官方政策模式对社会经济结构性影响的视角，作如下新的探索。所讨论的地域范围，应是广义的江南④。

一、元朝统治政策与江南社会状况

提起元朝统治江南政策，人们很容易想到"内北国而外中国"的"四等

---

① 〔日〕植松正：《元代江南政治社会史研究》，东京：汲古书院，1997年；王秀丽：《文明的吸纳与历史的延续—元代东南地区商业研究》，澳门：澳亚周刊出版有限公司，2005年；姚恩权：《元代江南土地租佃权的变化及其影响》，《东北师范大学学报》1990年第1期；陈高华：《元代江南税粮制度新证》，《中国社会科学院研究生院学报》1998年第5期；郑克晟：《明代政争探源》，天津：天津古籍出版社，1988年；刘志伟：《在国家与社会之间—明清广东地区里甲赋役制度与乡村社会》，北京：中国人民大学出版社，2010年；李伯重：《多视角看江南经济史（1250—1850）》，北京：生活·读书·新知三联书店，2003年；〔日〕滨岛敦俊：《明代江南农村社会研究》，东京：东京大学出版会，1982年；傅衣凌：《明代江南市民经济试探》，北京：中华书局，2007年；胡果文：《元末明初社会变迁对江南地区商业活动的影响》，《社会科学》2006年第10期；栾成显：《宋元明时代经济发展的新趋势与明太祖的经济政策》，载中国明史学会编：《明史研究》第10辑，合肥：黄山书社，2007年。
② 李治安：《元和明前期南北差异的博弈与整合发展》，《历史研究》2011年第5期。
③ 近百年来中日学者围绕着唐宋之际社会变迁所展开学术讨论，大致有重在分期说和重在社会变革说二类型。前者主要是20世纪前半日本京都学派与东京学派有关宋代是否"近世"的争论，后者则为不囿于分期而侧重社会经济嬗变的泛化说，即远溯明人陈邦瞻"三变"说，近经胡如雷等"分水岭"说，且大量吸收内藤湖南说的合理营养，着重阐明这一时期的社会变革（参见葛金芳：《唐宋变革期研究》，《导论：唐宋变革期略说》，武汉：湖北人民出版社，2004年，第1—4页。张广达：《内藤湖南的唐宋变革说及其影响》，邓小南、荣新江主编：《唐研究》第11卷，北京：北京大学出版社，2005年，第5—71页）。笔者采用后说。
④ 关于江南地区，学术界向来存在狭义和广义的界定。狭义的江南地区，通常是指明清时期的苏州、松江、常州、镇江、江宁、杭州、嘉兴、湖州八府及太仓州（参见李伯重：《简论"江南地区"的界定》，载《中国社会经济史研究》1991年第1期）。广义的江南地区，多指长江以南的今江苏、浙江、福建、江西、安徽、湖北、湖南等地域。本文讨论的元和明前期江南地区是采用广义说。

人"民族压迫和"穷极江南,富称塞北"的财富掠夺。①但这仅是元朝江南政策的某些侧面。元末不少南人进士或"义兵"效忠元廷,入明之后仍然有南方士人怀念元朝等 ②,表明元朝江南政策复杂多面,至少包括"四等人"制、北方诸色户计制嫁接、"安业力农"和"重商"等诸多内容,其社会影响也繁复错综。

1. "四等人"、诸色户计制的移植及影响

"四等人"民族压迫政策及内容为人们熟知,兹不赘。稍作说明的是,该政策推行和操作中,元朝统治者对第四等级中的南人豪富和官僚士大夫等采取了两面策略:一方面是政治歧视与压迫,另一方面又与之交结联手。平南宋不久,江南富民倚仗丰厚财富,"白身滥受宣敕""窜名宿卫"及交结达官权贵的,不在少数。"世守不易"的北人"长军之官","多与富民树党,因夺民田宅居室"。文宗朝,"平章政事曹立,累任江浙,今虽闲废,犹与富民交纳"③。蒙思明所云"贵族而隐匿富户,官吏而漏富差贫,达官与富民交纳,地主与官贵婚媾,商人之商税常因贵族、寺院之包隐而获免,地主之差役亦缘僧道之冒入而得脱"④,在江南尤为突出。由于元朝对江南统治较粗疏,统治者难以深入到城乡基层社会,致使南人富民士大夫对江南社会的原有支配能够继续维持。而儒学教育持续发展和元后期科举恢复所形成的"多族士人圈"⑤,遂致南人居中的文化主导角色又十分牢固。

元代诸色户计制,主要来自对被征服百姓的强制编组供役,主从奴役俗蕴含其中⑥。至元十三年(1276年)南北统一后,又发生了北方诸色户计制向江南的部分移植。据《至顺镇江志》卷3《户口》载,长江南岸镇江路户籍中的

---

① (明)叶子奇:《草木子》卷3上《克谨篇》,北京:中华书局,1959年,第55、51页。
② (清)赵翼撰,王树民校证:《廿二史札记》卷30《元末殉难者多进士》、卷32《明初文士多不仕》,北京:中华书局,1984年,第705、741页。
③ 《元史》卷26《仁宗纪三》延祐五年十一月丁卯;卷27《英宗纪一》延祐七年二月戊午;卷35《文宗纪四》至顺二年四月庚戌;卷99《兵志二·镇戍》至元十七年三月,北京:中华书局,1976年,第587、598、782、2541页。
④ 蒙思明:《元代社会阶级制度》,上海:上海人民出版社,2006年,第130页。
⑤ 萧启庆:《元代的族群文化与科举》,第三章《论元代蒙古色目人的汉化与士人化》,台北:联经出版公司,2008年,第55—84页。
⑥ 黄清连:《元代户计的划分及其政治经济地位》,《台湾大学历史系学报》1975年第2期。

"侨寓""客"两类，(指蒙古人、色目人和中原汉人移居镇江路者①)，囊括民、儒、医、阴阳、站、急递铺、打捕、匠、军、怯怜口、乐人等职业名色。"侨寓"类另有蒙古、畏兀儿、回回、也里可温、河西、契丹、女真、汉人等种族名色。"土著""单贫""僧""道"等名目的"南人"，同样囊括民、儒、医、马站、水站等十六七种职业名色。有些明显照搬北方户计名色，如民、儒、医、匠、军、乐人、僧、道、驱等。而马站、水站、递运站、财赋、海道梢水等名色，或为宋代遗留，或依江南情况适度变通。②但是在按职业定户计和世袭罔替上多是与北方式户计一脉相承。类似情况在《至正金陵新志》、《大德昌国州图志》及《至元嘉禾志》中也有较多的反映。③表明诸色户计向江南移植并不限于镇江路一隅，而是比较普遍的。尤其在江南行御史台治集庆路、江浙行省治杭州路及万户府镇戍地镇江路、庆元路等，名色分类及北人等户明显较多。

引人注目的还有，前揭《至顺镇江志》中土著、侨寓、客、单贫等类共含驱口 4427 人，怯怜口 23 户。《至正金陵新志》所载"南人"中，含"哈剌赤户" 3220 户，"秃秃哈户" 1139 户，"平章养老户" 4 户，"也速歹儿元掳驱口" 870 户。以上大多为私属，"也速歹儿元掳驱口"则系驱奴。④就是说，北方式的私属及驱口占有也一定程度地南侵了。

我们也看到，《至顺镇江志》中"侨寓"等北人户数，大约相当于南人户数的 9%。《至正金陵新志》中北人户数，又相当于南人的 1.94%。而在占镇江

---

① （元）俞希鲁：《至顺镇江志》卷 3《户口》，南京：江苏古籍出版社，1990 年，第 83—84、86—88、90—92、94—95、109 页。据清刘文淇《校勘记》，"侨寓"是指"久居其地而有恒产者"，"客"是指"暂居其地而无恒产者"。

② 宋代社会最常见、最普遍的是"官户和民户""乡村户和坊郭户""主户和客户"及五等和十等主户四类基本户名或户口区分。此外还有并非法定户名的单丁户、吏户、寺观户、军户、菜园户、酒户、坑户、窑户、匠户、机户、船户、舶户、市户、纸户等诸多习惯称呼。后者在管理方式和内涵上与元代诸色户计明显不同。参见王曾瑜：《宋朝户口分类制度略论》，载《中日宋史研讨会中方论文选编》，保定：河北大学出版社，1991 年；又载《凝意斋集》，兰州：兰州大学出版社，2003 年。

③ （元）张铉：《至正金陵新志》卷 8《民俗志·户口》，《宋元方志丛刊》，第 1 册，第 5642—5646 页。冯福京：《大德昌国州图志》，卷 3《叙赋·户口》，《宋元方志丛刊》，第 6 册，第 6078 页。单庆：《至元嘉禾志》卷 6《户口》，《宋元方志丛刊》，第 5 册，第 4452 页。另，昌国州和嘉兴路户口，未分南人、北人。

④ 参阅〔日〕太田弥一郎：《元代の哈剌赤军と哈剌赤户》，《集刊东洋学》46 卷，1981 年。

路户口91%的"土著"等"南人"（104 620户）内，民户约占80.37%，儒、医、马站、水站、递运站等诸色户计不及20%。集庆路南人中的"民户"以外的"军站人匠""医户"等诸色户计30 526户，也仅占本路南人总户数的13.7%。昌国州"儒户""灶户"等诸色户计仅1034户，约占总户数的4.57%。嘉兴路"儒""僧""尼"等诸色户计合计5948户，约占总户数的1.29%。以上3路1州，皆在元江浙行省辖区。与南宋的镇江府、建康府、嘉兴府和昌国县比较，虽然不再以主户、客户之称直接反映租佃关系，可在占总户数80%以上的民户内"富户每有田地，其余的百姓每无田地，种着富户每的田地"式的租佃关系①，依然如故。换句话说，元统一之后北方诸色户计制向江南移植推行，效果是局部和有限的。尽管在与北方距离较近的长江南岸镇江路和集庆路，民户以外的诸色户计比例偏高且接近15%—20%。

四等人制和诸色户计制向江南的移植，虽带有强制性，但无法根本触动或改变原有的社会经济秩序。若论其直接后果，前者是造成江南种族等级与社会经济阶级二系统错综的复合，后者亦带来诸色户计与原南宋大土地占用及租佃制的"嫁接"复合结构。②随着时间的推移，上述复合系统内部的冲突、混合、此消彼长及逐步转换，亦不可避免。由于江南大土地占用及租佃制等经济阶级秩序树大根深、源远流长，越到后来其凭借雄厚实力而上升的势头就越发难以遏止。

2. 忽必烈"安业力农"、纵容大土地占有及租佃制的继续发展

至元十二年（1275年）五月，忽必烈对新归降的原南宋湖北制置副使高达说：

> 今欲保守新附城壁，使百姓安业力农，蒙古人未之知也。尔熟知其事，宜加勉旃。湖南州郡皆汝旧部曲，未归附者何以招怀，生民何以安业，听汝为之。③

---

① 陈高华等点校：《元典章》卷3《圣政二·减私租》，北京：中华书局、天津：天津古籍出版社，2011年，第86页。按，元代镇江路、嘉兴路和昌国州皆隶属于江浙行省，亦即"杭州省"，故《减私租》成宗初"杭州省官人每"奏言，在镇江等三路州有颇强的针对性。
② 蒙思明：《元代社会阶级制度》，上海：上海人民出版社，2006年，第70—103页。
③ 《元史》卷8《世祖纪五》，北京：中华书局，1976年，第166页。

这段话通常被视作忽必烈不嗜杀和委付南宋降官抚治江南的表征。这无疑是有道理的。然而，联系两年后行御史台《合行条画》："今已抚定，宜安本业。仰各处正官每岁劝课，如无成效者，纠察"①，此"安业力农"抑或"宜安本业"及"每岁劝课"，并不局限恢复农桑，而是重在保护江南发达的农耕经济及工商业。自4世纪中国经济重心南移，江南未曾遭受大的战争动乱，其农业经济及工商业水平，已超越久罹战祸的中原。尤其是忽必烈告诫平南宋统帅伯颜效仿曹彬不嗜杀②，江南发达的农商经济及租佃制得以保留。

再来看英宗即位初的一段中书省奏议：

……亡宋收附四十余年也，有田的纳地税，做买卖纳商税，除这的外别无差发，比汉儿百姓轻有。更田多富户每，一年有收三二十万石租子的，占着三二千户佃户，不纳系官差发，他每佃户身上要的租子重，纳的官粮轻。③

忽必烈"安业力农"政策在四十余年后又有了可观的成效。首先是江南地主、自耕农及商人能够享受比中原较多的赋税优惠，"比汉儿百姓轻有"，尽管英宗时调整为"科添二分税粮"。其次依旧优惠保护大土地占用及租佃制。迄仁宗朝，松江下砂场瞿某"有当役民田二千七百顷，并佃官田共及万顷"④。"富户"执把"护持玺书"侵占民田或将学田"献佃"诸王权贵者甚夥。⑤仁宗延祐"经理"承袭南宋"经界"，重在核实田亩和多征税，并非改变土地不均，"自实出隐漏官民田土"，或被当作日后征税依据。⑥这等于变相纵容大土地占有及租佃关系的发展。就是说，延祐"经理"及英宗"免役法"，也不外是基

---

① 陈高华等点校：《元典章》卷5《台纲·行台体察等例》，北京：中华书局、天津：天津古籍出版社，2011年，第150页。
② 《元史》卷127《伯颜传》，北京：中华书局，1976年，第3100页。
③ 陈高华等点校：《元典章》卷24《户部十》《租税·纳税·科添二分税粮》，北京：中华书局、天津：天津古籍出版社，2011年，第950页。
④ （元）杨瑀撰，余大钧点校：《山居新话》卷4，北京：中华书局，2006年，第233页。
⑤ 《元史》卷20《成宗纪三》大德六年正月庚戌，北京：中华书局，1976年，第439页。《江苏金石志》卷20《镇江路儒学复田记》，《镇江路儒学复故鼻庄本末》，载《石刻史料新编》，台北：新文丰出版公司，第13册，第9958—9959、9961页。
⑥ （元）俞希鲁：《至顺镇江志》卷6《宽赋》，南京：江苏古籍出版社，1990年，第262页。

于维持江南大土地占有而欲改善赋役征派的尝试。

3. 忽必烈"重商"重市舶与江南商业经济的长足发展

平定南宋之际，除常州、沙洋堡、静江外，绝大多数城市均因谕降而幸免战火，故大体保留原有的"销金锅儿"①式的繁荣秩序。汪元量诗可为证："衣冠不改只如先，关会通行满市廛。北客南人成买卖，京城依旧使铜钱。"②更重要的还是元廷出于财政等需求，"重商"和重市舶，带来江南商业经济的继续繁荣。

重商政策。就全国而言，元廷实行的是"重农不抑商"，这与南宋朝野认同的"士农工商"，"同是一等齐民"观念③，基本一致。由于江南商业经济的良好基础和忽必烈等"嗜利"，江南一直被蒙元统治者视为获取财货及奢侈品的渊薮，故而在江南实行重商。由于官方重商，江南大小商业经济长足发展，形成"举世治筐箧"，"人多好市井牟利之事"浪潮。④余阙曰："混一以来，其俗益降……纷趋于末，以争夫鱼盐之利。"⑤吉水萧雷龙"折节治货区，不数年间，竟倍加于昔"⑥。常州张文盛"从计然之术"，"懋迁络绎，资用丰沛"。不少人因科举废止被迫"作技巧鬻贩以为工匠商贾"⑦。或有宁为商贾，不愿做官。金陵李汝成谢京官劝告，不求仕进，"贾六合市上，物价减恒市人之半"⑧。就连湖广行省左丞相阿里海牙之孙贯云石，也自翰林学士退隐钱塘，

---

① （宋）周密：《武林旧事》卷3《西湖游幸都人游赏》，影印文渊阁四库全书，台北：台湾"商务印书馆"，1986年，第590册，第199页。

② （宋）汪元量撰，孔凡理校辑：《增订湖山类稿》卷1《醉歌》其六，北京：中华书局，1984年，第15页。

③ （宋）黄震：《黄氏日抄》卷78《词讼约束》、《又晓谕假手代笔榜》，影印文渊阁四库全书，第708册，第787—802页。参阅漆侠主编：《辽宋西夏金通史》社会经济卷（上），北京：人民出版社，2011年，第362页。

④ （元）王结：《文忠集》卷1《张梅友编修以古诗四首见赠次韵答之》，影印文渊阁四库全书，第1206册，第204页。（宋）周密撰，吴企明点校：《癸辛杂识》别集卷上《天市垣》，北京：中华书局，1988年，第255页。

⑤ （元）余阙：《青阳先生文集》卷9《两伍张氏阡表》，四部丛刊续编本，上海：商务印书馆，1934年，第11页A。

⑥ （明）宋濂撰，罗月霞主编：《宋濂全集》《翰苑续集》卷7《元故秘书著作郎芳洲先生萧府君阡表》，杭州：浙江古籍出版社，1999年，第905—906页。

⑦ （元）陆文圭：《墙东类稿》卷13《巽溪翁墓志铭》，元人文集珍本丛刊，台北：新文丰出版公司，1985年，第603页。《元史》卷81《选举志一》，北京：中华书局，1976年，第2017页。

⑧ （明）宋濂撰，罗月霞主编：《宋濂全集》《芝园续集》卷5《李信甫墓铭》，杭州：浙江古籍出版社，1999年，第1559页。

"诡姓名","卖药市肆"①。

回回人亦官亦商与斡脱商等南下牟利。回回商扑买财税和中买珠宝,始于窝阔台汗时期。世祖朝回回权臣阿合马又"挟宰相权,为商贾,以网络天下大利"②。"天戈一日南指,多少贾胡留"③,大批回回人随军旅下江南经商牟利。其首要业务是替宫廷"中买"珠宝。大德七年(1303年)"西域贾人有奉珠宝进售者,其价六十万锭"。泰定朝张珪等批评:"……斡脱中宝之人,妄称呈献,冒给回赐,高其直且十倍,蚕蠹国财。"④马祖常诗曰:"翡翠明珠载画船,黄金腰带耳环穿。自言家住波斯国,只种珊瑚不种田"⑤,就是描绘赖东南海外贸易中买珠宝而大发横财的波斯商人。其次是充当盐商。大德十一年(1307年)回回商怯来木丁进献宝货,武宗回赐盐万引,特许续购盐引九万,兼取巨利。⑥顺帝至正年间,福建"番大商以货得参省政","胁户部令夺下四场引盐自为市"。⑦是为亦商亦官,恃权势霸占盐利。

元廷曾于至元十七年(1280年)设泉府司,专掌斡脱事宜,五年多后,管理海外贸易的市舶司又隶属于泉府司。⑧兼管诸位下斡脱总管府的答失蛮,也曾将近10万锭宝钞贷于"海舶市诸番者"⑨。南下的斡脱特权商从蒙古贵族处贷取资本,大肆介入海外贸易及食盐贩卖,加重了江南商业的畸形倾向。

市舶及榷盐刺激下东南豪富巨商的崛起。元代榷盐只允许从官府购买盐引

---

① (元)欧阳玄撰,魏崇武、刘建立点校:《欧阳玄集》卷9《元故翰林学士中奉大夫知制诰同修国史贯公神道碑》,元代别集丛刊,长春:吉林文史出版社,2010年,第104页。
② 《元史》卷205《阿合马传》,北京:中华书局,1976年,第4560页。
③ (元)曹伯启:《曹文贞公诗集》卷10《水调歌头次复初韵》,北京图书馆古籍珍本丛刊,北京:北京图书馆出版社,1998年,第94册,第392页。
④ 《元史》卷170《尚文传》,卷175《张珪传》,北京:中华书局,1976年,第3988页,第4077页。
⑤ (元)马祖常撰,王媛点校:《马祖常集》卷4《绝句十六之十五》,元代别集丛刊,长春:吉林文史出版社,2010年,第123页。
⑥ 《元史》卷22《武宗纪一》,大德十一年九月丙子,北京:中华书局,1976年,第487页。
⑦ (元)卢琦:《圭峰先生集》卷下《卢平阳哀辞》,北京图书馆古籍珍本丛刊,北京:北京图书馆出版社,1998年,第96册,第175页。
⑧ 《元史》卷11《世祖纪八》至元十七年十一月乙巳,卷14《世祖纪十一》至元二十三年八月己亥,北京:中华书局,1976年,第227页,第292页。
⑨ (元)姚燧:《牧庵集》卷13《高昌忠惠王神道碑》,影印四部丛刊初编,上海:商务印书馆,1936年,第9页A。答失蛮,四库馆臣改作达实密。

的盐商经营贩运及售卖,海外贸易则实行"双轨制",同时允许官本和民间商人介入。由于巨额利润的刺激,一批土著南人竭力挤入盐商和海外贸易经营。"家家浮生多在船","竞卖田宅行盐钱","罗衣熏香钱满箧,身是扬州贩盐客"。①元中叶以后,海外贸易和盐商等,还催生了东南豪富巨商的崛起。②"嘉定州大场沈氏,因下番买卖致巨富";上海朱国珍、管明"为奸利海中";苏州沈万三"富甲天下,相传由通蕃而得"。③马祖常诗曰:"甬东贾客锦花袍,海上新收翡翠毛。买得吴船载吴女,都门日日醉醺醺"。④说的就是浙东宁波等商贾收购"海上""翡翠毛"而暴富。其他跻身豪富或巨商的还有昆山顾瑛,仅松江府就有青龙任仁发,小贞曹知白,下沙瞿霆发,张堰杨谦,陶宅陶与权,吕巷吕良佐,祥泽张氏,干巷侯氏,等等⑤。

谈起元代江南"富民"农商经济的延续发展,如表 1 所示。

表 1 披露,元代江浙、江西、湖广三行省范围内农业税和商税的比例,大致在 3∶1 到 5∶1。另据表中不完全统计,江南部分路府州县及录事司的比例高下不等,既有最低 0.0796∶1 者(集庆路录事司),亦有个别高至 59.7∶1 者(松江府)。上述三行省比例和部分路府州县及录事司比例不尽相同,存在一定差异。这应如何解释呢?

---

① (元)王逢:《梧溪集》卷 2《忧伤四首上樊时中参政苏伯修运使之四·江海壖》,北京图书馆古籍珍本丛刊,第 95 册,第 454 页。(元)马祖常撰,王媛点校:《马祖常集》卷 2《湖北驿中偶成》,长春:吉林文史出版社,2010 年,第 25 页。杨维桢撰,邹志方点校:《杨维桢诗集》,《铁崖乐府》卷 5《盐商行》,杭州:浙江古籍出版社,2010 年,第 58 页。

② 以上参阅王秀丽:《文明的吸纳与历史的延续——元代东南地区商业研究》,第四章,澳门:澳亚周刊出版有限公司,2005 年。

③ (元)陶宗仪:《南村辍耕录》卷 27《金甲》,北京:中华书局,1959 年,第 342 页。(明)宋濂撰,罗月霞主编:《宋濂全集》《銮坡前集》卷 3《元故嘉议大夫吏部尚书致仕汪先生神道碑》,杭州:浙江古籍出版社,1999 年,第 380 页。乾隆《吴江县志》卷 56《旧事》,第 9 页 A。顾诚:《沈万三及其家族事迹考》(《历史研究》1999 年第 1 期)认为,沈万三家族基本属于以租佃和兼并等传统方式致富的大地主,也可能借经商牟取更多的财富。另,乾隆十二年《吴江县志》卷五十六《旧事》载,元末张士诚占据苏州,沈万三"二子茂、旺密以海道运米至燕京"。笔者拙见,倘若沈万三二子沈茂、沈旺海道运粮属实,自然娴熟航海,在元后期市舶暴利的风气下,沈氏家族成员利用平江路长洲县周庄地近刘家港出海口的便利,直接或间接卷入东南海外贸易的可能性颇大。

④ (元)马祖常撰,王媛点校:《马祖常集》卷 4《绝句十六之十六》,元代别集丛刊,长春:吉林文史出版社,2010 年,第 123 页。

⑤ (明)何良俊:《四友斋丛说》卷 16,北京:中华书局,1959 年,第 136 页。

表 1　元代江南三行省及部分路州农业税与商税一览表

税名 地名	税　粮	商税（中统钞）	税粮折钞与 商税之比①	备注
江浙 行省	岁入粮 4 494 783 石 天历元年夏税中统钞 57 830 锭 40 贯	269 027 锭 30 两 3 钱	3.556∶1	《元史》卷 93《食货 志一·税粮》、卷 94 《食货志二·商税》， 第 2360—2361 页、 第 2400—2401 页
江西 行省	岁入粮 1 157 448 石 天历元年夏税中统钞 52 895 锭 11 贯	62 512 锭 7 两 3 钱	4.549∶1	
湖广 行省	岁入粮 843 787 石 天历元年夏税中统钞 19 378 锭 2 贯	68 844 锭 9 两 9 钱	2.733∶1	
镇江 路	夏税：丝 8 447 斤 25 两 9 钱 3 厘，绵 1 991 斤 3 两 3 分 8 厘，中统钞 9 441 两 1 钱 3 分 7 厘，大麦 8 658 石 1 斗 4 钱 2 升，小麦 12 272 石 6 斗 7 升 3 合 4 勺 2 撮 秋租：粳米 146 250 石 9 斗 2 升 8 合 4 勺，白 粳米 5 197 石 6 斗，籼米 27 865 石 2 斗 4 升 6 合 2 勺，白糯米 749 石，香糯米 9 433 石 6 升，黄豆 613 石 4 斗 3 合，中统钞 16 601 贯 4 钱 1 分	190 756 贯 2 钱	11.167∶1	《至顺镇江志》卷 6 《赋税》，第 232—234 页、第 240—242 页、 第 254 页
徽州 路	延祐三年计拨定夏税，中统钞 363 锭 15 两 6 钱 6 分 9 厘，丝 39 619 觔 5 两 2 钱 8 分 3 分 4 厘，绵 6 358 觔 4 两 4 钱 1 分 3 分 4 厘 秋粮，米 19 037 石 8 斗 7 升 8 合	4 366 锭 29 两 80 文 9 分	0.962∶1	《弘治徽州府志》卷 3 《食货志·财赋》，天 一阁明代方志选刊， 第 15 页 B、第 16 页 A、第 20 页 A
嘉兴 路	米 602 069 石 5 斗 8 升 9 合 8 勺 4 抄 7 撮，豆 131 石 6 斗 9 升 5 合，小麦 84 石 6 斗 6 升 5 合 1 勺	3 486 锭 1 两 1 钱	3.455∶1	《至元嘉禾志》卷 6 《赋税》，宋元方志丛 刊，第 4455—4456 页
庆元 路	秋粮，米 130 552 石 1 斗 8 升 4 合，中统钞 136 锭 11 两 6 钱 6 分 3 分 7 厘 夏税，中统钞 4 298 锭 19 两 5 钱 9 分 6 厘	中统钞 6 201 锭 20 两 9 分 3 厘	4.926∶1	《延祐四明志》卷 12 《赋役考》，宋元方志 丛刊，第 6291—6292 页；另，《至正四明 志》卷 6《赋役》所 载税粮数稍有变化
广州 路	民粮（阙） 田钱，175 贯 245 文 4 分	2 061 锭 45 两 2 钱 3 分 6 厘		《大德南海志》卷 6 《税赋》，宋元方志丛 刊，第 8416 页、第 8420 页

① 元代中统钞一锭相当于 50 贯（两），据陈高华先生研究，元统一南北前后的米价为每石中统钞 1 贯，14 世纪初每石中统钞 10 贯（两）。参见陈高华、史卫民：《中国经济通史·元代经济卷》，北京：经济日报出版社，2000 年，第 406、433 页。此处税粮折钞与商税之比，按一锭为 50 贯和 14 世纪初米价每石 10 贯计算。

续表

税名 地名	税　粮	商税（中统钞）	税粮折钞与商税之比	备注
松江府	米305 819石1斗2升3合3勺3抄，豆115石2斗5升1合2勺，小麦84石6斗6升5合1勺	1 020锭245两	59.7:1	《至元嘉禾志》卷6《赋税》，宋元方志丛刊，第4455—4458页；按，至元二十五年撰修《嘉禾志》之际松江府尚属嘉兴路，三年后直隶江浙行省
江阴州	夏税丝1 976斤2两9钱1分2厘，中统钞9 000锭34两2钱9分8厘 秋粮，米79 722石4斗9升3合	1 108锭9两1钱	22.51:1	《嘉靖江阴县志》卷5《田赋》、《课程》，天一阁明代方志选刊，第16页A、B，第26页B
浦江县	至正十一年夏税中统钞49锭25两6钱1分1厘 秋税，米10 067石7斗3升5合	157锭15两2厘	13.11:1	《嘉靖浦江县志》卷5《税粮》、《课程》，天一阁明代方志选刊，第4页A、第7页A
黄岩州	夏税中统钞1 486锭24两7钱4分6厘 秋粮，米36 996石5斗8升1合	州税务315锭8两5钱，松门税务95锭16两4钱	21.65:1	《万历黄岩志》卷3《食货志》、《田赋》、《课程》，天一阁明代方志选刊，第12页
集庆路录事司	小麦447石2斗4升9合，租钱231锭44两4钱9分，黄豆447石2斗4升9合，粳米1石3斗8升8合	在城税务5 174锭15两5钱6分6厘	0.0796:1	《至正金陵新志》卷7《田赋志·贡赋》，宋元方志丛刊，第5631页
溧水州	丝13 409斤15两6分8厘，棉7 657斤7两5分7厘，钞136锭1两5分1厘，粳米89 726石4斗1升5合，麦740石8斗9升6合，豆20石4斗4升4合，糯米243石1斗2升4合	在城务、官塘务、东坝务、高淳务岁计总办795锭48两5钱2分5厘	22.97:1	《至正金陵新志》卷7《田赋志·贡赋》，宋元方志丛刊，第5635—5636页
溧阳州	丝7 058斤1两4钱9分8厘，绵3 215斤1两5钱3厘3毫，折钞1 141锭4两七钱8厘4毫，粮39 096石2斗3升7合	在城务、前陈务、举善务、岁办1 033锭47两2钱	8.666:1	《至正金陵新志》卷7《田赋志·贡赋》，宋元方志丛刊，第5636—5637页
句容县	丝11 609斤9两7钱6分6厘，中统钞62锭22两2钱4分4厘，官米3 905石1斗2合，民米33 676石5斗4升9合	县务359锭29两5钱4厘，常宁务284锭14两8钱8分，白土务218锭32两，东阳务130锭25两	7.632:1	《至正金陵新志》卷7《田赋志·贡赋》，宋元方志丛刊，第5634—5635页；《弘治句容县志》卷3《税粮》、《课程》，天一阁明代方志选刊，第9页B、第10页B

续表

税名 地名	税　粮	商税（中统钞）	税粮折钞与商税之比	备注
昌国州	秋粮2 699石9斗8升9合，夏税中统钞161锭49两9钱6分7厘	"往宋以海乡散漫，止产鱼盐，商贾之所不至，故无征禁。至元二十五年始置，每月柜办中统钞一定一十八两六钱，今增至三定半有奇。"延祐增至103锭37两1钱4分6厘	6.765∶1	《大德昌国州图志》卷3《田粮》、《税课》，第6078、6082页；《延祐四明志》卷12《赋役考》，宋元方志丛刊，第6292页

笔者注意到，江浙、江西、湖广三行省数据完整具体，而部分路府州县及录事司则是不完全统计的结果。《元典章》卷9又载，杭州路的在城、江涨、城南3税务的年税额分别高达10 000锭以上，平江、潭州、武昌等3路年税额在5000锭以上，建康、温州、泉州、庆元、镇江、福州、龙兴、吉安等8路及清江镇的年税额亦在3000锭以上。①其中除镇江、建康（集庆）、庆元3路见于表1外，杭州路的在城、江涨、城南3税务和平江、潭州、武昌、温州、泉州、福州、龙兴、吉安等8路及清江镇3000—10 000锭的税务统计数据，多因农业税等史料缺失，并没有进入表1统计数值之内。而松江府地处浙西太湖之滨的粮食高产区，两宋以来因境内淀山湖等湿地湖沼偏多，盛行围田及柜田而尽成膏腴。世祖末曾征用民夫20万疏浚"太湖、练湖、淀山湖等处并通江达海河港，又加以修筑围岸，自此岁获丰收"。大德二年（1298年）和泰定二年（1325年）曾经设都水庸田司，专掌浙西等河渠水利。②元松江府成为漕粮所赖的稻米高产区及其税粮与商税间59.7∶1的较高比率，居诸路府州之首，当属例外。鉴于以上情形，笔者认为，表1中江南部分路府州县及录事司所统

---

① 陈高华等点校：《元典章》卷9《吏部三》，《场务官·额办课程处所》，北京：中华书局、天津：天津古籍出版社，2011年，第335—336页。

② （元）任仁发：《水利集》卷1《大德二年立都水庸田司》，《泰定二年八月立都水庸田使司》，四库存目丛书，史部221册，济南：齐鲁书社，1996年，第72、78页。《元史》卷30《泰定帝纪二》泰定三年正月壬子，北京：中华书局，1976年，第667页。参阅陈高华、史卫民：《中国经济通史·元代经济卷》，北京：经济日报出版社，2000年，第157—158、209、212页。李伯重：《宋末至明初江南人口与耕地的变化》，《中国农史》1997年第3期。

计的比例，除去松江府的特殊情况外，其他 12 路州县的平均比例在 8.9∶1。若是加上因农业税等史料缺失的杭州路的在城、江涨、城南 3 税务和平江、潭州、武昌、温州、泉州、福州、龙兴、吉安等 8 路及清江镇的失载部分，估计能够接近 5∶1 左右。故而江浙、江西、湖广三行省农业税和商税 3∶1 到 5∶1 的比例，大致可信。

概言之，元代江南地区农业税和商税的比例当是保持在 5∶1 左右。此数据雄辩表明：忽必烈等实行南北异制，其"安业力农"、"重商"、重"市舶"政策，造就了元代江南农商并重的经济结构，不自觉地维系保护了"唐宋变革"后江南"富民"农商秩序且有所繁荣发展。①

二、朱元璋父子的个性政策与江南社会蜕变

如果单纯凭主观想象，汉人皇帝朱元璋"驱除胡虏"而建立的明王朝，理应在江南实施"唐宋变革"式的社会经济政策。然而，事情真相却令人大失所望。

1. 江南卫所军户、"均工夫"配户和里甲"画地为牢"定制

朱元璋起家于濠泗，其政治军事策略大抵是先削平江南群雄。平定陈友谅后，开始实施"部伍法"，卫所军户制遂基本奠定。其诸卫、千户所及军户世袭等，大抵来自元朝制度。总体上看，明朝先定江南，卫所军户制同样是起步于江南，而后借北伐和西征，随军事政治统一而推行全国，该制对原红巾军、"义兵"两大地方军事势力及元军残余的收编迁戍及整合利用等效用相当大。

---

① 关于宋元明清社会经济形态，葛金芳、赵轶峰冠名为"农商社会"，林文勋主张是"富民社会"。参阅葛金芳：《"农商社会"的过去、现在和未来—宋以降（11—20 世纪）江南区域社会经济变迁论略》，《纪念郑天挺先生诞辰一百一十周年中国古代社会高层论坛文集》，北京：中华书局，2010 年，第 384—400 页。赵轶峰：《明清帝制农商社会论纲》，《纪念郑天挺先生诞辰一百一十周年中国古代社会高层论坛文集》，第 475—480 页。林文勋：《唐宋社会变革论纲》，《结论：中国古代"富民社会"的形成及其历史地位》，北京：人民出版社，2011 年，第 328—340 页。栾成显也曾指出，元朝在允许、扶植、参与工商业、推动海外贸易方面与宋朝一脉相承，造就了以东南沿海地区为先导的全国性经济繁荣（栾成显：《宋元明时代经济发展的新趋势与明太祖的经济政策》，《明史研究》第 10 辑，合肥：黄山书社，2007 年，第 192—201 页）。笔者博取诸家之长，认为"社会"之称尚需慎重，名曰"富民"农商经济秩序，则大体不差。

与南宋募兵比较，起步于江南的明卫所军户制，仍属于蒙元式落后的世袭兵役制。

洪武元年（1368年），为修筑南京城，施行验田出夫的"均工夫役"。每顷每年出夫1人，农闲赴京师服役30天。①此举主要实施于江南，其金派徭役不计身丁而计田亩的做法，尽管含有照顾租佃关系等内容，但毕竟是徭役在江南的率先回潮②，且达到了35万丁夫的较大规模。

洪武二年（1369年）命令军、民、医、匠、阴阳人户各以原报户籍为定。翌年，"创户帖以便稽民"③，亲自规划户籍样式，颁行半印勘合户帖制。现存洪武四年（1371年）徽州府祁门县谢允宪户帖明载该户"见当民差"，恰与元纸背公文纸湖州路户籍册中的"应当民役"，如出一辙 ④。表明将诸色户计固定化且作为征派赋役的依据的户帖制，大体沿袭元制。洪武十四年（1381年）又建黄册制，严格规定民、军、匠三大类户籍，还有灶籍的制盐户等。全体百姓一概就地附籍 ⑤。黄册制以刑罚规范民、军、匠、灶等世袭罔替，成为比元朝等更为严格的户籍控制制度。

与黄册配套的是里甲制，规定：110户为一里，以丁粮多者10户为里长，其余100户分为10甲，每甲10户。⑥其职司为管束百姓，以供赋役。⑦里甲综合吸收秦汉里什及元千户制等十进位原则，通常在"都"范围内编制，并不与自然村落一一对应，"其实只是一种相对独立于村落和地域性区域系统之外

---

① 《明史》卷78《食货志二·赋役》，北京：中华书局，1974年，第1904页。《明太祖实录》卷54，洪武三年七月辛卯，第1060页。
② 两宋和元代江南民间以差役为主，徭役比重颇有限。故称洪武元年开始的"均工夫役"为徭役在江南的回潮。
③ 《明史》卷281《陈灌传》，北京：中华书局，1974年，第7187页。
④ 《直隶徽州府祁门县县民谢允宪户口单》，影印《中国明朝档案总汇》，第1件，桂林：广西师范大学出版社，2001年，第1册，第1页。王晓欣、郑旭东：《元湖州路户籍册初探—宋刊元印本〈增修互注礼部韵略〉第一册纸背公文纸资料整理与研究》，打印稿。承蒙王晓欣、郑旭东提供，特此致谢！
⑤ （明）申时行等重修：（万历）《明会典》卷20《户部七·户口二·黄册》，台北：新文丰出版公司影印本，1976年，第357页。
⑥ （明）申时行等重修：（万历）《明会典》卷20《户部七·户口二·黄册》，台北：新文丰出版公司影印本，1976年，第357页。《明史》卷77《食货志一》，第1878页。
⑦ 白寿彝总主编，王毓铨主编：《中国通史》第15册，上海：上海人民出版社，2004年，第694—695页。

的户籍组织",宗旨"是要建立一种'划地为牢'的社会秩序"。①故而较之宋元里正主首等乡役属性明显倒退,反倒是汉唐式乡官管制型基层组织的色彩有所加重。此乃"唐宋变革"后乡村基层秩序和百姓人身依附关系的一种逆转。

江南"均工夫役"与黄册、里甲等融汇,进而升格为配户当差被推行于全国。

2. 明初三迁富豪与江南"富民"率多破家

明初在江南和北方实行了规模空前的移民。江南移民,大致有洪武三年(1370年)、洪武十五年(1382年)、洪武二十二年(1389年)和洪武二十七年(1394年)等四次。北方则有著名的洪洞县大槐树等大规模移民。还有屯田移民、卫所军籍移民。这三类移民综合计算,数量巨大,有学者认为,洪武时期民籍和军籍移民总数达到1100万人,占全国人口的15.7%;永乐年间民籍和军籍移民总数达230万人,占全国人口的3.3%②。堪称中国历史上最大规模的官府强制移民,而且大部分是在中央政府严密"胁迫"下进行,官府对移民数和分布区域等皆有规定,亦可视为明初城乡居民结构的一次重新"洗牌",其对近古社会的影响甚是深重。③被迁徙民众在田土及生计上依赖于国家,无形中增强了国家对百姓的人身控制,增强了"配户当差"遍行于全国的重要根基。

江南富民的强制性迁徙,据李龙潜、徐泓、曹树基等研究,较大规模的主要有吴元年(1367年)、洪武二十四年(1391年)、永乐元年(1403年)三次④。三次强制迁徙富户达七八千户,约占洪武三十年(1397年)浙江等七布

---

① 马新:《试论宋代的乡村建制》,《文史哲》2012年第5期。梁方仲:《明代一条鞭法年表》,《梁方仲经济史论文集》,北京:中华书局,1989年。刘志伟:《在国家与社会之间——明清广东里甲赋役制度研究》,广州:中山大学出版社,1997年,第47、53、57页。

② 曹树基著,葛剑雄主编:《中国移民史》第五卷《明时期》,福州:福建人民出版社,1997年,第472—473页。

③ 曹树基著,葛剑雄主编:《中国移民史》第五卷《明时期》,福州:福建人民出版社,1997年,第534—535页。另,云南大学校办副主任王某等自述:云南红河州徙自南京回回王氏等和贵州安顺屯堡一带移民后代中普遍流传的"解手"一词自原义"分手"等向俗用语"便溺"的衍化,以及田间农民"反剪手"习惯等,足以彰显当时移民的强制性。

④ 参见徐泓:《明洪武年间的人口移徙》,《第一届历史与中国社会变迁研讨会论文集》,台北:"中央研究院"三民主义研究所,1982年;曹树基著,葛剑雄主编:《中国移民史》第5卷,福州:福建人民出版社,1997年,第45—47页。

政司及直隶应天十八府州富户 14 341 户的一半以上。其规模颇大，对江南原有富民及农商经济秩序的冲击影响不可小觑。

迁徙富民，大致分为举家俱迁和抽取支系两种情况。

举家迁谪惩罚富户。如吴元年（1367年）迁徙平江（今苏州）富民居濠州，大抵是举家俱迁。平江人吴宽云："洪武之世，乡人多被谪徙，或死于刑，邻里殆空。"吴江县原户部侍郎莫礼"当洪武之末，不幸坐累，没于京师，举族谪戍边徼，第宅荡然"①。后述顾瑛等举家徙临濠，亦属此类。

洪武二十四年（1391年）迁徙富户5300户，大抵是抽取富户支系成员。史称，"洪武辛未秋，徙富民"，袁州府胡姓三兄弟争先离家徙京，其母黄氏"徇幼弟意而遣之行"；泰和县"刘添详在富民列。将行，其子允仕暨厥侄允诚代之往"②。"永乐初，徙南方富民实北京"，在官长批准的情况下亦允许子代父行。③以上抽取支系亲属虽非举家迁徙，但遗留江南原籍的亲属"仍应本籍徭役"，对北徙应役支系亲属亦负有供送财物的义务。此种双重赋役沉重不堪，宣德三年（1428年）才规定"应当富户之家所在官司，再免二丁杂泛差役，以备供送"④。

被迁徙的大家富户不仅"俾自营生业"⑤，还要"受廛"为里甲编民，承担官府徭赋，故率多赤贫破产。鄞县黄润玉迁徙北京，"与同役筑室城北闉，倾訾给徭赋，垦圃鬻蔬以为生，人或不堪其劳瘁"⑥。长洲县徐孟声随父徙南京，"日躬治徭赋"⑦。江南首富沈万三及顾瑛二家族成员所受摧残打击，最为惨痛。顾诚曾考证沈万三迁徙云南记载的讹误，认为沈万三元末已死，并未入明。⑧所考基本信实。即便如此，沈氏家族在洪武朝的覆败和满门籍没，乃是

---

① （明）吴宽：《匏翁家藏集》卷57《先世事略》、卷35《东村记》，四部丛刊初编，第12页B、第6页A。
② 《江西通志》卷39《古迹·袁州府二·慈孝堂》，影印文渊阁四库全书，第514册，第322页。梁潜：《泊庵集》卷5《赠刘氏二生序》，影印文渊阁四库全书，第1237册，第291页。
③ 《明史》卷161《黄润玉传》，北京：中华书局，1974年，第4385页。
④ （明）申时行等重修：（万历）《明会典》卷19《户部六·户口一·富户》，台北：新文丰出版公司影印本，1976年，第351页。
⑤ 梁潜：《泊庵集》卷5《赠刘氏二生序》，影印文渊阁四库全书，第1237册，第291页。
⑥ 《明史》卷161《黄润玉传》，北京：中华书局，1974年，第4385页。（明）杨守陈：《南山黄先生墓碣铭》，载徐纮：《明名臣琬琰续录》卷13，影印文渊阁四库全书，第453册，第414页。
⑦ （明）杨士奇：《东里续集》卷31《徐孟声甫墓表》，影印文渊阁四库全书，第1239册，第69页。
⑧ 顾诚：《沈万三及其家族事迹考》，《历史研究》1999年第1期。

不争的事实。顾文亦承认《明史》纂修者或是将沈氏二子沈茂、沈旺向朱元璋献上大批金银误认作沈万三兄弟。另据顾文所引《弘治吴江志》卷12《杂记》"路逢过客问云南，问道云南何日到"句，似难排除沈氏部分亲属谪戍云南之可能。元末昆山海商豪富顾瑛，亦在洪武元年苏州富户首批举家被迁徙临濠，翌年死于临濠管编地，其家族遂破败。苏松"杼轴人家户户空"①，殷实富民普遍生计废弛，贫无所有。

徙富民，又是朱元璋以峻法"划削"东南富民政策的组成部分。贝琼云："三吴巨姓"，"数年之中，既盈而覆，或死或徙，无一存者"。吴宽说："豪民巨族，划削殆尽"。方孝孺亦言："太祖高皇帝……疾兼并之俗，在位三十年间，大家富民多以逾制失道亡其宗"。杨复吉则曰："明祖之籍富民，岂独路氏，就松属若曹、瞿、吕、陶、金、倪诸家非有叛逆反乱谋也，徒以拥厚赀而罹极祸，覆宗湛族，三世不宥。"②倪元璐则直言被徙富民受告密而家产荡然之状："今都城萧竭，不忍见闻，车户动至倾家，流商嗷然载路。重之市井无赖，以告密为佃渔，每一波牵，辄连数十。幸而得雪，家已荡然。所以昔年所号巨贾殷家，悉无兼辰之食。"③迁徙和划削富户，非因犯罪，"徒以拥厚赀而罹极祸"，客观上对缓和江南土地占用过度集中有一定积极意义，但自南朝到宋元主导江南社会经济的富民，毕竟受到千年未有的重大劫难。就文化而言，"尤其是在苏南和浙北地区，被暴力胁迫的外迁人口有相当一批是富户或文化阶层，这对迁出区域来说，向外的移民同时意味着本区域文化的衰落"④。

---

① （清）董潮：《东皋杂钞》卷1，丛书集成初编，北京：中华书局，1985年，第2963册，第4页。（清）卞永誉：《式古堂书画汇考》卷19顾瑛《登虎丘有感》，影印文渊阁四库全书，第827册，第844页。参阅杨镰：《顾瑛与玉山雅集》，《玉山名胜集》上册，北京：中华书局，2008年，第1—13页。

② （元）贝琼：《贝琼集》卷19《横塘农诗序》，元代别集丛刊，长春：吉林文史出版社，2010年，第112页。（明）吴宽：《匏翁家藏集》卷58《莫处士传》，四部丛刊初编，第13页B。（明）方孝孺撰，徐光大点校：《逊志斋集》卷22《故中顺大夫福建布政司左参议郑君墓表》，宁波：宁波出版社，2000年，第742页。（清）杨复吉：《梦阑琐事》，影印《昭代丛书癸集萃编》卷38，上海：上海古籍出版社，1990年，第673页。

③ （明）倪元璐：《倪文贞奏疏》卷3《制实八策疏》，影印文渊阁四库全书，第1297册，第249页。

④ 曹树基著，葛剑雄主编：《中国移民史》第五卷，福州：福建人民出版社，1997年，第506页。

3. 抑商与"海禁"

洪武十四年（1381年）颁贱商令："商贾之家止许穿布"①。商贾被编入市籍，"非占商籍不许坐市廛"②，并强制提供无偿劳役及货物③。不少商人"一挂商籍，其家立罄"④。又实行对行商的"路引"及"店历"等管制。无路引而经商，"重则杀身，轻则黥窜化外"⑤。上述政策虽然是全国性的，它恢复唐前期"市籍""坊市"等旧模式，故对商业经济繁荣发达的江南颇具破坏性。

朱元璋等还实施严酷的海禁。洪武十四（1381年）年前后，屡次"申禁人民不得擅出海与外国互市"⑥。《大明律》规定："若将人口、军器出境及下海者，绞。"⑦朱元璋又说："朕以海道可通外邦……苟不禁戒，则人皆惑利而陷于刑宪矣。故尝禁其往来。"⑧海禁政策，盖出自对商人"惑利"的憎恨和维护朱明王朝"刑宪"秩序。"寸板片帆不许下海"的海禁政策⑨，摧毁了宋元东南沿海繁荣鼎盛的海外贸易及江南商品经济，一味收缩内敛和管控，随之造成长达200年的闭关锁国。直到隆庆开禁，海外贸易才迅速恢复，刺激白银内流和东南商品经济再度繁荣。⑩

关于海禁与郑和下西洋的关系，笔者赞同将后者视作"政治利益高于经济利益"的"军事外交游行"及其开拓域外"朝贡贸易"体系的基本评价。⑪笔

---

① （明）徐光启：《农政全书》卷3《国朝重农考》，影印文渊阁四库全书，第731册，第40页。另参阅《明史》卷67《舆服志》洪武十四年令，北京：中华书局，1974年，第1649页。
② 嘉靖《增城县志》卷9，天一阁明代方志选刊续编，第65册，第12页B。
③ （明）顾起元撰，陈稼禾点校：《客座赘语》卷2《铺行》，北京：中华书局，1987年，第66页。
④ （明）王元翰：《凝翠集》《圣泽诞被困商偶遗疏》，《云南丛书》集部之七。参阅白寿彝总主编，王毓铨主编：《中国通史》明时期，第15卷，上海：上海人民出版社，2004年，第985—998页。
⑤ 《御制大诰续编·验商引物第五》，《明朝开国文献》，台北：学生书局，1966年，第102页。
⑥ 《明太祖实录》卷139，洪武十四年十月己巳，第2197页；卷205，洪武二十三年十月乙酉，第3067页；卷252，洪武三十年四月乙酉，第3640页。
⑦ 怀效峰点校：《大明律》卷15《兵律》三《关津·私出外境及违禁下海》，北京：法律出版社，1999年，第120页。
⑧ 《明太祖实录》卷70，洪武四年十二月乙未，第1307页。
⑨ （明）王忬：《条处海防事宜仰祈速赐施行疏》，陈子龙辑：《明经世文编》卷283，北京：中华书局，1962年，第2997页。
⑩ 参见晁中辰：《明代海禁与海外贸易》，北京：人民出版社，2005年，第244—277页。
⑪ 〔美〕牟复礼、〔英〕崔瑞德、张书生等译：《剑桥中国明代史》上卷，北京：中国社会科学出版社，1992年，第233页。李新峰：《论元明之间的变革》，《古代文明》2010年第4期。

者进而认为郑和下西洋所开拓"朝贡贸易"本身就是和海禁政策相辅相成。由此形成的明清域外"朝贡贸易"体系，又是与宋元海外贸易南辕北辙，背道而驰。它严格将对外经济交往控制在官府"朝贡"的桎梏内，严格排斥民间介入海外贸易，故而可以称之为朱元璋父子海禁政策组成部分。其结果就是郑和庞大官府船队七次远航西洋和民间"寸板片帆不许下海"闭关锁国的荒唐"背反"。

上述卫所军户、"均工夫"配户、里甲"画地为牢"、移民徙富和抑商海禁等，基本是和宋元的江南政策背道而驰。言其颠覆"唐宋变革"后的江南秩序，毫不过分。正如梁方仲先生归纳总结明初社会经济结构的若干特征："人户以籍为断"，皆世其业；各类户籍的划分，大致以满足当地最简单的经济生活需要为依据，造成了全国各地无数分散的自给自足的小单位；人民的流动、迁徙，是受限制的；对于赋役的负担，采取连带责任制；最核心的是"对农民建立一种直接统治和隶属底关系"①。王毓铨先生径直将上述体制概括为"配户当差"②。以上颇有见地的阐发，虽然针对的是全国，但因上述政策多半起步或重点实施于江南且对江南触动极大，故而以之描述明初江南同样是恰当和切中事理的。这种同样实施于江南的"配户当差"，无疑是对宋元江南持续继承的"唐宋变革"成果的一种反动。

为加深对明前期江南原有社会经济秩序被破坏的认识，我们不妨来看表2。

表2所示永乐年间的松江府及江阴、浦江等5县农业税和商税比例大抵在444∶1到45∶1。即使考虑到松江府稻米高产和苏松重赋等因素而省略松江府比率，上述江阴、浦江等5县农业税和商税的平均比率也高达211∶1。由于其余府州县高下有差且史料阙如，笔者将此比率调整为170∶1—180∶1，似乎比较妥当。他如邵武府、海门县、安溪县、惠安县等场合，又不乏"旧为税课司，（弘治）十三年始于各县均徭编征解府"，"货物弛不复税，课额尚存。今岁就均徭中编十九两九分解府"，"吾邑亦局例革，县官兼管之。而货物弛不复

---

① 梁方仲：《明代一条鞭法年表》，《梁方仲经济史论文集》，北京：中华书局，1989年。
② 王毓铨：《明代的配户当差制》，《中国史研究》1991年第1期。

税,课额倚办于巡拦,岁编有力人户充之"。①商品交换和商税一并严重衰微。就是说,明永乐末江南农业税和商税的比例大致高于元代相关比例的 30 倍以上,当是不争的事实。如果说卫所军户、"均工夫"配户、里甲"画地为牢"、移民徙富和抑商海禁等是前因,永乐年间的松江府及江阴、浦江等 5 县农业税和商税 170∶1—180∶1,则是上述江南政策的"丰硕成果"。明初江南商业活动遭受摧残而严重萎缩,宋元江南"富民"农商经济被无情颠覆,几乎倒退至单纯自然经济的状态,恰能够得到松江府及江阴、浦江等 5 县农业税和商税悬殊比率的有力印证,成为难以否认的"铁案"。

表 2 明初江南部分府州农业税与商税一览表

税名 地名	税　粮	商税（中统钞）	税粮折钞 与商税之 比②	备　注
松江府	永乐十年夏税大麦 9 008 石 7 斗 2 升 9 合 3 勺,小麦 95 901 石 3 斗 5 升 4 合 6 勺;秋粮秔米 826 231 石 9 斗 5 升 7 合 5 勺,糯米 1 265 石 7 斗 5 合 6 勺,赤米 280 279 石 5 斗 7 升 6 合 6 勺,黄豆 86 690 石 5 斗 3 升 6 合 9 勺,豌豆 9 537 石 2 斗 5 升 6 合 2 勺,绿豆 32 石 7 斗 8 升 5 合 4 勺,赤穀 879 石 6 斗 7 升 4 勺	永乐十五年商税钞 17 212 锭 1 贯 990 文	444.9∶1	正德《松江府志》卷 7《田赋中》、卷 8《田赋下·税课》,天一阁明代方志选刊续编,第 3 页 A、B,第 4 页 A,第 21 页 B
江阴县（常州府）	永乐十年夏税小麦 41 487 石 4 斗 9 升 2 勺,秋粮米 102 396 石 7 斗 7 升 9 合 9 勺,山租钞 78 756 文	永乐十年钞 18 258 锭 2 贯 840 文	45.01∶1	嘉靖《江阴县志》卷 5《食货记第四上》、《田赋》、《课程》,天一阁明代方志选刊,第 16 页 B,第 17 页 A,第 27 页 A、B
浦江县（金华府）	永乐十年夏税麦 1 345 石 9 斗 6 升 3 合 5 勺,秋粮米 16 364 石 7 斗 2 升 8 合 7 勺,科丝 21 斤 1 两 2 厘	洪武三年立税课局,十三年裁减,设大使一员。岁办商税课钞 1 098 锭 1 贯 200 文,（弘治间革去,印记本县带管）	95.68∶1	嘉靖《浦江县志》卷 5《财赋志》、《税粮》、《课程》,天一阁明代方志选刊,第 4 页 A、B,第 7 页 B

① 嘉靖《邵武府志》卷 5《版籍·赋》,天一阁明代方志选刊,第 8 页 A、14 页 B、15 页 A。嘉靖《安溪县志》卷 1《贡赋》、《商课》,天一阁明代方志选刊,第 57 页 B。嘉靖《惠安县志》卷 6《田赋》,第 7 页 A、B,卷 7《课程》,第 4 页 B、5 页 A,天一阁明代方志选刊。
② 据王毓铨先生研究,大明宝钞一锭为 5 贯,永乐五年米 1 石折钞 30 贯,小麦和豆 1 石折钞 25 贯,丝每斤 40 贯。参见王毓铨主编:《中国经济通史·明代经济卷》,北京:经济日报出版社,2000 年,第 777、773、784 页。此处税粮折钞与商税之比,按上述折换计算。

续表

税名\地名	税 粮	商税（中统钞）	税粮折钞与商税之比	备注
黄岩县（台州府）	永乐十年夏税麦1 274石4斗9升6合8勺，钞540锭2贯865文。麦苗麦5 356石9斗2升7合4勺，夏租钞2贯155文，夏租麦2石6斗4升4合5勺，秋粮米43 755石2斗1升8合2勺，秋租米19 976石8升7合6勺，租钞152锭1贯301文，税钞583锭627文，赁钞380锭4贯413文	永乐实额商税课钞946锭1贯710文	440.52∶1	万历《黄岩县志》卷3《食货志》、《田赋》、《课程》，天一阁明代方志选刊，第3页A、B，第12页A
乐清县（温州府）	永乐十年夏税麦3 075石8斗8升5合，钞359锭28文 秋粮米15 689石4斗3升4合，钞593锭4贯585文	钞601锭930文	183.8∶1	永乐《乐清县志》卷3《税粮》、《各色课程》，天一阁明代方志选刊，第15页B、第16页B
广昌县（建昌府）	永乐十年秋租粮：官米1 125石3斗7升4合，民米11 744石8斗7升3合4勺，夏税：农桑丝11斤6两2钱5分	商税课钞263锭2贯750文，钱2 635文5分	292.59∶1	正德《建昌府志》卷4《课程》，天一阁明代方志选刊，第16页A、B，第27页B

留意元明江南的学者不难发现：元代有关江南富民生计、商业和士人活动等记载相当丰富，与南宋相比毫不逊色。但明前期的江南，类似记载却几乎销声匿迹，后世追述议论也寥若晨星。嘉靖前后才陆续有所恢复。甚至容易给人以明前期江南曾发生"文化断裂"的感觉。仔细思考联想，此"文化断裂"，似乎只能从明初大规模迁徙富民且破其家等社会变动中寻找答案。"皇明受命，政令一新，豪民巨族，划削殆尽"之后，富民多半徙居京师或边地，迫于生计，"给徭赋，垦圃鬻蔬"①，自然无暇舞文弄墨，也无心情记述自身穷愁潦倒、破落窘困的状况。而江南残留的部分富民难逃衰微厄运，或在高压之下不敢直言心声。富民和士人所承载的江南文化由此发生衰败乃至"断裂"，就是可以理解的了。

---

① （明）吴宽：《匏翁家藏集》卷58《莫处士传》，四部丛刊初编，第13页B。杨守陈：《南山黄先生墓碣铭》，载徐纮：《明名臣琬琰续录》卷13，影印文渊阁四库全书，第453册，第414页。

三、"唐宋变革"视域下元、明江南政策的比较

先谈元代江南政策的"双面刃"效应，亦即对"唐宋变革"成果再继承和畸形经济。

元江南政策的积极方面，主要是对南宋"唐宋变革"成果的再继承，维持和保护"富民"农商经济①。明人吴宽所云："吴自唐以来，号称繁雄。延及五代，钱氏跨有浙东西之地，国俗奢靡……至于元，极矣。民既习见故俗，而元政更弛，赋更薄，得以其利自私，服食宫室，僭越逾制。"②正是元廷安富宽商政策，滋润养育了以苏松为中心的一批大地主富商。除前揭松江府朱国珍、管明、任仁发、曹知白、瞿霆发、杨谦、陶与权、吕良佐、张氏、侯氏及平江路沈万三、顾瑛等，吴江州"莫氏以赀产甲邑中，所与通婚姻，皆极一时富家"。③元苏松为首的东南地带，无疑构成了富民财富集中和势力膨胀的地区。在持续繁荣的海外贸易中，进口货物种类除象牙、犀角、鹤顶、真珠、珊瑚、翠毛、龟筒、玳瑁等珍宝香货外，扩充至木棉、苎麻、布匹、木材、铁材、黄蜡等，大众商品明显增多，输出则包括丝织品、棉织品、陶瓷器、金属器具、漆器、纸札等，仍以纺织品和陶瓷器为主，陶瓷器比例进一步加大。这对浙西福建丝织业及景德镇等制瓷业的兴盛，对于市场经济性质的江南工商业的发展，均发挥了促进作用。④从历史的长时段看，忽必烈为代表的元朝统治者的可贵贡献，不仅在于结束近三百年的分裂割据，完成空前规模的多民族国家的大统一，还在于比较完整地保留了江南最富庶、最发达的经济实体，不自觉继承了南方"唐宋变革"的成果。

言其负面消极或利弊相参，主要表现有四。

第一，放纵大土地占有及租佃制的膨胀发展。元中叶，不少军政官员与豪

---

① 参看李伯重《有无"13、14世纪的转折"？—宋末至明初江南农业的变化》，《多视角看江南经济史》，北京：生活·读书·新知三联书店，2003年，第21—96页。
② （明）吴宽：《匏翁家藏集》卷58《莫处士传》，四部丛刊初编，第13页B。
③ （明）吴宽：《匏翁家藏集》卷58《莫处士传》，四部丛刊初编，第13页B、12页A。
④ 参阅陈高华、史卫民：《中国经济通史·元代经济卷》，北京：经济日报出版社，2000年，第501—504页。

富勾结,"富民黠吏,并缘为奸"①。"江南富户侵占民田,以致贫者流离转徙"的情状,连元成宗都有耳闻,也曾降圣旨追收"护持玺书",防止"以欺贫民"。然而元廷仅制止"护持玺书"、"侵占民田"。②对一般"富户侵占",依然熟视放纵。

第二,原有"销金锅儿"③式的奢侈消费在蒙古贵族和豪富范围内有所加重。元后期,不仅威顺王宽彻不花"起广乐园,萃名倡巨贾以网利","渔夺山泽之利尤甚"④,东南地主商人等豪富竞相穷奢极欲,挥霍无度。义乌楼士祥"理财殖产","日充月拓,卒为巨室","子弟厮役皆衣绮绣,善骑马,臂鹰走狗,驰逐为乐"。⑤"珊瑚未数绿珠楼,家僮多似临邛卓。十牛之车三百车,雪象红牙水犀角。养犬喂肉睡毡毯,马厩驴槽亦丹臒",就是东南豪富可敌国的写照。⑥

第三,盐商、舶商、斡脱商等特权商贾豪富较多存在,也相应派生出一批私盐贩和海盗。顺帝初两浙"私盐出没,侵碍官课,虽有刑禁,难尽防御"⑦。广东私盐贩动辄数万。张士诚兄弟四人"并驾运盐纲船,兼业私贩";方国珍起家"渔盐负贩",后为"海贼"。⑧

第四,社会关系上的士商亲融与贫富悬隔。因重开科举偏晚及民族压迫,在功名仕途上失意的江南士人,难免"胸蟠万卷不疗饥,孰谓工商为末艺"之

---

① 《元史》卷93《食货志一·经理》,北京:中华书局,1976年,第2553页。
② 《元史》卷20《成宗纪三》,大德六年春正月庚戌,北京:中华书局,1976年,第439页。
③ (宋)周密:《武林旧事》卷3《西湖游幸都人游赏》,影印文渊阁四库全书,台北:台湾"商务印书馆",1986年,第590册,第199页。
④ 《元史》卷117《宽彻不花传》,北京:中华书局,1976年,第2910页。宋濂撰,罗月霞主编:《宋濂全集》《朝京稿》卷1《元赠开府仪同三司上柱国录军国重事江西等处行中书省丞相追封咸宁王谥忠肃星吉公神道碑铭》,杭州:浙江古籍出版社,1999年,第1644—1645页。(元)王逢:《梧溪集》卷3《故内御史捏古氏笃公挽词》,北京图书馆古籍珍本丛刊,第463页。
⑤ (明)方孝孺:《逊志斋集》卷22《楼君墓铭》,宁波:宁波出版社,2000年,第759页。
⑥ (元)方回:《估客乐》,《元诗选》初集,卷7,影印文渊阁四库全书,第1468册,第128页。(元)余阙:《青阳先生文集》卷9《两伍张氏阡表》,四部丛刊续编本,上海:商务印书馆,1934年,第11页A。
⑦ 《元史》卷97《食货志五·盐法·两浙之盐》,北京:中华书局,1976年,第2496页。
⑧ (元)陶宗仪:《南村辍耕录》卷29《纪隆平》,北京:中华书局,1959年,第356页。《明太祖实录》卷7,己亥年正月乙卯,第78页。《元史》卷188《石抹宜孙传附迈里古思传》,北京:中华书局,1976年,第4311页。

类的牢骚。①他们为生计所迫，多半对商贾羡慕和接近，富商大贾则常向士人施以援手。士人、商贾、地主等荟萃一堂的"玉山雅集""西湖梅约"等②，在红巾军蜂起情势下频频登场。士商亲近交融，彼此酬唱，提携标榜，狎妓纵欲，花天酒地。和富民奢侈挥霍、纸醉金迷形成极大反差的是，多数下层农民相继赤贫，贫富悬隔异常严重。"富家巨室，不以富有之际结人之心，行方便，种德阴子孙，往往剥人之肉以取丰己"，"富者愈富，而贫者愈贫"。③朱元璋父母长兄因天灾瘟疫而死，"殡无棺椁，被体恶裳，浮掩三尺，奠何肴浆"，"皇天白日，泣断心肠"。④如此凄惨泣述，令人肝肠寸断！现代经济学的基尼系数可测定收入分配差异度。高收入与低收入家庭的比率曲线越接近0，收入分配越趋向平等，越接近1，越趋向不平等。0.4以上表示差距较大，达到0.6时，则为悬殊。洪武三年（1370年）苏州府年纳粮一百石到四百石的490户；洪武三十年（1397年），浙江等七布政司及直隶十八府州，占田七顷以上的达14 341户。⑤这些巨富的财富占用，与片瓦皆无的赤贫相比，确是天壤之别。

上述膨胀、混存和悬隔等，致使江南"富民"农商经济呈现某种畸形。蒙元统治下的江南遭遇多重挑战：帝制管制体制与富商大地主经济放纵自由的"背反"，官场腐败与贫富悬殊相叠加，最终招致"官逼民反"和"富逼穷反"。

再说明前期政策颠覆江南原有经济秩序。

"均工夫"、配户和里甲制，还有"划削"迁徙江南富民等，共同汇成了明前期驱民以供役的"配户当差"。即以户为编制单位，以里甲为赋役管制组织，依照专制国家需要，把全国人户分编为不同役种和役籍，以"民有田则有租，有身则有役"为目标，役皆永充、役因役籍、役有役田、以户供丁。⑥由于朱元璋效仿刘邦和不自觉地承袭元制，此种"配户当差"，实乃秦汉编户耕战体制与元诸

---

① （明）袁华：《耕学斋诗集》卷7《送朱道原归京师》，影印文渊阁四库全书，第1232册，第314页。（元）方回：《估客乐》，《元诗选》初集，卷7，影印文渊阁四库全书，第1468册，第128页。
② 杨镰：《顾瑛与玉山雅集》，顾瑛：《玉山名胜集》（上），北京：中华书局，2008年，第1—14页。
③ （明）长谷真逸：《农田余话》卷上，四库全书存目丛书，子部239册，济南：齐鲁书社，1995年，第324页。蒙思明：《元代社会阶级制度》，北京：中华书局，1980年，第216页。
④ 朱元璋撰，胡士萼点校：《明太祖集》卷14《皇陵碑》，合肥：黄山书社，1991年，第271—272页。
⑤ 《明太祖实录》卷49，洪武三年二月庚午，第996页；卷252，洪武三十年四月癸巳，第3643页。
⑥ 《明太祖实录》卷165，洪武十七年九月己未，第2545页。参阅王毓铨：《明代的配户当差制》，《中国史研究》1991年第1期。

色户计当差的混合体,它背离"唐宋变革"趋势,率先在江南实施管制农商和"划削"富民。而且,全民"配户当差",一概纳粮服役,不分南北,通行全国。

请看洪武十五年(1382年)朱元璋晓谕两浙、江西之民的一段榜文。

> 上(朱元璋)命户部榜谕两浙江西之民:"……近来两浙江西之民多好争讼,不遵法度,有田而不输租,有丁而不应役,累其身以及有司,其愚亦甚矣。曷不观中原之民,奉法守分,不妄兴词讼,不代人陈述,惟知应役输税,无负官府。是以上下相安,风俗淳美,共享太平之福。以此较彼,善恶昭然。今特谕尔等宜速改过从善,为吾良民。苟或不悛,则不但国法不容,天道亦不容矣"。于是,户部以所谕颁布浙江、江西二布政使司及府州县,永为遵守。①

由于元朝南北异制,迄洪武十五年(1382年),"中原之民"与两浙、江西之民在"趋事执役以奉上"②方面,略有区别。前者"应役输税",同时承担税粮和杂泛差役;后者主要承担夏秋二税及差役,虽已行"均工夫役",但"有田而不输租,有丁而不应役"仍不少见。是年之后,两浙、江西等地也须仿效中原模式,一概"应役输税"。此榜文披露明初户役法来自元中原制度且被朱元璋强制推行于江南"永为遵守"。朱元璋"民有田则有租,有身则有役"谕旨,恰能在元代找到类同物。在元汉地流传较广的王结《善俗要义》云:"盖有户则有差,有地则有税,以至为军为站,出征给驿,普天率土,皆为一体"③,是也。换言之,朱元璋"民有田则有租,有身则有役"谕旨,应直接来自元中原汉地"有户则有差,有地则有税"等制度,只是改换为"有身则有役",更强调百姓亲身执役(最不利于富民)。

上述"富民"农商秩序的破坏与"配户当差"户役法的建立,一破一立,导致明代江南社会经济结构的严重蜕变,动摇和变更了"唐宋变革"前后江南近千年的富民大地主为核心的农商体系,取而代之的是与北方相差无几的"配户当

---

① 《明太祖实录》卷150,洪武十五年十一月丁卯,第2362—2363页。
② 《明太祖实录》卷111,洪武十年二月丁卯,第1847页。
③ (元)王结:《文忠集》卷6《善俗要义》十曰办差税,影印文渊阁四库全书,第1206册,第253页。

差"。前者的破坏是后者建立的前提或基础,后者又是破坏前者的直接目标。只有把富民"划削殆尽",百姓才能贫富划一,才能营造编户齐民"配户当差"的一元化体制。战国商鞅和秦、西汉奖励耕战、重农抑商,如此行事,一千多年后朱元璋"划削"富民和"配户当差",也与之一脉相承。而且,在利用皇帝专制强权干预、变更社会经济秩序方面,又惊人的相似。正如栾成显所云,明朝建立后,推行重农抑商政策,用强化里甲、限制人地分离、加重商税、歧视商人、厉行海禁等一系列措施,全面改变了宋元以来的经济发展趋势。[①]尽管该政策对明初恢复社会经济具有合理性,但整个国家特别是江南已由"农商"繁荣,倒退为比较单一的农耕自然经济。直到明中叶,国家对经济的过度控制才逐渐松弛。

发人深省的是,元和明前期的江南政策及社会发展恰恰是和忽必烈、朱元璋的个性,纠缠在一起。元、明统治者的急迫个性需要,居然让元朝在江南选择了安富宽商,居然让明朝选择了管制农商,从而导致二政策模式在13—16世纪江南的前后交替。忽必烈以"嗜利黩武"而著称[②],朱元璋以"仇富平均"为特性。由于"嗜利黩武",为着向北输送巨额粮食财物以支撑帝国财政及贵族奢侈赏赐,忽必烈等元朝皇帝"南北异制",在江南采取粗疏放纵和实用主义的策略,满足于较多征收赋税,对南人地域社会几无触动,继续维持"富民"农商经济。而"富民多豪强,故元时此辈欺凌小民,武断乡曲,人受其害"[③]语,则是将朱元璋出于亲身贫寒的切肤之痛,仇恨富户、杀富济贫的心理特性,表露无遗。基于此,明初转而在江南厉行"配户当差"与"划削"富民,不惜颠覆江南原有的经济秩序。朱元璋的"划削"富民,起初很大程度上针对元末贫富悬隔,但其效果实质又偏在朱明皇室垄断天下财富而不许百姓富有。

若是孤立论及元、明断代,两种模式似乎都可视作利弊相参或利大于弊。然而,从长时段看,从"唐宋变革"的历史趋势和江南在中近古社会发展中的角色看,答案就是另一番模样了。

战国以降,在国家治理方面长期存在两种性质有异又相互交替或补充的政

---

① 栾成显:《宋元明时代经济发展的新趋势与明太祖的经济政策》,载中国明史学会编:《明史研究》第10辑,合肥:黄山书社,2007年,第192—201页。
② (清)赵翼撰,王树民校证:《廿二史札记》卷30《元世祖嗜利黩武》,北京:中华书局,1984年,第684页。
③ 《明太祖实录》卷49,洪武三年二月庚午,第966页。

策模式：管制农商与安富宽商。"商鞅变法"开管制农商的先河，秦、西汉、隋及唐前期步其后尘。齐国"通商工之业"和"薄本肇末"①，为安富宽商模式的早期代表，赵宋"不抑兼并"又意味着安富宽商模式的高度成熟。②前者强调藏富于国和官府支配经济活动，凭借奖励耕战和管制农商，直接用授田、劳役或人头税控制和役使编民，达到举国动员和富国强兵。后者主张藏富于民和先富民后富国，允许租佃制和工商业较自由发展，重在借富民来培植税源，进而增加税收以富国。

总体上看，秦汉至隋唐的一千年间，管制农商的编民耕战模式合理性居多，亦占主导，尤其是对政治军事统一和开拓疆域的功用几乎不可替代。然而，商鞅等管制农商的编户齐民耕战模式，只能暂时带来社会经济的恢复发展和富国强兵，又兼它对地主经济的干预过度强硬，征发农民劳役、人头税及抑制商人等超经济强制过于野蛮，严重阻碍了社会经济的进步与发展，也无法从根本上遏止地主经济所特有的周期性兼并。"唐宋变革"过程中，"不抑兼并"安富宽商的新模式转而占据主导。尽管两宋榷卖和重税始终如一及"王安石变法"不乏"抑强扶弱"等干预，但在两宋士大夫政论中，"抑强扶弱"常常和"恤贫""安富"相伴而行。③"唐宋变革"及"不抑兼并"新模式，在社会经济层面大抵是与商鞅等编民耕战模式"分道扬镳"，是对商鞅所奠定的管制农

---

① 《史记》卷32《齐太公世家》，北京：中华书局，1959年，第1480页。《国语》卷6《齐语》，四部丛刊初编，第3页A。

② 虽然赵宋"不抑兼并"重在容许土地买卖并使之合法化，又始终对盐、酒、茶、矾、醋、香料、矿产等实行榷卖，对富民和商人课以重税，"王安石变法"中的方田均税、免役及青苗等还蕴含"抑强扶弱"的干预调节。笔者认为，此种"不抑兼并"是政策主体（田制为代表），行政干预层面的'摧抑兼并'为其补充，二者主辅结合，恰恰反映"王安石变法"后赵宋"不抑兼并"安富宽商政策的不断完善与成熟。

③ （宋）吕祖谦：《东莱别集》卷12《读书杂记一·己丑课程》载："大司徒以保息六安万民。三曰振穷，四曰恤贫，六曰安富。后世之政，自谓抑彊扶弱者，果得先王之意欤？"影印文渊阁四库全书，第1150册，第317页。（宋）朱熹：《晦庵先生朱文公集》卷13《奏札·延和奏札三》载："恤贫安富，两得其所"。四部丛刊初编，第12页A。（宋）蔡戡：《定斋集》卷4《奏议·乞戒谕守令恤民札子》载："夫单产贫民，固在矜恤，富家大室，犹欲安全之者，盖君民相通，富藏于民故也。"影印文渊阁四库全书，第1157册，第606页。（宋）黄榦：《勉斋先生黄文肃公文集》卷28《公札·申安抚司辨危教授诉熊祥事》载："为政之道，抑强扶弱，不宜有偏；安富恤贫，要当两尽。"中华再造善本影印国图元延祐二年刻本，第25册，第6页A、B。（宋）真德秀：《西山先生真文忠公文集》卷3《对越甲稿·直前奏札》载："夫安富恤贫，（三）[王]者之政也"。四部丛刊初编，第7页B。

商旧制的重大改变或扬弃①，所实行"田制不立"及"不抑兼并"，就是大大减轻对农民和商人的超经济强制，鼓励农业和工商业的较自由发展，以建立"富民"农商经济秩序。在某种意义上，"唐宋变革"直接是革"均田""府兵"等三大制度的命，也是革商鞅编民耕战模式的命。从"唐宋变革"中"不抑兼并"占主导的历史趋势看，元代在江南"安业力农"和安富重商，客观上符合历史潮流，因而是比较进步的。而明初在江南"配户当差"、徙富抑商和海禁，则基本是逆"唐宋变革"潮流而动的。

早在东周，楚、吴、越等文明发展水平，已仅次于河洛和海岱，位列第三。②江南水利、气候、植被、文明传统等良好基础及再开发潜力，又是其他地区无法比拟的。东晋和南宋两次南渡，造成中原文明南下且与江汉等文明的交融汇合及若干次江南开发的浪潮，由此江南逐渐后来居上。南朝统治下的先进经济及财税体制大抵是对"唐宋变革"的某种良好酝酿或准备。中唐发生的一系列社会变动，多半可以溯源于南朝。③10世纪前后手工业、农业等生产力的显著进步，也大多率先出现于江南。特别是航海技术的长足发展、海上丝绸之路和海外贸易的繁荣，使长期依赖陆地丝路与西方交往的中国，获得了与世界主要文明交往的新的航海通道，同时也给东南沿海带来巨大的贸易文化等域外刺激。这就客观上促进了从汉唐"头枕三河（河内、河东、河南）、面向西域"到宋元"头枕东南、面向海洋"的重大转折。④于是，9世纪以降的江南无疑成为经济文化最先进和最具活力的区域，成为中国经济重心和文化主脉所在，成为"富民"农商经济成长发展的"风水宝地"，同时也是"唐宋变革"或南北博弈的主要原动力地带。⑤元代相关政策顺应和推动了中近古江南经济开放繁华的历史角色的发挥，因而值得基本肯定。明前期的管制农商，重点实施于"唐宋变革"原动力所在和农业、工商业最为发达的江南地区，妨碍并破坏其历史角色的发挥，且肇始闭关锁国，后果又多是灾难性的。

---

① 关于古代编民耕战与不抑兼并二模式，因篇幅所限，难以展开，容日后专文论述。
② 蒙文通：《古史甄微》，载《蒙文通文集》第5卷，成都：巴蜀书社，1999年。
③ 唐长孺：《魏晋南北朝隋唐史三论》，北京：中华书局，2011年，第280、299、301—319、411页。
④ 葛金芳：《头枕东南，面向海洋——南宋立国态势及经济格局论析》，《邓广铭教授百年诞辰纪念文集》，北京：中华书局，2006年，第219—220页。葛教授主张汉唐是"头枕三河、面向草原"。笔者基本同意。就对外交往趋势而言，言其为"头枕三河、面向西域"，更为贴切。
⑤ 李治安：《中古以来南北差异的整合发展与江南的角色功用》，《文史哲》2015年第1期。

西方学者一般认为宋元时期"中国的农业和工业生产、国内贸易及与'外部世界'的经济联系都发生了急剧的扩张,所达到的水平远远超过了已知的中国历史上以往的一切时代",且居于世界前列。[①]明清则长期停滞不前,尤其是14世纪后半叶大抵是中国锁国落后或停滞的开端。笔者以为,宋元先进或明清落伍的要害就在于江南农商并茂及海外贸易秩序的保与损。请注意:14世纪前后中国最先进富庶的江南社会经济秩序,居然在蒙古族皇帝忽必烈手里得到了基本保护和一定发展,居然在汉人乞丐皇帝朱元璋统治下受到无情的摧残与颠覆。如此戏剧般的"你方唱罢我登场",恰恰成为中国经济由先进跌入落伍的转捩点。假设明建文帝开始回归宋元江南政策模式,中国社会经济发展前景可能会比较光明。遗憾的是,历史进程从来就不理睬假设。

由此我们能够得到如下有益的启迪:即使"唐宋变革"鼓励农商较自由发展,也需要"公权力"调节(譬如"王安石变法"),但调节应是积极理性,不宜过度或滥用,不能以破坏经济发展为代价。元代江南政策的负面在于放弃调节,一味宽纵;明前期江南政策的"败笔"又在于滥用管制,一味恢复编民耕战旧模式,还掺入蒙元全民当差等野蛮因素。正确的选择应是以"不抑兼并"为主导,辅以积极、合理的"公权力"调节,既要积极推进经济繁荣发展,又须避免贫富不均所带来的动荡骚乱。

[①] 〔英〕崔瑞德、〔美〕牟复礼编,杨品泉等译:《剑桥中国明代史》(上),北京:中国社会科学出版社,2006年,第354页。

学术研究的"问题意识"与"非问题意识"[①]

方志远[*]

摘　要："问题意识"是人类思维的强大动力，是基本的科学探索精神，无问题意识便无科学技术的进步，也无学术研究的推进。但是，过于强化的"问题意识"，则易导致急功近利的浮躁心理和立竿见影的实用主义。所以，在当下人文社会科学的研究中，在强调"问题意识"的同时，倡导一些"非问题意识"，在欣赏过程中发现问题，在培育和升华情怀中超越问题，可能更符合文史哲等人文学科的性质和特点，这些学科对于社会产生的影响力或许更为强大、更为深远。

关键词：学术研究　问题意识　非问题意识　人文情怀

"问题意识"及因"问题意识"而产生的成果早已有之。两千多年前秦始皇君臣关于"封建"与"郡县"的讨论，贾谊《过秦论》对秦朝二世而亡的分析，都可以说是由"问题意识"催生的作品。当然，如果要归类，这些作品大抵应该归于"社会"或"人文"学科，更确切地说，是"历史学"或者是"政治学"的范畴。随着学术的发展，学科的分类越来越细，"隔行如隔山"并非虚言。尽管各学科之间，客观、求真的科学精神是一致的，但不同学科的不同

---

[*]　方志远，男，江西师范大学历史系教授，主要研究方向为明代政治及制度史、明清社会经济史。

[①]　此文为作者承担的国家社会科学基金项目"明代多元化社会的形成与国家应对"（10ZSE20）的阶段性成果。在酝酿和写作过程中，曾与王小盾、刘晓明、孙卫国、谢宏维、叶群英诸教授讨论，得到他们的鼓励；学生余辉帮助通读原稿、核对引文、完整注释，两位匿名评审专家提出了建设性意见。一并致谢。

特点，也决定研究方法和表述方式的不同。本文拟以历史研究为关照，就学术研究中的"问题意识"略抒己见，希望能够引起共鸣，更希望能够得到批评。

一、"问题意识"的是与非

学术界对"问题意识"的认识，从来没有像最近 20 年特别是进入 21 世纪以来这样强烈，强烈到成为学术研究乃至公共话语的重要甚至"核心"理念。①硕士、博士研究生的开题报告、论文答辩，必须回答的问题是："你的问题意识是什么""你准备解决或者已经解决了什么问题"，等等。由此一些博士、硕士也忘乎所以地宣称："这个问题已经被我解决"。更有不少学者现身说法，指明自己的成功经验，乃是持续不断的"问题意识"的结果，因而倡导青年学者增强"问题意识"。②从某种意义上说，"问题意识"之被特别提出并且能够成为学术研究的"核心"理念，又是与"国际接轨"的结果。③而在当今中国，任何事情一旦贴上和"国际"接轨的标签，遂被关注。"问题意识"也如此。④

毫无疑问，"问题意识"是基本的科学精神，是人们不断探求未知、不断破解难题的强大动力。可以说，无问题意识便无科学技术的进步，无问题意识便无学术研究的推进，无问题意识便进不了学术之门。"问题意识"的强化，对中国内地的学术研究已经产生并将持续产生重大影响，不仅各类学术著作和

---

① 姚亮教授在《学术研究中的问题意识》一文中，开宗明义提出："问题意识是学术研究的核心要义。"（《学习时报》2013 年 12 月 2 日）黄寿高、吴兴二位学者的《到底什么是问题意识》（《上海教育科研》2006 年第 1 期），根据"中国期刊网镜像站"的资料统计，从 1995 年到 2004 年，十年之间，国内学者发表的与"问题意识"有关的论文数量，依次是：1、7、9、13、17、21、5380、110、112 篇。最近十年应该更多。

② 参见黄宗智：《问题意识与学术研究：五十年的回顾》，《开放时代》2015 年第 6 期。

③ 俞金吾教授的《问题意识：创新的内在动力》（《浙江日报》2007 年 6 月 18 日，第 11 版）列举了德国哲学家克罗纳、英国哲学家波普、美国哲学家杜威等人关于"问题意识"的主张或者通过"问题意识"所取得的成果。

④ 本文的一位评审专家指出："问题意识本是西方社会科学借鉴自然科学的方法，即提出问题假说，指出问题现象，然后找数据和材料进行解释，完成问题模式，然后经过验证。如在使用者那里得到证明，新理论就产生了。"这种由西方社会科学借鉴自然科学的"新理论"产生的方法固然可以借鉴，但如果要运用于文史哲等人文学科并成为"核心"或"基本"方法，则存在诸多问题。

论文的数量以几何级数增长，而且有大量高品质的作品问世。

但是，毋庸讳言的是，被社会诟病的"硕士不硕""博士不博"的现象，以及著作等身、思想贫乏，学者成堆、大师稀缺的状况，却也不能不说与"问题意识"的过于强烈有一定关系。①因为，过于强烈的"问题意识"，违背了人类思维的一般规律，容易导致忽略过程直奔结果、关注细节忽略大局，特别是容易助长急功近利的浮躁心理和立竿见影的实用主义。

所以，在对一些尚未步入学术门槛或者虽然已经步入门槛却仍在徘徊的学者，建立或强化"问题意识"，是完全必要的。但是，在"问题意识"已经成为时髦、成为标签的今日，给"问题意识"降降温，应该说也有必要。少一些"问题意识"，多一些"非问题意识"，学者的生产欲望可能会少一些，科学精神或许会多一些；科研成果可能会少一些，传世之作或许会多一些；著作等身的学者可能会少一些，博学通达的学者可能会多一些。这或许也是"文武之道，一张一弛"：当缺乏问题意识的时候，我们倡导多一些问题意识；当问题意识过于强烈的时候，我们倡导多一些"非问题意识"。

这里所说的"非问题意识"，并非不要"问题意识"，而是在一定程度上淡化问题意识，关注"问题"之外的事物、关注看似并非"问题"却是问题所由发生的事物。具体地说，是在欣赏过程中发现问题、在培育情怀中超越问题。如果说"问题意识"是务实，"非问题意识"便是务虚。这样，当我们回过头来重新看"问题"的时候，或许可以更加深刻地认识问题。也就是说，当急功近利的"务实"冲动使我们"只顾拉车"而"无暇看路"的时候，"务虚"的客观冷静可能将使我们适时放缓脚步并调整前进的方向。

问题、意识、问题意识是三个相互关联又相互独立的概念。"问题"是人们在认知自然、认知社会、认知自我的过程中自然而然生成的，"问题意识"则是人们在认知自然、认知社会、认知自我过程中积极寻找问题并试图解释或者解决这些问题所产生的意图或动机。

人类认知自然、认知社会、认知自我有其自身的规律，有一个从"无意识"到"有意识"，从"有意识"到意识到"问题"、再到产生"问题意识"的

---

① 当然，"硕士不硕"、"博士不博"的现象，以及著作等身、思想贫乏，学者成堆、大师稀缺的状况，有更深层的社会原因，"问题意识"的过于强化只是这些深层的原因在学术要求上的表现而已。

过程。在这个过程中，无意识是有意识的前提与基础，有意识则是问题意识的前提与基础。弗洛伊德将其归纳为人类思维活动的潜意识、前意识、意识三个层次的递进。在弗洛伊德看来，潜意识恰恰是人类更深层、更隐秘、更原始、更根本的"心理能量"，是人类一切行为的"内驱力"。正是这些心理能量、这些内驱力，从深层支配着人的心理和行为，成为人的一切动机和意图的源泉。但是，人们首先感觉到的，却是最表层的意识，然后才是前意识，而最容易被忽略的，恰恰是最为重要的潜意识。①所以，弗洛伊德在展示他的研究时，是从最容易感觉到的意识开始，向不易感觉到的前意识、潜意识逆向推进。而且，即使在"意识"这个层面，也有从"意识"到"问题意识"的递进；而在"潜意识"发生的过程中，还应该经历过"无意识"。从这个角度说，"问题意识"恰恰是思维的表层现象，而"非问题意识"才是思维的深层现象。

可以说，从无意识到有意识，从非问题意识到问题意识，从客观存在的问题到人们认识到问题，从人们认识到问题到产生解释或解决问题的愿望和动机，是人类的认知过程或者说是人类思维的一般规律。与此同时，新一轮的潜意识、前意识、意识，新一轮的无意识、有意识、问题意识，以及问题意识、意识、无意识的思维循环，也早在人们的不自觉中开始。在这个过程或循环中发现问题和带着目的寻找问题，是两个不同层级的不同意识。人们发现的问题，有些可能随着人们生活阅历的丰富、知识积累的充实及社会文明的进步而自然化解，有些则如影随形、挥之不去，甚至随着人们认知水平的提高、生活阅历的加深、社会文明的进步反复出现。正是这些如影随形、挥之不去的问题，才有可能导致人们产生"问题意识"，导致人们产生解释或解决问题的意图和动机，或者说，只有这些问题，才是真正需要启动"问题意识"进行破解的问题。

所以，从认识到问题到产生解释或解决问题的意图和动机，同样有一个过程。在这个过程中，人们对"问题"是要进行"筛选"的，而这种"筛选"也多是自然而然的结果。如果跳跃过程直接寻找问题、跳过筛选直接解决问题，

---

① 弗洛伊德在《梦的解析》（孙名之译，北京：商务印书馆，1991年）中提出关于"潜意识"（有学者译为"无意识"）的概念，后来又在《精神分析引论》（高觉敷译，北京：商务印书馆，1984年）、《精神分析新论》（郭本禹译，南京：译林出版社，2011年）中不断完善和丰富了关于潜意识、前意识、意识这一人类思维方式的理论。

寻找到的问题固然多、解决的问题固然多，但未必是真正需要解决的问题。而省略过程直奔结论，往往是欲速而不达。犹如前些年在学术研究中同样时髦的"填补空白"。当"填补空白"说刚刚兴起的时候，"填补空白"是对学者研究成果的最高褒扬；而当"填补空白"成为时髦、成为标签时，对成果鉴定不说"填补空白"就等于说这项成果没有价值。但是，难道所有的"空白"都必须"填补"吗，或者说，难道所有的所谓"问题"都需要去花大力气解决吗？①

过于强烈的"问题意识"，容易在认知的两个阶段发生"问题"。第一，在学习阶段或积累阶段，它跃过欣赏材料、感知材料的过程，而这恰恰是学习和积累阶段的必须过程。第二，在研究阶段或突破阶段，它妨碍了直接从材料出发，而是将已有研究作为起点或作为"靶子"。从学术史的角度看，许多"问题"其实是学者在研究过程中的"预设"或者"失误"，其中不少属"伪问题"。如果不是从"预设"或"失误"出发，而是从原始材料出发，完全有可能直接"论从史出"。这其实是学术研究的两个途径，是从"问题"出发还是从"材料"出发，是"论从史出"还是"论从论出"。②

有学者将"问题意识"概括为"发现问题，界定问题，综合问题，解决问题，验证问题"五个环节，认为这五个环节构成一个完整的问题意识。③这种概括是有道理的，特别是对于自然科学而言。但是，这种概括严格地说也只是对自然科学更为适合，对社会科学，特别是人文学科则未必如此拘泥。如上文所说，发现问题其实有两种情况，一是在过程中的"自然而然"，二是带有某种目的的"刻意寻找"。后者可以归为"问题意识"，前者却属"非问题意识"。在自然科学中，"验证问题"是必不可少的，如果无法验证，结论就说不上是科学的、客观的。但在社会科学特别是人文学科中，强调"验证"却过于苛求。而且，越是涉及"人"，越是涉及个体的思想和行为，就越是难以验证乃至无法验证。

---

① 邱振中教授和我讨论这一问题时戏称：上衣的背后有那么多的空白处，裁缝为何不填补空白多做一些口袋，以便小偷光顾？虽是戏言，但也可说明许多的所谓"空白"、许多的所谓"问题"，是毋须花大力气去填补、去解决的。等到人们发现上衣背后的那些空白处确实有价值时，再填补不迟。但那个时候的填补，成本会降低许多，而且功能也不是我们现在的智慧所能想到的。
② 这段论述是在和王小盾教授的学术通信中得到的启示，可以说主要是陈述或阐释他的观点。
③ 劳凯声：《人文社会科学的问题意识、学理意识和方法意识》，《北京师范大学学报》2009年第1期。

以史为鉴，从历史中吸取经验和教训，可以说是中国历代统治者乃至大众都十分重视的事情。前文提及的秦始皇君臣正是从历史经验和教训中讨论秦朝的制度建设。周朝为何灭亡、我朝如何长久？讨论的结果，是西周分封子弟，数代之后关系疏远，遂至诸侯纷争、天下大乱。这个结论无疑是有一定道理的，而且此后还部分地被西汉分封、完全地被西晋分封所"验证"。但是，由于这场讨论的主角秦始皇过于直奔主题，"问题意识"过于强烈，过于"功利"，致使完全不屑于不同的意见，完全无视西周分封的意义和价值所在，特别是忽略秦统一中国后"封建"理念的惯性影响及对"分封"进行改造的可能性和必要性。所以，尽管废分封而行郡县，秦朝却是二世而亡，比西周的瓦解迅速得多。但它的大趋势却是对的。继秦而起的西汉顺其自然、因势利导，秦朝进两步，西汉退一步，在中央势力能够达到的地区行郡县制，中央势力一时难以达到的地区在郡县之上同时建立王国加以控制（始为异姓王国后为同姓王国），是为郡国并行。这个措施看似无为而治，却符合当时的客观形势；看似制度倒退，却成就了两汉的大一统。但是，当西晋刻意效法时，却同样是二世而亡。贾谊《过秦论》对秦朝二世而亡的反思，固然也是带着"问题意识"，但这时的"问题意识"已经升华为一种人文情怀，是在更高的层次讨论王朝的兴亡过程。而且，这个问题也并非只是贾谊在关注，而是"自然而然"地摆在人们面前，全社会都在"自然而然"地讨论、"自然而然"地进行总结。此后，柳宗元、苏轼等人也加入到"封建"与"郡县"的讨论之中，顾炎武则在分析"封建"与"郡县"的利弊中，提出"寓封建于郡县之中"的折中方案。①

　　"竹林七贤"之一的阮籍在考察了当年楚汉相争的战场后发表评论："时无英雄，使竖子成名。"②被阮籍称为"竖子"的，自然是汉高祖刘邦，以及被他打败的对手项羽。暂且不论作为学者的阮籍的不知天高地厚，但他的说法却在不经意间重复了陈胜的理念："王侯将相，宁有种乎！"帝王的出身和个性是没

---

① （汉）贾谊：《过秦论》，《汉书》卷 31《陈胜项籍传》，北京：中华书局，1962 年，第 1821—1825 页；（唐）柳宗元：《柳河东集》卷 3《论·封建论》，上海：上海人民出版社，1974 年，第 43—48 页；（宋）苏轼：《苏轼文集》卷 5《论封建》，北京：中华书局，1986 年，第 157—158 页；（清）顾炎武：《顾亭林诗文集·亭林文集》卷 1《郡县论一》，北京：中华书局，1959 年，第 12 页。

② 《晋书》卷 49《阮籍传》，北京：中华书局，1974 年，第 1361 页。

有固定版本的，虽然我们可以寻找到其间的共同点，但作为个体的汉高祖刘邦却是前无古人、后鲜来者，既难以复制也无法验证。一个底层亭长，一个不务正业的混混，一个动辄称儒生为"腐儒"的半文盲，一个几乎被所有的读书人看不起的人，在年过半百的时候，竟然借着秦末农民战争之势，夺取天下，做了皇帝。而父亲为他树立的榜样、种田能手哥哥刘仲，却在这个乱世之中受其奚落。但是，两百多年之后，也是两兄弟——刘縯、刘秀，哥哥刘縯有刘邦的气象，弟弟刘秀却有刘仲的爱好，但最后"复兴汉室"的，却不是酷似刘邦英雄气象的刘縯，而是颇类刘仲的种田能手和经营高手刘秀。

在人文学科，可以探求也必须探求人类社会发展的大趋势、总规律，但在具体问题上如果强行要"验证问题"，其结果一般都是人跌眼镜，这和自然科学可能恰恰相反。这也导致"历史教训"人人都想吸取、"历史经验"人人都想提取，但真正能够顺利吸取、成功提取的，却又十分罕见。历史问题，人的问题，从来就不是一加一可以等于二的。

二、欣赏过程　发现问题

坦率地说，撰写本文之前，没有任何"问题意识"，完全是从"欣赏过程"中产生的兴趣、生成的潜意识。回想起来，大概和曾经读过的几种文献及自己的学术经历有关。

第一种文献是老子的《道德经》（暂且从众说，视老子为《道德经》的作者）。

《道德经》中有两段流传甚广的话。第一段：

　　道可道，非常道；名可名，非常名。无名天地之始，有名万物之母。故常无欲以观其妙，常有欲以观其徼（窍）。（卷上《体道第一》）①

---

① 按：注《道德经》者甚多，见仁见智，歧义百出。就笔者看来，由于"语境"的接近，越早的注本应该越接近原意，所以主张读《道德经》以"河上公"及王弼的注本为主。本文所引《道德经》及注，皆依"河上公"本。

这一段话是《道德经》的开篇,不但为喜好者津津乐道,也为学术研究、历史研究揭示了一些有趣的"常理"和"人情"。而在我看来,"人文"学科的研究态度,最好是"循常理、顺人情"。

《道德经》的这段话给我的启示是:其一,"可道"之道,即通过人们观察、领悟并描述出来的"道",其实已非客观存在的"道",因为客观存在的道是不可"道"或难以"道"的。虽然我们不断地想探讨历史的真相乃至试图"复原"历史,但历史的真相是不可能被穷极的,历史的原貌也是不可能被复原的;尽管我们不断地想揭示人类历史发展的"规律",但我们所描述的仍然只是已经发生的事实,很难相信人类以后的发展真会像现在的人们所预测的那样行进。其二,虽然如此,我们仍然要通过各种的努力,尽可能地揭示接近于历史真相的历史,尽可能在局部和细节上复原可能符合历史真实的历史,尽可能地在大趋势上预测人类历史发展的方向,并且不断随着时代的行进,修正这些预测。这正是历史研究的基本动力和终极价值。也就是说,虽然这些被描述的"道"并非完全是客观存在的"道",但仍然得继续去探求"道"、描述"道"。其三,那么,如何尽可能地揭示接近历史真相的历史,如何尽可能在局部和细节上复原可能符合历史真实的历史,如何尽可能地在大趋势上预测人类历史发展的方向,如何使"可道"之"道"接近"常道"之"道"?那就应该是既"无欲"而又"有欲",无欲和有欲在这个过程中应该是相辅相成、不可偏废的。

《道德经》所谓的"无欲",我喻之为"非问题意识"。只有不带任何的成见、任何的企盼、任何的预设,才可能客观地欣赏历史发展的过程、真切地感受历史发展的脉搏、欣喜地发现历史发展的无穷妙趣,或许能够从中领悟到历史的某些规律。所谓的"有欲",我喻之为"问题意识"。我们在欣赏历史发展的过程中,发现其间的关节和问题,并且产生出解释或解决这些关节和问题的动机和愿望,同时将这些关节和问题置于历史发展的过程之中,做出我们的判断、推进我们的研究。如果没有"无欲"地欣赏过程,也就难以真正"有欲"地解释或解决问题。

《道德经》的另一段话是:

> 人法地,地法天,天法道,道法自然。(卷上《象元第二十五》)

这段话简洁而富有节奏，熟悉的人更多。有朋友提示，这段话的要害，就是"人法自然"。可以说是一句中的、直奔主题。

但是，明明一句话可以说完的事情，老子为何要分四句，读起来甚至有些"玄之又玄"？这就是我们对老子的不理解了，说到底，老子是在强调事物的"过程"。

《史记·老子韩非列传》关于孔子见老子的一段文字，有利于我们理解老子为何一句话分四句说。《史记》说，"孔子适周，将问礼于老子"。老子对孔子有一番告诫：

> 子所言者，其人与骨皆已朽矣，独其言在耳。且君子得其时则驾，不得其时则蓬累而行。吾闻之，良贾深藏若虚，君子盛德，容貌若愚。去子之骄气与多欲，态色与淫志，是皆无益于子之身。吾所以告子，若是而已。①

老子让孔子把自己的诸多欲望、诸多想法，以及时时以文武、周公代言人、继承人自居的傲气，统统放下，这样才能平心静气地讨论"礼"。"圣人"孔子尚且多欲，尚且多骄气、多态色、多淫志，何况我等凡夫俗子。

所以，"人法自然"要有一个过程。首先是"法地"。地的特点是："安静柔和，种之得五谷，掘之得甘泉，劳而不怨也，有功而不制也。"只有放下种种欲望，像地那样安静平和、奉献不争，然后才可能"法天"。天的特点是："湛泊不动，施而不求报，生长万物，无所收取。"只有像天那样光明无私、包容万物，然后才可能"法道"。只有像"道"那样清净、那样无声无息、那样一切自成，然后才可能"法自然"，才可能像"自然"那样，没有羁绊、没有崖岸，生生息息、永不停顿。说到底，人法自然，是要一切因势利导、顺乎自然。但即使是这样，也只能是"法自然"而不可能就"成自然"。

这也可以说是一种研究的境界，这个境界并非刻意为之，而是"顺乎自然"，才能接近于"道法自然"、水到渠成的结果，研究的结论才可能更加循乎常理而顺乎人情。

---

① 《史记》卷63《老子韩非列传》，北京：中华书局，1959年，第2140页。

第二种文献是王阳明弟子所录的《传习录》。《传习录》收集了王阳明与朋友及弟子有关学术的通信，以及和弟子们讨论学术的对话。其中王阳明和弟子薛侃之间关于"花"与"草"的对话，在某种程度上启发了我对"问题意识"与"非问题意识"的认识，特别是在"欣赏过程"中"发现问题"的感受。节选如下：

> （薛）侃去花间草，因曰："天地间何善难培、恶难去？"
> 先生曰："天地生意，花草一般，何曾有善恶之分？子欲观花，则以花为善，以草为恶；如欲用草时，复以草为善矣。此等善恶，皆由汝心好恶所生，故知是错。"
> 曰："然则无善无恶乎？"
> 曰："无善无恶者理之静，有善有恶者气之动。不动于气，即无善无恶，是谓至善。"
> 曰："草既非恶，即草不宜去矣。"
> 曰："如此却是佛、老意见。草若有碍，何妨汝去？"
> 曰："如此又是作好作恶？"
> 曰："不作好恶，非是全无好恶，却是无知觉的人。谓之不作者，只是好恶一循于理，不去又着一分意思。如此，即是不曾好恶一般。"①

薛侃关于花善草恶的认识，可以说是"问题意识"，也可以说是"有欲"；王阳明的"天地生意，花草一般"，可以说是"非问题意识"，也可以说是"无欲"。只有持"无善无恶"的"非问题意识"，才可能发现：在我们的认识中，当"以花为善"时，往往"以草为恶"；当我们"欲用草时，复以草为善"。假如"问题意识"过于强烈，站在"今日"或"现时"的立场上，立即判断花为善而草为恶，必欲除之而后快。而在另一个时空设定下，发现曾经认为"恶"的草，对于人类甚至比一直被认为"善"的花更为可贵时，草已经在当时的"善恶"的"意识"下被铲除殆尽。

所以，后来王阳明给弟子不断宣讲他的"四句教"："无善无恶是心之体，

---

① （明）王守仁：《王阳明全书》卷1《语录一·传习录上》，上海：上海人民出版社，1992年，第29页。

有善有恶是意之动，知善知恶是良知，为善去恶是格物。"①由"无善无恶"到"有善有恶"，由"知善知恶"到"为善去恶"也是一个过程。没有这个过程，直接为善而去恶，所去之恶未必是真恶，而所为之善也许并非真善。

学术研究其实也是这样，以明史研究为例。明太祖曾经杀功臣、杀贪官、剥夺富人、打击持不合作态度的文人。此是"善"还是"恶"？对当时的和此后的明朝有何"善"果、有何"恶"果？明神宗三十年不上朝，除了和皇室利益有关之事，大抵不过问，明朝官场及明代社会在"惯性"中运行。此是"善"还是"恶"？对于明代社会的开放和明朝的灭亡有何"善"果、有何"恶"果？我们只有站在当时人、后世人的双重立场上，在"欣赏"的过程中，用陈寅恪先生的话，建立在"理解之同情"的立场上，才可能做出更加合理的解释。

如果我们把目光从花与草、从明朝的存与亡，延伸到中国传统文化，何为善、何为恶？何为精华、何为糟粕？道家是善、是精华？但老子的"鸡犬之声相闻、老死不相往来"不是被批判为小国寡民、与世隔绝？儒家是善、是精华？但儒家的"中庸"、"仁义道德"不也曾经被批判为伪善？那么佛家是善、是精华？基督教是善、是精华？如果用我们通常所说的概念，"留其精华、去其糟粕"，那么，道家、儒家、佛家、基督教中哪些是精华、哪些是糟粕？去后、留后还叫道家、儒家、儒家、基督教吗？

虽然王阳明不断教诲弟子，遇事不要"着相"、心中要少一些"芥蒂"，要"儒佛老庄皆为我用"，但王学末流的"空疏"仍然为世所讥。虽然更多是因为时代所赐，但也不能不说和王阳明自己的急迫有关。《传习录》中收录了王阳明自撰的《朱子晚年定论序》：

> 守仁早岁业举，溺志词章之习，既乃稍知从事正学，而苦于众说之纷挠疲迩，茫无可入。因求诸老释，欣然有会于心，以为圣人之学在此矣。然于孔子之教，间相出入，而措之日用，往往缺漏无归；依违往返，且信且疑。其后谪官龙场，居夷处困，动心忍性之余，恍若有悟。体验探求，

---

① （明）王守仁：《王阳明全书》卷3《语录三·传习录下》，上海：上海人民出版社，1992年，第117页。

再更寒暑，证诸五经、四子，沛然若决江河而放诸海也。然后叹圣人之道，坦如大路，而世之儒者，妄开窦，蹈荆棘、堕坑堑，究其为说，反出二氏之下。宜乎世之高明之士，厌此而趋彼也，此岂二氏之罪哉！①

王阳明自己经历过"溺志词章""从事正学""求诸老释"的长期探索过程，又有"居夷三年"的感悟②，并经历了剿灭南赣汀漳民变、平定南昌宁王宸濠兵变，以及应对各种复杂局势的经历，才提出"良知"的心得，自称这一心得是从"百死千难"中所得。但是，王阳明一方面担心学生"得之容易，把作一种光景玩弄，不实落用功"，一方面又唯恐学生走了弯路，故而"不得已与人一口说尽"。③于是往往忽略过程，直接讲求"尽性至命"、直接带入"良知"。犹如时下所谓的"心灵鸡汤"，在修心养性上或许立竿见影，但在修习学术上，如果不是本来学有根基，那就只能是"空疏无物"。

第三种文献是徐复观的《我的读书生活》。

徐复观先生在《我的读书生活》中，说到拜熊十力先生为师的一段轶事：

> 第一次我穿军服到北碚金刚碑勉仁书院看他（熊十力）时，请教应该读什么书。他老先生教我读王船山的《读通鉴论》，我说那早年已经读过了。他以不高兴的神气说："你并没有读懂，应当再读。"过了些时候再去见他，说《读通鉴论》已经读完了。他问："有点什么心得？"于是我接二连三的说出我的许多不同意的地方。他老先生未听完便怒声斥骂说："你这个东西，怎么会读得进书！任何书的内容，都是有好的地方，也有

---

① （明）王守仁：《王阳明全书》卷3《语录三·传习录下·朱子晚年定论序》，上海：上海人民出版社，1992年，第127—128页。（标点略有改动）

② 按：王阳明每每称自己"居夷三年"，真正在贵州的时间，应该是一年零九个月左右。据《阳明年谱》，阳明于正德二年春离京南下；正德三年春末到贵州龙场驿；正德五年三月，抵达江西庐陵县任知县，分见（明）王守仁：《王阳明全书》卷33《年谱一》，上海：上海人民出版社，1992年，第1227、1228、1230页。这个经历从王阳明的诗文中也可以证实。又，《明史·王守仁传》说："（刘）瑾诛，（王守仁）量移庐陵知县。"今人研究"王学"者多从此说。但刘瑾"诛"在正德五年八月，而王阳明在正德四年底得到调任庐陵知县的文书后，即离开龙场驿，这年的除夕是在往庐陵的舟中度过的。见（明）王守仁：《王阳明全书》卷19《外集一·舟中除夕二首》，上海：上海人民出版社，1992年，第714页。

③ （明）王守仁：《王阳明全书》卷34《年谱二》，上海：上海人民出版社，1992年，第1279页。

坏的地方。你为什么不先看出他的好的地方，却专门去挑坏的。这样读书，就是读了百部千部，你会受到书的什么益处？读书是要先看出他的好处，再批评他的坏处，这才像吃东西一样，经过消化而摄取了营养。譬如《读通鉴论》，某一段该是多么有意义；又如某一段，理解是如何深刻。你记得吗？你懂得吗？"①

徐复观当时刚刚三十岁，已经是国民党陆军少将，可谓春风得意。熊十力的一番骂，骂得这位"陆军少将"目瞪口呆。但徐复观认为，正是这一骂，骂得他在学术上"起死回生"。按时下的说话，徐复观在"国学大师"熊十力的要求下重读《读通鉴论》，是带着批评的眼光、带着"问题意识"去读的，却被骂得狗血淋头。在熊十力看来，读书首先应该是"欣赏"，特别是对于《读通鉴论》这样的名著，应该先看到书中的好处，吸取书中的营养。在欣赏中发现问题，并且进行超越。

这个故事不少人都知道，它向我们揭示了一个读书的方法、研究的方法。读书本来应该是一个愉悦的过程，可以充分享受作者给我们的各种信息、感受作者传递给我们的各种情感。与此同时，也可以发现作者的一些问题。前者是强大自我、提出创见的基础，后者是超越前人的关节和契机，二者相辅相成。没有过程的欣赏，很难发现"原生"的问题。问题从哪里来？当然可以从他人的研究成果中来。但是，如果忽略了欣赏的过程，没有发现"原生"问题，可能一开始就陷入和已有研究的"预设"对话，而不是和古人、和历史直接对话。

曾经的关于中国资本主义萌芽问题的讨论，激发出诸多的优秀作品。但是，这些真正优秀作品的特点，恰恰不是因为它们解决了最核心的"问题"，如有无萌芽、何时发生萌芽，以及这些萌芽是否能够发展到资本主义的生产关系等，而是在这个过程中，淡化"萌芽"的"问题意识"，老老实实地阅读史料，在阅读中欣赏中国古代社会的发展状态，发现具体的经济与社会问题，然后解读或解决问题。而过于强烈的问题意识，导致学者把中国前资本主义社会的"雇佣劳动"和西方的"资本主义生产关系"牵强附会地联系在一起，从而

---

① 徐复观：《我的读书生活》，《徐复观集》，北京：群言出版社，1993年，第51页。

有清代萌芽说、明中后期萌芽说、元末明初萌芽说，以及元代、南宋、北宋、唐代、南北朝、东汉、西汉、战国等"萌芽"说。

所以产生这样的问题，是因为尽管我们认为是在用马克思主义辩证唯物论的方法研究问题，但在这场长达数十年的学术讨论中，最被忽略的恰恰是恩格斯早就指出的一个原则："如果不把唯物主义方法当作研究历史的指南，而把它当作现成的公式，按照它来剪裁各种历史事实，那末它就会转变为自己的对立物。"①资本主义的发生是一场运动、是一个过程，是一场各种因素发生作用的"偶然"。由于这个偶然在后来成为席卷全球的潮流，于是我们就认为它是人类发展的"必然"。而这个特定的问题假设，促使几代学者苦苦寻找我们自身的这种"必然"的蛛丝马迹。

或许是受业师欧阳琛教授的影响，也得益于20世纪70年代末80年代初"读书"气氛的浓烈，在步入史学门槛的一段时间里，得以安心读书，而且是不带任何功利色彩、不带任何"问题意识"的读书。读什么书？读最为常见的书。读通史的顺序是《春秋左传正义》《史记》《资治通鉴》，读明史的顺序是《明通鉴》《明史》《明史纪事本末》《明会典》。同时读明朝人的笔记。读哪些？学校图书馆和历史系资料室有的《纪录汇编》《万有文库》《丛书集成初编》等收录的明人笔记，有什么读什么、见什么读什么。一年多下来，笔记和卡片做了许多，文章一篇也没写。当时有关心我的老师觉得奇怪，说有几十张卡片就可以写论文了，你抄了几千张吧，怎么不写论文？我说我老师不让写，自己也没有想到要写，还有许多书没有读。为何会是这样，我当时也不明白。后来逐渐明白，先师是让我在阅读中"走进"历史、"感受"历史，"走进"明朝、"感受"明朝。如果不是要写毕业论文，我估计先师还会让我再读下去。写毕业论文怎么办？还是读书，读《明实录》和相关文集、笔记，而不是读已有的研究成果。毕业以后的若干年，仍然是不带任何目的读书，读先师早年为中正大学（江西师大前身）购置的南京图书馆藏抄本《明实录》（当时黄彰健先生主持校勘的台湾"中研院"校勘本尚未在大陆流行），许多"问题"正是在这个"过程"中发现的。当一些朋友将《明实录》《明史》视为"常见史

---

① 〔德〕恩格斯：《恩格斯致保·恩斯特》，《马克思恩格斯选集》第4卷，北京：人民出版社，1972年，第472页。

料"而弃之不顾时,我感觉从中受益巨大。

大概是因为这个过程,使我的研究习惯或"路数"和很多学者不一样,第一步不是从"学术史"中寻找问题,与研究者对话,而是在"阅读文献"即"欣赏过程"中发现问题,与古人对话。开始写"内阁""巡抚""镇守中官""御马监",后来写"江右商""传奉官""山人""冠带荣身"[①],都是写完初稿之后再去关注"学术史"。十分幸运的是,竟然少有"撞车",即使"撞车",由于资料比较翔实、视野比较舒展、角度比较独特,所以"闯关"也比较顺利。这大概是因为认识直接从史料中来,较少被后人的研究"先入为主",较少"成见"和"崖岸",所以可能更为接近当时的"实况"。当然,也偶尔有"撞车"并且难以"闯关"的时候。但是,写文章哪里一定就要发表?通过自己的独立学习和思考,得到与前辈名家相近的认识,这种"所见略同"的满足同样是很快乐的事情。

只有欣赏过程,才可能使学者站在更加客观的立场上,尊重历史发展的基本规律,得出更为科学的结论。如明朝的灭亡,是李自成推翻的,还是多尔衮终结的。如果站在更加客观的立场上,我们可以发现,明朝"灭亡"其实也是一个过程,其间的契机不止一个,此时种种看似偶然的因素聚集在一起,到了不得不亡的时候了。万事万物,有生就有灭,从来没有真正"传之万世"的朝代。范仲淹《岳阳楼记》"不以物喜,不以己悲"的文学语言,其实也是以平和的心态看待事物过程的研究境界。

三、培育情怀 超越问题

我在《马克思主义历史学与海外中国学》一文中曾发过这样的感慨:

[①] 参见方志远:《论明代内阁制度的形成》,《文史》第33辑,北京:中华书局,1990年;《明代的巡抚制度》,《中国史研究》1988年第3期;《明代的镇守中官》,《文史》第40辑,北京:中华书局,1994年;《明代的御马监》,《中国史研究》1997年第2期;《江右商帮》,香港:中华书局(香港)有限公司,1995年;"传奉官"与明成化时代》,《历史研究》2007年第1期;《"山人"与晚明政局》,《中国社会科学》2010年第1期;《"冠带荣身"与明代国家动员》,《中国社会科学》2013年第6期。

如果有宽松的研究环境、良好的研究条件、平和的研究心态，中国历史研究的最好成果应该是由中国学者贡献。因为只有体内流淌着中国血液，才有可能真正用心去感受中国的事情、才可能有与生俱来的对中国问题的感悟。历史学家应该有"纵览天下"的视野，应该有"究天人之际、通古今之变"的追求，却不必也不可能揽起"包打天下"的责任。除去浮躁、卸下不该背上的包袱，好的作品或者更容易出来。①

重读这段感慨，发现其实是在说两个概念：一个是"情怀"，一个是"问题"。我一直认为，自然科学需要不断地"发现"问题、"解决"问题，所以"问题意识"应该更为强烈；人文学科更多的是在"解释"或"解读"问题，所以需要多一些"非问题意识"以培育人文情怀、超越具体问题。即使是"自然"科学家，当研究达到一定境界时，也必然会注入更多的人文情怀，这才是他们不断有所发明、有所创造的终极动力。我们熟知的许多华人科学家，如华罗庚、李政道等，恰恰是因为拥有博大的人文情怀，才促使他们走上研究科学的道路。

作为历史学者，我们能够通过"问题意识"解决的是什么问题？主要是具体的考证问题。如前见顾诚教授考证"沈万三"的活动时间是在元朝还是明朝，以及为何明明是元朝人却被误认为是明初人的问题②；再如近见南炳文教授考证之"沈周"何时到南京，以及为何有关沈周十一岁或十五岁到南京的记载的问题③；再如我在《"传奉官"与明成化时代》考证诸多"传奉官"真实身份，以及他们的公开职务与真实身份关系的问题，等等。以历史学科为例，人文学科能够解决的，主要是"有形"的问题，即具体的人物、具体的时间、具体的地点、具体的事项等。

对于"无形"的问题，如谷霁光教授关于王安石被称为"拗相公"之"拗"的解释④、吴晗教授关于明太祖朱元璋定国号为"大明"的解释⑤，以

---

① 该文发表于《江西社会科学》2010年第6期，这段引文本是文章的结束语，刊出时限于篇幅被删去，特识。
② 顾诚：《沈万三及其家族事迹考》，《历史研究》1999年第1期。
③ 南炳文：《沈周首次游南京十一岁、十五岁两说皆误辨》，《文史》2015年第4辑。
④ 谷霁光：《王安石变法与商品经济》，《中华文史论丛》复刊号第1辑（总第7辑），上海：上海古籍出版社，1978年。
⑤ 吴晗：《明教与大明帝国》，《读史札记》，北京：生活·读书·新知三联书店，1956年，第235—270页。

及《"传奉官"与明成化时代》中关于传奉官现象与明代中期多元化社会的关系的解释,等等,都只能是解释而很难说是已经解决,更不用说明朝为何亡而清朝为何兴、中国走出中世纪为何如此艰难等"巨大"而且"无形"的问题。其实,许多的人文与社会问题,是无法真正有定论的。我一直为忘记一则史料的出处而耿耿于怀。这则史料是一位晚明官员的笔记,说是在崇祯十三、十四年间(1640~1641年),西北有张献忠、李自成,东北有皇太极、多尔衮,官场中文官爱财、武官怕死,皇帝又是没有经过实践历练的青年,明朝眼看无法收拾,于是人们怀念起魏忠贤。觉得如果这个时候"魏珰"还在,以"魏珰"的铁腕,国家恐怕不至于落到这个地步。而就在十年前,魏忠贤还是人人必欲杀之而后快的。

即使是看似"有形"的问题,我们也未必能够"解决"而只能"解读"。比如陈寅恪先生关于"牛李党争"的牛党多寒门而李党多世族的著名论断[①],再如田余庆先生《蜀事四题》中关于刘备集团中的中原、荆州、蜀中三大势力关系的分析[②]等,都是言之有据而鞭辟入里,但历史的"真实"未必完全如此。再如我在《阳明史事三题》中提出的王阳明没有生育能力的推测,自以为理由充分。[③]但《阳明年谱》明明记载,在原配诸氏去世之后,续弦的张氏生了一个儿子,这就是后来继承王阳明"新建伯"爵位的"嗣子"王正亿。真相到底怎样?恐怕只有动用"DNA"了。

周一良先生曾经用六个"W"概括学习历史、研究历史的诸要素:Who(何人)、When(何时)、Where(何地)、What(何事)、How(如何)、Why(为何)。[④]我们能够解决的,充其量只有两个半"W",即时间、地点,以及人物或事件的部分内容,其他的只能是解释。那么,用什么理念进行解释,当然要有"问题意识",但我认为,更需要的是"人文情怀",比较流行的说法是"人文关怀",也可以说是"非问题意识"。

前些年读刘大椿教授的《问题意识与超越情怀》[⑤],感到有知音。近日读

---

① 陈寅恪:《唐代政治史论述稿》,北京:中华书局,1957年。
② 田余庆:《蜀史四题》,《文史》第35辑,北京:中华书局,1992年。
③ 方志远:《阳明史事三题》,《江西师范大学学报》2003年第4期。
④ 赵和平:《周一良先生的治学精神与方法》,《文史知识》1996年第3期。
⑤ 刘大椿:《问题意识与超越情怀》,《中国人民大学学报》2004年第4期。

黄宗智教授的《问题意识与学术研究》，更感到振奋。在当代知名学者中，黄宗智教授是十分强调"问题意识"的，但就在《问题意识与学术研究》这样讨论"问题意识"的文章中，他开篇就说：

> 今天回顾，我清楚地认识到学术研究也是一个自我认识和理解的过程，其中的关键也许是个人心底里最关心的问题。对我来说，主要是在中西思想和文化的并存和矛盾之中，怎样来对待其间的张力、拉锯、磨合，甚或融合和超越。这既是一个认识的过程，也是，甚至更是感情层面上的过程。这样的矛盾可能成为迷茫和颓废的陷阱，但也可以是独立思考和求真的动力；它可以使自己沮丧，但也可以成为深层的建设性动力。①

黄宗智说自己的学术研究是一个自我认识和理解的过程，虽然用了"也许"两个字，但真切地呼唤出"心底里最关心的问题"。而这个"心底里最关心的问题"，显然并非我们所理解的"问题意识"所说的"问题"，而是深切的人文情怀。所以，他说自己50年的学术历程，既是一个"自我认识和理解的过程"，更是"感情层面上的过程"。那么，是什么样的"感情"推动作者做出学术的转变并向学界和社会贡献出一部又一部高品质的作品？黄宗智并没有把答案放在这篇文章的标题上，而是放在"把'老百姓'的福祉认作人生和学术的最高目的和价值"。正是这种把"老百姓"的"福祉"认为人生和学术的"最高目的和价值"的感情和情怀，成为黄宗智价值观上的"关键动力"。而黄宗智所说的这个"关键动力"，正是弗洛伊德所说的意识之前的"潜意识"。如果黄宗智自己不揭示出来，谁也不会把他后来的研究，特别把《华北的小农经济与社会变迁》、《长江三角洲小农家庭与乡村发展》和1948年的一场使上海一夜之间冻死三千人的事件联系在一起，自然更不会把这些著作与《水浒传》《三国演义》等"闲书"的影响，和"侠义"的精神、"抱不平"的价值观联系在一起。

虽然黄宗智的这篇"回顾五十年"的文章取名为"问题意识与学术研究"，但自始至终都在阐述自己的人文情怀，并且在文章的结尾再次强调："回

---

① 黄宗智：《问题意识与学术研究：五十年的回顾》，《开放时代》2015年第6期。

顾自己过去五十多年的学术生涯,我自己都感到比较惊讶的是,感情,作为自己学术研究的问题意识的来源和动力,其实比理性的认识起到更根本的作用。我们习惯认为'问题意识'主要来自于一个学者的学术或理论修养,而在我的人生经历之中,它其实更来自于感情。而且,感情的驱动,区别于纯粹的思考,也许更强有力、更可能成为个人长期的激励。"这种情怀开始的时候往往不易被察觉到,往往是一种"潜意识"。但在弗洛伊德看来,潜意识恰恰是人类更深层、更隐秘、更原始、更根本的"心理能量",是人类一切行为的"内驱力"。正是这些心理能量、这些内驱力,从深层支配着人的心理和行为,成为人的一切动机和意图的源泉。

黄宗智的这种人文情怀,在某种意义上正是"非问题意识",正是老子所说的"无欲以观其妙"的境界。当然,在具体的研究过程中,自然是由无数的问题组成的"问题意识"在推动,这也是老子所说的"有欲以观其窍"的过程。

不仅仅是黄宗智,黄宗智的老师萧公权,和萧公权同辈的钱穆,同样是具有深切人文情怀的学者。萧公权先生"人如秋水淡,诗与夕阳红"①的境界,决非一般的"问题意识"可以企及。钱穆先生的巨制《国史大纲》,首揭中华文化的三大特征:历史的"悠久"、发展的"不间断"、记载的"详密"。②可以说,"中华文化"这一大情怀,是钱穆所有著作的"原动力",是超越和驾驭研究过程中所有"问题"的大视野。

岂止黄宗智、萧公权、钱穆,中国历史上几乎所有产生过重大影响的伟大学者,皆有大情怀。司马迁的情怀是"究天人之际、通古今之变",司马光的情怀则是"关国家兴衰、系生民休戚"。我们常常说"无欲则刚",既然"无欲"为何要"刚"?"刚"的目的又是什么?"刚"说明有欲,但非一般的欲、非世俗意义上的具体的"欲",而是有大"欲",有大的抱负和大的情怀。

这里又牵涉到另外一个命题:"为学术而学术。"就我看来,"为学术而学术"也应该有两层境界。第一层境界是心无旁骛地关注正在学习或研究的对象,把学习或研究做到就专业要求而言可能达到的极致。在这个过程中,"问

---

① 萧公权:《七十退休长句二章》,收于周策纵:《周策纵自选集》之 23《忘年诗友:悼念萧公权先生》,济南:山东教育出版社,2005 年,第 452 页。
② 钱穆:《国史大纲·引论》,北京:商务印书馆,2011 年,第 1 页。

题意识"应该是基本的动力。没有这个层面的"为学术而学术",没有"问题意识",就根本进入不了学术。但是,当学术做到一定的层面,得进入"为学术而学术"的第二层境界也是更高的境界。那么,一个学者所追求的"为学术而学术"的更高境界是什么?不同的学科可能各有不同,以历史学而言,我认为应该就是两千多年前司马迁所说的:"究天人之际,通古今之变。"尽管我们无法真正做到"究天人之际",我们最终也许只是自以为"通古今之变",但是,我们却需要带着这样深切的人文情怀朝着这个方向努力。这才是历史学"为学术而学术"的更高境界。

文、史、哲等"人文"学科,和数、理、化等"自然"科学之间,有着巨大的差异。对于"人文",与其称之为"科学",倒不如称为"学科",除非我们建立起划分"自然科学""社会科学""人文科学"的不同的界定标准。否则,按自然科学的要求,人文是无法进入"科学"范畴的。而包括历史学在内的人文学科,完全没有必要硬挤进以"自然科学"为标准的"科学"行列,也没有必要用自然科学般的"问题意识"来考察其科学性。否则,或许成为"科学"了,但"人文"也就剥离了。近几十年人文学科在发展的过程中所遭遇的各种问题、各种困境,与用"自然科学"的理念进行要求、用"自然科学"的办法进行管理不无关系。这对于人文学科来说,并非福祉,而是灾难。当然,出现这种状况的原因,不完全在管理者,也在一些人文研究者自身,好端端的研究活生生的"人"的学问,为何硬要往公式化的"科学"行列中挤?

今日的人文学科论著不可谓不多,问题意识不可谓不强,但为何难以出"大制作",恐怕在于"非问题意识"不够,急功近利,人文情怀缺乏。似乎可以说:没有"问题意识",不可能有好的作品;没有"非问题意识",不可能有大的制作。而缺乏人文情怀的作品,则不可能奢望得到社会的人文认同。

相比许多勤奋的学者,我比较懒散;相比许多高产的朋友,我属于低产。人与人之间,性情、阅历、师从和环境不一样,学习、研究的路数可能也不一样。这篇文章只是根据自己的感受,不主张过于"刻意寻求"问题,而是建议多在"欣赏过程"中"发现问题";主张在倡导"问题意识"的过程中,多一些"非问题意识",多注入一些人文情怀。如果这样,学者的胸怀可能更加博大、视野可能更加宽广,境界可能更加升华,作品的穿透力可能会更加强大。

明清商业与帝制体系关系论纲

赵轶峰 *

摘 要：明清时期商业总体趋于发达，构成社会经济生活的基本内容和社会体制的重要基础，其合法性、正当性、必要性皆为社会体制与文化所承认。帝制体系在明清商业发展中逐渐调适，由一定程度的限制转为放任，甚至鼓励，直到实现与商业繁荣之间相互需求、支撑的结构，国家参与商业的程度也趋于加深。帝制体系与商业繁荣间的基本契合，提供了明清商业一定程度发展的条件，扩展了国家财政收入来源，也强化了帝制体制的经济基础。明清商人也在这种环境中与帝制体系交融，呈现为绅、商、地主三位一体的精英人群，构成社会支配阶层演变的一个侧面。此种契合关系的另一面，是商业较大幅度地被纳入帝制体系控制范围，市场经济难以充分自由地演变，商人也在此环境中异化为帝制体系的社会基础。明清商业与帝制体制契合发展的复杂局面，与一般所说的早期资本主义在经济上虽有若干相似处，但总体上并未进入同一社会演变轨道。

关键词：明清 商业 帝制体系 帝制农商社会

明中叶以后，商业呈现繁荣发展态势，相关研究颇为可观。同一时期，帝制权力体系虽然经历王朝统治更迭，但基本统治功能长久持续，在康雍乾时期出现"盛世"，其间皇权统治与官僚政治基本架构甚至出现强化局面，此点大致为学界公认。设若前述两点各自构成基本事实，二者之间关系，即明清时

---

* 赵轶峰，男，东北师范大学历史文化学院教授，主要研究方向为明清史、史学理论。

代——这里主要指明初至鸦片战争之前时期——的商业与帝制国家体系之间的关系，就成为必须深入考察但却未经透彻讨论的问题。

国内外学术界的大量研究，或显或隐地把明清商业发展视为明清时代中国的既有社会体制、形态——无论将之称为"封建社会"与否——向某种具有"现代"意味的社会体制、形态演变的主要动能——无论是否采用"资本主义萌芽"这一概念。然而很有可能，明清商业在发展中与帝制体系融通，形成了一种相互契合的格局。否则，为什么在明中叶商业呈现发达状态约100多年之后，会出现一个为时一个多世纪的帝制体系强化与商业继续发展并存的康雍乾盛世呢？可能，明清时代商业的发展，在具有一些冲击、溶蚀既有社会制度、关系的作用之外，在总体上也具有强化帝制体系的作用。如果是这样，明清时代商业发展必须与帝制体系功能状态结合起来考察，才可能显示出其真实的社会与历史含义。进而，如果明清时代的商业已经包含了一些现代性要素，这种要素也会因为与帝制体系的契合关系具有了别种前景与功能。楔入了商业"现代性"的帝制体系不可能是完全抑制商业的，国家权力会介入商业，商业也会渗透到国家权力体系，社会精英的群体内涵会发生改变，从而衍生出一种保持帝制结构同时又包容商业发展空间的帝制农商社会。

整个问题需要通过大量实证考察来做出肯定的判断。学术界对相关的许多史事，已经做出比较扎实的研究，亦有一些实证性研究尚待深入、细化。本文尽量将学术界相关研究与前面提出的基本问题相互印证，梳理出所涉基本事实和问题系列的范围，对尚未澄清而于本题具有重要性的论题做出尝试性说明，并尽量提出关于前述基本问题的尝试性解释框架，以为今后具体考察及综合分析的基础。

一、商业是帝制体系的内在组成部分

明清时代商业发展与帝制体系强固长期并存的现象提示，商业与帝制体系可以实现长期共生关系，商业发达实现的社会财富增殖，也可以成为帝制体系强化与延续的基础。这种现象本身是显而易见的，但其背后的历史逻辑，其所以如此的原理，可能触及关于商业特性的惯常理解，还需要重新揣摩。

商业从交换关系基础上发展而来。人类社会一旦出现社会分工，交换关系就可能发生。交换关系常态化就可能成为社会经济结构中的一个专门化的领域，从而出现商业，从事该领域活动的人就可能成为商人。因而从逻辑上说，商业是人类文明早期就可能发生的现象，并不构成与农业基础或农业文明对立的社会成分。从历史经验的角度看，无论中国还是西方，都在古典文明形成之前就发生了商业。中国商代与周代前期，似乎商业与商人受到政府控制，所谓"工商食官"，其程度如何，是否在官府控制之外没有民间商业与商人，尚待澄清，但商业在该时代肯定已经成为经济体系中的一个门类。结合当时货币流通的大致情况，和对外部贸易的迹象看，绝不能排除商业存在于政府控制之外的可能。基于商周时期已经存在的商业、货币流通基础，春秋战国时代的商业已经肯定地成为中华文明共同体经济系统中的重要门类，商人已经被列为上层贵族以下"士农工商"四个主要社会人群之一，不仅已经存在临淄之类较大规模的都市市场，而且各政权体系之间的贸易已经经常化、规模化，多种货币流通，并出现了陶朱公、玄高、吕不韦、巴寡妇清之类并不归属于官营资本系统的大商人。在帝制时代之前，中国经济就已经不再是一个纯然的农业"自然"经济体系。即使农本原则不断被统治者强调，但商业的必要性已经明显体现在社会经济结构之中。这其实意味着，大规模的农业文明系统内部，不可能没有商业。

春秋战国数百年的社会变迁，以王制变为帝制收场，其背后的结构性因由中，应该包括商业贸易发展对更大市场体系诉求的因素。因而，秦统一之后，立即推行车同轨、统一度量衡与货币之类政策，其主要目的是便于实现大空间国家控制。但此类举措，在强化中央集权政治体制的同时，改善了全国交通系统，为大规模物流和商贸活动提供便利。帝制体系既便利了商业系统的发达，也需要商业实现懋迁有无，乃至增加财政收入，甚至需要商业来润滑文化的整体性。这种结构性需求的力量，超过地方势力为保持割据或半割据利益而维系地方壁垒而做的努力，所以地方性的旨在与外部隔绝的经济政策，总是难以持久。帝制体系的突出特征是集中行使的权力。权力集中必然带来人口集中，大量集中的人口一般会带动城市形成。帝制时代的城镇，虽然常与行政设治、军事驻扎有关，但一旦人口聚集，便有商业兴起。所以帝制时代的一个突出现象，是都市的繁荣。都市不能自给自足，必须依赖乡村，也必须依赖市场，呈现城市与乡村互补、国家与社会相需的结构关系。抵至帝制时代后期，由地方集市及远近贸易推动而至繁荣的纯粹商业性城镇比例大增，但并不独立于帝制体系之外。

帝制体系既建立在农业经济基础之上，也建立在商业基础之上。两者的比例，肯定是农业为主，商业为辅，但商业所占比例呈现波浪式上升趋势。尤其是明中期以后，海外贸易在国际化航路开通之后呈现快速增长趋势，商业发展就取得了一种全球性背景，超出前代的范围、规模。帝制国家尽量将之纳入自己的管控范围，其间既有压制，也有推动，且从中汲取利益，其统治的基础也因而更大程度上超过农业经济而着落在农商综合结构上。

二、对明清时代国家商业政策的基本判断

商业既为帝制体系必要的基础之一，又是一种比农业带来更多社会流动性因而增加社会控制成本的经济成分，控制商业就成为帝制国家政治考量中一个不断带来困扰的话题。通帝制时代，始终存在"重本抑末""重农抑商"的言论和政策表现。然而，历代政府商业政策虽然不同，但如果把《史记·平准书》《史记·货殖列传》，与后来历代"正史"的"食货志"排比起来，看不到根除商业的政策，政府总体而言是商业发展的受益者，也没有一个政权是商业发展所颠覆的。从演变的趋势看，政府对于商业的控制，大体由严格转向宽松；政府对商业的依赖性，大体趋于提高；商人的地位，大体由特殊受限制人群向普通庶民转变，至明清时期，甚至一定程度地与士绅混合；商业活动的时间与空间限制，趋于消亡。

明清时代农业依然是社会经济的第一基础，农业人口依然是帝制国家统治的基本对象，所以"重农抑商"的言论与政策表现都依然存在，在某些特定语境下甚至表达得很激烈。但是"农商皆本"的言论已经表达得很清晰，并且愈来愈成为朝野共识；"利商""惠商"，而非"抑商"成为国家政策的基调。如明朝大学士张居正指出："商通有无，农力本穑，商不得通有无以利农则农

病,农不得力本穑以资商则商病。故商农之势常若权衡。"①王守仁说:"古者四民异业而同道,其尽心焉,一也。士以修治,农以具养,工以利器,商以通货。各就其资之所近,力之所及者而业焉,以求尽其心。其归要在于有益于生人之道,则一而已。"②此类言论在明中叶以后,比比皆是。

明朝初年,曾颁布一系列与商业相关的政策,其中有被误读为抑制商业政策者。如洪武十八年（1385年）,朱元璋曾谕户部:"朕思足食在于禁末作,足衣在于禁华靡。尔宜申明天下庶民各守其业,不许游食。"③明代"游食",并不等于经商,"庶民各守其业"包括商人继续经商,并非禁止人民经商。其他如初入商业需有一定规模的资本,坐贾需在营业地占籍等政策,都是从稳定社会成员职业、地域性征,从而稳定社会秩序角度出发的政策,具有抑制商业的实际作用,但并非以抑制商业为最终目标。其次,明初商税并不沉重,大致三十税一,同时对军民婚丧嫁娶丧祭所用物品及舟车丝布之类免税。明中期以后,商税名目增多,收税机构增设,税率也有所提高。不过,万历中期矿监税使四出,盘剥商民现象,是出自皇权滥用,并不体现明代基本政策,所以遭到朝野一致反对,并在万历帝死去后立即终止,故在将万历皇帝派出矿监税使作为明朝抑商证据的时候,要注意其复杂性。通明一代,商税趋于由轻到重,但商税总额与社会商业总规模相比,仍然处于较低水平。而且,万历初将"一条鞭法"推行全国,赋税负担更大程度地落实在土地上面,使得一些富商大贾以"无田而免差",规避大量赋税负担。

陈支平、林枫认为,"明代商业税制已基本实现了对不同商业领域、不同商品流通环节的全方位监管"④。他们以明万历时期数字为中心,综合明代盐茶税、市舶税、狭义商税即盐茶、市舶以外的国内商品通过税与营业税进行统计,判定每年盐税250万两,茶税10余万两,市舶税4万两,通过税60万两,营业税20万两,总额约344万两。当时夏秋两税年收入折合银两计算大

---

① （明）张居正:《张太岳集》卷8,《赠水部周汉浦榷竣还朝序》,上海:上海古籍出版社,1984年,第99页。
② （明）王守仁:《王阳明全集》卷25,《节庵方公墓表》,上海:上海古籍出版社,1992年,第941页。
③ 《明太祖实录》卷175,洪武十八年九月戊子。
④ 陈支平、林枫:《明代万历前期的商业税制与税额》,《明清论丛》（第一辑）,北京:紫禁城出版社,1999年,第396—413页。

约为 22 217 358 两，农业税以两税为主，但尚有其他，商税在政府税收总额中所占比例不到 15%。而且，商税中计入的盐茶税为专卖收入，狭义商税所占比例更小得多。清朝稳定以后，海关等收入大幅度增加，年商业税收在 19 世纪末达到 5750 万两上下，相当于万历商税收入的 16.7 倍。①相对于商业规模，明代商业税率偏低而非偏高。这种情况，一方面表示明朝政府财税观念仍然盘桓在农本经验之中，没有调整明白；另一方面表示明朝政府并无意于通过高税收压制商业，使之难以发展。清朝人口大幅度增加，商业规模也较明代更为庞大，而且朝廷随着商业税收增加而日益看重商业税收在政府财政中的地位，相应管理制度也从涣散仅取其大意转向精细严格，商业税收也呈增长趋势。

明清外贸政策，曾经多受诟病，被一些学者视为"闭关锁国"。然而近年大量研究表明，此种认识，夸大了该时期的封闭性。综合官方、民间、海路、陆路贸易趋势，并考虑到明清时代前所未有的全球贸易对中外经济往来的影响，应视为"有限开放"更为贴切。②

三、白银货币与金融体系缺失

商品经济以货币为价值尺度和流通媒介。帝制国家控制商业的手段，除了超经济强制性的法规——如界定商人社会地位、户籍及垄断个别生产与交换部门等之外，最重要的手段是税收政策、货币政策和金融体制。中国帝制时代大多数时期，政府控制货币的制作、发行、各币种比价。政府对货币的一般控制，包括统一货币和控制货币供给量，对于维系市场秩序关系甚巨。这是帝制体系与商业长期共生的基础之一。但货币既被政府权力牵系，更由经济本身左右。即使集权专制的政府，也不能完全控制货币运行。一般说来，商品经济越发达，货币运行控制的复杂性越高；市场开放性越强，政府对货币的控制力越弱。明代以前，铜钱、纸币、白银皆已经作为货币使用，但相关的理论皆不甚透彻，很大程度上处于经验的水平。明前期参酌前代经验和政府需求，试图以

---

① 陈支平、林枫：《明代万历前期的商业税制与税额》，《明清论丛》（第一辑），第 396—413 页。
② 参看赵轶峰：《论明代中国的有限开放性》，《四川大学学报》2014 年第 4 期；赵轶峰：《清前期的有限开放—以贸易关系为中心》，《故宫博物院院刊》2015 年第 6 期。

完全由政府发行的纸钞作为主币,以铜钱为辅币运行,通过货币较大程度地控制社会财富。此种企图,盘剥社会的幅度过大,遭遇市场和社会抵抗。各种诉求博弈的结果,出现白银为主币、铜钱为辅币,伴随政府强行保持的少量纸钞有限法偿的局面。政府在货币流通领域地位的弱化,实际上部分消解了政府对商品经济的强控制,扩大了市场本身的自由度。稍后,大量域外白银进入中国,逐渐成为主要流通货币。①

贵金属货币一般比铜币能够支撑更活跃的商品经济。但是明代的白银货币不是政府发行的,而是以银块的形态作为流通货币进入市场,所以,白银在发挥价值尺度和流通媒介的同时,通过摆脱政府铸造与发行过程,严重瓦解了帝制国家对商品市场的控制力。这其实是明代商品货币经济长足发展但明朝统治并没有从中汲取到巨大效益的主要原因。明朝政府难以通过货币发行调控货币供给、物价,更难以运用通货膨胀手段实现借贷或者隐性收取社会财富,增加财政收入的手段主要是增税,或者通过赤裸裸的掠夺,于是明朝迅速彻底失去社会支持。②明朝后期的财政危机,乃至明朝的崩溃,与此关系甚大。③中国帝制国家体系通过各种中央集权机制实现社会控制,然而在明中期市场经济大幅度渗透到社会各个领域的当口,政府失去了调控市场的最重要手段,因而也就失去了操控社会财富的一个重要手段。所以明朝的瓦解,是雪崩式的。当时试图挽救明朝统治的士大夫绞尽脑汁,不惜牺牲生命,但既没有看到问题的症结,实际上也没有从根本上解决问题的手段。

货币发行、流通、回笼是最基本的金融运行内容,如果此种运行扩展到信贷、资本融聚、投资,就能构成功能比较充分的金融体系。发达的金融体系是发达的商品市场经济必备的经济结构条件。明代后期,个别地区出现了票号,但局限在个别商户的信用汇兑活动,资本融汇的功能尚未展开,远没有覆盖全国,与货币发行、流通、回笼的关系更为遥远。发达的金融体制需要一种普遍

---

① 关于明代白银输入及其作为货币作用的情况,参看万明:《明代白银货币化的初步考察》,《中国经济史研究》2003年第2期;万明:《明代白银货币化与明朝兴衰》,载中国社会科学院历史研究所明史研究室编:《明史研究论丛》第六辑,合肥:黄山书社,2004年,第395—413页;万明:《中国的"白银时代"与国家转型》,《读书》2016年第4期。
② 参看赵轶峰:《明代白银货币称量形态对国家—社会关系的含义》,《史学月刊》2014年第7期。
③ 参看赵轶峰:《论明末财政危机》,东北师范大学硕士学位论文1984年;赵轶峰:《明代的变迁》,上海:上海三联书店,2008年,第232—277页。

的法律秩序来保障，而提供和保障法律秩序的是国家，对于以中央集权为基本特征的帝制体系而言，更是如此。明代国家，未能掌握主要货币的发行权和流通控制，也就不具备金融运行的能力，但又受到货币、金融状态的重大影响。明代货币、金融体制功能状态，滞后于商品市场本身的发展。从这一角度说，明代后期的帝制体系不仅远不具备现代国家的功能，而且与社会经济处于深刻的矛盾状态。

清代前期依然保持称量白银主币，铜钱辅币体系，并没有发行纸钞，国家对社会经济的控制似乎平稳，晚明梦魇般的财政危机也在清朝的秩序重组过程中逐渐化解。此间关节何在，迄今未见透彻说明。尝试思考这一问题，至少需要考虑以下因素。第一，国家财政状况与特定政府关联，清朝虽然接继了明朝的统治地位，但作为一个曾经与明朝并存的政权，清朝从明体系外部控制明朝权力体系，并非完全从明朝体制内部生长出来，这使得清朝并未完整继承明朝的财政，而是重建财政。第二，清初财政实际处于战时体制，承平时期合法政府维系社会均衡及财税负担合理性的种种掣肘对于刚刚入关、挥军南下的清军说来并不重要，可以采用掠夺、强征的手段满足需求而将其社会后果留待政权抵定之后再加处理，战利品成为主要收入来源。第三，清朝版图扩大，人口大幅度增加，财政收入来源也有所扩展。第四，明朝中央财政收入最大支出是北边军费，此项开支在清代已经消失。第五，清初在晚明临时加派基础上开征赋税，虽有所蠲免，但并没有恢复加派前的赋税标准，而社会渴望秩序，造反的社会能量已经在晚明农民反叛中释放，较高赋税额度在社会秩序重组过程中被社会承接下来。第六，清朝将商业税收体制精细化，商业税收大幅度增加。第七，社会稳定之后，生产水平和社会财富总量提高。第八，造成明朝政府维系东南沿海防卫主要开支，并造成抗倭援朝战争巨大开支的倭寇消沉，日本进入闭关锁国状态。第九，清前期政府行政能力高于晚明政府。

这些情况，与可能尚未纳入考虑视野的其他因素一起，足以使清朝不至于落入晚明政府财政危机的泥潭，但并不意味着清朝对于货币、金融体制实现了根本不同于明朝的掌控机制。清代作为主币的白银依然是称量形态，民间金融业的萌芽比明代明显，但依然没有覆盖社会经济体系，与流通货币若即若离，政府信誉与普遍社会信誉也没有成为其运行基础。这种问题在清前期因为政府赋税收入总量的大幅度增加而没有威胁清朝统治。但到19世纪以后，使用称量白银为主币而没有主权货币的体制就成为现实的大问题，成为西方殖民势力瓦解中国经济系统的一个便于操控的杠杆。不发达的金融体制也为外国银行进入中国提供了一个软肋。

如上从金融货币角度观察，表明明清时代帝制体系虽有专制性政治权力，具有对社会的巨大统治功能，能够为商品经济提供一般性秩序环境，但是却不能随心所欲地左右社会经济，也没有完全顺应商品经济进一步发展的诉求，且与商品经济发展在若干领域形成具有矛盾性的关系格局。

四、权力与市场——政府的商业参与

如前所述，明清时代的帝制体系对商业依赖性趋于增强。这促使帝制国家通过多种渠道参与商业，以求实现较为有效的控制，并从中尽量获取较大收益。帝制国家从来不是商业活动的袖手旁观者，也没有仅仅充当维持秩序和收取赋税者的角色，而是在提供商业一般秩序环境的同时尽量将商业纳入帝制权力控制架构，在控制中尽量实现政府、皇室及权贵阶层利益最大化。

帝制国家最大规模的商业介入在食盐领域。明清两朝都继承更早时期已经形成的传统，垄断食盐生产与销售。盐是自然物，食盐是人类生产的产品，又是生活必需品，其生产局限于若干特殊自然环境区域，绝大多数人口无法用"自给自足"的方式获取食盐，必须通过市场来满足食盐需求。所以，食盐本来是最易于市场化的产品，是市场发展的一个助力。同时，食盐具有产地有限、易于控制的特点，任何势力控制了食盐产销，就控制了大量社会财富，同时可能借此强化社会控制。明朝不仅严格控制食盐产销，而且连食盐生产者——灶户或称亭户也严格控制起来，以特殊户籍使之世代承袭，以官产、官收与特许商人运输、指定区域销售方式经营。明朝甚至把食盐垄断作为一个工具，来实现西北边地开发和军事防御的手段。明中晚期以后，朝廷对食盐产销的控制增加了一些灵活性，实行纲法，但食盐产销仍在朝廷掌控之中，并构成政府财政收入中一项重要收入。清代重建食盐专卖制度，主要通过控制盐产量、销售地、销售量、特许销售的方式运行，食盐的市场化程度提高，但政府的总体控制依然稳固。帝制国家在以超经济方式控制盐业基础上，操控食盐的市场运行，其重要手段之一，是与特许盐商合作。此类商人从政府包买食盐运销特权，通过分享政府垄断权益获取巨额商业利润，同时把食盐营销收入的一部分提供给政府作为财政收入。从食盐产销角度看，明清政府与大商人群体是利益相关者、合作者。明清时代资本最雄厚，在市场经济中获利最大的商人其实正是此类与帝制国家合作的盐商。明代势力最大的徽商、晋商都涉足食盐销售。①清代的大商人也以特许盐商及行商最为凸显，皆以与帝制国家合作为基础。这些商人与政府的合作瓦解，其显赫地位也就消融于无形了。

盐业以外，帝制国家直接控制的还有对边缘区域的茶马贸易。茶在内地供应充足，且虽为人民生活重要消费品，但不是必需品，在周边游牧民族生活区域则是生活必需品，因而成为帝制国家调控与周边游牧民族关系的一个杠杆。马是明朝需要从边疆区域补充输入的军用品，要用以茶为主的多种内地产品与边疆区域交换获得。政府对茶马贸易实行垄断，同时利用垄断权调动、利用商人参与来落实政府的茶马贸易政策，其间国家与商人的合作关系，与在食盐领域的格局异曲同工。

明代牙行主要是民间商人，经营商业中介和停居存储或者包购分销业务。此类商人在清代依然存在，同时因为海外贸易规模扩展和指定口岸外贸体制及贸易必须通过行商处理的制度，促使一批外贸商行利用与帝制国家体制的合作关系而优先发展。此类商人拥有政府专门委托的涉外贸易处置权，半官半私，体现出更明显的帝制国家与商人合作的精神。在所有官商合作事务中，官永远处于主导地位，从而明清时期商业领域的很大一部分，其实处于政府控制之下。其间自然会发生诸多官府或官员盘剥商人的情况，但权力与商人合作的基本结构并不因此而改变。

明清政府还控制部分生产机构，如官办铁冶所、官营织造局、御窑、官资矿业等，皇室和政府建筑工程大量招商运行，大批皇室与政府物资采购金派或招募商人运行。这些都是帝制国家与商人、商品市场常态化联系的机制。

明清政府皆会向商人出卖一些功名、政治权益甚至官职，以调动商人向政

---

① 参看范金民：《明代地域商帮的兴起》，《中国经济史研究》2006 年第 3 期。

府输送所需的资源，一般称为捐纳。明代捐纳主要在特殊情况下实行，清代捐纳则常态化。这实际上构成了商人与帝制国家之间的一种交换性纽带关系，也构成帝制国家卷入市场的一个途径。

此外，明清贵族、官僚大量涉足商业及与市场交换关联的农业生产。明朝建立之后不久，政府即涉足建立塌房，为往来客商存储发卖货物提供便利，借以管理商业秩序，并从中牟利。后来出现官店、皇店。中间虽有整饬，但迄于明末，并未消除。①清代皇室、贵族、官府资本商业运营比明代更为发达。

由于存在前述种种情况，审视明清经济结构的时候，不应将帝制体系与商业、市场、商人做两元对立观，更不可以认为二者之间为简单的此消彼长关系，二者盘根错节，构成明清商业秩序环境、商业特性、国家功能，以及社会形态演进前景的复杂结构性基础。

五、商业制度环境与商人社会空间

明初制定的《大明律》对商人服饰做出限制性规定，其中肯定包含压制商人炫耀财富的含义。明代后世皇帝不能更改祖制，并未删除该项法规，但实践中并不严格推行。清代沿用明朝基本法律，在其基础上另制种种则例，作为法律行使。其中，乾隆二十六年至四十一年（1761—1776年）间编制的《钦定户部则例》涉及商事尤多。明清时代，商人不得穿着绸缎绫罗之类条款，一直存在于法律文本之中。但是，《大明律》中许多条款在明中期以后就已经不再构成社会行为法则。明中叶迄于清末，商人服饰实际上毫无限制，炫耀奢华反而是常见的现象。有学者对明代商人的法权地位进行总体考察，认为商人在法律体系和司法实践中地位归属于庶民，并非处于被歧视或被排斥地位。②清朝对商业于帝制统治关系之重要性的了解超过明朝，商人与权贵关联也更为深切，商人法权地位更非低于庶民。

---

① 参看郑克晟：《明代的官店、权贵私店和皇店》，载中国社会科学院历史研究所明史研究室编：《明史研究论丛》，南京：江苏人民出版社，1982年，第173—184页；韩大成：《明代的官店与皇店》，《故宫博物院院刊》1985年第4期。

② 参看常文相：《明代商人的法权地位》，《古代文明》2013年第4期。

明清两代政府皆曾推行大量旨在维系平稳市场秩序的政策。如皆规定牙行评估物价必须公允，如明初规定有"凡买卖诸物，两不和同，而把持行市，专取其利，及贩鬻之徒通同牙行，共为奸计，卖物以贱为贵，买物以贵为贱者，杖八十"①。清顺治八年（1651 年）上谕吏部："榷关之设，国家藉以通商，非以困商。关税原有定额，差一司官已足，何故滥差多人？"令各关只设官一员，添设者悉行裁去。②康熙五年（1666 年），令各地将应征商税额数刊于直省商贾往来关口孔道木榜，"遍行晓谕"，防止官员自行加征。③雍正时期曾对这些政策再加重申。其后历朝也曾屡次申明对官吏敲诈商人的惩罚措施。④商业交换领域发生纠纷，民间自行调解不成，一般要诉诸司法解决。明清政府承认商人合伙经营的权利及商人在民间融资的权利，这是明清时代诸多资本雄厚的商帮存在与发展的制度环境。明清政府也承认商人为商业经营目的而结为社团的合法性。从明中晚期开始出现商业性会所，到清代大批商业、手工业会所发展起来，其制度环境大致保持一致。⑤

明清政府权力在维系比较平稳的商业运行秩序同时，也会发生干扰商业的作用。其突出表现，包括官资本直接进入商业构成特权经营造成的市场不公平竞争，政府对食盐等生活必需品的严格控制，政府对矿业很长时期的垄断，政府对外贸过于严格的管控，税收标准公平性的欠缺，以及权力腐败造成的官吏对商人的敲诈与盘剥。所有这些，都没有使得明清时代商品经济窒息，但市场也从来没有能够获得完全依照经济规律运行的环境，没有达到普遍公平的境况。在这种制度环境下，明清已然存在的商业契约精神，始终受到权势原则的挤压，并未成为支配商业运行的普遍价值体系。

除了明朝初年一段短暂时期以外，明清时代商人的社会活动是基本自由

---

① （明）刘惟谦等：《大明律》卷 10《户律·市廛·把持行市》，《续修四库全书》、上海：上海古籍出版社，2002 年，第 862 册，第 484 页。
② 《世祖章皇帝圣训》卷 5，顺治八年闰二月乙卯，景印文渊阁四库全书，台北：台湾"商务印书馆"，1986 年，第 411 册，第 136 页。
③ 《钦定皇朝文献通考》卷 26《征榷考》，景印文渊阁四库全书，台北：台湾"商务印书馆"，1986 年，第 632 册，第 512 页。
④ 参看张海英：《明中叶以后"士商渗透"的制度环境—以政府的政策变化为视角》，《中国经济史研究》2005 年第 4 期。
⑤ 参看邱澎生：《商人团体与社会变迁：清代苏州的会馆公所与商会》，台湾大学历史研究所博士学位论文，1995 年。按该文虽然以"清代"为题，但研究内容包括明代会馆。

的，商人身份的改变也取决于商人本身，而非为超经济权力所固定。基于帝制体系构成商业发展的一个恒定的强大权力架构，以及商人身份相对自由的属性，明清富有商人普遍倾向于借助财富力量融入士绅阶层。结果出现商人上层与士绅上层合流，商人家庭普遍谋求成员入仕以实现权力与财富兼得、以权力保障财富的倾向，并保持着对土地经营的兴趣，这又造成绅、商、地主三位一体的社会人群。清初人屈大均描述称，广东地方"民之贾十三，而官之贾十七……民贾于官，官复贾于民，官与贾固无别也，贾与官亦复无别。无官不贾，且又无贾而不官，民畏官亦复畏贾。畏官者，以其官而贾也。畏贾者，以其贾而官也"①。沉浸在与权势与财富融通的社会环境中，明清时期商人，并没有表达出独立的政治诉求。适应帝制体系而不是改造帝制体制，是他们的基本选择。

明中叶以后，商业总体趋于发达，不仅构成社会经济生活的基本内容和社会体制的重要基础，而且其合法性、正当性、必要性皆为社会体制与文化所承认。帝制体系在明清商业发展中，逐渐调适，由一定程度的限制，转为放任，甚至鼓励，直到实现与商业繁荣之间相互需求、支撑的结构。明清帝制国家始终参与商业，其程度趋于加深。帝制体系与商业繁荣之间的基本契合，提供了明清商业一定程度发展的条件，扩展了帝制国家财政收入的来源。商业税收无论绝对数额还是在整个政府财税收入中所占的比例，都趋于增加，因而强化了帝制体制的经济基础。明清商人也在这种环境中演化，与帝制体系交融，呈现出绅、商、地主三位一体的精英人群，构成社会支配阶层演变的一个侧面。然而，此种契合关系的另一面，则是商业较大幅度地被纳入帝制国家体系控制范围，使得市场经济难以充分自由地演变，商人也在此环境中异化为帝制体系的社会基础。明清时代这种商业与帝制体制契合发展的复杂局面，与一般所说的早期资本主义体系虽有若干相似处，但并未进入同一轨道。

---

① （清）屈大均：《广东新语》卷9《事语·贪吏》，载欧初、王贵忱主编：《屈大均全集》，北京：人民文学出版社，1996年，第4册，第277页。

士绅社会：中国古代"富民社会"的最高阶段

林文勋* 薛政超**

摘 要：士绅主要是指在野的并享有一定政治和经济特权的知识群体，它包括科举功名之士和退居乡里的官员。士绅阶层的发展壮大，与富民阶层千方百计通过科举入仕等方式挤身于士大夫之列，以及由此造成的其自身"士绅化"的趋向有关，并导致明清"士绅社会"的最终形成。明清"士绅社会"是唐宋以来"富民社会"的发展与延续，同时也是其发展的最高阶段，展示出新的时代特点与阶段性特征。如绅权得以形成并得到扩张，士绅牢牢控制乡里，国家与社会在多向度的对立与统一的矛盾关系体中维持着微妙的平衡。但在清中期以后，特别是清末社会，士绅由于拥有特权并形成某种政治垄断，逐渐从社会的发展层、稳定层、动力层变成社会的阻碍力量，这就决定了士绅必然走向灭亡。因此，"士绅社会"是"富民社会"的最高阶段，也是最后阶段。

关键词：士绅社会 富民社会 最高阶段

列宁在《帝国主义是资本主义的最高阶段》一文中指出，资本主义的发展经历了两个阶段，即自由资本主义和垄断资本主义，后者亦称帝国主义。事实上，在人类社会的发展进程中，随着生产力与生产关系的不断调适，很多时期都呈现出阶段性的特征。在中国古代社会，我们认为，门阀社会就是豪民社会

---

* 林文勋，男，云南大学教授，主要研究方向为中国经济史、唐宋史和中国乡村社会史。
** 薛政超，男，云南大学中国经济史研究所教授。

的最高阶段。同理，士绅社会是富民社会的最高阶段，同时也是最后阶段。本文以探讨"富民"阶层与"士绅"群体的关系为重点，主要分析士绅社会是如何形成的，其特征是什么，又是如何终结的，并在此基础上对中国传统社会的结构作一些新的解释。

一

不少学者将明清社会称之为"士绅社会"。①顾名思义，"士绅社会"当缘于"士绅"这个特殊群体的兴起。何谓"士绅"？翻检史籍，自汉代至元，一直就有缙绅或搢绅、荐绅之谓，一般与朝廷官员同义。在明清文献中，除有与前代相同的"缙绅"等既定称呼之外，如乡绅、绅士或士绅等称谓也开始出现并日渐增多，且都逐渐与官府区别开来。

如"缙绅"一词，在明代仍保持有朝廷官员的传统含义，至清代则演变成"乡宦之家居者"这一特殊群体的通称。②乡绅（与之类似者还有邑绅、乡官、乡宦等）的称呼在明代中期就已出现③，如成化初，曾任修撰之职的罗一峰退居乡里，力行乡约以整顿风俗，被称之为"乡绅异法"④。明末程登吉在编写《幼学琼林》时，单列"乡宦曰乡绅"一条⑤，应反映了此时社会对于乡绅内

---

① 代表性的有：〔美〕费正清著，张理京译：《美国与中国》，北京：世界知识出版社，1999年，第32页；〔美〕费正清著，薛绚译：《费正清论中国：中国新史》，台北：正中书局，1996年，第104—111页；〔加〕卜正民著，张华译：《为权力祈祷：佛教与晚明中国士绅社会的形成》，南京：江苏人民出版社，2008年，第26—33页。
② （清）梁章钜撰，李延沛等整理：《称谓录》卷25《绅》，哈尔滨：黑龙江人民出版社，1990年，第483页。
③ 日本学者重田德曾指出："所谓'乡绅'的称呼，包括缙绅、绅士、乡官、邑绅等各式各样的称呼……宋代起已看到。"徐茂名据之认为所谓乡绅和绅士的名称在宋代均已出现。很明显重田氏所谓乡绅或绅士，并不是指文献中有此确切称呼，而是指一类人，徐氏理解有误。目前亦无史料可佐证这一点。分见：〔日〕重田德：《乡绅支配的成立与结构》，《日本学者研究中国史论著选译·第二卷：专论》，北京：中华书局，1993年，第214页；徐茂明：《明清以来乡绅、绅士与士绅诸概念辨析》，《苏州大学学报（哲学社会科学版）》2003年第1期，第98页。
④ （明）沈德符：《万历野获编·补遗》卷2《词林·乡绅异法》，北京：中华书局，第840页。
⑤ 杨馁编注：《幼学故事琼林言文对照、白话注解》卷1《文臣》，沈阳：商务印书馆，1942年，第40—41页。

涵的一般看法。到清代，乡绅不仅指退居乡里的官员，还包括本籍的在职官员。所以早在康乾之际，就有地方官宣称"本地乡绅，有任京外者，有告假在籍者，有闲废家居者"①。或曰"那乡绅如中堂、部院科道九卿、督抚司道有司，无论出仕与林下，毕竟比平常人有力量，所以乡绅尤当急急为善"②。同时还有将即将出仕的候选官员视为乡绅的记载③，但并不多见。无论是缙绅，还是乡绅，有时都简称为"绅"，即所谓"官退为绅，绅出为官，初非异致"④。"出则为官，居则为绅"⑤。"须知在任之官，还乡即绅也"⑥。

正因为如此，时人还将之与"士"相对称，强调二者之间的差别。如明人《官鉴》云："乡绅，国之望也。家居而为善，可以感郡县，可以风州里，可以培后进，其为功化，比士人百倍。"⑦在康雍年间出现的《为政第一篇》《福惠全书》和《钦颁州县事宜》等官箴书均设有接待"绅士"的专节，并将"绅"和"士"并列而分述之。其中较为典型的区分是，"绅为一邑之望，士为四民之首"⑧。这里的"士"主要指仅获较低功名身份者和没有取得任何功名身份的读书人。如在明人看来，乡绅并不包括举监、生员（秀才）和普通的士民等在内⑨，清代官方文献亦将乡绅与举贡监生员、土豪等区别开来。⑩可见缙绅、乡绅、绅等所指主要为辞官致仕居乡和现任官离职在乡等各类退居"乡

---

① （清）黄六鸿：《福惠全书》卷4《莅任部·待绅士》，《官箴书集成·三》，合肥：黄山书社，1997年，第263页。
② （清）陈宏谋：《学仕遗规》卷4《官绅约》，《官箴书集成·四》，合肥：黄山书社，1997年，第545页。
③ （清）陈宏谋：《学仕遗规》卷4《官绅约》，《官箴书集成·四》，合肥：黄山书社，1997年，第540页。
④ 《申报》同治壬申（1872）5月1日。
⑤ 《万国公报》卷14，第8998页。
⑥ （清）樊增祥撰，那思陆等点校：《樊山政书》卷20《批睢宁县禀》，北京：中华书局，2007年，第563页。
⑦ （明）颜茂猷：《官鉴》，《官箴书集成·四·从政遗规》，合肥：黄山书社，1997年，第275页。
⑧ （清）田文镜：《州县事宜·待绅士》，《官箴书集成·三》，合肥：黄山书社，1997年，第676页。
⑨ （明）西周生撰，黄肃秋校注：《醒世姻缘传》第52回《名御史旌贤风士·悍妒妇怙恶乖人》，上海：上海古籍出版社，1983年，第761页。
⑩ 《清实录·第三册·世祖实录》卷117，顺治十五年五月戊申，北京：中华书局，1985年，第911页；《清实录·第二七册：高宗实录》卷1487，乾隆六十年九月丁卯，北京：中华书局，1986年，第888页；（清）范承谟撰，（清）刘可书编：《范贞忠集》卷1《忠贞范公祠堂碑记》，景印文渊阁四库全书，台北：台湾"商务印书馆"，1986年，第1314册，第14页。

宦",举贡监生员与普通士人一般并不包含在内。①

也有将"绅"与"士"连用的情况。一为绅士。其最早出现在明宣德七年（1432年）地方官员所发布的《绅士约束子弟示》，似指居城的官员类士人。②《明史》多处载有绅士，基本是与明末战乱时"劝绅士输助""庶民统以绅士"等有关，其所指当为非官府又非普通民众身份、且家财雄厚有地方影响力的一个群体。③清代正史也多将绅士与官府、平民布衣加以区分。④具体来说，"举监生员，及告休家居之大小官员，均谓之绅士"，即从在籍"现任官"，到被称为"衿士"的生员秀才，统统都可列入其中。⑤所以"绅士"又往往与"绅衿"同义。二为士绅。自明嘉靖、万历以后渐有其名，在明代多指退居官员，有时特指在职官员和在籍官员，也包括获得"甲科"进士和"举贡恩监"等各类功名身份者，并统称为"宦户"。⑥清代士绅多强调其"地方"性，既包括退闲官员和在籍现任官⑦，还包括"进士""举人""恩贡"和"廪生"等拥有各类功名者。⑧由此可知，绅士与士绅所指对象基本一致，即都指离退官员和各类功名身份的获得者，包括退闲官员、本籍现任官、进士、举贡、监生和生员

---

① 与官方文献所记不同的是，在《儒林外史》等清代小说中，乡绅包括曾经为官的各类"老爷"和"举人、进士、贡生、监生"等，获得各类功名身份者当中只有"秀才"被排除在外。此处姑依官方记载。参见（清）吴敬梓：《儒林外史》第47回《虞秀才重修元武阁·方盐商大闹节孝祠》，北京：人民文学出版社，1977年，第546页；（清）无名氏：《五美缘全传》卷22《冯子清钱塘起解·钱文山哭别舟中》，《古本小说集成·第一辑》第101册，上海：上海古籍出版社，1991年，第354页。
② （明）况钟：《况太守集》卷13《条论下》，南京：江苏人民出版社，1983年，第139页。
③ （清）张廷玉等撰：《明史》卷118《诸王传》、卷266《汪伟传》，北京：中华书局，1974年，第3610、6861页。
④ 赵尔巽等撰：《清史稿》卷88《礼志七·嘉礼一·大宴仪》、卷109《选举四·制科》，北京：中华书局，1977年，第2628、3181页。
⑤ （清）延昌：《事宜须知》卷4《公正绅士》，《官箴书集成·九》，合肥：黄山书社，1997年，第20页；赵尔巽等：《清史稿》卷495《朱国治传》，北京：中华书局，1977年，第13474页。
⑥ （明）沈德符：《万历野获编》卷25《评论·私史》、《补遗》卷3《妇女·命妇以妒受杖》，北京：中华书局，第631、896—897页；《明神宗实录》卷332，万历二十七年三月丁未，台北："中央研究院"历史语言研究所，1962年，第6153页；（清）张廷玉等撰：《明史》卷255《刘宗周传》，北京：中华书局，1974年，第6579页。
⑦ 赵尔巽等撰：《清史稿》卷253《叶映榴传》，北京：中华书局，1977年，第9738页；《清实录·第一四册：高宗实录》卷403，乾隆十六年十一月辛卯，北京：中华书局，1986年，第302页。
⑧ （清）盛康辑：《皇朝经世文续编》卷7《李元度：书张振之师遗事》，清光绪二十三年（1897年）刻本。

等。与前述"绅"和"士"所指对象相比,其主要差别就在于并不包含非功名类普通士人。

不仅在史籍中关于"士绅"的记载并不完全一致,而且历史学者们主要从乡绅、绅士和士绅等概念出发,根据文献记载并经过自身的加工,分别赋予其特定的含义。如日本学界习惯于用"乡绅",其中酒井忠夫和重田德所作的定义就很具有代表性:前者将"社会预备官僚士人(举人、贡生、监生、生员)之外的在乡官僚及退职官僚称之为乡绅"[①],后者则将"休、退职的官僚"和作为"官僚预备军"的士人等享有特权的群体全部纳入乡绅的范畴。[②]中国与美欧等地学者兼用"绅士""士绅"和"精英"等,其中又以"绅士"为主,所指对象亦有很大的差别。如费孝通认为:"绅士是退任的官僚或是官僚的亲亲戚戚。他们在野,可是朝廷内有人。他们没有政权,可是有势力。"[③]张仲礼主张从学衔和功名来划分绅士集团,其下层由生员、捐监生等有较低功名的人组成,而其上层则由学衔较高的及拥有官职的绅组成。[④]费正清则认为:"在农民大众眼里,士绅还包括大地主,这是统治阶级的经济基础","他们构成以地产为基础的家族阶层"。[⑤]德国学者艾博华在《中国历史》一书中论及绅士的构成及其社会特质时,也将绅士定义为"拥有大地产且有官职的人",后来在修订版里又改为"拥有大地产"的家庭,他们包括旧贵族、庶民出身的官员、富商巨贾和庶民地主。[⑥]孙立平也认为:"从较狭窄意义上说,绅士主要指休假或离职回家的官僚士大夫,从广义上说,它还包括那些具有较高社会地位,或是

[①] 〔日〕檀上宽:《战后日本的中国史论争·明清乡绅论》,《日本学者研究中国史论著选译·第二卷:专论》,北京:中华书局,1993年,第457页。

[②] 〔日〕重田德:《乡绅支配的成立与结构》,《日本学者研究中国史论著选译·第二卷:专论》,北京:中华书局,1993年,第199—247页。

[③] 费孝通:《论绅士》,载吴晗、费孝通等:《皇权与绅权》,上海:观察社,民国三十七年(1948年),第9页。

[④] 张仲礼:《中国绅士:关于其在19世纪中国社会中作用的研究》,上海:上海社会科学院出版社,1998年,第1—4页。

[⑤] 〔美〕费正清著,张理京译:《美国与中国》,北京:世界知识出版社,1999年,第32页。

[⑥] 〔德〕Eberhard W. *A History of China*. Berkeley and Los Angeles: University of California Press, 1950—1977.

拥有较多财富而又没有正式官职的人。"①

明清史籍中本身就存在众多关于"士绅"的不同称呼，其所指对象也并不一致；而现代学者或遵守文献中相应名称的含义，或在文献的基础上进行增减或混用，其所持概念与文献记载并不一定能完全对应起来，这些都会导致并加重对于"士绅"概念理解的分歧。从整体来看，明清文献与中外学者关于"士绅"的定义，主要分三个层次：一是局限于"绅"的范围，仅指退休官员和离职回乡的现任官；二是在"绅"的基础上，还包括获得生员以上各类功名享有特权的士人；三是除"绅"和举贡监生员以外，还包括富商巨贾和庶民地主等拥有较多财富及社会地位的人员。前二者强调其身份性特征及其差异，最后一种则强调其在地方社会中的功能和作用。笔者认为，"士绅"阶层的出现与"士绅社会"的形成，首要之点就在于士绅"身列衣冠，非乡愚可比"②，具有身份的特殊性，这是其发挥社会作用基本前提。其他非身份性富有阶层，虽然也会有与之相同的社会功能，但作为整体来看，二者发挥作用所依据的途径和方式仍然是有显著差别的。唐力行先生指出："所谓'士绅'，主要是指在野的并享有一定政治和经济特权的知识群体，它包括科举功名之士和退居乡里的官员。"③这一主张与历史事实基本相符，能反映明清时期包括乡绅、缙绅、绅士和士绅等在内的称谓所指相应群体的共同特点，是为确当之论。

二

中国古代的社会阶层结构在唐宋时发生了重大变化，主要表现为富民逐渐取代门阀士族成为社会的主导阶层。据李冗《独异志》载："唐富人王元宝，玄宗问其家财多少，对曰：'臣请以一缣系陛下南山一树，南山树尽，臣缣未穷。'时人谓钱为王者，以有元宝字也。玄宗御含元殿，望南山，见一白龙横

---

① 孙立平：《中国近代史上现代化努力失败原因的动态分析》，《学习与探索》1991年第3期，第122—136页。
② 《清实录·第二七册：高宗实录》卷1487，乾隆六十年九月丁卯，北京：中华书局，1986年，第888页。
③ 徐茂明：《江南士绅与江南社会（1368—1911年）》"序"，北京：商务印书馆，2004年，第4页。

亘山上,问左右,曰不见。急召元宝,见一白物横在山顶,不辨于状。左右贵人启曰:'何臣等不见,元宝独见之也?'帝曰:'我闻至富敌至贵。朕天下之主,而元宝天下之富,故耳。'"①抛开史料中的神异色彩,我们可以清楚地看到:至迟到唐玄宗时期,财富力量已经崛起,并对"贵"形成挑战,以致"至富敌至贵",其中"富"无疑代表着经济力量,尤其是货币力量;"贵"则指政治力量。换句话说,所谓"至富敌至贵",就是以富民为代表的经济力量崛起,成为与政治力量同等重要的一股社会力量。这在古代社会,应该说是历史发展的一个重大转折,因此,"至富敌至贵"的出现具有划时代的历史意义。入宋以后,随着土地产权制度的变革和商品经济的发展,这个群体进一步壮大。北宋苏辙说:"惟州县之间,随其大小,皆有富民。"②可见当时"富民"已经人数众多,分布广泛,对经济社会的发展产生了重要影响,实为一个崛起的新的社会阶层。元明清时期,这个新的阶层得以赓续和壮大,出现"海内殷富,素封之家,比户相望,实有胜于前代"③的局面。

任何一个社会阶层一旦崛起,在他们拥有社会财富之后,必然追求政治地位和社会地位。富民阶层也不例外。南宋的叶适就主张在政治上使工商业者能得到参加政权的机会,为富民阶层呼吁参政权。他说:"四民古今未有不以世。至于烝进髦士,则古人盖曰无类,虽工商不敢绝也。"④胡寄窗先生在《中国经济思想史》中指出:"在十三世纪提出这样的政治要求固然是为时过早,超越了时代所许可的范围。"⑤但笔者认为,这不是超越时代的呼声,而恰恰是富民阶层壮大后的一种必然反映。为富民阶层呼吁参政权从宋代以后就一直没有终止过,明代的东林党创办了很多的社,他们积极参与朝政,或者点评时事,这是富民阶层要求政治权利的群体表现。

富民追求政治地位,主要有哪些途径和方式呢?一是科举入仕,一是加强

---

① (唐)李冗:《独异志》卷中,《丛书集成新编·八六》,台北:新文丰出版公司,1985年,第194页。
② (宋)苏辙著,陈宏天等校点:《苏辙集·栾城三集》卷8《诗病五事》,北京:中华书局,1990年,第1230页。
③ (清)昭梿撰,冬青校点:《啸亭续录》卷2《本朝富民之多》,《清代笔记小说大观·五》,上海:上海古籍出版社,2007年,第4733页。
④ (宋)叶适:《习学记言序目》卷12《国语·齐语》,北京:中华书局,1977年,第167页。
⑤ 胡寄窗:《中国经济思想史》,上海:上海人民出版社,1981年,第184页。

与官僚交往甚至联姻。就科举入仕而言，科举制自唐代以来就成为一种重要的选官制度，而随着富民阶层的崛起，其通过科举获取政治权力的努力就从未停息。如在唐代中后期，唐廷明令禁止工商业富民"预于士伍"之列，而一些大臣也公开宣扬"工商之子不当仕"的传统观念①，这本身就说明此类现象已较多出现。到了宋代，"中上之户，稍有衣食，即读书应举，或入学校"②，富民读书应举的情况日益普遍。而进入明清时期，富民对政治地位的追求更为强烈，通过读书考取功名来"保妻子"、守"富贵"，以"支持门户"，成为包括富民群体在内的社会主导阶层的共同选择。③尤其是这时还有通过获取生员秀才以上的功名身份和捐纳监生等非入仕的新制度化方式的出现，大大地拓展了富民应举获得政治地位的空间。此外，自唐宋开始，通过"榜下捉婿"、与官员士绅甚至皇室联姻而获得国家特权保护，成为了富民的新时尚，依靠吏员制转化成官员的制度，也成了富民获取政治地位的重要途径。这些风尚和传统在明清时代则被发扬光大，愈加普遍起来。④

　　唐宋以来的富民在各种现实利益的驱动下，力求通过读书而进入士人与官僚行列，而从其实际效果来看，先后出现了"士多出于商""士商渗透"⑤，即先是官僚士大夫多来自富民，后来发展为富民与士大夫相互渗透的局面。富民阶层在千方百计跻身于士大夫之列，并由此构成国家统治与管

---

① （后晋）刘昫等：《旧唐书》卷48《食货志上》、卷158《韦贯之传》，北京：中华书局，1975年，第2089、4173页。
② （宋）张守：《毗陵集》卷3《论措置民兵利害札子》，《丛书集成新编·六三》，台北：新文丰出版公司，1985年，第338页。
③ 陈义钟编校：《海瑞集》附录1《黄秉石海忠介公传》"抚吴第四章"，北京：中华书局，1962年，第567页；（明）王士性撰，吕景琳点校：《广志绎》卷4《江南诸省》，北京：中华书局，1981年，第70页；（明）西周生撰，黄肃秋校注：《醒世姻缘传》第50回《狄贡士换钱遇旧·臧主簿瞎话欺人》，上海：上海古籍出版社，1983年，第725页。
④ 林文勋等：《中国古代"富民"阶层研究》，昆明：云南大学出版社，2008年，第98—127、336—356页；张仲礼著：《中国绅士：关于其在19世纪中国社会中作用的研究》，李荣昌译，上海：上海社会科学院出版社，1991年，第8—32页。
⑤ 张邦炜：《两宋时期的社会流动》，《四川师范大学学报（社会科学版）》1989年第2期，第61—67页。该文收入张邦炜：《宋代婚姻家族史论》，北京：人民出版社，2003年，第346—359页；张海英：《明中叶以后"士商渗透"的制度环境——以政府的政策变化为视角》，《中国经济史研究》2005年第4期，第130—139页；张仲礼著：《中国绅士：关于其在19世纪中国社会中作用的研究》，李荣昌译，上海：上海社会科学院出版社，1991年，第202—206页。

理架构主干的同时，也就造成了其自身"士绅化"的趋向。所谓"士绅化"，就是一部分富民逐渐获得了政治特权，或与政治权力紧密结合在一起。清人沈垚曾言："古者，四民分；后世，四民不分。古者，士之子恒为士；后世，商之子方能为士。此宋、元、明以来变迁之大较也。"① 可见富民通过发展文化教育获取政治权力成为宋以后社会的共同特征。日本学者小山正明已经注意到明清乡绅来自于形势户、粮长层，也就是来自富民阶层，他说："明末的乡绅阶层是继宋至明中期的统治阶层形势户、粮长层之后兴起的新统治阶层，其背景在于科举制度的社会机能发生了变化，即明以后举人、监生、生员成了终身资格，与官僚同样享有免除徭役特权（优免特权），构成了一个社会阶层。"②

自唐宋以来，中国传统社会结构中的士绅群体不断发展壮大。据统计，宋代官户约占总户数的 1‰—2‰，有些时期为 3‰③，这大概也是当时享受特权者所能占到的最高比例。在这些享受特权的人员当中，一部分为离乡的现任官员，一部分为居乡的退休官员，但前者大多最终都要向后者转化，可以说二者都是乡间士绅的重要来源。明清两代的在职官员所占人口比例约在 0.43‰—0.06‰④，与宋代相比，已大为降低，但享有特权的士绅群体却呈逐渐扩大的趋势。以生员为例，明初只有 3—6 万，明中叶 31 万，明末 60 万，清太平天国前已约达 74 万，其在总人口中所占比例，明初约为 0.1%，明中叶为 0.33%，至清后期为 0.18%，其绝对数呈逐渐增长的趋势，而相对数有所波

---

① （清）沈垚：《落帆楼文集》卷 24《费席山先生七十双寿序》，《续修四库全书·一五二五》，上海：上海古籍出版社，2001 年，第 664 页。

② 〔日〕檀上宽：《战后日本的中国史论争·明清乡绅论》，《日本学者研究中国史论著选译·第二卷：专论》，北京：中华书局，1993 年，第 457 页。

③ 王曾瑜：《宋朝阶级结构》，石家庄：河北教育出版社，1996 年，第 256 页；梁庚尧：《南宋的农村经济》，北京：新星出版社，2006 年，第 31—33 页。

④ 明朝官民比为 1∶2299；清道光末京外文武官员为 26 355，全国人口为 412 986 649，以上比例均据此而得。参考许苏民：《明王朝覆灭的历史教训：晚明中国社会主要矛盾探析》，《天津社会科学》1997 年第 6 期，第 100—105 页；（清）钟琦：《皇朝琐屑录》卷 4，《中国野史集成续编·第 27 册》，成都：巴蜀书社，2000 年，第 360 页；《清实录·第三九册：宣宗实录》卷 476，道光二十九年，北京：中华书局，1986 年，第 984 页。

动,但清朝比明初还是有所增长。①

随着士绅数量的增多,他们也逐渐成长为一个独立的社会阶层。至明初之时,乡村中占主导地位的社会优势阶层仍以非身性的富民为主,统治者主要利用他们来治理乡村。此时的乡村虽然也有一些士绅存在,但由于他们人数还比较少,朝廷法令又对他们的活动限制极严,因此他们尚且融合在里甲制秩序之中,而未形成一个独立的社会阶层。而自15世纪中叶以后,乡村社会在商品经济和土地兼并的混合作用下急剧分化,里甲制秩序趋于解体。而在此时,监生以至举人的入仕途径日趋狭窄,大量持有功名的人沉滞于乡村社会,逐步固定成为一个独立的社会阶层。②成为独立社会阶层的士绅由于享有政治、经济特权,再加上仕途有限,更加积极地投身地方事务,构成乡村社区中"最为活跃的因素"③,因此成为明清乡村社会变迁的领导力量。

明清时期政府在乡村并没有设置正式的行政机构,乡里社会却获得了持续的稳定繁荣,这与士绅总领乡村教化、征税、治安、断案、农事、救灾、水利工程各项事务是分不开的。不仅如此,他们还在普通民众与官府之间充当起中间人的角色。所以时人汪辉祖才说:"官与民疏,士与民近,民之信官,不若信士。朝廷之法纪不能尽喻于民,而士易解析,谕之于士,使转谕于民,则道易明,而教易行。境有良士,所以辅官宣化也。且各乡树艺异宜,旱潦异势,淳漓异习,某乡有无地匪,某乡有无盗贼,吏役之言,不足为据。博采周谘,唯士是赖。"④这与南宋叶适论述富民是"上下之所赖"如出一辙。⑤正是由于士绅代替富民在国家治理与社会发展中发挥着中间层、稳定层和动力层的作

---

① 〔韩〕吴金成:《明、清时代绅士层研究的诸问题》,东洋史学会编:《中国史研究的成果与展望》,北京:中国社会科学出版社,1991年,第179—203页;〔新加坡〕陈宝良:《明代生员新论》,《史学集刊》2001年第3期,第38—43页;张仲礼著,李荣昌译:《中国绅士:关于其在19世纪中国社会中作用的研究》,上海:上海社会科学院出版社,1991年,第110—112页。

② 〔韩〕吴金成:《明、清时代绅士层研究的诸问题》,东洋史学会编:《中国史研究的成果与展望》,北京:中国社会科学出版社,1991年,第179—203页;万明主编:《晚明社会变迁:问题与研究》第四章《高寿仙:晚明的地方精英与乡村控制》,北京:商务印书馆,2005年,第259页。

③ 〔美〕Kung-chuan H. *Rural China: Imperial Control in the Nineteenth Century*. Seattle: University of Washington Press, 1960, p.316.

④ (清) 汪辉祖:《学治臆说》卷上《礼士》,《官箴书集成·三》,合肥:黄山书社,1997年,第274页。

⑤ (宋) 叶适著,刘公纯等点校:《叶适集·水心别集》卷2《民事下》,北京:中华书局,1961年,第657页。

用,"士绅社会"由此而得以形成。

三

我们认为明清"士绅社会"是唐宋以来"富民社会"的发展与延续,而明清"士绅社会"虽然仍属于中国古代"富民社会"的范畴,但已是其发展的最后一个阶段。在这个阶段,除表现出"富民社会"的一般性特质外,同时也展示出了其新的时代特点与阶段性特征。

(一)绅权的形成及其扩张

士绅作为获得了国家规定功名身份的特殊群体,除享有一定的政治和经济特权,主要是还拥有领导和参与地方社会事务的权力。在以往的研究中,政治制度、社会结构,以及士绅自身的政治、经济、文化资源和优势等,都被认为是构成绅权来源即绅权得以形成的重要因素。[1]笔者也深表赞同,而问题在于,在众多的权力来源之中,哪方面的因素才是绅权形成的真正基础呢?学者们的回答要么偏重于政治因素或文化因素,要么强调是各种因素综合作用的结果。笔者认为,决定绅权的性质和构成,即绅权得以形成和扩张的最根本的因素,正是富民对财富的占有及其广泛追求政治权利的过程。士绅参与地方事务,构建地方治理霸权,实际上就是整合地方资源的过程。[2]其中经济资源是最主要、最核心的资源,其他政治文化资源不过是其衍生品和递进物。富民阶层通过士绅化,不但获得政治身份的保护,减少了国家权力的任意侵害,也使他们能在地方事务中联合起来争取发言权,成倍地放大其社会影响力,成为"社会制约国家权力的一种力量"[3],推动形成社会治理的新机制。这是士绅保

---

[1] 李世众:《晚清士绅与地方政治:以温州为中心的考察》,上海:上海人民出版社,2006年,第17—37页。
[2] 廖华生:《士绅阶层地方霸权的构建与维护:以明清婺源的保龙诉讼为考察中心》,《安徽史学》2008年第1期,第104—115页。
[3] 张星久:《对传统社会宗族、乡绅历史地位的再认识》,《湖北行政学院学报》2002年第4期,第5—8页。

护和发挥自身经济利益与资源优势的最优途径,由此也引导着国家治理体系的变革并在其中发挥着基础性作用。

根据国家明文规定,士绅可以优免赋役,还能减免行政刑事处罚,在官方与民间场合享受礼遇等。①这是绅权最基本的形态。除此以外,士绅还能在官府规定的范围内合法地参与和领导地方事务。明清时代,"乡绅于地方民事,原不应有所干预,以滋把持官府之咎"②。朝廷也制定了严格禁止士绅"干预公事"的"定例"。③但由于士绅长期经营地方,地方政府不得不依赖士绅对地方进行治理。如"地方利弊,生民休戚,非咨访绅士,不能周知";"邑有兴建,非公正绅士不能筹办,如修治城垣、学宫及各祠庙,建育婴堂,修治街道,俱赖绅士倡劝,始终经理"。对于政府官员而言,此举既可让胥吏"无由中饱",所办之事"费省工坚",而其自身"亦不劳而治,且免浮言",可谓一石多鸟,能达到多重目的。④实际上,地方公务之要者,除了兴建公共设施等教化事务外,还有钱粮、狱讼和治安等,士绅在这些方面都发挥着不可替代的主导作用,这在前揭汪祖辉所言及后文相关论述中均有体现,无须赘言。而地方官员于民事只图省心省事,习惯于让士绅们去主持操办,这也表明士绅实际掌控了地方事务的主要话语权。

士绅所享有之绅权,绝不仅仅限于上述由各级官府所明文规定和循例奉行的合法范围之内。他们往往以合法的绅士权威为基础,在地方事务中极力扩张其绅权。一是从部分优免到诡寄影射、包税抗粮和代为催粮。虽然国家规定士绅享有多少不一的税徭优免之权,但一般还要承担一部分赋役。而在官府进行征纳之时,士绅会千方百计将自身应承担之税役全部免除,使"身无赋、产无徭、田无粮、物无税",并"庇护"他人之"赋徭、粮税",以及"请托行私",

---

① 张仲礼著:《中国绅士:关于其在19世纪中国社会中作用的研究》,李荣昌译,上海:上海社会科学院出版社,1991年,第32—54页。
② (清)陈宏谋:《学仕遗规》卷4《官绅约》,《官箴书集成·四》,合肥:黄山书社,1997年,第540页。
③ 《清实录·第五四册:德宗实录》卷144,光绪八年三月癸卯,北京:中华书局,1987年,第40页。
④ (清)徐栋:《牧令书》卷7《取善·作吏要言》,《官箴书集成·七》,合肥:黄山书社,1997年,第108页。

"包揽钱粮"。①在清代,"包揽"一词被收入官方所编《六部成语》之中,特指"一乡之中,或绅士里正之辈,专管包纳民人钱粮之事"②,反映出士绅"包揽钱粮"已极其普遍。士绅之所以有时能全免税役及广行"包揽"之权,一个非常重要的因素就在于他们"倚恃绅衿,抗粮不纳"。官府也试图"严定专条"加以禁止,可是其实施效果不佳,致使"绅衿拖欠钱粮者,比比皆是,从无照此办理者,此例亦具文矣"③。正因如此,官府征收税粮之时,常不得不酌选"公正绅耆各处帮催",由此也使其获得了"代为催粮"之权。④二是从调解纠纷到包揽词讼。一般来说,"公正绅士"对"乡间细小之讼",能起到"劝解消化,无令到官"的作用。⑤官府判审各类案件,按惯例也要"邀公正绅士出来理处"。⑥而刁生劣衿,则倾向于"包揽词讼,武断乡曲,流弊不堪指数"⑦。而且时间越靠后,史籍中关于后者的记载越多,反映了这一干预司法之权力的逐渐扩张。三是从备应咨询表达民意到品评官员掌控舆论。地方官员要想"周知"地方利弊和地方民众要向官府表达意见,都不可避免地选择士绅为"上传下达"的桥梁,士绅由此可以品评地方官员。如"绅士为一方领袖,官之毁誉,多以若辈为转移"⑧,"官之贤否,取于绅士之论"⑨。他们还可控制地方舆论,使之朝着有利于自身的方向发展,而"州县每有兴举,凡不便于绅士

---

① (清)计六奇撰,魏得良等点校:《明季北略》卷12《陈启新疏三大病根》,北京:中华书局,1984年,第194页;(明)李维桢:《大泌山房集》卷134《陕西学政》,《四库全书存目丛书·集部·一五三》,济南:齐鲁书社,1997年,第732页。
② (清)李鹏年:《六部成语》之《户部》,清道光二十二年(1842年)刻本。
③ (清)薛允升:《读例存疑》卷13《户律之五·仓库上·收粮违限》,光绪三十一年(1905年)京师刊本。
④ (清)杜凤治:《望凫行馆宦粤日记》第三本《绥江日记》,同治六年七月十七日,广东省立中山图书馆等编:《清代稿钞本·十》,广州:广东人民出版社,2007年,第167—168页。
⑤ (清)盛康辑:《皇朝经世文续编》卷25《方宗诚:鄂吏约(同治二年,代严中丞作)》,清光绪二十三年(1897年)刻本。
⑥ (清)杜凤治:《望凫行馆宦粤日记》第三本《绥江日记》,同治六年六月十三日,广东省立中山图书馆等编:《清代稿钞本·十》,广州:广东人民出版社,2007年,第127页。
⑦ 赵尔巽等撰:《清史稿》卷426《王凯泰传》,北京:中华书局,1977年,第12251页。
⑧ (清)徐栋:《牧令书》卷16《教化·绅士》,《官箴书集成·七》,合肥:黄山书社,1997年,第365页。
⑨ (清)魏源:《魏源全集·第十四册:皇朝经世文编》卷二三《姚莹:覆方本府求言札子》,长沙:岳麓书社,2004年,第395页。

者，辄倡为议论，格而不行"①。四是从自纠其族乡到全面负责地方治安。士绅在地方维稳弭盗方面有着非常重要的作用。最初，"大姓父老绅士，多有自纠其族乡毋得为盗者"，后来则发展到承担起"攻匪保良"的整体责任。②所以时人有云："欲弭盗贼，莫如办保甲；欲办保甲，莫如责成绅士。"③五是从襄助官府到挟制官府。地方官员多希望能利用公正绅士发挥辅助政府治理的作用，但有时却事与愿违，由襄助而变为挟制。士绅诡寄、抗粮、包揽钱粮和诉讼、风评人物事件等都被看作是挟制官府之举。如有"恃衿包抗"者，就被定性为"挟制官长"。④"诸生倚藉衣巾，臧否人物，甚或见事风生"，同样被视作"挟制官府"。⑤此外，还有致仕官员"出入公门，结交官吏，嘱托公务，妄兴告讦……暴横乡里，蠹政害民"以"挟制官司"，及青衿"操其权柄"而"控告县令"和"率众欲垒县署"以定"县令官长之去留"等现象⑥；也有诸生"胁从罢考，挟制官长"，及"与绅不睦"的地方官员"不敢去"就任等情况。⑦

（二）士绅控制乡里

1. 领导基层组织，为国家实施基层控制

明清时期乡村的基层组织，主要有两类：一是作为国家基层政权且前后承

---

① （清）黄六鸿：《福惠全书》卷23《保甲部·防救失火》，《官箴书集成·三》，合肥：黄山书社，1997年，第480页。
② （清）魏源：《魏源全集·第十七册：皇朝经世文编》卷85《陈庚焕：答温抚军延访海事书》，长沙：岳麓书社，2004年，第654页；《通饬严办会匪（广东）》，《申报》光绪丙午（1906年）2月18日。
③ （清）恽毓鼎著，史晓风整理：《恽毓鼎澄斋日记·味腴室读书日记》，光绪十三年五月十二日，杭州：浙江古籍出版社，2004年，第37页。
④ 《清实录·第一〇册：高宗实录》卷92，乾隆四年五月辛亥，北京：中华书局，1985年，第412页；《清实录·第一〇册：高宗实录》卷95，乾隆四年六月戊戌，北京：中华书局，1985年，第451页。
⑤ 《明世宗实录》卷260，嘉靖二十一年四月丁丑，台北："中央研究院"历史语言研究所，1962年，第5194页。
⑥ 《明宣宗实录》卷42，宣德三年闰四月癸未，台北："中央研究院"历史语言研究所，1962年，第1024页；《清实录·第一〇册：高宗实录》卷92，乾隆四年五月辛亥，北京：中华书局，1985年，第412页。
⑦ 《硃批谕旨》第11册《雍正二年六月二十三日河南巡抚石文焯奏》，清雍正十年至乾隆三年（1732—1738年）武英殿刻朱墨套印本，第82页；（清）杜凤治：《望凫行馆宦粤日记》第七本《绥江日记》，同治七年闰四月廿一日，广东省立中山图书馆等编：《清代稿钞本·十一》，广州：广东人民出版社，2007年，第21页。

递的里甲制和保甲制，国家佥选富民充当其头首。但由于富民追求士绅化和国家赋役的盘剥，非身份性富民头首的经济势力与社会影响力整体都呈下降的趋势，造成"向之所役上户者，今及中户矣，向之为中户者，今及下户矣"①。而非身份性富民社会经济势力的下降，也就决定了由他们充任头首的基层社会"身份序列关系"的解体②，乡村政权难以继续履行"催办钱粮，勾摄公事"等基本职责。为保护其权威，官府曾试图将士绅纳入保甲组织③，甚至要求他们参与推选保甲长，负责"办理"保甲等④，但这些措施实际所起到的作用并不大，"保甲制度总的来讲是没有效率的"⑤。二是会社、乡约和宗族等乡村民间组织，在士绅的领导下为国家实施事实上的基层控制的作用。如明清会社作为一种基层自设组织，借助节日聚会、赈助贫弱和维持治安等手段，实行一定程度的自治，而在其中发挥主导作用者无外乎是士绅富户。⑥明清日益普及的乡约承担着乡村教化等众多职能，分为民众自倡自办、官倡官办、官倡民办、官督民办等形式，尤以后两种居多，与官府关系也日益密切。⑦但无论是何种形式，其约长、副均主要推举"有恒产而行义为一乡信服"的"乡官、举贡生员"等"绅士耆民"担任。⑧宗族自古以来就发挥着"敬宗收族"的作用，明清之际的国家还利用其加强基层控制。自明中叶开始，朝廷允许"庶民户"建置家庙祠堂，并鼓励他们设立族田、义庄，由此让宗族实现了"民众化"或普

---

① （清）李雯：《蓼斋集》卷43《策三·赋役》，《四库禁毁书丛刊·集部·一一一》，北京：北京出版社，2000年，第595页。
② 〔日〕小山正明：《明代的粮长》，《日本学者研究中国史论著选译·第六卷：明清》，北京：中华书局，1993年，第159—191页。
③ 〔韩〕金钟博：《明清时代乡村组织与保甲制之关系》，《中国社会经济史研究》2002年第2期，第22—25页。
④ （清）高宗敕撰：《清朝文献通考》卷24《职役考四》，上海：商务印书馆，民国二十五年（1936年），第5062页。
⑤ 瞿同祖著，范忠信等译校：《清代地方政府》，北京：法律出版社，2003年，第253—254页。
⑥ 王日根：《明清民间社会的秩序》，长沙：岳麓书社，2003年，第381—393页。
⑦ 曹国庆：《明代乡约推行的特点》，《中国文化研究》1997年第1期，第17—23页；常建华：《乡约的推行与明朝对基层社会的治理》，《明清论丛·第四辑》，北京：紫禁城出版社，2003年，第1—36页；王日根：《论明清乡约属性与职能的变迁》，《厦门大学学报（哲学社会科学版）》2003年第2期，第69—76页。
⑧ （明）郭应聘：《郭襄靖公遗集》卷12《乡约保甲议》，《续修四库全书·一三四九》，上海：上海古籍出版社，2001年，第264页；（清）严如熤：《三省边防备览》卷12《策略》，清道光十年（1830年）重刊来鹿堂藏版，第28页。

及化,并发挥其内部的贫富相恤与增强家族的凝聚力的作用,其"掌握者"和"捐助者"也是绅衿和富民。"祠堂成了官府、绅衿富民共同利用的社会组织,而最主要的是为政权服务"①。正是凭借这些民间组织及其他社区事务的参与形式,士绅在基层社会发挥着极其重要而又非常广泛的作用。

2. 集中经济资源,逐渐形成垄断

士绅因"获有优免徭役的特权","差役负担较轻","便于集中土地",再加上"粮食商品化的有利条件,更便于他们积累地租",从而扩大经济势力。②从明中叶开始出现的"末富居多,本富尽少"的现象③,应在一定程度上反映了在明前期由于士绅化的富民数量尚少,其财富多未得到身份保护的情况下,从事土地经营的富民较多破产或向商业领域转移资本的情形。后来随着获得士绅身份的富民数量的增多,"田地多归有力之家,非乡绅则富民",而在"民产渐消,乡官渐富"的新社会背景下④,田土财货多归于"势豪之家"或"不役之家"也是必然的了。⑤与此同时,"由于农业、农村、农民经济发展拉动下,手工业得到迅速发展,原来的市场设置已满足不了需要,人们要求有更多市集墟场建设,以方便经济生活日益增多的需求,于是市场数量越来越多,市场的规模也越来越大"⑥。明清大商人资本的出现也正是以此为基础形成的,而其背后的原因则是士商合流与商人的政治身份使其获得了切实和可靠的保护。虽然存在被称为"故家大族"的大官僚凭特权肆意非法经营的情况,但一般士绅

---

① 李文治:《明代宗族制的体现形式及其基层政权作用:论封建所有制是宗法宗族制发展变化的最终根源》,《中国经济史研究》1988年第1期,第54—72页;李文治、江太新:《中国宗法宗族制和族田义庄》,北京:社会科学文献出版社,2000年,第56—276页;冯尔康:《清代宗族制的特点》,《社会科学战线》1990年第3期,第175—181、189页;杨国安:《明清两湖地区基层组织与乡村社会研究》,武汉:武汉大学出版社,2004年,第272—274页。

② 傅衣凌:《明清社会经济变迁论》,北京:人民出版社,1989年,第82页。

③ (清)顾炎武:《天下郡国利病书·凤宁徽》引《歙县志·风土论》,《续修四库全书·五九六》,上海:上海古籍出版社,2001年,第130页。

④ (明)杨嗣昌:《杨文弱先生集》卷32《钦奉上传疏》,《续修四库全书·一三七二》,上海:上海古籍出版社,2001年,第460页;陈义钟编校:《海瑞集》上编六《应天巡抚时期·被论自陈不职疏》,北京:中华书局,1962年,第238页。

⑤ (明)陈子龙等选辑:《明经世文编》卷251《王邦直:陈愚衷以恤民穷以隆圣治事》,北京:中华书局,1962年,第2636页;(清)魏源:《魏源全集·第十四册:皇朝经世编》卷30《柯耸:编审厘弊疏》,长沙:岳麓书社,2004年,第720页。

⑥ 江太新:《三农与市场:以明清经济发展为例》,《中国经济史研究》2005年第4期,第11—22页。

当仅可争取自保，而没有身份保护的"大贾富民"则往往遭到贪官污吏的横征暴敛、巧取豪夺，以至有人大声疾呼要"惩墨吏，纾富民"①。所以"自万历以后，天下水利、碾硙、场渡、市集无不属之豪绅，相沿以为常事矣"②。

3. 引导乡村文化发展，建立起文化霸权

明清时期，士绅成为乡村社会文化的领导者。"他们支持儒家的机构和伦理——创办和维持学校、圣祠和当地孔庙，出版图书、特别是地方史籍或地方志，并给平民大众分发道德说教册子和劝世歌谣"。士绅不仅在推广和普及文化教育方面发挥着至关重要的作用，更值得注意的是，士绅还在日常互动中"给公众生活定下调子"③。而士绅领导乡村文化建设，往往是通过士绅内部特定的联系纽带和组织——如友谊、联姻、政见上的共鸣和文化事业上的追求，特别是家族继承等——来实践和实施的，而这些纽带和组织既具有在士绅内部的普遍性，又呈现出针对非士绅民众的排他性。他们还展示了一些需要几代人才能积累打磨而成的文化特长与修养，如解释和运用儒家社会秩序的学理的能力，精英艺术的鉴赏力，对礼仪观念及其在社会交往上有效运用的理解，可供决策、为人接受的榜样和先例上的知识等，以此与较低名望和单纯富有的人区别开来。④士绅在推进乡村文化普及的同时，又致力于具有排他性和特有性的文化组织和文化修养，他们这样做的目的，正是要突出其无可替代的乡村文化建设领导者的地位，构建其独一无二的地方文化的话语权，即文化霸权。

（三）国家与社会的关系更为复杂

明清时期的士绅是国家与社会之间的中间层，他们既作为国家的代表参与地方公事，管理约束民众；又作为地方民众的代表与官府交涉，表达民意；而且其自身还拥有特权，有特殊的利益和诉求。这些都使得国家与社会的关系变得更为复杂，在多向度的对立与统一的矛盾关系体中维持着微妙的平衡并得到发展。

---

① （明）王夫之著，船山全书编辑委员会编校：《船山全书·十二：黄书·大正第六》，长沙：岳麓书社，1988年，第527—530页。

② （清）顾炎武著，（清）黄汝成集释，栾保群等校点：《日知录集释》（全校本）卷13《贵廉》，上海：上海古籍出版社，2006年，第792页。

③ 〔美〕费正清著，张理京译：《美国与中国》，北京：世界知识出版社，1999年，第36—37页。

④ 〔加〕卜正民著，孙竞昊译：《家庭传承与文化霸权：1368年至1911年的宁波绅士》，《中国社会经济史研究》2004年第1期，第92—106页。

1. 合作与冲突：士绅与国家关系的两面性

如前所述，对于士绅而言，其仕宦功名与政治经济特权及在地方事务中的"领袖"地位，虽然与自身所具备的先天条件和后天努力密不可分，但都是在国家规章制度与官府约定俗成的惯例中获得的，可谓无一不赖国家予之，"是以绅衿士庶中之家道殷实者"，多受到"国家之所爱养保护"①；对于国家而言，士绅不仅是其官僚群体的重要来源和最终去向，而且也构成了其实施基层社会控制的主要依靠力量，所以"踊跃急公，多出其乡绅士之力"②。可见双方基于相互的需要和支持，表现出合作的一面。同时，士绅又试图在基本绅权的基础上，极力扩大其权威，从而使自身利益最大化。而绅权的法外扩张，则意味着国家权力的侵蚀，尤其士绅籍以逃避税役、干预司法、掌控舆论和把持官府等，严重影响了国家财政收入、司法公正、政令畅通和社会稳定。国家对此不会坐视不管，而是要采取多种措施对绅权进行控制和打击。清初"钱粮奏销案"就是其中具有代表性的一例。当时"乡绅举贡之豪强者"沿袭明末以来之成例，"包揽钱粮，隐混抗官，多占地亩，不纳租税，反行挟制有司。有司官不能廉明自守者，更惧其权势，不敢征催"，致使数县之地"历来钱粮欠至数十万"之巨，而"江南逋赋多至四百余万两"。③朝廷决心扭转此不良风气，由朱国治等主持"造欠册达部，悉列江南绅衿一万三千余人，号曰抗粮。既而尽行褫革，发本处枷责，鞭扑纷纷，衣冠扫地"④。清廷通过此案对明末以来过度膨胀之绅权进行摧抑，虽也取得一时一地之效，且后来还针对"绅衿"设有"完不及分数"的"褫革责枷之定典"，但士绅仍是"兜收抗欠，习以成风"，使地方官员不得不"大声疾呼"以申明其中利害，甚至"亲催绅衿完粮"。⑤双方在钱粮征纳权方面的争夺和博弈，说明他们在地方公事中的权力和

---

① 《清实录·第八册：仁宗实录》卷79，雍正七年三月戊申，北京：中华书局，1985年，第32页。
② 台湾银行经济研究室编印：《台湾南部碑文集成》甲记《重修文庙碑记（嘉庆二十三年）》，《台湾文献史料丛刊》第9辑，台北：台湾大通书局，1987年，第210页。
③ （清）缪荃孙等修，江苏省地方志编纂委员会办公室点校整理：《江苏省通志稿·司法志》卷2《刑案（下）》，南京：江苏古籍出版社，2002年。
④ （清）董含撰，致之校点：《三冈识略》卷4《江南奏销之祸》，沈阳：辽宁教育出版社，2000年，第81—82页。
⑤ （清）戴舒菴：《天台治略》卷9《亲催绅衿完粮说》，《中国方志丛书·华中地方·第65号》，台北：成文出版社有限公司，1970年，789页。

利益并不完全一致，表现出冲突的一面。

2. 长者与豪横：士绅在民众中扮演的双重角色

士绅是民众与国家发生关系的中间人，呈现出两面形象：一为长者，为乡里排难解纷，促进地方福祉。如"乡绅平日有德望的"，可向官府"道达民闲利弊"，而其"从公起见，委曲敷陈，官也没有不见信的"，从而"为本境做些有利益的好事，一以造本乡之福泽"。①地方官兴举公务，其"历年办事之人，多选于世职乡宦举贡生员，择其老成公正者充之。被举者亦多廉洁自爱，以保守名誉为方针"，而"民得以不病"。②特别是士绅渐渐成为了土地等主要社会财富的占有者之后，主佃"在法律上身份地位是平等的"，他们之间"只剩下礼教关系，而不再存在律法关系"。③其中作为主家的礼教规范，也体现了富绅的长者风范。如"及佃户受田之日，至其室家，熟其邻里，察其勤惰，计其丁口，慎择其勤而良者，人众而心一者化之。其收租之日，则加以宽恤。仆人积弊，极力革除。至于凶灾、争讼、疾病、死丧及茕独贫厄，总宜教其不知而恤其不及，须令情谊相关，如一家之人可也"④。二是豪横，多武断乡曲，致为害一方。"向来乡绅在籍武断横行"，被称作"最为吏治民生之害"。⑤据《清高宗实录》载："从前各处乡绅，恃势武断，凌虐桑梓，欺侮邻民，大为地方之害。及雍正年间，加意整饬，严行禁止，各绅士始知遵守法度，循分自爱，不敢稍涉外事。乃近来旧习复萌，竟有不顾功令，恣意妄行……下类舆台贾贩，与小民争利，或凌侮邻境。"⑥反映出此种现象始终不可禁断。不仅乡绅如此，地位较之略低的"举贡生员"也不甘落后，"倚仗衣顶，教唆词讼，武断乡

---

① （清）陈宏谋：《学仕遗规》卷4《官绅约》，《官箴书集成·四》，合肥：黄山书社，1997年，第546页。
② （清）刘汝骥：《陶甓公牍》卷12《婺源绅士办事之习俗（宣统元年调查）》，《官箴书集成·十》，合肥：黄山书社，1997年，第598页；（清）震钧：《天咫偶闻》卷4《北城·顺天府》，《近代中国史料丛刊》第22辑，台湾：文海出版社，1968年，第246页。
③ 江太新：《三农与市场：以明清经济发展为例》，《中国经济史研究》2005年第4期，第11—22页。
④ （清）张履祥辑补，陈恒力校释：《补农书校释（增订本）》，北京：农业出版社，1983年，第148页。
⑤ 《清实录·第一七册：高宗实录》卷698，乾隆二十八年十一月庚申，北京：中华书局，1986年，第816页。
⑥ 《清实录·第一二册：高宗实录》卷296，乾隆十二年八月甲子，北京：中华书局，1985年，第877页。

曲,平民畏之"①。士绅扮演的这双重角色相互制约又互相补充,最终导致形成"民不知畏官,惟畏若辈,莫不听其驱使"的绅民关系。②

3. 博弈与平衡:国家主导的官绅民之间复杂制约机制

国家与士绅之间的合作与冲突关系,及士绅在民众中所扮演的长者与豪横角色,构成为国家与社会关系的四条主线。它们在复杂的博弈关系中交错存在,其中士绅是最为活跃的因素,而国家在大多数的时间内一直处于主导地位。士绅通过总领乡里事务而促进乡村社会的发展,取代富民成为"上下之所赖"的社会中间层,同时也在所享有基本特权的基础上积极扩大绅权,以致上制官府,下虐平民。国家响应富民的绅士化要求,给予士绅群体特权保护,积极引导士绅参与地方事务,同时对日益膨胀的绅权进行摧抑,特别是从制度上对之加以制衡。如让乡村控制体系中的官民组织既分立又融合,对士绅的主导作用既鼓励又制约。③让士绅与宗族、胥吏等势力分别在不同场景下扮演双方的"同谋"或"对手",使其在影响和左右政府与社会运作的同时,又能利用他们自己与政府或民间社会的利益冲突而对其进行制约。清代中期以后的社会秩序,在这种复杂的矛盾关系中形成了某种平衡和稳定的机制。④由此可见,由某些学者提出的所谓明清士绅自治、官方监督的社会模式实际是并不存在的。⑤

四

纵观历史的发展,任何一个阶层,一旦取得政治特权并形成一定的垄断性

---

① 胡珠生编:《宋恕集》卷1《六字课斋卑议(初稿)·民瘼篇·讼师章第四》,北京:中华书局,1993年,第3页。
② (清)魏源:《魏源全集·第十四册:皇朝经世文编》卷23《姚莹:覆方本府求言札子》,长沙:岳麓书社,2004年,第395页。
③ 〔美〕Kung-chuan H. *Rural China: Imperial Control in the Nineteenth Century*. Seattle: University of Washington Press, 1960, pp.68-69;〔美〕孔飞力著,谢亮生等译:《中华帝国晚期的叛乱及其敌人:1796—1864年的军事化与社会结构》,北京:中国社会科学出版社,1990年,第27页。
④ 刘志伟:《在国家与社会之间:明清广东里甲赋役制度研究》,广州:中山大学出版社,1997年,第13页。
⑤ 〔加〕卜正民著,张华译:《为权力祈祷:佛教与晚明中国士绅社会的形成》,南京:江苏人民出版社,2008年,第117页。

之后，必然走向反面。士绅阶层也是这样。在清中期以后，特别是清末社会，士绅由于拥有特权并形成某种政治垄断，逐渐从社会的发展层、稳定层、动力层变成社会的阻碍力量。

（一）绅权的异化决定了士绅必然走向灭亡

明清时期"士绅社会"的形成，正是基于士绅在国家治理与社会发展中的领导作用。这种积极作用的实现既是富民利用财富优势追求政治权利并整合地方资源的结果，也是在国家的主导下官府、士绅和民众之间建立起相互制约与平衡机制的结果。同时我们也看到，明清社会秩序中的这种平衡机制又是非常脆弱的。这主要表现为绅权日益膨胀，国家和民众难以对其形成限制，由此导致绅权出现异化。如前所论，绅权是一个综合性的结合体，其中既有备应咨询、上达民意、经理教化、代理催粮、调解纠纷和维持治安等倾向于地方公利的一面，也有优免赋役、官方礼遇、减免刑罚、诡寄资产、包税抗粮、包揽词讼、挟制官府和武断乡曲等倾向于本身私利的一面。绅权公利的一面往往是为官府所倡导和允许的，属于合法的范畴；绅权私利的一面，除了国家所明文规定的政治与经济特权外，其余都是士绅在事实上拥有而国家并不允许的，属于非法的范畴。士绅群体中以前一特质为主者被称为"公正绅士"，以后一特质为主者被叫做"刁劣绅衿"。一般来说，国家主要限制非法的自利性的绅权过度膨胀，保护合法的公利性的绅权适度发展，尽量让"公正绅士"发挥主导作用，从而维持国家治理体系的正常运转。但随着时间的推移，这一常有之态被打破，致使绅权在地方事务中公利化的性质日趋萎缩，而其私利化的性质却不断放大。

从15世纪中叶到清中期，是士绅阶层得以形成并逐步发展的阶段。此时之绅权虽然同时具有公利化和私利化的双重性质，但国家有实力对之进行制约和平衡（明末政府除外），而且"乡村绅士克知大义者多"[①]，"公正绅士"居于主导地位，而"刁生劣监"尚难以"施其伎俩"。[②]所以乡村社会秩序能大体

---

① （清）王凤生：《宋州从政录》之《劝捐义仓告示》，《官箴书集成·五》，合肥：黄山书社，1997年，第392页。

② （清）延昌：《事宜须知》卷4《公正绅士》，《官箴书集成·九》，合肥：黄山书社，1997年，第20页。

保持"良性循环",地方社会经济也不断得到发展。而在明末时段、特别是清中叶以后,随着国家权威的下降,国家所主导的对绅权进行制约和平衡的机制逐渐丧失,绅权自利化的一面占据了主导地位,而其公利化的一面退而居其次,使乡村社会秩序进入到"恶性循环"。关于这一点,在道光朝地方社会中开始出现的"辇党"可谓是最好的例证。此党由"恃符滋扰"地方事务的"不安本分士子"组成,"此辈或藉词因公,联名挟制;或事非干己,挺身扛讼;或先后互寻其衅,或彼此相助为攻;或阴为挑唆,阳为调处;或名为息事,实为埋根;甚至设为影射之词,污蔑妇女之名节;巧构株连之局,倾覆良懦之身家。地方官循谨者惟恐撄其锋,而公事为之掣肘;其贪墨者且将利为媒,而从中恣其勒诈。蠹胥猾吏,奸奴劣幕,联为心腹"①。由士绅组成的"辇党"肆意妄为,不但挑起事端压制良善,还挟制官府妨害公务,通过勒索欺诈谋利自肥,而地方官员和胥吏幕僚,或避其锋芒束手无策,或结成同盟助纣为虐,表明其权力膨胀到了不受限制以至完全可以控制地方政局而损公自利的地步。绅权之异化,正是以此为基本内涵和主要标志。以"辇党"为代表的绅权异化的出现绝不是偶然的,而是绅权扩张不可避免的产物,说明士绅自此已然站在了国家与民众的对立面,不再是社会发展的领导者,从而注定了必然走向灭亡。

(二)团练之兴与科举之废加快了士绅的灭亡

1. 兴办团练导致"绅权大张",加剧了社会失序

在19世纪的中国社会,随着社会控制系统衰败而急需重振局面的出现,国家的基层社会控制组织由保甲演变为团练。而由团练发展而来的地方武装逐步发展壮大,不再局限于地方势力的范围。如曾国藩"以团练始,不以团练终",创设湘军,继之而起的李鸿章淮军亦循此道,并立下赫赫战功,"追粤匪、捻匪、回匪之祸,藉楚勇、淮勇之力以平之"②。湘军、淮军等地方武装在各级士绅将领的带领下渐次成为国家的主力部队,并由此而掌握了相当大部分的国家军政权力,出现"事在(团防)局而不由县,权在绅而不在官"的局

---

① 《清实录·第三六册:宣宗实录》卷244,道光十三年十月辛丑,北京:中华书局,1986年,第660页。
② (清)薛福成:《叙团练大臣(一八九○年)》,丁凤麟等编:《薛福成选集》,上海:上海人民出版社,1987年,第307—308页。

面。①清末推行"新政"之时，对随团练而兴的绅权作了事实上的承认和进一步的巩固。如颁布《城镇乡地方自治章程》，在乡设立"议事会"并由士绅担任"乡董"，默许了他们对于乡村司法权、捐税权和警察、行政、保卫、农工、消防、学堂等公共权力的控制，甚至部分地区的保长直接由士绅出任。②

晚清办团练与推"新政"的本意，是想通过张绅权而保政权、兴民权，而实际导致的结果则是最初设想的士绅治理变成了士绅统治。③传统的"绅权"向"权绅"转变，全面掌握和垄断了地方政权，导致"绅权大张"。④而绅权的扩张，不但未能保政权、兴民权，相反还造成了危政权、侵民权的后果，加剧了士绅与国家及民众的冲突。一方面，士绅往往"擅作威福，藐视官长"⑤，破坏了地方秩序并妨碍了官府对地方的治理，使国家权力不断从地方收缩。另一方面，绅民冲突也成为清末以"民变风潮"为代表的社会失序事件的主因。士绅在其权力得到制度性扩张的同时，也在追求越来越广泛的资源和利益，这就不可避免地与民众利益形成了直接的冲突，以致被形容为"威福与官吏无殊，而鱼肉平民或有甚于官吏"⑥。再加上新的权力制衡关系的缺位，使绅民矛盾和利益冲突缺乏及时和适度的调整而走向激化，不断以"民变"的方式出现。⑦绅权异化及其对社会发展的阻碍作用由此进一步得到显现。

2. 废除科举办学堂，导致士绅群体的分化和乡村教育的"沙漠化"

1905年9月2日，清廷上谕宣告废除沿袭了1300余年的科举制，同时也确定以发展学堂为替代之制。这一制度的转换，"言其重要，直无异古者之废

---

① （清）盛康辑：《皇朝经世文续编》卷21《刘蓉：复温邑宰书》，清光绪二十三年（1897年）刻本。
② 尚重生等：《近代乡绅衰落原因探析》，《长江论坛》2015年第2期，第8—85页。
③ 徐祖澜：《清末民初国家权力与绅权关系的历史嬗变—以乡村自治为背景的考察》，《中外法学》2014年第3期，第601—617页。
④ 胡思敬：《退庐疏稿》卷2《劾湖南藩司庄赓良折（宣统二年三月二十日上）》，《丛书集成续编·第47册·史部》，上海：上海书店出版社，1994年，第39页。
⑤ （清）李瀚章编辑，（清）李鸿章校刊：《曾文正公（国藩）全集·杂著》卷3《劝诫绅士四条》，台北：文海出版社有限公司，1975年，第17201页。
⑥ 汪精卫：《论革命之趋势》，张枬、王忍之编：《辛亥革命前十年间时论选集》第3卷，北京：生活·读书·新知三联书店，1978年，第526页。
⑦ 王先明：《士绅阶层与晚晴"民变"—绅民冲突的历史趋向与时代成因》，《近代史研究》2008年第1期，第21—33页。

封建、开阡陌"①。而对于士绅而言,其影响也是非常深远的。一是堵塞了富民阶层士绅化的基本途径,使士绅群体去特权化和凝固化。二是随着以新式学堂为代表的近代新教育体制的兴起,士绅的分化与离乡化日渐明显。清末新式学堂的推行及其与国家赋予特权的脱离,改变了原有士绅阶层的职业选择与价值取向,从而分流到新式政治、经济、军事、教育部门,促使中国由身份等级结构向职业分途社会转变,推动了四民社会的解体,加快了社会变革的进程,同时也造成贫富等级分化,加速了这一社会阶层自身的消亡。②士绅的分化与消亡,不仅与其去特权化后的职业分化和社会流动有关,也与其城居化的趋势密切相关。随着乡村中士绅等有"志力"的群体"轻去其乡的现象近代已一天比一天流行"③,士绅也由"乡村精英"转变成了"城市精英",造成了乡村教育的断层,出现"旷邈千里,寂然无士",即乡村教育的"沙漠化"的局面。④因此,士绅分化与近代教育形态的转换形成叠加效用,使其对乡村社会发展的阻碍作用被更加放大。

(三)土豪与劣绅:乡村士绅衰落后的继替者

自19世纪中叶以后,清政府在基层实行"保甲厘奸,团练御侮"的双轨体制,其中"保甲行于无事之时,团练行于有事之日"。⑤而自20世纪初开始,乡村政制一直在"地方自治"的现代化旗帜下进行规划更改。清末"新政"废除保甲制,并在原来团练的基础上"代之以警区、学区和自治区"⑥。近代区乡行政正是萌芽于此。⑦到南京国民政府时期,先后建立区乡保甲体制,"自治名义下的区乡组织实际成为国家政权的行政末梢,原本偏重政治控制的

---

① 王栻主编:《严复集·诗文》卷上《论教育与国家之关系》,北京:中华书局,1986年,第166页。
② 张昭军:《科举制度改废与清末十年士人阶层的分流》,《史学月刊》2008年第1期,第61—69页。
③ 潘光旦著,潘乃穆等编:《潘光旦文集·第6卷》,北京:北京大学出版社,2000年,第143、145页。
④ 李世愉:《废科举对乡村教育落后的影响》,《探索与争鸣》2008年第3期,第74—79页;杨齐福等:《近代新教育在废科举后发展取向的偏差》,《福建师范大学学报(哲学社会科学版)》2001年第2期,第108—114页。
⑤ 《清实录·第四〇册:文宗实录》卷33,咸丰元年五月庚寅,北京:中华书局,1986年,第456页。
⑥ 从翰香主编:《近代冀鲁豫乡村》,北京:中国社会科学出版社,1995年,第57页。
⑦ 魏光奇:《官治与自治:20世纪上半期的中国县制》,北京:商务印书馆,2004年,第79—86页。

保甲，最终沦为社会征取的重要工具"①。在清末改制之初，原本是团练组织首领的传统士绅应仍为新的区乡自治机构的头领，只不过改换了一下头面而已，而"自治在清民两代衔接中，法令虽各不同，人选未翻初局"②。其"人选未翻初局"并非是说仍由传统士绅一直担任，这期间应有经常性的人事变动，而是强调近代所谓"地方自治"的基层政权与原先的保甲团练一样，其头首往往要从乡村本地有头面的人士中佥选。在传统士绅阶层经历了广泛分化、城居化和萎缩化的年代，乡村中还留有什么样的人口群体呢？

20 世纪 20 年代末，梁漱溟在从事乡村改造运动时说，"像今天这世界，还有什么人在村里呢？有钱的人，多半不在村里了……稍微有钱的人，都避到城市都邑，或者租界……再则有能力的人亦不在乡间了。因为乡村内养不住他，他亦不甘心埋没在沙漠一般的乡村，早出来了。最后可以说好人亦不住乡村里了"③。其所说"有钱的人"、"有能力的人"和"好人"，实际主要指原来掌握着乡村主要资源并承担国家基层控制重责的富民和公正士绅。他们相继离开乡村后，国家依然要对乡村实施控制。而此时的乡村人口主要由两类人组成，一类是贫弱无助的穷人，一类是游手好闲、作恶乡里的流氓地痞。如果说传统的文士乡绅尚有旧的道德秩序可守，后者则完全是一群无法无天的边缘势力。④他们中的主体通常被称之为"土豪劣绅"。土豪劣绅对近代乡村基层政权的掌握与控制，使得乡村社区的主要资源和国家权力被一股"恶势"阶层所垄断或侵蚀，不但妨碍了国家政权的向下扩张，而且也加重了对中下层民众的剥夺，乡村由此更为贫穷落后，亦更加动荡失序。但由于他们的所作所为导致国家政权的内卷化终被新的现代化政权所消灭。国民党政权曾经在 1927 年颁布《惩治土豪劣绅条例》而欲行根治，但其对乡村捐税的迫切需要又使得这一举措最后不了了之，到 1932 年被明令废止。⑤共产党则从二十年代后期开始先后领导

---

① 王奇生：《战前中国的区乡行政：以江苏省为中心》，《民国档案》2006 年第 1 期，第 66—77 页。
② 余晋芳纂：《麻城县志续编》卷 9《自治志·沿革》，《中国方志丛书·华中地方·第 358 号》，台北：成文出版社有限公司，1975 年，第 362 页。
③ 中国文化书院学术委员会编：《梁漱溟全集·第 4 卷·北游所见记略》，济南：山东人民出版社，2005 年，第 896 页。
④ 王奇生：《战前中国的区乡行政：以江苏省为中心》，《民国档案》2006 年第 1 期，第 66—77 页。
⑤ 谢振民编著，张知本校订：《中华民国立法史（下）》，北京：中国政法大学出版社，1999 年，第 964 页。

了"一切权力归农会"运动①，颁布了地区性的惩治土豪劣绅条例②，实行"三三制"原则和发动"减租""减息"运动，以及进行土地改革等，最终实现了打倒和消灭土豪劣绅的目标。"共产党政权的建立标志着国家政权'内卷化'扩张的终结"③。

明清"士绅社会"的出现，反映了富民阶层与"士"和"官"的成功对接。但同时我们也应该看到，一旦富民通过科举制度成为正式官僚阶层的一部分，他们便暂时成为了"官"而脱离了"民"的范畴，随着所掌握的绅权不断扩张与异化，也就决定了他们必然趋于消亡。晚清团练的兴起与绅权大张，以及赖以合法存在的国家科举制被废止以后，也就加快了其自身异化和消亡的过程。作为继替者的土豪劣绅虽可藉基层政权的现代化而雄擅一时，但他们所造成的乡村秩序的混乱也就决定了这个阶层只能是昙花一现的命运。因此，就整个社会的发展而言，如同门阀社会是汉唐豪民社会的最高阶段同时也是其最后阶段，帝国主义是资本主义的最高阶段同时也是最后阶段，我们认为，"士绅社会"是"富民社会"的最高阶段，也是最后阶段。

---

① 《毛泽东选集》卷1《湖南农民运动考察报告》，北京：人民出版社，1969年，第14页。
② 张希坡：《一九二七年〈湖北省惩治土豪劣绅暂行条例〉简介》，《江汉论坛》1980年第4期，第75—79页。
③ 〔美〕杜赞奇著，王福明译：《文化、权力与国家：1900—1942年的华北农村》，南京：江苏人民出版社，1996年，第240页。

势要占窝：明中叶盐法变迁中的市场、权力与资本[①]

罗冬阳[*]

摘　要：明代盐政中的势要占窝存在职权占窝和敕许占窝两种类型。洪武开中法在食盐运销环节引入了市场机制，使得食盐运销权市场化并且证券化。食盐运销权市场具有单边充分市场的特点，而作为食盐运销权凭证的盐粮勘合起初不得买卖。宣德后，明政府为了保证开中法财政目标的实现，突破《大明律》禁止权贵中盐的规定，虽然在正统年间再行禁止，但相关官员利用职权谋取垄断开中的行为，亦即职权占窝，却日益泛滥。成化以后到正德年间，势要占窝的另一种形式，敕许占窝，兴盛起来。势要占窝使得食盐运销权市场变得复杂起来。一方面，初级市场的买方单方充分市场走向垄断化；另一方面，盐粮勘合交易的二级市场形成。但由于作为市场主体的各资本的权力构成高低不同，两方面的发展呈现背离现象。势要占窝，尤其是敕许占窝，不仅垄断了一级市场，妨碍了二级市场的顺利运作，也侵夺了国家的财政收入。

关键词：明朝　盐法　势要占窝　权力　资本　资本的权力构成

---

[*] 罗冬阳，男，东北师范大学明清研究所教授，主要研究方向为明清史、中国古代社会经济史。
[①] 本论文系东北师范大学哲学社会科学重大攻关项目"十四世纪以来世界变迁中的'中国道路'问题研究"（NENU-SKA2007002）的阶段性成果之一。

明朝万历四十五年（1617年），两淮盐政纲法的成立，一直被学术界视作中国盐政史变迁的里程碑。这个里程碑的意义，在于它终结了此前的官专卖，而开启了晚明直到清代的商专卖。曾仰丰谓："是明代末季，实为古今盐制转变之划时期。"①几乎是在同时，日本学者加藤繁也注意到了中国盐政史上的这一重大变化。②而近年来科大卫等学者则认为，两淮盐政纲法的成立意味着皇帝荫庇制度取代了盐引交易这一国债金融市场，阻碍了资本主义萌芽的发展。③可见，以两淮盐政纲法成立为标志的盐政制度重大变化这一课题，在近70余年的学术研究中都有着重要的意义。

检阅相关研究史，与这一重大变化有关的一些问题，直到目前为止，仍未解决。其中最重要的一个问题是势要占窝向盐商占窝的转变。但是，在弄清这个转变之前，仍有一些关键问题需要进一步探讨。如到底什么是势要占窝，势要占窝存在一些什么类型，等等。本文试就这些问题做探讨，并分析其中权力与资本及市场之间的关系。

一、势要占窝及其类型

要解释明代盐法史的变迁，首先要了解"窝"和"势要占窝"的含义。

所谓"窝"又称为"引窝"。1937年，加藤繁在《清代的盐法》④一文中曾经指出，清代盐商通过向政府交纳巨额银两获得世袭的贩盐权利，标志这种权利的证书，就称为"引窝"，还有"窝根""根窝""窝底""窝单"等不同的称呼。引窝可以世袭，也可以买卖。他猜测，引窝在清代之前明代的某个时期已经非常盛行，到明末已经作为一种习惯而形成制度。但是，加藤繁生前没有来得及对这一问题做进一步考察。

---

① 曾仰丰：《中国盐政史》，上海：商务印书馆，1936年，第21页。
② 〔日〕加藤繁：《清代的盐法》，加藤繁著，吴杰译：《中国经济史考证》第3卷，北京：商务印书馆，1973年，第54—63页。
③ 〔英〕科大卫：《资本主义的萌芽》，《近代中国商业的发展》，杭州：浙江大学出版社，2010年，第176—178页。
④ 〔日〕加藤繁：《清代的盐法》，加藤繁著，吴杰译：《中国经济史考证》，北京：商务印书馆，1973年，第54—63页。

1940年，中山八郎撰《开中法与占窝》一文，认为引窝起源于明代开中法下"由开中粮草而获得盐引的权利"。这种权利，明朝盐法原本禁止四品以上官员与权贵染指，但到成化年间，"势要占中卖窝"的现象已经"牢不可革"。①

但为什么用"窝"来表示中盐的权利，语言文字学上的根据仍有待解决。

1963年，藤井宏撰文，认为单从语言文字学的根据看，"窝"字并不含有权利的意思，由于势要占窝存在以"虚名"或"空名"中盐的情况，且"窝"通"窠"，表示"虚名"或者"空名"，于是在盐法中就出现了用"窝"表示中盐权利的用法。

由此出发，他进一步认为，势要由敕许获得纳粮权后，在令其家人去实现这种权利的情况下，事实上并没有占窝，占窝是在这种纳粮权被边方承认之后才出现的。另外，商人投托势要，以实名取得的敕许纳粮权，也不是占窝。只有用"空名"或"虚名"取得敕许的情况下，所获得的纳粮权才能作为"窝"来买卖。随着时间的推移，"窝"的含义逐渐扩大，甚至发展到包含实名的紊乱程度。②

王振忠结合语源学和明朝开中法实际运行状况的考察，得出结论，认为："'窝'字直接渊源于元明北方俗语，盐务中的'窝'与俗语中'窝'的含义并无区别，都表示空缺。明代盐务中'窝'的出现，是与开中制度'抢上之法'的破坏有关。"③占中用虚名还是实名，与"窝"字本身的含义没有关系。这"空缺"，就是纳粮中盐的权利。所谓"抢上之法"就是开中法下的公开招标、先纳先得的制度。到成化年间，由于势要权贵通过皇帝敕许获得了纳粮中盐的权利，实际输纳粮草就不再是获得中盐权利的必要条件，于是纳粮中盐权利就与实际的输纳粮草相分离，成为一种可以买卖交易的权利。在当时的历史文献中，这种权利就被称为"窝"，其买卖交易就被称为"买窝卖窝"。④

虽然王振忠已经弄清了"窝"的语义渊源，并且确认盐法中的"窝"与虚

---

① 〔日〕中山八郎：《開中法と占窩》，《池内博士還暦記念東洋史論叢》，東京：座右宝刊行会，1940年，第579—596頁。
② 〔日〕藤井宏：《"占窝"的意义及其起源》，刘淼辑译：《徽州社会经济史研究译文集》，合肥：黄山书社，1987年，第360—361页。
③ 王振忠：《明清徽商与淮扬社会变迁》，北京：生活·读书·新知三联书店，1996年，第6—7页。
④ 王振忠：《明清徽商与淮扬社会变迁》，北京：生活·读书·新知三联书店，1996年，第8—10页。

名或实名没有关系，但仍然存在一些未解的疑问。

首要的疑问是：势要占窝到底是通过什么方式实现的？有着什么样的类型？本文先搞清这两个疑问。

从中山八郎到王振忠，皆认为势要占窝都是通过皇帝敕许获得的，这种形式的势要占窝，本文称之为"敕许占窝"。但考诸文献，边镇开中（以下简称边中）中的势要占窝，多是边镇巡抚、总兵官、管粮郎中等，利用职权，或是接受权势的请托，或是自牟其利，霸占中盐权利。本文称之为"职权占窝"。不论是哪种形式的占窝，都是违反《大明律》禁止"监临势要中盐"律条 ① 和公侯伯及四品以上文武官员令家人奴仆行商中盐、侵夺民利禁例 ② 的。

职权占窝，在明代文献中，如各朝实录，开始称为"占中"，成化以后称为"占窝"。为了规避律禁，职权占窝一般派遣子侄、家人、奴仆或伴当，以假托军民名义的"诡名"方式进行。通过明代各朝实录的电子版全文检索，盐政中的"占中"一词，最早出现于正统九年（1444 年）。该年四月壬辰，下给户部的敕书提到：

> 朝廷令人易纳马草，关中盐粮，本期资国便民。比闻各场纳草之人，多系官豪势要，及该管内外官，贪图重利，令子侄、家人、伴当，假托军民，出名承纳。又行嘱托，规从轻省之处（就便上仓）。……又各处所中盐粮，亦系官豪势要之家占中居多，往往挟势将杂糙米上仓（以次充好），该管官司畏避权势，辄与收受，以致给军，多不堪用。及至支盐，又嘱管盐官挨越关支，倍取利息，致无势客商守支年久，不能得者有之，丧赀失业，嗟怨莫伸，其弊端不可胜言。……以后必须严谨禁约，草听殷实军民承纳，御史监收。但作弊者，即拿问具奏。官豪势要及该管官员之家，不许仍前承纳，与民争利。违者听御史举劾。③

---

① 《大明律》卷 8《户律五·课程·盐法》"盐（监）临势要中盐"条规定："凡监临官吏诡名，及权势之人中纳钱粮、请买盐引勘合、侵夺民利者，杖一百，徒三年，盐货入官。"（怀效锋点校：《大明律》，北京：法律出版社，1999 年，第 79 页。）
② 万历《大明会典》卷 34《课程三·盐法三·盐法通例》，明万历十五年刻本。
③ 《明英宗实录》卷 115，"中央研究院"历史语言研究所校勘影印本，1962 年，总第 2322—2323 页。

先附带声明，为了行文的方便，这条史料用《正统九年敕》表示，以下需要反复引证分析的史料，都采用这种方法标志。另，圆括号中文字为本文作者所加。

这里说的占中者，有两种人，一是"官豪势要"，二是"该管内外官"，而以前者居多。他们占据中盐权利的方式是采用"假名"上纳粮食，取得盐引勘合。可以称之为"假名占中"。假名占中之所以能行得通，关键在于占中者"挟势"而"该管官司畏避权势"，虽然得到皇帝的敕许可以获得最大的"势"，但是敕书里所说的"挟势"并不是来自皇帝的敕许，而在于"官豪势要"本身的权势地位所具有的影响力。由于"占中"和"占窝"的本质都是利用特权取得中盐的权利，所以本文将这两类人的占中，统称为职权占窝。可见，根据特权来源的不同，在势要占中、占窝里面存在着两大类型：职权占窝和敕许占窝。

二、宣正间职权占窝的一度合法化

据《正统九年敕》，按照明朝开中制度推测，势要取得的占中权利，在正统年间主要用于中盐获利，而不是用于出售该权利。也就是说交纳粮草取得盐粮勘合（或盐引勘合）后，势要（一般是其家人）即携勘合赴盐运司（或提举司）兑换盐引，仍利用其特权身份越次支盐，贩卖获利，而不是将勘合转卖取利。这种行为，一定程度上损害了国家的利益，如"将杂糙米上仓"，交纳的粮食品质低劣，"多不堪用"。二是损害了"无势客商"的利益，致使他们"守支年久"，甚至"丧赀失业"。

但在宣德到《正统九年敕》发布前，职权占窝在一段时间为明朝政府所允许。

《明宣宗实录》卷 74 "宣德五年闰十二月丁未"条记载：

> 行在户部奏：甘肃、宁夏、大同、宣府、独石、永平等处，俱边境要地，民粮艰于转输，比年虽召商中盐，途程险远，趋中者少，供用不敷，宜暂许各处寓居官员、军余有粮之家，各纳米豆，不拘资次，于淮浙等处

支盐。……从之。①

户部的这个做法是对《大明律》四品以上官员不许令子弟家人中盐与民争利禁律的突破。这个突破可看做是明朝政府为了实现开中筹集粮饷财政目标对权势者所做的一个让步。军屯的屯粮在永乐、宣德间曾是边镇粮饷的重要来源之一②，据王毓铨研究，自宣德年间往后，边镇军屯多沦为高级军官私庄③。换句话说，高级军官在边镇粮食的供给占有优势地位。那么，允许他们纳粮中盐，对于明政府顺利实行开中就是有利的。这个口子既开，14年下来，就出现了《正统九年敕》所说的"各处所中盐粮亦系官豪势要之家占中居多"的现象。

《明英宗实录》卷161"正统十二年十二月乙亥"条记载：

> 初，户部奏官员军民俱得输米永平遵化山海仓中盐，通政使李锡令家人输米一千二百余石，当与盐二千五百引。已而，刑部奏：官四品以上子弟家人不得中盐竞小民利。锡嘱户部尚书王佐等促移支文，佐等奏锡违例，欲没其盐于官。锡家人以户部听输状诉法司，劾佐等妄奏，及锡例后不白官。上命俱宥之，仍听锡支盐。④

李锡家人中盐的行为不能解释为违法。从上面的记载看，报中与纳粮应该在《正统九年敕》颁布之前，但由于李锡在新例颁布后没有"白官"，致使被户部视作违例。经李锡家人起诉，英宗裁定为不违例。

---

① 《明宣宗实录》卷74"宣德五年闰十二月丁未"条，"中央研究院"历史语言研究所校勘影印本，1962年，总第1724页。
② 张金奎：《明承元制与北边供饷体制的解体——以山西行都司为例》，《明史研究》（北京）第7辑，第88—105页。
③ 王毓铨：《明代的军屯》，北京：中华书局，1965年，第290—302页。
④ 《明英宗实录》卷161"正统十二年十二月乙亥"，"中央研究院"历史语言研究所校勘影印本，1962年，总第3132—3133页。

三、卖窝的成立与盐引倒卖

《正统九年敕》颁布后，新发生的四品以上官子弟家人中盐就是违法的了。但违法的现象，仍层出不穷。据《明实录》的记载，到成化年间，就出现了"卖窝"的现象。"卖窝"一词在《明实录》里出现的时间，最早是成化二十一年（1485年）。该年元旦发生星变，宪宗下诏求言，兵部尚书张鏊言六事，其中一款涉及盐法，内容如下：

> 盐法之坏，多由豪家，或包揽卖窝，或冒昧陈乞，奸利肆行，商贾不应，一遇兵荒，辄有飞刍挽粟之计，民多鬻产卖子，不胜其困。宜令户部差官与巡按御史查核，奏乞之盐，悉行停止。今后敢有奏乞包揽者，治以重罪。①（此条史料简称《成化廿一年张鏊疏》）

为了解"卖窝"的实情，先引证嘉靖七年（1528年）的魏有本疏。该年，御史魏有本条陈盐法六款，第六款是"验银报中"，其内容如下：

> 窃惟盐法之弊，莫甚于占窝也。凡占窝之人，非内外权势，则市井奸猾，一闻开中，则钻求关节，伪写书札，相率趋之，监中官或畏其势，或受其欺，止据纸状姓名准中。商人挟资冒险而无售，彼且勒取高价而卖之，空手而往，满篚而归，商人未纳官粮，先输私价，是卖者之利，非买者之愿也。今禁例非不严，而此弊终不可革者，臣不知其故也。臣闻往年户部郎中李淮②之在辽东，验银开中，此弊遂革。臣乞令今后各边报中，俱限赍银称验，贮库准中，以三千引为率，不许过多，候各商上纳刍粟完

---

① 《明宪宗实录》卷260，成化二十一年正月丙戌，"中央研究院"历史语言研究所校勘影印本，1962年，总第4396页。
② 据《明世宗实录》卷44"嘉靖三年十月丁酉"条记载，以辽东丰稔，发太仓银十五万两，令管粮郎中李淮会同镇巡官及时收买粮料待用。（总第1138页）同书卷53，嘉靖四年七月癸酉条记载，户部郎中李淮升四川布政司右参议。（总第1320页）

日，给领勘合。其余不准。如此，则权奸无所容其计，而商人称便矣。①（此史料简称《嘉靖七年魏有本疏》）

魏有本所说的是职权占窝的情况，由该疏可知，"卖窝"出卖的是交纳粮草（刍粟）取得盐引勘合的权利或资格，也就是盐引勘合。按照洪武二十八年（1395年）所定开中制度的规定，客商须纳粮完，才能获得盐引勘合。②而"卖窝"则是在纳粮（或草）之前，势要权豪已将盐引勘合违法出售取利。因此，"卖窝"现象存在的条件之一是盐引勘合的出售先于粮草的输纳。

这一条件，在正统九年（1444年）令中已经存在。该年有令，规定：

> 客商中盐，不许过三千引。其所纳粮，限半年内完足。不完者，扣日截出勘合。③

其实，商人先取得盐引勘合后纳粮的情况，在此前就已存在。正统八年（1443年），户部曾经奏准，"正统六年关给中盐勘合、未曾上粮者，住中"④。为什么正统九年令要将客商的中盐最高额限制在"三千引"呢。按照二斗粮换一引盐的则例计算，也就是纳粮600石，当时有个叫李恭的商人收购了米麦3000石，是该限额的5倍，运往宁夏上纳。但据史料记载，李恭这3000石米麦的收购花费了将近两年时间。⑤因此，做这样的两个推论是合理的：第一，就正统时期（不限于此时期）西北到华北的粮食生产、市场情况和商业资本的经营能力来看，纳粮中盐以三千引为限，是一个有可能在半年内完成的数额；第二，能即时响应政府一定粮食采购要求的粮商几乎不存在，因而政府必须预先授予商人盐引勘合，一方面是给予商人优惠，让他们在未纳粮之

---

① 朱廷立：《盐政志》卷7《魏有本长芦山东盐法疏》，《续修四库全书》，第829册，第298页；参见《明世宗实录》卷96，嘉靖七年十二月庚寅，"中央研究院"历史语言研究所校勘影印本，1962年，总第2252—2253页。
② 万历《大明会典》卷34《课程三·盐法三·盐法通例》，明万历十五年刻本。
③ 万历《大明会典》卷34《课程三·盐法三·盐法通例》，明万历十五年刻本。
④ 《明英宗实录》卷109"正统八年十月辛亥"，"中央研究院"历史语言研究所校勘影印本，1962年，总第2213页。
⑤ 《明英宗实录》卷109"正统八年十月辛亥"，"中央研究院"历史语言研究所校勘影印本，1962年，总第2213页。

前就可以从事食盐的贩运获利，另一方面，是以这种优惠激励商人收购和纳粮，稳定粮食的供给。

势要"卖窝"是将本来该预先授予商人盐引勘合的权利转到了势要手中，商人要获得盐引勘合，必须出价向占窝的势要权豪购买，即所谓"商人未纳官粮，先输私价"。这样就提高了商人中盐的成本。按照常识，商人中盐是要牟利的，他们之所以愿意付出粮价之外的"私价"，是因为贩盐的获利最终可以超出所付出的成本。不然"卖窝"现象无法像魏有本所说的那样"今禁例非不严，而此弊终不可革者"。当然，嘉靖时的具体情况与成化时有差别，但盐商付出买窝私价仍有利可图是"卖窝"盛行的另一个必要条件。

势要占窝卖窝成立的第三个条件是违法不究，或者是究而无力。"卖窝"是占中或占窝的进一步发展，既违反了禁止四品以上官员中盐的律条，又破坏了盐引勘合不得转卖的规定①。但是，就像《嘉靖七年魏有本疏》所指出的那样，禁例虽严，而势要占窝卖窝仍是屡禁而不止。从上文提到的宣德五年（1430年）到正统九年（1444年）明朝政府开放四品以上官员中盐禁例的情况和《正统九年敕》看，由于势要在纳粮方面具有优势，如果能够有效限制其纳粮上仓时以次充好及就便上仓的行为，那么势要占窝对于实现政府的开中目标是有利的。因此，可以推论，当招商纳粮不能按时完成时，边镇管粮官恐怕就只能包容势要占中占窝了。而举劾者却是在完成开中招商方面与管粮官有着共同利益的监收御史，如果互相间没有仇恨的话，怎么会"窝里斗"呢！这就无怪乎势要占窝卖窝现象屡禁不止了。

以上三个必要条件，指的是边中情况下的职权占窝。《嘉靖七年魏有本疏》所指的占窝卖窝，既有边中情况下的职权占窝，也有由此演化而来的大商人占窝，即所谓"市井奸猾"。大商人占窝的问题，也留待后文再分析。

从历史的逻辑看，边中情况下，职权占窝卖窝盛行的必要条件就是以上三个。但成化到正德年间盛行的是敕许占窝。

---

① 《大明律》的《阻坏盐法》条规定："凡客商中买盐引勘合，不亲赴场支盐，中途增价专卖阻坏盐法者，买主、卖主，各杖八十，牙保减一等，盐货价钱并入官。其铺户转买拆卖者，不用此律。"见怀效锋点校：《大明律》卷8《户律五·课程·盐法》，第79页。

四、成弘正三朝敕许占窝的盛行与私盐泛滥

再回来看《成化廿一年张鎣疏》。张鎣要求严惩"豪家",细究起来,实际包括两类。一类是"包揽卖窝"者,一类是"冒昧陈乞"者。前一类即是职权占窝者,后一类即是敕许占窝者。

敕许占窝卖窝现象,较职权占窝卖窝出现晚,但对国家财政的危害大。就像张鎣所指出的那样,"奸利肆行,商贾不应,一遇兵荒,辄有飞刍挽粟之计,民多鬻产卖子,不胜其困"。也就是说,由于敕许卖窝的盛行,妨碍了边中的开展,边中筹集不到预计的粮饷,结果粮饷筹集的负担全落到了老百姓的身上。

为什么会出现这种局面呢?

这是因为敕许占窝卖窝所依托的权力背景和涉及的盐引对象,与边中的职权占窝卖窝有所不同。前文所引正统十二年(1447年)通政使李锡因此前令家人中盐遭误劾为英宗据实纠正的事件,还有天顺元年(1457年)都督佥事季铎"朦胧妄奏"他人宣德五年(1430年)所中"循次盐"为己物获得皇帝允准的事件①,自中山八郎以来,都被视作敕许占窝的类型,其实是不妥的。因为两个事例中涉及的高官家人亲属中盐行为,都发生在宣德五年到《正统九年敕》颁布之前官员中盐暂时被国家准许的时期,当时是合法的,在事件发生后,明英宗确认其合法性,因此它们不属于占窝的范畴。尽管季铎的"朦胧妄奏"是侵占他人私有财物的违法犯罪行为,但与占窝的化公为私仍存在区别。

敕许占窝的出现,多以成化二年(1466年)吕铭等八人奏讨辽东中盐权作为标志。《明宪宗实录》卷37,成化二年十二月甲寅(十七日)条记载:

> 有吕铭等八人投托势要,奏欲运米赴辽东,申纳成化二年两淮运司存积盐五万五千引。有旨自中出,允之。旧例中盐,户部定则例,出榜召商,方许中纳。无径奏得允者。时马昂为户部尚书,不能执正,盐法之坏

---

① 《明英宗实录》卷280"天顺元年七月甲申","中央研究院"历史语言研究所校勘影印本,1962年,总第6020页。

自此始。①

《明史》卷 80《食货四》采纳了这一说法。②当月初五日（壬寅），因辽东有警，巡抚都御史袁恺以缺粮告、户部覆奏允准，初拟辽东边卫开中两淮、浙江、长芦运司盐粮则例。③十二天后，即有吕铭等投托势要奏中淮盐事情。吕铭等人投托的势要是直通皇帝的势要，其依托的权力就是皇权，其取得盐引勘合的方式，不仅违法而且超越现有管理体制。虽然该实录记载该事例没有使用"占窝"的字眼，但实质上与占窝没有差别，现代学者，自中山八郎始，即已把此事例看做势要占窝，本文进一步将其定性为敕许占窝。

吕铭等人径奏中盐，开了一个恶例，同月二十六日（癸亥），御马监太监李棠即循例要求令家人运米至三万等卫仓，中纳存积淮盐五万八千引，宪宗许可中纳一万引。马昂请本年"盐课通关"（两淮盐运司的盐课征收报告）到后，再予许可。到成化三年（1467 年）五月二十三日（丁亥），重定辽东开中成化二年（1466 年）淮盐细则，分配仓分和引数则例如下：

> 金州、海州二仓，各一万五千引，每引粟米一石（原定金州八斗、海州一石三斗）；定辽左右仓，各一万二千五百引，引一石四斗（原定一石五斗）；三万仓（原不在上纳仓分），一万引，引一石一斗。④

将重定的则例和初定则例相对照，就知道重定的则例是为吕铭等人及李棠量身定制的，开中的盐引正好是 65 000 引（55 000+10 000），也就是说，成化二年度的辽东各卫开中的两淮存积盐引全部被吕铭等八人和李棠独占。初定则例中，用来开中的盐引有淮盐、浙江，还有长芦盐，其中以淮盐的利润最大，是中盐商人的首先目标，而存积盐可以不次支取。到重定则例时，浙盐、长芦盐都不见了，只剩下两淮的存积盐，而且则例（每引交纳的粟米）有所降低。吕铭等人的具体身份不清楚，估计只是某一大权贵的家人，其权势在太监李棠

---

① 《明宪宗实录》，"中央研究院"历史语言研究所校勘影印本，1962 年，总第 735—736 页。
② 《明史》，北京：中华书局，1974 年，第 7 册，第 1938 页。
③ 《明宪宗实录》卷 37，"中央研究院"历史语言研究所校勘影印本，1962 年，总第 723 页。
④ 《明宪宗实录》卷 42，"中央研究院"历史语言研究所校勘影印本，1962 年，总第 865 页。圆括号内内容据同书卷 37 成化二年十二月壬寅条记载，总第 723 页。

之上。因为李棠原本要求中盐 58 000 引，比吕铭等八人中盐的总额高出 3000 引，原有争宠之意，但宪宗只给 10 000 引，说明李棠的权势较吕铭等主人的权势要低。

在吕铭和李棠奏中盐引的事例中，逻辑上，敕许占窝除了挤占普通商人的中盐权利外，对政府财政收入，似乎只有微弱的影响。但据事后官僚集团的反应可知，敕许占窝对政府财政的消极影响是巨大的。

成化四年（1468 年），宪宗敕令户部，"今后内外官员之家，不许占中盐引，侵夺商利，亏损边储"，并且遣太监、御史整治两淮等处盐法。①这条禁令后来还收入了《大明会典》。②但这种禁令总是模棱两可、模糊主要矛盾。从逻辑上，今人很难理解势要占窝，尤其是敕许占窝，除了侵夺商利之外，为什么还会"亏损边储"。假定盐引不超发，不超过盐场的生产能力和食盐销售市场的容量（A），而且全部用于边中（B），即使普通商人一引不得，全部归于势要，而且势要获得盐引后，只能通过定额的纳粮贩盐，或者倒卖盐引勘合获利（C），那么政府通过开中获得边镇粮储的目的都可以达成。但是，势要占窝，尤其是敕许占窝发生后，政府的这一财政目的往往大受影响，其原因何在呢？

从逻辑分析看，上述三个条件中任何一个不能满足，都会影响政府开中财政目的的达成。（A）、（B）两个条件是政府可控的，与势要占窝有关的是条件（C）。

从成化、弘治、正德三朝敕许占窝的情况看，敕许占窝事例发生的频率貌似很低，但影响却是巨大的。从实录的记载看，成化间仅有两例，一是上面提到的成化二年吕铭、李棠的奏讨两淮存积盐 65 000 引，另一例是成化十六年（1480 年）赐宪宗王皇后母亲段氏中两淮常股盐二万引。③而成化二十三年（1487 年）九月，孝宗即位诏中有一款说：

> 盐粮国用所资，近年以来钦赏数多，及被内外势要之人奏讨奏买存积、常股并盘割私余盐斤，挽越支卖，夹带私贩，以致上损国课，下夺民

---

① 《明宪宗实录》卷 51 "成化四年二月丙辰"，"中央研究院"历史语言研究所校勘影印本，1962 年，总第 1046 页。
② 万历《大明会典》卷 34 《课程三·盐法三》，明万历十五年刻本。
③ 《明宪宗实录》卷 200 "成化十六年二月戊寅"，"中央研究院"历史语言研究所校勘影印本，1962 年，总第 3519 页。

利。诏书到日,各该巡盐巡按御史即查前项盐课,除已支卖外,其未支擎者,俱各住支还官。今后行盐,各照地方,不许越境贩卖,各边开中引盐及籴买粮草,俱不许势要及内外官员之家求讨占窝,领价上纳,亦不许巡抚管粮等官徇情受嘱,违者巡按御史纠举。①

弘治年间敕许占窝的情况,武宗即位诏里有一个简要的描述,该即位诏内有一款云:

> 盐粮以济边饷,国用所急。近年以来,钦赏数多,及被内外势要罔利之人奏讨奏买存积、常股、并盘割私余、及风雨消折等项盐斤,挽越支买,夹带私贩,以致盐法阻坏,商贾不行。诏书到日,各该巡盐巡按御史即便从实查理,除已支卖外,其未支擎者,俱各住支还官。今后行盐各照地方,不许越境贩卖。各边开中引盐及籴买粮草,俱不许势要及内外官员之家求讨占窝,领价上纳。巡抚管粮等官徇情受嘱者,许巡按御史指实纠举。②

即位诏表示的是新皇帝除旧布新,对前任秕政的纠正,对新朝政治的展望。比较二份即位诏的相同条款可知,文字基本相同,小有差别。这说明宪宗和孝宗一样,在盐政方面,都有着相同的秕政。这个秕政就是用皇权纵容势要占窝。所谓"奏讨奏买""求讨占窝",指的都是皇帝授予势要中盐的权利,也就是敕许占窝。敕许占窝所指向的盐引,除了主要派做边中用的常股、存积盐外,还有"盘割私余盐斤",到弘治时发展到"风雨消折"盐斤。后两种盐斤不属于开边正盐,可以在盐场中纳(本文简称场中),甚至纳银户部报中,手续简便,利润更高。

明代历朝实录中,孝宗即位诏首次出现"占窝"一词,从语汇的起源讲,"占中"来自官方的盐政用语,从字面上看,可以理解为"占据开中"的略语;而"占窝",根据上引王振忠的研究,则是来自山陕俗语。经过43年的演

---

① 《明孝宗实录》卷2"成化二十三年九月壬寅","中央研究院"历史语言研究所校勘影印本,1962年,总第12—13页。
② 《明武宗实录》卷1"弘治十八年五月壬寅","中央研究院"历史语言研究所校勘影印本,1962年,总第15页。

变,俗语成为官方用语,说明占窝已是盐引开中活动中的常见现象。两份继位诏中所谓的"求讨占窝"是针对"开中引盐"说的,"领价上纳"则是针对"籴买粮草"而言(后者不在此文讨论范围)。

敕许占窝不仅伤害普通盐商的利益,也危害国家财政。其中危害国家财政最有杀伤力的具体方式是"夹带贩私"。势要"夹带贩私"的情形,在弘治元年(1488年)孝宗给清理两淮盐法户部左侍郎李嗣等人的敕书中有概括的描述:

> 近闻运司盐课,递年亏欠,客商往往不肯报中。原其所以,皆因始则买窝中纳,多费资本,及到支盐之处,又被官赏官卖、长芦夹带及官豪势要有力之家挨撑,一时无盐支给,守候年久,只得借债买盐,抵充官课,照引发卖,盘费又加数倍。此客商受亏之弊也。
>
> 其盐课亏欠,亦由各场灶丁多缺,有司不即佥补,山场草荡多被豪势占据,仓敖锅盘年久损坏,不能修治,灶丁艰窘,无所赈恤,而又总催人等倚恃豪猾,客商到场,勒要财物,不然任其自买,全不为理;灶丁所煎盐课,又强收私家,潜卖与人,或答应势要。比较之际,不过虚出通关,申缴上司。此盐课不完之弊也。
>
> 由是官盐不足,私盐盛行。加以运司姑息逢迎,御史因循不理,盐法既坏,边储欲充难矣。①(此条史料简称《弘治清理盐法敕》)

上引敕书中提到盐课的亏欠情况。据李嗣的题报,两淮运司自宣德至成化末的61年间,积欠的盐课为500余万引。②两淮运司每年额课为705 180引,积欠盐课平均到每年,约占每年额课的11.62%。这个比例,不至于造成两淮运司存在大量不能偿付的积引。问题在于两淮私盐的流出恐怕远远要大于这个比例。正如该敕书所指出的,普通客商到场支盐,如果不行贿赂,盐场的总催对他们不会理会。势要有钱又有势,总催则将灶户所生产的课盐强收入私家,

---

① 《明孝宗实录》卷16"弘治元年七月己丑","中央研究院"历史语言研究所校勘影印本,1962年,总第403—404页。
② 《明孝宗实录》卷25"弘治二年四月乙未","中央研究院"历史语言研究所校勘影印本,1962年,总第563页。

"潜卖与人，或答应势要"。造成"官盐不足，私盐盛行"的局面。而盐政官员姑息逢迎，任其发展，国家用盐法充裕边储的财政部署大打折扣。

敕许占窝的情况在正德朝更加恶性发展。

正德元年（1506年）正月，户科左给事中尚衡进言四事，其中论"权豪阻坏盐法"说："近来皇亲驸马、公侯太监家人，开中引盐，诡名包占，凭藉声势，强中强支，商人聚守，资本折阅。是以近日各边报中者，视昔甚少。"①

到正德十六年（1521年）四月，世宗以藩王入继大统，才痛下狠手，治理势要占窝。世宗即位诏中一款规定：

> 权势中盐，侵夺民利，并客商中盐增价转卖，俱问罪入官，律有明禁。近年以来，奸商投托势要，每遇开中，尽数包占，转卖取利，甚至奏开残盐，减价中支，每米一石，支盐四引，任场买补，夹带私盐，阻滞正课，以致盐法大坏，边储告乏，罪虽宥免，盐当追没。诏书到日，巡盐御史并各运司官，即便查访盐粮勘合内坐到已支未掣，并未派未支盐课，但系商人投托势要，诡名占中，卖窝买窝，及河东运司盐课，例该宣府中纳，被势要奏讨，卖窝别处开中，并奏开残盐，减价报中者，悉照《大明律》裁革入官，不许放掣派支。敢有将势要中盐卖窝买窝情由设计隐瞒，仍旧冒支官盐掣卖者，许诸人首告给赏，正犯追完盐课发边远充军。干拟势要，奏闻处治。巡盐御史、运司官吏知情容令掣支，各治以罪。其见堆皇盐，并各处已卖银两未卖盐斤，尽数入官。各项入官盐课，巡盐御史作急回奏，户部查照边储急缺去处，开中本色粮料，以济急用。②（此史料简称《世宗即位诏》）①

这条史料里谈到了敕许占窝对国家财政的两大损害，一是"减价中支"，一是"夹带私盐，阻滞正课"。第二是提到了正德间"皇盐"。所谓皇盐，就是皇帝派出太监、武官行盐，直接侵夺国课。成化、弘治年间，为筹集织造费

---

① 《明武宗实录》卷9"正德元年正月己亥"，"中央研究院"历史语言研究所校勘影印本，1962年，总第282页。

② 《明世宗实录》卷1"正德十六年四月癸卯"，"中央研究院"历史语言研究所校勘影印本，1962年，总第17—18页。

用，有派出太监行盐的事例，具体占窝何处盐场盐引不明。①正德元年（1506年）九月，武宗又派出太监织造，命给长芦盐12 000引贩卖，遭大臣强力反对，改命半给现银，半给盐引。②又有太监张阳、都指挥佥事魏玺党附武宗宠臣江彬，"挟皇盐百艘，贸易荆襄间"③。这明显是侵夺了淮盐。第三是提到了"奸商投托势要，每遇开中，尽数包占，转卖取利"。"奸商投托势要"，下文再谈。第四是，对敕许占窝和由此衍生的"奸商投托"占窝，做了较彻底的清理和没收。

由于世宗出身藩王，与成化、弘治、正德以来的皇室及其亲贵关系较浅，故能对敕许占窝做较彻底的清理，可以这么说，敕许占窝经历三朝发展后，到这里就走向衰落。但此后职权占窝却是越加发展，这一点和嘉靖朝余盐政策的大变化有关。这一点留待另文论述。下面接着谈势要占窝跟皇权与资本联姻的关系。

五、"奸商投托势要"及权力与资本的联姻

由上面第四节的叙述可知，成化到正德年间，敕许占窝表现出如下特征。

第一，从权力背景看，敕许占窝下势要权豪对中盐权利的取得与垄断，来自最高权力——皇权的特许。这种特许和职权占窝一样，也是违法的，但由于两千多年的君主专制社会中，实际上君权一直高于法，特许占窝对盐法的破坏也就来得更为猛烈，而且从成化到正德，越发变本加厉，以正德朝为最严重。《明武宗实录》卷172"正德十四年三月己亥"条记载：

> ［武宗］准宛平县商人龚俸等报中两淮运司存积、常股残盐三十余万引，仍令就便收买，不次秤掣。前此已准张安报中，后又［准］贝林、张

---

① 《明武宗实录》卷17"正德元年九月戊寅户部尚书韩文谏言"，"中央研究院"历史语言研究所校勘影印本，1962年，总第505—506页。
② 《明武宗实录》卷17"正德元年九月戊子、辛卯"，"中央研究院"历史语言研究所校勘影印本，1962年，总第511—516页。
③ 《明世宗实录》卷4"正德十六年七月辛酉"，"中央研究院"历史语言研究所校勘影印本，1962年，总第178页。

春、萧儒等，户科、户部执奏，皆不从。盐法于是尽废矣。①

第二，敕许占窝下的开中表现出银纳化的趋向，越往后越明显。

第三，敕许占窝的目标是占夺利润最大的存积盐、割没私余盐、消折盐。这一点，上引《世宗即位诏》有概括性的描述。

第四，数额巨大。《正统九年敕》中曾规定，商人纳粮开中不得超过3000引，敕许占窝远远超过这个数额。弘治十六年（1503年），寿宁侯张鹤龄家人杜成等人奏请纳银户部，乞中两淮残盐100余万引，户部执奏，孝宗命给80万引，随场自买。不久，庆云侯周寿家人周洪等也奏请纳银户部，报中两淮风雨消折盐课。户部执奏，孝宗命于实征册内予80万引。②两淮每年的正额盐课只有705 180引，两家奏讨的引盐竟是它的2.27倍。

第五，夹带私盐，疯狂走私。弘治二年（1489年），孝陵卫致仕千户谭英上奏指出："势家奏乞之数，则不拘年次，本场无盐，辄易他所，三陪（倍）加支。"③

第六，伴生现象"奸商投托势要"。这一点，在上引《世宗即位诏书》中已经做了描述。这种现象，在正德十一年（1516年）以后，《明武宗实录》中多有记载。如顺天府宛平县民马成报中淮盐12万余引，后淮盐不够支付，经武宗特许，改拨仪真、淮盐两批验所的掣割余盐。④商人张铎输草中银，因未按时到仓，被减价。武宗特许偿付白银23 700余两，又准奏开两淮残盐。⑤

从这个伴生现象里面，可以看到一个趋势，就是大商人资本的成长和皇权

---

① 《明武宗实录》卷172 "正德十四年三月己亥"，"中央研究院"历史语言研究所校勘影印本，1962年，总第3317页。
② 《明孝宗实录》卷202 "弘治十六年八月癸丑"，"中央研究院"历史语言研究所校勘影印本，1962年，总第3764页；《明孝宗实录》卷205，弘治十六年十一月癸未，"中央研究院"历史语言研究所校勘影印本，1962年，总第3816页。
③ 《明孝宗实录》卷30 "弘治二年九月戊寅"，"中央研究院"历史语言研究所校勘影印本，1962年，总第676页。
④ 《明武宗实录》卷138 "正德十一年六月丙子"，"中央研究院"历史语言研究所校勘影印本，1962年，总第2730页。
⑤ 《明武宗实录》卷139 "正德十一年七月丙戌"，"中央研究院"历史语言研究所校勘影印本，1962年，总第2735页。

及国家权力的结合，挤兑小商人资本，尤其是随着北部边防形势的紧张，"奸商投托势要"的现象开始合理化、合法化。

正德十四年（1519年），明廷于宣府预开正德十五年份两淮盐课30万引、两浙盐课20万引，《明武宗实录》解释它的意义说：

> 先是每岁终盐课征完，奏缴通关到部，乃得开中。至是国用窘乏，预行开中，盐无见课，乃许商人随便买补关支，冀济一时之急云。①

看来，为了解一时财政的急需，皇权对大商人首先让步了。不过以文官为主体的政府，还没有打算轻易向皇权与大商人资本的联合体投降。这条纪事之后，《明武宗实录》里又记有淮商郭弼等由报中河东盐改报中两淮盐22万引及商人陈勇屡改报中的事，尽管皇帝最终都予以了特许，但户部都采取了执奏的态度。②

可以这么说，通过敕许占窝，皇权和大商人资本已经走到了一起，这就是"奸商投托势要"的真相。

六、结　语

洪武时期制定的开中法，在食盐运销的环节引入了市场机制。这个市场机制有两方面的内容。一是食盐运销权的市场化，一是食盐运销权的证券化。食盐运销权市场具有单边充分市场的特点，而作为食盐运销权证券的盐粮勘合不得买卖交易，也就是盐粮勘合市场尚不存在。宣德以后，这两方面的内容朝着貌似背离的两个方向发展。一方面，食盐运销权的单边充分市场逐渐走向垄断，盐粮商群体越来越呈现寡头化的特征；另一方面，却是盐粮勘合交易市场的形成。

---

① 《明武宗实录》卷173 "正德十四年四月戊寅"，"中央研究院"历史语言研究所校勘影印本，1962年，总第3354页。
② 《明武宗实录》卷175 "正德十四年六月丁丑、乙酉"，"中央研究院"历史语言研究所校勘影印本，1962年，总第3385、3402页。

所谓食盐运销权的单边充分市场，指的是食盐运销权初级市场的购买方是没有特权身份限制的大众，他们只要按照开中榜文（亦称开中则例，有如现在的招标书）的要求提供政府所需要的粮草，就可以先到先得，获得食盐运销权。这一市场制度是由《大明律》禁止四品及以上官员势要中盐的律条加以法律保障的。但是，这一律条和洪武时期制定的许多制度、法规一样，都具有理想性。该禁律的理念，来自儒家思想中权贵不得与民争利的伦理原则。孔子曾经说过："君子不尽利，以遗民。"①西汉大儒董仲舒在《春秋繁露·度制》（卷第八第二十七）里解读说：明圣者仿照上天的法则订立制度，"使诸有大奉禄，亦皆不得兼小利、与民争利业，乃天理也"②。尽管权贵不得与民争利的伦理原则已经落实到了法律的层面，然而，当原则和法律遭遇实际权力和利益的时候，就变成了无法落实的空想和具文。

首先，由于民间难以提供规模性长途粮食供应，在宣德五年（1430年）到正统九年（1444年），为了实现国家开中的财政利益，明朝政府突破了禁止权贵与民争利的律条，允许文武官员之家纳粮中盐，优先兑现。于是，政府财政利益与势要的利益就达成了一致。这样14年下来，与开中、粮饷管理相关的官员利用手中职权谋取垄断开中利益的行为，亦即职权占中，就日益泛滥起来。当明朝政府发现职权占中不仅与民争利，而且纳粮中盐者凭借特权以次充好，就便上仓降低了开中的财政收益时，再下令禁止势要占中。

可是，到成化年间，势要占中不仅没有得到有效遏制，反而变本加厉，演变为占窝卖窝，也就是利用政治特权倒卖盐粮勘合牟利。于是盐粮勘合交易市场，或者说食盐运销权的二级市场，就以非法的形式出现并存在着。

随着场中和纳银开中的开展，成化到正德年间，势要占窝的另一种形式——敕许占窝日益发展。所谓敕许占窝，就是大商人通过皇帝身边的贵戚、宦官，投托皇权，取得政治庇护，垄断开中，大行走私，亦即所谓"奸商投托势要"。在敕许占窝下，投托势要的大商人不仅垄断了食盐运销权初级市场的买方，而且也成为二级市场上的垄断者，使得在二级市场上购买盐粮勘合的中小商人不能顺利获利，从而影响边中的财政效率，有如前引《世宗即位诏》里

---

① 《礼记·坊记》，《十三经注疏》第6种《礼记正义》，北京：北京大学出版社，2000年，第1654页。
② 钟兆鹏主编：《春秋繁露校释》上册，石家庄：河北人民出版社，2005年，第512页。

所说的,"阻滞正课,以致盐法大坏,边储告乏。"

总而言之,从宣德到正德时期,开中制度下的食盐运销权市场变得复杂起来。一方面是初级市场的买方单方充分市场向着表现为"势要卖窝"的权贵与大商人资本联合垄断的市场发展,另一方面是二级市场(盐粮勘合交易市场)的形成。初级市场的垄断化,在敕许占窝的情况下表现得更为突出。初级市场的这种变化,与二级市场的形成,既基于共同的背景,如财政的白银化(纳银中盐)、洪武盐法的破坏,又因为作为市场主体各资本的权力构成高低不同,呈现出背离的发展趋势。投托势要,尤其是投托皇权的大资本,凭借其高权力构成,不仅垄断了初级市场,既挤压了低权力构成的普通商业资本的利润空间,妨碍了二级市场的顺利运作,又侵夺了国家的财政收入。

然而,这种状况并非一种均衡的稳态,其中的关键是各市场主体间的利益分配没有达到均衡。明朝盐法的演变如何达成个主体间利益的新均衡,将另文论述。

中国传统典当业净利润率初探

刘秋根 *

摘　要：历代典当业常因为利率高而受到社会谴责，但它作为一种传统金融企业，所得利润率却并不是那么高，依据银行业资本金利润率计算的方法，可见：至少自宋代以来典当业利润率既有年 30%，也有年 20%，较低的有年 10%，甚至 5%—6%，通过对数字遗留较多的清代官府典当业及晋商民间典当业利率估算，其利润率多在 10% 左右。我们在评价某个行业尤其是传统行业利率是太高还是太低，或者批评其剥削率如何时，一定要考察一下它的收益率，即利润率如何，而不能单纯考虑其利率。

关键词：典当业　利润率　传统企业　高利贷　资本金

一、问题的提出与概念的界定

典当业的利润率，是典当铺一定会计期间的经营成果，是评价典当业管理业绩的指标之一，也是典当投资者决策的重要参考依据。关于典当业的研究成果很多，然此前学术界多重视典当业赎当的利率高低，并因赎当利率的高昂而将典当业当作高利贷资本重要组成部分，认为它剥削繁重，多作出消极评价。近年来，学术界认识到贷款的利率只是毛利率，与净利润率不是一个概念，所

---

* 刘秋根，男，河北大学宋史研究中心教授，主要研究方向为中国古代高利贷资本、典当业、合伙制等。
① 国家社会科学重大招标课题《山西契约文书收搜集、整理与研究》（ZD14B036）中期成果。

以开始重视商业金融业利润率问题，同样，典当业也是如此。如潘敏德先生研究了典当业投资人每年自典当投资中获得的利润，晚清保守估计有20%，民国时期则下降为10%[①]；王裕明先生研究探讨了徽商典当的赢利能力，提出了铺本净利率、赎本利润率、自本净利率、架本净利率等，各类利率利润率的计算方法也各不相同。[②]刘建生等计算典当利润率时，使用的方法前后不一致：他计算民国北京某当铺的利润率时，以利润总额/（架本+现存资本）×100%的公式计算，结果为14.7%；而他在计算清末成章当两年的利润率时，以利润总额与架本之比来计算，又把现存资本从基数里去掉了，结果为9.6%和2.4%[③]；李国俊以利润总额与当本之比为利润率，他计算的南京某典当1930—1934年五年的平均利润率为9.57%，所以他认为典当资本实际获利并不像人们想象的那样高。[④]杨勇更是避开利润率的计算方法问题而直言利润率，认为清末民国典当的营业额虽然有所发展，但利润率却是下降的。[⑤]

以上所述，是近年来对利润率进行实证研究的重要成果，显示出了典当业利润率研究的新进展。但综合来看，其中还是存在一个没有解决的问题：各家计算中的基数不一样。换言之，他们都是在没有对利润率的概念进行界定的情况下进行利润率计算的，因而计算方法各异，以致缺乏可比性，不易发现典当利润率究竟有多高。

本文以为，典当既然是与银行相似的金融机构，即应以银行的利润率计算方法来计算。银行的利润率有两种，一种资本金利润率，反映的是银行所拥有的资本金的赢利能力，其计算公式是：利润总额/资本金×100%。还有一种利润率是反映银行每一项营业收入能带来利润多少的指标，其计算公式是：利润总额/营业收入×100%。[⑥]反映的是典当铺作为企业的管理能力。本文即欲运用以上概念，先以传世文献为主对中国历代典当业的利润率问题作一个整体上的、长时段的考察。然后，对数字材料相对比较丰富的清代民国时期进行数量

---

① 潘敏德：《中国近代典当业之研究》第五章，《台湾师范大学历史研究所专刊（13）》，台北：台湾师范大学历史研究所，1985年。
② 王裕明：《明清徽州典商研究》第三章，北京：人民出版社，2012年。
③ 刘建生：《山西典商研究》第五章，太原：山西出版集团，2007年。
④ 李国俊：《近代苏南典当资本经营分析》，苏州大学硕士学位论文，2005年。
⑤ 杨勇：《近代江南典当业的营业额与利润率》，《江西财经大学学报》2011年第2期。
⑥ 张淑彩：《商业银行会计学》第十七章《会计分析和会计检查》，西安：陕西人民出版社，2004年。

上的计算，并运用民间文献中的记载对典当业利润率作两种类型的考察，以考察其资本金赢利能力及管理水平。

二、历代典当业利润率的考察

关于典当业的利润率，各代文人留下了不少记载，如宋代的袁采说：将资金"用以典质营运，三年而其息一倍"①，即三年的利润率是100%，一年的利润率就是33.33%，每月不足3%。他说的情况还可以从其他记载得到印证，南宋广南西路某寺院创立质库之后"因思山间日用，惟盐为最急，以日而会所费尤不赀。于是复以其修造之赢余，铢积寸累仅四百缗，创为西库，月收息可十二缗，仅足偿一月市盐之费"②。这是一家佛寺开的当铺，本钱是四百贯，一个月的利润为十二贯，利润率为3%，比袁采说的稍高。当然，佛寺里的当铺风险较小，又没有官府的差役，所以其利润率比社会上的典当利润率稍高。南宋末官府解库的利润率似乎有所下降，"本州有万缗解库，岁有出息约二千缗"③，即这座当铺的年利润率为20%，月利润率则不足2%。明代刘少彝说："而质库无论大小，凡三年必益其一，其甘苦利害较若列眉，岂待智者而后辨哉？"④这是说，开典当，三年肯定能增开一座，年利润约33.3%，与袁采的说法大体一致。

清代以后一些地方的利润率，如果据典商自己的说法，可就低多了，如乾隆时湖南的当商们说："楚省开典……俱系领本借贷合伙开张，每岁所当不过数千余两，所获之利无几，名为三分，除还过银利、房租、人工、食用诸费之外，所余实在只有数厘之利，养家糊口，赖此锱铢……商等携揭资本，别井离乡，远涉长江洞庭，备尝风波艰苦，抛妻弃子，冀获蝇头。年节除房租、工食等用，通盘彻算，虽有三分之名，而并无二分之实。况系认领本钱，年底结算归还，所余不

---

① （宋）袁采：《袁氏世范》卷1《睦亲·同居不必私藏金宝》，天津：天津古籍出版社，1995年。
② （清）谢启昆：《粤西金石略》卷12《本寺创库本公据》，《宋代石刻文献全编》，北京：北京图书馆出版社，第4册，2003年。
③ （宋）陈栎：《定宇集》卷9《通守陈公传》，文渊阁四库全书，第1205册。按：上述寺库与此家官府解库，所言"月收息""岁有出息"，也可视为固定的利率。
④ （明）刘少彝：《荒箸略·赈之五》，《丛书集成续编》，台北：新文丰出版公司，1988年。

上分许微息而已……置田尚有分许之息。今商等远父母、别妻子，奔驰数千之外，觅此蝇头。且前署宪示当质银两，小票照例三分取息。今概议减息四五厘，则实仅得五六厘之利矣"。①他们说，他们的典当净利润率每月只有一分左右，一年大约就是12%，如果推行减息，甚至只有5%—6%。当然，这也与湖南地方政府多次敦请他们减息，他们故意把利润率说低有关。清末的《申报》说："近年以来丝价益贱，多以典质为谋生之计，故每开一典铺资本非二三十万金不可，贫民之多于此可见。现在湖属典当以长年二分四厘起息，各当之赚钱除开销、日用、薪俸及官利之外，其赢余有每年二三万不等者，十年之后其赢余又可开一当铺。"②这篇文章指斥了典当重利盘剥的问题，也提到了典当的净利润率，根据文章的数字：花二三十万两银子开一座当铺，每年的利润是二三万两，十年之后就可以再开一座。这就是说，典当的年利润率大约是10%。

综上所述可见，至少自宋代以来，典当利润率既有年30%，也有年20%，最低的是年10%。

三、清代官府典当业资本金利润率的估算

相比以前各代，清代的资料相对比较丰富，我们拟分官府典当与私人典当两个方面再做些数字计算。如乾隆十九年四月二十七日和硕庄亲王等奏："今据各该管当官员将吉庆等十当所得乾隆十八年利银数目呈报前来。查得各当原有成本银三十一万八千五百六十八两三钱二分四厘九毫，自乾隆十八年正月初一日起至十二月三十日止，核计所得利银自九厘三毫至六厘三毫不等，共实得过利银三万六百二十二两四钱五分一厘八毫。"③这十座内务府属下的当铺，本银是 318 568.324 9 两，一年的利润是 30 622.451 8 两，利润率为9.61%。乾隆三十三年四月二十日，内务府向皇帝报告说："今据该员等呈称，职等领得额驸拉旺多尔济十年俸银，并缎匹折银，共计银一万六千七百七两五钱八分八

---

① 《乾隆嘉庆湖南典商减息案》，刘建民先生藏。
② 《申报》2715号《劝典当让利说》。
③ 《内务府奏销档》，转引自《北京师范大学学报》1978年第6期《红楼梦历史背景资料之三清代前期的高利贷和典当业》。

厘，于二十九年三月内开设玉成当生息，至三十二年三月初六日止，三年所得利息内，除买房间装修并拨补钱盘外，净得利银四千六百四十二两四分一厘六毫，业经按年呈明，具奏在案。今查自上年三月初七日起，至本年三月初六日止一年，除铺内伙食、劳金、纸笔等项费用外，净得利银二千四百二十九两八钱二分六厘。按原架本合计，每月每两得利银一分零。现在实存本利银二万三千七百七十九两四钱五分五厘六毫，房间装修值银一千八百两，以上统计二万五千五百七十九两四钱五分五厘六毫。"①玉成当的本银是 16 707.588 两，三年的利润是 4642.0416 两，利润率为 27.78%，年平均为 9.23%。最近一年的利润是 2429.826 两，利润率为 14.54%。

这是内府系统以官款自己开设的当铺。另外，还有以发商生息银两中部分资金为本开设的当铺。其利率，如四川总督鄂尔泰上奏说："而重、夔二当，本银四万一千九百余两，每年息银仅获五千三四百两，较之钱局悬殊。"②两座当铺本银是 41 900 两，一年的利润不足 5400 两，利润率将近 12.89%，但鄂尔泰认为这个利润率很低。广西巡抚金鉷报告说："窃照臣标兵丁蒙恩赏给银六千两营运生息一案。先于桂林省城开设当铺一座，及买米置货，贸易生息。自雍正七年八月起至八年年底止，实得息银五百六十余两，已经咨明户、兵二部在案。雍正九年四月内，收回买货之银，又在桂林添设当铺一座，本年一年共计净得息银六百五十余两，连前共实得息银一千二百余两。"③桂林的这座当铺本银是 6000 两，一年零四个月之后利润是 560 两，利润率为 9.33%。

以上我们得到的内务府资本及发商生息资金所设典当的年利润率共有六个数字：9.61%、12.89%、9.23%、14.54%、9.33%、12.89%。当然，这都是官员们向皇帝报告的利润率，也可能故意压低，如果这一心理因素不论，则清代官府典当的利润率约在年 10% 左右。

---

① 《内务府奏销档》，转引自《北京师范大学学报》1978 年第 6 期《红楼梦历史背景资料之三清代前期的高利贷和典当业》。

② 《清高宗实录》卷 375，乾隆三十年甲戌条。

③ 雍正《硃批谕旨》第 15 函，北京：北京图书馆出版社，2008 年，第 6 册，第 40 页，转引自《北京师范大学学报》1978 年第 6 期《红楼梦背景资料之三清代前期的高利贷和典当业》。

四、以晋商典当为例估算清代民国民间典当利润率

那么清代民间典当铺的利润率有多高呢?能说明这一问题的资料在传世文献中是很罕见的,但在目前民间文献中也仅有晋商所遗存文献中的账簿、信稿、清单等有所反映,尤其是清单更能说明问题,以下即以山西收藏家协会会长刘建民先生收藏的一部分晋商典当清单对这一问题作一个考察。但有三个问题得事先作些交代:首先,清代典当业普遍存在多种经营问题,故而最终利润率所反映的不光是典当业的利润率,但要想从最后的利润里剔除其他兼营行业业务所产生的收入及应分摊的费用,是很困难的,所以本文既不剔除那些兼营业务的收入,也不剔除它们应该分摊的费用,而是进行混合计算。其次,利润率的计算方法不同,其结果是完全不同的,为了避免分歧,本文仅以原始材料上的数字为准,并没有用现在计算利润的方法重新推算。所计算过的当铺及其利润率情况如下。最后,还有货币尤其是铜钱买卖价的波动导致的典当利润率的较大波动,原因相当复杂,再加上清单的地区归户性较差①,故而难加细究。文中也就没有详细分析,留待以后继续探讨。

第一,乾隆佚名某当。清代前期如乾隆十六年(1751年)的一座当铺清单(名字不详),原本银3480两,护本银是715两,都是当商的资本,二者共4195两。一年的利润是646两3钱5分,利润率为15.41%。

第二,乾隆两益当。乾隆五十四年(1789年)的两益当,原本银3600两,一年的利润是666.39两,利润率为18.51%,比以上所述官府典当的利润率稍高。

第三,道光永承当。其利润率如表1所示。

---

① 所谓"归户",原指将契约文书的形成地点,即它们是由什么家庭"创作"的问题搞清楚。现在这个概念的内涵似乎有较大扩展,不但家庭归户,将此文书的地点、行业弄清楚,也被归入"归户"探讨的范畴。可谓之"地区归户""行业归户"。

表 1　永承当历年利润率一览表

年份	原本	利润	利润率
道光十五年	35 000 千文	1 355 千 650 文	3.87%
道光十六年	35 000 千文	2 213 千 440 文	6.32%
道光十八年	35 000 千文	8 千 360 文	0.02%
道光十九年	35 000 千文	1 122 千 430 文	3.21%
道光二十二年	35 000 千文	4 003 千 580 文	11.44%
道光二十三年	35 000 千文	6 078 千 470 文	17.38%
道光二十四年	35 000 千文	4 618 千 160 文	13.19%
道光三十年	35 000 千文	4 155 千 920 文	11.87%
咸丰元年	34 000 千文	5 025 千 400 文	14.78%

这家当铺的利润率开始很低，道光二十二年（1842 年）后才超过 10%，最终也没有超过 20%，年平均为 9.12%。

第四，咸丰成章当。其利润率如表 2 所示。

表 2　成章当历年利润率一览表

年份	原本	利润	利润率
咸丰七年	18 900 千文	2 055 千 750 文	10.88%
咸丰九年	18 900 千文	1 568 千 397 文	8.30%
咸丰十一年	6 000 千文	397 千 70 文	6.62%

这家当铺的利润率明显降低了，年平均为 8.60%。

第五，同治、光绪义和永当。其利润率如表 3 所示。

表 3　义和永当历年利润率一览表

年份	原本	利润	利润率
同治六年	6500 千文	1204 千 612 文	18.53%
同治十三年	6500 千文	4002 千 829 文	61.58%
光绪二年	6500 千文	5828 千 588 文	89.67%
光绪五年	6500 千文	1910 千 710 文	29.40%
光绪六年	3250 千文	2490 千 118 文	76.61%
光绪八年	8250 千文	2236 千 134 文	27.10%
光绪十一年	8250 千文	4479 千 891 文	54.30%

这家当铺的利润率很高,但这些清单相隔的时间都很长,从光绪五年(1879年)以后,清单上不再开列以前的利润,所以清单上的利润数字很可能不是一年的,而是几年累计下来的,所以利润率才显得很高。我们以前后衔接的光绪五年、六年的数字重新分析一下,光绪六年的利润数字里就包括五年的利润数字,这样光绪六年的利润应是 2490 千 118 文—1910 千 710 文=579 千 408 文,与原本 3250 千文相比,利润率仅为 17.83%,这就可信多了。其他年份都没有这样的前后衔接,所以没有这么计算。

第六,光绪宏盛当。其利润率如表 4 所示。

表 4 宏盛当历年利润率一览表

年份	原本	利润	利润率
光绪五年	8500 千文	亏 289 千 163 文	-3.40%
光绪六年	8500 千文	468 千 685 文	5.51%
光绪七年	8500 千文	344 千 155 文	4.05%
光绪七年(修正)	8500 千文	189 千 550 文	2.22%
光绪九年	8500 千文	580 千 878 文	6.83%
光绪十二年	8500 千文	426 千 391 文	5.02%
光绪十三年	8500 千文	600 千 952 文	7.07%
光绪十七年	8500 千文	536 千 587 文	6.31%
光绪十九年	8500 千文	410 千 35 文	4.82%
光绪二十三年	7565 千文	513 千 106 文	6.78%

这家当铺的利润率很低,没有超过 10% 的年份,年平均为 4.20%。

第七,光绪后期元吉公当。其利润率如表 5 所示。

表 5 元吉公当历年利润率一览表

年份	原本	利润	利润率
光绪二十九年	40 300 千文	6 223 千 130 文	15.44%
光绪三十年	37 180 千文	48 千 600 文	0.13%
光绪三十二年	37 180 千文	409 千 640 文	1.10%
光绪三十三年	37 180 千文	78 千 860 文	0.21%
光绪三十四年	37 180 千文	82 千 850 文	0.22%
宣统元年	36 660 千文	1 494 千 750 文	4.07%

这家当铺的利润率下降得很明显，年平均为3.53%。

总括以上数字可见：清后期的典当，其资本金虽然不是每年变化，但也渐地有所变化。其资本金利润率高低相差悬殊，但超过20%的不多。

第八，宣统民国裕庆当。其利润率如表6所示。

表6　裕庆当历年利润率一览表

年份	原本	利润	利润率
光绪三十四年	12 000 千文	902 千文	7.52%
宣统元年	12 000 千文	1 118 千 480 文	9.32%
宣统二年	12 000 千文	1 489 千 940 文	12.42%
宣统三年	12 000 千文	722 千 100 文	6.02%
民国元年	12 000 千文	791 千 700 文	6.60%
民国二年	12 000 千文	1 132 千 566 文	9.44%
民国三年	12 000 千文	854 千 734 文	7.12%
民国四年	12 000 千文	2 047 千 751 文	17.06%
民国五年	12 000 千文	1 544 千 259 文	12.87%
民国六年	12 000 千文	1 467 千 387 文	12.23%
民国七年	12 000 千文	1 446 千 326 文	12.05%
民国八年	12 000 千文	1 478 千 719 文	12.32%
民国九年	12 000 千文	854 千 208 文	7.12%
民国十年	12 000 千文	2 325 千 359 文	19.38%
民国十一年	12 000 千文	1 718 千 933 文	14.32%
民国十二年	12 000 千文	1 567 千 740 文	13.06%
民国十三年	12 000 千文	3 187 千 566 文	26.56%
民国十四年	12 000 千文	101 千 694 文	0.85%
民国十五年	12 000 千文	3 447 千 180 文	28.73%
民国十六年	12 000 千文	2 058 千 960 文	17.16%
民国十七年	12 000 千文	4 893 千 860 文	40.78%
民国十八年	12 000 千文	2 332 千 365 文	19.44%
民国十九年	12 000 千文	6 201 千 447 文	51.68%
民国二十年	12 000 千文	亏 40 672 千 740 文	

这家当铺的资本金一直都是12 000千文，是稳定的。资本金利润率呈缓慢上升的态势，但超过20%的年份只有四年，年平均为15.83%。

第九，民国天裕当。其利润率如表7所示。

表7 天裕当历年金利润率一览表

年份	原本	利润	利润率
民国四年	12 000 千文	1 619 千 529 文	13.50%
民国五年	12 000 千文	1 724 千 747 文	14.37%
民国六年	12 000 千文	1 006 千 792 文	8.39%
民国八年	12 000 千文	3 025 千 550 文	25.21%
民国九年	11 880 千文	3 780 千 146 文	31.82%
民国十年	11 880 千文	4 519 千 214 文	38.04%
民国十一年	14 400 千文	4 308 千 935 文	29.92%
民国十二年	14 400 千文	3 656 千 818 文	25.39%
民国十三年	9 600 千文	2 081 千 442 文	21.68%
民国十四年	9 600 千文	1 182 千 695 文	12.32%
民国十五年	10 000 千文	8 933 千 396 千文	89.33%
民国十六年	10 000 千文	1 549 千 683 文	15.49%
民国十六年	1 430 元	亏 393.967 元	
民国十七年	1 430 元	1 099.914 元	76.92%
民国十八年	4 000 元	1 782.674 元	44.57%

民国十年（1921年）以前，利润率基本是上升的，此后开始下降。民国十五年（1926年）的利润率很高，引起典当的怀疑，所以民国十六年（1927年）计算了两次，一次以铜钱为计量单位，利润是1549千683文，第二次以银元为计量单位，计算结果是亏损了393.967元。这说明此时铜钱跌价很多，典当帐面有利润，其实已经处于亏损状态。后两年的利润率依然很高。

天裕当民国十六年的情况，还可以从其他方面得到证明："惟叙铺中生意，去岁架本虽未多上，而得票利颇可，年终净存架本四万三千三百余串，共得票利一万四千二百七十余串。但逢此沧海桑田之世，百物无不数倍高昂，加之去年四月土匪滋扰，表面化费虽属五百串，而内容大受影响，彼时铺中陡下架本壹万数千，沙市钱价吊至四钱五分上下，所以大赔。钱价空倍月息，以致又属入不敷出，两品下地净亏五佰余串，殊属愧赧，有负诸东君之仰望耳。"①

---

① 《民国当商信稿》，刘建民先生收藏。

这是说，虽然典当收入不少，但因为物价上涨，支出也很大；同时赎当收取的是铜钱，而钱价下跌，典当的收入无形中蒸发很多。两个原因造成典当帐面有利润，实际上亏损很大。也就是说，考察典当业的利润率问题，必须考虑诸多的内在、外在的因素，如以上所引材料中提到的物价、钱价涨跌等。

当然以上所举以晋商为多，这是笔者所见材料的局限造成的，实际上徽商也是有相关记载的，如王裕明所研究的时顺典，乾隆元年（1736年）自本利润率是8.0356%，乾隆五年（1740年）是8.135%。①所谓自本净利率实际上就是资本金利润率。

从以上所引传世文献记载及数字计算可见，我国历史上的典当业净利润率高低相差很大，但总体分析，典当业的净利润率并没有传说的那么高，超过20%就是不错的年份。进入民国，其利润率略有上升，可能也是个别现象。

从时间上说，早期的典当业，典当铺少，净利润率可能就高。后来随着商品经济的发展，当铺开得越来越多，竞争激烈，典当业的利润率会下降。同时资金在社会各经济部门的流动加快，各经济部门之间的利润出现了平均化趋势，典当的利润率也会下降。从空间上说，那些经济发达的地区当铺多，融资渠道多，竞争激烈，利润率也会低。反之，那些经济落后的地区，典当的利润率可能会比较高，而且在全体经济体内部，资金也会向利润率高的地区流动，从而带动一个地区资金的供应，并因此影响典当业利润率的高低。

五、晋商典当营业收入利润率

前文说过，商业银行还有一种利润率，它作为经营成果的指标，反映的是银行每一项收入能带来利润多少，其计算公式是：利润率=利润总额/营业收入×100%。它可以衡量银行的赢利水平，利润率高，说明赢利水平高；反之，说明银行损失、浪费严重，应加强管理。②典当是与银行相似的金融机构，我们也可以采用这种方法计算。下面还是利用刘建民先生收藏的典当清单做成表

---

① 王裕明：《明清徽州典商研究》，北京：人民出版社，2012年。
② 《商业银行会计学》第十七章，西安：陕西人民出版社，2004年。

格,加以分析。

第一,乾隆佚名某典当。乾隆十六年有一家当铺,总收入是1257.2两,利润是646.35两,利润率是51.41%,这说明它的赢利能力还是很强的。

第二,乾隆后期两益当。两益当乾隆五十四年的总收入是2908.927两,总利润是666.39两,利润率是22.91%,说明它的赢利能力不高,浪费比较严重。

第三,光绪恒升大记典当。其利润率情况为:恒升大记光绪四年(1878年)的总收入是6499.1两,总利润是107.83两,利润率是1.66%,这说明这家当铺的赢利能力太低了,实在应该加强管理。

第四,道光三义当。其利润率如表8所示。

表8 三义当历年利润率一览表

年份	总收入	总利润	利润率
道光五年	1769.886 两	713.302 两	40.30%
道光十五年	2708.96 两	1334.904 两	49.28%
道光二十五年	2534 千 90 文	不详	不详
道光二十六年	6725 千 700 文	238 千 810 文	3.55%
道光二十九年	2625 千 150 文	640 千 90 文	24.38%
道光三十年	2493 千 840 文	1188 千 240 文	47.65%
咸丰五年	823 千 360 文	37 千 900 文	4.60%
咸丰七年	1038 千 800 文	120 千 40 文	11.56%
同治三年	3646 千 180 文	1967 千 190 文	53.95%
不详	2268 千 730 文	782 千 450 文	34.49%
不详	2678 千 810 文	1431 千 800 文	53.45%
不详	2514 千 360 文	937 千 210 文	37.27%
不详	2316 千 100 文	1435 千 640 文	61.99%

这家当铺道光二十六年(1846年)收入最高,利润率反而最低,这说明那一年支出巨大。

第五,道光永承当。其利润率如表9所示。

表9　永承当历年利润率一览表

年份	总利润	总收入	利润率
道光十五年	1 355 千 650 文	7 531 千 500 文	18.00%
道光十六年	2 213 千 440 文	8 395 千 500 文	26.36%
道光十八年	8 千 360 文	7 345 千 30 文	0.11%
道光十九年	1 122 千 430 文	9 189 千 490 文	12.21%
道光二十二年	4 003 千 580 文	9 555 千 100 文	41.90%
道光二十三年	6 078 千 470 文	11 103 千 200 文	54.75%
道光二十四年	4 618 千 160 文	10 250 千 200 文	45.05%
道光三十年	4 155 千 920 文	15 220 千 900 文	27.30%
咸丰元年	5 025 千 400 文	13 393 千 50 文	37.52%

这家当铺的利润率总体上是上升的，说明管理得还是比较严格的。

第六，咸丰成章当。其利润率如表10所示。

表10　成章当历年利润率一览表

年份	总利润	总收入	利润率
咸丰七年	2055 千 750 文	3170 千 516 文	64.84%
咸丰九年	1568 千 397 文	2379 千 790 文	65.90%
咸丰十一年	397 千 70 文	1862 千 692 文	21.32%

这家当铺的利润率下降得很明显，管理越来越松懈。

第七，光绪宏盛当。其利润率如表11所示。

表11　宏盛当历年主营收入所占比例一览表

年份	总利润	总收入	利润率
光绪五年	亏 289 千 163 文	1610 千 580 文	
光绪六年	468 千 685 文	1633 千 598 文	28.69%
光绪七年	344 千 155 文	1210 千 405 文	28.43%
光绪七年（修正）	189 千 550 文	1192 千 972 文	15.89%
光绪九年	580 千 878 文	1284 千 169 文	45.23%
光绪十二年	426 千 391 文	1489 千 626 文	28.62%
光绪十三年	600 千 952 文	1540 千 760 文	39.00%
光绪十七年	536 千 587 文	1430 千 540 文	37.51%
光绪十九年	410 千 35 文	1304 千 73 文	31.44%
光绪二十三年	513 千 106 文	1640 千 479 文	31.28%

这家当铺的费用支出很高，应该严加管理。

第八，元吉公当。其利润率如表12所示。

表12 元吉公历年主营收入所占比例一览表

年份	利润总额	总收入	利润率
光绪二十九年	6 223 千 130 文	21 502 千 250 文	28.94%
光绪三十年	48 千 600 文	17 294 千 450 文	0.28%
光绪三十二年	409 千 640 文	20 037 千 70 文	20.44%
光绪三十三年	78 千 860 文	20 887 千 930 文	0.38%
光绪三十四年	82 千 850 文	19 168 千 920 文	0.43%
宣统元年	1 494 千 750 文	18 541 千 320 文	8.06%

这家当铺的支出浪费严重，应严加管理。

第九，民国裕庆当。其利润率如表13所示。

表13 裕庆当历年利润率一览表

年份	总收入	利润	利润率
光绪三十四年	2 793 千 827 文	902 千文	32.29%
宣统元年	3 154 千 702 文	1 118 千 480 文	35.45%
宣统二年	3 280 千 256 文	1 489 千 940 文	45.42%
宣统三年	3 061 千 278 文	722 千 100 文	23.59%
民国元年	2 619 千 360 文	791 千 700 文	30.22%
民国二年	2 691 千 625 文	1 132 千 566 文	42.08%
民国三年	3 805 千 857 文	854 千 734 文	22.46%
民国四年	4 165 千 839 文	2 047 千 751 文	49.16%
民国五年	5 168 千 996 文	1 544 千 259 文	29.88%
民国六年	4 065 千 980 文	1 467 千 387 文	36.09%
民国七年	4 944 千 123 文	1 446 千 326 文	29.25%
民国八年	6 338 千 622 文	1 478 千 719 文	23.33%
民国九年	5 707 千 334 文	854 千 208 文	14.97%
民国十年	8 260 千 185 文	2 325 千 359 文	28.15%
民国十一年	8 790 千 995 文	1 718 千 933 文	19.55%
民国十二年	9 187 千 171 文	1 567 千 740 文	17.06%
民国十三年	11 844 千 538 文	3 178 千 566 文	26.84%

续表

年份	总收入	利润	利润率
民国十四年	18 305 千 360 文	101 千 694 文	0.56%
民国十五年	20 639 千 177 文	3 447 千 180 文	16.70%
民国十六年	20 463 千 785 文	2 058 千 960 文	10.06%
民国十七年	22 910 千 787 文	4 893 千 860 文	21.36%
民国十八年	21 808 千 333 文	2 332 千 365 文	10.69%
民国十九年	28 969 千 543 文	6 201 千 447 文	21.40%
民国二十年	64 138 千 172 文	亏 40 672 千 740 文	

这家当铺的总收入在逐年上升，而利润却起伏不定，利润率呈现出下降的趋势。其中尤其是民国十四年（1925年），总收入不低，但利润却是最低的，这说明这家当铺的支出巨大，浪费越来越严重。

第十，民国天裕当。其利润率如表14所示。

表14　天裕当历年利润率一览表

年份	利润	总收入	利润率
民国四年	1 619 千 529 文	4 248 千 325 文	38.12%
民国五年	1 724 千 747 文	4 489 千 467 文	38.42%
民国六年	1 006 千 792 文	6 189 千 837 文	16.27%
民国八年	3 025 千 550 文	6 324 千 651 文	47.84%
民国九年	3 780 千 146 文	7 624 千 53 文	49.58%
民国十年	4 519 千 214 文	8 472 千 121 文	53.34%
民国十一年	4 308 千 935 文	不详	
民国十二年	3 656 千 818 文	9 546 千 542 文	38.31%
民国十三年	2 081 千 442 文	11 371 千 987 文	18.30%
民国十四年	1 182 千 695 文	15 081 千 705 文	7.84%
民国十五年	8 933 千 396 文	23 563 千 594 文	37.91%
民国十六年	1 549 千 683 文	24 566 千 73 文	6.31%
民国十六年	亏 393.967 元		
民国十七年	1 099.914 元	5 062.915 元	21.72%
民国十八年	1 782.674 元	7 156.285 元	24.91%

这家当铺民国十一年（1922年）以前管理得还是严格的，利润率也在上

升。此后管理松懈了,浪费越来越多,终于到民国十六年(1927年)发生了亏损。

从以上七个表格的情况看,尽管有些利润率在一些年份是下降的,但总的看来,比以上所分析的资本金利润率明显地要高一些。这是因为资本金利润率的计算基数是资本金,资本金就是所有者一开始投入的本金。与负债不同,资本金是不归还的,其利润率也不是固定的,而是与企业的经营效益直接联系,即企业经营效益好,资本金产生的收入也多,否则产生的收入也少。与其他项目相比,企业的资本金数量是比较稳定的,所以这种利润率的基数也是稳定的。

而后一种利润率的基数是一年的总收入,它一般比资本金小很多,所以显得比较高。从前一种利润率里,我们可以看到典商们的投资回报情况,从后一种利润率里我们可以看出一家当铺的管理情况。

六、结　语

分析传统典当业,其利率与收益率即利润率是有区别的。传统文献材料多记载利率高低,封建政府自清代以后重视起典当业的减息,表现在多要求典商或常年或在节假日降低利率。但各地典商却多与官府反复斗争、博弈,有些甚至数十年也未能达成一致。学术界以前多谴责典当贪得无厌。实际上,典当业也有其不得不如此的苦衷。这从笔者近年看到不少到了典当在荒年就因饥民仅典不赎,资本运转不灵,只得呈报县政府,请求上缴典帖、止当俟赎的材料就可以证明,如果官府强制要求典当减息,延长满当期限,显然不利于典当经营谋利,甚至不利于它的生存。或者说,在一定条件下,名义利率太低,不足以维持一个一般的收益率,而收益率太低,又不足以使得某个行业生存及发展。我们在评价某个行业的利率是太高还是太低,或者批评其剥削率如何时,一定得考察一下它的收益率如何。这不仅是典当铺,也是探讨钱庄钱铺、账局、票号、其他工商各业乃至农业、土地剥削率时,都必须面临的问题。

从农业病虫害角度看民国时期农商社会嬗变

李志英*

摘　要： 民国时期是中国社会经济急剧转型的时期，自古代就已出现的小农商结构的经济形态面临着诸多挑战。农产品开始商品化生产，最先开始商品化生产的是经济作物，随后粮食作物的生产也商品化了。农产品的商品化生产带来了大面积单一种植某种农作物，进而破坏了原有的生态平衡，引发了越来越剧烈的农业病虫害。而面对这样严重的病虫害，传统的小农商经济是无法对抗的，其自身生产规模的狭小，导致既无法轮耕更无法休耕，亦无力承担高昂的灭虫经费，只能采用传统的灭虫法，最终导致虫害越发严重。这表明随着中国步入近代，小农商结构已经开始触碰大工商生产，但转型的缓慢带来的只能是小农的痛苦和环境的负担。

关键词： 小农商　农业病虫害　农作方式

民国时期中国开始了工业化历程，近代商品经济逐渐发展起来，中国社会的农商结构开始了近代化历程。但步伐极其缓慢，小农商结构在发展中与工业化、市场化的矛盾逐渐展现。

＊ 李志英，女，北京师范大学历史学院教授，主要研究方向为中国近代史、中国环境史等。

一、民国时农产品商品化的发展

近代以降,随着帝国主义经济侵略的加深和中国农业自身的演变,中国古代的小农业和小手工业相结合的小农商结构逐步瓦解,农业生产开始朝着近代商品化、市场化的方向发展。

民国以后,社会条件的变化,使得越来越多农产品进入商品化的行列。铁路、公路的修建使得农产品的运输更加便捷、快速和便宜了,新式工业和科学技术的发展使得某些农产品的工业用途和市场销售都扩大了。西方第二次工业革命的发生使得西方列强诸国社会经济的发展加速,对中国农产品的需求扩大,从而进一步加强了对中国农产品的掠夺。上述诸种因素都刺激了早已存在的农业生产商品化的趋向,推进了有关农产品的种植。

棉花是鸦片战争前后有相当程度发展的一项重要经济作物。进入民国后,其种植面积进一步扩大,产量迅速提高。1906—1910 年五年平均棉花年产量为 871.6 万担,到 1911—1915 年五年平均棉花年产量已经达到 1125.6 万担。[①]1919 年,全国有棉田 3059 万亩,到日寇全面侵华前夕的 1936 年,棉田已达 5205 万亩。皮棉产量 1919 年为 1056 万担,到 1936 年也已经达到 1698 万担。[②]从棉花种植的区域看,主要集中在江苏、浙江、安徽、江西、湖北、河北、山东、河南、山西、陕西等十省,也就是说棉花的主产区已经开始了从南方向北方扩张,并且呈现了集中化的趋势。例如南方植棉大省江苏,共有棉田 829 万亩,占了上述十省棉田面积的 28.2%,产量 217 万余担,占 29.3%。[③]江苏本省内,又主要集中在上海周围和沪宁、沪杭沿线地区,这些地区的棉产量占了全省产量的 70%。[④]北方地区的植棉业发展更快,主要集中在京汉、正太、陇海、胶济、津浦等铁路沿线。例如河南,原先主要集中在豫北诸县,以后不断向南扩张。在陕县,棉花种植"倍于五谷",在孟县出现了棉花专业区,该县

---

① 章楷:《中国植棉简史》,北京:中国三峡出版社,2009 年,第 20 页。
② 章楷:《中国植棉简史》,北京:中国三峡出版社,2009 年,第 21—22 页。
③ 华商纱厂联合会棉产统计部:《中国棉产统计》,第 1—5 页。转引自《中国近代经济史 1895—1927》第 640 页。
④ 督辉:《中国棉业概况》,《钱业月报》第 3 卷第 10 号,1923 年 11 月。

西乡岭坡地专种棉花，叫做"花地"。20世纪20年代前后，新乡地区的棉花种植快速扩张，形成了新乡—郑州铁路沿线的棉花种植区，成为河南最重要的产棉区。①河北是民国前后发展起来的重要产棉区之一，20年代以后，棉花销路扩张，棉价陡涨，农家于是热心种植棉花，达到了一顷地之一半有百分之五六十种棉的程度。②此外，东北、新疆等地的植棉业也发展起来了。

花生、大豆、芝麻等油料作物原本主要是自给性作物，随着用途的改变，特别是油料用途的凸显，其商品化程度迅速加深，种植面积迅速扩张，产量不断攀升。以大豆为例，大豆主产地的东北三省，1914年的种植面积为25 290 000亩，到1927年已经达到46 269 000亩，占东北三省七种主要农作物（大豆、小麦、大麦、玉米、小米、高粱、稻子）总耕种面积的31.3%。③大豆产量也增加迅速，1909年东三省大豆产量为3304万石，到1927年已经增加到5770万石④。此外，在古代社会后期已经有商品化趋势，并在近代最早也最大规模的赶上商品化道路的桑蚕业、植茶制茶业也在这一时期有所发展。以桑蚕业为例，进入20世纪后，不但原有的湖州、珠江三角洲等老产区不断扩大，而且发展出了安徽、湖北、河南等新区，不论新老产区均沿着运输方便的铁路交通线扩展。植桑面积不断扩大，蚕丝产量因机器缫丝业的发展而不断提高，质量也有所提升，外贸出口繁盛。在广东，生丝出口量1912年为44 326包，到1929年已经增加到65 581包，在该省出口贸易中的价值比例由47.53%提升到65.02%。⑤从全国的情况看，1907年丝及丝织品的出口额为84 000 000海关两，到1927年，已经飙升到165 000 000海关两。⑥茶业自19世纪末叶即遭遇了国际上多国的竞争，特别是遭到了斯里兰卡制茶业的竞争，但是仍然有不小幅度的发展，出口额攀升，1907年为26 000 000海关两，1927年达31 600 000海关两。⑦

---

① 张锡昌：《河南农村经济调查》，冯和法：《中国农村经济资料续编》，上海：黎明书局，1935年，第175—176页。
② 《定县之棉花与土布》，《中外经济周刊》，第192号，1926年12月11日。
③ 汪敬虞主编：《中国近代经济史 1895—1927》中册，北京：人民出版社，2000年，第871—872页。
④ 谭公：《东三省经济统计概略》，《中东经济月刊》，第7卷第4—5期合刊。
⑤ 陈真：《中国近代工业史资料》第四辑，北京：生活·读书·新知三联书店，1961年，第191页。
⑥ 沈文玮：《中国蚕丝业与社会化经营》，北京：生活·读书·新知三联书店，2012年，第140—141页。
⑦ 沈文玮：《中国蚕丝业与社会化经营》，北京：生活·读书·新知三联书店，2012年，第140—141页。

随着经济作物的大面积种植,排挤了本地粮食作物的生产,因而粮食引进的需求加大,这就促使了其他地区粮食作物生产不断朝商品化方向发展。根据1929年的调查,在山东,被花生排挤的作物为小麦和大豆;在直隶、河南是高粱和小米;在两湖是稻米、棉花和红薯。"根据河南一个地区的报告,编篓子的柳条,也被花生替代了"①。当一个地区的经济、园艺作物的种植面积超过耕地的一半或者三分之一时,就会出现地区性缺粮,所占比例越高,缺粮越严重。城市化进程加快,城市人口增加也是造成商品粮需求扩大的一个重要原因。

上述缺粮因素的出现,刺激了某些地区粮食生产商品化的发展。"以长江流域各省为主要产地的稻米是华南和华中的主要粮食。据直隶实业杂志最近刊载,中国稻米总产量为三九五,九一0,000担。所有产米省区,只有湖南、安徽和江西有余米输出,这三省输往中国其他地区的余米估计每年有五百万至一千万担"。"中国每一省都产小麦,但是主要产地则为满洲、山西、河南与四川。满洲是把小麦当作商品作物种植的,并且输出到西伯利亚和日本;山西出产有大量上等品级的小麦,输出到邻省甘肃和陕西;河南和四川在原先种植鸦片的土地上种植小麦。上海面粉厂主要是从附近江浙两省取得小麦供应。"②

经济作物和粮食种植的商品化带来了某种农作物的大片种植,甚至是连片种植,大面积单一种植必然会引发生态问题。

二、农业病虫害的多发——以烟虫为例的分析

生态问题在农业生产中最典型的体现就是农业病虫害的多发与频发。农业病虫害的发生往往与气候、水文、森林、草木的异动都有密切联系,其中草本植物聚集的异动是重要原因之一。而粮食作物的大面积集中种植显然是草本植物生长异动的重要表现之一。

以华北地区的烟草种植为例,中国烟草的种植在甲午战争前已经有了一定

---

① 章有义编:《中国近代农业史资料》第二辑,北京:生活、读书、新知三联书店,1957年,第213页。
② 章有义编:《中国近代农业史资料》第二辑,北京:生活、读书、新知三联书店,1957年,第228页。

程度的商品化发展，进入20世纪，烟草的种植开始迅速扩张。这种扩张主要与美种烟草的引进有关。美种烟草特指产于美国弗吉尼亚等地、清末引进中国的红花烟草。这种烟草"植株有时高达七英尺，外表相当粗壮。它的叶片有时长两英尺，上面布满腺毛，轻微揿压，就占裂开来，有一种黏液流到外面，手上则留下一股难闻的气味。它的花朵成束地长在作物顶部，常呈淡红色，虽然也有白色和深红色的花朵"①。也就是说，即使仅仅从外表看，20世纪初引进中国的红花烟草与已经在中国栽培了将近300年的土种烟草也很不一样，至于其品性当然也存在显著差异。其实，不论美种烟草还是中国原有的土烟，最初都是原产于中美洲和南美洲的烟草植物，他们之间的显著差异是环境条件改变的结果。"没有一种作物像烟草那样容易因气候、土壤和不同的栽培方法而发生变异。"②于17世纪初引进中国的美洲烟草，在中国农民近300年的栽培中，逐渐适应了中国的气候和土壤条件，并且由于中国农事习惯的影响而发生了变异。这种经过中国农民栽培而变异的烟草，"叶小，质非上等，干燥方法亦粗简欠讲求"③，并不适合制造卷烟。随着卷烟工业的兴起，美种烟草乘机进入中国。

1890年，美国卷烟首次输入中国，由于其自身气味的馥郁芬芳和携带吸食的方便，很快便征服了中国的消费者。其后，在外资烟草公司、华资烟草公司的积极推销和激烈竞争下，卷烟市场迅速扩大，到1910年已经达到7.5亿枝④。从进口值看，卷烟最初进入中国时"仅数十万元，旋即进为百万元，当1902年，输入价额计二百万海关两"⑤。随着卷烟进口量的激增，外商看到了中国卷烟市场的巨大潜力，开始试探利用中国的人力、物力直接在中国制造卷烟。19世纪末叶，已有美资、俄资等外资卷烟制造厂出现，在中国就地制造、就地销售卷烟。20世纪以后，外商企业朝着垄断中国卷烟制造业的方向发展。1902年，由六家英资和美资烟草公司联合组成的英美烟公司在伦敦注册成立，

---

① 陈翰笙、陈绛译，汪熙校：《帝国主义工业资本与中国农民》，上海：复旦大学出版社，1983年单行本，第2页。
② 陈翰笙、陈绛译，汪熙校：《帝国主义工业资本与中国农民》，上海：复旦大学出版社，1983年单行本，第3页。
③ 《山东种植美国烟草》，《中外经济周刊》1925年第95期。
④ 汪敬虞主编：《中国近代经济史1895—1927》下册，北京：人民出版社，2000年，第2115页。
⑤ 张纬明：《国产烟叶概述》，《商业月报》1936年第10期。

同年即进入中国，力图开拓中国市场。次年，英美烟公司在浦东设立烟厂，开始了在中国的土地上制造卷烟的历程。

为了解决卷烟生产的原料来源，英美烟公司派人在中国产烟省份展开了广泛调查，企图用中国本土的烟叶生产卷烟。但是，调查的结果并不理想。各种调查和检测都表明，中国本土的烟叶并不适合制造卷烟。这些烟叶不是属于烈性烟叶，就是属于级别很差的烟叶，"土种烟草，无论色和味，对于制造卷烟都不适宜"①。英美烟公司等外资公司不得不靠进口美种烟叶来维持生产。

在英美烟公司利用中国的资源制造卷烟的时候，中国的民族卷烟业也诞生了。1902 年，北洋烟草厂在直隶总督袁世凯的授意下建立，是为中国第一家民族卷烟厂。1905 年，抵制美货运动爆发，在"不用美国货，不吸美国烟"口号的激励下，国产卷烟销路大增。民族卷烟工业出现发展高潮，仅上海一地便新设卷烟厂 10 家，至 1906 年除 1 家倒闭外，仍然有 9 家 ②。第一次世界大战期间，民族卷烟业再次迎来发展高潮，到 1921 年，上海已有华商卷烟厂 13 家，卷烟机从 1906 年的 16 台遽增到 104 台，职工人数则从 480 人猛增到 5512 人；上海出口的卷烟价值达 1100 万海关两，运销国内各地的卷烟价值达 5000 万海关两③。

外资和民族卷烟制造业共同在中国的土地上从事卷烟生产，当然使得中国市场上美种烟叶的需求不断膨胀。1900 年，中国每年进口的美国烟叶只有 217 000 磅，价值 21 000 美元。到 1922 年，这两个数字已经分别攀升到 32 418 000 磅和 10 721 000 美元，已经占了中国进口烟叶的 92%④。

大量进口生产所需的主要原料，对于企业来说当然并不划算。于是，英美烟公司在谋求利用中国本土烟叶生产卷烟失败后，又转而谋求利用中国的土地和人力种植美种烟草。他们在最有可能种植美烟的中国烟草产区进行了广泛调

---

① 陈翰笙、陈绛译，汪熙校：《帝国主义工业资本与中国农民》，上海：复旦大学出版社，1983 年单行本，第 6 页。

② 中国社会科学院上海经济研究所、上海社会科学院经济研究所编：《南洋兄弟烟草公司史料》，上海：上海人民出版社，1960 年，第 254 页。

③ 徐雪筠等译编：《上海近代社会经济发展概况—海关十年报告译编》，上海：上海社会科学出版社，1985 年，第 215 页。

④ 上海社会科学院经济研究所编：《英美烟公司在华企业资料汇编》第一册，北京：中华书局，1983 年，第 240 页。

查，希望找到气候和土壤条件都合适的地区开展试种。最初，英美烟公司选择了有悠久烟草栽种历史的湖北光化和老河口、山东威海卫、潍县和坊子等地试种美烟。试种的结果表明，"湖北雨量过多，证明对烟叶质量不利"①，"所产烟叶不堪制烟"②，于是湖北被弃用。威海卫地区也不适于种植优质烟叶，主要原因是"离海近，烟叶受海风潮气侵袭，不易生长"。而潍县和坊子地区的试种效果很好，"这里的土壤和一般的植物与威海卫的相似"，但没有威海卫因靠海过进而影响烟叶生长的问题，"而在这一地段建立农场具有优于威海卫的以下有利条件——可以种植的数量是无限的，沿铁路线种植烟叶的田地有50哩长，生产区宽约为20哩"。同时，这里还"是德国人开办的煤矿所在地，而且位于最好的烟叶种植地的中心"③。也就是说，潍县和坊子地区不但有着有利于美种烟叶生长的自然条件，还具备了使用煤炭烤制烟叶的有利条件，这可以大大节省烟叶烤制燃料的运费。于是，坊子试验所成为英美烟公司推广新烟种的中心。

与此同时，英美烟公司还在河南的许昌地区、安徽的凤阳地区展开了试种。河南许昌周围的土壤含氮、磷、钾等天然肥料，气候也适宜，是种植烟草的理想之地，"河南土质比山东、安徽都适宜于种植烤烟，那里种的烟叶纤维细，色彩黄的比例高，适合种烟的地区广，附近煤矿保证了烤烟用的燃料。自然条件甚为有利"④。相比而言，安徽的自然和社会条件都要差一些，从土壤性质看，该省是黏性土壤，"粘结性土质使烟叶易于受雨量大的危害。粘土排水不及山东、河南松砂土迅速，其结果在雨水大的年份，几乎全无收成"⑤。另外，当地的烟农也并不那么顺从英美烟公司的指导，他们在种植烟草的时候，将美烟种子和当地土种烟混合了起来，实际上是将两种烟草杂交了。这样

---

① 陈翰笙：《帝国主义工业资本与中国农民》，陈绛译，汪熙校，上海：复旦大学出版社，1983年单行本，第6页。
② 《国产烟叶之危机》，《经济旬刊》1934年第15期。
③ 上海社会科学院经济研究所编：《英美烟公司在华企业资料汇编》第一册，北京：中华书局，1983年，第260页。
④ 上海社会科学院经济研究所编：《英美烟公司在华企业资料汇编》第一册，北京：中华书局，1983年，第272页。
⑤ 上海社会科学院经济研究所编：《英美烟公司在华企业资料汇编》第一册，北京：中华书局，1983年，第272页。

的种子生长出来的烟草就会发生变异，从而影响烟草质量，使得"烟叶味劣"①。因此，在这三个地区中，安徽的重要性远远逊于山东和河南，种植面积和产量都增加得比较缓慢②。

在英美烟公司大力推广美种烟草的时候，中国的民族卷烟厂也开始大力收购中国本土生产的美种烟叶。然美种烟叶价格较高，平均每 100 磅比土种烟叶高 20—30 美元。因此，民族卷烟厂的原料"以美国烟叶为本，以国产烟叶调和之。闻国产烟叶，味道甚浓，只以种植欠研究，故较之美产者相形见绌也"③。即民族卷烟厂在生产过程中是美烟、土烟混合使用的，但由于产量巨大，民族卷烟业对于美种烟叶的需求量并不因此就很少。为了降低生产成本，民族卷烟业也开始寻求在山东等地推广种植美种烟草。1926 年，南洋兄弟烟草公司先后在山东坊子、河南许昌和安徽凤阳附近的刘府建立了收烟厂。此外，日本东亚烟草公司也是华北地区美种烟草推广种植的积极推动者。

为了让更多的农民种植美种烟草，卷烟制造厂特别是英美烟公司采用了种种手段施小惠于农民，引诱农民种植美烟。其中"最为重要的事实也许是，不论外商还是华商烟草公司，收购烟叶时都经常付给现金。这对于农民是巨大的刺激。在这些地区，和在中国其他任何地区一样，农民感到自己迫切需要难以得到的是现金"。"特别是备受贫困煎迫的农民看到种植美种烟草价格诱人，而且售出时立即以现金付款，他们自然就放弃种土种，很快改种美种烟草"④。美种烟草远远高于其他农作物的收益和立得现金的好处，刺激了农民种植美烟的积极性。于是，美种烟草的种植很快推广开来，种植面积逐年增加。至 20 世纪 30 年代初，山东、河南两省的美种烟草种植面积已逾 70 万亩⑤。

---

① 陈翰笙：《帝国主义工业资本与中国农民》，上海：复旦大学出版社，1983 年单行本，第 19 页。
② 至 1933 年，鲁豫皖三省的美种烟产量分别为 7 亿、8 亿和 2 亿磅，种植面积分别为 21.4、37 和 14 万亩。安徽发展之逊色可见一斑，请参看章有义编：《中国近代农业史资料》第三辑，北京：生活·读书·新知三联书店，1957 年，第 454 页。
③ 中国社会科学院上海经济研究所、上海社会科学院经济研究所编：《南洋兄弟烟草公司史料》，上海：上海人民出版社，1960 年，第 190 页。此处的国产烟叶指国产土烟。
④ 陈翰笙：《帝国主义工业资本与中国农民》，上海：复旦大学出版社，1983 年单行本，第 7—8 页。
⑤ 《我国烟叶产销之近状》，《工商半月刊》1935 年第 7 卷第 2 号；陈翰笙的统计为 50 余万亩，其中山东为 13.8 万亩，河南为 37 万亩，见《帝国主义工业资本与中国农民》第 20 页。本文取前一种说法，因为 1933 年山东大学化学社的调查，仅山东几个主要产烟县的种植面积就已达 40 余万亩。

美种烟草的种植大大扩张了华北地区烟草种植的面积。美种烟草引进后，土种烟草的消费仍然有一定的市场，民间乃继续种植，其种植总面积并不小。从全国看，其种植面积为美种烟草的六倍①。两种烟草种植相加，形成了烟草大面积单一种植的局面。

无论是山东还是河南，烟草的种植都呈现了高度的集中性。人们在最适宜种烟的地区集中连片栽种了大量烟草。在山东，仅安邱、潍县、寿光、益都、临淄、临朐、章丘等七个主要产烟县的烟叶种植面积就高达40余万亩②，占了山东烟草种植面积的90%以上，占到其耕地总面积的将近5%③。在河南，美烟的种植主要集中在许昌周围的十几个县里，20世纪40年代后期，许昌的烟草种植每年都在100万亩以上，烟叶种植面积占总土地量的25%以上④。

这种烟草种植的集中性还体现在单个农户的种植面积上。根据陈翰笙先生的调查，1933—1934年，山东潍县和河南襄城的四个美烟种植典型村中，种烟农户占农户的比例分别是59.1%和63.7%⑤。也就是说，无论是富裕农民还是贫苦农民都积极参与了烟草的种植，农户中的大部分人都在种植烟草。其中种植比例最高的是贫苦农民，他们将仅有或者租来的大部分土地都用于种植能够换得更多现金收入的烟草，出售烟草的所得占全部售出作物总值的87.1%⑥。

现代农学的研究证明，大面积单一种植某种作物对于环境的影响很大，这种种植模式打破了多种生物共存的生态平衡，极易引发或轻或重的生态问题。烟草的大面积单一种植带来的最主要问题就是烟虫的频发。烟虫是发生于烟草种植过程中的虫害，非特指某一种害虫，而是为害烟草的各种虫害的总称。自

---

① 陈翰笙：《帝国主义工业资本与中国农民》，上海：复旦大学出版社，1983年单行本，第21页。
② 国立山东大学化学社：《科学的山东》，民国二十四年（1935年）六月出版，第五章农业，第21页。此书内容均为山东大学化学社调查的结果，考虑到调查的过程，和烟草的成熟期，此一耕种面积和产量应当是1934年的数据。
③ 上述各县耕地总面积统计来自国立山东大学化学社编：《科学的山东》，民国二十四年（1935年）六月出版，第五章农业，第2—3页数据的综合统计。
④ 李耕五：《英美烟公司和许昌烟区史》，《中国烟草》1989年第2期。
⑤ 陈翰笙：《帝国主义工业资本与中国农民》，上海：复旦大学出版社，1983年单行本，第22页。
⑥ 陈翰笙：《帝国主义工业资本与中国农民》，上海：复旦大学出版社，1983年单行本，第23页。

从美烟介入烟草生产，烟草面积因此不断扩大后，产烟区就不断有病虫害发生，并呈频率不断加密、程度不断加重的趋势。到 20 世纪三四十年代，烟草病虫害已经发展到十分严重的地步。"河南的烟虫……以烟青虫、蚜虫、蝼蛄、地老虎、金针虫，为害最烈，金龟子、象鼻虫、叶跳虫、椿象等亦有发现，总计不下二十余种"①，可以说，烟草田中所有的害虫在河南的烟田中基本都有了。从病虫害的发生频率和密度看，一年之中"一亩烟田须捉虫二十七次"②。烟草一般谷雨时节下种，白露收获完毕，生长期 140 天左右，按捉虫 27 次算，平均每个月需捉虫 6 次以上，此外还要辅之以火攻灭虫、农药灭虫等。由此可见其发生频率之高、密度之大。

1934 年，"山东各地烟草苗床发生一种害虫，势甚猖獗"，时任山东大学农学院院长的曾省"派遣该院讲师林德一君驰赴各地考察。据考察报告所述，害虫是一种隐翅虫 Staphylinids 为害"③。这次虫灾过后不久，由于山东的烟草害虫问题过于严重，山东省立烟草改良场在临淄成立，其中专门设立了烟草害虫研究部，从事烟草害虫的防治工作。改良场技术股的马世骏等人开展了食烟昆虫种类的调查，"调查发现，苗床食烟昆虫有烟草星花蝇、东方蝼蛄（*Gryllotalpa orientalis Burmeister*）、日本蚤蝼（*Tridactylus japonicus De Haan*）、红腹隐翅虫（*Philonthus rutiliventris Sharp*）、桦色扁埋葬甲（*Sipha subrufa Lewis*）、叶螨（*Tetranychus spp.*）等。烟田主要食烟昆虫有小地老虎 [*Agrotis ipsilon*（Hufnagel）]、八字地老虎 [*Xestiacnigrum*（Linnaeus）]、长恶负蝗 [*Atractomorpha lata*（Motschulsky）]、实夜蛾类（*Heliothis/Helicoverpa spp.*）、烟蚜等"④。可以看出，山东的烟草害虫种类也非常多，其严重程度并不亚于河南。

日寇侵华后，为着经济掠夺的需要，也在东北、华北等产烟区做过广泛的调查。关于华北的调查称，华北的烟草害虫计有 12 种（类）。又称山东烟草生长期害虫有 57 种，其中 53 种属于昆虫纲，其他 4 种分属蛛形纲、倍足纲

---

① 沈宗瀚、章锡昌：《一年来之烟产改进》，《农业推广通讯》1948 年第 1—2 期合刊。
② 《三十六年河南烟草虫害及防治成效之检讨》，《农报》1948 年第 2 期。
③ 曾省：《烟虫问题》，《农林新报》1930 年第 21 期。
④ 马继盛、罗梅浩、郭线茹，等：《中国烟草昆虫》，北京：科学出版社，2007 年，第 4 页。

（*Diplopida*，多足纲的一个亚纲）、甲壳纲、寡毛纲。①日本人的调查也证实了华北植烟区病虫害的严重性。

其实，自然界本无虫害，各种生物在长期进化过程中形成了和谐共处的关系，他们相辅相成，相克相生。只有当平衡状态被打破，形成只有利于某一种生物生存的有利条件时，才会带来特定生物的大量增长，从而发生人类所称的灾害。在农业生产中，如果长时期单一种植某种作物，就会破坏植物群落的多样性，使生物间的食物链断裂，造成某一种生物的天敌减少，带来特定生物的大量繁殖。在美烟推广种植过程中，本已栽种面积不小的烟草种植进一步大幅扩张，又由于其经济收益的显著和小农的贫困，带来了烟草的大面积单一种植，这显然是食烟虫大量出现的最根本原因。

烟草害虫加剧带来了灭虫问题。自20世纪30年代中期，农技人员开始不断提倡使用药剂防治虫害，烟农则除了手工捉虫、火攻害虫外，还采用套种法防治虫害。山东等地早就有烟麦套种的习惯，一般是先在俗称"畦子"的种床中育苗，俟种子发芽并长至五寸时起苗，此时大田中的小麦已经收割完毕，乃将种苗移栽于田内生长，白露前后收割完毕。②之后就又可以平整田地，准备播种小麦了。现代科学研究表明，小麦、甘薯、高粱等作物与烟草套种对于烟田虫害的发生有显著的抑制作用③，如烟田套种甘薯的害虫防治效果可以达到78.86%—100%④。

但是，仅仅套种并不能有效解决问题。因为有些烟虫是多食性昆虫，比如分布甚广、俗称腻虫的烟蚜就是既以烟草为食，又可以小麦、棉花、蔬菜等为食，甚至有些观赏花草也可滋生蚜虫。因此，烟麦套种并不能破坏蚜虫的食物来源。烟蚜和烟青虫等为害最重的烟草昆虫还是典型的越冬昆虫，冬季来临时他们一般以蛹或卵的形态藏入地下躲避严寒，待春暖花开再苏醒繁殖。但由于冬季种麦的缘故，土地无法得到深耕，因而不能真正使这些昆虫受到致命打

---

① 山东省农业科学研究所编：《烟草病虫害防治法》，济南：山东人民出版社，1956年，第6页。
② 济行、陈隽人：《山东烟草产销调查》，《中行月刊》1932年第4卷第3期。
③ 请参见黄光荣：《不同轮作方式对考验病虫害及产品质量的影响》，《河南农业科学》2009年第5期；唐世凯、刘丽芳、李永梅：《烤烟套种甘薯对持续控制烟草病虫害的影响》，《广东农业科学》2008年第9期。
④ 向青松、钟亚霖、彭军，等：《农业生物多样性控制烟草病虫害》，《中国农学通报》2010年第2期。

击。所以，套种必须和轮作相结合才能真正发挥作用。一般来讲，"烟草种植集中的地区，可实行四年或五年两栽，但最好实行 3 年种一次烟的轮栽制"①，惟有如此才能真正破坏烟草昆虫赖以生存的食物来源和环境，最终减少其生存数量。另外，合理规划使用土地，对害虫防治也有积极意义。例如，"将烟田选在地势高燥、排水良好的地方，就可以有效抑制烟蚜等害虫的滋生"②。但是"小农经济，实行轮栽制有很大困难"③，小农经济规模狭小④，农家无法科学规划土地的使用，生活的窘迫也使得他们无法实施轮栽。最重要的原因还是种植烟草收入较多，这对于非常贫困的小农来说十分有诱惑力，如果因为轮作就无法果腹，小农当然不能接受。无法轮作也就无法有效抑制害虫的繁殖。

长期大面积、单一连续种植烟草给生态环境带来了严重危害。20 世纪 30 年代初，山东"二十里堡一带烟种土地已发生病态，所产叶多长斑点"⑤。30—40 年代末，烟草昆虫已经发展到十分猖獗的地步。1935 年，山东省建设厅烟草改良场的技术人员的调查显示，"鲁东烟草，历年受蚜虫损失极巨，虽未数字之统计，但依作者今夏赴各产烟区视察所得，则烟区十之八九，均受其害，有数区之烟株，密生蚜虫，叶面呈灰黑色，其危害面积之广，烟株受害之甚，可想而知"⑥。1947—1948 年，烟草昆虫工作者在河南许昌、襄城、安徽

---

① 山东省农业科学研究所编：《烟草病虫害防治法》，济南：山东人民出版社，1956 年，第 25 页。
② 徐树云：《烟蚜消长与气象因素》，《植物保护》1982 年第 5 期。
③ 山东省农业科学研究所编：《烟草病虫害防治法》，济南：山东人民出版社，1956 年，第 25 页。
④ 近代以来，中国社会经济急剧恶化，农民破产加剧，个体农业经济的规模不断缩小。从全国的情况看，占农村总人口 52.37% 的贫雇农，仅占有 14.28% 的耕地，平均每户占有耕地 3.55 亩；占人口 33.13% 的中农占有 30.94% 的耕地，平均每户占有耕地 15.12 亩（见陈争平、兰日旭主编：《中国近现代经济史教程》，北京：清华大学出版社，2009 年，第 123 页）。二者相加，占了农村中人口 80% 以上的农户，仅占有 46.22% 的耕地，平均每户占有耕地不足 10 亩。华北产烟区的情况就更严重，"在潍县产烟区，一家农户要维持生计，通常必须种六亩烟田，但那里的贫困农民每户占有的土地平均没有超过二亩半的。……襄城产烟区的情况甚至更差。维持一个农户的生计，需要二十五亩地，而该地贫困农民每户平均占地大约五亩左右"。（见陈翰笙著《帝国主义工业资本与中国农民》，第 76 页）这样细小的农村经济规模显然无法适应农业生产商品化的需要，无法全面规划农业生产，他们生产的目的首先是满足糊口的需要，至于科学种田等问题是无暇考虑的。
⑤ 济行、陈俊人：《山东烟草产销调查》，《中行月刊》1932 年第 4 卷第 3 期。
⑥ 余茂勋、李心田：《山东省建设厅烟草改良场民国二十五年烟草蚜虫防治之经过》，《农报》1936 年第 35 期。

等地进行烟草昆虫调查，"调查发现，在河南许昌、襄城的华北蝼蛄（*Gryllotalpa unispina Saussure*）为害期长且严重，有的苗床烟苗甚至全部被毁掉。移栽和还苗期间，沟口头虫［*Pleonomus canaliculatus*（Faldermann）］为害严重，高30—65cm的烟株有时也被其为害的。5—6月，多见小地老虎，黑绒腮金龟［*Maladera orientalis*（Motschulsy）］、黑带长颚象、小卵象（*Calomycterus obconicus Chao*）等为害。6—7月烟夜蛾为害早烟甚烈……。1947年，在河南、襄城两县的调查结果表明，尽管当年烟夜蛾、蝼蛄、叩头虫等发生偏轻，但烤烟因其损失仍达650t，其中，烟蚜为害损失335t，人工捕捉后烟夜蛾的为害损失仍达159t"①。

再以最多发的蝗虫为例。蝗虫是最常见的一种害虫，是世界性的农业害虫，数千年来，全世界将近一百个国家和地区都不同程度遭受过蝗灾的影响和破坏。中国遭受蝗灾影响的历史悠久，早在先秦时期《诗经》中就已经有关于蝗虫的记载，以后蝗灾屡有发生，仅《春秋》中关于蝗灾的记载就有12次。从公元前707年（鲁桓公十三年）到中华人民共和国成立前的2600多年中，有记载的蝗灾共800多年次②。明清以来，蝗灾的发生愈加严重。根据《明史·五行志》记载，明代共发生蝗灾50次，平均约五年一次。到清代，蝗灾发生的频率明显提高了，《清史稿·灾异志》记载，清代共发生蝗灾94次，平均三年一次。到了民国年间，蝗灾发生频率的提高更加明显。根据赵艳萍的统计，民国期间共有2100余县次的蝗害记录，几乎年年有蝗，全国平均每年有55个县有蝗虫发生③。再以山东为例做一区域性研究，张学珍等人的研究表明，山东省1470至1949年共有蝗灾记录1174条。其中，明代（1470—1644年）共469条，清代（1644—1910年）共559条，民国（1910—1949年）146条④。明代平均每年发生1.71次蝗灾，清代平均每年发生2.10次蝗灾，民国

---

① 马继盛、罗梅浩、郭线茹等：《中国烟草昆虫》，北京：科学出版社，2007年，第7页。
② 赵艳萍：《民国时期蝗灾与社会应对》，北京：世界图书出版公司，2010年，第1页。
③ 赵艳萍：《民国时期蝗灾与社会应对》，北京：世界图书出版公司，2010年，第15页。胡惠芳认为，民国蝗灾续发性强，几乎连年不断，在民国持续的38年中，除1924年、1937年和1948年没有发现蝗灾的记录外，其余年份是无年不蝗，见胡惠芳：《民国时期蝗灾初探》，《河北大学学报（哲学社会科学版）》2005年第1期。
④ 张学珍、郑景云、方修琦：《1470～1949年山东蝗灾的韵律性及其与气候变化的关系》，《气候与环境研究》2007年第6期。

时期平均每年发生 2.98 次蝗灾①。山西的情况同样如此，明代（1368—1644年）的 276 年发生蝗灾 59 年次，平均每 4.7 年就有 1 次蝗灾。清代（1644—1911 年）的 267 年发生蝗灾 59 年次，平均每 4.5 年就发生一次，同样高于明代②。虽然缺乏民国时期的数据，但是上升的趋势也是明显的。

综上可知，经过多年大面积、单一连续种植，山东、河南等华北主要产烟区的生态已经严重失衡，不但烟虫活动面积广、程度深，而且种类齐全，活动期长，几乎烟草生长的每一个阶段都有相应的烟虫活动。自古即频发的蝗灾也呈现出了频次的加密和程度的加深态势。

三、小农商社会的近代化窘境

根据葛金芳等学者的研究，中国自宋代以后即进入农商社会，即小农业、小手工业的商品化进程，并且持续发展，到鸦片战争前已经达到相当高的程度。这种中国独特的农商社会在鸦片战争后遇到了工业化引发的更大规模的市场化的挑战。

从农业病虫害的角度看，虽然近代以来病虫害频发，但是社会的应对并不成功，因而使得病虫害不断发生，无法得到遏制。

至于中国蝗灾大量、密集发生的原因，学界认为与气候变化特别是气候变暖有关，还与战乱频仍和军事活动频繁、耕作方式粗放、旱灾频发、政府和民间消极治蝗乃至不治蝗等因素有密切关系。③上述原因并不错，但是上述原因并不能解释民国以来蝗灾加剧的特有原因，为什么同样的原因条件下，蝗灾加剧了？频率加密了？背后必有其特有的原因。

譬如关于气候变化对于蝗灾发生的影响，学界普遍认为温暖的气候是蝗灾发生的重要支撑条件之一。一般来讲，温暖的气候条件下，特别容易发生蝗

---

① 张学珍、郑景云、方修琦：《1470～1949 年山东蝗灾的韵律性及其与气候变化的关系》，《气候与环境研究》2007 年第 6 期。
② 王宏宇：《山西历史蝗灾发生规律及灾情分析》，《科学之友》，2012 年第 13 期。
③ 参见赵艳萍：《民国时期蝗灾与社会应对》，北京：世界图书出版公司，2010 年，胡惠芳：《民国时期蝗灾初探》，《河北大学学报（哲学社会科学版）》，2005 年第 1 期。

灾。竺可桢的研究证明，最近五百年来，温暖的冬季出现在1550—1600年和1720—1830年，寒冷的冬季则出现在1470—1520年和1620—1720年。他的研究还证明，20世纪以后我国冬季的温度显著暖和①。也就是说，民国时期是气候显著温暖时期，其时蝗灾发生频率提高与温暖气候作祟有重要的因果关系。张学珍等人的研究结论也是如此，他们认为，气候的相对温暖，是民国时期蝗灾次数明显高于明清两代的重要原因，并认为温暖气候是蝗灾大爆发的必要条件，而寒冷气候则会限制蝗灾规模。

但是，从前述所列举的数据看，无论是总体规模还是发展趋势上，无论是全国还是山东一个地区的蝗灾发生频率，都是呈现逐渐增加的趋势。也就是说，明、清与中华民国这三个时期相比，蝗灾的发生是呈现逐渐加剧的态势，尽管中间有寒冷年代，但蝗灾的发生并没有因为气候条件的变化而减少。譬如从明清两代寒冷气候的比例看，根据竺可桢的研究，明代寒冷气候占到了其统治年限的26.81%，清代寒冷气候占了其统治年代的37.59%，且在1400—1900年的五百年间，最寒冷的冬季出现在1650—1700年间，"例如唐朝以来每年向政府进贡的江西省的橘园和柑园，在公元1654和1676年的两次寒潮中，完全毁灭了。在这五十年期间，太湖、汉江和淮河均结冰四次，洞庭湖也结冰三次。鄱阳湖面积广大，位置靠南，也曾经结了冰。我国的热带地区，在这半个世纪中，雪冰也极为频繁"②。也就是说，从总体上看，清代的寒冷气候无论从比例看还是从寒冷程度看，都远远高于明代。但是，无论从全国来看还是从某一蝗灾高发地区看，明代的蝗灾发生率并不因此高于清代。所以，气候原因固然是蝗灾发生的充分条件之一，但并非必要条件。民国时期的气候固然显著温暖，但是发生频率的异常提高，显然并不能仅用寻常条件来解释，必须找寻其内在的独特原因。

民国时期是中国历史上变化最剧烈的时期，无论是社会政治还是社会经济乃至社会文化等方面都发生了巨大变化，正是这些变化构成了民国时期的独特社会条件，从而影响了社会生活的方方面面。从蝗灾发生的角度看，应当与农作方式和社会条件的变化有密切关系。

---

① 竺可桢：《中国近五千年来气候变迁的初步研究》，《考古学报》1972年第1期。
② 竺可桢：《中国近五千年来气候变迁的初步研究》，《考古学报》1972年第1期。

所谓农作方式的改变，必定是因此带来了适宜于蝗虫生长的环境。而所谓适宜于其生长的条件，自然首先与食物有关，也就是说，食物的丰盈，使得其有了大量发展的机会。至于蝗虫的食物，民国时期的学者就已经注意到，蝗虫食物种类非常多，"蝗虫食料，本甚广泛，玉黍，高粱，稻类，麦类，甘蔗，杨柳，麻，蔬菜，以至果木花卉，几无不食。但若以诸种食物陈列于前，则亦有选择。反之，诸种食料缺乏时，则虽树皮枯木之属，亦不辞尝试，桥梁屋宇，亦啮食无遗"①。"华北农事实验场调查飞蝗嗜好的作物，程度排序如下：上：玉米、水稻、粟、陆稻、黍、高粱、大麦、小麦、苇。中：马铃薯、大豆、烟草。下：棉、蔬菜、大麻、青麻、绿豆、豌豆、芝麻、芋、桑、甘薯"②。也就是说，虽然蝗虫的食物品种十分广泛，但是其喜欢程度并不一样，喜好程度最高的食物是禾本类植物。如果其喜好程度不同的植物同生一处，则宁可只食其最喜好的植物而弃其他植物于不顾，1928年江南蝗灾，"江南受害之区，玉米与高粱同植一田，往往有玉米自顶迄根，尽为所食，而高粱孑然独存者，在在可见"③，由此可见其食性之顽固，蝗虫只有在不能获取其最喜好的食物的时候才退而求其次，即蝗虫啮食多种植物其实是其食源不足的条件下才发生的情况。蝗虫最喜食的禾本类植物——玉米、水稻、粟、麦恰恰是最主要的粮食作物，而在小农经济条件下，农民种植这些作物的目的是自我需要，一般不面向市场，这样也就形不成大面积栽种。近代以来，随着自然经济的解体，粮食作物也商品化了，由于经济收入有限，小农对于市场需要的农业作物趋之若鹜，特别是对于盈利大的作物纷起效仿，这样就形成了大面积栽种某种农作物的局面。例如，水稻的种植虽然主要集中于江南数省，但是区域发生了变化，如随着广东经济作物的发展，广西的水稻种植发展起来，成了广东稻谷的主要供应地。华北的河北是小麦的集中栽培地，全省有36个县小麦外销，主要供给北京、天津和唐山等城市。其余湖南、四川、安徽、苏北、江西、广西、山西、绥远、东北部分地区均发展成为主要的商品粮食供应地。而粮食作物的大面积种植无疑给蝗虫的生长发育提供了丰富的食源，成为了蝗灾

---

① 吴福桢：《蝗虫问题》，《中华农学会报》1928年第64、65期合刊。
② 张同乐：《1940年代前期的华北蝗灾与社会动员—以晋冀鲁豫、晋察冀边区与沦陷区为例》，《抗日战争研究》2008年第1期。
③ 吴福桢：《蝗虫问题》，《中华农学会报》1928年第64、65期合刊。

发生的重要诱因之一。

蝗灾的发生还与近代以来战乱频仍引起的环境恶化有关。蝗虫喜栖息于荒野地区，而民国时期军事活动频繁，显著加剧了生态环境的恶化，造成了荒野面积的扩张。不论北洋政府统治时期，还是南京政府统治时期，军阀都是连年征战不断。从1911年到1928年的十七年间，年年有军阀内战，在1300余个大大小小的军阀之间发生战争140余场。1924年之前，每年战区所及平均达七省；而1925年到1930年期间，每年战火平均波及十四省①。在频繁的战乱中，各地植被和森林遭到严重破坏，严重恶化了生态环境。树木和森林本身具有多重的生态功能，它可以起到调节气温和水分、阻挡风沙、保护农田等多重作用，同时它还具有抵御虫灾等自然灾害的功效。1928年江南蝗灾期间，"林场苗圃，久旱之下，艰于松土杂草丛生，蝗至而尽食其草，树苗则反无恙"②。这一例证再鲜明不过地证实了树木森林在防御蝗虫特别是飞蝗上的巨大作用。

战乱和社会失范还带来了土匪横行。研究证明，民国时期是中国历史上土匪最多的时期，保守估计，至1930年，中国全国的土匪高达两千万人之多，现代学者何西亚的调查表明，中国仅在20世纪20年代的11省就有土匪高达113 500人，美国学者菲尔·比林斯利认为20年代11省的土匪人数约为601 458人③。虽然学界的研究结论不一，但是民国时期土匪众多，且气焰嚣张却是学界的共识。而土匪的增多又显然与小农结构不适应近代转型而大量破产有关。这些土匪的栖居地一般都是易守难攻的高山荒岭，或者飘忽不定的湖泊和海面。这些地区本来就地形复杂，难以纳入社会秩序之中，民国时期的政府由于其自身的腐败和统治力弱就更难以控制，政府颁布的法律也就失去了效力，土匪们在自己控制的地区恣意而为，使得荒凉的地区更加破败荒芜，从而给蝗虫的滋生提供了有利条件。民国时期的著名昆虫学家吴福桢认为："蝗虫产于荒芜之区，荒芜之区，亦即土匪巢穴之所在，捕蝗人员，无从深入，蝗虫受土匪之保护，遂得繁殖成群，飞出为害。"④《申报》也刊文表达了同样的观点："蝗虫产生之处，即为土匪出

---

① 朱汉国主编：《中国社会通史》民国卷，太原：山西教育出版社，1996年，第587页。
② 吴福桢：《蝗虫问题》，《中华农学会报》1928年第64、65期合刊。
③ 朱汉国主编：《中国社会通史》民国卷，太原：山西教育出版社，1996年，第584页。
④ 吴福桢：《蝗虫问题》，《中华农学会报》1928年第64、65期合刊。

没之所，除虫会无从深入指导，故土匪一日不清，蝗患一日不绝。"①1936年江西大庾县发生竹蝗，江西农业院立即调派驻南康蔗虫防治区张指导员前往除治，但抵达大庾县城即不能进入蝗区，"因患虫之区，僻处边隅，近日发生匪患，该区区长许献箴亦在县城，坚劝勿往"②。显然，正是匪患的严重阻碍了防治蝗虫工作的进展，而防治蝗虫工作无法开展就更加剧了蝗灾的程度。

综上可知，民国时期蝗灾的高发有其特有原因，这特有原因一方面与自然条件的改变特别是气候的变暖有关，另一方面则与社会条件的变化有关。而上述两个条件变化的后果都指向生态恶化，从而为蝗虫的高发、频发、大面积发生提供了有利条件。

近代中国是社会激烈转型的时期，特别是社会经济由农商社会向工商社会的转型尤其明显且剧烈。这些变化、特别是工业化生产带来的农业生产的商品化，改变了中国几千年惯有的农业生产模式，从而加诸给生态环境以深刻影响，进而影响到了人类社会自身。

---

① 《申报》1924年7月24日，第3张。
② 《农报》，1936年第3卷第18期，第8页。

20 世纪 80 年代以前的中国传统市场史研究

田晓忠 *

摘 要：以 20 世纪 80 年代为界，学界对中国传统时期商品经济与商业市场的研究大致经历了两个大的阶段，与 80 年代以后第二个大阶段取得的显著研究成绩和蓬勃研究趋势相较而言，80 年代以前的第一大阶段研究成果相对较少，且历程波折。在 80 年代以前的第一个大阶段，又可划分为两个小阶段，即 20 至 40 年代的开拓期和 50—70 年代的波折期，此两个小阶段对传统市场史的研究均有其贡献与价值。新时代市场与市场史研究取得的成绩，很大程度上延续着 20 年代以来前贤对于中国古代商业市场研究的开拓与启迪，一旦消除"时代政治干预的负面影响"，这一领域又以其自身特色焕发出研究的新春，并为新的研究提供不同的养分。

关键词：商业与市场史　开拓期　波折期　贡献与传承

市场是西方经济学理论的一个重要核心概念，它被明确提出并用来指导中国经济史研究，是在 20 世纪八九十年代以后。尤其是在 90 年代初，由于受到中国建设社会主义市场经济体制改革目标的现实驱动，学术界才全面深入探讨历史时期的中国传统市场与市场发展史。在越来越多学者的直接参与下，涌现出大批研究成果，这些成果不仅极大地丰富和充实了中国传统市场与市场史研究，而且成为新时期中国经济史研究不断走向深入并进一步向前发展的重要体现。全面追溯学术发展史，当知在此之前的学人并未完全忽视这一领域，事实上早在 20 世纪

---

* 田晓忠，男，云南大学人文学院讲师，主要研究方向为唐宋社会经济史。

20年代以降至80年代以前,就有不少前辈学者对中国历史时期的商业、商品、货币、城市等各方面展开过深浅不一的探讨,不过由于研究话语与旨趣的差异,很多研究尚未归结到"市场"这一层面,但他们对古代商业与货币等问题的多方面探讨,早已揭开了中国古代市场与市场史研究的序幕。系统回顾学术史,是为了更好地在当下推动我们的研究进一步向纵深发展。本文对20世纪80年代以前的中国古代(主要是明以前①)市场与市场史研究状况作评述如下。

一、20世纪20至40年代:中国古代传统商业与市场史研究之开拓

20世纪20年代以后,随着西方近代社会学、经济学等社会科学理论的传入与影响日益深入,一些学者开始尝试运用西方社会科学相关理论诠释中国古代的商业与社会发展历程,开启了对中国古代传统商业与市场研究的先河。

早在20世纪20年代末、30年代初的中国社会史大论战中,已不断有学者对中国古代商业资本与商业市场发展情况广泛征引,并将其与中国古代社会之发展演进过程结合起来进行综合论述。如陶希圣通过对春秋战国时期商人资本与商业状况的考察,指出商人资本的发展促使完整封建制度解体,随后因其与大土地私有相结合,造成农民流离失所,从而引发中国古代社会循环无端的历史变迁。②李季指出秦以后到鸦片战争前的中国存在着"(一)小农业与家庭手工业的直接结合,构成一个地方小市场的网;(二)高利贷资本和商人资本很占优势"等状况。③这些虽然尚谈不上是对古代商业发展状况的专门研究,但已经部分涉及对中国古代传统市场的一定认识,并将之作为判断中国近代以前社会属于"商业资本主义社会"或"前资本主义的生产方法时代"的重要论证依据。

---

① 中国古代市场的发展演进,绝大多数学者都认为明中叶是一道重要分水岭。如吴承明先生在长期对中国资本主义萌芽和市场问题研究基础上,以传统市场的现代化转化为视角,明确指出"中国传统市场的转化是从16世纪即明嘉靖、万历年间开始的"(参见吴承明:《传统经济·市场经济·现代化》,《中国经济史研究》1997年第2期),可谓是此论之典型。本文认为明以前的古代市场,更能体现出中国"传统市场"特色,明以后的"传统市场",已多少带有向现代市场演进痕迹。
② 陶希圣:《中国社会与中国革命》,上海:新生命书局,1931年,第1—96页。
③ 李季:《中国社会史论战批判》,上海:神州国光社,1934年,第91—93页。

社会史大论战之后,"一场混战使大家感觉无知了,于是返头重来,重新做起"①。随后相继出版的一批中国经济史著作和论文,其中不少已直接以商业或与市场相关的具体方面作为研究对象。如著作方面,王孝通《中国商业史》②、马乘风《中国经济史》(一、二册)③、鞠清远的《唐代经济史》④、陶希圣、武仙卿《南北朝经济史》⑤、朱伯康、祝慈寿《中国经济史纲》⑥,几乎都无一例外地将商业作为中国古代经济史的重要组成部分,并多以商业作为其研究主要对象之一部,展开的相关论述已具有商业史研究的一般意义。论文方面,刘汝霖、钱穆对汉代粮食价格⑦、彭信威对汉代的购买力⑧、石隐、曾资生、黄灼耀对汉代的商人⑨、陶希圣、何格恩对唐代的"市"制⑩、黄君墨对唐代货币制度⑪、秦璋对唐代交通与商业关系⑫、刘兴唐、李彩璋、秦璋对唐代商业和商品经济⑬、吕振羽、韩振华对唐代商业资本和海外贸易⑭、陶希圣、鞠清远、吴云端、宋晞等对唐、五代和宋的都市与商业⑮、鞠清远对宋代四川蚕市⑯、李埏对宋代的楮币和交

---

① 马乘风:《中国经济史》(第一册)序言,中国经济史研究会,1935年。
② 王孝通:《中国商业史》,上海:商务印书馆,1936年。
③ 马乘风:《中国经济史》(一、二),中国经济史研究会,1935、1936年。
④ 鞠清远:《唐代经济史》,上海:商务印书馆,1936年。
⑤ 陶希圣、武仙卿:《南北朝经济史》,上海:商务印书馆,1937年。
⑥ 朱伯康、祝慈寿:《中国经济史纲》,上海:商务印书馆,1946年。
⑦ 刘汝霖:《西汉粮价涨落考》,《师大月刊》1933年9月第6册;钱穆:《记汉代米价考》,《天津益世报·读书周刊》1937年第83期。
⑧ 彭信威:《两汉购买力变动之研究》,《复旦学报》1938年第4期。
⑨ 石隐:《周秦汉的商业经济与商人地位》,《经济论衡》1944年2月3日;曾资生:《汉代商人阶级与商业资本的发展》,《中央日报》1947年6月4日;黄灼耀:《秦代商人的地位》,《新中华〈夏刊〉》1948年第6卷第22期。
⑩ 陶希圣:《唐代管理"市"的法令》,《食货》1936年第4卷第8期;何格恩:《唐代岭南的虚市》,《食货》1937年第5卷第2期。
⑪ 黄君墨:《唐朝的货币》,《食货》1946年第4卷第11期。
⑫ 秦璋:《唐代之交通与商业》,《中国经济》1934年第2卷第12期。
⑬ 刘兴唐:《唐代商品经济之发展》,《文化批判》1935年第2卷第5期;李彩璋:《唐代商业之研究》,《师大月刊》1936年第26、27期。
⑭ 吕振羽:《隋唐五代经济概论》,《中山文化教育馆季刊》1935年冬季号第2卷第4期。
⑮ 陶希圣:《五代的都市与商业》,《食货》1935年第1卷第10期;鞠清远:《唐代的都市概说》,《天津〈益世报〉》"食货副刊"15,1937年3月16日;吴云端:《唐代的都市制度》,《中央日报》1946年9月7日;《隋唐时代都市与商业的盛衰》,《中央日报》1946年10月5、12日;《五代的商业与都市》,《中央日报》1948年3月10日;宋晞:《北宋商业中心的考察》,《中央日报》1948年7月19日。
⑯ 鞠清远:《唐宋时代四川的蚕市》,《食货》1936年第3卷第6期。

子①、傅衣凌对宋元商人②等问题的研究，分别围绕秦汉和唐宋时期商业与市场的某一具体方面展开，所探讨对象的多数均为前人之所未关注，研究内容也已较为具体而深入。此时，不论是从参与商业与市场研究的人员构成，还是从研究成果的数量和质量方面而言，都已体现出商业与市场史研究进入一个新的阶段，以及其一经发轫后而展现出来的良好发展态势。

传统商业、货币与市场研究在此阶段的另一个突出表现，是出现了以加藤繁和全汉昇为代表的学术领军人物。他们以各自的研究对此领域的开拓发展作出重要贡献。

日本学者加藤繁在20世纪20年代前后直到40年代逝世一直致力于对中国古代货币与商业等方面的探讨研究，他在这方面的主要代表作是《唐宋时代金银之研究——以金银之货币机能为中心》③和《中国经济史考证》（上、下）④。在《唐宋时代金银之研究——以金银之货币机能为中心》一书中，他以具体翔实的资料一一考辩论述了唐宋时期金银货币的各种用途、金银的种类与形制、金银器饰及其价格、金银出产地及其输出与输入等具体内容，指出宋代金银货币较唐代发展为快的实情，并认为其主要原因就在于宋代社会经济的更为发达。该著还兼顾考察了整个中国古代金银货币的使用情况与发展演进过程。《中国经济史考证》一书，收录了他在20至40年代发表的主要论文58篇，其中有多篇仍为货币史研究论文，如《柜坊考》（1922）、《交子的起源》（1930）、《官营后的益州交子制度》（1934）、《北宋四川交子的界分》、《陕西交子考》（1936）、《交子、会子、关子的语义》（1936）、《南宋初期的见钱关子、交子和会子》（1944）等。这些论文集中对宋代流通领域中的信用凭证与纸币问题探讨，正是宋代社会经济较之以往有重大发展，并在货币领域内的特殊表

---

① 李埏：《宋代四川交子兑界考》，《中央日报·史学》，1940年4月；《北宋楮币起源考》，《浙江大学文学院集刊》第十集，1943年。
② 傅衣凌：《宋元之际江淮海商考》，《财政知识》1941年第4卷第1期。
③ 加藤繁：《唐宋时代金银之研究—以金银之货币机能为中心》，东京：东洋文库，1926年。傅安华曾将其中一部分译为中文，以《唐代绢帛之货币的用途》发表在《食货》1934年第一卷第二期。1944年该书由中国联合准备银行编辑发行该书中文译本。台湾新文丰出版股份有限公司于1974年重印发行。中华书局2006年亦以1944年中译本为底本重印发行。
④〔日〕加藤繁：《中国经济史考证》（上、下），东京：东洋文库，1952、1953年。后经吴杰翻译，以《中国经济史考证》（一、二、三）为名，由上海商务印书馆于1959、1963、1973年出版发行。中华书局2012年以吴杰翻译本为底本进行再版，又恢复为《中国经济史考证》（上、下）。

现。加藤繁对唐宋货币的考察，体现了其对唐宋商业与市场问题的高度敏锐。在货币问题之外，他对唐宋时代的城乡市场与商业贸易等诸多新情况亦分别予以了探讨，相关论文同样收录在《中国经济史考证》一书中。如《关于唐宋的草市》（1926）、《唐宋时代的草市及其发展》（1933）两文已经注意到唐宋时代乡村出现了各种草市、镇市和定期市情况；《宋代都市的发展》（1931）、《唐宋时代的市》（1933）、《论唐宋时代的商业组织"行"并及清代的会馆》（1935）则指出唐代都市内的"市"是一种同业商店聚而为行，行聚而成市的形制，并具体论述了宋代以后这种"市制"的瓦解与变化。《唐宋时代的仓库》（1925）考察了邸、店、堆垛场、塌方等仓库类型，指出仓库与商业发展之紧密关系。《宋代商税考》（1934）讨论了宋代的商税制度、商税管理结构及商税税额收入等问题，商税的勃兴显然也只能是商业发展之结果。同样作为商业发展之反映，还有如《宋代的商业习惯"赊"》（1944）。《宋代和金国的贸易》（1937）、《宋金贸易中的茶、钱和绢》（1941）则对宋金之间的贸易情况、商品构成等进行了探讨。总之，加藤繁以其对唐宋货币及商业发展各个构成方面的具体研究，在中国社会史大论战之先就揭开了对商业与市场史研究的序幕。

全汉昇的研究要稍晚于加藤繁，但由于加藤繁的研究经翻译后传入中国时间要稍晚，对20世纪40年代的中国学界来说，全汉昇的影响力要更大一些。他在1934至1948年间在《中央研究院历史语言研究所集刊》《食货》杂志上集中发表的十余篇论文，几乎全是关于唐宋城市商业贸易、货币与货币经济等方面的研究之作。在唐宋城市商业和贸易方面，他的代表性文章有《南宋杭州的消费与外地商品之输入》①、《北宋汴梁的输出入贸易》②、《唐宋时代扬州经济景况的繁荣与衰落》③、《南方的虚市》④、《南宋稻米的生产与运销》⑤、《宋金间的走私贸易》⑥等。在他早期发表的论文中，着重探讨了三种不同性

---

① 全汉昇：《南宋杭州的消费与外地商品之输入》，《中央研究院历史语言研究所集刊》第7本（1），1963年。
② 全汉昇：《北宋汴梁的输出入贸易》，《中央研究院历史语言研究所集刊》第8本（2），1939年。
③ 全汉昇：《唐宋时代扬州经济景况的繁荣与衰落》，《中央研究院历史语言研究所集刊》第11本，1943年。
④ 全汉昇：《宋代南方的虚市》，《中央研究院历史语言研究所集刊》第9本，1947年。
⑤ 全汉昇：《南宋稻米的生产与运销》，《中央研究院历史语言研究所集刊》第10本，1948年。
⑥ 全汉昇：《宋金间的走私贸易》，《中央研究院历史语言研究所集刊》第11本，1948年。

质的城市（汴梁、杭州属于行政功能色彩浓厚的城市，扬州是国内商业重镇，广州是国际贸易商埠）商业发展状况和商品构成结构，指出以运河等交通运输条件之改善为前提，对唐宋城市商业和城市经济发展产生了重要影响。在此基础上完成的《唐宋帝国与运河》一文，属于较早关注中国古代经济重心分布问题的专文，文章就运河的修筑及运河在发挥沟通唐宋国家政治军事重心所在的北方与经济重心所在的南方之间的重大作用展开论述，借此阐明运河兴废与唐宋国家国运盛衰的关系。在商业大都会之外，他注意到在宋代的若干地方，或由于交通方便，便于商品集散，或由于人口增加，导致一些虚市演变为市镇。此外还有对南宋稻米的生产与运销、宋金间的走私贸易的考察，也无一不是将其置于商业贸易史视角进行的探索。与加藤繁相似，货币与货币经济成为他的另一个研究重点。这又反映在两个方面，一方面是以《唐代物价的变动》[1]、《北宋物价的变动》[2]、《南宋初年的物价大变动》[3]、《宋末的通货膨胀及其对于物价的影响》[4]、《元代的货币》[5]等为代表的对唐宋物价史的研究；另一方面则是以《中古自然经济》[6]和《唐宋政府岁入与货币经济的关系》[7]为代表的对货币经济史的研究。在物价史研究方面，他以具体史料为分析依据，分别论述了唐代物价变动的七个阶段和北宋物价变动的四个阶段，从而在整体上描绘出唐宋时期的物价升降起伏过程，开启了中国物价史研究的先河。[8]在货币经济史研究方面，《中古自然经济》一文根据德国学者 Bruno Hildebrand 以交换为标准提出的经济史分期，以马克思《资本论》对商业盛衰与货币使用的进步

---

[1] 全汉昇：《唐代物价的变动》，《中央研究院历史语言研究所集刊》第 11 本，1948 年。
[2] 全汉昇：《北宋物价的变动》，《中央研究院历史语言研究所集刊》第 11 本，1948 年。
[3] 全汉昇：《南宋初年的物价大变动》，《中央研究院历史语言研究所集刊》第 11 本，1948 年。
[4] 全汉昇：《宋末的通货膨胀及其对于物价的影响》，《中央研究院历史语言研究所集刊》第 10 本，1948 年。
[5] 全汉昇：《元代的纸币》，《中央研究院历史语言研究所集刊》第 15 本，1948 年。
[6] 全汉昇：《中古自然经济》，《中央研究院历史语言研究所集刊》第 10 本，1948 年。
[7] 全汉昇：《唐宋政府岁入与货币经济的关系》，《中央研究院历史语言研究所集刊》第 20 本上册，1948 年。
[8] 事实上，在他 40 年代末期研究发生转向后，对物价问题的探讨仍没有停止，不过研究阶段转为以明清为主，尤其是清代物价的研究，更是用力尤深，此不多举，可参见王业键：《全汉昇在中国经济史研究上的重要贡献》，载全汉昇著：《中国经济史研究》（一）之"附录"，北京：中华书局，2011 年，第 410—413 页。

及退化关系为分析工具,全面论述了自魏晋以降至唐中叶实物货币使用取代金属货币使用的具体情况,指出该时段就是一个以自然经济为主的时期。作为《中古自然经济》的姊妹篇,《唐宋政府岁入与货币经济的关系》则通过对唐和北宋政府岁入中钱币增长情况的考察,指出钱币在唐宋国家岁入总额中所占比例越来越大的事实,借此说明了唐宋时期货币经济的发展,最终论证了货币经济逐渐取代了中古以来占过优势的自然经济地位的历史演进过程。

加藤繁和全汉昇的商业与市场史研究,从研究时段来说,主要限于对唐宋时期的考察;从研究内容来说,则已涉及对唐宋时期的城市经济、跨国与国际贸易、商品构成、商业组织、商业货币、商业税收、城乡市场、交通运输、物价变动等各个方面。这其中的很多问题研究都是之前学者所没有关注到,或者虽偶有关注但却很少有如他们二者一样能够对其进行集中深入论述并提出精辟见解。从这个意义上说,加藤繁、全汉昇以他们对学术探索的热情和学术研究的敏锐目光,真正意义上开拓出了一片中国经济史研究的新领域。他们的研究,虽然尚未直接冠以"市场"之名,很多却已有市场研究之实。二者对唐宋"市场史"的研究,除了研究对象基本一致外(当然,加藤繁的研究范围要更加广泛 [1]),研究方法上也有很多相似之处,最为明显之处当在于他们都特别注重对史实材料广泛收集,以及逐一考证与细致梳理,以实证性研究为最终研究取向。不同之处则在于全汉昇更加注重对理论方法的吸收借鉴与具体运用,在他的文章中除极少数例外,绝大多数都有明确的问题意识研究指向。这不仅体现在他以交通运输情况来解析运河城市商业经济之发达,以运河畅通与否来解释唐宋国家政治命运的盛衰,更重要的还体现在他以普遍的货币使用状况对中国古代经济形态发展变化展开的分析。如在对货币经济论述的两篇文章里,他以商品交易的媒介——货币为研究对象,以大量丰富的史实和统计数据为讨论基础,借鉴西方古典经济学与马克思主义政治经济学相关论述为分析工具,系统全面地阐释了中国古代从汉晋以降至宋代的经济形态演变过程,即由自然

---

[1] 在对唐宋经济史展开的研究之中,加藤繁的研究领域远不止商业贸易和货币史,他对唐宋时期的土地制度、财政、户口等方面的研究都有重要建树。在唐宋之外,二者都对清代的商业贸易和货币史研究有开拓之功,全汉昇后来研究的转向不仅仅是由唐宋转向清代,他还在中国近代工业化研究领域作出了重要贡献。可参见王业键:《全汉昇在中国经济史研究上的重要贡献》,载全汉昇著:《中国经济史研究》(一)之"附录",北京:中华书局,2011年,第410—413页。

经济到货币经济的发展演进过程。该论说对之后的中国史学界产生了重要影响。何兹全紧随其后撰文指出南北朝时期南北区域情形迥异，南方地区因大量移民迁入带来的经济开发与繁荣，货币经济仍居主导地位①，实际上就是对全汉昇中古自然经济说的回应与补充。

在加藤繁、全汉昇的身后，还有如前所述的一大批学者纷纷发表论文，加入了对中国古代商业、货币与市场等方面的具体探讨。这样，以加藤繁、全汉昇为核心代表的学者们在20世纪20至40年代对中国古代（主要是唐宋时期）商业与市场史诸多方面的开拓性实证研究，基本奠定了中国古代商业与市场史研究的对象和主体，为后来学者的进一步深入探讨打开了广阔的学术空间。

二、20世纪50至70年代末：商业与商品经济史（市场史）研究之进展与波折

1949年新中国的成立和马克思主义理论在史学研究中主导地位的确立，是影响此后国内学术研究的重大历史事件。在新的时代背景下，由于对商业与贸易在国民经济发展中的地位和作用认识不足，新中国推行的"以粮为纲"方针，重视农业生产和工业发展，商业与贸易受到忽视与抑制，商业史研究受到很大影响。反映在具体研究中，就是此时的商业史研究更多体现出对上一阶段研究的路径依赖，展现出在原有研究基础之上的一些整合与拓展；另一方面随着马克思主义中国化进程的加剧，在一些大的研究议题（如"中国古史分期"、"中国资本主义萌芽"等所谓"五朵金花"史学问题）逐渐兴起并成为时代研究主流，商业史研究取向发生较大变化，逐步让位或屈从于对重大时代主题的探讨。在整个大时代背景下，商业与商品经济史研究经历了一个短暂发展后遂不断走向式微的过程，最终在"文化大革命"期间陷入了完全停滞。

对上一阶段商业史研究的继承延续，主要体现在20世纪50年代初至60年代中期出版或发表的相关论著之中。著作方面，如李剑农的三部中国古代经

---

① 何兹全：《东晋南朝的钱币使用与钱币问题》，《史语所集刊》第14本，1949年。

济史稿,即《先秦两汉经济史稿》①、《魏晋南北朝隋唐经济史稿》②和《宋元明经济史稿》③,原是他在20世纪40年代的大学课堂讲义,此时经过其进一步整理,分别依次予以出版。三部著作中都分专章对各个历史时期的货币使用情况、商业经济发展概况进行了详细论述;在货币使用情况方面,一一陈述了历代货币制度与货币形态;在对各时段商业经济发展概况的论述方面,则分别从商业交通、商业都市分布、商业市场形制、商品构成与海外贸易等方面进行裁取与阐述。三部著作对商业与市场的论述,既体现出对之前学界相关研究成果的继承延续,同时又在整体性阐释方面将之进一步往前推进。张家驹的《两宋经济重心的南移》④,蓝本为作者30年代大学毕业论文,新著在原有论文基础上又进行了全面扩充,分别从两宋政权更迭与南方社会生产力发展等方面整合前说,延续了民国学人对古代经济重心问题探讨余绪,推动了中国古代经济重心南移议题的往前发展。彭信威的《中国货币史》⑤是一部关于中国古代货币研究的通史著作,也是作者在30、40年代已有搜集资料和研究基础上的整合拓展。著作对殷商至清代的货币制度、货币购买力、货币理论与货币史、信用与信用机构等方面全面系统地梳理论述,其论新见迭出,至今仍为货币史研究的经典之作。此外,杨宽的《战国史》⑥,吕思勉《隋唐五代史》⑦,岑仲勉《隋唐史》⑧,韩国磐《隋唐五代史纲》⑨等断代史著作中也均对不同时代的商业、货币与市场相关内容进行了综合论述,这些内容多数亦来源于上一阶段已有研究基础。论文方面,以胡如雷《唐代的飞钱》⑩、程溯洛《宋代城市经济概况》⑪、束世澂《隋唐

---

① 李剑农:《先秦两汉经济史稿》,北京:生活·读书·新知三联书店,1957年。
② 李剑农:《魏晋南北朝隋唐经济史稿》,北京:生活·读书·新知三联书店,1959年。
③ 李剑农:《宋元明经济史稿》,北京:生活·读书·新知三联书店,1957年。
④ 张家驹:《两宋经济重心的南移》,武汉:湖北人民出版社,1957年。
⑤ 彭信威:《中国货币史》,上海:群联出版社,1954年;上海人民出版社,1958年第一次修订,1965年第二次修订。
⑥ 杨宽:《战国史》,上海:上海人民出版社,1955年。
⑦ 吕思勉:《隋唐五代史》,上海:中华书局,1959年。
⑧ 岑仲勉:《隋唐史》,北京:高教出版社,1957年。
⑨ 韩国磐:《隋唐五代史纲》,北京:生活·读书·新知三联书店,1961年。
⑩ 胡如雷:《唐代的飞钱》,《光明日报》1956年6月7日。
⑪ 程溯洛:《宋代城市经济概况》,《历史教学》1956年第5期。

宋时代城市的发展》①、陈昌运《北宋时期开封城市经济的繁荣》②和李埏《略论唐代的"钱帛兼行"》③等为代表，在研究对象上一样体现出对上一阶段研究的延续。研究对象虽然变化不大，但不断阐释出新意并将研究往前推进的论文也所在多有。如李埏的《略论唐代的"钱帛兼行"》在加藤繁、全汉昇与李剑农对唐代货币使用情况的相关揭示基础上，进一步从铜钱、绢帛的自有属性与社会交换的实际需要出发，认为城市小生产者的身份变化与绢帛广阔国际市场的同时并存，是导致唐代城乡商品交易媒介货币出现"钱帛兼行"的主要原因，进而指出商品经济的有限度发展最终制约着唐代货币的使用形态发展。该文不仅提出了"钱帛兼行"这一学术概念，更在理论解释层面上将之不断深化。

除研究对象上的延续性外，从研究方法来说，上述研究也基本延续着前一阶段加藤繁、全汉昇等学者的治学路径，即一方面注重于对历史资料的大量搜集和具体考证，以求得对古代商业、货币与市场状况本身面貌之揭示，另一方面则又都试图运用西方经济学，尤其是马克思主义经济学相关理论对其进行合理诠释。这种延续性是学术正常发展规律的体现。20世纪50年代活跃于中国史坛的多数学者，他们的学术训练及自身学术积累，是从上一个时段延续下来的，他们的学术背景和学术生命具有不可割裂性。在新中国建立之初，他们在充分吸收之前相关研究成果基础上所进行的一些综合性的整合研究，相较于上一阶段的各种专题式学术探讨，其整合式的拓展意义较为明显。这正是李剑农、彭信威等学者于此时作出的重要学术贡献。但另一方面，与前一阶段在研究理论与解释工具选择上的多元化不同（当然必须要承认，在商业、货币与市场领域，就算是在上一个研究阶段，马克思主义经济学理论的解释力度也是最为强大的，运用范围也最广泛），50年代中期以后随着马克思主义明确成为指导史学研究的唯一正确理论，学术研究解释工具和研究话语体系也不断走向统一。作为大时代背景下的很多"旧史家"，也纷纷展开了对马克思主义理论的系统学习，并在马克思主义理论指导下对原有研究进行的一些相应修订，就是

---

① 束世澂：《隋唐宋时代城市的发展》，《历史教学问题》1959年第3期。
② 陈昌运：《北宋时期开封城市经济的繁荣》，《史学月刊》1959年第6期。
③ 李埏：《略论唐代的"钱帛兼行"》，《历史研究》1964年第1期。

这种时代风气变化的一个显著反映。①新旧史家在马克思主义理论指导下开展的史学研究，已经不可撼动。

运用马克思主义理论对中国历史发展过程及其规律性的探讨，不仅是重大的历史课题，更是关乎新中国发展前途与命运的重大现实问题。20世纪50年代中期以后，对这一重大课题的探讨汇集而成史学界常说的"五朵金花"，即五个重大历史议题：中国封建土地所有制问题、中国古史分期问题、中国资本主义萌芽问题、汉民族形成问题和中国封建社会农民战争问题。围绕"五朵金花"所展开的全国性大讨论，成为此时学术研究的主流。其中，与商业史、市场史关系比较紧密的是"资本主义萌芽"问题。在"资本主义萌芽"话语体系下，很多学者的研究重心取向已经不在于探索古代商业、商品经济的具体构成和内涵，转而纷纷以古代商业与商品经济发展的相关内容和论述为依据，从商业组织和商品性雇佣劳动生产等方面参与到中国古代资本主义萌芽问题的讨论。他们提出了唐宋时期中国已出现资本主义萌芽。如孔经纬在《中国封建社会中资本主义萌芽问题之研究》②、《关于唐宋时期已有资本主义萌芽的历史事实》③两文中，即依据《太平广记》《春渚纪闻》《东京梦华录》及《马可波罗行记》等所载资料，认为唐中叶已出现具有资本主义协作制性质的手工业作坊，到两宋时尤其是南宋时的临安表现更为明显，表明唐宋时期中国已出现最初的资本主义萌芽情况。傅筑夫、李竞能的《中国封建社会内资本主义因素的萌芽》④也以唐代商品经济高度发达为研究背景，指出商业资本逐步向产业资本渗透，雇佣劳动制普遍实行，"尽管唐代还是中国封建经济的高峰时代，但是已经在这个经济结构的胎内孕育着资本主义因素的最初萌芽"。束世澂《论北宋时资本主义关系的产生》⑤立足宋代商品经济的空前发展，认为"这样高涨的商品经济，是可能作为资本主义关系产生的前提的"。在结合了雇佣劳动

---

① 参阅王学典：《近五十年的中国历史学》，《历史研究》2004年第1期；朱春龙：《"旧史家"与"五朵金花"的讨论（1949—1966）》，《史学理论研究》2015年第2期。
② 孔经纬：《中国封建社会中资本主义萌芽问题之研究》，《新史学通讯》（即后来的《史学月刊》）1955年第12期。
③ 孔经纬：《关于唐宋时期已有资本主义萌芽的历史事实》，《新史学通讯》1956年第3期。
④ 傅筑夫、李竞能：《中国封建社会内资本主义因素的萌芽》，《新建设》1955年第10期；1956年该文单行本由上海人民出版社出版发行。
⑤ 束世澂：《论北宋时资本主义关系的产生》，《华东师范大学学报》1956年第3期。

者普遍存在及资本剥削制度等方面内容后，得出中国资本主义萌芽起源于宋代的结论。此外还有柯昌基①、韩大成②从手工业中雇佣劳动的使用情况为依据，一样赞同宋代资本主义萌芽说。不同的声音则主要来自明清经济史学者，他们认为明清时期中国才产生资本主义萌芽。③此外，还有一些学者，则从根本上认为，唐宋时期的商业与商品经济发展程度非常有限。④

资本主义萌芽说的主要立论基础在于较发达的商业与商品经济，以及在此背后出现的商品生产雇佣关系。从这方面说，资本主义萌芽问题的探讨与商业、商品经济联系紧密。正是对不同时期商业和商品经济发展程度认识上存在差异，导致了学者们不尽相同、甚至完全相反的学术判断。不过，由于此时对资本主义萌芽讨论的核心，或者说研究的最终指向并不在于揭示唐宋或明清时期的商业与市场发展情况如何，而是为了证明"中国封建社会内的商品经济的发展，已经孕育着资本主义的萌芽，如果没有外国资本主义的影响，中国也将缓慢地发展到资本主义社会"这一论断。因此，讨论从一开始就有非常明确的理论预设，即认为马克思主义理论必然符合中国国情，强调中国与世界各民族历史进程的同一性。对这一问题的讨论，演变为"中国资本主义在何时、何地、何处萌芽"的问题，进而在这一先入为主的理论指引下，从历史时期的商业与商品经济发展状况来汲取养分，以成其说。学术研究为现实政治服务的意图非常明显。但就算如此，研究议题取向的转化及由此反映出的比较史观和全局视野，对唐宋时期、明清时期商品经济研究的推进仍是有益的，有其贡献在其中⑤。

学术与政治相结合，并逐渐屈从于政治需要，在20世纪50年代末的"史学革命"之后，变得越来越严重。一些研究者甚至逐渐抛弃了那些"历史之所

---

① 柯昌基：《宋代雇佣关系的初步探索》，《历史研究》1957年第2期。
② 韩大成：《对黎澍同志"关于中国资本主义萌芽的考察"一文的几点意见》，《历史研究》1956年第7期。
③ 如吴晗：《明初社会生产力的发展》，《历史研究》1955年第3期；邓拓：《从万历到乾隆》，《历史研究》1956年第10期；徐大龄：《十六世纪、十七世纪初期中国封建社会内部资本主义的萌芽》，《北京大学学报》1956年第3期；尚钺：《中国资本主义关系发生及演变的初步研究》，北京：生活·读书·新知三联书店，1956年；傅衣凌：《明代江南市民经济试探》，上海：上海人民出版社，1957年；《明清时代的商人及商人资本》，北京：人民出版社，1957年；等等。
④ 王仲荦：《从茶叶经济发展历史看中国封建社会的一个特征》，《文史哲》1953年第2期。蒙文通：《从宋代的商税和城市看中国封建社会的自然经济》，《历史研究》1961年第4期。
⑤ 李伯重：《资本主义萌芽研究与现代中国史学》，《历史研究》2000年第2期。

以为历史"的东西,很多历史问题的探讨由于缺乏具体史实支撑而变得越来越空泛无当,在运用马克思主义研究历史过程中贴标签式的教条主义之风盛行,复杂的历史被简单化和公式化了。再加上社会主义公有制"三大改造"完成后,受马克思主义经典作家之影响,认为商品经济是资本主义性质的私有经济形式,将商品经济视为是资本主义的代名词,从而在整个社会政治与经济领域对商品经济采取了漠视甚至压制的态势,进一步加剧了对商品交换与市场研究的衰微。① "文化大革命"时期,这种衰微达到极致。与其他学术研究领域一样,商品与市场研究在"文化大革命"时期进入全面停滞阶段。"文化大革命"中断了中国学术发展的正常进程,对中国社会和学术发展带来了难以估量的损失。

综上,20世纪50至70年代末的中国古代商业与商品经济史,除了在50年代基本延续着上一阶段商业与市场史研究之余绪,进行了一定程度的开拓与整合,但在紧随其后的现实政治经济大环境变化背景下,这一学术研究趋势已受到严重影响。尽管在"资本主义萌芽"等研究议题下对商业与市场是有所发掘,但从市场史研究层面而言,割裂的断层已经彰显。重新回归研究正轨要到"文化大革命"结束,特别是1978年中国共产党十一届三中全会之后,在"解放思想、实事求是"思想路线指引下,此前被视为学术"禁区"的商业、商品经济等问题才又重新回到学者们的研究视域,并随着市场研究理论与方法的不断进步,以及中国经济改革开放进程的加剧,商业与市场、市场史研究才回归正途,并日益走向全面深入。对外交流与学术思想空前活跃,理论与方法多元取向突出,研究热点议题不断涌现,成为80年代以后传统市场与市场史研究的新时代特征。新时代市场与市场史研究取得的成绩,很大程度上延续着20年代以来的前贤对于中国古代商业市场研究的开拓与启迪,哪怕这中间经历了60—70年代的挫折与断裂,但一旦消除时代政治干预的负面影响后,这一领域又以其自身特色焕发出研究的新春,并为新的研究提供不同的养分。这也正是20世纪80年代以前前贤们对传统市场与市场史研究的功绩与价值体现所在。

---

① 李根蟠在回顾这段历史时指出,"一个接一个的政治运动,混淆政治和学术的界限,一些本来属于学术范畴的不同意见遭到了粗暴的政治批判,这就助长了教条主义和'打棍子'风气的发展,给学术设置了不少'禁区'。"(李根蟠:《二十世纪的中国古代经济史研究》,《历史研究》1999年第1期)

中国传统经济发展中的非经济因素亦需关注

耿 雪*

摘　要：近年来，不断有历史学者从长时段、全局性的视角出发，重新认识中国古代史。他们尝试创建一些更符合中国历史实际的概念，寻找到更具有中国本土色彩的历史解释话语。云南大学教授林文勋提出"富民社会"说，北京师范大学"985"特聘教授葛金芳提出"农商社会"说，东北师范大学教授赵轶峰提出"帝制农商社会"说即是其中显著的尝试。新理论与中国传统经济再评价的老话题在新时期碰撞出了新的火花。

关键词：富民社会　帝制农商社会　非经济因素　国家力量　社会阶层

20世纪以来，中国社会历经巨大变迁，这一时代背景为历史学发展提供了极为丰富的思想文化土壤。正如习近平总书记在在全国哲学社会科学工作座谈会上提到的，凡是社会大变革时代，一定是哲学社会科学大发展的时代。这是一个需要思想，而且一定会产生思想的时代，这是一个需要理论，而且一定会产生理论的时代。

近年来，不断有历史学者从长时段、全局性的视角出发，重新认识中国古代史，尝试提出更符合中国历史实际的概念。随着研究的累积，学术界对这些学说的探讨也不断向更深层面扩展。2016年6月25—26日，"第五届中国传统经济再评价暨农商社会/富民社会"学术研讨会在北京召开。会议由首都师范大学历史学院、北京师范大学历史学院、《中国史研究》杂志社、云南大学中国

---

* 耿雪，中国科技出版传媒股份有限公司编辑。

经济史研究所和东北师范大学亚洲文明研究院联合主办。会上，中国传统经济再评价等相关问题成为学者讨论的焦点。

一、新理论视角下再议中国传统经济史

创办于 2001 年的中国传统经济再评价会议曾就国内外学术界关于中国传统经济的研究进行多次热烈讨论，在相关领域产生了较大的影响。2004 年 12 月，第四届中国传统经济再评价会议在北京闭幕以后，学术界对这一问题的集中讨论逐渐沉寂。直至今日，随着史学理论新议题的不断涌现，老话题和新理论在新时期再次碰撞出了新的火花。

近年来，云南大学校长林文勋、北京师范大学"985"特聘教授葛金芳、东北师范大学亚洲文明研究院院长赵轶峰分别提出了"富民社会"说、"农商社会"说、"帝制农商社会"说，他们尝试对长时段的中国社会发展规律进行理论性阐释，并连续 3 年召开相关会议。这种对中国传统社会长时段、全局性的探讨成为两个会议的共性特征，也成为二者能够相互吸收的基础。

林文勋表示，再评价意味着再认识、再发现、再创新，对中国传统经济的研究正在从断代史的研究走向跨时代的研究，正在从再认识走向更深层面的再解构。这是学术视野的扩大，也是研究思维与范式的转变。赵轶峰表示，对中国传统经济的再评价和"农商社会"说、"富民社会"说都是对中国古代史的重新认识。学者们正尝试创建一些更符合中国历史实际的概念，寻找到更具有中国本土性色彩的历史解释话语。

首都师范大学历史学院院长郝春文表示，海内外历史学界对中国各断代的经济史评价不一。中国传统经济再评价既有方法的问题，也有材料的问题。未来中国古代经济史研究方面还是要继续加强。

二、非经济因素作用需被重视

在新的历史认识下再谈论中国传统经济评价问题，学者们的视角也有所转

变。首都师范大学长江学者特聘教授李华瑞表示，以往中国传统经济再评价会议是在经济决定论的因素下，从经济史到经济史的研究。然而，这种讨论很可能会沿着商品经济一定会走向近代化的思路，产生西方中心论或者中国中心论的评价。而本次会议，学者们是把经济发展作为同政治、思想、文化同等的一种因素来看待。他表示，从经济是基础，但同时也受到多种因素影响的角度研究，这或许是未来传统经济再评价的一个方向。

在多种非经济因素中，学者们对国家力量的看法发生了较大的转变。国家力量在经济发展中的作用被重新重视。战国秦汉时代，私营工商业呈波浪式发展，战国时期是私营工商业第一个高峰，秦朝统一则是第一个低谷，西汉前期是第二个高峰，汉武帝实行盐铁官营形成第二个低谷。汉元帝以后，私营工商业则呈现平稳前行之势，基本上完成了和地主、官僚的合一。这一过程为学界所常道。苏州大学教授臧知非表示，对国家力量在这一过程中的作用，人们的认识和历史存在还有相当的距离。他认为，国家力量在战国秦汉时代私营工商业发展演变过程中起着关键作用，是国家力量导致了私营工商业的跌宕起伏。我们在考察历史上所谓经济结构变迁时，不能忽视国家力量的作用，有时候甚至是关键作用。进入帝制时代以来，国家通过土地制度控制社会经济使之符合国家运行的需要，呈现循环的趋势。国家力量在生产资料分配上对私营工商业发展有相当的影响，这是讨论传统经济结构、农商关系不能忽略的内容。

李华瑞指出，宋代社会最富裕的群体都是依靠国家通过超经济强制实现对国家财富的大量占有。在看到宋代商品经济发达和商业繁荣的同时，我们也要看到它本身的局限性。宋代的私营经济和官营商业相较相当脆弱，纯粹的私营确实是很不发达的。

国家力量在经济发展中的作用究竟是非常强大还是不宜估计过高？葛金芳认为，认识这一问题一定要看到局部和整体的关系。此外，还要看长期和短期的问题。但他认为，专制力量终究要服从经济规律。

三、理论框架需具体研究的充实

在中国传统经济社会的研究中，商人和富裕阶层的作用愈发得到关注。在学者们的探索下，人们对历史上这一阶层的形成、规模和作用等问题的认识逐渐丰富起来。

中国人民大学教授王子今指出汉代"中家"成为早期社会阶层等级判定的概念，"中家"境遇并被执政者看作政策确定的重要因素，都是值得特别重视的经济史现象和社会史现象。这一认识被评议者认为是唐宋以后富民阶层的前身。林文勋认为，及至唐宋时期，富民阶层作为一个重要的财富力量崛起并不断壮大成长，成为主导社会的动力层、中间层和稳定层。云南大学教授张锦鹏认为，富民阶层群体从财富力量转化为社会力量，成为一个重要的社会阶层，这一过程，实质上是以其经济实力重构社会关系的过程。李华瑞进一步认为，宋代的商业资本和高利贷资本不断向官僚士大夫转化，不断与官僚贵族势力相结合，从而逐步形成官、商、地主的三位一体，在宋代社会结构中形成一个重要势力，形成帝制统治的支柱。

持续性积累是学术进步的保证。历史研究必须起于碎片但不能终止于碎片。农商社会、富民社会说提出以来，在这一理论框架下的具体研究逐渐丰富。赵轶峰提出：帝制体系不可能是完全抑制商业的，国家权力会介入商业，商业也会渗透到国家权力体系，社会精英的群体内涵会发生改变，从而衍生出一种保持帝制结构同时又包容商业发展空间的帝制农商社会。厦门大学终身讲座教授徐泓认为，具体研究非常有必要。他表示，在谈到农商社会的时候，学者们认为帝制时期政府规模小、员额少，地方事务管理多依靠地方大家族或者士绅，地方上有着一定的自主性。在幅员辽阔的中国，这就使得在中央集权制度下很多问题各地实行的情况还会有所差别。这些情况需要学者花更多的时间去研究具体的问题。